道路与选择

张德旺 著

天地出版社 | TIANDI PRESS

图书在版编目（CIP）数据

道路与选择 / 张德旺著. —成都：天地出版社，2019.5

ISBN 978-7-5455-4762-7

Ⅰ.①道… Ⅱ.①张… Ⅲ.①五四运动—研究 Ⅳ.①K261.107

中国版本图书馆CIP数据核字（2019）第057619号

DAOLU YU XUANZE
道路与选择

出品人	杨　政
作　者	张德旺
责任编辑	余守斌　曹志杰
封面设计	今亮后声
内文排版	麦莫瑞
责任印制	葛红梅

出版发行	天地出版社 （成都市槐树街2号　邮政编码：610014） （北京市方庄芳群园3区3号　邮政编码：100078）
网　　址	http://www.tiandiph.com
电子邮箱	tianditg@163.com
经　　销	新华文轩出版传媒股份有限公司
印　　刷	北京文昌阁彩色印刷有限责任公司
版　　次	2019年5月第1版
印　　次	2019年5月第1次印刷
开　　本	710mm×1000mm　1/16
印　　张	33.5
字　　数	520千字
定　　价	68.00元
书　　号	ISBN 978-7-5455-4762-7

版权所有◆违者必究

咨询电话：（028）87734639（总编室）
购书热线：（010）67693207（营销中心）

本版图书凡印刷、装订错误，可及时向我社发行部调换

目录

引言：划时代的转折点 /1
    一　五四运动的历史意义 /1
    二　五四运动研究的总体思路和叙事体系 /8
    三　五四运动的目标 /33

酝 酿

第一章　世界格局巨变 /39
    一　日本霸占山东 /39
    二　朝鲜爆发三一运动 /43
    三　美国的双重影响 /51
    四　十月革命的胜利 /56

第二章　中国面临转折 /61
    一　"黄金时代"短暂 /61
    二　政治重心真空 /65
    三　社会能量在集结 /68
    四　学生在行动 /75

第三章　新文化运动的兴起　/81

一　《新青年》创刊　/81

二　蔡元培北大改革　/90

三　开启文学革命　/99

四　新闻改革肇始　/103

五　学生社团潮动　/107

六　与封建顽固派对垒　/119

爆　发

第四章　五四运动爆发　/127

一　巴黎和会无视中国　/127

二　国内群情激愤　/137

三　五四这一天　/142

四　营救被捕学生　/149

五　蔡元培辞职离校　/152

六　北京总罢课　/154

第五章　各地和海外响应北京　/160

一　天津：京外枢纽促联合　/160

二　山东：动员早，众志坚　/163

三　湖北：武汉学子洒热血　/167

四　广东：学商工齐奋起　/170

五　江苏：多地城乡联动　/173

六　浙江：学联带动"三罢"　/176

七　安徽：学生引领各界　/178

八　江西：讲究策略实效　/181

九　福建：两市带动全省　/184

十　山西：各界配合学生　/186

十一　河南：女生率先反抗　/187

十二　湖南：抗高压，《评论》响　/189

十三　四川：坚韧抵制日货　/192

十四　陕西：学子并肩抗争　/194

十五　云南：各方同仇敌忾　/196

十六　贵州：官民共同对敌　/198

十七　黑龙江：工运鼎力支持　/200

十八　吉林：各族捍卫主权　/202

十九　辽宁：学生勇破禁锢　/203

二十　广西：波澜从东向西　/205

二十一　内蒙：少年斗志顽强　/206

二十二　其他各地：紧密联系，共同发声　/207

二十三　海外：赤子忧国奋起　/209

第六章　六三运动和六五运动　/214

一　破坏与镇压愈演愈烈　/215

二　六三运动——北京学生大无畏抗争　/216

三　六五运动——上海"三罢"支持北京　/222

四　上海各界持续斗争　/228

五　六三运动和六五运动的鲜明特点　/236

第七章　中国拒签对德和约　/244

一　北京政府对签字问题的方针　/244

二　陈独秀、胡适等人冲到前台　/245

3

三　爱国团体的联合和发展　/255
　　四　国内外协力抗争　/259
　　五　中国使团毅然拒签　/263

第八章　捍卫并发展五四运动成果　/272
　　一　持续反对日本扩大侵略　/273
　　二　决绝对抗军阀专制暴政　/285

选择

第九章　新文化运动的深入发展　/305
　　一　新闻界全面改革　/305
　　二　文学革命高歌猛进　/308
　　三　"整理国故"运动发端　/313
　　四　教育改革多方展开　/319

第十章　西方学说思潮大力引进　/324
　　一　实用主义全国滥觞　/324
　　二　罗素临别明确回应　/331
　　三　无政府主义思潮蔓延　/338
　　四　人本主义不断渗入　/347

第十一章　马克思主义广泛传播　/355
　　一　共产主义知识分子系统传播　/355
　　二　国民党人积极传播　/367

三　研究系热情介绍　/371

　　　四　多方参与传播　/374

第十二章　文化保守主义纠偏　/379

　　　一　杜亚泉东方文化派　/379

　　　二　章士钊新旧文化调和论　/384

　　　三　梁启超发表《欧游心影录》　/387

　　　四　梁漱溟出版《东西文化及其哲学》　/390

　　　五　张君劢挑起"科学与人生观"论战　/396

　　　六　学衡派攻击《新青年》　/401

　　　七　文化保守主义的历史地位　/405

第十三章　社会改造的思想论战　/409

　　　一　指针之争——问题与主义论战　/410

　　　二　道路之争——社会主义论战　/418

　　　三　主体之争——无政府主义论战　/423

第十四章　改造社会的实践探索　/430

　　　一　工读互助团昙花一现　/430

　　　二　妇女解放发轫　/434

　　　三　非基督教运动开始　/438

　　　四　北京"驱彭挽蔡"　/440

　　　五　湖南"联省自治"　/443

　　　六　旅法勤工俭学起波澜　/446

　　　七　现代工人运动起步　/455

第十五章　新文化统一战线的分化　/462

　　　一　《新青年》编辑部分裂　/462

二 "少年中国"分途 /467

　　三 从《觉悟》右转到北大新派教师分裂 /472

　　四 新文化统一战线解体 /477

回望

结语：总论五四运动 /483

　　一 五四运动的领导权 /483

　　二 五四运动的中心 /488

　　三 五四运动的原因与对象 /493

　　四 "五四"后新文化运动的主流和主导思想 /496

五四运动大事年表 /503

参考文献 /516

后　记 /525

引言：划时代的转折点

——从五四运动的意义、总体研究思路叙事体系和目标说起

在五四运动100周年之际，提出"五四运动是现代中国历史起点"，有三方面考虑。

一 五四运动的历史意义

这是我们提出"五四运动是现代中国历史起点"主要原因。对此，已有诸多政治家、学者论述；这里，笔者强调三点。

其一，从中国近代民族民主革命历史进程角度看，五四运动充分展现了中国人民彻底反帝反封建的革命觉醒和革命精神，形成了中国资产阶级革命由旧民主主义向新民主主义转变的历史转捩点，也成为中国共产主义运动的起点。

近代以来，中国人民为国家独立、民族解放进行了不懈的斗争，从林则徐虎门销烟到左宗棠新疆平叛抗俄，从太平天国运动到义和团运动，从戊戌变法到辛亥革命，中国人民一再不惜鲜血生命粉碎了西方列强妄图灭亡中国的野心；但又一再表现出对帝国主义本质认识不清的弱点和缺失，如太平天国、戊戌变法、辛亥革命对帝国主义的软弱退让和义和团运动对西方事物的盲目排斥。五四运动则不同，中国人民通过巴黎和会关于山东问题的无理决定，开始认清西方列强同属一个"强盗世界"，从而开始彻底消除对帝国主义的幻想；同时把反对日本侵华势力同日本人民区别开来，把中国人民的民族解放斗争和争取来自世界人民包括列强统治集团内部的同情和支持结合起来。

同时，中国人民认清了北洋军阀对外妥协投降，对内高压专制的反动本质。五四运动之前，中国人民在不断进行的反对清王朝和北洋军阀反动统治的斗争中，都不同程度地一再表现出对封建统治集团的残暴和狡诈认识不足的缺点。戊戌变法中维新派向袁世凯求救，义和团运动打出"扶清灭洋"旗号，孙中山让出大总统职位，原因当然有诸多方面，但其共同点之一是对中国封建势力的前述两面性认识不清。五四运动则不同，明确地把斗争矛头集中于一小撮亲日派军阀政客，同时明确指出，虽然曹汝霖、章宗祥、陆宗舆等被罢免，但台上执政当权者与他们都是一路货色，不应对他们抱任何幻想。

正是基于以上对帝国主义、封建主义本质认识的新觉醒，中国各界民众特别是先进知识分子在五四运动高潮中迅速形成了中国社会必须"根本改造"的共识，并进一步围绕这个中心进行了空前广泛、深入、集中的关于"中国社会如何根本改造"的理论和实践探索，才找到了俄国十月社会主义革命这个新方向和马克思主义这个新思想武器，中国革命才开始转向马克思主义指导、无产阶级领导的新民主主义革命的新纪元。

其二，从中国现代化历史进程高度看，五四运动充分展现了中国人民彻底反对封建专制主义腐朽文化的自省意识和放手学习借鉴外国主要是西方一切先进文化成果的勇气，开创了中国空前的以民主、科学为显著特征的精神文化现代化繁荣活跃的新局面，开启了中国全面推进现代化历史进程的新时代。

五四运动之前，中国人民已经开始了对中国现代化的不懈追求和探索。洋务派在"中体西用"的口号之下，充分肯定了学习西方"船坚炮利"的器物文化特别是军事文化的必要性，并实际取得了有限的但影响深远的初步发展。维新派和革命派把现代化追求重点放在制度文化的现代化，取得了结束封建帝制等更为突出的历史性成就。但是，洋务派、维新派、革命派共同的缺点和失误是没有认清器物文化、制度文化与精神文化的关系，不同程度地忽视或轻视了精神文化的现代化。新文化运动先驱者并不反对器物文化和制度文化的现代化，而是在中国革命和现代化发展的关键阶段，把握住了"说服大多数人民"[1]这个历史主题，深刻总结了已往特别是辛亥革命失败的经验教训，明确提出了精神文化现代化是中国文化现代化的基础和核心。陈独秀说"伦理的觉悟，为吾人最后觉悟之最后觉悟"[2]；鲁迅强调"根柢在人"[3]，都明确表达了这种觉醒。

为此，新文化先驱者在中国历史上第一次从对世界现代化全局整体把握的历史高度，对中国的传统文化，特别对在其中占据统治地位的儒家伦理道德在内的传统精神文化进行了全面深入的历史反思，在"打倒孔家店"的激烈口号下，对传统精神文化禁锢人的思想、摧残人的个性等种种弊端进行了痛切审视、深入清算；同时，把中国传统文化作为一个自由研究的对象弃其糟粕，取其精华，作为构建中国现代精神文化的重要组成部分。胡适倡导"整理国故"，废弃"国渣"，[4]就表明了这种态度。有了这种自省精神，中国人民才真正找到了近代以来中国在世界现代化历史大潮中屡屡丧失发展机遇，落后挨打的关键内因，才可能真正发愤图强，后来居上。

据此，笔者认为当年和现今一些政治家、学者指出五四运动"犯了形式主义的错误"，"所谓坏就是绝对的坏，一切皆坏；所谓好就是绝对的好，一切皆好"；[5] "改革者们在对中国旧传统进行批判时，很少有人作过公平的或怀有同情心的考察"[6]等缺点是必要而正确的，而且应该也需要进一步深入研究。

胡适提出，五四运动"害了我们这纯粹思想运动变成政治化"[7]，是"一

---

[1] 列宁把十月革命前"沙皇制度时代或在切尔诺夫、策列铁里之流与克伦斯基、基什金之流妥协的时期"称为"说服大多数人民"的任务"占着首要地位"的时期；把"1917年10月25日到（大约）1918年2月"称为"夺取政权并且镇压剥削者的反抗"的时期；把1918年2月以后称为"组织对俄国的管理"时期。见《苏维埃政权的当前任务》，《列宁选集》第三卷，人民出版社1972年版，第495—496页。与此比较，笔者认为，五四时期，中国正处于需要新一代革命先驱用新学说、新理论"说服大多数人"时期，而非"夺取政权"或"组织""管理"中国时期。
[2] 陈独秀：《吾人最后之觉悟》，《新青年》第1卷第6号。
[3] 《文化偏至论》，《鲁迅全集》第一卷，人民文学出版社1981年版，第56—57页。
[4] 《新思潮的意义》，《胡适文选》，台北远流出版公司1986年版，第49页。
[5] 《反对党八股》，《毛泽东选集》第三卷，人民出版社1991年版，第832页。
[6] [美]周策纵：《五四运动：现代中国的思想革命》，周子平等译，江苏人民出版社1996年版，第498页。
[7] 《五四运动是青年爱国的运动》，《胡适文集》（12），北京大学出版社1998年版，第856页。

场不幸的干扰"，"把一个文化运动，变成一个政治运动"。[1]李泽厚认为陈独秀、李大钊等共产主义知识分子转向学习俄国十月革命、转向马克思主义，标志"从新文化运动的着重启蒙开始，又回到进行具体、激烈的政治改革终"，是"救亡压倒启蒙"。[2]笔者认为与历史实际不符。历史实际是，五四运动有力地促进了新文化运动的发展，无数的白话传单把白话直接传播到全国各界民众当中就是典型例证。应强调指出，在近代中国绝不能把反帝反封建的群众政治运动、革命斗争与新文化运动对立起来、割裂开来，两者的密切结合是新民主主义革命的突出特点和突出优点。李大钊与邓中夏、黄日葵等6位北京少年中国学会会员在联名提交学会1922年杭州年会的《为革命的德莫克拉西（民主主义）》的提案中指出："政治斗争'是改造社会、挽救颓风的最好工具。人民为最切近的利益而奋斗，在群众结会、示威运动、游行、煽动、宣传、抵制这些具体事实当中训练而团结自己，扫除与群众不相容的习惯和道德，吸收富于活气的实际的知识，因为与共同的仇敌作战，养成同仇敌忾的精神，锻炼了互助的能力。这样有价值的经验的获得，将远胜于读书万卷和教育十年了'。"[3]就是对"五四"以来新文化运动和五四运动紧密结合互相促进的实践经验的科学总结。中国革命就是这样走过来的。从1922年安源路矿工人大罢工提出"先前是牛马，现在要做人"[4]的口号，到井冈山红军"官长不打骂士兵，官兵待遇平等，士兵有开会说话的自由"，"同样一个兵，昨天在敌军不勇敢，今天在红军很勇敢，就是民主主义的影响"，[5]就是中国革命与思想启蒙结合前进的缩影。

新文化先驱们利用袁世凯死后北洋军阀不能形成强势政治中心、无力制造文化禁锢钳制局面，文化环境相对宽松的契机，推进了中国近代以来空前的对

---

[1] 唐德刚译：《胡适口述自传》，华文出版社1992年版，第206页。
[2] 李泽厚：《启蒙与救亡的双重变奏》，载许纪霖编：《二十世纪中国思想史论》上卷，东方出版中心2000年版，第87页。
[3] 《五四时期期刊介绍》第一集（上册），生活·读书·新知三联书店1978年版，第264—265页。
[4] 李锐：《毛泽东的早期革命活动》，湖南人民出版社1980年版，第380页。
[5] 《井冈山的斗争》，《毛泽东选集》第一卷，人民出版社1991年版，第65页。

西方文化全面大规模开放和学习,使中西古今文化实现了近代以来空前广泛深入的自由碰撞交流,更使对外开放迅速成为中国现代文化长远发展建设必须遵循的基本原则;所提出的"研究问题,输入学理,整理国故,再造文明",把"输入学理"作为再造中国现代新文明的重要前提、基本环节,深刻地代表了中国人民这种开放意识的理念升华。

从而,新文化运动才真正把西方现代文化的精华——民主精神、科学态度全面引入中国,使中国精神文化现代化出现了近代以来从未有过的提倡个性解放、思想自由、千说竞起、百家争鸣的崭新局面。正是基于这样的文化条件,先进知识分子才创立了中国现代文化各类学科专业,才造就了以鲁迅、胡适等为代表的一批文化大师,才使中国现代文化融入世界文化的主流,才有了中国现代化历史进程全面推进的新时代;特别是,才涌现出以陈独秀、李大钊、毛泽东、周恩来等为代表的共产主义思想知识分子群体,找到了马克思主义,创建了中国共产党——这是五四运动最伟大的历史成果,中国才开始了社会主义现代化的艰辛而辉煌的探索。

其三,从中国革命和现代化主体视角考察,五四运动使中国革命和现代化主体发生了结构性的根本变化,开始了主导力量由资产阶级向无产阶级的历史性转变,中国人民才开始努力掌握中国现代化进程的自主权。

首先,工人阶级以政治大罢工开始在中国的政治舞台上显示了自己的力量和影响,开始成为中国革命和现代化主体的主要组成部分之一。五四运动前,中国工人阶级作为资产阶级的追随者,积极参加了反帝反封建斗争。五四运动高潮期间,由于中国工人还没有接受马克思主义,还没能作为一个独立的自觉的政治力量,提出本阶级的政治纲领、政治口号;但却明显表现出不受资产阶级、小资产阶级思想束缚的新趋向。上海工人罢工就坚决拒绝了资产阶级民主派——《民国日报》等报刊和穆藕初等资产阶级代表人物要求中国民族资本工厂、英美"友邦"工厂工人不能罢工的呼吁,也拒绝了一些学生要求不要罢工的劝说而毅然行动。于是才有上海产业工人、手工业工人和广大店员等共计18万人大罢工,给中外反动势力空前猛烈的震动;罢工中又明显表现出工人大公无私、为国牺牲的政治特质。研究系《时事新报》十分敏感，明确指出："我们这番罢工和近来的外国的罢工性质完全不同"，"是表示我们不愿受二三卖国贼的支配，为争回民主国民的资格"。[1]这表明，五四运动高潮中的中国工人阶级以政治大罢工的实际行动，呈现出由自在阶级向自为阶级迅速转折的雄伟英姿。

中国工人阶级的杰出表现给中国先进知识分子以巨大鼓舞。胡适在中国拒签和约后说："现在中国专使居然不签字了。将来一定有人说这是'电报政策'的功效。其实不然。这一次七千个电报所以能收效，全靠还有一个'五四运动'和'六五运动'。要不然，那七千个电报都只是废纸堆里的材料。"[2]所以，五四运动高潮后，全国知识界掀起了宣传劳工的热潮，特别是以陈独秀、李大钊、邓中夏、彭湃等人为代表的具有共产主义思想的知识分子群体，迅速走上与工人阶级、农民大众相结合的道路，开始在工人、农民中传播马克思主义，使中国工人阶级迅速成长为独立的政治力量，使农民大众迅速向中国革命主力军转化。

其次，中国新型知识分子开始成为中国革命和现代化主体的核心。在中国历史上的漫长时期，中国知识分子（即士、士大夫）被科举制度机制和"学而优则仕"等观念所束缚，作为一个阶层，总体上只能成为封建统治阶级的一个依附阶层。以1905年科举制度废除为标志，这个态势开始发生了根本转变；到五四运动前夕，新型知识分子阶层成为一个以生产、传播文化产品为经济立足点和影响社会手段的社会阶层。其中陈独秀、蔡元培、胡适、李大钊、鲁迅等新文化先驱者们，以北京大学和《新青年》杂志为阵地，所向披靡，成为全国传播新文化的中心；五四运动爆发以后，又是他们瞩目中外，评议时政，实际成为全国反帝反封建爱国政治运动的思想指导中心。

还应指出，这个主体核心从一开始就保持清醒的文化自觉。以陈独秀、李

---

[1] 《时事新报》1919年6月11日。
[2] 胡适：《七千个电报》，《每周评论》1919年7月6日。

大钊、胡适等为代表的新文化先驱者们，包括梁启超、杜亚泉、梁漱溟、学衡派诸君等在内的新文化运动非主流派代表人物，都在坚持对外开放、放手吸收外国西方先进文化时，保持了高度的主体意识，即绝非全盘照收，而是从中国社会改造的实际需要，特别是从救亡图强的迫切需要出发，努力把西方先进学说与中国实际需要相结合，并坚持这一思想方向。这种主体意识的背后则是深深积淀在五四知识分子内心深处、骨髓之中的中国源远流长的士大夫"经世济用"优良传统。

特别是陈独秀、李大钊、毛泽东、周恩来等共产主义知识分子从接受马克思主义起，就认为它应"因时、因所、因事的性质情形，有些不同"，"必须要研究怎么可以把他的理想尽量应用于环绕着他的实境"，[1]也都实际含有任何外国理论学说都必须与中国实际相结合的思想内涵。中国马克思主义者就由这样的思想幼苗起步，培养出了马克思主义理论中国化的参天大树，从而标志中国人民开始真正努力掌握中国发展的主动权，真正掌握自己的命运。也是他们，从真正接受马克思主义、确立共产主义信仰起，就很快在共产国际的帮助下，自觉按照俄国布尔什维克的榜样，创立了中国共产党，从而把马克思主义传播到中国工农劳动大众中去[2]，使中国革命和现代化进程从此不断胜利发展，并积极为人类进步和发展做出自己应有的贡献。

总之无论就对内、对外而言，五四运动在近代中国历史上都具有划时代的意义，成为近代中国由不断丧失国家独立与主权的半殖民地半封建社会向下沉沦而向着实现完全的国家独立、民族解放、人民民主、经济富强、社会文明的向上上升趋向的转折点。[3]

---

[1] 李大钊：《再论问题与主义》，《每周评论》1919年8月7日。
[2] 如邓中夏指出："中国'现代式的'工会，无疑是从中国共产党手里开始"，"组织工人工作是从一九二一年开始"，"一九二一年一月一日，北京市党部开始在长辛店开办劳动补习学校"，"张特立（即叛徒张国焘）和邓中夏同志在上年底到此地与工人接触"。见邓中夏著：《中国职工运动简史（1919—1926）》，人民出版社1953年第二版，第14—15页。
[3] 参见汪朝光：《民国的初建：1912~1923》，《中国近代通史》第六卷，江苏人民出版社2007年版，第287页。

二 五四运动研究的总体思路和叙事体系

因为这些总体思路和叙事体系集中反映了"五四"以来中国的各政派、学派及学者个人对五四运动的认识过程及其认识成果,是我们提出"五四运动是现代中国历史起点"的基本依据和重要基础。百年来五四运动史研究大体有三种总体思路和叙事体系。

第一种是重视俄国十月革命影响、肯定五四运动与中国共产主义运动密切联系的研究思路和叙事体系。

最早这样阐释的是李大钊。他说,"五四运动是因外交问题激起的"[1],是"中国学生界用一种直接行动,反抗强权世界"[2],"系排斥'大亚细亚主义',即排斥侵略主义,非有深仇于日本人也";它不仅"为爱国运动",而且"实人类解放运动之一部分也";[3]五四运动还"是学生加入政治运动之纪念日,也是学生整顿政风之纪念日。因为政治不清明,使我们不能不牺牲求学之精神,而来干涉政治";[4]"'双十'与'五四'""这两个日子,在中国革命史上是有同一价值的纪念日"。[5]

李大钊的论断内涵丰富:其一,明确指出了五四运动具有反对外国强权侵略的民族革命和反对腐朽军阀民主革命的双重性质;其二,明确指出了五四运动是俄国十月革命后世界社会主义革命和民族解放运动两大历史潮流的一部分;其三,充分肯定了学生投身并发动各界民众反对帝国主义侵略和军阀腐朽政治斗争的正义性和合理性;其四,高度评价了五四运动是与辛亥革命一样在中国近代史上具有划时代的里程碑意义。这样,李大钊就初步为重视十月革命影响、肯定五四运动与中国共产主义运动联系密切的总体研究思路和叙事体系

---

[1] 李大钊:《在上海社会主义青年团"国际少年日纪念会"上的演说词》,《学生杂志》第9卷第11期。
[2] 李大钊:《中国学生界的"May Day"》,《晨报》1921年5月4日。
[3] 李大钊:《在〈国民〉杂志社成立周年纪念会上的演讲》,《国民》第2卷第1号。
[4] 李大钊:《在北京学生联合会纪念"五四"大会上的演讲》,《晨报》1923年5月5日。
[5] 李大钊:《双十与五四》,《新生活》第10期。

确立了简单、粗略,但特质鲜明的基础框架。

20世纪20年代中期至30年代初,陈独秀、瞿秋白、蔡和森、李立三、张闻天等人对五四运动的国际背景、政治性质、领导力量等进行了进一步分析。陈独秀指出,五四运动是"纯粹的市民反抗外国帝国主义之压迫及以直接行动的手段惩罚帝国主义者之走狗——卖国贼"[1]。瞿秋白指出:"五四运动,一方面反对卖国亲日的官僚和军阀——安福系曹、章、陆等,以革命的群众的直接行动袭击这些反动派,别方面很明显的提出废除二十一条,收回青岛等要求。于是便把辛亥以来反动派与革命派争相'保障外人的生命财产,尊重条约权利',而求帝国主义之援助的局面更变了","把义和团失败之后'尊洋主义'的天经地义打破了","是辛亥革命之后,中国社会里各阶级努力以行动干预政治,而且带着群众性质的第一次","这种巨大的民族革命潮流,居然能开始冲动中国工人阶级的觉悟,从此发生真正社会主义、共产主义运动以及工会的组织。这种巨大的运动显而易见是辛亥以后第二次的民族革命","在世界史上实在是分划中国之政治、经济、思想等为前后两时期的运动"。[2]陈独秀突出肯定"'五四'运动虽然未能达到理想的成功,而在此运动中最努力的革命青年,遂接受世界的革命思潮,由空想而实际运动,开始了中国革命之新的方向。这新方向便是社会中最有革命要求的无产阶级参加革命,开始表现他的社会势力"[3]。毋庸赘言,瞿秋白、陈独秀明确肯定了五四运动中最努力的革命青年和工人阶级的新觉悟就是中国真正共产主义运动的开始兴起,比李大钊"人类解放运动之一部分"的认识前进了一步。

陈独秀、蔡和森分析了五四运动的国际背景及其发展倾向的转换。陈独秀指出,五四运动"乃是在欧战后世界革命的怒潮中"[4]发生的。蔡和森指出,

---

[1] 陈独秀:《二十七年以来国民运动中所得教训》,《新青年》(季刊)第4期。
[2] 瞿秋白:《五四纪念与民族革命运动》,《向导》第113期。
[3] 陈独秀:《二十七年以来国民运动中所得教训》,《新青年》(季刊)第4期。
[4] 陈独秀:《二十七年以来国民运动中所得教训》,《新青年》(季刊)第4期。

五四运动"开始是倾向于美国的"[1]，"这个影响正有力的时候，全中国人民对美国的幻想都是很大的，是希望美[国]来帮助中国打倒日本帝国主义"[2]，"但结果倾向于俄国了"，因为"威尔逊的十四条到凡尔塞和会而破产了。中国民众所希望要求的是美国帮助中国人取消二十一条与退出山东的主权，但结果在和会中帝国主义者反相互承认日本在华所得的利益是合法的，于是美国的幻术破了"；"另一方面又看见俄国十月革命，一面推翻了俄皇专制，一面推翻了帝国主义干涉，建设了工人国家，以前认为是洪水猛兽的，现在转而倾向了"。[3]

关于五四运动的领导权，陈独秀认为，五四运动是"小资产阶级（知识阶级包含在内）独唱的舞台"[4]。蔡和森则具体说明，五四运动的"指挥力量"、"真正的指导人则为美国公使和牧师、留学生以及受美国思想毒害的知识阶级分子"。[5]李立三认为"五四运动的思想上领导是属于资产阶级的"[6]。张闻天则认为"'五四'运动中民族资产阶级能够取得领导的作用"[7]。瞿秋白提出："'五四'是资产阶级的文化革命运动。"[8]可见，这期间中共领导层对五四运动的领导权问题在认识上是不一致的，在不是无产阶级领导上却有共识。

但他们高度关注工人阶级在五四运动中的作用。例如，李立三指出，"五四运动中工人阶级已表现他的力量，在北方长辛店、唐山已有铁路工人组织的救国工人团，加入者一千五百人。在上海小沙渡日本纱厂和日本码头工人

---

[1] 蔡和森：《中国共产党史的发展（提纲）》，《中共党史报告选编》，中共中央党校出版社1982年版，第17页。
[2] 蔡和森：《中国共产党史的发展（提纲）》，《中共党史报告选编》，中共中央党校出版社1982年版，第6—7页。
[3] 蔡和森：《中国共产党史的发展（提纲）》，《中共党史报告选编》，中共中央党校出版社1982年版，第17页。
[4] 陈独秀：《二十七年以来国民中运动中所得教训》，《新青年》（季刊）第4期。
[5] 蔡和森：《中国共产党史的发展（提纲）》，《中共党史报告选编》，中共中央党校出版社1982年版，第17页。
[6] 李立三：《党史报告》，《中共党史报告选编》，中共中央党校出版社1982年版，第208页。
[7] 张闻天：《中国革命基本问题》，《中共党史报告选编》，中共中央党校出版社1982年版，第384页。
[8] 瞿秋白：《五四纪念与民族革命运动》，《向导》第113期。

罢工参加民族革命运动,使青年界在十月革命影响之下走到工人中去"[1]。

他们对五四运动前后中国思想界的分化趋势进行了整体概括。瞿秋白指出,"辛亥革命之后,中国的思想界就不可避免的完成了第一次的'伟大的分裂'","中国的士大夫式的知识阶层就显然的划分了两个阵营:国故派和欧化派";[2]"'五四'到'五卅'前后,中国思想界里逐步的准备着第二次的'伟大的分裂'。这一次已经不是国故和新文化的分别,而是新文化内部的分裂:一方面是工农民众的阵营,别方面是依附封建残余的资产阶级","这个分裂直到一九二七年下半年方才完成"。[3]他还明确提出,"'五四'之后不久,《新青年》之中的胡适之派,也就投降了:反动派说一味理想不行,胡适之也赶着大叫'少研究主义,多研究问题'。这种美国市侩式的实际主义,是要预防新兴阶级的伟大理想取得思想界的威权"[4]。毋庸详论,这些论断同前述"'五四'是资产阶级的文化革命运动""开始是倾向于美国的"等论断是矛盾的;这也表明中国共产党人由全面肯定资产阶级知识分子和实验主义在五四运动中的积极作用转向有所否定,而同时对新兴无产阶级及其文化思想的评价有了明显提升;也表明重视十月革命影响、肯定五四运动史与中国共产主义运动联系密切的总体研究思路和叙事体系的认识还不成体系,尚有待整合。

但是,这些共产党人都是五四运动中各地区、各方面的骨干中坚分子,因而对五四运动的某些部分、侧面有着独特而深切的个人体验,均有其亲历者所特有的重要的直观性、原始性、鲜活性,即使片面、失实,也是五四运动的某些曲折反映,可能对后人研究有所启示。

毛泽东在20世纪30年代末至40年代初,沿着李大钊、瞿秋白等中国马克思主义者的研究思路,对五四运动进行了系统总结,先后发表了《新民主主义论》《五四运动》《一二九运动的伟大意义》《青年运动的方向》等文,就

---

[1] 李立三:《党史报告》,《中共党史报告选编》,中共中央党校出版社1982年版,第210页。
[2] 《〈鲁迅杂感选集〉序言》,《瞿秋白选集》,人民出版社1985年版,第532页。
[3] 《〈鲁迅杂感选集〉序言》,《瞿秋白选集》,人民出版社1985年版,第536页。
[4] 《〈鲁迅杂感选集〉序言》,《瞿秋白选集》,人民出版社1985年版,第535页。

五四运动提出："五四运动的杰出的历史意义，在于它带着为辛亥革命还不曾有的姿态，这就是彻底地不妥协地反帝国主义和彻底地不妥协地反封建主义"；五四运动"是在列宁号召之下发生的。五四运动是当时无产阶级世界革命的一部分。五四运动时期虽然还没有中国共产党，但是已经有了大批的赞成俄国革命的具有初步共产主义思想的知识分子"；"五四运动是在思想上和干部上准备了一九二一年中国共产党的成立，又准备了五卅运动和北伐战争"。[1]这实际是概括了五四运动的性质特点、背景条件、行动主体、发展历程和历史作用。

毛泽东还指出，"在中国资产阶级民主革命的一百年中，分为前八十年和后二十年两个大段落"，两者的分界线就是五四运动，"后二十年"属于"新民主主义"阶段。[2]这实际就是明确地提出五四运动是中国新民主主义革命的开端。毛泽东明确提出，"在五四运动以后，虽然中国民族资产阶级继续参加了革命，但是中国资产阶级民主革命的政治指导者，已经不是属于中国资产阶级，而是属于中国无产阶级了"[3]。可见毛泽东是把五四运动视为旧民主主义革命和新民主主义革命的转折点，但他没有提出五四运动领导权属于无产阶级或共产主义知识分子。他不同意瞿秋白、蔡和森、李立三等人认为五四运动领导权属于资产阶级；还和蔡和森一样断定，五四运动中国民党是"站在旁边的"[4]，"站在以外不闻不问"[5]。

因为毛泽东是中国共产党的主要领导人，又曾经是湖南五四运动的主要领军人物，并是为数不多的在全国较有影响的学生领袖人物之一，所以毛泽东的这些论断的影响，就随着中国共产党的发展而不断扩大，毛泽东思想日益成为全国各项工作的指导方针。在中华人民共和国成立后到1979年中国社会科学院

---

[1] 《新民主主义论》，《毛泽东选集》第二卷，人民出版社1991年版，第699—700页。
[2] 《新民主主义论》，《毛泽东选集》第二卷，人民出版社1991年版，第696页。
[3] 《新民主主义论》，《毛泽东选集》第二卷，人民出版社1991年版，第672—673页。
[4] 《如何研究中共党史》，《毛泽东文集》第二卷，人民出版社1993年版，第403页。
[5] 蔡和森：《中国共产党史的发展（提纲）》，《中共党史报告选编》，中共中央党校出版社1982年版，第17页。

纪念五四运动六十周年学术研讨会之前，毛泽东的这些论断一直是国内史学界研究五四运动史的指导思想和基本依据。

与此同时，重视俄国十月革命影响、肯定五四运动与中国共产主义运动密切联系的五四运动叙事体系迅速建立。代表作有胡华编的《中国新民主主义革命史（初稿）》[1]；华岗著的《中国民族解放运动史（第一卷增订本）》（翌年扩充其《开始新民主革命的五四运动》一章成《五四运动史》一书）[2]；李新等主编的《中国新民主主义革命时期通史》[3]等。这些论著关于五四运动论述的相同点是：

其一，五四运动的国际背景是第一次世界大战和俄国十月革命的爆发；经济条件是大战期间中国民族经济特别是民族工业的发展；阶级基础是工人阶级的迅速壮大；文化思想条件是以《新青年》创刊为标志的新文化运动的兴起；在巴黎和会上中国外交的失败是运动爆发的导火索。

其二，五四运动到六三运动之前，运动中心在北京，学生是运动的主力军；六三运动后工人阶级作为一支独立的政治力量登上中国政治舞台，通过政治大罢工等方式成为运动的主力军，是运动取得胜利的决定性因素，运动中心也转移到上海。

其三，五四运动的胜利极大地促进了新文化运动的发展，各种新学说新思潮广泛传播，马克思主义传播在斗争中战胜了实验主义、基尔特社会主义、无政府主义等的干扰，成为新文化运动的主流。

其四，资产阶级及其知识分子在反对帝国主义和反对封建军阀斗争中有两面性，其反帝反封建的软弱性、妥协性决定了它是运动右翼，对五四运动没有领导作用；五四运动中涌现了以李大钊为代表的一大批共产主义知识分子，是运动中最先进最有战斗力的左翼。

其五，五四运动是在思想上和干部上准备了1921年中国共产党的成立和

---

[1] 胡华编：《中国新民主主义革命史（初稿）》，人民出版社1950年3月版。
[2] 华岗：《中国民族解放运动史》第一卷增订本，生活·读书·新知三联书店1951年版。
[3] 李新等主编：《中国新民主主义革命时期通史》，高等教育出版社1959年版。

1924年开始的大革命；是中国由旧民主主义革命发展到新民主主义革命的转折点，是无产阶级世界革命的一部分。

这个叙事体系体现了毛泽东关于五四运动的理论思路，并且还有突破，如提出六三运动后工人成为五四运动的主力军，其政治大罢工是五四运动取得胜利的决定性因素；提出"只有共产主义知识分子李大钊""才能自始至终深入人民群众去领导革命，才能统率统一战线中各种友军去和封建势力及帝国主义作斗争"。[1]

以上重视俄国十月革命的影响、肯定五四运动与中国共产主义运动密切联系的研究思路和叙事体系，构成了毛泽东新民主主义革命理论体系的重要基础之一，吸引了广大人民群众特别是知识青年在继承发扬五四运动优良传统旗帜下投身中国革命的历史洪流，有其合乎当时革命政治需要的合理性，这实际也是毛泽东、瞿秋白等人提出这种理论思路的初衷。但这种研究思路和叙事体系对与共产主义知识分子同时活跃在中国政坛的国民党人、亲英美派知识分子、研究系等各政派的忽略，甚至过分贬低，使"另外一些与自由相关的思想，如个性主义、思想自由等，则被淡化，甚至忽视了"[2]。从历史研究的角度看，不能不说是明显的缺憾；从长远看，也不利于中国人民全面借鉴五四运动的历史经验，全面正确地推进中国的现代化建设。

20世纪80年代以来，在"解放思想、实事求是"的改革开放大潮中，中国近现代史、中共党史学界深入开掘了有关五四运动的理论资源。20世纪20年代中期至30年代初瞿秋白、蔡和森、李立三、张闻天等论述迅速出版，[3]具体说明毛泽东"五四"前在湖南师范时期最佩服的是胡适、陈独秀，以他们为楷模的《西行漫记》等书刊也都公开发行，被研究者广泛利用。[4]从而迅速推出一批有

---

[1] 《五四运动史》，《华岗选集》第二卷，山东大学出版社2003年版，第1582页。
[2] 欧阳哲生：《自由主义与五四传统——胡适对五四运动的历史阐释》，《胡适研究丛刊》第二辑，中国青年出版社1996年版，第37—38页。
[3] 参见《中共党史报告选编》，中共中央党校出版社1982年版。
[4] 美国作家埃德加·斯诺所著的《西行漫记》在中华人民共和国成立后一直没再公开出版印行，直到1979年才由生活·读书·新知三联书店公开出版发行由董乐山所翻译的版本，一上市就受到广大读者的喜爱与好评。

关五四运动总体研究论著，有代表性的是：李新、陈铁健主编的《伟大的开端》（1983），彭明著《五四运动史》（1984），李新、李宗一主编的《中华民国史》（第二编第二卷）中邓野执笔《五四运动》一章等。其共同要点是：

1. 五四运动的国际背景是第一次世界大战结束和俄国十月革命胜利；经济条件是中国资本主义经济特别是民族工业的发展；阶级基础是工人阶级和新知识阶层力量的壮大；思想基础是新文化运动的兴起，特别是《新青年》杂志和蔡元培教育改革相结合，使北大成为五四运动的摇篮；直接预演是京津学生抗议中日防敌军事协定的请愿活动。

2. 五四运动从"五四"当日到六三运动之前，北京是中心，学生是主力军；6月3日后，中心在上海，学生和工人共同构成运动两大主力军，取得惩办卖国贼和拒签和约的胜利；之后运动继续发展为抗议"鲁案""闽案"等斗争，直至1920年5月前后。

3. 肯定了学生领袖段锡朋、傅斯年、罗家伦、许德珩、毛泽东、周恩来等人的突出作用，肯定了陈独秀、李大钊、蔡元培、孙中山的支持和指导运动的积极作用。

4. 在北京政府拒签和约后，新文化运动迅猛发展，呈现出围绕中国社会如何改造问题，百家竞起、异说争鸣的空前活跃局面。其间，经过问题与主义论战、社会主义论战、无政府主义论战，经过工读互助团等实践探索，中国马克思主义者选择了以俄国十月革命为榜样的社会主义道路。

5. 五四运动的性质是彻底地不妥协地反帝国主义和彻底地不妥协地反封建主义的革命运动，是中国现代第一次冲破封建主义禁锢的思想解放运动，从思想上、干部上准备了中国共产党成立和五卅运动、北伐战争。

进入21世纪后，在马克思主义指导下的中国近现代史、中共党史学界五四运动研究思路和叙事体系出现了新突破，通史性研究的代表作是张海鹏主编、汪朝光著《中国近代通史》第六卷《民国的初建》第四章《五四运动与时代转换之发端》（2007）。主要有两大特点：

第一是论证现代感强。对新文化运动反对纲常名教，指出"所谓忠孝节义实际提倡的是君为臣纲、夫为妻纲、父为子纲的上下、尊卑有序的固定、僵化的体制，在这样的体制下，每个人的地位已经命定，从而也就封堵了新思想新制度产生的可能性，大大有害于中国的变革与进步"[1]，明确把思想文化问题同社会（包括政治、文化、社会等各方面）体制、制度直接联系起来；提出白话文运动"在中国文化史与文明史上留下了受惠于后人的久远影响"[2]，客观评价了白话文运动在中国历史中的地位和作用；认为五四运动表明了中国"理性民族主义的觉醒"[3]，对外"改变了近代以来中国国际地位不断下滑、国家利权不断丧失的趋势，开始了中国国际地位缓慢上升、国家利权逐渐收复的过程"[4]。

第二是史实叙述精当。对新思潮的发展，指出其特点是以"民主的精神、科学的方法、中肯的风范、求实的态度而渐占上风"[5]；思想自由的局面能出现在军阀当道时期的原因是"军阀间的纷扰争斗使其无暇顾及于政治之外的其他方面，政府行政管理的混乱无序为学术自由留下了一定的挥洒空间，经济和市场的发展使学人可以在一定程度上自谋生路，租界治外法权的存在亦使有违政府'禁忌'的文人有所托庇，等等"[6]；顾维钧在巴黎和会上的精彩发言"颇具感情"[7]，"有理、有力、有节，以情动人，以理服人，而又坚守原则立场，不失交涉分寸"[8]。这些都对尽人皆知的史实生动具体地讲出新意。

专题性研究代表作是邓野所著的《巴黎和会与北京政府的内外博弈》和董德福、史云波合著的《回首五四——百年中国思潮和人物》。

前者突出之处在于厘清了北京政府在五四运动中的地位和作用，填补了已往研究的空白。邓野明确肯定皖系军阀段祺瑞在美国对德宣战之后力排众议

---

[1] 汪朝光：《民国的初建：1912—1923》，江苏人民出版社2007年版，第254页。
[2] 汪朝光：《民国的初建：1912—1923》，江苏人民出版社2007年版，第256页。
[3] 汪朝光：《民国的初建：1912—1923》，江苏人民出版社2007年版，第286页。
[4] 汪朝光：《民国的初建：1912—1923》，江苏人民出版社2007年版，第287页。
[5] 汪朝光：《民国的初建：1912—1923》，江苏人民出版社2007年版，第257页。
[6] 汪朝光：《民国的初建：1912—1923》，江苏人民出版社2007年版，第257页。
[7] 汪朝光：《民国的初建：1912—1923》，江苏人民出版社2007年版，第262页。
[8] 汪朝光：《民国的初建：1912—1923》，江苏人民出版社2007年版，第263页。

力主中国参战,才有"中国成为战胜国,将有权出席巴黎和会,从而在理论上获得一次改变国家地位的机遇"[1]。在和会召开的5月初,北京政府向和会提出包括"舍弃势力范围"、"撤退外国军队、巡警"、"归还租借地"等七项《中国希望条件》,是"以国家的名义,通过正式的外交途径、全面的提出",为近代中国第一次。[2]北京政府对学生运动态度,有理解认同的一面。五四当天,"步军统领李长泰来到学生当中,……'汝们有爱国心,难道我们做官的就不爱国?就要把地方让给别人么?'"[3]正是这种理解,才有了钱能训和吴炳湘反对并制止了时任京畿卫戍司令的段芝贵出兵镇压学生。安福系机关报在五四运动爆发的第二天发表社论,提出"路透电所报告布尔札维克党人在俄国各地之骚扰,又发见于吾华首都"[4]。其反对五四运动自是其政治立场所致,但这是中国指出运动与俄国十月革命的联系的第一人,其政治嗅觉的高度敏锐可谓不凡。

曹汝霖、章宗祥在1918年9月与日本签订两项山东密约,"欣然同意"日本继承德国山东权益,已成中国近代史学界绝大多数论著的定谳。邓野明确指出这个"'欣然同意'与继承权没有关系"[5]。其一,两个条约,均于1918年9月24日,由中国驻日公使章宗祥与当时的日本外相后藤新平签订。"关于山东换文,首先,由后藤新平照会章宗祥,提出日方七项承诺:胶济路沿线日军,除济南留一部分外,全部调集青岛;胶济路的警卫由中方担任;撤废日本在山东的民政署等等。然后,由章宗祥照会后藤新平,表示:'中国政府对于日本政府上列之提议,欣然同意。'……这里并未涉及继承权。"[6]"包括'欣然同意'的19项中日密约,中方早于2月15日送交美方",美方表示"颇为满意";"时隔两个月后,威尔逊之所以忽就'欣然同意'提出质问,完

---

[1] 邓野:《巴黎和会与北京政府的内外博弈》,社会科学文献出版社2014年版,第19页。
[2] 邓野:《巴黎和会与北京政府的内外博弈》,社会科学文献出版社2014年版,第76页。
[3] 邓野:《巴黎和会与北京政府的内外博弈》,社会科学文献出版社2014年版,第99页。
[4] 《公言报》1919年5月5日,转引自邓野:《巴黎和会与北京政府的内外博弈》,社会科学文献出版社2014年版,第104页。
[5] 邓野:《巴黎和会与北京政府的内外博弈》,社会科学文献出版社2014年版,第139页。
[6] 邓野:《巴黎和会与北京政府的内外博弈》,社会科学文献出版社2014年版,第139页。

全出于对日妥协的政治需要"。[1]其二，签订这两个条约的时间是1918年9月24日，徐世昌当选民国大总统之后、正式上任之前，是为解决徐世昌上任之初的财政困难。而之前"中方正是'深虑日本有继承德国人权力之意'，因此，在很长一段时间内并不与日本交涉谈判"[2]；至1917年8月中国正式对德奥宣战，"中德间一切契约自归消灭"[3]，中国才同日本谈判。

　　董德福、史云波著作的特点是把五四思潮和人物置于中国百年社会发展史、文化史、中外交流史的广阔背景之下，强调文化保守主义思潮不是五四运动的对立面，而是五四运动的重要组成部分；提出孙中山经历了从"五四运动的旁观者而非领导者"[4]到"参与者和指导者"[5]的过程，是"五四新文化运动的反思者与批评者"。[6]

　　可见，重视俄国十月革命的影响、肯定五四运动与中国共产主义运动密切联系的研究思路和叙事体系有了很大突破，明显呈现出既坚持原来的重视马克思主义传播和共产主义思想知识分子作用等基点，又努力克服对国民党人、亲英美派知识分子、研究系等各政派略而不提甚至过分贬低，对北京政府全盘否定，对"个性主义、思想自由等""淡化，甚至忽视"等种种偏向，最大限度地努力还原五四运动历史真实的明确方向。

第二种是以国民党人为中心的总体研究思路和叙事体系。

　　最早构建这种总体研究思路和叙事体系的是20世纪40年代中期包尊彭所著的《五四运动史》。其内容要点是：

　　第一，五四运动的历史渊源是中国近代反帝反封建的革命、改良两大历史潮流，特别是孙中山领导的同盟会、国民党斗争的继续。

---

[1]　邓野：《巴黎和会与北京政府的内外博弈》，社会科学文献出版社2014年版，第140页。
[2]　邓野：《巴黎和会与北京政府的内外博弈》，社会科学文献出版社2014年版，第138页。
[3]　章宗祥：《东京之三年》，《近代史资料》第38号，转引自邓野：《巴黎和会与北京政府的内外博弈》，社会科学文献出版社2014年版，第137页。
[4]　董德福等：《回首五四——百年中国思潮和人物》，人民出版社2008年版，第106页。
[5]　董德福等：《回首五四——百年中国思潮和人物》，人民出版社2008年版，第113页。
[6]　董德福等：《回首五四——百年中国思潮和人物》，人民出版社2008年版，第113页。

第二，五四运动的文化背景是二次革命后，蔡元培、胡适、吴稚晖、高一涵、陈独秀等人总结二次革命的失败原因在于人们思想太旧而进行思想启蒙。

第三，对运动发展起突出作用的是国民党人或与国民党联系密切的人或社会团体，其中出席巴黎和会的代表为王正廷、顾维钧，北京学生中是罗家伦、傅斯年、汪敬熙；上海是邵力子带头引起；上海学联是程天放；上海工人已信仰三民主义，在国民党领导的工会组织下罢工。

第四，五四运动为抗日战争铺平了道路。[1]

20世纪90年代初，一些学者对这种研究思路和叙事体系进行了较为深入的研究，以刘永明著《国民党人与五四运动》为代表。其主要观点是：

其一，国民党人是五四运动的主要促发力量。五四运动的"思想主题"是"人民要求当国家的主人"，实质是在国民党的"全民政治""新思想""影响下出现的"。北大校长蔡元培同"掀起五四运动"的"北大革新团体"国民社、新潮社等有着"内在的团体领导关系"。[2]陈独秀是在蔡元培的"重用和帮助下""日益成为北大教员中的革新派领袖，中国新文化运动的著名领袖人物"。[3]"李大钊与国民党人有相当密切的关系"，陈独秀、李大钊的活动很有"益于扩大国民党在中国北方的政治影响"。[4]

其二，国民党人或与国民党接近的人是五四学生运动的主要指导者、组织者。五四运动游行示威中散发的《北京学界宣言》《北京全体学界通告》均宣传了"国民党人政治主张的核心内容"[5]。五四游行示威中被捕"学生得以获释，也是国民党在政治上的小胜利"[6]。国民大会上海事务所"实际上正是国民党人组织上海五四民众运动的指挥部"[7]，"因有这种指导"，"运动

---

[1] 参见包尊彭：《五四运动史》，（南京）青年出版社1946年再版。
[2] 刘永明：《国民党人与五四运动》，中国社会科学出版社1990年版。刘永明：《五四运动研究中的几个问题》，《近代史研究》1993年第6期。
[3] 刘永明：《国民党人与五四运动》，中国社会科学出版社1990年版，第42页。
[4] 刘永明：《国民党人与五四运动》，中国社会科学出版社1990年版，第43页。
[5] 刘永明：《国民党人与五四运动》，中国社会科学出版社1990年版，第102页。
[6] 刘永明：《国民党人与五四运动》，中国社会科学出版社1990年版，第105页。
[7] 刘永明：《国民党人与五四运动》，中国社会科学出版社1990年版，第132页。

得以顺利进展，直至取胜"。[1] "上海学生联合会是在国民党人鼓动、指导下成立并开展爱国活动的"[2]，其"准备领导上海学生实行总罢课，乃是在切实执行国民大会的决议，也就是按照国民党人的意图行事"[3]；"全国学联成立后，在最初几年中，始终接受国民党人的指导"[4]。呼吁成立"全国各界联合会"，是"旨在根据国民党人的全民政治原则，组织一个全国性的民意机关，代表国民公意进行国民外交，处理内政事务，实际上是一个新的政权机关。这就与国民党人当时主张的另起锅灶、组建新政府配合默契了"[5]。

其三，国民党人或与国民党接近的人是上海工人运动的主要领导者。"五四运动爆发后，举行政治性罢工，乃是国民党人通过中华工党等工界团体向上海工人再三发出的战斗号召，也是他们积极组织上海广大工人的最主要目的。而到6月决战时期，国民党人更加努力去鼓动、组织大罢工。事实表明，从6月5日开始的上海工人大罢工，正是他们坚持努力奋斗的直接结果。"[6]

其四，国民党人是上海商界罢市主要领导者。"国民党人在上海五四商人运动中主要做了三件事：（一）鼓动上海商业公团联合会努力奋斗，热心救国；（二）组织平民商会……（三）通过鼓动、指导上述两团体，带领绝大多数爱国商人同反动的上海总商会作斗争，并促其初步改组……上海五四商人爱国运动也就进行得很有声有色，乃至震动全国，名传海外"。[7]

其五，国民党人是旅法华人拒约斗争的主要领导者。"汪精卫、李石曾等国民党人乃是旅法华人开展拒约等爱国活动的主要领导人。"[8]在"巴黎和约签字日，国民党人积极组织巴黎的留学生和华工，准备武力拒约"[9]，是对拒

---

[1] 刘永明：《国民党人与五四运动》，中国社会科学出版社1990年版，第143页。
[2] 刘永明：《国民党人与五四运动》，中国社会科学出版社1990年版，第166页。
[3] 刘永明：《国民党人与五四运动》，中国社会科学出版社1990年版，第170页。
[4] 刘永明：《国民党人与五四运动》，中国社会科学出版社1990年版，第198页。
[5] 刘永明：《国民党人与五四运动》，中国社会科学出版社1990年版，第203页。
[6] 刘永明：《国民党人与五四运动》，中国社会科学出版社1990年版，第220页。
[7] 刘永明：《国民党人与五四运动》，中国社会科学出版社1990年版，第270页。
[8] 刘永明：《国民党人与五四运动》，中国社会科学出版社1990年版，第378页。
[9] 刘永明：《国民党人与五四运动》，中国社会科学出版社1990年版，第381页。

签和约"最直接因而最有效的举动";可以说"巴黎和约最终得以拒签,乃是汪精卫等人努力鼓动、组织旅法华人誓死抗争的结果"。[1]

刘永明等人所持上述国民党人是五四运动主要领导者的观点引起了一场争论,张德旺、赵金鹏等人提出刘永明过分夸大、拔高了国民党人的作用。但争论双方的共识是国内史学界长期沿用国民党人在五四运动中"靠边站"的观点不符合历史实际,国民党人在五四运动中发挥了重要作用,与以李大钊、陈独秀为代表的共产主义知识分子群体,以胡适为代表的亲英美派知识分子,以梁启超为首的研究系等政派同为对五四运动发展最具影响力的重要政派。[2]

第三种是以学生运动为中心、以自由主义为主导思想的总体研究思路和叙事体系。

这种研究思路和叙事体系集中体现于周策纵所著的《五四运动:现代中国的思想革命》。其主要观点是:

其一,五四运动的促发条件。最重要的,一是"日本提出的二十一条和随后发生的事件所激起的民族屈辱感"[3],表现在中国"一种新的民族主义逐渐发展起来,许多人开始意识到,为了生存必须反对外国侵略","一种民族团结的精神在中国普遍盛行";[4]特别是抵制日货在反对"二十一条"的斗争中"第一次表明了这个武器在被众多的人使用时所具有的巨大威力"[5]。

二是"海外留学生的改革热情","19、20世纪之交",日、美、法

---

[1] 刘永明:《国民党人与五四运动》,中国社会科学出版社1990年版,第383页。
[2] 参见刘永明:《五四运动中的国民党人》,《中共党史研究》1989年第3期;刘永明:《五四运动研究中的几个问题》,《近代史研究》1993年第6期;张德旺:《如何评价资产阶级革命民主派在五四运动中的作用——与刘永明、黄金华等商榷》,《中共党史研究》1990年第2期;张德旺:《五四运动中资产阶级革命民主派若干问题再探讨》,《近代史研究》1995年第3期等。
[3] [美]周策纵:《五四运动:现代中国的思想革命》,周子平等译,江苏人民出版社1996年版,第22页。
[4] [美]周策纵:《五四运动:现代中国的思想革命》,周子平等译,江苏人民出版社1996年版,第25页。
[5] [美]周策纵:《五四运动:现代中国的思想革命》,周子平等译,江苏人民出版社1996年版,第26—27页。

"三个国家成了对中国影响最重要的中心",学生们"回国之后,通过他们所提倡的不同的、有时是相互矛盾的对中国问题的解决方法,显示了这三个国家""不同的影响"。[1]其中,胡适等新知识分子主张"不愿意支持一场革命和提倡把教育作为建设一个新中国的基础"[2],体现了美国的影响。"留日知识分子比在任何其他国家的留学生受到更多的军事、社会主义和民族主义的影响"[3],有的"担当了五四运动的许多领导工作",是"运动中的激烈分子";[4]有的"与军阀和旧士绅一起构成了反对五四运动的核心"[5]。为抗议"二十一条"归国的留日学生1906年在上海成立的各省旅沪学生总会"是现代中国学生大联合的创始"[6],"是近代中国学生在全国范围团结起来,关注中国社会、文化和政治改革的第一次尝试。它也可以被看作是'五四事件'后成立的各种积极活跃的学生联合会的前奏"[7]。法国影响表现在"法国大革命的政治思想""影响了相当一批中国知识分子和政治领导者,如梁启超、陈独秀和许多国民党领导人"[8];还表现在大战期间"在法华工和学生工人","到了大战后期,他们的一些领导人便采取了民族主义、无政府主义和马克思主义等一种或几种态度","不少人在20年代初期把五四运动推向社会主义和民族主义极端活动中是起过作用的"。[9]

其二,关于五四运动的发展过程及各阶层群众及其社团组织的作用。1919年5月4日爱国运动爆发,在5月6日便成立的北京中等以上学校学生联合会"是中国第一个全市范围内中等以上学校的永久性学生组织。它成了随后几年在几乎所有中国重要城市中成立的众多类似组织的典范","一个月以后'中华民

---

[1] [美]周策纵:《五四运动:现代中国的思想革命》,周子平等译,江苏人民出版社1996年版,第28页。
[2] [美]周策纵:《五四运动:现代中国的思想革命》,周子平等译,江苏人民出版社1996年版,第32页。
[3] [美]周策纵:《五四运动:现代中国的思想革命》,周子平等译,江苏人民出版社1996年版,第40页。
[4] [美]周策纵:《五四运动:现代中国的思想革命》,周子平等译,江苏人民出版社1996年版,第35页。
[5] [美]周策纵:《五四运动:现代中国的思想革命》,周子平等译,江苏人民出版社1996年版,第36页。
[6] [美]周策纵:《五四运动:现代中国的思想革命》,周子平等译,江苏人民出版社1996年版,第38页。
[7] [美]周策纵:《五四运动:现代中国的思想革命》,周子平等译,江苏人民出版社1996年版,第39—40页。
[8] [美]周策纵:《五四运动:现代中国的思想革命》,周子平等译,江苏人民出版社1996年版,第41页。
[9] [美]周策纵:《五四运动:现代中国的思想革命》,周子平等译,江苏人民出版社1996年版,第45页。

国学生联合会'"成立，并"成了全国学生活动的司令部"；[1]这还是"中国历史上第一次男女学生在一起集会"，"从这时起，女学生加入了学生运动，从而给运动以很大的促进，促使第二年中国男女合校的创办，也推动了后来妇女参政运动的发展"。[2]蔡元培出走后，"教师和教授们仿照学生联合会成立了'北京中等以上学校教职员联合会'"，"不仅包括新文学和新思想运动的追随者，也包括那些不愿意参加或实际上反对新运动的人"，"教师和教授们实际上是在追随学生们的行动"。[3]上海学联5月27日决定派人联络商界和工人；6月4日，"上海学联在收到从天津发来的有关北京大逮捕的电报后，立刻掀起了更强大的争取工商界支持的运动"[4]。6月5日，上海实现罢市并迅速扩展到郊区；上海的城市工人罢工，"这是中国历史上第一次政治性和爱国性的罢工，工人罢工的目的不是为了增加工资和改善待遇，而是对中国政府和日本政府提出抗议"[5]，"它标志着五四运动推进到一个新的阶段"[6]。

其三，外国对五四运动的影响。日本政府持敌视立场，它"在中国经营和控制的报纸"从运动开始就"宣称，学生运动是由美国支持的"，"是美国驻华公使煽动和资助的"；[7]日本自由主义派学者吉野作造等及《中央公论》等报刊则认为"中国的反日情绪是针对日本官僚和军国主义，而不是针对日本人民"[8]，中国学生的胜利将"使日本从官僚和军国主义有害影响下解放出来"[9]。包括美国驻华公使芮恩施、英国公使朱尔典、法国公使庞皮以及

---

[1] [美]周策纵：《五四运动：现代中国的思想革命》，周子平等译，江苏人民出版社1996年版，第171页。
[2] [美]周策纵：《五四运动：现代中国的思想革命》，周子平等译，江苏人民出版社1996年版，第171—172页。
[3] [美]周策纵：《五四运动：现代中国的思想革命》，周子平等译，江苏人民出版社1996年版，第189页。
[4] [美]周策纵：《五四运动：现代中国的思想革命》，周子平等译，江苏人民出版社1996年版，第211页。
[5] [美]周策纵：《五四运动：现代中国的思想革命》，周子平等译，江苏人民出版社1996年版，第216页。
[6] [美]周策纵：《五四运动：现代中国的思想革命》，周子平等译，江苏人民出版社1996年版，第210页。
[7] [美]周策纵：《五四运动：现代中国的思想革命》，周子平等译，江苏人民出版社1996年版，第277页。
[8] [日]吉野作造：《对中国最近之风潮观》，原载《新人》杂志，1919年6月曾译成中文发表于《中华新报》，1919年7月15日重刊于《东方杂志》第16、17期，转引自[美]周策纵：《五四运动：现代中国的思想革命》，周子平等译，江苏人民出版社1996年版，第280页。
[9] 引自《莫里斯1919年6月20日致美国代理国务卿的报告》，转引自[美]周策纵：《五四运动：现代中国的思想革命》，周子平等译，江苏人民出版社1996年版，第280页。

在华的杜威、罗素等人都对中国学生持同情态度，但上海公共租界和法租界当局在罢市、罢工发生后却执行了高压政策。[1]苏俄在1919年7月"这个关键时刻"[2]，通过卡拉罕宣言"提出废除沙皇政府与中国签订的所有秘密条约及其他不平等条约，无偿放弃俄国在华的一切特权和利益"[3]，"深刻地影响了五四运动潮流的趋向"[4]。

其四，五四运动的领导者是新知识分子中的自由主义者、左派分子和国民党、进步党部分党员中"拥护民族思潮的分子"[5]。自由主义者有蒋梦麟、陶行知、张慰慈、高一涵、陶孟和等，其中胡适"对自由主义和西方民主主义理论""表述得最清楚和最有广泛读者"。[6]左派分子"包括鼓吹极端的社会、经济和政治改革的激进派"，"理想的和民主的社会主义者、无政府主义者、基尔特社会主义者和工团主义者"，其中陈独秀、李大钊等"直到'五四'时期中期才转向这个方向"（指马克思主义方向——笔者注）。[7]"国民党中对新知识分子和学生最有力的领导人是孙中山、蔡元培、吴稚晖、胡汉民、戴季陶、叶楚伧、沈定一（沈玄庐）、邵力子、朱执信、廖仲恺等，在'五四事件'发生时，他们大多具有社会主义和民族主义的倾向"[8]。进步党领导人有梁启超、林长民、张东荪、蒋百里、张君劢和蓝公武等。这些新知识分子们在"五四事件"后迅速出现了"思想和政治上的分裂"[9]。首先表现于问题与主义论战等思想上的分裂，接着表现为"社会政治活动论与文化活动论的对立"[10]；继而在参与政治的行动上出现了相应的分裂；其后"基于对北京政府

---

[1] 参见[美]周策纵：《五四运动：现代中国的思想革命》，周子平等译，江苏人民出版社1996年版。
[2] [美]周策纵：《五四运动：现代中国的思想革命》，周子平等译，江苏人民出版社1996年版，第291页。
[3] [美]周策纵：《五四运动：现代中国的思想革命》，周子平等译，江苏人民出版社1996年版，第292页。
[4] [美]周策纵：《五四运动：现代中国的思想革命》，周子平等译，江苏人民出版社1996年版，第297页。
[5] [美]周策纵：《五四运动：现代中国的思想革命》，周子平等译，江苏人民出版社1996年版，第305页。
[6] [美]周策纵：《五四运动：现代中国的思想革命》，周子平等译，江苏人民出版社1996年版，第306页。
[7] [美]周策纵：《五四运动：现代中国的思想革命》，周子平等译，江苏人民出版社1996年版，第305页。
[8] [美]周策纵：《五四运动：现代中国的思想革命》，周子平等译，江苏人民出版社1996年版，第306—307页。
[9] [美]周策纵：《五四运动：现代中国的思想革命》，周子平等译，江苏人民出版社1996年版，第304页。
[10] [美]周策纵：《五四运动：现代中国的思想革命》，周子平等译，江苏人民出版社1996年版，第313页。

的不同态度以及对社会政治、文化改革和对革命的不同愿望","自由派和保守派徒劳地要求在军阀统治下实行温和的改革","左派分子和民主主义者在苏俄与日俱增的影响下加速了他们的组织活动",[1]终于使《新青年》编辑部、《新潮》编辑部、《新民学会》、《少年中国学会》等著名新社团相继公开分裂。

其五,五四运动中占主导思想地位的是实用主义。"在'五四事件'后的一段时间,实用主义者实际占据了中国自由阵营中的领导地位"[2],"总起来可以这样说,在五四运动初期,实用主义怀疑论和未知论是改革者批判传统伦理和思想时所采用的主要方法,直到20年代中期以前,这些方法并没有受到来自唯物主义或辩证唯物主义的有力竞争"[3]。五四运动是"马克思主义影响的开始"[4]阶段,"1916和1918年时"[5],"在李大钊的著作中尚看不出有真正的马克思主义的理论";"1919年5月李大钊发表了一篇著名的批判性地介绍马克思主义的文章(指《我的马克思主义观》——笔者注),事实上他基本上对之持同情态度"[6]。

周策纵的总体研究思路和叙事体系标志五四运动史研究进入了一个新的阶段,其突出特点:首先是研究对象较为全面,论及了以李大钊为代表的共产主义知识分子群体、国民党人、以胡适为代表的亲英美派知识分子、以梁启超为首的研究系、外交系等各个政派及其代表;其次是分析较为深入,直接触及各方面代表人物在重大事件、重要时刻的态度、言行及其相互关系等;最后是资料丰富、扎实。但也有其明显不足:

一是在研究视野上,对五四运动的叙述主要集中于"五四事件",即从运动爆发到拒签和约,而对拒签和约后全国各地反对中日直接交涉,抗议马良祸

---

[1] [美]周策纵:《五四运动:现代中国的思想革命》,周子平等译,江苏人民出版社1996年版,第332页。
[2] [美]周策纵:《五四运动:现代中国的思想革命》,周子平等译,江苏人民出版社1996年版,第306页。
[3] [美]周策纵:《五四运动:现代中国的思想革命》,周子平等译,江苏人民出版社1996年版,第409页。
[4] [美]周策纵:《五四运动:现代中国的思想革命》,周子平等译,江苏人民出版社1996年版,第408页。
[5] [美]周策纵:《五四运动:现代中国的思想革命》,周子平等译,江苏人民出版社1996年版,第409页。
[6] [美]周策纵:《五四运动:现代中国的思想革命》,周子平等译,江苏人民出版社1996年版,第410页。

鲁、抗议"闽案"等五四运动的横广推进和深入发展论说过于简略。

二是对马克思主义传播及其历史地位的评价与历史实际明显相悖。事实是，"从1918年下半年到五四运动时，马克思主义在中国已经得到初步的传播"[1]，李大钊在1918年写了《法俄革命比较观》《庶民的胜利》《布尔什维主义的胜利》等几篇关于十月革命的著名论文，虽然谈不上是对马克思主义学说的内容进行系统的介绍，从其内容来看也有些不够恰当的地方，但却在相当程度上表达和传播了马克思主义的若干观点。周策纵肯定李大钊在《我的马克思主义观》一文表达的只是对马克思主义的"同情态度"亦不符实际，因为"在这前后，李大钊在《新青年》、《每周评论》、《新潮》等刊物上还发表了《阶级竞争与互助》、《再论问题与主义》"[2]等论文，明确宣布"我是喜欢谈谈布尔什维主义的"[3]。与此相应，周策纵肯定俄国十月革命的影响是1920年3月加拉罕声明传入中国后才起作用，也与历史实际有明显距离。因为《新潮》1919年1月出版的创刊号就有罗家伦、傅斯年等欢呼俄国十月革命；同年7月，毛泽东在《湘江评论》上发表的《民众的大联合》进一步强调了五四运动与俄国十月革命的密切联系。

三是关于实用主义在新文化运动中的地位，周策纵称"在五四运动初期，实用主义怀疑论和未知论是改革者批判传统伦理和思想时所采用的主要方法，直到20年代中期以前，这些方法并没有受到来自唯物主义或辩证唯物主义的有力竞争"值得商榷。因为1919年7月"问题与主义"论战中，李大钊明确提出要"谈布尔什维主义"、主张中国社会应"根本改造"，就是公开亮出马克思主义的革命旗帜，表明了与胡适的实用主义、改良主义的鲜明对立。

进入21世纪，沿着周策纵的总体研究思路和叙事体系前进并有重要突破的是中国台湾学者唐启华。他深掘外交档案，特别是陆徵祥与外交部次长陈箓在

---

[1] 丁守和等：《从五四启蒙运动到马克思主义的传播》，生活·读书·新知三联书店1979年版，第162页。
[2] 丁守和等：《从五四启蒙运动到马克思主义的传播》，生活·读书·新知三联书店1979年版，第164页。
[3] 李大钊：《再论问题与主义》，《每周评论》1919年8月17日。

巴黎和会期间往还电报档案，对北京政府的巴黎和会方针进行深入探究，在专著《巴黎和会与中国外交》中提出：

从1914年日本登陆并侵犯山东起，北京政府就开始了通过大战后和会解决山东问题的准备工作。袁世凯之死，使这种准备趋缓；1917年8月参战，又积极准备；1919年威尔逊十四点和平原则发表后，准备更加具体切实，总体上颇为有效。

中国在巴黎和会中的外交，除山东问题外，总体看收获不少：签署对奥、匈、保三个和约，收回部分条约特权；加入国联成为创始成员国；《中国希望条件之说帖》是中国第一次向国际社会公开表明对不平等条约束缚的不满，为日后要求修改条约和争取国际平等待遇的宣示；在山东问题上，要求日本声明保证归还山东主权，美国总统致力约束日本所得，并一直不承认1915、1918中日成约，构成华盛顿会议山东问题解决的条件。

唐启华的专著《巴黎和会与中国外交》与邓野所著的《巴黎和会与北京政府的内外博弈》都持有中国参战为参加和会创造前提等观点，互相契合，标志两岸学界在五四研究上的宏观合作正在进一步深化。

上述三种五四运动史的总体研究思路和叙事体系中，以第一、第三种影响较大，分别居中国大陆和海外各国及港台学界的主导地位。第二、第三种研究思路和叙事体系均从一开始就有同第一种研究思路和叙事体系展开争鸣的明显意向。随着中国改革开放的不断深入，随着中国共产党和中国国民党的关系已进入历史新阶段，三种总体研究思路和叙事体系的学术交流乃至思想碰撞日益频繁、密切且全面深入。这就使以1979年纪念五四运动六十周年学术研讨会为发端的重建五四运动历史真实的良好势头得以不断发展，特别是将建立一个更加真实、全面的五四运动史的总体研究思路和叙事体系的任务摆在了中国马克思主义五四运动史学者们的面前。笔者浅见，新的五四运动史的总体研究思路和叙事体系研究可能呈现以下三个发展趋向：

其一，建立以历史真实为目标和准则的指导思想将得到进一步的体现。这就要进一步搜集资料特别是深度挖掘第一手资料。在此基础上，实事求是地分析五四运动的国际国内背景、发展历程、作用意义，恰如其分地评述各个阶级阶层、政党政派、社会团体及其代表人物在各个阶段、各个方面的功过是非，不过分拔高、不刻意贬低；把历史评价和现实评价结合起来，最大限度地克服片面性，防止非学术化倾向。在一段相当长的时间里，国内学界下很大气力纠正过分贬低国民党人、以胡适为代表的亲英美派知识分子、以梁启超为首的研究系等政派，片面强调实验主义、基尔特社会主义、改良主义等资产阶级小资产阶级思潮的消极作用等中国近代史"革命范式"的缺失，无疑是必要的，并且应该继续做好。同时也应对过分贬低马克思主义传播和共产主义知识分子群体的倾向，对某些批评国内五四运动史研究的主导总体研究思路和叙事体系"僵化""强意识形态化"等观点，要冷静、审慎、全面、仔细地分析。正确的，坚决吸取；片面的，积极扬弃；错误的，坦率争鸣。诸多事实证明，重大历史事件、重要历史思潮、重要历史人物，都具有多侧面和多重性，都能给后人留下几近无限的思考空间。因此，有不同文化、经济、政治、社会背景的人对五四运动有不同的认知与诠释是完全正常的。中国马克思主义五四运动史学者应该会在同国内外同行的思想碰撞交流中不断地厘清史实，提升自己的求真求实、去伪弃空的研究指导思想。

其二，丰富、深化、突破现有的总体研究思路和叙事体系的个案研究将不断出现。

1978年以后，国内史学界这个势头强劲。关于五四运动的国际背景，有学者提出，十月革命后世界被压迫民族解放运动浪潮特别是朝鲜三一运动直接为中国人民五四斗争提供了行动楷模；由于美日争夺在华权益，美国对五四运动有双重影响，而以积极影响居于主导地位。[1]有学者则充分利用国外资料，系统全面说明了美国对五四运动的影响。[2]也有学者全面系统地分析了日本争夺

---

[1] 参见张德旺：《五四运动国际背景研究两题》，《求是学刊》1992年第5期。
[2] 参见王立新：《美国对华政策与中国民族主义运动》，中国社会科学出版社2000年版。

山东的全过程。[1]关于五四运动中地位、作用均十分突出的全国性学生运动，新的研究提出，它在中国历史进程中绝非突兀而起，而是"五四"以前半个多世纪，特别是辛亥时期国内学生群体形成、发展、活动的历史的继续；五四运动的"序曲不仅仅由留学生运动来谱写"[2]。关于五四运动统一战线中的政派及其代表人物，新的研究指出：胡适作为亲英美派资产阶级知识分子的代表全面介入了运动，积极支持了学生的正义斗争，所谓"北大南迁"不是胡适破坏五四运动的阴谋活动，而是胡适与陈独秀、黄炎培等反抗军阀政府摧残北京大学新派力量的一项举措。[3]以孙中山为首的资产阶级革命民主派总体上积极参加了五四运动，大力推进了人民群众的罢课、罢市、罢工斗争。[4]以梁启超、张东荪为代表的研究系积极参加了五四运动，特别是对促发五四运动有重要贡献。[5]以顾维钧为代表的中国巴黎和会代表团多数人员，在全国人民的推动下，坚持爱国主义立场，毅然拒签对德和约；[6]而中国代表团的抗争与北京政府以参加世界大战为起点的"外交政策从消极回避到积极参与的一个重大转变"密不可分。[7]直系将领吴佩孚及社会名流章太炎、康有为等都积极声援了学生等各界的爱国斗争。关于五四运动的历史经验，黎澍指出，应正确认识"五四"以来中国知识分子的道路，知识分子"工业救国""科学救国"等实际上是"对封建传统思想的一种否定"，"他们所专心致志地从事的实际工作，从长远看，却是为国家所需要的"，有助于改变国家"落后、愚昧的状况"，"对革命也是有利的"。[8]五四运动区域史研究已推出了《五四运动在

---

[1] 参见黄尊严：《日本与山东问题（1914~1923）》，齐鲁书社2004年版。
[2] 桑兵：《晚清学堂学生与社会变迁》，广西师范大学出版社2007年版，第2页。
[3] 参见耿云志：《胡适与所谓北大南迁的问题》，载耿云志：《胡适新论》，湖南出版社1996年版。
[4] 参见冯崇义：《五四爱国运动与三民主义者》，《中山大学研究生学刊》1986年第3期。
[5] 参见张德旺：《重评五四运动中以梁启超为首的研究系》，载郝斌等主编：《五四运动与二十世纪的中国：北京大学纪念五四运动八十周年国际学术研讨会论文集》，社会科学文献出版社2001年版。
[6] 邓野：《巴黎和会中国拒约问题研究》，《中国社会科学》1986年第2期。
[7] 参见王建朗：《北京政府参战问题再考察》，载金光耀等主编：《北洋时期的中国外交》，复旦大学出版社2006年版。
[8] 黎澍：《关于五四运动的几个问题》，《纪念五四运动六十周年学术讨论会论文选》（一），中国社会科学出版社1980年版，第282—283页。

北京》（彭明著，1979）、《五四运动在广东》（沙东迅著，1998）、《武汉五四运动史》（田子渝著，1999）、《贵州五四运动史》（熊宗仁著，1986）等专著；史料上，编辑出版了很有分量的山东、上海、天津、江苏、四川、浙江、河南、江西、陕西、湖南、武汉等地区五四运动史料专辑。

关于新文化运动，陈万雄指出，"新文化运动之与前次的辛亥革命运动在革新思想上更有一脉相承的条理。即使在人事的谱系上，五四新文化运动的主要倡导者，原先则属于辛亥革命时期革命党人的系统"[1]。余英时、陈平原、郑师渠等的研究认为胡适、鲁迅、钱玄同等新文化先驱的"青年时代，对他们思想最有影响的则是严复、康有为、谭嗣同、梁启超、章炳麟一辈人"，"对于新思想运动的风气，康、梁都有其创始之功"；[2]"晚清及五四两代学人的共同努力，促成了中国学术的转型"[3]。对东方文化派，王元化提出，杜亚泉、梁漱溟、陈寅恪等"都不是顽固派，可以说都是主张革新的开明人物"[4]，应归入进步的自由主义学者。乐黛云提出，学衡派等"保守派和自由派、激进派""共同构成了二十世纪初期的中国文化启蒙"，它"发出了自己独特的声音，那是中国的声音，也是五四新文化运动的声音"。[5]郑大华认为东方文化派"不是顽固守旧势力"，但也不是"新文化派的一翼或组成部分，就其性质而言，他们是文化保守主义者"[6]。朱志敏的《五四民主观念研究》（1996）、欧阳军喜的《五四新文化运动与儒学》（2001）、胡逢祥的《社会变革与文化传统——中国近代文化保守主义思潮研究》（2000）、刘黎红的《五四文化保守主义思潮研究》（2006）、王跃的《变迁中的心态：五四时期社会心理变迁》（2000）、彭鹏的《研究系与五四时期新文化运动》（2003）

---

[1] 陈万雄：《五四新文化的源流》，生活·读书·新知三联书店1997年版，《序言》第3页。
[2] 余英时：《五四运动与中国传统》，《现代危机与思想人物》，生活·读书·新知三联书店2005年版，第60页。
[3] 陈平原：《中国现代学术之建立——以章太炎、胡适之为中心》，北京大学出版社1998年版，第22页。
[4] 王元化：《杜亚泉与东西文化问题论战（代序）》，载许纪霖等编：《杜亚泉文存》，上海教育出版社2003年版，《代序》第16页。
[5] 乐黛云：《世界文化对话中的中国现代文化保守主义》，《中国文化》1989年第1期。
[6] 郑大华：《民国思想家论》，中华书局2006年版，第385页。

等专著对新文化运动的重要专题进行了系统探究。罗志田把研究触角深入到五四人的潜意识层次,提出"1919年林纾与蔡元培的笔战","实际上蔡在驳林时,处处皆本林纾所提的观点",[1]反映了当时"'新人物'潜意识中的社会观念常常并不很新","并未割断其与'旧'的多层次联系"。[2]洪峻峰从总体上概括了新文化运动的发展趋向,明确指出:"'五四'包含着思想启蒙与文化复兴两大主题;五四前期主要表现为思想启蒙,五四爱国学生运动后文化复兴的主题凸显,新文化运动在形式上也由新文化批判(反传统)转化为文化建构;从思想启蒙到文化复兴,是五四新文化运动的脉理。"[3]

以上研究成果所见各异,但都言之有据,特别是都不仅仅涉及其具体论题,而有其延伸、拓展研究的空间,有关乎五四运动史总体研究思路和叙事体系的方法论意义。可见,五四运动的个案研究还将更加活跃繁荣,从而使五四运动史的总体研究思路和叙事体系置于更加坚实牢固的基础之上。

其三,在构建更真实全面的五四运动史总体研究思路和叙事体系上将有进一步的突破。

叶文心曾明确提出了这个问题。她在1999年在北京大学纪念五四运动80周年国际学术研讨会上说:"无论中西,叙述五四时的主要着眼点都是北京,以北大校园一批新式知识分子所鼓吹的新文化思想为线索,连系到新人物对西式民主科学的向往、民族自决原则的渴望、大学生爱国行为的兴起、对传统伦理及权威的反抗,以及社会主义思潮的蓬勃、中国共产党的成立,这种主导叙述形态突出了五四运动在革命史上的意义,淡化了五四在文化史上的作用,突出了自外引来的世界性思潮在北京知识阶层精英分子之间所发挥的作用,淡化了中国思想传统在全国各地不同的环境之中推动变局的潜在能力……五四运动当年在各地城乡之中多元多样的呈象,以及新文化建构与旧思潮传统之间的冲击

---

[1] 罗志田:《权势转移——近代中国的思想、社会与学术》,湖北人民出版社1999年版,第263页。
[2] 罗志田:《权势转移——近代中国的思想、社会与学术》,湖北人民出版社1999年版,第289页。
[3] 洪峻峰:《思想启蒙与文化复兴——五四思想史论》,人民出版社2006年版,第26页。

回荡，因为没有得到正面审视，也就消失在历史的视野之外了"[1]；"现在急需重新在新的史学研究基础上进行建构"[2]。

这些见解可谓道出了当代五四运动史学者的共同心声。当代五四运动史学者，特别是国内马克思主义学者，都应对自己提出迅速构建比前贤更真实、更全面的五四运动史总体研究思路和叙事体系的要求。

所谓"更真实"，主要是指要努力排除研究中的非学术化倾向，真正做到最大程度地搜集史料，特别是原始资料，进行审慎的鉴别整理，去伪存真、取宏用精；特别要努力真正做到正确处理历史和现实的关系，以对历史真实最大程度恢复重建，并通过对历史规律的揭示来提供对现实的借鉴，而不能以现实的需要而去扭曲、剪裁历史。近年来国内学界已经并继续努力克服过分贬低资产阶级学说、政派、人物作用地位的偏差，对此，人们普遍予以了应有的关注，无疑是正确的。但对海内外五四研究中刻意贬低马克思主义传播、贬低先进分子选择科学社会主义的倾向却关注不够，对此，当代五四运动史学者，特别是国内马克思主义学者应予以应有的关注。

所谓"更全面"，主要是指要全面地展示运动的各阶段、各方面、各层次、各要素的地位、作用及其内在联系。叶文心说，不但要关注北京、新思潮，还应关注"五四运动当年在各地城乡之中多元多样的呈象"，关注"中国思想传统在全国各地不同的环境之中推动变局的潜在能力"，"以及新文化建构与旧思潮传统之间的冲击回荡"就很有见地。陈铁健说"尘封半个世纪的'五四'先驱王希天"[3]，实际也不仅恢复了王希天五四先驱的本来面目和应有地位，而且还在启示人们：还有没有其他的各种类型的"王希天"仍在"尘封"中啊？

---

[1] 参见叶文心：《史学研究与五四运动在杭州》，载郝斌等主编：《五四运动与二十世纪的中国：北京大学纪念五四运动80周年国际学术研讨会论文集》下，社会科学文献出版社2001年版，第1097—1098页。

[2] 参见叶文心：《史学研究与五四运动在杭州》，载郝斌等主编：《五四运动与二十世纪的中国：北京大学纪念五四运动80周年国际学术研讨会论文集》下，社会科学文献出版社2001年版，第1113页。

[3] 参见陈铁健：《尘封半个世纪的"五四"先驱王希天》，载郝斌等主编：《五四运动与二十世纪的中国：北京大学纪念五四运动八十周年国际学术研讨会论文集》下，社会科学文献出版社2001年版。

对于国内马克思主义学者来说，能真正构建比前贤更真实、更全面的五四运动史总体研究思路和叙事体系的关键是遵循唯物史观的原则，实事求是地科学评价运动中的学说、思潮、政派、团体、人物等的功过得失、地位、作用及其相互关系，并进一步总结这一时期政治运动、文化发展、中外关系乃至社会转型等历史经验。这又同正确对待一百年来的研究成果直接相关，应该是无论任何论著，只要多少有一点点科学价值、参考价值，均要予以承认，放手吸收。所有这些均须努力防止简单化、绝对化。因此，笔者对叶文心提出的"从前一贯主导的模式"已经"解体"的观点[1]不敢苟同。因为其所谓至今"一贯主导的模式"即本文前述之第一、三种叙事体系，如前所述，它们确实因种种难以避免的历史的、现实的、客观的、主观的等种种因素制约，各有其一些不足，但总体上各有千秋，基本反映了历史实际；特别是国内马克思主义学界在1978年后已经展现出求真求实、民主开放的气象，何以断言这两个叙事体系已经"解体"？新的五四运动史总体研究思路和叙事体系的构建绝非建立在"从前一贯主导的模式""解体"的前提下，而是在它们的基础上继续前进。

总之，三种五四运动史研究思路和叙事体系百年来总体上呈现出日趋客观平实、清醒理性、逐渐合流的态势，从一个侧面有力彰显了中国政界、学界，乃至整个中华民族不断增强的文化自信。可以预见，推出一部或几部真正既符合历史实际又有时代特色的五四运动史，实现对五四运动的"全观"，就在不远的将来。

三　五四运动的目标

这是我们提出五四运动是现代中国历史起点的现实关切的焦点。五四一代

---

[1] 叶文心：《史学研究与五四运动在杭州》，载郝斌等主编：《五四运动与二十世纪的中国：北京大学纪念五四运动八十周年国际学术研讨会论文集》下，社会科学文献出版2001年版，第1113页。

人为祖国建立了丰功伟绩，树立了光辉典范，但他们提出的目标，仍需我们继续努力。

其一，"外争主权"的目标。是五四运动最主要的目标。现在这个任务还没有彻底完成，最明显最突出的问题是台湾问题还没有解决，其根本原因是国外敌视中国社会主义势力：他们仍在打台湾牌，在政治、经济、军事、文化、外交等各方面用尽心机，妄图打断中国迈向社会主义现代化强国的历史进程。1949年以来，中国历经艰辛，排除万难，综合国力不断增强，形成坚持"一国两制"和推进祖国统一基本方略；大陆与台湾两岸关系不断取得突破性进展。如习近平在纪念《告台湾同胞书》发表40周年谈会上所说的："台湾问题因民族弱乱而产生，必将随着民族复兴而终结！"[1]

其二，反对封建主义腐朽文化的目标。百年以来，新民主主义文化在抗日战争时期创造了对帝国主义、封建主义、官僚资本主义文化的巨大优势，是构成新民主主义革命胜利的重要条件和突出特点之一。[2]1978年以后，建设中国特色社会主义在政治、经济、文化等方面都取得了巨大的成就，改革开放成了当代中国"最鲜明的精神标识"[3]。但我们也出现一些失误。其原因之一就是封建主义对中国共产党和人民群众思想上的侵袭。邓小平在20世纪80年代初指出："现在应该明确提出继续肃清思想政治方面的封建主义残余影响的任务，并且在制度上做一系列切实的改革，否则国家和人民还要遭受损失。"[4]中共十五大政治报告明确提出，在我国"封建主义、资本主义腐朽思想和小生产习惯势力在社会上还有广泛影响"[5]，这样把封建主义腐朽思想影响放在中国思想领域消极因素的第一位，中国共产党成立以来是第一次。这充分说明五四运动提出的反对封建主义的目标仍任重道远。

---

[1] 习近平：《为实现民族伟大复兴推进祖国和平统一而共同奋斗——在〈告台湾同胞书〉发表40周年纪念会上的讲话》，《人民日报》2019年1月2日。
[2] 张德旺：《新民主主义文化观形成过程探析》，《学习与探索》1994年第6期。
[3] 习近平：《在庆祝改革开放40周年纪念大会上的讲话》，《人民日报》2018年12月19日。
[4] 《邓小平年谱（1975—1997）》（上），中央文献出版社2004年版，第663页。
[5] 《全面建设小康社会，开创中国特色社会主义事业新局面》，《江泽民文选》第三卷，人民出版社2006年版，第570页。

其三，提倡科学的目标。今天中国的科学事业欣欣向荣，科学精神深入人心。中国已经取得了从"两弹一星"到现在"科技创新和重大工程捷报频传"[1]等一系列重大成就。但是，很多重要科技领域的核心、关键技术仍受制于人，反映中国的科技实力和水平比世界第一梯队先进国家还有很大很多差距。改变这种状况，需要中国人民特别是科技知识分子进行长期坚持不懈、艰苦卓绝的探索和奋斗。

全面提升全民族科学文明素质，完成鲁迅倾一生心血研究的"改造国民性"的任务，则是一个比"两弹一星"和"重大工程"更巨大、更艰难、需要更长时间的战略性、全局性、前瞻性的历史课题。世界进入信息化、网络化，中国对外开放进一步扩大，"使社会思想观念和价值取向日趋活跃，主流的和非主流的同时并存，先进的和落后的相互交织，社会思潮纷纭激荡"[2]，又给我们完成这个任务带来新的机遇和挑战。对此，中国人民要不断努力，做到持之以恒。

其四，民主建设的目标。从民主革命时期，中国共产党领导的革命军队实行官兵一致等民主主义制度，构成人民军队无坚不摧战无不胜的重要因素，到当代中国基于"人民民主是社会主义的生命"[3]和"党内民主是党的生命"[4]的科学理念，建立并实行"人民代表大会制度""中国共产党领导的多党合作和政治协商制度""民族区域自治制度"等中国特色的民主制度。今天要进一步不断扎扎实实地推进全面落实。同时，全党全国人民都要认清"照抄照搬他国的政治制度行不通"，"不能想象突然就搬来一座政治制度上的'飞来峰'"。[5]中国特色的社会主义民主建设才只有70年，对于社会主义初级阶段而言，还只是一个起步时期。我们要满怀信心，不断地稳

---

[1] 习近平：《在庆祝改革开放40周年纪念大会上的讲话》，《人民日报》2018年12月19日。
[2] 《习近平谈治国理政》，外文出版社2017年版，第328页。
[3] 胡锦涛：《高举中国特色社会主义伟大旗帜，为夺取全面建设小康社会新胜利而奋斗》，《人民日报》2007年10月15日。
[4] 《全面建设小康社会，开创中国特色社会主义事业新局面》，《江泽民文选》第三卷，人民出版社2006年版，第570页。
[5] 《习近平谈治国理政》第二卷，外文出版社2017年版，第286页。

妥地向前推进。

　　所以，尽管今天我们在不少领域已经超越了五四时代，但五四运动提出的任务还没有全面彻底完成。我们还应结合新的时代特点、新的国情继续发扬光大五四精神，献身中华民族复兴的伟大事业。

酝酿

第一章　世界格局巨变

五四运动的兴起和发展有广阔的国际背景，是第一次世界大战结束和俄国十月革命胜利后世界基本矛盾在中国的集中和爆发。

一　日本霸占山东

1914年7月，第一次世界大战在欧洲爆发。英、法、俄、德等西方大国互相拼死厮杀，日本政府借此时机，迅速加强了扩大侵略、独占中国的步伐。

日本舰队在8月8日抵达青岛海面，13日发出对德最后通牒，要求将远东海上德国军舰一律撤回，将胶州湾德国租借地无条件地由日本接收。27日，日本第二舰队完成了从海路对青岛的包围。9月2日，日本陆军先遣部队2万余人分乘12艘登陆船，在4艘巡洋舰、2艘鱼雷艇护卫下在龙口登陆。日军此举经过深思熟虑，一则德军"青岛海面设防，异常坚固"，日军可"避海军之损伤"；[1]二则可借此扩大对中国的侵略。龙口位于山东半岛北岸，与德军主力集结的青岛整整隔着一个山东半岛。日军以龙口为整个军事行动的突破口，表明日军从开始就打算一举侵占整个山东半岛。登陆以后，日军也不急于进攻青岛，而是首先向德军守备的胶济路进攻。日军于9月25日占领潍县，然后向西，10月6日占领济南，完成了从陆地、海上合击青岛的战略态势；10月31日日军向德军发起总攻击。德军顽强抵抗，终因兵力相差悬殊又救援无望，11月

---

[1] 淮阴钓叟：《青岛茹痛记》，《新青年》第2卷第3号。

7日，青岛德军向日军投降。

战事开启，北京政府参照日俄战争先例，在9月3日照会各国公使："在龙口莱州及接连胶州湾附近各地方，确实为各交战国军队必须行用至少之地点。"[1]实际上表示公开承认日军有权在这些地方任意行军作战；同时含有日军只在上述地区活动的期盼。但日军丝毫不理睬北京政府要求，在中国境内对德战事结束后也全无撤军之意。相反却放手迅速控制胶济路全线，实际占领了山东的大部分。

日军所到之处，即对中国人民实行殖民统治，较之对待朝鲜有过之而无不及。他们强行占领税局、水警局、电局、邮局等各处行政机构；闯进平度、黄县、掖县等县署，强迫各县知事征办米面、牛羊、车辆等大批军需物资。

日本军警随时任意逮捕关押中国人。中国人留青岛必须经过日本宪兵队批准，住屋、旅馆随时接受日本宪兵盘查，姓名、年龄、相貌与所带证件稍有不符，即遭斥责。青岛日军经常检查中国行人，"有携带大宗银款者，十九没收"[2]。日本侵略者强行发行军用票代货币，"甚至四五十两之银块，仅易一五元之日本军用手票"[3]。一些日本人还穿中国服装在胶济路沿线四乡以手枪、刺刀相逼，强行收买铜制钱。日军出军营后逢雨即进民屋，妇女"逃出者已属万幸，被阻室内遭受凌辱者"[4]比比皆是。

侵占山东只是日本既定的侵略计划之第一步，其目标是独占中国。这时正值袁世凯策划复辟帝制，日本政府乘机要挟。1915年1月18日，日本驻华公使日置益在北京向中华民国大总统袁世凯当面递交了"二十一条"秘密条约，内容有承认日本继承德国在山东的一切权益等五大项。日本交付中国的"二十一条"函件用纸上印有兵舰和机关枪水印，明显暗示，如果袁政府不答应，他们就要用武力达到目的。

---

[1] 王芸生编著：《六十年来中国与日本》第六卷，生活·读书·新知三联书店1980年版，第49页。
[2] 淮阴钓叟：《青岛茹痛记》（三），《新青年》第2卷第5号。
[3] 淮阴钓叟：《青岛茹痛记》（三），《新青年》第2卷第5号。
[4] 间云：《中国中立之惨史》，《公言》第1卷第2号，转引自贺尊亚：《日本与山东问题（1914—1923）》，齐鲁书社2004年版，第64页。

显而易见，这是一个排斥其他各国、企图灭亡中国，把中国变成日本独占殖民地的条约。为避免其他列强干涉，日置益在向袁世凯递交"二十一条"时明确提出迅速解决，并严守秘密。

袁世凯"一方面沉迷于日本支持其称帝的诱惑和屈服于日本的军事威胁和外交讹诈"，设想秘密给日本一些权利，以求日本支持其建立帝制；另一方面，又有意将消息透漏给英、美驻华公使，[1]"刻意放任""中国舆论抨击日本"，以形成对日本的压力。但"并未发生预期效力，日置益态度依然强硬"。[2]

欧美列强对日本侵犯其在华权益一致强烈不满，纷纷公开反对，激烈抨击。美国认为"二十一条"违反"门户开放"原则，表明不承认条约的有效性，但并未采取任何行动。英国向来以长江流域为其主要势力范围，因而对"二十一条"独占中国的意图表示不满。英国见日本1915年4月26日修正案中取消了在长江流域修筑铁路的条款，便改变了态度，反而由驻华公使朱尔典出面劝告袁世凯说："日前中国情形至为危险，各国不暇东顾，为目前计，只有忍辱负重，接受要求。"[3]

袁世凯期望欧美列强支持落空，又唯恐没有日本支持不能称帝，便于5月8日决定接受日本通牒，派陆徵祥、曹汝霖于5月9日11时往日本使馆递交复文，除对日本4月26日修正案除第五条要求容日后协商外，其他"即行应诺"[4]。后来中国人民把日本政府最后通牒的5月7日和袁世凯承认该条约的5月9日定为"五七"和"五九"国耻日。

消息一经传出。中国各界民众的愤怒达到极点。各地学生纷纷举行集会，走上街头，把"勿忘国耻""坚决反对二十一条"等标语贴到了各大中小城市的街道，印在信封、信纸和商标上；各种抗议信、电函每天都像潮水一样地涌

---

[1] 金光耀等主编：《北洋时期的中国外交》，复旦大学出版社2006年版，第164页。
[2] 金光耀等主编：《北洋时期的中国外交》，复旦大学出版社2006年版，第183页。
[3] 风冈及门弟子编：《三水梁燕孙先生年谱》，第256页，转引自李宗一：《袁世凯传》，中华书局1980年版，第315页。
[4] 王芸生编著：《六十年来中国与日本》第六卷，生活·读书·新知三联书店1980年版，第49页。

入总统府。在日、美等国的中国留学生纷纷集会，通电国内强烈抗议。各地学生广泛宣传"抵制日货"，商界迅速掀起抵制日货高潮。在袁世凯政府下令禁止抵制日货后，他们成立了"劝用国货会"大力提倡振兴国货，实际继续拒绝买卖日货。抵制日货的斗争从3月一直持续到年底。汉口等地还发生了捣毁日本商店的事件。日本对华贸易遭受了空前损失。

袁世凯称帝失败，在全国声讨和众叛亲离中死去。而后，皖系军阀段祺瑞掌握了北京政权。日本迅速加强了对段祺瑞的勾结、扶植和控制，把独占中国计划大大向前推进。

日本连续以各种名目对华借款，仅1916年10月9日至1918年9月28日的"西原借款"一项，就达38645万日元，大体等于寺内内阁成立前日本对华借款总额的3倍。日本通过各种借款，一方面扶植段祺瑞推行武力统一，一方面在华攫取大量政治特权和经济利益。

同时，中日双方正式签署吉林黑龙江森林、金矿，满蒙四铁路，山东济顺高徐二铁路，参战等四项合同。日本取得了肆意掠夺东北资源，扩大山东特权，训练中国军队的权利。同时，段祺瑞应日本要求，聘请日人为军事、财政顾问，续聘有贺长雄为政治顾问。这样，日本大大加强了在中国的特殊地位，其侵略特权实际远远超过了袁世凯时期。寺内正毅下台时扬扬自得地说："本人在任期间，借与中国之款，三倍于从前之数，其实际上扶植日本在中国之权利，何止什倍于二十一条。"[1]

段祺瑞对日本的要求全部应承，1918年5月16日签订《中日陆军共同防敌军事协定》，19日签订《中日海军共同防敌军事协定》，使日军可在防敌名义下，任意进入中国领土、领海和占用中国设施，而中国当局必须与日军"合作"，为其提供一切方便条件。

随即，日军以防俄、防德为名，1918年8月17日起陆续侵入哈尔滨、博克图、满洲里、齐齐哈尔等地，并强占满洲里中国驻军营房，勒令中国军队退驻

---

[1] 刘彦：《最近三十年中国外交史》，太平洋书社1932年版，第116页。

后方，强行接管了长春至哈尔滨的铁路。日军还在黑龙江各地强行使用军用票，大肆掠夺中国人民。

中日军事协定的谈判和签订都是秘密进行的，但仍迅速为中外报界所知。4月17日北京《晨钟报》及稍后的上海各报都报道了有关消息，引起全国各界极大震动，掀起了继抗议"二十一条"后又一次新的反日救亡浪潮。五四运动就是这些反日浪潮的继续和发展。

二　朝鲜爆发三一运动

第一次世界大战结束和俄国十月革命爆发后，印度、土耳其、爱尔兰等殖民地半殖民地国家掀起了声势浩大的反对帝国主义、殖民主义的民族解放运动浪潮。

与中国相似，这些国家的民族解放运动都同时受了十月革命和威尔逊主义两方面的影响，也多与帝国主义列强的欺骗行径密切相关。

印度人民的斗争引起中国人民极大关注。第一次世界大战爆发后，各宗主国以战后给予殖民地各种权利为诱饵，大量征调殖民地国家人力、物力用于战争。殖民地国家为列强的美好许诺所动，印度、加拿大、澳大利亚、新西兰等国纷纷响应。如印度在第一次世界大战期间派往欧洲战场的军队共212万，其中160多万是印度人。但战后列强违背原先给印度人民自治等承诺，对新兴的印度民族解放运动血腥镇压。1919年4月13日，在阿姆利则屠杀印度集会群众一千多人，重伤两千多人。印度人民在甘地领导下，掀起遍及全国城乡的"非暴力不合作运动"，到1921年，斗争达到高潮，沉重地打击了英国殖民当局。

土耳其民族解放运动对中国影响很大。在西方人眼中，土耳其和中国被相提并论为"西亚病夫"与"东亚病夫"。土耳其作为战败国，领土、主权被英、法、意等瓜分殆尽，苏丹政府完全成为列强的工具。但土耳其人民奋起反抗，在基马尔领导下经过艰苦血战，最终迫使列强重订条约，取得民族独立。

爱尔兰人民经过与英国殖民者的不懈斗争，在这一时期取得了民族独立。

中国各大报刊对这些消息不断报道，予以了极大关注，如全国非常有影响力的《东方杂志》的《外国大事记》专栏中，这一期间几乎每期均有报导。

土耳其独立后，《东方杂志》载文赞扬它是"亚洲被压迫民族抬头的一大纪念"，并强调"我们应该珍重这纪念，并且不忘了我们自己现在已成了世界唯一的东亚病夫国"。[1]可谓道出了这个时期中国人民关注世界被压迫民族解放运动，要努力学习效仿他们，奋起反抗列强压迫的既鼓舞又沉重的心情。

但其中对中国五四运动影响最直接、最广泛、最深刻的是朝鲜三一运动。

中朝两国山水相依，在世界近代历史上的遭际、命运十分相似，特别都面临日本帝国主义这个最主要、最危险的敌人。实际上，从日本对朝鲜实行殖民统治开始，中国各界人士就沉重地预感到日本的下一个目标就是中国。1906年，中国留日学生潘宗礼途经仁川回国，得知朝鲜沦为日本"保护国"，悲愤异常，决然投海自尽，遗书称："韩中两国，唇齿相承。韩之亡，其中国将亡之先声乎？吾国人懵懵然不之觉，吾将以死警之。"[2]这充分说明中国各界都十分清楚日本妄图把中国变成其殖民地的野心。

1919年3月初，正当中国人民急切地期盼通过巴黎和会收回山东权利及取消领事裁判权、撤退外国驻军等之际，朝鲜三一起义爆发，中国各报刊迅速大量报道了朝鲜人民的反抗斗争：

> 京城（指汉城——笔者注）三月一日下午，有学生七八千人，分排好几大队，到皇宫大汉门前大叫，"独立万岁"！就在大汉门前，当众演说。又分几队，到法美总领事馆前高呼"独立万岁"。靠京城附近有麻浦镇，有三千多人在那里聚会；延禧学校附近，有五百多人聚会。
>
> 开城三月三日有女学校学生二百多人，排队高唱赞美诗和独立歌。当地警察出力劝阻。不多时集聚了三千多人。到了下午，又有十五六岁的少

---

[1] 罗家伦：《精神破产的民族》，《东方杂志》第19卷第1号。
[2] 陆丹林：《朝鲜灭亡之日纪实》，《大风旬刊》第10期。

年队上前，后跟着许多人民，大叫独立万岁。日落时又有二千多人高叫独立万岁不止。

离京城稍远的地方……中和、江西、宜川、成川……等处，各有三千五千人不等，一个个手拿国旗，口呼独立万岁……凡有十家以上的村镇，都有人排队大呼独立，也就用不着细说了。[1]

中国报刊不断揭露了日本殖民地当局残暴、血腥镇压朝鲜人民的滔天罪行。

各地日本"宪兵营和警察厅门口，没有一刻不看见捆绑几百人或几十人的。女学生独立首领被警察抓到的时候，就把他衣服一齐脱了，让他赤身露体站在街心里，当众羞辱他。有一位幼年学生右手拿一个国旗，口喊独立万岁。日本宪兵拿刀就把他右手砍了。这位学生又用左手去捡起国旗，仍呼独立万岁，日本宪兵又把他左手砍了。这个学生两手虽然皆被他砍了，口中却仍然叫独立万岁不止，宪兵没有法子，才一刀把他脑袋砍了"[2]。

朝鲜各界民众在日本当局的血腥镇压面前昂然不屈：

天道教主孙秉熙被捉之后，由朝鲜总督长谷川亲自审问。孙氏直言不讳，态度非常的沉静，说我为主义而死，所以没有一点怕惧心。长谷川问道："这回运动有人唆道没有？"他讲："这是公理叫我做的，没有人能唆得动我，也没有人能禁止住我。"又问"如果让你们自治，你们真能够自治吗？"答道："自治能力是我们自己本有的，说什么让不让？自治事业绝不是人家可以给我们的东西。"又问"朝鲜国家应该专制或是应该共和了？"答道："二十世纪世界那还有专制政体存在的道理，我朝鲜亦乘此潮流，趋向共和了。"又问"如果朝鲜成了共和国家，举你做大总统，

---

[1]《朝鲜独立运动的情状》，《每周评论》1919年3月23日。
[2]《朝鲜独立运动的情状》，《每周评论》1919年3月23日。

你可承认呢?"答道:"这是义务也是天职,安敢辞劳?"[1]

朝鲜人民的英勇斗争使中国人民感到非常敬佩,《国民》杂志社许德珩说:"自从三月一日以后,即汉城、平壤、镇南浦、安州、中和、江西、宣城、成川,以及其它各地,男女学生,多数千人,少的亦有好几百人,游行于市,唱独立歌,诵赞美诗,有时团聚一块演说,高呼'不独立,毋宁死'、'为自由流血,至最后一人而生'等口号。看官——你说他这种精神何等文明!这种精神何等伟大!"[2]在日本血腥屠杀面前,他们"愈杀愈多,愈打愈众,前仆后继,勇往直前,他们真是能流血,他们真是不怕死,我敬佩他们五体投地"[3]。

中国各界敏锐地感到,朝鲜三一运动是俄国十月革命胜和第一次世界大战后世界民族自决潮流在亚洲兴起的表现。《每周评论》说,朝鲜人民的反抗斗争是在"俄国已抛弃军国主义,国际联盟也禁制军国主义","波兰那些小民族,皆独立了;就是一同待遇的爱尔兰,也要脱离英国的关系","民族自决的思潮也流到远东"之际,是"特别注重人类平等的大义,民族自存的政权,想顺着民族自决的潮流,积极发挥自由的精神","可以说是在革命史中开一个新纪元"。[4]它"顺着这世界的潮流,必将最后的胜利"[5]。

中国先进知识界从朝鲜三一运动受到了极大的刺激与鼓励。陈独秀说,"这回朝鲜的独立运动,伟大、诚恳、悲壮,有明了正确的观念","我们对之有赞美、哀伤、兴奋、希望、惭愧,种种感想";"有了朝鲜民族活动光荣,更显得我们中国民族委靡的耻辱。共和已经八年,一般国民,不曾一天有明了正确意识的活动","国民和政治,隔离得千百丈远。任凭本国和外国的军阀联合压迫,不敢有丝毫的反抗。西南护法军,竟和国民分作两截。不但

---

[1] 《朝鲜独立活动的情状》,《每周评论》1919年3月23日。
[2] 许德珩:《可敬可佩的朝鲜人》,《国民》第1卷第4号。
[3] 许德珩:《可敬可佩的朝鲜人》,《国民》第1卷第4号。
[4] 《朝鲜独立的消息》,《每周评论》1919年3月16日。
[5] 傅斯年:《朝鲜运动中之新教训》,《新潮》第1卷第4号。

乡下的农民老百姓,不敢做声。就是呱呱叫的名流、绅士、政客、商人、教育界,都公然自己取消了主人翁国民的资格,降作第二者来调和政局。请看这回朝鲜人的活动,是不是因为没有武器,便不敢反抗,便抛弃主人翁资格来做第三者?我们比起朝鲜人来,真是惭愧无地!""这回朝鲜参加独立运动的人,以学生和基督教徒最多。因此我们更感觉教育普及的重要,我们从此不敢轻视基督教。但是现在中国的学生和基督教徒,何以都是死气沉沉?"[1]

傅斯年指出,"中国此刻最可虑的现象,就是社会上一般的人,对于改革事业,总是虑到不可能。——这是中国人万劫不复的运命的定案。大家既不做去,如何可能?大家既是做去,如何不可能?看看朝鲜人的坚固毅力,我们不真要惭愧到无以自容的地步了。朝鲜人的这种精神,就是朝鲜最后胜利的预告";"回想中国真个可叹。一般没有自觉的不必说了,就是那些有自觉的,也还是心气薄弱的很。口里谈安那其主义,手上带着金戒指,笔下发挥意志磨练人格独立的文章,身子却常常和权势接近。一般高级学校的学生,更是拼着命学官僚、学政客。现在的学生如此,将来的社会可知。所以我现在不恨官僚,而恨学生;不恨迷顽的老朽,而恨口是心非的新人物"。[2]

武汉的恽代英对朝鲜三一运动密切关注,鞭挞那些"自命老成持重"斥朝鲜人民正义创举为"儿戏"的人物是"无心肝","直到了无感情的地位",对朝鲜人民"能险而为此举动者",内心感到"深服之"。[3]施洋也不忘以朝鲜三一起义激励自己。正在日本留学的郭沫若把同情关爱朝鲜人民斗争的深情倾注笔端,创作了反映朝鲜爱国志士斗争生活的短篇小说《牧羊哀话》。

种种反应表明,朝鲜人民的正义斗争开启了多年以来沉积在中国人民特别是先进知识界渴望追随世界殖民地半殖民地人民解放的革命大潮,期盼中国立即一如朝鲜那样掀起民族解放运动新浪潮,迎接创造中华民族解放斗争新纪元

---

[1] 陈独秀:《朝鲜独立运动之感想》,《每周评论》1919年3月23日。
[2] 傅斯年:《朝鲜独立运动之新教训》,《新潮》第1卷第4号。
[3] 《恽代英日记》,中共中央党校出版社1981年版,第534页。

的急切而强烈的愿望。

中国先进知识界正是通过朝鲜三一运动加速了认识帝国主义侵略本质的思想觉悟进程。

朝鲜三一运动爆发之际，中国先进知识界中，绝大多数人观察世界的立场还没有超出温和、改良的欧美自由主义模式的民族主义，即对外承认西方列强主导的国际关系准则，幻想在这一准则范围内逐步修改以至取消西方列强对殖民地半殖民地的不平等条约；对内则是期盼在现行政治体制内改良以实行民主的目标。基于此，中国先进知识界对朝鲜三一运动和平斗争即通过游行、请愿、示威、罢课、罢市、罢工而不是暴力斗争手段充分肯定。陈独秀说，朝鲜三一运动"用民意不用武力"，"永远不招一兵，不造一弹，做世界上各民族新结合（不叫做国）的模范。受过军国主义痛苦的人，当然要抛弃军国侵略主义，既然抛弃军国侵略主义，当然没有养兵的必要"。[1]

傅斯年持同样观点，他说："这次朝鲜人的独立，只能发宣言书，开大会，口咬日本警察，却不能拿铁当血的交易品，拿武器当取得自由的用具。这样的举动，在今日虽然不能成功，然而这不用武器的独立运动，就价值讲来，实在比用武器的独立运动高得多。后一种虽然效力大一些，只是手段不清白，因而结局的成功里，每每夹着预料不到的恶事体。这没有武器的革命，才真正是正义的结晶。"[2]

同时，中国先进知识界对西方列强主持的巴黎和会乃至日本殖民当局抱有强烈的希望。《新潮》提出，欧美各自由国应该"趁这时和会未闭，把朝鲜独立这问题，及与朝鲜独立有联带关系的民族解放问题，根本加以解决"；《新潮》直接呼吁日本允许朝鲜独立，"至于日本朝野，我也很盼望他们对于这事，有一番根本的觉悟，——觉悟出不容朝鲜独立，无异拼命和时势作对，终究必归失败"。[3]陈独秀进一步"希望日本人，纵然不能即时承认朝鲜独立，

---

[1] 陈独秀：《朝鲜独立运动之感想》，《每周评论》1919年3月23日。
[2] 傅斯年：《朝鲜独立运动之新教训》，《新潮》第1卷第4号。
[3] 陈兆畴：《朝鲜独立运动感言》，《新潮》第1卷第4号。

也应当减少驻留朝鲜的军警，许他们有相当的自治权利。第一对于这回参加独立运动的人，一概不加以刑罚，正所以表示日本人的文明程度"[1]。

在此期间，朝鲜爱国志士金奎植被流亡上海的"新韩青年党"派往巴黎。1919年4月10日，大韩民国临时政府在上海成立，金奎植当选为外务总长，被派以临时政府代表身份在巴黎活动。5月10日，金奎植正式向和会呈递请愿书，同时致函和会主席，要求特设委员会，专门审查朝鲜问题，允许朝鲜代表参加说明一切。和会与美、英、法、意四国首脑未作任何答复。到6月28日和会结束，对于朝鲜独立问题终未正式讨论。其根本原因是英、美等各国在维护世界殖民体系殖民秩序上完全一致。美国国务院在朝鲜三一运动期间发表声明："美国对朝鲜的态度，如同英国对爱尔兰一样。朝鲜问题纯属日本内政，这如同在我菲律宾发生的暴动一样。至于有关日本政府镇压暴动的各种报导，是值得怀疑的。根据国务院所掌握的情报，美国并不认为日本会采取那样极其残忍和恶毒的方法。"[2]美国总统威尔逊1919年4月25日在美、英、法、日四国会议上说，"日本领土的很大一部分是贫瘠的，因此它当然需要为它的人口找安身之处。它们已经在朝鲜找到了一些空间"[3]。这是公开赤裸裸为日本侵占朝鲜辩护。这样，曾对威尔逊总统十四点声明充满热望的朝鲜独立运动人士对巴黎和会的希望完全破灭。这对中国先进知识界也是沉重有力的教训，把它同中国希望通过和会解决山东问题，取消"二十一条"等要求的幻灭破产联系起来，中国先进知识界大大加深了对巴黎和会列强对弱小国家分赃本质的认识。

朱执信说："近日英美之同情，固集于高丽。然英国自不能解决爱尔兰问题，又何以能使日本解决朝鲜问题；美国不能助一独立国以抗一独立国，又岂能助一被征服国以抗一征服国。斯固理之显著者，不俟多征。"[4]毛泽东明确

---

[1] 陈独秀：《朝鲜独立运动之感想》，《每周评论》1919年3月23日。
[2] [美]《基督教箴言报》1919年4月21日，转引自朝鲜民主主义人民共和国科学院历史研究所：《朝鲜通史》，吉林省社会科学研究所译，吉林人民出版社1975年版，第297页。
[3] 转引自刘绪贻等主编：《美国通史》第6卷，人民出版社2005年版，第432页。
[4] 朱执信：《朝鲜代表在和会之请愿》，《建设》第1卷第4号。

表达了中国人民的强烈义愤："朝鲜呼号独立，死了多少人，乱了多少地方，和会只是不理，好个民族自决！我以为直是不要脸！"[1]中国知识分子由此开始抛弃温和的民族主义，而逐渐转向了激进的民族主义，才逐渐打开了中国革命的新局面。

中国人民通过朝鲜三一运动进一步认清了北京军阀政府为虎作伥，追随日本镇压朝鲜人民斗争的丑恶面目。

朝鲜三一运动遭到日本殖民当局的残暴镇压，许多朝鲜人流亡到中国东北。北京政府屈服于日本的压力，对他们的独立斗争进行严厉镇压。奉系军阀当局下令，朝民如在我国境内有所举动，将被绝对禁止。吉林延吉地区两万多朝鲜民众举行声援三一运动的游行集会。奉系当局悍然出动军警镇压，造成亡17人、伤200余人的惨案。北京政府还应日方要求，拘捕了3位在华坚持抗日斗争的朝鲜志士交与日本方面。日方更不顾中国主权，直接在中国抓捕朝鲜志士。陈独秀即指出："日本使馆，竟公然在北京捕拿朝鲜人，无论所拿的是政治犯或是窃犯，不请求中国警察代拿，都是侵犯中国的主权。试问东京的中国使馆，若有这样行动，日本的政府应该怎样对待呢？"[2]

朝鲜三一运动在反帝救亡的斗争方式上直接有力地启发了中国人民，特别是广大青年学生。

中国人民反帝救亡的斗争方式，这时正面临新的转折。1918年5月21日，中国学生为抗议《中日共同防敌军事协定》毫无结果愤懑不平，实际就体现了这种要求。朝鲜三一运动的这些做法，深深地启迪了广大青年学生。五四运动爆发后，如同朝鲜三一运动从汉城罢课、集会、游行开始而推向全国一样，也是北京学生打先锋，迅速推及商工各界罢市罢工，形成全国各界联合斗争的一个又一个浪潮。与朝鲜三一运动以《独立宣言》为反日檄文，使"不自由，毋宁死"的口号风行全国相似，五四运动也是以传单、讲演、通电等多种传媒号

---

[1] 毛泽东：《好个民族自决》，《湘江评论》1919年7月14日。
[2] 陈独秀：《日本人可以在中国随便拿人吗？》，《每周评论》1919年3月30日。

召大众外争主权、内惩国贼，迅速形成全国空前一致的强大舆论。比朝鲜学生用石块砸毁李完用等卖国贼住宅毫不逊色，中国学生用火烧赵家楼、痛殴章宗祥的激烈行动表明与卖国贼及其日本主子势不两立的决心。不能说中国五四运动这些做法是刻意模仿朝鲜三一运动，但是中国五四运动在行动上深受三一运动的启迪是毫无疑问的。五四运动的不少活跃分子都自觉地把三一运动与中国五四运动联系在一起。周恩来在《天津学生联合会报发刊旨趣》中写道："这次全国学生自动的事业（指五四运动——笔者注），就世界上可以说很不希罕，但是在我们东亚，实在是不甚多见。日本米骚动风潮，朝鲜的独立运动，这都是受世界新思潮的波动。"[1]

三 美国的双重影响

在五四运动的酝酿、爆发进程中，美国对中国始终具有双重影响。

第一次世界大战期间，美国是世界唯一本土没有燃及战火摧残而至1917年才参战，且经济实力最为强大的资本主义大国。中国各界对美国维护正义，制止日本在中国的侵略充满了期望。但美国政府当权派用他们的实际行动，一次次地令中国各界陷入深深的失望中。

1915年，日本向袁世凯提出几近灭亡中国的"二十一条"，中国各界民众期待美国能够给中国以有力援助。参与"二十一条"谈判的顾维钧当时认为，"根据世界的形势，唯一能给中国以外交和道义上的支持的是美国"，而"其它有在华利益的国家无力干预亚洲的事务"[2]。因此，他"每次在外交部开完会后，如果不是当天下午，至晚在第二天便去见美国公使芮恩施"[3]。以至当美国国务院向日本驻美大使出示"二十一条"的全文副本时，日本大使竟然

---

[1]《五四运动在天津》，天津人民出版社1979年版，第595页。
[2]《顾维钧回忆录》第一分册，中华书局1983年版，第123页。
[3]《顾维钧回忆录》第一分册，中华书局1983年版，第123页。

还因不知道其中的第五号内容而非常难堪。[1]从4月起,美国对日本"二十一条"第五号要求表示了强烈不满,指出它"完全与中华帝国的行政独立与自治权相冲突,也与全世界坚持的门户开放政策不兼容"。[2]5月9日,中国政府被迫接受日本通牒后,美国又照会日本,声明"对中日两国已经达成或即将达成的任何有损美国及其在华公共条约权利,妨碍中华民国政治、领土之完整,破坏众所周知的在华门户开放国际政策的条约和协议,美国概不承认"[3]。这种表态对中国有利。正是在这些压力及其他因素共同作用下,日本被迫放弃了第五号中的大部分要求。这在一定程度上支持了当时中国人民的反日浪潮。

但是,美国的态度与行动的效果,相对于中国政府和各界人民对美国的热烈期望,差距离还是很大。特别是谈判后期,日本蛮横地以武力相威胁,中国政府积极活动以争取美国的援助,袁世凯甚至亲自会见芮恩施,几近哀求地说,只要他用温和而坚定的语气说一声,"关于外国在中国的权利这类事情,无论根据条约、政策或传统都与我们密切相关,若无我们参加是不能讨论的",危险就会大大消除。[4]但美国迟迟不表态;4月的强硬表示,只是针对"二十一条"的第五号。到了5月11日,美国照会概不承认的重点乃是"美国及其在华公民条约的权利",这是美国要按照最惠国待遇惯例通过"二十一条"分享日本所获得的特权。照会公然宣称:"正在谈判中的任何条款,凡经中国政府承认而对外人在华地位有所变更者,当然应该知照美国政府,使美国得以分享根据最惠国待遇自然增长的特权。"[5]在中国各界拥有对华友好盛誉,以对日主张强硬著称的芮恩施事后也仅仅是声称,"中国接受这些条件将会实际上使美国公民迄今在中国享有的机会均等权利终止,因此我有义务密切关注这次谈判的进展情况"[6]。

---

[1] 《顾维钧回忆录》第一分册,中华书局1983年版,第123—124页。
[2] 转引自王立新:《美国对华政策与中国民族主义运动》,中国社会科学出版社2000年版,第164页。
[3] 转引自王立新:《美国对华政策与中国民族主义运动》,中国社会科学出版社2000年版,第164页。
[4] 转引自王立新:《美国对华政策与中国民族主义运动》,中国社会科学出版社2000年版,第163页。
[5] 转引自王立新:《美国对华政策与中国民族主义运动》,中国社会科学出版社2000年版,第165—166页。
[6] 转引自王立新:《美国对华政策与中国民族主义运动》,中国社会科学出版社2000年版,第166页。

所以，中国各界对"二十一条"交涉期间的美国非常失望。以孙中山为首的资产阶级革命民主派事后指出："美国决不能为我利害无干之国，与世界至强之国为敌，故不可恃"，"高丽之亡，恃其所不可恃为殃"，中国今天试图信赖美国，则"今日中国人又将为高丽"。[1]研究系首领梁启超在其主编的《大中华》杂志引用美国杂志的文字表示，美国在交涉中的态度表明美国的门户开放主义不过是"官样文章"，"中国之爱国者必仇视日本"，而"深怪美国"，只能怪自己对美国期望过高。[2]

同时，美国对中国五四运动的酝酿、爆发、发展还有着促进推动的积极作用。

这首先体现在美国总统威尔逊在第一次世界大战结束前后所发表的以"十四点"和平纲领为中心的一系列演说、演讲中所倡导的新国际关系准则，空前激发了中国各界，特别是知识分子的现代民族主义觉醒。

威尔逊自1913年3月4日就任美国总统以后，在外交方面一个突出特点是为一向赤裸直白追求现实私利的美国外交披上理想主义的外衣。在对华问题上，1913年3月，威尔逊以反对干涉中国行政独立为由，宣布退出遭到中国人民强烈反对的国际银行团。5月，又以支持共和之名打破列强联合阵线，正式承认中华民国。这些举措使威尔逊在中国人民，特别是在知识分子中树立了代表民主正义的良好形象。美国于1917年4月宣布参战，中国民众特别是知识界对美国的好感更加炽热强烈。

威尔逊1918年1月8日在国会发表了被世界舆论誉为"人类自由宣言的十四点纲领"，内含"不得私结国际盟约"、"缩小武备"、"殖民地之处置"、"必须以绝对的公道为判断"、"组织国际联合会"、"国无大小，一律享同等之利权"等要点。[3]7月6日，威尔逊在美国独立纪念会上发表了他对于战后

---

[1] 《朱执信集》上册，中华书局1979年版，第305—306页。
[2] 转引自王立新：《美国对华政策与中国民族主义运动》，中国社会科学出版社2000年版，第166—167页。
[3] 《五四运动在上海史料选辑》，上海人民出版社1980年版，第51—53页。

世界秩序的四大构想：一、凡足以扰乱世界和平之专制势力，必一一扫除之，即不能一时扫除，亦必大行杀减其势力至不能为害而后已；二、各种问题之判决，无论为领土、为主权、为经济、为政治，必以直接有关系之人民的自由意志为基础，凡他国或他国人民，不得以图一己之势力或利益而横加干涉；三、世界各国当承认以近世国家治个人行为之法律；而为治国际行为之标准，以神圣不可侵犯之意义，共同保守国际信约，一切隐谋诡计，皆当扫除，俾互相尊重彼此之利权；四、组织保守和平之一种团体，由世界自由国联合成之。保障正道，使毋敢有侵犯之者，并使世界公论，得占势胜，俾得永保正义与和平。[1]

威尔逊的这些讲话在中国知识界广为流传，受到高度评价，热烈欢迎。陈独秀称赞威尔逊"光明正大"，可算得世界"第一个好人"，肯定他主张中"顶要紧的是""第一，不许各国拿强权来侵害他们的平等自由；第二，不许各国政府拿强权来侵害百姓的平等自由"；这就是"讲公理不讲强权"。[2]

在威尔逊的各项倡议中，中国各界最感兴趣的是国际联盟。因为那些正义神圣的主张需要一个实际的机构去执行落实。张君劢说："平和会议第一事业之国际同盟出现矣。吾为各国贺，吾为世界贺。所以贺者何，人类不以国家自域，而进求国家上之结合，此人类进化之证，而人道主义之始基也。"[3]陈独秀主编的《每周评论》说："国际大同盟先有一般学者之鼓吹，继有威尔逊总统之宣言，复又有威尔逊总统直接与英法意三国之商榷，现渐将成为事实"，其"功用，不是一两句话可以说清楚的。他的目的是维持世界上国际间的秩序，预防将来的战争。这个与我们中国关系更大。大同盟果然成立，那秘密条约、不正当的借款、过分的军备、强国的跋扈，都不能够存在的。列强果能赞成这个大同盟，从此以后，人道有了光明，民治可以普遍了"。[4]

---

[1] 转引自王立新：《美国对华政策与中国民族主义运动》，中国社会科学出版社2000年版，第271页。
[2] 《〈每周评论〉发刊词》，《每周评论》1918年12月22日。
[3] 张君劢：《国际大同盟条约略释》，《晨报》1919年4月17日。
[4] 《平和会议及国际大同盟》，《每周评论》1919年1月19日。

正是基于对美国、对威尔逊的这种信任，对十四点声明特别是即将成立的国联的热烈期盼，在第一次世界大战以协约国的胜利宣告结束时，中国出现了前所未有的欢庆气氛。北京高校从11月14日至16日放假三天。原在东单象征耻辱的克林德碑被改成"公理战胜纪念碑"迁到中央公园。北大校长蔡元培向教育部借了天安门的露天讲台，请北大知名教授举办演讲大会。11月28日至30日每天下午，北大又在中央公园举办演讲会。

这充分说明，中国各界，特别是新型知识分子对以美国为主要代表的欧美资本主义民主的信任、追求达到了前所未有的顶点。正因为有了这些大希望，才有巴黎和会中国外交失败后的大失望，构成促发五四运动的重要因素之一。胡适后来说："'五四'的事件固然是因为四月底巴黎和会的恶消息传来，威尔逊总统的理想主义完全被现实政治的妥协主义打消了，大家都深刻的感觉那六个月的乐观的幻灭。然而正因为有了那六个月的乐观和奢望，所以那四五月间的大失望能引起有热力的反动。况且我们看那几千学生五月四日在美国大使馆门口高喊着'大美国万岁！威尔逊大总统万岁！大中华民国万岁！世界永久和平万岁！'我们不能不承认那引起全世界人类乐观的威尔逊主义在当日确是'五四'运动的一种原动力。"[1]而数万学生走出校园，奔向街头游行集会，欢庆"战胜"——这样一种大型的学生活动，在许多方面为后来的五四运动进行了预备。胡适曾指出："数万学生，结队游行……手执红灯，高喊口号，不可谓非中国教育界第一创举。影响所及，遂为以后的'五四运动'下一种子；故五四运动，直接发源于此项五六万人的轰轰烈烈的大游行，亦无不可。"[2]由此可见，"至少在组织公开演讲和游行等方式上，此活动可为后来的学生运动经验借鉴"[3]。

列宁说："历史喜欢捉弄人，喜欢同人们开玩笑。本来要到这个房间，结

---

[1] 《纪念"五四"》，《胡适文集》（11），北京大学出版社1998年版，第578页。
[2] 《五四运动纪念》，《胡适文集》（12），北京大学出版社1998年版，第724页。
[3] 罗志田：《希望与失望的转折》，《历史研究》2006年第4期。

果却走进另一个房间。"[1]威尔逊主义在中国五四运动中的影响就是如此。它主观上当然不会有推进中国五四运动思想准备的愿望,但它客观上却因为把中国人对西方民主、和平、平等等国际准则,对西方资本主义文明、西方政治制度的信任推到了极致,也就同时为中国人认清其虚伪、自私、残暴、黑暗准备了条件。

四 十月革命的胜利

俄国十月社会主义革命震动了世界,也震动了中国。孙中山很快就致电列宁表示热烈祝贺。1918年8月1日,列宁委托苏俄外交人民委员齐契林复函孙中山,衷心表示感谢,并向"中国革命的领袖、自1911年以来在特殊困难条件下继续领导中国劳动群众反对奴役者——中国北方资产阶级、外国资产阶级和帝国主义政府——的人致敬"[2]。由于当时中俄交通阻隔,这封电报孙中山当时并没收到,但它充分表现了苏维埃俄国坚决支持中国反帝反封建斗争的鲜明态度,表明了愿与中国革命力量联合奋斗的强烈愿望。

英、美、法、日等帝国主义列强对苏维埃政权进行了联合武装干涉。皖系军阀段祺瑞操纵的北京政府依据《中日共同防敌军事协定》,参与了列强武装干涉俄国十月革命的行动。

中国人民看到,由于十月革命的胜利和世界大战所带来的资本主义危机的影响,不仅各资本主义大国纷纷掀起了罢工浪潮,德国、奥匈帝国还爆发了效仿俄国十月革命的革命群众运动。中国人民开始以同情、赞誉的热烈眼光注视十月革命。

最早明确指出十月革命的阶级本质的是李大钊。1918年7月,他在《言治》季刊第三册上发表《法俄革命之比较观》指出:"俄罗斯之革命是二十世

---

[1] 列宁:《资产阶级知识分子反对工人的方法》,转引自黎澍主编:《马克思恩格斯列宁斯大林论历史》,人民出版社1980年版,第292页。
[2] 《国际生活》1955年第11期。

纪初期之革命，是立于社会主义上之革命，是社会的革命而并带着世界的革命之采色者也。"李大钊当时还不能用马克思主义观点来全面地观察问题，但他指出俄国十月革命是代表世界绝大多数人的利益的崭新的革命则是符合历史实际的。

约三个月后，李大钊进一步发展了他的这种世界主义、社会主义思想。1918年11月，北京大学在中央公园举行讲演会，在蔡元培、胡适、陶孟和等诸多北大同人发出协约国打败同盟国的"公理战胜"的一片欢呼中，他发表了题为《庶民的胜利》的讲演，指出"原来这回战争的真因，乃在资本主义的发展。国家的界限以内，不能涵容他的生产力，所以资本家的政府想靠着大战，把国家界限打破，拿自己的国家做中心，建一世界的大帝国，成一个经济组织，为自己国内资本家一阶级谋利益。俄、德等国的劳工社会，首先看破他们的野心，不惜在大战的时候，起了社会革命，防遏这资本家政府的战争"，"这亘古未有的大战，就是这样告终"，所以，"这回战胜的"，"不是哪一国的军阀或资本家的政府，是全世界的庶民"。[1]显而易见，这些论断有鲜明的马克思主义理论锋芒。

在《Bolshevism的胜利》中，李大钊进一步指出，这次大战"是社会主义的胜利，是Bolshevism的胜利，是赤旗的胜利，是世界劳工阶级的胜利，是二十世纪新潮流的胜利"；他还进一步说明"俄国Bolsheviki所抱的主义"，是"革命的社会主义；他们的党，就是革命的社会党；他们是奉德国社会主义经济学家马客士（Marx）为宗主的；他们的目的，在把现在为社会主义的障碍的国家界限打破，把资本家独占利益的生产制度打破"；他坚定预言"俄国的革命，不过是使天下惊秋的一片桐叶罢了"。[2]毋庸赘言，这是真正的马克思主义理论的传播，标志着李大钊从此举起了马克思主义的理论大旗。

稍后，陈独秀也开始对俄国十月革命表明了越来越强烈的肯定态度。他在

---

[1] 李大钊：《庶民的胜利》，《新青年》第5卷第5号。
[2] 李大钊：《Bolshevism的胜利》，《新青年》第5卷第5号。

《纲常名教》中指出:"欧洲各国社会主义学说,已经大大的流行了。俄、德和匈牙利,并且成了共产党的世界。这种风气,恐怕马上就要来到东方。日本人害怕得很","我们中国人不怕!不怕!"[1]他还大声呼吁:"十八世纪法兰西的政治革命,二十世纪俄罗斯的社会主义革命,当时的人们都对着他们极口痛骂,但是后来的历史家,都要把他们看作人类社会变动和进步的大关键。"[2]

这个时期,与李大钊接触密切,经常去其在北大红楼的图书馆长办公室放怀畅谈的学生傅斯年、罗家伦等高度赞扬俄国十月革命,罗家伦说,以"俄罗斯的革命、奥匈的革命、德意志的革命"为起点,"现在有一股浩浩荡荡的世界新潮起于东欧,由东欧突然涌入中欧;由中欧而西欧,将由西欧出英吉利海峡,分为两大支:第一支直奔南北美洲经巴拿马运河,来太平洋同第二支相会;那第二支沿非洲西岸,过好望角,入印度洋,经加尔各塔,越菲立滨群岛,[3]进太平洋而来黄海日本海","他们一定要到远东,是确切不移的了!"[4]傅斯年则明确提出:"一年以来我对于俄国的现状,绝不抱悲观。我以为这是现代应当有的事情,将来无穷的希望,都靠他做引子。"[5]

这是中国青年学生第一次对俄国十月革命做出正面的积极响应,表明了中国青年一代已预感到中国面临着巨大的历史转折。

同时,罗家伦等又担心这股"世界新潮""若是传到中国来,恐怕就可虑得狠。因为中国的普通人民一点智识没有,兵士更多土匪流氓;莫明其妙的照他人榜模做起来,中国岂不成了生番的世界吗"?[6]

他们提出要正确迎接世界新潮的举措,一是当代大学生"求学的目的必须有益于全体的人类",所得到的"成功,是平民的成功,不是贵族的成

---

[1] 《每周评论》1919年4月6日。
[2] 《每周评论》1919年4月20日。
[3] 加尔各塔,即加尔各答,印度第三大城市。菲立滨,即菲律宾。
[4] 罗家伦:《今日世界新潮》,《新潮》第1卷第1号。
[5] 孟真:《社会革命——俄国式的革命》,《新潮》第1卷第1号。
[6] 罗家伦:《今日之世界新潮》,《新潮》第1卷第1号。

功";二是"要使凡是平民都受教育,兵工尤其要紧",三是"人人要去劳动"。[1]而消极的则是"去兵",去兵的途径是"把兵变成农工,把兵营变成工厂"等。[2]

这些言论充分表明傅斯年、罗家伦等先进青年学生欢迎十月革命所代表的世界新潮,但又担心中国发生俄、德、奥等那样的社会动荡,特别是因巨大的武装冲突而引发各派军阀混战,给国家、人民带来灾难的矛盾心情。这实际表明了中国先进的青年知识分子既渴望中国能主动迎接俄国十月革命及其引领的世界革命新潮,又对用激烈的暴力推翻现有社会制度,根本改造黑暗现实社会而缺乏精神准备的思想状态。

因此,尽管傅斯年、罗家伦后来并没有沿着这个方向走下去,但他们这些认识无疑构成了中国旧民主主义革命向新民主主义革命的转变过程中,特别是在思想转变上的重要一环,也构成了中国青年冲破现行社会制度规范奋起救国的重要思想基础。

随着布尔什维克政权的逐渐巩固,"英美将承认列宁政府"[3]等一类消息不断出现于中国报端。中国先进知识界开始密切关注俄国国内政局变化及其方针政策,中国人民看到了一个崭新的世界。从1919年4月10日起,《晨报》开始发表了题为《劳农政府治下之俄国——实行社会共产主义之俄国真相》的长篇报道,共分13次陆续连载。这篇报导称:

新俄国实行了"土地国有","凡是俄国的人民,以自己的劳力,或得家族的助力,或得他农夫的协力,要耕种土地的人,无论男女,均许他们使用土地,但是不许雇佣他人的劳力";每个人"占有土地一律平等,分配给工作者,分配的标准只有两个,一个是一个人能够耕种的土地面积,一个是一个人和他的家族靠此生活的土地面积"。

"产业政策"则是"工厂国有"、"共同经营"、"供求调和"、"八小

---

[1] 罗家伦:《今日之世界新潮》,《新潮》第1卷第1号。
[2] 傅斯年:《去兵》,《新潮》第1卷第1号。
[3] 《晨报》1919年4月13日、14日。

时劳动"、"工钱公定","工厂委员由各工厂中的劳动者组合选出来的。工厂委员会管理工钱工时,及其他一切的事务,以保护劳动者的利益"。[1]

"俄国革命的最主要的产物"还有"男女平权","列宁政府解放女子的办法,有四个纲领:(一)女子可以取得选举权和被选举权;(二)改革结婚离婚的旧法;(三)女子可以就公职;(四)女子教育的革新"。[2]

俄国法律还具体规定了一系列保护妇女的政策,"法官发布离婚的命令的时候,当公示谁负保护幼年子女的责任及谁出子女的养育费、教育费,有时还要公示前夫对于前妻应当要给多少的扶养金"。[3]

俄国外交上实行"排斥秘密外交","奖励和各交战国劳动农的交换","促进非合并非外赔偿主义","促进民族自定主义的民主的讲和","排斥压迫小民族及殖民地","劳农政府赞同芬兰独立波斯撤兵及亚尔麦尼亚自治","废弃国债"。[4]

报道提出俄国的上述各项政策都是出于布尔什维克主义,而这些政策又真正揭示出布尔什维克主义"究竟是什么东西"。作者还进一步指出,布尔什维克主义是"马克思的社会主义"。[5]

这样真切而全面地介绍十月革命后俄国布尔什维克政府的各项经济、政治、社会、外交政策等内容,在中国是第一次。这迅速引起了全国新闻界的高度重视,并引发了包括研究系在上海的《时事新报》、资产阶级革命民主派的《民国日报》以及一些地方报纸如长沙的《大公报》等在内的报纸进行全文转载。由此不难推断,它的影响遍及全国,在各阶层群众中都引发了广泛的关注,特别是引起了先进知识分子们对中国未来发展方向的新思考。

---

[1] 《晨报》1919年4月13日、14日。
[2] 《晨报》1919年4月22日。
[3] 《晨报》1919年4月22日。
[4] 《晨报》1919年4月26日。
[5] 《晨报》1919年4月5日。

第二章 中国面临转折

五四运动深深植根于中国的经济、政治、社会生活及历史发展进程的深处,特别是与第一次大战期间中国的经济发展、政治结构变化和社会新阶级力量成长密切相关。

一 "黄金时代"短暂

1914年7月,第一次世界大战爆发,导致中国经济发生了一系列重要变化。

一方面,西方列强对中国的侵略持续不断,甚至加重加深。英、法在大战期间,经济实力被极大地削弱了,但仍然靠种种特权和在华产业的利润积累,使其在华所获利益,不但没有减少,反而有所增加。英国汇丰银行纯收益由1914年的589万港元增至1919年的733.67万港元[1]。而沙俄政权虽然在1917年十月革命中被推翻,但在1924年之前,俄国并没有放弃领事裁判权等,继续同中国政府保持外交关系,其在华领事仍继续办公,俄办企业、银行等仍继续业务。[2]其他国家,如意大利、波兰、比利时、丹麦等国银行业务依然照常。[3]

日本为实施独占中国的既定目标,不但强行接管了德国在山东的权益,而且肆行扩大对中国的直接掠夺。1917—1918年,日本政府提供西原借款1.8亿

---

[1] 许涤新等主编:《中国资本主义发展史》(第二卷),人民出版社2003年版,第755页。
[2] 许涤新等主编:《中国资本主义发展史》(第二卷),人民出版社2003年版,第743—744页。
[3] 参见许涤新等主编:《中国资本主义发展史》(第二卷),人民出版社2003年版。

日元，就是以"二十一条"中关于东北、山东、福建的权益为条件的。1918年，日本通过《中日共同防敌军事协定》又获得了不少超出"二十一条"规定的经济权益。

日本以企业投资为主，迅速扩张了在华投资。运输业，日本控制的中国铁路，大战后利润逐年增加，1920年增至4855万日元。航运方面，日本1918年在进出中国的外国的轮船中占42%。日本还占领德国在山东的坊子、淄川等铁矿继续经营。日本还通过贷款实际控制了中国最大的煤铁企业汉冶萍公司。制造业方面，日本以上海、青岛等地的纺织业为中心迅速发展。金融业方面，除原有正金银行、台湾银行、朝鲜银行、正隆银行外，在第一次世界大战期间，住友、三井、三菱等银行也来华设行。[1]

日本的经济扩张，不仅伸向中国沿海沿江大城市的一些大企业如汉冶萍公司，扬子机器厂，申新、华新、大生纺纱厂等，而且伸向边远内地的广大中小企业。1912—1919年，中国的小型电厂有40余家以上接受了日本的贷款，其中有的就远在四川的泸县和湖南的洪江。[2]

还应说明，1913—1920年，世界的贸易价格体系变化对中国非常不利。如1920年中国必须比1913年多输出35.7%的货物，才能换回和1913年等值的进口货。[3]而某些产品国际市场价格有利于中国增加收入时，列强各国又利用强权蛮横压制中国必须遵守已签合同。日本在这方面尤为突出。大战期间，生铁、铁矿价格猛涨，日本却利用对中国公司的控制权，强制中国按原合同低价大量输出，造成中国大战期间生铁、矿石连续出超，不仅使中国蒙受严重的经济损失，而且对中国自己迫切需要铁矿石、生铁的工业发展非常不利。1913年，中国在国际市场需用26.6吨铁砂换一吨钢铁，1917年则需用36.2吨铁砂。[4]

---

[1] 许涤新等主编：《中国资本主义发展史》（第二卷），人民出版社2003年版，第744—748页。
[2] 汪敬虞等：《五四运动的经济背景》，《中国近代史论文集》下册，中华书局1979年版，第1089页。
[3] 许涤新等主编：《中国资本主义发展史》（第二卷），人民出版社2003年版，第865—866页。
[4] 汪敬虞等：《五四运动的经济背景》，《中国近代史论文集》下册，中华书局1979年版，第1089—1090页。

大战期间在华经济扩张的另一个列强是美国。美国在中国对外贸易总额的比重1913—1918年增加了73%。[1]美国在华投资1914年为企业财产3790万美元，房地产1600万美元；1920年为9030万美元。贸易中发展最快的是美孚石油公司，1914—1920年其机构已遍及中国各市镇。美国银行扩张迅速，大战前只有花旗银行在中国设行；战后运通、大通银行等均来华设行。花旗银行很快发展支行7处，1919年在中国吸收存款合4170.3万美元。[2]

美国在华经济扩张与日本妄图独占中国尖锐冲突。列宁在1918年明确指出："远东的全部外交史和经济史使人毫不怀疑，在资本主义的基础上，要防止美日之间日益尖锐的冲突是不可能的。"[3]

但综合各列强在大战期间的在华经济活动，总体上比大战前对中国的经济侵略还是放松了一些，特别是"外人在华投资逐年减少"[4]，因而形成了中国民族资本特别是民族工业发展的一个暂短的"黄金时代"[5]。

据统计，1914—1919年中国登记公司126家，资本额7628.6万元。共设新厂矿379家，投资8580万元；[6]其他缫丝业、火柴业、电力业、水泥业、机械采煤业等均有较大的增长。[7]

中国民族资本工业布局、厂矿企业建设规模等发生了很大变化。棉纺织业，不像以前只集中于上海、江浙一带，而向北方和华中发展。民族棉纺织业、面粉业，形成了南通大生纱厂、荣家申新、荣家无锡茂新、上海阜丰、哈尔滨双合盛等资本集团。中国运输业主要是华商轮船公司发展较快，船只1914—1920年增加359只，即增32%，吨位增加69503吨，即增170%。[8]中国金

---

[1] 许涤新等主编：《中国资本主义发展史》（第二卷），人民出版社2003年版，第736页。
[2] 许涤新等主编：《中国资本主义发展史》（第二卷），人民出版社2003年版，第753—754页。
[3] 《在全俄中央执行委员会和莫斯科苏维埃联席会议上关于对外政策的报告》，《列宁全集》第34卷，人民出版社2017年版，第308页。
[4] 朱伯康等：《中国经济史纲》，上海书店1989年版，影印商务印书馆1946年版，第227页。
[5] 许涤新等主编：《中国资本主义发展史》（第二卷），人民出版社2003年版，第864页。
[6] 汪敬虞等：《五四运动的经济背景》，《中国近代史论文集》下册，中华书局1979年版，第1089页。
[7] 许涤新等主编：《中国资本主义发展史》（第二卷），人民出版社2003年版，第874页。
[8] 许涤新等主编：《中国资本主义发展史》（第二卷），人民出版社2003年版，第912页。

融业开始打破外国银行和钱庄两强称雄的局面，向有新式银行出现并发展壮大的三足鼎立的局面转化。"北四行"（盐业、金城、大陆、中南四银行）、"南三行"（浙江兴业、浙江银行、上海商业储蓄银行）等私营银行都在这期间产生并立住脚跟。[1]

在促进民族经济发展的过程中，中国民族资产阶级表现出了很强的事业进取精神。他们高度重视，积极引进国外先进的新技术、新设备。1917年，聂云台、穆藕初等积极推进中华植棉改良化，设立试验所，开我国输种美棉及改良研究之先河。荣家各企业、南洋兄弟烟公司等都积极进口外国先进设备。

民族资产阶级还积极引进西方的现代科学管理思想和制度。留美期间，穆藕初同被誉为现代"科学管理之父"的泰罗有直接密切交流。1914年回国后，他最先把泰罗著《科学的管理方法》一书译成中文，以《工厂适用管理的管理方法》的书名由中华书局出版印行，使泰罗科学管理思想在全国各企业开始广泛传播。

民族资产阶级的爱国主义意识迅速增强，实业救国成为民族资产阶级的思想主流。穆藕初明确主张把发展实业作为救国之道，他说，"欲回复国民之生活力，舍振兴实业，其道未由，而外人成绩昭著，良足为吾国之导师者，尤彰彰如是。吾实业家，其亦可以兴矣"。[2]他针对"中国不亡，是无天理"的悲观论点提出，"仆以为无论何种困难，不足以亡中国，而此种谬见如不及早消除，即足以亡中国而有余"，"天生吾人于国家多难之秋，救援责任即在吾人之肩头，苟抱才者而肥遁鸣高，置理乱于不问，夫岂国家之福哉"；[3]"人人抱定乐观主义，各就所立地位，悉力做去之为愈也。民心不死，其国不亡"[4]。

各大民族企业都重视人才培养，对表现突出的不论亲疏资历，大胆提拔启用。穆藕初就以诗赠员工："秉烛中夜宜勤读，闻鸡起舞锤筋骨。冀尔青年当

---

[1] 许涤新等主编：《中国资本主义发展史》（第二卷），人民出版社2003年版，第915—916页。
[2] 赵靖主编：《穆藕初文集》，北京大学出版社1995年版，第70页。
[3] 赵靖主编：《穆藕初文集》，北京大学出版社1995年版，第72页。
[4] 赵靖主编：《穆藕初文集》，北京大学出版社1995年版，第73页。

自勉,誓成大器为民族。"[1]

二 政治重心真空

主要因为辛亥革命资产阶级革命洪流冲垮了袁世凯的称帝迷梦,让他在全国人民唾骂声中死去,使北洋军阀集团内部从此再没有一个能凝聚、号令各派团伙的政治重心,而处于日趋严重的分裂状态。

这首先体现在皖直两大派系之间。袁世凯死后,皖系军阀段祺瑞控制了北京政府,与直系起初表面上还能维持合作。两派公开对立起于南北战争。段祺瑞的主要目标是消灭高举"护法"旗帜的孙中山领导的武装力量,削平陆荣廷、唐继尧等西南军阀,建立以他为首的北洋军阀一统天下;同时还有利用这场战争削弱与他争锋的北京政府代总统冯国璋为首的直系军阀实力,达到"以皖统直"的目的。当时就有人指出,段祺瑞是用"远系之人(按:即直系)[2]为战线前锋,而己则养精蓄锐,坐收渔翁之利耳"。[3]

1918年3月27日,段祺瑞不顾直系军队是攻打南方的主力和战功突出的直系悍将吴佩孚,任命并无多大战功的亲信张敬尧为湖南督军,成为矛盾爆发的导火索。4月5日、13日,直系大将曹锟两次要求辞去两湖宣抚使职,5月20日又擅离职守回天津"养病"。处于湘南北军前锋的直系师长吴佩孚,4月25日占领衡阳后就按兵不动;8月7日公开打出议和旗号,痛斥皖系"武力统一","耗资数千万","糜烂十数省","实亡国之策"。[4]8月21日,吴佩孚联合冯玉祥等15人通电全国再次呼吁停战。同时,吴佩孚与湘军谭延闿、赵恒惕的代表谈判,签订了停战协议。1917年冬和1918年春,直系长江三督李纯、王

---

[1] 赵靖主编:《穆藕初文集》,北京大学出版社1995年版,第649页。
[2] 此处为原书注。
[3] 温世霖:《段氏卖国记》,转引自黄征等:《段祺瑞与皖系军阀》,河南人民出版社1990年版,第106页。
[4] 《吴佩孚主和通电》1918年8月7日,转引自黄征等:《段祺瑞与皖系军阀》,河南人民出版社1990年版,第127页。

占元、陈光远也通电撤兵议和。直系这些和平呼吁获得全国各界好感，各社会团体纷纷通电支持声援。

吴佩孚等直系将领的行动，把皖系与直系的分裂全盘暴露于国人面前，迫使段祺瑞不得不公开宣布暂停对南方用兵，实际标志其武力统一图谋彻底失败。段祺瑞不得不于1918年10月再次辞去总理职务，仍以参战督办之职，实际继续控制北京政府，但其地位已被明显削弱。

段祺瑞与以梁启超为首的研究系也分道扬镳。研究系在讨平张勋复辟后成立的内阁9名阁员中占有6席，达到政治生涯的鼎盛期。但如同袁世凯利用研究系对抗国民党一样，段祺瑞对研究系只是利用一时。1918年，段祺瑞重新组阁时，研究系就被排除在外。在选举新国会议员时，段祺瑞及其亲信徐树铮在北京及各地多方活动。最后，参众两院选出472名议员，其中属于安福系的384名，占80%。研究系惨败，只有20余名。

1918年9月，研究系在北京的机关报《晨钟报》因批评皖系军阀政府大借款被封闭。梁启超感到依附军阀进而引导改造他们的道路根本走不通，1918年10月，对《申报》记者发表谈话，自称"毅然中止政治生涯，非俟著述之愿略酬，决不更为政治活动"。[1]梁启超在这篇谈话中对西南军阀、皖系军阀两方双箭齐发，称"现在拥兵弄兵之人，实我国民公敌，其命运与国家之命运不能并存"，"无南无北，无新无旧，已一丘之貉也"。但因为南方的国民党及其联系的西南军阀向来是研究系政敌，所以这些谈话主要是充分反映了研究系坚决转向反对段祺瑞皖系的决裂态度。

继而，参议院选梁士诒为议长，众议院选王揖唐为议长，人们称之为安福国会，从表面上看，皖系军阀获得了全胜，但从本质上看，它却进一步丧失了民心，使自己进一步陷入孤立状态。从此，再也没有一个有如研究系一类的有主义、有纲领、有奋斗历史的以知识分子为主体的资产阶级政派与之合作了。

---

[1] 《申报》1918年10月26日。

段祺瑞作为北京政府的实权人物，与大总统徐世昌也矛盾不小。徐世昌1918年10月10日上台，主要是依赖皖系支持。但徐世昌久经官场历练，政治经验丰富，惯于政治妥协，内心深处不愿过于偏向皖系，而希望派系平衡多少有所作为。段祺瑞对依靠西南军阀在广州召开非常国会，高举护法旗帜的孙中山态度强硬，主张武力统一并实际采取了行动。而徐世昌并不十分主战，眼见世界大战结束，列强希望中国内争不要影响市场稳定，国内国界更对南北战争一致反对，上台后即开始谋划南北和谈，于1918年10月24日发布了呼吁和平的总统令。1919年2月20日南北和平会议在上海举行。

段祺瑞慑于国内外的和平压力，对徐世昌的和平命令不便公开表示不满，但骨子里坚决反对。在选派代表时，他就暗中授意北方代表，和谈只许失败，不许成功。会谈开始后，很快就集中在陕西和国防军（参战军）取消与停支参战借款问题。这两个问题都直接关系皖系军阀的根本利益。

关于陕西问题，南北双方就停战等问题达成初步协议，北京政府在2月13日发电令陕西督军陈树藩遵照执行。但陈树藩依仗段祺瑞撑腰拒不服从。在段祺瑞不断运进军火等大力支持下，陈部等北军不断向陕西的于右任等部民军大举进攻。南方提出撤换陈树藩，但陈树藩是段祺瑞的爱将，徐世昌实际奈何不得他。

关于国防军（参战军）的取消和停支参战借款问题。国防军（参战军）是段祺瑞靠日本借款一手建立起来的嫡系部队，是他赖以控制北京政权的命根子，取消或移交陆军部管辖，段祺瑞都绝不会答应的，日本也不会答应。而且取消就须立即偿还日方已交付的300余万元，也是北京政府无法办到的。所以，北京政府只能维持国防军（参战军）与参战借款的存在。

南北和议引发全国各界很大期盼，希望两方面能为国家民众着想，互谅互让，取得成功。陈独秀说，"北京不要固执'中央威信观念'，南方不要固执'单纯的绝对的护法观念'"[1]，要"想想除了法律问题以外，有无关系国家

---

[1] 《我的国内和平意见》，《陈独秀文章选编》上，生活・读书・新知三联书店1984年版，第329页。

存亡的政治问题，比护法更加要紧？又再想想现在既不能达'武力解决'的目的，那'政治问题'的方法，是否应当采用"[1]。充分表达了全国各界的心声。但皖系破坏和会等迹象日益明显。陈独秀在"五四"前说两个和会（巴黎和会和上海和会）都是"分赃会议"，都无用，"与世界永久和平，人类真正幸福，隔得不止十万八千里，非全世界的人民都站起来直接解决不可"的观点，[2]充分表达了全国各界群众对上海和会的失望心情，实际构成了中国人民在五四运动"直接解决"，奋起救国的思想基石之一。"五四"后，段祺瑞和徐世昌的矛盾持续加深，段祺瑞及其大将王怀庆等被公认是对学生运动的强硬派，徐世昌、李长泰等则被认为是温和派，他们都直接影响了五四运动。

这些矛盾使北京政府在五四时期不能对彻底反对封建主义的新文化运动和彻底反帝反封建的五四运动，采用如慈禧太后镇压戊戌政变和后来国民党新军阀搞"四一二"政变的那种高压专制，从而使广大知识界获得了一个为时不短的相对较为宽松的政治环境。如后来周作人所说："在'三一八'那年以前，学生和教授在社会上似乎保有一种权威和地位，虽然政府讨厌他们，但轻易不敢动手"[3]，就在一定程度上形象地反映了这种事实。

三　社会能量在集结

前述国内外因素都对中国社会各阶层群众产生了巨大影响，引起了各个阶层民众不同程度的思想变化，实际为五四运动的进展奠定了社会基础。

（一）知识分子的爱国救亡实践及其思想趋向

清末以来，中国逐渐出现了一个现代新型知识分子群体。这个群体由正在学校接受现代教育和已经受过现代教育、在社会上以传播现代科学文化为职业

---

[1] 《我的国内和平意见》，《陈独秀文章选编》上，生活·读书·新知三联书店1984年版，第330页。
[2] 《两个和会都无用》，《陈独秀文章选编》上，生活·读书·新知三联书店1984年版，第397页。
[3] 陈师曾插图：《周作人散文经典》下，春风文艺出版社2015年版，第363页。

的教师、记者、编辑、医生、工程师、律师等构成。这个群体以中等以上的学生数量最多。据统计,如果把清末以来受过中等以上教育的人(含海外留学归国者)在内,全国"五四"前后受过中等以上教育的人当在数十万人。从他们所受的教育看,这个社会阶层大体可以分为两部分:一是在国内中国人或外国传教士办的学校接受教育的;二是赴日、美、法、英等国留学的。这个群体中每个人的政治态度、生活境遇各不相同,但从总体上看,这个群体五四运动以前在中国革命的各个阶段"常常起着先锋的和桥梁的作用"[1],对中国社会的其他阶级、阶层民众产生了巨大影响,实际为知识分子在五四运动中的杰出作为做了重要准备。

这个准备工作分为两个部分进行。一是国外留学生的救亡斗争。

按照清政府的设想,留学生应进入留学国家的"农工商等学堂"学习专门技术,学成后回国"分派各省农工等艺学堂以开风气",并可"量与官职"。[2]但留学生们出国后眼界顿开,"无形中感受到了时代的脉搏"[3],很多人产生了强烈的救国思想,迅速开展了组织爱国团体的活动。1905年同盟会成立,留学生更充当了主力,其中绝大多数是留日生。

留学生积极开展了广泛的革命宣传工作。各省留日学生相继创办了《浙江潮》《江苏》《新湖南》《醒狮》《云南》等。其共同特点是:大声疾呼中国正面临亡国灭种的危险,尖锐揭露清廷的腐败专制,号召有志青年奋起;同时,对中国的封建伦理道德进行了有力的批判。

留学生发奋著书宣传革命,宣传坚决反清,鼓吹民主自由。其中影响最大的是邹容的《革命军》,陈天华的《警世钟》和《猛回头》,其突出优点是说理明白深刻,文字通俗易懂,感情饱满,鼓舞了很多人投身革命洪流。

国内学生运动呈现出政治色彩越来越鲜明,斗争规模日益扩大之势。1905年后,学生运动越来越多地以罢课为主要斗争方法。国会请愿运动中,天津、

---

[1]　《中国革命和中国共产党》,《毛泽东选集》第二卷,人民出版社1991年版,第641页。
[2]　陈学恂主编:《中国近代教育大事记》,上海教育出版社1981年版,第103—104页。
[3]　《吴玉章回忆录》,中国青年出版社1978年版,第18页。

保定、盛京、成都等地学生相继联合罢课互为声援，天津学界机关还呼吁全国总罢课。保路风潮中，成都、长沙学生举行全城罢课。

学生们还日益觉悟到，应与其他社会阶层特别是下层民众共同联合斗争。"保路运动中，学界不仅率先提出工农商学联合罢课、罢市、罢业、罢耕的四罢主张，而且很快付诸实践，以激励商界和广大市民。在省城的斗争受到压制后，他们又纷纷转向府州县各城镇乡村，广泛深入地发动民众，号召罢市抗租抗税"。[1]

学生运动的组织程度呈现日益加强之势。1903年前后，各种学生的小团体在学堂内部纷纷出现，京师大学堂学生在拒俄运动中建立了抗俄铁血会、东北义勇队、关东独立自卫军等团体。5月，邹容发出建立中国学生同盟会的建议，实际反映了全国学生的一致愿望，构成了学生们加强团体、扩大组织的目标。"1905年，上海成立了以国内外高等学堂毕业、在校生为对象的'环球中国学生会'，1906年又组建过'旅沪二十二省学生总会'。国会请愿时，天津成立了'在津全国学界国会请愿同志会'。1911年4月，上海发起'中国学界联合会'，'以联合全国学界实践救亡之责任'为宗旨"。[2]

学生运动始终贯穿着爱国、民主、科学的思想主流。他们迅速打破了封建士大夫的传统爱国观，把国家与君主、政府严格区别开来，逐渐树立了以民众、自我为主体的爱国主义。据俄运动中，湖南巡抚赵尔撰满怀警觉对学生说："彼知忠君爱国之本，何以我们学生将上二字抛去，专讲爱国？甚至有排政府，排满之谈？"[3]学生的爱国主义以民主科学精神为根基，他们的反帝爱国斗争同时是宣传西方民主自由观念、反对封建道德观念、反对封建枷锁禁锢，争取民主权利包括自治权利的过程；是反对专制愚昧，同破除家长权威、陈腐纲常及缠足、蓄辫、纳妾、迷信等腐败观念、劣习陋俗不懈斗争的过程。

---

[1] 桑兵：《晚清学堂学生与社会变迁》，广西师范大学出版社2007年版，第8页。
[2] 桑兵：《晚清学堂学生与社会变迁》，广西师范大学出版社2007年版，第7页。
[3] 张篁溪：《沈祖燕、赵尔撰书信中所述清末湘籍留东学生的革命活动》，《湖南历史资料》1959年第1期。

《字林西报》敏锐指出,"任何注意当前反美骚乱过程的人都不能不对整个运动的典型的美国方式留下印象:举行公共集会,发表演说,散发传单,选举代表出席大会"[1]。

总之,辛亥前后国外留学生和国内学生阶层的反帝反封建斗争,为五四运动作了政治上、组织上、思想上的重要准备。如有学者指出的,"在青年们火烧赵家楼的行动中,也依稀可见天津学生国会请愿游行时殴总办、毁马车之举的影子"[2];没有辛亥学生们全国性组织的倡议筹建,"就很难设想中国学生能够在五四运动爆发后的短短几天内成立区域学联,40天合为全国大团体"[3]。

(二)资产阶级政治觉悟的提高和商会组织的发展

五四运动前,中国资产阶级的反帝救亡觉悟与其他各界一样有很大提高,逐渐形成了实业救国的共识,不断奋起反抗外国经济侵略和军阀政府的政治压迫和经济盘剥。1905年,全国掀起抵制美货运动,各地商人踊跃参加。收回路权斗争中,资产阶级(主要是富人)充任了反帝爱国斗争的主角。他们明确提出"路权而国权","自行筹办,则保路权以保国权"。[4]

在帝国主义的经济压力面前,民族资产阶级也敢于奋起而抗争。英美在华合办的最大的烟草企业英美烟草公司,对正在兴起的南洋烟草公司软硬兼施,妄图收买吞并,遭到严正拒绝,就不择手段地打压,妄图把南洋挤垮。1916年3月,英美烟草公司将其上海产的"派律"烟降到250元一箱。南洋即将与"派律"同一档次的"飞船"烟降到215元一箱。英美把"派律"集中到上海,拉开与南洋决一死战的架势。南洋却将产品运往外埠,填补了英美外埠的空缺。争斗持续近20年,南洋始终不屈,表现了极为强烈的民族意志、爱国

---

[1] 《国内时事述评》,《字林西报》1905年8月8日。
[2] 桑兵:《晚清学堂学生与社会变迁》,广西师范大学出版社2007年版,第9—10页。
[3] 桑兵:《晚清学堂学生与社会变迁》,广西师范大学出版社2007年版,第7页。
[4] 《苏州商会档案》第295卷,第14页,转引自马敏:《商人精神的嬗变:近代中国商人观念研究》,华中师范大学出版社2001年版,第202—203页。

精神。

　　资产阶级冲破了"在商言商"的信条，把反帝爱国同反军阀封建专制结合起来。袁世凯称帝，资产阶级坚决抵制。袁世凯被迫取消帝制后，广大人民群众争相到袁世凯政府控制的中国银行和交通银行提存挤兑。段祺瑞秉承袁世凯的旨意，于1916年悍然下令中交两行"一律不准兑现、付现"[1]，以摆脱中交两行倒闭的危险。但资产阶级坚决抗争，上海中国银行商股股东联合会于14日通电全国，指出袁世凯政府此举"无异宣告政府破产，银行倒闭，直接间接宰割天下同胞"，并宣布上海中国银行独立，"照旧兑钞结存"。[2]各地中国银行纷纷效仿；江苏、山西、河南、湖北、安徽等省先后照常兑现，构成了对已众叛亲离的袁世凯的沉重一击。

　　同时，资产阶级的法人团体商会有很大发展。1903年，清政府正式成立商部，颁布《商会简明章程》，全国各地商会如雨后春笋纷纷建立。到1919年5月，全国商会已增至1238个，其中总商会55个。[3]这些商会的上层人物与统治阶级联系较多，但总体上看，他们反映了中国民族资产阶级的利益和要求。

　　对于全国影响最大的上海总商会，有一些论著断言其主要负责人朱葆三、虞洽卿等负责人是买办资产阶级分子。实际这个论断不符合历史事实。因为曾经担任过洋行买办的朱葆三、虞洽卿等，在五四运动前后已经把历年积蓄的资金大量投资于金融、纺织、五金、航运等民族产业，如长兴煤矿公司、上海华商水泥公司等重工业企业，龙华造纸厂、上海绢纺厂、日华绢纺公司等轻工业纺织企业，还有大有榨油厂、赣东饼油厂等加工性企业，有宁绍轮船公司、舟山轮船公司和大达轮船公司等，此外他们还广泛投资经营上海华商电车公司、广州自来水厂等城市公用事业。[4]这表明，他们已完成了由买办向民族资本家的身份转移。

---

[1]《中华民国货币史资料》第一辑，上海人民出版社1986年版，第200页。
[2]《中华民国货币史资料》第一辑，上海人民出版社1986年版，第220页。
[3] 许纪霖等主编：《中国现代化史》第一卷，上海三联书店1995年版，第346页。
[4] 熊尚厚主编：《民国工商巨擘》，团结出版社2011年版。

实际上，这些商会都积极推动甚至是领导了1905年抵制日货斗争及其后的争回利权斗争，积极参与了1915年反对袁世凯称帝和签订"二十一条"的斗争。巴黎和会开幕后，各地商会均高度关注。上海中华工商保守国际和平研究会等于1919年1月27日拟就一篇对外宣言，征得全国百余商会赞同，于2月底送交巴黎和会，明确提出，"全国人民，得与世界万国，享同等福利"[1]。2月6日，上海洋货商会等团体得知日本公使公然强迫中国政府命令和会使团放弃合理要求与日本取一致态度，立即发出通电，提出"外使到部，无理要求，务请严词拒绝，以保主权"[2]。

（三）工人阶级的壮大和工人运动的发展

随着第一次世界大战期间民族资本主义经济的迅速发展，中国工人阶级力量也得到迅速壮大。到五四运动爆发前，据不完全统计，中国工人阶级已形成一支拥有260万产业工人，1800—2000万手工业工人、店员和其他雇佣劳动力在内的新兴力量。[3]

工人阶级为自身经济利益、国家命运的斗争也逐渐进入了新阶段。工人罢工的次数猛增，规模明显扩大，政治色彩日益鲜明。1915年为抗议日本逼迫中国签订"二十一条"，香港海员拒绝装卸日货。1916年天津工人带动各界反对法帝国主义侵占老西开迫使法租界当局不得不由完全独占老西开改为中法共管。

工人组织程度明显提高。1914年，上海宁波籍的火轮海员——生火、加油工人组织了"炎盈社"，参加人数达六千。1916年商务印书馆工人成立"集成同志会"。1918年上海的宁波籍水手在钱孝裕、朱宝庭带领下成立"均安水手公所"，有会员四千人，主要是努力推进水手的经济互助，还办了工人子弟学校。需要注意的是，这些组织还都不同程度地具有旧式行会、同乡会、帮会组

---

[1] 《民国日报》1919年1月27日。
[2] 《民国日报》1919年2月6日。
[3] 王元玺主编：《中国工会史》，中共党史出版社1992年版，第56页。

织的影响。

中国工人运动的发展受到欧洲工人运动的影响。大战期间,中国赴欧洲战场服务的华工很多,其中死亡约5000人。[1]战后,约有7.2万人被遣送回国,其中大部分在中外企业做工。沙俄也从中国山东、华北等地招募大批华工;特别是中国对德奥宣战后,7万多华工被分别送到俄国黑河一带做修筑铁路等工作。这时在俄国各地的华工已有50多万人。十月革命爆发后5万多人参加了红军,4万多人在十月革命胜利后陆续回国,其中有不少留在哈尔滨、大连等地工厂当工人。

海外华工直接观察亲身经历了欧洲工人运动蓬勃发展的情况。1917年,英国轮船公司的中国海员应邀参加了英国矿工、铁路、运输三大工会"三角同盟"罢工,使各部门工人生活状况都得到一些改善。在法国飞机厂、军需厂、农场或码头工作的华工,都曾自动联合起来,组成旅法华工协会。他们陆续回国,不但壮大了中国工人阶级队伍,而且使中国工人阶级开阔了眼界,介绍了世界工人运动的经验,特别是传播了十月革命的经验,从根本上为后来中国工人由自在状态转为自为状态准备了条件。

这个时期,以孙中山为首的革命民主派不断加强对工人运动的领导工作。1912年1月,工人出身的同盟会员韩恢、徐企文等在上海发起组织了中华民国工党。二次革命时,徐企文率队伍参加攻打江南制造局被捕,旋即被送往北京枪决;工党遭查禁,被迫中止活动。1916年袁世凯复辟失败之后,中华民国工党恢复活动,不久更名为中华工党。中华工党还在各地和海外建立支部,上海浦东和杨树浦等区就有其支部。护法运动开始后,中华工党的活动受到上海官厅限制,但在上海工人中仍有一定影响。

1919年4月,国民党人在上海发起中华工业协会,实际活动从5月开始,冯自由、曹亚伯先后任理事长。6月1日,上海黄包车夫2000多人为反对车主增加

---

[1] [美]徐国琦:《中国与大战》,马建标译,上海三联书店2008年版,第151页。第一次世界大战,赴欧洲的华工总人数,迄今有32万、20万、15万等说法,参见[美]徐国琦:《中国与大战》,马建标译,上海三联书店2008年版,第133页。

车租同盟罢工时,中华工业协会呼吁社会各界援助。此时马克思主义已经开始在中国传播,但具有初步共产主义思想的知识分子还没有深入到工人群众中去进行宣传组织工作,推动工人成立自己独立的阶级工会之前,这些招牌工会虽然有其固有的劳资调合等消极影响,但其活动的积极影响是主要的,构成了中国工人阶级提高阶级意识、组织程度的一个重要环节,也是资产阶级还在领导中国革命的余响,实际为大革命时期实行扶助农工的新三民主义作了必要的准备。[1]

四 学生在行动

1918年,留日学生奋起抗议《中日共同防敌军事协定》签订。4月,日本中国留学生聚集于东京第一高等学校化学讲堂,决心抵制。阮湘、王希天等号召"全体退学回国,誓死力争取消亡国苛约"[2]。留学生各校代表齐集于神田源顺馆开会议事,遭日本军警百余人包围,王希天等被拘捕,囚禁警署一天一夜获释。留学生5月5日成立"中华民国救国团",明确以"一致对外"为宗旨,大批留学生决定退学回国,还有部分同学就地组织反抗行动。7日救国团先发队代表阮湘、王希天、李达等从横滨出发,12日抵达天津,与天津《益世报》及各校联络;15日到达北京,与北大学生代表许德珩等会晤,遍访各校并演讲,从而促发了北京及天津等各地学生抗议《中日共同防敌军事协定》的斗争。

5月21日晨,北京大学全校学生集合准备出发。校长蔡元培早已赶到,力劝学生不要去总统府,学生坚持既定决心。北京工业专门学校行动很快。早晨出发前,学生再次集会。夏秀峰发表演讲,说到激动之处,突然拔出刀子将左手中指断去,血凝讲台。他当场写下血书:"此条约取消之日,为我辈生还之

---

[1] 参见姜沛南等:《上海招牌工会的兴亡》,载沈以行等主编:《中国工运史论》,辽宁人民出版社1996年版,第96—124页。
[2] 《王希天纪念文集》,长春出版社1996年版,第17页。

时。"[1]在场学生无不激愤,呼声雷动。高师学生行动最迅速,上午9时已到达新华门外。10点,北大学生1600余人赶到。工业、法政专门接着到达。会合各校及天津学生、留日学生共2000多人,大队浩浩荡荡聚集总统府新华门外。记者报道,当时"人俱静肃待,不闻笑语之声,此一种严肃之光景,北京空前所未有也"[2]。

学生们当场推选出段锡朋、许德珩、熊梦飞、邓翔海等13位代表,终于12时见到代总统冯国璋。学生代表提出两项要求:其一,拒绝在《中日共同防敌军事协定》上盖章;其二,公布协定全文。冯国璋先是指责学生不该擅自聚众来见总统,有意见应请校长转达;随后还为《中日共同防敌军事协定》辩解。会见进行一个小时。下午13时半,各校学生和赶来声援的大学生及一些小学生列队回校,第二天照常上课。

天津学生迅速响应北京学生。5月22日上午,南开中学、新学书院、成美学校、德华学校等4校学生1000余人齐集省长公署[3]。推选出马骏(南开中学)等6位代表会见省长曹锐,翌日天津更多学校学生再次到省长公署请愿,都强烈要求将不承认《中日共同防敌军事协定》之要求转呈政府,都未得答复。曹锐还下令学生们立即解散。天津学生毫不畏惧,以全体名义发表《告国人书》,声明"此卖国契不能成立,学生负犯干上之罪,同受枪决亦其所已"[4]。

6月8日,天津各校学生近千人在老西开美以美会维斯礼堂集会。出席会议的还有天津矿务局、国货维持会的代表,有来自京沪的归国留日学生代表,有北大、北京工业等校学生代表。许多人演说"至痛切时人皆感泣,满场秩序井然,掌声雷动"。当晚各校学生代表数十人又在德租界某客栈召开联席会议,

---

[1] 《湖南省志·人物志》下册,湖南出版社1995年版,第394页。
[2] 《民国日报》1918年5月24日。
[3] 韩信夫等主编:《中华民国大事记》,中国文史出版社1996年版,第552页。另,还有300余人一说,见张惠芝:《"五四"前夕的中国学生运动》,山西教育出版社1996年版,第144页。
[4] 长沙《大公报》1918年5月29日。

决议两项:"永久提倡国货"及"此次中日密约必使无效"。[1]

5月31日下午1时半,上海学生2000余人齐聚公共体育场集会。各校代表慷慨激昂演讲救亡。大约4点,集会结束,2000余人整队奔向龙华会署,其时学生队伍"秩序井然,始终不紊,亘两里之长,历二时之久,无一笑语者。"[2]到达护军使分署后,先由一位学生代表进入呈递请愿书。稍后,由上海及留日的14位学生代表向淞沪护军使卢永祥提出拒约。卢永祥同意向北京政府转达学生们的拒约要求,应允学生召开上海公民大会讨论拒约问题;同时对学生提出的"抵制日货""未敢赞许"。这次请愿整整进行两个小时,学生代表出来分别向各自学校汇报。

7月14日,万余学生及各阶层人士在清水濠孔教堂举行广州国民大会。广东督军莫荣新、广东护法军政府总裁之一伍廷芳派代表与会。下午1时,大会开始,倾盆大雨从天而降,与会者全被淋透,但大会继续进行,与会者无不义愤填胸,同仇敌忾,一致通过宣言和通电,要求北京政府遵从全国民意,实行拒约。

广东学界各种救国组织迅速建立。6月5日,由法政、南武、岭南、培英、省立二中、广东高师等校每校选出代表发起成立了广东省学生联合会,还专门成立了广东学生救亡团。[3]

四川学生集资印出《四川学生泣告全国书》数百万张,遍送各机关团体、各界名流、广大民众。学生们还组织了演讲团,在成都和各县向各界民众宣传。各县纷纷建立了救国协会,救亡拒约的热潮很快波及全省大部分地区。

北京政府对留日学生为抗议《中日共同防敌军事协定》大批归国和京津沪粤川等各地学生运动的兴起毫无准备,一时手足无措。但在日本政府的压力下,特别是出于从日本获得大宗新贷款的迫切需要,迅速对学生采取了软硬兼施的政策。

---

[1] 《晨钟报》1918年6月11日。
[2] 《民国日报》1918年6月1日。
[3] 《民国时报》1918年6月18日。

一方面，在运动初起时由北京政府总统、总理及各地督军省长出面，承认学生爱国，要求他们不要"荒废学业"，称学生是"国家根本所在"。另一方面，坚拒学生公布密约和拒约要求。由教育部连发训令，指责学生"废学"、"何异自弃其国"；特别是令留日学生必须"一律离京"赴日，"如有借故延宕，意在违抗者，即难解干涉政治之嫌，而非有志于学业。一经查明，不能不予开除学籍，以示惩儆。"[1]到6月初，北京政府干脆下令警厅严密监视并勒令阮湘等留日学生救国团先发队成员"即日离京"[2]。阮湘等万般无奈之下，6月26日发表离京宣言，转赴上海。7月22日，北京政府公然下令取缔留日救国学生团和学生爱国会。[3]

北京政府还针对留日归国学生决心"永不赴日"，在国内办学继续学业的决心，公开宣布：政府根本不可能在国内办学收容留学生；同时开动各种宣传机器，破坏学生运动。驻日公使章宗祥致电国内，称东京帝国大学、早稻田大学的中国学生已经复课，北京日本人办的报纸更不惜造谣惑众，说已有不少留学生返日继续学业。

这样，随着阮湘等离京，京津一带学生运动开始转入低潮，9月，广东、四川等省的学生运动也转入低潮。而有关秘约的活动紧张进行，5月30日，北京政府公布《中日共同防敌军事协定》签订，但对内容却秘而不宣。可见，学生们反对《中日共同防敌军事协定》的要求一项没有达到，留日学生国内办学继续学业的要求也没实现。这表明，这场轰轰烈烈的学生运动失败了。

但是，这次学生运动意义重大，影响深远，实际成为后来五四运动的预演。

其一，这次学生运动是近代中国学界一次全国规模的反帝救国示威性大请愿。它以反对《中日共同防敌军事协定》为中心目标，已经模糊地把斗争集中于控制北京政府的皖系军阀和日本帝国主义，初步综合运用了游行、示

---

[1] 《晨钟报》1918年5月24日。
[2] 《晨钟报》1918年6月25日。
[3] 《五四爱国运动档案资料》，中国社会科学出版社1980年版，第153页。

威、演说、集会、通电宣言、罢课等现代政治斗争手段；特别是学生奋起斗争时，不但冲破了帝国主义列强、军阀政府的禁令，而且冲破了包括北大校长蔡元培等在内的校方阻挠。这表明中国学界作为一个独立的政治力量，以反帝救国先锋的姿态活跃在中国的政治舞台，开始对中国社会各阶级各阶层产生广泛深刻的激励、推动作用。他们对自己在思想、觉悟和斗争方式上所表现出的过分和平守法和对军阀政府抱有幻想等弱点，随着军阀政府卖国专制真面目迅速暴露，也迈开了逐渐认识、纠正的关键一步，开始表现出了中国青年学生不断坚持反帝爱国斗争，同时不断提高、锤炼自己的突出特点和优点。

其二，这次斗争涌现出一大批青年反帝救国斗争的坚强骨干，他们几乎全成为五四运动的先锋和骨干。留日归国学生中的王兆荣、阮湘、王希天、李达、李汉俊等，北京各校请愿学生代表段锡朋、许德珩、易克嶷、熊梦飞、夏秀峰、鲁毅等，天津学生代表马骏、郭隆真等，以及积极参加这次斗争的匡互生、张国焘、罗家伦、程学愉（天放）、狄侃、朱承洵等，都受到很大锻炼。他们作为骨干组成的学生救国会、爱国会等爱国团体不顾军阀政府的禁令，不仅大力联络、发动了各地学生的反帝爱国运动，还同各界加强了联络，取得了多方支持。在上海，北京学生代表拜会了孙中山、廖仲恺、朱执信、戴季陶、蒋志清（即蒋介石）等；会见了《民国日报》的邵力子和叶楚伧、《时报》的戈公振、《申报》的史量才等新闻界重镇，江苏教育会的黄炎培、商会的虞洽卿和荣宗敬等社会名流。在岳州，拜会了时任湘西镇守使的直系将领冯玉祥。救国会等学生爱国会等团体后来逐渐汇入了北京国民杂志社等学生社团，很多人成为其中的骨干、核心。中国在巴黎和会外交失败的消息传来，他们立即应时而动，就十分自然了。

其三，这次斗争的正反两方面经验深刻地启迪了中国各界，特别是学生中的先进分子，为后续斗争明确了坚决反帝反军阀的指导思想。运动过后，很多人都不断认真反思。匡互生回忆，"几个被推去见冯国璋的代表被冯国璋一场圆滑而兼恐骇的话骗了出来；所有同去的同学，也就不得不各自跟着代表回到学校里了。于是那些热烈的同学,因此觉悟到作事以前大有组织坚固的有力量的小团体的必要。几个月以内,各校学生独立组织和联合组织的小团体,相继成立的至少在二十以上"[1]。张国焘说,这次请愿,几个"代表捧着请愿书,恭而且敬的求见总统。我们大队学生则在新华门外肃静等候;既没有人演说,也没有标语口号,市民也不知道学生们在做甚么。……四个(此处有误,实为13个——笔者注)代表步出总统府向大队约略报告数语,大伙儿也就跟着朝回走。当时我身历其境,真是觉得太不够味。幸好有一位天津学生代表郭隆贞女士在总统府门前大哭大闹一顿,表示抗议,才显了一点热烈的情绪"[2]。60多年后,许德珩在回忆录中描述了当时他也有与张国焘几乎完全相同的想法。[3]不难看出,这些回忆的内涵十分丰富,其中最重要的是:他们看清了军阀政客的残暴专制和阴险狡诈,也看到了自己政治上的简单天真,他们决心以更强硬的态度、更激烈的方法进行反帝爱国斗争,并开始考虑如何启发、团结广大各界民众一同向着共同目标奋进。

　　历史证明,中国学生正是以此为政治起点,才有五四冲天创举,开创了中国学生运动的新局面、中国革命的新纪元。

---

[1] 匡互生:《五四运动纪实》,《五四爱国运动》上,中国社会科学出版社1979年版,第492页。
[2] 张国焘:《我的回忆》第一册,东方出版社1998年版,第44页。
[3] 《为了民主与科学——许德珩回忆录》,中国青年出版社1987年版,第44—46页。

第三章　新文化运动的兴起

新文化运动,不仅创造了中国文化现代化的壮丽开局,而且直接为五四运动创造了思想条件。

一　《新青年》创刊

新文化运动以《青年杂志》(从第二卷起改名为《新青年》)创刊为开端。

此时,中国处于北洋军阀政府统治之下,民族危机,政治黑暗日甚一日,尊孔复古的逆流时有泛起。1913年袁世凯颁发"尊崇孔圣"通令,恢复中小学生读经科目,并把"法孔孟"列入教育宗旨之中,孔庙祭孔、天坛祭天接连进行。各地陆续出现尊孔复古的孔教会、孔道会、孔社、崇圣会、经学会、读经会等各种组织。其中影响最大的是1912年10月在上海建立的,由陈焕章发起、以康有为为精神领袖的孔教会。它把上述大多数尊孔组织网罗到昌明孔教的总目标下,并出版《不忍》杂志作为舆论工具。由曾经是思想界新派领袖的严复领衔,包括林纾等在内二百余文化界人士,正式建议国会把孔教列入宪法,定为国教,以255票对264票的微弱差距未被通过。鬼神迷信思想大肆泛滥,1917年,上海灵学会正式成立,并出版会刊《灵学丛志》,声称"专研究人鬼之理,仙佛之道,以及立身修养种种要义","即谓之圣学可也",实为"凡百科学之冠"。[1]少数军阀、政客及社会名流聚集灵学会,大搞祭天、请神、祀

---

[1] 余冰尘:《余冰尘先生书》,《灵学丛志》第一卷第三期。

鬼、通仙、扶乩等活动。

绝大多数地区的文化教育虽然受到了辛亥革命的冲击，但基本状况与辛亥前夕相差不多。如福建的漳平县农村，"教育仍是同科举没有停办时候一样。先生不仅教了四书正文，而且教了朱注"[1]。

束缚、摧残妇女的法令、习俗依然普遍存在。各级政府树立贞节牌坊表彰节妇烈女的事时有发生，纳妾、溺死女婴、包办婚姻等现象仍触目可见，司空见惯。

先进知识分子们对这一切进行了深刻反思，文化复古思潮为何如此泛滥？帝制复辟丑剧为何能够上演？民主共和实现为何如此艰难？但与一般舆论只重于谴责直接参与这些丑行的旧官僚、旧武人和旧学者的罪恶不同，越来越多的先进知识分子关注更深层次的原因。陈独秀指出："若夫别尊卑，重阶级，主张人治，反对民权之思想之学说，实为制造帝王之根本恶因。吾国思想界不将此根本恶因铲除净尽，则有因必有果，无数废共和复帝制之袁世凯当然接踵应运而生。"[2]陈独秀甚至激切地强调，这种种现象之恶因存在于各界思想中，"国人思想倘未有根本之觉悟，直无非难执政之理由"[3]。

1914年7月，陈独秀应章士钊之邀赴日，协助编辑《甲寅》杂志。《甲寅》1914年5月10日创刊于东京，发起人胡汉民，主编章士钊。该刊"以条陈时弊，朴实说理为宗旨。盖反对袁世凯而有学理之出版物也"[4]。主要撰稿人有章士钊、陈独秀、李大钊、高一涵、张东荪、胡适、苏曼殊等人。陈独秀在《甲寅》第1卷第4期上发表的《爱国心与自觉心》，反映了当时先进知识分子在深刻反思辛亥革命以来的经验教训，开始把国民素质的改善、思想的解放、道德的提高作为消除亡国危机的根本和关键，实际为发动新文化运动做了思想准备。基于强烈的忧患意识，期望国民有真正的爱国心和自觉心以挽救严重的

---

[1] 《郑超麟回忆录（一九一九——一九三一）》，现代史料编刊社1986年版，第7页。
[2] 陈独秀：《袁世凯复活》，《新青年》第2卷第4号。
[3] 陈独秀：《通信》，《新青年》第1卷第1号。
[4] 戈公振：《中国报学史》，中国新闻出版社1985年版，第156页。

民族危机，陈独秀此文多激烈言词，甚至正话反说，称"如此国家"，"存之无所荣，亡之无所惜"，"海外之师至，吾民必且有垂涕而迎之者矣"，"恶国家甚于无国家"等等。

1914年11月，还在协助章士钊编辑《甲寅》时，陈独秀就已经有回国创办杂志、推进国内思想变革的想法了："让我办十年杂志，全国思想都会改观。"1915年6月，陈独秀从日本回到上海，并在同乡好友、上海亚东图书馆经理汪孟邹大力协助下，[1]经紧张筹备，9月15日，《青年杂志》正式创刊。在《创刊号》的《社告》中，陈独秀概略说明杂志的宗旨、视角和内容形式的基本要求：

一、国势陵夷，道衰学弊，后来责任端在青年。本志之作，盖欲与青年诸君商榷将来所以修身治国之道。

二、今后时会，一举一措，皆有世界关系。我国青年虽处蛰伏研求之时，然不可不放眼以观世界。本志于各国事情、学术、思潮尽心灌输，可备攻错。

三、本志以平易之文，说高尚之理。凡学术事情足以发扬青年志趣者，竭力阐述，冀青年诸君研习科学之余，得精神上之援助。

显然，这是明确宣告《青年杂志》办刊宗旨是唤起、推动广大青年对国家兴衰、民族兴亡的责任感，以面向世界的开放眼光，学习各国的新思潮、新学术，以探求"修身治国之道"。这充分表明，陈独秀虽然宣布"批评时政，非其旨也"[2]，但其长远目标仍然是中国的政治问题即救亡图强。这深刻地表明了新文化运动从一开始就与救亡图强的政治运动紧密联系在一起。

用什么新思想来唤起青年乃至全体国民呢？陈独秀在作为《青年》杂志发

---

[1] 唐宝林等：《陈独秀年谱》，上海人民出版社1988年版，第65页。
[2] 陈独秀：《通信》，《新青年》第1卷第1号。

刊词的《敬告青年》中指出,青年所应具有的"新鲜活泼而适于今世之争存"的新思想主要有六点,即"自主的而非奴隶的""进步而非保守的""进取的而非退隐的""世界的而非锁国的""实利的而非虚文的""科学的而非想像的"。陈独秀提出的这六条要求的中心是"民主"(人权)和"科学",从而高举起新文化运动两面大旗。他强调:"国人而欲脱蒙昧时代,羞为浅化之民也,则急起直追,当以科学与人权并重。"[1]

关于民主,陈独秀首先突出强调人权,即人要从封建制度、思想禁锢中解放出来。"自人权平等之说兴,奴隶之名,非血气所忍受。世称近世欧洲历史为'解放历史':破坏君权,求政治解放也;否认教权,求宗教之解放也;均产说兴,求经济之解放也;女子参政运动,求男权之解放也。解放云者,脱离夫奴隶之羁绊,以完其自主自由之人格之谓也。我有手足,自谋温饱;我有口舌,自陈好恶;我有心思,自崇所信;绝不认他人之越俎,亦不应主我而奴他人。"[2]

国人所以处于奴隶状态,是因为封建制度的压迫束缚,陈独秀说我国"固有之伦理、法律、学术、礼俗,无一非封建制度之遗"[3]。

陈独秀大声疾呼中国应仿效欧美建立真正的民主,实行民主共和,他提出:"民主国家,真国家也,国民之公产也,以人民为主人,以执政为公仆者也。民奴国家,伪国家也,执政之私产也,以执政为主人,以国民为奴隶者也。真国家者,牺牲个人一部分之权利,以保全体国民之权利。伪国家者,牺牲全体国民之权利,以奉一人也。"[4]

学习西方民主,陈独秀最为推崇法国。他认为西方文明中,"欧罗巴各国人民皆有所贡献,而其先发主动者,率为法兰西人",作为"近代文明之特征"的"三大文明",即人权说、生物进化论、社会主义"皆法兰西人

---

[1] 陈独秀:《敬告青年》,《新青年》第1卷第1号。
[2] 陈独秀:《敬告青年》,《新青年》第1卷第1号。
[3] 陈独秀:《敬告青年》,《新青年》第1卷第1号。
[4] 陈独秀:《今日之教育方针》,《新青年》第1卷第2号。

之赐"。[1]

陈独秀高度评价了法兰西的人权说:"欧罗巴之人心,若梦之觉,若醉之醒,晓然于人权之可贵,群起而抗其君主,仆其贵族,列国宪章,赖以成立。"[2]

近代以来,从早期改良主义者王稻、郑观应到戊戌时期的康有为、梁启超,辛亥革命后孙中山等,强调民权爱国、民主救国等各种观点,虽然差异很大,相互也有过多次激烈争论,但他们宣传的出发点都是为了国家,都着重考虑民主政治的群体效用、社会效用,都是国家本位、群体本位,较少考虑民主对人的个体效用。民国建立打倒了皇帝,但民主共和只是挂了一个招牌,而袁世凯搞专制乃至复辟称帝,都无不假托民意,甚至由"代表选举"通过。多数国民被笼罩在纲常名教的罗网中,对这一切或漠不关心,或麻木不仁,或听之任之。这使陈独秀感到必须唤起每个国民特别是每个知识分子学习西方,特别是法兰西的人权思想,从封建道德束缚中冲出来,开始新的民主主义觉醒。

那么,中国应怎样实行民主?怎样才能成为民主国家呢?胡适指出,应大力提倡"真的个人主义——就是个性主义(individuality)。他的特性有两种:一是独立思想,不肯把别人的耳朵当耳朵,不肯把别人的眼睛当眼睛,不肯把别人的脑力当自己的脑力;二是个人对于自己思想信仰的结果要负完全责任,不怕权威,不怕监禁杀身,只认得真理,不认得个人的利害"[3]。有了这样的国民,自觉居于国家主人地位,而不是寄希望于圣君贤相,中国才会有真正的民主。当时绝大多数青年学生对这种个人主义易于理解也乐于接受,对推进他们从严酷的封建纲常道德伦理观念禁锢中解放出来,投身反对封建主义腐朽文化的新文化运动和反帝救亡的五四运动有极大的根本的促进作用。

陈独秀同时还大力提倡科学,称之为与民主一样为推动中国社会变革的又

---

[1] 陈独秀:《法兰西人与近世文明》,《新青年》第1卷第1号。
[2] 陈独秀:《法兰西人与近世文明》,《新青年》第1卷第1号。
[3] 胡适:《非个人主义的新生活》,原载于《时事新报》1920年1月15日,又载于《新潮》第2卷第3号。

一面旗帜。他说,"科学之兴,其功不在人权说下,若舟车之有两轮焉"[1]。

陈独秀强调科学的本质是"求真"和"实证",因为"科学说明真理,事事求诸证实"[2]。《科学》杂志主编任鸿隽明确提出"科学精神者何?求真理而已",其两要素为"崇实"与"贵确"。[3]受他们影响,新潮社员毛子水进一步发挥说:"'科学的精神'这个词,包括许多意义,大旨是从前人说的'求是'。凡立一说,须有证据,证据完备,才可以下判断。对于一种事实,有一个精确的,公平的,解析;不盲从他人的说话,不固守自己的意思,择善而从。"[4]

陈独秀的这种科学观是近代中国思想界经过了数度转化、不断发展的结果。先是以林则徐、魏源为代表的地主阶级改革派的器物科学观,继而是以严复、康有为、梁启超为代表的资产阶级维新派的方法论科学观。梁启超指出,"自达尔文《种源说》出世以来,全球思想界,忽开一新天地,不徒有形科学为之一变而已",其他各学"无不受其影响",[5]他还特别强调应以"格物为一切智慧之根源"[6]。这表明科学的内涵和地位在中国人心目中已有很大提升,开始具有一般观念的意义,主要改变的不仅是对象(物),而且涉及主体(人)本身,具有根本法则的意义,这表明科学的地位已从"器"开始了向"道"转化的含义,这构成五四时期启蒙科学观的先声。

陈独秀的这种科学观与同期的中国科学社对科学的大力宣传、倡导有直接关系。中国科学社由一批留美学生于1914年下半年在美国康乃尔大学发起,翌年10月正式成立;《科学》杂志于1915年5月正式创刊,其《发刊词》中提出:

---

[1] 陈独秀:《敬告青年》,《新青年》第1卷第1号。
[2] 陈独秀:《敬告青年》,《新青年》第1卷第1号。
[3] 任鸿隽:《科学精神论》,《科学》第2卷第1期。
[4] 毛子水:《国故和科学的精神》,《新潮》第1卷第5号。
[5] 李华兴等编:《梁启超选集》,上海人民出版社1984年版,第340页。
[6] 梁启超:《近世文明初祖二大家之学说》,《饮冰室合集·文集之十三》,中华书局1989年版,第4页。

科学者，缕析以见理，会归以立例，有鳃理可寻，可应用以正德利用厚生者也。百年以来，欧美两洲声明文物之盛，震铄千古。翔厥来原，受科学之赐为多。[1]

《科学》的这些观点表明它与《新青年》已达到同一历史和认识高度。但两者相比，《科学》创刊比《新青年》早8个月，而且陈独秀与《科学》主编任鸿隽是辛亥革命时老战友，《新青年》自创刊起就刊载《科学》的广告，不难推断，陈独秀很可能受到了《科学》的影响，有学者提出《新青年》与《科学》关于科学与民主的"舟车之两轮""并行线"说"从形式到内容，都像是翻版文字"，[2]应该大体符合历史实际。这也有力证明，对科学的重要地位及其巨大革命性作用有明确认识的，当时已有陈独秀、任鸿隽等一批人。

《新青年》大张民主和科学两大旗帜，根本目的是使国人思想"有根本之觉悟"，从而也为实现真正的共和政治奠定思想基础。因此，它迅速发起了对长期为封建皇权、军阀专制服务，钳制国人思想的以孔教为核心的封建纲常名教的猛烈进攻。

易白沙于1916年2月在《青年》上发表了《孔子平议》上篇，向孔子权威地位发起挑战，实际打响了新文化运动中反孔斗争的第一枪。他用大量历史事实证明：孔子儒学被历代封建王朝选中，是因为孔子的学术有四大缺陷：尊君权漫无节制，易演成独夫专制之弊；讲学问不许问难，易演成思想专制之弊；少绝对之主张，易为人所借口；但重做官，不重谋食，易入民贼牢笼。文章的下篇，直接批评康有为称孔学为国学，称孔子为素王等观点。可以明显看出，《新青年》的这些批孔言论是针对当时正泛滥的复古倒退逆流的，在中国思想文化界点了一把火。

陈独秀进一步明确指出孔教在中国社会生活中的严重消极、反动作用。他

---

[1] 任鸿隽：《发刊词》，《科学》第1卷第1号。
[2] 刘青峰：《历史的反响》，香港中文大学出版社1990年版，第200页。

从1916年10月起，连续发表了《驳康有为致总统总理书》《宪法与孔教》《孔子之道与现代生活》等文章，尖锐指出应深刻地讨论"律以现代生活状态，孔子之道是否尚有尊从之价值"[1]这一个问题。孔教与旧式政治、生活已全面深入地结合起来，形成了完全系统的伦理学说，全面渗透到社会生活各个方面，特别是成为统治阶级钳制愚昧人民大众的工具，"更明白证实孔子主张君主专制"[2]，在当时严重危害了广大人民群众的利益和幸福，而与现代经济的伦理的个人独立主义、个人人格独立格格不入，更与现代国家的民主共和政治体制严重对立，民国成立后尊孔思潮与复辟逆流的密切关联就是有力证明。陈独秀明确指出，孔教已成为今日中国社会发展的障碍和桎梏。

陈独秀在《孔子平议》发表前一个月就在《新青年》上批判了儒家的"三纲"学说。他明确指出："儒者三纲之说，为一切道德政治之大原。君为臣纲，则民于君为附属品，而无独立自主之人格矣。父为子纲，则子于父为附属品，而无独立自主之人格矣。夫为妻纲，则妻于夫为附属品，而无独立自主之人格矣。率天下之男女，为臣、为子、为妻，而不见有一独立自主之人者，三纲之说为之也。缘此而生金科玉律之道德名词，曰忠，曰孝，曰节，皆非推己及人之主人道德，而为以己属人之奴隶道德也。"[3]《新青年》揭橥反孔大旗后，陈独秀又进一步指出了孔子与"三纲"学说的密切联系，"三纲说不徒非为宋儒所伪造，且应为孔教之根本教义"[4]。这样，陈独秀就把提倡民主，反对以专制主义为中心的封建等级制度与批判封建家族制度、伦理道德直接联系起来，从而把反对封建主义的思想革命推进到了一个更加深入广泛的新阶段。

针对孔教"妇人者伏于人者也""夫死不嫁"等信条，陈独秀深刻地揭露了孔教对妇女的迫害，指出"国人遂以家庭名誉之故，强制其子媳孀居，不自由之名节，至凄惨之生涯，年年岁岁，使许多年富有为之妇女，身体精神俱呈

---

[1] 陈独秀：《孔子之道与现代生活》，《新青年》第2卷第4号。
[2] 陈独秀：《通信·答常乃德〈古文与孔教〉》，《新青年》第2卷第4号。
[3] 陈独秀：《一九一六年》，《新青年》第1卷第5号。
[4] 陈独秀：《宪法与孔教》，《新青年》第2卷第3号。

异态者，乃孔子礼教之赐也"。[1]鲁迅指出"节烈"是一种"无主名无意识的杀人团"，使许多妇女"不幸上了历史和数目的无意论的圈套，做了无主名的牺牲"。[2]胡适针对当时北京、上海等地报纸上公然表彰宣扬烈女之事，如海宁唐姓妇女自杀九次而亡以殉夫；海盐县俞姓19岁少女，在未婚夫夭亡后即绝食七日，决心"服丧三年，然后归报地下"；上海的17岁陈姓少女在未婚夫病死后即服药自杀，且地方政府正式呈请省政府对她予以褒扬等血淋淋的典型事例，尖锐指出，这一套"褒扬烈妇烈女杀身殉夫，都是野蛮残忍的法律"，"罪等于故意杀人"。[3]他们都强调中国妇女应独立自主，如同"西洋妇女独立之自营生活，自律师、医生以至店员、女工无不有之"[4]。这表明，《新青年》向广大读者发出了男女平等，妇女解放的号召。

《新青年》反孔号召得到了很多先进知识分子的响应。在成都四川法政学校执教的吴虞，读了《孔子平议》后写信给陈独秀说："读贵报大论，为之欣然"，并告"尚有《家族制度为专制主义之根据论》、《儒家大同之义本老子说》、《儒家重礼之作用》、《儒家之主张阶级制度之害》等文稿"。[5]陈独秀表示愿意发表。于是自在《新青年》第2卷2号发表《家庭制度为专制主义之根据论》、3号发表《礼论》、4号发表《儒家主张阶级制度之害》等文章，以大无畏进攻之势揭穿了封建宗法制度、家族制度和专制制度三位一体的密切联系，指出"儒家以孝弟二字为二千年来专制政治与家族制度联结之根干，而不可动摇"，"其流毒诚不减于洪水猛兽矣"。[6]

还应指出，新文化运动先驱者对孔子、孔学并非简单地全盘否定，相反，他们在激烈地反孔斗争中不时对孔子、孔学、孔教有所肯定。陈独秀说"孔学

---

[1] 陈独秀：《孔子之道与现代生活》，《新青年》第2卷第4号。
[2] 鲁迅：《我之节烈观》，《新青年》第5卷第2号。
[3] 胡适：《贞操问题》，《新青年》第5卷第1号。
[4] 陈独秀：《孔子之道与现代生活》，《新青年》第2卷第4号。又见于吴虞：《女权平议复唐氏》，《吴虞集》，四川人民出版社1985年版，第470页。
[5] 《通信·吴虞致陈独秀》，《新青年》第2卷第5号。
[6] 吴虞：《家族制度为专制主义之根据论》，《新青年》第2卷第6号。

优点,仆未尝不服膺"[1],还肯定"孔教为吾国历史上有力之学说,为吾人精神上无形统一人心之具,鄙人皆绝对承认之,而不怀丝毫疑义"[2]。鲁迅充分肯定孔子不信鬼神,"孔丘先生确是伟大,生在巫鬼势力如此旺盛的时代,偏不肯随俗谈鬼神"[3];胡适在《中国古代哲学史》中更肯定"孔子是一个重实行的政治家"[4],"有志于政治改良"[5];其"精神魄力,富于历史的观念,又富于文学美术的观念,真是一个气象阔大的人物"[6]。

二 蔡元培北大改革

由教育部长范源濂提名,经北京政府大总统黎元洪批准,蔡元培1916年12月16日正式出任北京大学校长。1917年1月4日,蔡元培到校,领导北大进行了大刀阔斧的改革,构成新文化运动的重要组成部分。

蔡元培是全国著名的民主革命家、教育家,对大学教育尤为重视。他担任民国第一任教育总长期间,把清朝学部制定的忠君、尊孔、尚武、尚公、尚实等五项为封建统治服务的宗旨,改为军国民教育、实利教育、公民道德教育、世界观教育和美育教育五项,删去了违背共和政体和不合信仰自由原则的忠君、尊孔两项。"二次革命"失败后再度赴欧留学,先后考察法、德等国的教育特别是高等教育,对柏林大学创始人洪堡"思想自由"教育思想有了深入了解。

蔡元培对教育、文化在中国革命中的重要地位的认识与陈独秀等的重视态度极为相似。袁世凯称帝败亡,蔡元培同全国各界进步人士一样感到欣喜。但他清醒地认识到,"袁氏之罪恶,非特个人之罪恶也,彼实代表吾国

---

[1] 陈独秀:《通信·答常乃德(古文与孔教)》,《新青年》第2卷第6号。
[2] 陈独秀:《通信·答俞颂华(宗教与孔子)》,《新青年》第3卷第1号。
[3] 《再论雷峰塔的倒掉》,《鲁迅全集》第一卷,人民文学出版社1981年版,第192页。
[4] 胡适:《中国古代哲学史》,安徽教育出版社1999年版,第67页。
[5] 胡适:《中国古代哲学史》,安徽教育出版社1999年版,第68页。
[6] 胡适:《中国古代哲学史》,安徽教育出版社1999年版,第138页。

三种之旧社会：曰官僚，曰学究，曰方士。畏强抑弱，假公济私，口蜜腹剑，穷奢极欲，所以表官僚之黑暗也；天坛祀帝，小学读经，复冕旒之饰，行拜跪之仪，所以表学究之顽旧也；武庙宣誓，教院祈祷，相士贡谀，神方治疾，所以表方士之迂怪也"[1]。所以，他明确警示国人："今袁氏去矣，而此三社会之流毒，果随之以俱去乎？"[2]这构成了他在北大进行改革的重要思想基础。

当时，汪精卫、吴稚晖、马君武等老同盟会员反对蔡元培去北京大学；蔡元培邀汪精卫、吴稚晖来北大相助，均被拒绝。孙中山则认为：像蔡元培这样的老同志，应该到那官僚气氛笼罩下的北京去主持高等教育，这样有利于向北方传播革命思想。[3]这对蔡出任北大校长并进行改革是很大支持。

北大始于1898年建立的京师大学堂，1912年改为北京大学。经孙家鼐、张百熙、严复、马良、何燏时、胡仁源等苦心经营，到1916年已延聘了黄侃、钱玄同、沈兼士、陈汉章、夏元瑮、陶履恭（孟和）、温宗禹、马叙伦等学有专长的知名学者，有文、经、理、法、工（1917年并入北洋大学）等专门分科和预科，学生1500多人。但受衙门影响，官僚积习很深。不少学生对研究学问没兴趣，读书就是为了要资历、官位。学生入法科最多，入文科甚少，理科更少，理由就是学法科毕业容易做官。一些有钱的学生对读书无兴趣，成天忙于带听差，打麻将、捧戏子、吃花酒，少数教师也有此"雅兴"。北京高级妓院集中的"八大胡同"就称"两院一堂"为最好主顾（两院指参议院、众议院，一堂指京师大学堂即北大）。

蔡元培提出并坚决实行了"思想自由"的办学方针。他指出，"大学者，'囊括大典，网罗众家'之学府也"[4]，"无论为何种学派，苟其言之成理，持之有故，尚不达自然淘汰之运命者，虽彼此相反，而悉听其自由发展"[5]。

---

[1] 《对于送旧迎新二图之感想》，《蔡元培全集》第二卷，中华书局1984年版，第468—469页。
[2] 《对于送旧迎新二图之感想》，《蔡元培全集》第二卷，中华书局1984年版，第469页。
[3] 罗家伦：《蔡元培与北京大学》，台北《传记文学》第10卷第11期。
[4] 《北京大学月刊发刊词》，《蔡元培全集》第三卷，中华书局1984年版，第211页。
[5] 《致〈公言报〉函并答林琴南函》，《蔡元培全集》第三卷，中华书局1984年版，第271页。

对于每个人来讲,"至理之信,不必须同他人;己所见是,即可以之为是,然万不可诪张为幻。此思想自由也。凡物之评断力,均随其思想为定,无所谓绝对的。一己之学说,不得束傅[缚]他人;而他人之学说,亦不束傅[缚]一己"[1]。

蔡元培指出,这种学术自由、思想自由并非使各个学派、各位学人各自孤立、互相封闭地严锁门户,而是推动它们在比较、对立、密切联系中得到进步,得到发展。蔡元培称其为"对待的发展":"吾人所处之世界,对待的世界也。磁电之流,有阳极则必有阴极;植物之生,上发枝叶,则下茁根茎。"[2]蔡强调说明,这是世界科学文化,也是高等教育发展的规律。他说,"各国大学,哲学之唯心论与唯物论,文学、美术之理想派与写实派,计学之干涉论与放任论,伦理学之动机论与功利论,宇宙论之乐天观与厌世观,常樊然并峙于其中,此思想自由之通则,而大学之所以为大也"[3]。

各个学派、学人怎样联系起来,实现"对待之发展"呢?蔡元培明确指出,自由讨论是重要一途,他宣布"科学、社会学等等,将均任吾人自由讨论"[4]。"特别应说明,蔡元培的自由讨论不但指在教师中,而且包括学生。"1917年入北大学习的赵乃抟先生后来回忆,"那时北大学生们也可以自由参加讨论。你对什么问题有见解,就可以写成文章贴在墙上,有不同观点的再写出来贴在旁边。在餐厅吃饭时,你有什么见解,可以往凳子上一站讲一通,不同意的,当场就同你辩论。至于操场上,教室里各种学说、问题的讨论、辩论,可以说是随时可见可遇。"[5]

怎样实行"科学自由"呢?蔡先生提出,"今世为东西文化融和时代。

---

[1] 《在南开学校敬业励学演说三会联合讲演会上的演说词》,《蔡元培集》第三卷,中华书局1984年版,第51页。
[2] 《教育之对待的发展》,《蔡元培全集》第三卷,中华书局1984年版,第260页。
[3] 《北京大学月刊发刊词》,《蔡元培全集》第三卷,中华书局1984年版,第211页。
[4] 《在南开学校敬业励学演说三会联合讲演会上的演说词》,《蔡元培集》第三卷,中华书局1984年版,第51页。
[5] 1982年5月笔者在北大燕南园访问赵乃抟先生记录。

西洋之所长，吾国自当采用"[1]，"现今大学的责任，就该在东西文明作媒人"[2]。这毫无疑问是指让西方文化同中国文化充分交流。但他强调不能盲目崇拜西方搞全盘西化，而是要"择其可以消化者而始吸收之"，切不可"浑沦而吞之，致酿成消化不良之疾"，[3]所以"先要领得西洋科学的精神，然后用他来整理中国的旧学说，才能发生一种新义"。[4]这可谓一语中的，道出了蔡先生坚持开放办学的良苦用心。

对于每个人而言，蔡元培针对中国社会一股理解自由便是无拘无束随心所欲，明确提出"所谓自由，非放恣自便之谓，乃谓正路既定，失[矢]志弗渝，不为外界势力所征服。孟子所称'富贵不能淫，贫贱不能移，威武不能屈'者，此也。准之吾华，当曰义"[5]。蔡元培还指出"自由"与中国的传统美德勤俭相通，"勤则自身之本能大，无需于他；俭则生活之本位廉，无入不得，是含自由义"[6]。

可见，蔡元培深刻把握了西方自由观的真谛，即自由是建立在社会契约基础之上，是与相应的法定责任和社会义务密切联系在一起的，并且从中国伦理道德理想人格的高度视"贫贱""富贵""威武"等外在因素为束缚，实际是明确指出：在落后的中国，只有不为外界任何权势所屈，也不为功名富贵所惑，更不怕任何艰难困苦，义无反顾坚定不移地向着正确的目标不懈奋斗，才是真正的自由。

基于此，蔡元培提出对于个人和教育事业都要把发展个性与群性统一起来。他指出，一方面"认个人有思想、言论、集会之自由，是为个性的发展"[7]，特别是"个人思想之自由，则虽临之以君父，监之以帝天，囿之以各

---

[1] 《在北大画法研究会演说词》，《蔡元培全集》第三卷，中华书局1984年版，第208页。
[2] 《杜威六十岁生日晚餐会演说词》，《蔡元培全集》第三卷，中华书局1984年版，第349—350页。
[3] 《文明之消化》，《蔡元培全集》第二卷，中华书局1984年版，第467页。
[4] 《杜威六十岁生日晚餐会演说词》，《蔡元培全集》第三卷，中华书局1984年版，第350页。
[5] 《在育德学校演说之述意》，《蔡元培全集》第三卷，中华书局1984年版，第121页。
[6] 《在育德学校演说之述意》，《蔡元培全集》第三卷，中华书局1984年版，第122页。
[7] 《教育之对待的发展》，《蔡元培全集》第三卷，中华书局1984年版，第260页。

种社会之习惯，亦将无所畏葸而一切有以自申"[1]。另一方面又承认个人"有纳税、当兵之义务，对于国家而非对于君主，是为群性的发展"[2]，两者"相反而适以相成"，这"是今日完全之人格，亦即新教育之标准也"。[3]当然，这也是蔡先生倡导思想自由、个性自由的目标之一，那就是把中西文化、中西教育、中西德育的精华结合起来，培养造就既能长足张扬个性、发挥天才，又有高度社会责任感，能为中华民族振兴人类进步做贡献的一代新人。

蔡元培把教师看作办好学校的关键，采取了"兼容并包"的方针。蔡元培下大力加强文科教师队伍。他听取医专校长汤尔和等建议，认真翻阅了《新青年》杂志，决定聘请陈独秀担任文科学长。恰好陈独秀为筹谋群益书社与亚东书社合并事来北京，下榻于前门中西旅馆。蔡元培便亲自登门诚恳邀请。陈独秀觉得自己没在大学教过书，亦无学位头衔；同时《新青年》杂志事也难以分身，故提出先干三个月再说，如果胜任则继续干下去，如不胜任，即回上海。蔡元培应允，并建议陈独秀把《新青年》移至北京大学继续办。1917年1月11日，北京大学报请教育部，13日教育部长范源濂正式下令陈独秀为北大文科学长。15日陈独秀得蔡元培赞同，向胡适发出邀请。同年6月9日，胡适离纽约回国，9月赴北京大学任教授，讲授中国古代哲学、英国文学、英文修辞学等课程。

经章士钊推荐，蔡元培从1918年1月起聘请李大钊任北大图书馆主任。在李大钊的领导下，图书馆迅速改变了图书数量不足、管理不严、管理制度落后等情况，大量增加了外文图书的定购，加强了与外界的联系。李大钊在1920年7月起改任教授，先后开设了社会主义与社会运动、社会主义史、社会立法、史学思想史、唯物史观等课程。

鲁迅时任教育部佥事兼第二科科长，与蔡元培是同乡，早有交往，1920年被聘为北大兼职讲师，讲授中国小说史。鲁迅眼光敏锐、治学严谨，讲课史料

---

[1] 《教育之对待的发展》，《蔡元培全集》第三卷，中华书局1984年版，第261页。
[2] 《教育之对待的发展》，《蔡元培全集》第三卷，中华书局1984年版，第260页。
[3] 《教育之对待的发展》，《蔡元培全集》第三卷，中华书局1984年版，第261页。

丰富，语言幽默风趣，很受学生欢迎。鲁迅的二弟周作人1917年9月4日被聘为北大教授，先后讲授欧洲文学史、罗马文学史等课程。

刘半农也来北大文科任教。再加上原已在北大的钱玄同、陶孟和、沈尹默、沈兼士等，北大文科新派教师阵容大大增强。《新青年》从1918年1月起由陈独秀个人主编改编为同人刊物，由陈独秀同胡适、李大钊、钱玄同、刘半农、沈尹默等编辑部成员轮流编辑；同年2月起，鲁迅开始向《新青年》投稿并与周作人参加编辑工作。从此，一个以北大为依托，以《新青年》为阵地的新文化中心营垒迅速形成。

蔡元培在文法各科，引进了顾孟余、朱希祖、陈大齐、吴虞、高一涵、周鲠生、陈启修、马寅初、徐宝璜等拥护改革的学者。理科学长为相对论学者夏元瑮。蔡元培陆续聘来了李四光、丁燮林、王星拱、颜任光、李书华、翁文灏等知名学者。

蔡元培在坚持革新扶植新派的同时，对思想上、政治上保守但确有学术专长的人，一样放手任用。

国粹派教员阵容蔚为大观。黄侃字季刚，老同盟会会员，积极参加反清革命，为章太炎门下大弟子。他精研小学，尤擅长音韵训诂，学术上建树甚丰。他在北大讲授文学概论，以《文心雕龙》为教本，很受学生欢迎。但他坚决反对新文化运动，有时一堂50分钟的课，要用半小时攻击新文化运动，宣称"八部书外皆狗屁"[1]，甚至指名道姓地用尖刻语言攻击新派教授胡适等。

刘师培，在古文字学等方面有重要建树，著有《春秋左氏传略》《佚礼考》《庄子校义》等；早年参加民主革命，是同盟会机关报《民报》健笔之一，后背叛同盟会，袁世凯复辟帝制时为发起"筹安会"的"六君子"之一，为各界所不齿。袁世凯死后，他潦倒天津。蔡元培到北大后，用其所长，聘为文科教授，讲授中古文学史课程，编有《中古文学史讲义》。北大学生杨

---

[1] 周作人说，"所谓八部书者，是他所信奉的经典，即是毛诗、左传、周礼、说文解字、广韵、史记、汉书和文选，不过还有一部文心雕龙，似乎也应该加了上去"。见周作人：《知堂回想录》，香港三育图书文具公司1980年版，第483页。

亮功后来回忆：刘师培"上课时总是两手空空，不携带片纸只字，源源本本地一直讲下去。声音不大而清晰，句句皆是经验之言"，"他在课堂上绝少批评新文学，他主张不妨用旧有的文章体裁来表达新思想，这是用旧瓶装新酒的办法"。[1]学生都感到很受教益。黄侃对刘师培的学问十分钦佩，认为他说经有师法，不以年龄相若，以师事之。刘师培又创办《国故》月刊，任总编辑，成为北大旧派教师的一面旗帜。

辜鸿铭，早年在英、法等国学习，获英国文学硕士学位，精通英、德、法、希腊、拉丁等语言，曾将《论语》《中庸》等译成英文在国外出版，在国外汉学界很有影响。回国后曾任张之洞幕僚二十余年，被清朝赐文科进士出身。他坚持反对民主共和，主张复辟帝制，平素穿黄马褂，束发辫，辛亥革命后到北大任教，讲授西洋文学、英国诗歌。

其他还有黄节、崔适、屠寄、陈介石、陈汉章等旧派学者，其学术水平都在国内外有一定影响。

蔡元培不拘资格、学历选人才。梁漱溟当时是一位年仅24岁、中学毕业的青年，曾报考北大没被录取，当时正致力于佛学研究，1916年在《东方杂志》发表了《究元决疑论》等论文。蔡元培看后，认为足以当"一家之言"，与陈独秀商议后，决定破格聘梁到北大讲授印度哲学。开始，梁漱溟谦辞，蔡元培诚挚地说："我这次办大学，就是要将这些朋友，乃至在未知中的朋友，都引在一起，共同研究，彼此切磋。你怎么不来呢？你不要当是老师来教人，你当是来研究来学习好了。"[2]梁漱溟深受感动，欣然从命。

对中外籍教员，蔡元培对不合格的按合同聘约坚决解聘。如品行不端的，有"探艳团长"之称的英文教员徐佩铣被解聘出校。外籍教员无真才实学者，尽管是经外国驻华公使或中国驻外使馆介绍的，也被解聘。英国驻华公使朱尔典就此向外交部提出抗议，甚至威胁要向法院控告。蔡元培毫不迁就。对于有

---

[1] 杨亮功：《早期三十年的教学生活——五四》，黄山出版社2008年版，第20页。
[2] 唐振常：《蔡元培传》，上海人民出版社1985年版，第126页。

真才实学的，大胆延请使用。地质系美籍教授葛利普长期在北大任教，为北大地质学贡献了一生。美国著名哲学家杜威来北大讲学并被授予荣誉教授。以后，英国哲学家罗素、法国数学家班乐卫、德国哲学家杜里舒、印度文学家泰戈尔，美国社会活动家、最早在全世界倡导节制生育的山格尔夫人等先后来北大讲学。北大授予美国著名政治学家、驻华公使芮恩施，法国里昂大学校长儒斑等荣誉学位。蔡元培1921年访法时当面邀请居里夫人，在访德时偕北大理科学长夏元瑮拜访并邀请爱因斯坦，两位大师都欣然接受邀请，后因故未能成行。

蔡先生"思想自由"的办学方针贯彻于体制改革的另一重大措施是改革入学限制，招收旁听生。在蔡的主持下，北大规定，只要有"最小限度之学力"，"经关系学科教员面试，认为确有听讲学力"，即可入校"任其所愿，于各系中选听愿习之功课"。[1]这给各地来北京的青年进入北大学习开了一个方便之门。实际上，不办手续来北大听课的大有人在。北大实际采取了听之任之，打开校门，来者不拒的态度。大量旁听生昂首阔步进入北大，成了当时北大一个奇观。许钦文回忆，"我在困惫中颠颠倒倒地离开家乡，东漂西泊地到了北京，在沙滩，可受到了无穷的温暖。北京冬季，吹来的风是寒冷的，衣服不够的我在沙滩大楼，却只觉得是暖烘烘的。"[2]即为生动一例。

蔡先生"思想自由"的方针渗透到北大的领导体制改革中。他一改已往北大校长大权独揽，只学监主任、庶务主任少数几人参与校政管理，连各科学长也无权参与的惯例，在1917年底建立了校评议会，作为全校的最高立法机关和最高权力机关；到1918年，又成立了国文、英文、数学、物理、化学等共11个学科的教授会。负责规划各学科的教学工作。其中每科除学长和各科主任外，本、预科分别由教授互选出评议员2人；而科主任由教授互选。选举采取自由

---

[1] 北京大学档案馆校史档案，转引自梁柱：《蔡元培与北京大学》，北京大学出版社1996年版，第79页。
[2] 许钦文：《忆沙滩》，《五四运动回忆录》下，中国社会科学出版社1979年版，第1006页。

无记名投票,选举结果全部公之于《北大日刊》。这使各门学科的专家学者有了一定的参与校政的自由度,从而调动了他们的积极性,促进了学校的发展。蔡先生更为深远的考虑则是希望北大能把"思想自由"等办学方针通过这些组织、制度长期推行下去,防止人去事废。他说:"照此办法,学校的内部,组织完备,无论何人来任校长,都不能任意办事。"[1]顾孟余后来回忆:"先生长校数年,以政治环境关系,在校之时少而离校之时多。离校之时,校务不但不陷停顿,且能依照计划以进行者,则以先生已树立评议会及各种委员会等之制度。此制度之精神,在以教授治理校务,用民治制度,决定政策,以分工方法,处理各种兴革事宜。然而非校长之清公雅量,则此制度不克成立;非师生绝对信赖校长,此制度不易推行也。"[2]实际上,北大确实在一定限度上实现了蔡元培的这种预言,蒋梦麟、胡适等后任校长,大体都努力贯彻了"思想自由"等方针,虽然由于种种原因状况远不如五四当年。尤为难能可贵的是,蔡先生深知中国封建专制主义影响深广,能否在高等学校内推行"思想自由"诸方针同校长有很大关系。他热烈称赞南开学校"校董严先生于旧道德素称高贵,而校长张先生又属基督徒;但二先生决不因己之信仰强诸君(指学生——笔者注)以为从。校中各会会章不一,入者纯属自由择选,无丝毫信仰之束缚。此种自由足为未来之道德开一新径"[3]。人所共知,蔡先生自己正是这样做的,他这样讲是期待,希望推动更多的校长也能这样做。

北大迅速呈现出各种学术思想自由传播,各家学说碰撞交流、会通融合,民主开放、生机勃勃的局面。王昆仑回忆,"我那时在文科学习,选修文字学。教文字学的有两位老师,一位是新派钱玄同,一位是老派黄侃。我选的是钱玄同的课。一天,我正在课堂听钱老师讲课,不料对面教室正在讲课的黄侃

---

[1] 《回任北大校长在全体学生欢迎会上的演说词》,《蔡元培全集》第三卷,中华书局1984年版,第342页。
[2] 顾孟余:《忆蔡孑民先生》,原载重庆《中央日报》1940年3月24日,《蔡元培纪念集》,浙江教育出版社1998年版,第158页。
[3] 《在南开学校全校欢迎会上的演说词》,《蔡元培全集》第三卷,中华书局1984年版,第47页。

大声地骂起钱玄同来。钱听了也满不在乎，照样讲课"[1]。学生们对此习以为常，就在这样的诸家强烈对比中大大开阔了眼界心胸。[2]马寅初后来进一步指出："当时在北大，以言党派，国民党有先生及王宠惠诸氏，共产党有李大钊、陈独秀诸氏，被目无政府主义者有李石曾氏，憧憬于君主立宪发辫长垂者有辜鸿铭氏，以言文学，新派有胡适、钱玄同、吴虞诸氏，旧派有黄季刚、刘师培、林损诸氏。"[3]值得注意的是这些教员虽然对文化发展各有主张，但他们从总体上看，"那向上的精神还是始终一贯"[4]。所以，北大很自然地成为新文化运动的中心，对全国产生了巨大深远的影响。

三　开启文学革命

随着《新青年》倡导的以科学民主为两大旗帜，并向孔孟儒家纲常名教发起猛烈攻击，观念革命、价值重建文化运动迅速发展，中国文化传播工具——语言的改革被提上历史发展的日程。新文化运动由此迅速进入各界瞩目的高潮阶段。

首举大旗奋起倡导的是胡适。1917年1月，他在《新青年》第2卷第5号发表《文学改良刍议》，明确提出文言文作为一种文学工具已经丧失活力，必须用白话文取而代之，才能适应中国向现代社会转变的需要。为此，应首先强调的文学内容改革，即"须言之有物"。他提出：所谓物，主要是指"情感"和"思想"，"情感者，文学之灵魂。文学而无情感，如人之无魂，木偶而已，行尸走肉而已"；思想"盖兼见地、识力、理想三者而言之"，"人不能思想，则虽面目姣好，虽能笑啼感觉，亦何足取哉"，应大力倡导文学有"高远之思想"及"真挚之情感"。但他更加突出地强调了语言改革，从"不摹

---

[1]　转引自梁柱：《蔡元培与北京大学》，北京大学出版社1996年版，第91页。
[2]　笔者1982年4月15日在北京大学访问赵乃抟先生记录。
[3]　马寅初：《蔡先生思想之宽大》，原载重庆《中央日报》1940年3月24日，《蔡元培纪念集》，浙江教育出版社1998版，第326页。
[4]　《我观北大》，《鲁迅全集》第三卷，人民文学出版社1981年版，第161页。

仿古人""须讲求文法""去烂调套语""不用典""不讲对仗""不避俗字俗语"等六个角度尖锐批判了当时文坛的形式主义、复古主义流弊，阐明了新文学的要求和白话文的推行途径。他斩钉截铁毫不含糊地宣布："以今世历史进化的眼光观之，则白话文学之为中国文学之正宗，又为将来文学必用之利器。"继而，胡适接连发表了《历史的文学观念论》《建设的文学革命论》《五十年来的中国文学》等论文，强调"文学革命须有先后的顺序：先要做到文字体裁的大解放，方才可以用来做新思想新精神的运输品"[1]。

陈独秀大力声援胡适，在《新青年》第2卷第6号发表的《文学革命论》中指出："余甘冒全国学究之敌，高张'文学革命军'大旗，以为吾友声援。旗上大书特书吾革命军三大主义：曰推倒雕琢的、阿谀的贵族文学，建设平易的、抒情的国民文学；曰推倒陈腐的、铺张的古典文学，建设新鲜的、立诚的写实文学；曰推倒迂晦的、艰涩的山林文学，建设明了的、通俗的社会文学。"陈独秀认定，"改良中国文学，当以白话文为正宗之说，其是非甚明，必不容反对者有讨论之余地，必以吾辈所主张者为绝对之是，而不容他人匡正也"[2]，且自己"愿拖四十二生的大炮，为之前驱"[3]。

《新青年》营垒率先垂范，从1918年1月4卷1号起，大部分文章改用白话文。《新青年》陆续刊登了胡适、周作人、沈尹默、刘半农等人写的白话诗，其中胡适最为突出，他发表了《白话文诗八首》(《新青年》第2卷第6号)、《白话诗三首》(《新青年》第3卷第4号)，白话译诗《老伯》(《新青年》第4卷第4号)；之后还发表了《威权》《乐观》《上山》《一颗遭劫的星》等，到1920年3月编为《尝试集》，正式出版后很受读者欢迎，连印四版，印数达1万多册，为中国第一本现代新诗集。中国现代新诗从此迈出了艰难的第一步。

---

[1] 《〈尝试集〉自序》，《胡适文选》，台北远流出版事业有限公司1986年版，第174页。
[2] 陈独秀：《通信》，《新青年》第3卷第3号。
[3] 陈独秀：《文学革命论》，《新青年》第2卷第6号。

《新青年》大力提倡白话小说创作，思想内容和艺术水平都达全新境界，鲁迅成就最为显著。1918年5月，《新青年》第4卷第5号刊载了他的《狂人日记》，深刻地揭露了封建礼教制度"狮子似的凶心，兔子的怯弱，狐狸的狡猾"等多重特征，他们"话中全是毒，笑中全是刀。他们的牙齿，全是白厉厉的排着"，"不但唇边还抹着人油，而且心里满装着吃人的意思"。鲁迅指出这种制度的本质是吃人："我翻开历史一查，这历史没有年代，歪歪斜斜的每叶上都写着'仁义道德'几个字。我横竖睡不着，仔细看了半夜，才从字缝里看出字来，满本都写着两个字是'吃人'！"吴虞读后极为赞同，他说："我觉得他这日记，把吃人的内容，和仁义道德的表面，看得清清楚楚。那些戴着礼教假面具吃人的滑头伎俩，都被他把黑幕揭破了。"[1]此后，"吃人的礼教"一名词遂常见于各类报刊。

　　文学革命即白话文运动的兴起影响巨大，意义深远。

　　其政治意义是把提倡民主科学反对专制迷信的反封建文化革命推进到高潮阶段。

　　在长期的封建社会中，文言文被封建统治阶级视为"正统"而统治整个文坛乃至全国文化生活，成为统治阶级垄断文化，剥削压迫特别是从精神上愚昧、奴役劳动人民的重要工具；而白话文则被轻视贬低，不准登大雅之堂。清末黄遵宪提倡过"诗界革命""用俗话作诗"；梁启超提出过"小说界革命"。但他们都没有明确地完全否定文言文，没有提出用白话文取代文言文。他们在提倡"用俗话作诗"和"新小说"的同时，自己写文章仍然用文言文。直到1916年，文言文对文坛的统治地位仍一如往昔。白话文运动的兴起，结束了传统的书面语言与口头语言分裂的局面，重建了书面语言与口头语言的和谐统一，开始从根本上动摇了上层统治阶级长期垄断文化的局面，开启了文化向下层劳动人民转移的过程。

　　其历史意义是中国传统文化向现代文化转型的重要里程牌或转折点。文言

---

[1] 吴虞：《吃人与礼教》，《新青年》第6卷第6号。

文曾传承传播了中国辉煌的古代文化，楚辞、汉赋、唐诗、宋词等等不胜枚举。但是到了近代，它已不适应中国现代化进程的需要。到五四时期，中国开始进行反封建的思想、伦理革命，价值重建、观念革命至重要关键节点，它的危机日渐明显，白话文取代文言文，就构成了中国新文学的革命性改革。尤其值得强调的是白话文运动是可以看得见、摸得到的破旧和立新、革命和建设的统一。这无疑是中国新文学乃至新文化发展进程中一个历史性的崭新的光辉起点。

其文化意义是中国人思维方式的一次变革，是中国文化主体的一次历史性的提升。因为它以清晰、精确的白话文取代言简意丰的文言，其实质乃是以精确性、严密性为特征的现代思维方式，取代有模糊性特点的传统思维方式，是中国人民思维方式的一次重大革命，这自然也是中国人的现代化的一个重要新起点。

所以，白话文运动引发各界关注，尤其引起广大青年关注，极大地启发了他们民主主义的思想觉醒。张国焘说："当时同学中尊重孔子学说、反对白话文的还占多数。无条件赞成新思潮、彻底拥护白话文者虽占少数，但他们具有蓬蓬勃勃的热烈精神。新旧之争，就在课堂中、宿舍里到处展开着。在争辩之中，守旧论者的论据渐渐动摇起来了，不少的同学陆续转变到赞成新文化运动方面来。"[1]老舍回忆："五四运动提出了大众的白话文学，这种文学使用的语言就是人们平时思维、交谈的语言。凡是希望把我们的语言从迂腐的八股的束缚中解放出来的人无不以此为世界上最令人兴奋的事。我禁不住欢呼雀跃。我真是太兴奋了……迎来这种语言上解放的喜悦，天知道耗尽了我和千万个青年的多少心血和多少笔墨啊！"[2]

《新青年》从此受到了更广范围读者的热烈欢迎。1915—1916年，《新青年》每期发行量大致1000余册，以至群益书店有过停刊的考虑。1917年后，每

---

[1] 张国焘：《我的回忆》第一册，东方出版社1998年版，第40页。
[2] [苏联]H.T.费德林：《老舍和他的创造》，转引自夏禹龙主编：《中国文化发展的转机》，知识出版社1989年版，第265页。

期发行量增加到一万五六千份,这在当时出版界是个很大的数字。1919年初,许多读者要求再版以前的《新青年》,再版后很快销售一空。

四 新闻改革肇始

文学革命迅速带动引发了作为时代发展变化晴雨表的新闻界的改革,呈现出《新青年》帅旗高举,诸多报纸杂志群起呼应的局面。

《每周评论》创刊:《每周评论》适应新文化运动同现实政治斗争直接结合要求而创刊。1918年7月15日,陈独秀在《新青年》第5卷第1号上发表《今日中国之政治问题》一文,明确提出,"我现在所谈的政治,不是普通政治问题,更不是行政问题,乃是关系国家民族根本存亡的政治根本问题。此种根本问题,国人倘无彻底的觉悟,急谋改革,则其他政治问题,必至永远纷扰,国亡种灭而后已!国人其速醒。"据此,陈独秀在同年12月27日在北大文科学长办公室召开有李大钊、高一涵、周作人、张申府等参加的《每周评论》创刊会议,后有胡适、彭一湖、张慰慈等加入。12月20日,一种四开一张、共四版的新型小型周报《每周评论》正式出版。[1]社址在位于北京宣武门外骡马市大街米市胡同79号的安徽泾县会馆房屋内。陈独秀任主编。

《每周评论》设《国外大事述评》《国内大事述评》《社论》《文艺时评》《随感录》《新文艺》《国内劳动状况》《社论》《新刊批评》《选论》《名著》等十几类栏目轮流推出。《每周评论》的最大特点是积极关注现实政治问题,旗帜鲜明地表明编者态度,具体生动地反映了新文化运动与现实反帝反封建政治运动结合的历史轨迹。

《每周评论》大力揭露、抨击北洋军阀的反动、腐朽、黑暗。陈独秀明确指出中国有三害:第一是军人害,军人"威吓长官,欺压平民,包贩烟土,包

---

[1] 五四时期,报、刊的界限不甚分明。《每周评论》、方汉奇等主编的《中国新闻事业简史》以之为"政治报纸";中共中央马克思、恩格斯、列宁、斯大林著作编译局主编的《五四时期期刊介绍》(第一集)则把它作为期刊列入,在此作为周报述评。

贩私盐，只要洋枪在手，便杀人放火，打家劫舍，无恶不作。那为首的好汉，还要借着这班'官土匪'的势力，来压迫总统，解散国会，抢夺军械，把持政权，破坏法律。直弄得全国人民，除军人外都没有饭吃"；第二是官僚害，他们"一生的志愿，长在谋官做，刮地皮，逢迎权贵，欺压平民"；第三是政客害，他们"和军人、官僚是一样"，"把这班政客烧成了灰，用五千倍的显微镜，也寻不出一粒为国为民的分子来"。[1]

《每周评论》逐渐抛弃了对帝国主义的幻想，1918年11月第一次世界大战结束之际，如前所述，陈独秀等也同当时大多数人一样，对英、法、美等西方列强充满幻想，但巴黎和会的进展表明威尔逊十四点声明等都是空话。陈独秀对西方资本主义的看法发生了根本改变，"我看什么共和，什么宪法，都是欧美人特有的制度。按照我们中国的历史、习惯、风情、风俗，都不必勉强学他"[2]，"威尔逊总统的和平意见十四条，现在也多半是不可实行的理想，我们也可以叫他做威大炮"[3]。

《每周评论》同时介绍了马克思主义理论，在《名著》一栏发表了《共产党宣言》中关于无产阶级专政的一节论述和倍倍尔著《傅利叶》一书说明"近代社会主义与乌托邦社会主义地区别"部分。还刊载了十月革命后殖民地附属国埃及、菲律宾、朝鲜被压迫民族反抗帝国主义斗争的很多报道。

显而易见，《每周评论》深刻地直接呼唤、迎接、指导了五四运动。

《京报》创刊：北京《京报》1918年10月5日创刊，报馆设在北京前门外三眼井37号。创刊人邵飘萍，曾于1916年8月在北京创办中国自办的第一个通讯社北京新闻编译社。

创刊伊始，邵飘萍就在编辑部办公室大书"铁肩辣书"四个大字悬于正面墙上，取诸明朝因反对权奸严嵩而惨遭杀害的杨椒山的诗句"铁肩担道义，妙手著文章"。"辣"为浙江方言，"厉"之意，可见对联展示了邵飘萍提倡的

---

[1] 陈独秀：《除三害》，《每周评论》1919年1月19日。
[2] 陈独秀：《特别国情》，《每周评论》1919年2月9日。
[3] 陈独秀：《威大炮》，《每周评论》1918年4月6日。

坚持真理、不畏强权的办报宗旨。

邵飘萍用生动犀利的笔锋勾画出北京安福国会、军阀政府的政治丑态，"忽而议场大哄，忽而弹案提出，忽而阁员冲突，忽而财长辞职出京，忽而又一弹案提出，忽而财长回任，忽而陆长请假，忽而弹案各自疏通撤回。此种滑稽之儿戏，究竟与谁开玩笑耶？呜呼，此下流社会苟合苟离之现象耳！此各党各派皆无政治能力之表征耳！此无耻官僚出尔反尔患得患失之面目耳！此北方党派自杀自灭之作用耳！"[1]他指出议会开会时，"缺席既多，逃席又多……竟以罚金即制之。反观之，则诸君之不得已而不缺席者、逃席者，为金而已"，[2]形象具体地揭露了这些军阀政客官僚的无耻腐败。

《京报》非常重视外交斗争。巴黎和会开幕至五四爱国运爆发前，发表直接间接涉及山东问题的政论近20篇，大声呼吁，"应坚决废止""山东等处铁道及其它密约"，"根本反对一切危险之密约，锄而除之"，"愿国民切勿埋头于国内之细事，放眼一观世界大局及我国所处地位之艰危焉"。[3]

邵飘萍这些政论，真切表达了当时中国人民的共同心愿。《京报》因而极受欢迎，仅出版一月，日发行量就由300份增至4000份。

《晨报》和《时事新报》改革：《晨报》和《时事新报》都是研究系中以梁启超为代表的一派人主持的大报，分别在北京和上海出版。梁启超等在民初政坛上一再依附统治阶级中的当权派，想通过他们实现自己的政治抱负等种种表现，使他们在中国政坛上形象不佳。但总体上看，梁启超坚持爱国、追求西方式资产阶级共和国的政治方向，学习西方先进文化的基本立场从未改变。1918年10月，梁启超在历经与袁世凯、段祺瑞两度合作失败后，声明"毅然中止政治生涯，非俟著述之愿略酬，决不更为政治活动"[4]。实际上，梁启超并非真正终止政治生涯，而是要通过文化教育活动扩大自己的影响，尤其下大力

---

[1] 邵飘萍：《忽而》，《京报》1919年4月2日。
[2] 邵飘萍：《忽而》，《京报》1919年4月2日。
[3] 邵飘萍：《外部之声明》，《京报》1919年2月10日。
[4] 丁文江等编：《梁启超年谱长编》，上海人民出版社1983年版，第868页。

争取青年一代。这构成了这一期间研究系报刊改革的思想基础。

研究系的报刊改革分两个方面进行。他们通过《时事新报》和《晨报》，在全国报界首先实行副刊改革，实际是在全国最早举起了副刊改革的旗帜。

新文化运动之前，各报副刊内容大都充斥才子佳人小说、旧体诗词、戏剧评介、市井奇闻、名伶逸事，甚至妓界传闻、黑道大观等等无聊甚至低级的东西，主要是迎合城市市民的品味，扩大销路。因此，副刊在报纸编者、读者心目中地位都很低。

研究系一扫此类陋习，自1918年3月4日起，《时事新报》增加一版副刊《学灯》，主编张东荪，后为匡僧、俞颂华。翌年2月9日，《晨报》把原有第7版改成副刊，两者都以崭新面貌出现。

《晨报》副刊从创刊起就设《自由论坛》一栏，连续发表了《新青年》营垒宣传科学民主的文章，仅李大钊就有《战后之世界潮流》《劳动教育问题》《新旧思潮之激战》《现代青年活动的方向》《现在与将来》等篇。

《学灯》1919年3月连续发表了匡僧的《为驱逐大学教员鸣不平》，李大钊的《大亚细亚主义与新亚细亚主义》《现在青年活动的方向》，陈独秀的《对于梁巨川先生自杀之感想》，胡适的《贞操等问题之讨论》，杨昌济的《告学生》，高元的《咄咄亚细亚主义》，徐彦之的《说思想》及周作人的译作《卖火柴的女孩》《铁园》等。

《时事新报》和《晨报》在全国最早实行国际新闻独占一版，展示了五四时期中国先进知识界放眼世界、关注人类命运的胸襟气魄。它们采用当时在世界报界执牛耳的英国路透社等大通讯社新闻社的消息，密切关注追踪第一次世界大战结束和俄国十月革命后的世界政局，多次以显赫标题报导了欧美各主要资本主义国家生产萎缩，市场萧条，工人失业罢工屡起等状况，为中国近代以来学习西方资产阶级共和国的理想提供了直接切近的参照材料。

《晨报》、《时事新报》和《国民公报》对风起云涌的殖民地半殖民地国家的民族解放运动亦极重视，用很多篇幅连续报导了印度、爱尔兰等国的民族解放运动，特别是从大量篇幅报导了与中国山水相连的朝鲜人民的三一运动。

当然，研究系反对封建军阀、封建主义腐朽文化，特别是对外国侵略者的态度远不如陈独秀等《新青年》营垒那样坚决斗争，旗帜鲜明。1918年12月14日，张东荪在《时事新报》发表《新……旧》一文说："我们认定中国今天需要新道德、新思想、新文艺，我们就应该尽量充分的把他输入。不要与那旧道德、旧思想、旧文艺挑战，因为他自然而然会消亡的。"显然有调和主义色彩，但其主要倾向是拥护、赞成新文化运动。

事实说明，《晨报》副刊和《学灯》很快就成为继《新青年》《每周评论》后的两个宣传新文化的重要阵地，受到了广大读者特别是青年学生们的热烈欢迎。

《学灯》和《晨报》副刊带动了全国各地一批新型副刊的出现。如五四前夕，芜湖地区的《皖江日报》的副刊《皖江春潮》就发表了蒋光慈、钱杏邨、张恨水等人的白话小说和新诗。

可见，"五四"前的新闻改革有力地扩充、壮大了新文化运动的阵容。有论者指出，"在新文化运动中，杂志虽然打了头阵，抢了头功，但是如果没有报纸支持，收效还是有限。因为报纸天天出版，读者多，只要登高一呼，声势自然很大"[1]。对于新闻界本身，这时的改革还是初步的，但加强了同各界民众，特别是先进知识分子的联系，实际为新闻界积极投入五四运动成为各地爱国运动的整合力量做了重要准备，创造了五四时期新闻界改革的良好发端。

五　学生社团潮动

经蔡元培极力提倡，北京及全国各地学校中涌现了一大批青年社团，构成了全国教育界、文化界一道靓丽的风景线。

北大一批新型社团迅速建立，呈现出多姿多彩、蔚然成风之势。有提高道

---

[1] 曾虚白主编：《中国新闻史》，台北三民书局1984年版，第324页。

德水平、促进健全人格的静坐会；有鼓励学生主动专研学问、开展学术研究的哲学研究会、学术讲演会、数理研究会、化学研究会等；有促进学生提高美学修养，增进学生艺术品味、身心健康的书法研究会、画法研究会、新剧研究会、音乐研究会、美学会、雄辩会、健学会、阅报书社、速记学会、世界语协会、学余俱乐部等；有凝聚热心新文化学习传播，关注世界大势、社会改革的政治学会、国际研究会等；以及对新文化运动唱反调的国故杂志社、孔子研究会等。这些社团具有两个共同特点：一是师生结合，大多有教师参与，担任导师甚至会长。二是对内民主和对外开放相结合，即内部活动完全按民主原则办事，组织机构人选、学术报告人选、题目、时间、地点等全部活动均通过民主选举、民主协商决定，并随时通过《北京大学日刊》对外公布，吸引社外同学自愿参加，还积极吸收校外志趣相同、条件合格者加入。这样北大带动了全国，各地中等以上学校迅速涌现了一批思想宗旨、活动方式类似的新型社团。

其中，不仅在北京大学占有重要地位，而且对北京地区甚至全国都产生了广泛深远影响的社团有：

进德会 蔡元培亲自发起，1918年6月成立，会员分为三种：甲种会员，以不嫖、不赌、不纳妾三项为条件；乙种会员除以上三条件外，还加不做官、不当议员两戒；丙种会员除以上五戒外，更加上不饮酒、不食肉、不吸烟。后来改为会员不分等，以不嫖、不赌、不纳妾为基本条件，后五戒随意选择。凡入会者须填写"志愿书"写明自己遵守的戒约，并签名盖章，交进德会评议会，经讨论同意，即为会员。这个社团旗帜鲜明地针对时弊，张扬正气，受到广大师生热烈响应。召开成立大会时。入会者有70多位教职员、300多名学生。蔡元培长北大前，北京高级妓院所在"八大胡同"常客向以"两院一堂"著称，这个"一堂"就是京师大学堂即北京大学的师生。特别是夏季伏天，傍晚教室宿舍等门窗尽开，不时有去"八大胡同"者，坐在带铃铛的马车上高声呼叫同伴名字招摇而过。蔡元培进北大后，这种状况很快消失。[1]可见，进德

---

[1] 笔者1982年4月15日在北京大学访问赵乃抟先生记录。

会对克服北大原有的不良风气,提高全校师生的道德水平作用巨大,在全国也产生了深远影响。

北京大学新闻学研究会　蔡元培亲自发起、草拟团体章程,确定"灌输新闻知识,培养新闻人才"[1]的宗旨,1918年10月14日正式成立,蔡元培被举为会长;徐宝璜任主任导师,《京报》社长邵飘萍为兼职导师,分别担任采访和编辑课教员。会址设在沙滩北大红楼34教室,讲课常在第一院文科35教室进行。学会会员以北大学生为主,校内外人士均可参加。研究会每周讲习3—5次,除徐宝璜、邵飘萍两位导师外,蔡元培、李大钊、高一涵等也到会讲演。学生们参加踊跃,到1920年终止活动时止,两年培训了两批70名左右的学员。1919年10月16日,第一班研究期满,获听讲一年证书的23人,其中有陈公博、谭植棠、区声白、谭鸣谦(平山)、杨亮功、缪金源等;听讲半年的32人,其中有毛泽东、罗璈阶(章龙)、高尚德(君宇)、杨立诚、常惠等。学会1919年4月20日正式出版《新闻周刊》,作学会的实习机关,专有会员撰写新闻稿,扼要报导一周国内外大事。它"不仅为中国惟一传播新闻学识之报,且为中国首先采用横行式之报"[2],很受读者欢迎。

国民杂志社　实际是学生救国会的机关刊物。1918年5月,中国留日学生为反对《中日共同防敌军事协议》罢课回国,与北京等地的青年学生会合,在北大成立了全国统一的学生团体——学生救国会。为扩大爱国宣传和加强同广大学生的联系,学生救国会于1918年10月20日正式成立国民杂志社。到会会员80多人,经选举产生了由易克嶷、张国焘、俞劲、许德珩、陈钟凡、周炳琳、邓康(即邓中夏)、廖书仓、陈宝锷、黄日葵等组成的总务、编辑、调查、会计各股;产生了以段锡朋为首的评议部。1919年1月1日出版《国民》,反帝爱国色彩鲜明,在当时诸多学生刊物中可谓高标独立。

《国民》连续发表了揭露、抨击日本等列强侵华图谋和罪行的文章,如邓

---

[1]　《北京大学日刊》1918年7月6日。
[2]　《北京大学日刊》1919年4月20日。

中夏的《国防军与日本》《中日新交涉》《国防军之成立》、许德珩的《亲善就是这么说吗？》《外交与民气》等，都把斗争锋芒指向日本侵略罪行；黄日葵的《西藏与中英》，尖锐揭露英国觊觎中国西藏主权的罪恶活动。

《国民》高度关注俄国十月革命及其建立的苏维埃政权，发表了李泽彰译的《马克思和恩格斯共产党宣言》、费觉天译的《马克思资本论自叙》、周炳琳译的《鲍尔锡维克主义底研究》、常乃德译的《马克思历史的唯物主义》、陈国渠译的《苏维埃俄国底经济组织》和《苏维埃俄国底新农制度》等。这些文章的作者后来的政治取向各异，但这些平实的译作与介绍，有力促进了广大青年知识分子正确认识俄国革命及苏俄实况。

《国民》高度评价工人等劳动大众在五四运动中登上中国政治舞台的巨大历史作用。许德珩在《国民》第2卷第1号发表的《五四运动与青年的觉悟》中说，这是"知识阶级与劳动阶级的大联合，是民众活动和民众政治实行的第一步，是打倒军阀政府，解除社会上种种纠纷的根本办法"。这一期间，各报刊呼吁大联合的文章很多，但直接号召知识阶级和劳动阶级联合打倒军阀的还为数不多。这有力凸显了《国民》积极推进反帝爱国运动的政治品格。

《国民》对新文化运动中新旧两派的激烈斗争，"五四"前持调和立场，第1卷第3号的《国民之自觉与自勉》一文说，"不可为古人奴隶，不可为西人奴隶"，"终当择中西学术之性质相同者，而一一熔铸化合之"，可谓是一个中立声明。但从"五四"前发表的为数可观的章炳麟、黄侃、刘师培、马叙伦等人的旧体诗文看，加上《国民》文论都用文言文，不难看出国民社的传统文化倾向。这种情况在"五四"后发生了根本转变，从第2卷第1号后，《国民》完全采用了白话文，还发表了罗家伦、许德珩、俞平伯等反映火热现实生活的白话诗歌、散文、小说。

《国民》杂志1921年5月出版了第2卷第4号后，因其骨干段锡朋、许德珩等相继出国留学或勤工俭学，邓中夏等因办工人夜校等原因而无形停刊，但其影响极其深远。1923年12月，黄日葵在《北京大学二十五周年纪念刊》上发表《在中国近代思想史演进中的北大》一文说，"国民杂志社的一群，始初以反抗国际帝国主义（日本）之压迫这点爱国的政治热情相结合……他们在民国七年为军事协约问题发起中国第一次的政治示威运动，八年他们发起五四运动，并为这运动的中坚"，现在他们"隐然以陈独秀先生为首领"，"在做实际的社会革命运动"。

新潮社 1917年秋开始酝酿。蔡元培、陈独秀热情支持，每月从颇为拮据的经费中拨出2千元垫付印刷费。李大钊将红楼图书馆一层22号房间拨给他们作办公室。新潮社主干有傅斯年（主任编辑）、罗家伦（编辑）、徐彦之（主任干事）等，社员有汪敬熙、俞平伯、高元、杨振声、潘家洵、谭鸣谦（平山）、顾颉刚、叶绍钧（即叶圣陶）、江绍原、何思源等，五四后加入的有李小峰、郭绍虞、孙伏园、朱自清、冯友兰、周作人等。

新潮社创办的《新潮》杂志是全国第一个学生主办的白话文期刊，1919年1月1日出版，英文名字为The Renaissance，意即文艺复兴。它从一开始就自觉紧密地配合《新青年》，站到彻底反对封建文化的革命前沿。

他们对马克思主义表示了相当大的兴趣。成舍我在《每周评论》上发表了《共产党宣言》中关于无产阶级专政问题的一节译文。虽然篇幅极短，但却包括了建立无产阶级政权、没收资产阶级资本、发展社会生产力等科学社会主义的基本观点。谭平山把《共产党宣言》的要义归结为"严禁土地私有""银行之国有""交通机关之国有"等十大要领，还强调剩余价值学说"排斥不劳力之积蓄；而鼓吹劳动者之奋起，实行产业上之革命"。[1]罗家伦在《近代西洋思想自由的进化》一文中说，法国大革命主要口号之一"博爱""含有社会主义精神"，"出大宗款项为他国运动革命"也极"似俄国的现状"。[2]何思源认为"那些社会主义，思想自由，文学革命家庭改良，女权解放种种"，"都是我们'真理教'"，都要研究[3]。这些都反映了新潮社对马克思主义的宣传状况。这同当时年轻一代的具有初步共产主义思想的知识分子划分不清马克思

---

[1] 谭鸣谦：《"德谟克拉西"之四面观》，《新潮》第1卷第5号。
[2] 《新潮》第2卷第2号。
[3] 何思源（仙槎）：《我们的新宗教》，《北京大学学生周刊》第五号。

主义和实验主义（对后者也持欢迎肯定态度）的情形极为相似。但这些言论的客观意义却不限于新潮社，而是中国青年一代在十月革命和马克思主义感召下开始新觉醒的重要征兆。

《新潮》积极响应《新青年》"伦理革命"号召，号召个性解放、男女平等、婚姻自由。他们抨击忠、孝等纲常教条、家族制度都害人到底，"其实名教本是罪人，那里有名教的罪人，名教本是杀人的，那里有不杀人的名教"[1]。中国这个"大家庭"的统治者"君主"就是个"总家父亲"，"'君学'最要的就是'愚民'，愚了民才可长久他的'国运'"[2]。妇女在旧家庭中所受之苦"实在是海无其深，天无其广"[3]。

《新潮》紧紧追随《新青年》提倡文学革命旗帜。他们痛斥顽固派所盘踞的小说界，到处充斥的不是"罪恶最深的黑幕派"，就是"某小姐某姨太之秘密史"[4]。新闻界则随时可见逢迎、嫖妓、恶俗宣扬道气古风的陈词滥调，纯粹是"骗取金钱教人为恶"[5]毒化社会。他们尤为注重白话新诗短篇小说创作。他们极力推崇鲁迅的《狂人日记》，称赞"狂人，对于人世的见解，真个透彻极了"[6]。他还积极结合切身体验搞白话文学创作，无论罗家伦述说的热恋中的青年被包办婚姻活活拆散的痛苦，还是叶绍钧描绘青年妇女遭夫家百般折磨铤而出走终被卖掉的非人遭遇，都是对黑暗现实的血泪控诉。

《新潮》受到了广大青年学生的热烈欢迎，其创刊号连印三版发行13000册，以后每期都在15000册左右。

北京大学平民教育讲演团 邓康（中夏）、许德珩、廖书仓、周炳琳、黄日葵、罗家伦、陈宝锷、易克嶷、康白情等14人发起，1919年3月23日在北京大学理科校长室正式成立，选出总务干事邓中夏和廖书仓、罗家伦、康白情等

---

[1] 傅斯年：《万恶之源》，《新潮》第1卷第1号。
[2] 顾诚吾：《对于旧家庭的感想》，《新潮》第1卷第2号。
[3] 顾诚吾：《对于旧家庭的感想》，《新潮》第1卷第2号。
[4] 罗家伦：《今日中国之小说界》，《新潮》第1卷第1号。
[5] 罗家伦：《今日中国之小说界》，《新潮》第1卷第1号。
[6] 傅斯年：《一端疯话》，《新潮》第1卷第4号。

组成的组织机构。第一批入团的有39人,多是国民社和新潮社的社员,后陆续有人不断加入,多时达一百七八十人。

该团宗旨为"增进平民知识,唤起平民自觉心"[1],主要活动是组织团员利用假日,到闹市或郊区去讲演。"五四"前有两次大规模讲演,第一次是在4月3日至5日的庙会期间,在东便门内蟠桃宫演讲3天,每日下午1点到5点。第二次是4月27日在地安门外护国寺。讲演题目很宽泛,大部分是以科学、民主为中心的现代常识,如《国家思想》《天赋与人权》《为什么女子要守节?》《判别事情的常识》等,基本内容是结合生活实际普及现代文化、科学常识,受到了群众的热烈欢迎,在蟠桃宫讲演时"黄沙满天,不堪张目,而其听讲者之踊跃,实出乎意料之外"[2]。

北京其他各校和外地青年社团如雨后春笋,纷纷涌现,影响较大的有:

工学会 工学会起源于1918年北京、天津各校抗议《中日共同防敌军事协议》的总统府请愿无功而散,不少人转而"觉悟到作事以前大有组织坚固的有力量的小团体的必要。几个月以内,各校学生独立自由组织和联合组织的小团体,相继成立的至少在二十以上"[3]。其中北京高等师范学校学生匡互生等组织了同言社,练习辩论,暗中作第二次学生运动之准备。同言社社员有周予同、刘薰宇等十多人。同言社不久并入工学会。他们的共同点是无政府主义影响深,认为反对军阀政府专制统治,不能靠示威运动,而应发动突袭性的暴力行动。1919年5月3日晚,工学会在学校召开全体会议,秘密讨论"对于中日的示威运动,本会应采取何种态度"[4],有些同学开始便激烈地主张:不应该只用和平的游行方式。在群情激昂的情形下,这个提议得到通过。然后他们分头联络北大、高工等各校志同道合分子;同时派会员先后将曹汝霖、章宗祥、陆宗舆等的住宅地址和门牌号数调查明白,一面设法从大栅栏一带的照像馆里把

---

[1] 《平民教育讲演团纪事》,《北京大学日刊》1919年3月27日。
[2] 《平民教育讲演团纪事》,《北京大学日刊》1919年4月11日。
[3] 匡互生:《五四运动纪实》,《五四爱国运动》上,中国社会科学出版社1979年版,第494—495页。
[4] 匡互生:《五四运动纪实》,《五四爱国运动》上,中国社会科学出版社1979年版,第496页。

曹汝霖、章宗祥、陆宗舆等人的照片弄到手，以便临时对证。少数同学还预备了火柴和小瓶火油。匡互生决心以身殉国，把死后的家事托给了同学、朋友。他说，"我死后，要家人知道：我为救国而生，为抗敌而死；虽死无憾"，豪壮悲烈，深得同学们敬佩。[1]

少年中国学会 少年中国学会的主要发起人王光祈，四川人，1915年夏入北京中国大学法律专科专攻国际公法和中西外交史，同时任《京华日报》记者兼《川报》驻北京特派通讯员，经常向各报刊投稿。1918年6月，王光祈与曾琦、陈墨生、张梦九、周太玄、雷眉生多次聚谈；6月30日在顺治门外岳云别墅召开会议，正式发起少年中国学会，推王光祈为筹备主任。王光祈7月21日以电话邀李大钊参与发起并任临时编辑部主任。

这期间，同人思想倾问差异很大，"有以英美式民主主义之组织为适合于二十世纪者，亦有以俄国式社会主义组织为适合于二十世纪者，更有以安那其式Anarchism之组织为适合于二十世纪者"，但是，大家都赞同学会在筹备期间的宗旨为四条，即振作少年精神、研究真实学术、发展社会事业、转移末世风气。[2]

1919年7月1日，少年中国学会在北京后王工厂回回营2号陈淯（愚生）宅中正式召开成立大会，在京会员全部出席。学会宗旨正式确立为"本科学的精神，为社会的活动，以创造'少年中国'"[3]。这个宗旨体现了少年中国学会的三个特点：

第一，宽泛而明确的理想目标。所谓宽泛，即它没有明确采用当时正纷至沓来传入中国的任何一种学说、主义作为指导思想，而是超脱于各种主义之上；对各种主义、学说，采取兼容并包的方针。所谓明确，就是它要坚持科学民主精神彻底改变中国落后黑暗的社会现状，推进中国进入世界现代化大潮，

---

[1] 张石樵：《怀念五四壮士匡互生》，《匡互生与立达学园》，北京师范大学出版社1985年版，第104页。
[2] 王光祈：《本会发起之旨趣及其经过情形》，《少年中国学会会务报告》第3期。
[3] 王光祈：《少年中国学会规约》，《少年中国学会周年纪念册》1920年。

成为世界先进国家一员的总目标极其鲜明。这就使它能把各种思想倾向的优秀分子凝聚在一起，并形成广泛的社会联系，造成相应的较大的社会影响；同时，也留下后期分裂的根由。

第二，切实易行的活动内容。从筹备建始，会员们一致认定，教育和实业是他们所从事的社会活动的主要内容。不少会员由此终身从事教育事业、科学事业，成为国内著名的教育家、科学家、文学家等。这种规定比起反帝爱国政治色彩鲜明的国民社和以《新青年》第二自诩的新潮社有很大不同，而与"五四"前广大进步青年普遍厌恶民初以来的"恶政治"的心理契合，容易吸引其中的众多优秀分子一同奋斗。

第三，不懈追求高尚道德人格。少年中国学会正式成立后明确提出对会员的道德人格的严格要求，即"奋斗、实践、坚忍、俭朴"[1]，从筹建起就坚持这一原则。王光祈当时就以生活朴素、艰苦奋斗著称，是大家公认的学会核心人物。他在中国大学学习时收入微薄，又要买书和补贴家用，常常每日只吃棒子面粥一大碗聊以充饥，而学业、写作终日不倦。

少年中国学会筹备职员除王光祈、曾琦、李大钊等外，还有易家钺、李劼人、黄日葵、许德珩、李璜、袁同礼等人。其中多为新文化运动和五四运动中的活跃分子，如王光祈，"五四"前就在《每周评论》相继发表了《国际社会之改造》《为青岛问题敬告协约各国》等文，热情欢呼俄国十月革命，揭露抨击巴黎和会鼓吹强权政治、宰割小国弱国，坚决反对把青岛划给日本。他不断发回《川报》等多篇通讯，直接推动了四川五四运动的爆发。

新民学会 1918年4月14日，新民学会在长沙岳麓山刘家台子蔡和森家开成立大会。到会者有萧子昇、萧子璋、何叔衡、陈赞周、毛泽东、邹彝鼎、张昆弟、蔡和森、邹蕴真、陈书农、周明谛、叶兆桢、罗章龙等。大会通过了由毛泽东、邹彝鼎起草的会章，规定学会宗旨为"革新学术，砥砺品行，改良人心风俗"；会员须做到"一，不虚伪；二，不懒惰；三，不浪费；四，不赌

---

[1] 王光祈：《少年中国学会规约》，《少年中国学会周年纪念册》1920年。

博；五，不狎妓"。[1]会议推选萧子昇为总干事，毛泽东、陈书农为干事。

学会的中心人物实际是毛泽东。他后来回忆，1915年至1918年间，"我逐渐团结了一批学生在我的周围，形成了一个核心，后来成为对中国的国事和命运产生广泛影响的一个学会。这是一小批态度严肃的人，他们不屑于议论身边琐事。他们的一言一行，都一定要有一个目的。他们没有时间谈情说爱，他们认为时局危急，求知的需要迫切"[2]。

新民学会会员热烈响应新文化运动，毛泽东回忆，他当时以胡适、陈独秀为楷模。他们同时又表现出深入探究、独立思考的突出特点。张昆弟1917年8月23日记载："蔡君（指蔡和森——笔者注）又谈及读书之事，以近来西欧文化东来，与吾旧有之文化，每干格难容。而倡新文化者，弃旧书不读。守旧文化者，弃新书不读。余与蔡君主张多读新书，而旧书亦必研究。中国文化及一切制度，不必尽然，而西欧文化制度，用之于我，不必尽是。斟酌国情，古制之善者存之，其不善者改之；西制之可采者取之，其不可采者去之。折中至当，两无所偏，此吾辈读新书、读旧书者所应知之事也。"[3]会员经常聚会橘子洲、岳麓山，放怀畅谈，交流读书笔记，互相促进，共同进步。

新民学会从成立起就十分关注对外发展，发起组织了湖南青年旅法勤工俭学的活动。为联络有关诸事，毛泽东等20多位会员和湖南青年北上赴京。由原湖南第一师范教师，时任北大哲学系教授的杨昌济介绍，毛泽东认识了北大图书馆主任李大钊，经蔡元培批准，被安排在图书馆做助理员。毛泽东等新民学会会员曾邀请蔡元培、陶孟和、胡适等分别在北大文科大楼座谈，直接领受了新文化领军人物的风采和思想。

这批湖南青年多数进入旅法勤工俭学预备学校（班）学习。蔡和森等在蠡县布里村，张昆弟、李维汉、李富春等在保定育德中学，肖子升等在北京班。1919年3月，蔡和森、罗学瓒、向警予、蔡畅等一批新民学会会员和湖南青

---

[1] 《新民学会会务报告（第一号）》，《新民学会资料》，人民出版社1980年版，第3页。
[2] 参见[美]爱德迦·斯诺：《西行漫记》，董乐山译，读书·生活·新知三联书店1977年版，第123页。
[3] 转引自李锐：《毛泽东初期革命活动》，湖南人民出版社1980年版，第135页。

年，离上海赴法勤工俭学。

互助社 武汉中华大学文科学生恽代英和挚友梁绍文、黄负生、冼震等发起，1917年10月8日成立，以群策群力、自助助人为宗旨，以"不谈人过失，不失信，不恶待人，不作无益事，不浪费，不轻狂，不染恶嗜好，不骄矜"[1]为戒约。社员们每天聚会，自我反省，互相鼓励，互相观摩，检查自己是否做到了"八不"戒约。他们还利用周末假日上蛇山，登黄鹤楼，至南湖、洪山、白沙洲，到汉阳去，交流思想感情，拓展胸襟怀抱。同年底互助社就发展到五组19人。

互助社团结了湖北的大批先进青年。社员不断组织与互助社同类的小组织。互助社成立后，恽代英发起组织仁社，刘仁静等组织辅仁社，毓兰发起组织其社，还有健学会、日新社、诚社、新生社等。这些小组织先后出版了《新声》《向上》等小型刊物，与新青年社等经常联系，积极参加了抗议《中日共同防敌军事协定》等宣传活动。特别是恽代英，先后在《新青年》《妇女时报》《光华学报》等报刊撰写和翻译了数十篇宣传新文化的文章。

互助社员们经常一起背诵《互励文》，道出了这批优秀青年的心声："我们都晓得：我们不是没有能力，国家的事情不是没有希望。我们散会以后，在明天聚会以前，还盼望有个有价值的报告，因为我们从这以后，是实行的时候了。"[2]。

少年贵州会 有相当浓重的贵州军阀影响色彩。主要发起人何应钦，时任贵州讲武学校校长，得到贵州"新派"军阀王文华等支持。贵州旧派军阀督军兼省长刘显世出于扩大自己势力的目的，让自己的侄子出面发起贵州学生爱国会，与少年贵州会争峰；但刘表面上也支持少年贵州会。少年贵州会会员中军人警政人员及官吏约占42%。

因身属西南军阀黔系，受贵州各界爱国热情不断高涨形势的推动，留学日

---

[1] 《互助社的第一年》，《互助》第一期。
[2] 张允候等编：《五四时期的社团》（一），生活·读书·新知三联书店1979年版，第123页。

本既接受同盟会的革命影响，也受到明治维新后因资本主义的长足发展而滋长起来的日本军国主义的熏陶，时年28岁的何应钦，深深地为祖国的命运忧心。在他的主导下，少年贵州会总体上顺应了时代潮流，代表了广大进步青年的要求。

1918年10月22日，何应钦邀约谷正伦等提出，以二十世纪五六十年代玛志尼党人创建的少年意大利会提倡为自由、平等、独立自主之意大利奋斗为榜样，建立少年贵州会，使贵州由老大而臻于少年，并进而使中国由老大而臻少年。大家一致赞成。30日，召开了70人参加的少年贵州会发起人大会，规定"以具牺牲小己之观念，明合群报国之大义"，"造成少年贵州为宗旨"，实现这个宗旨的纲要是"增进学识，崇尚气节，锻炼身体，娴游艺术"。1918年11月10日，在贵州忠烈祠召开成立大会，到会3000多人，其中少年贵州会员2300多人。会后选出以何应钦为主任，有贵州军、政、商、学各界名流53人参加的理事会，下设学务、游艺、体育、交际等各部及讲演、新闻、新剧各股。

少年贵州会广泛组织开展了讲演、体育锻炼等活动，新剧股活动最出色，编演了新剧《人道引》（又名《黑奴恨》），反映林肯废除美国黑奴制度的斗争并为此壮烈献身的事迹，其中还表现了中国华工的悲惨命运，受到各界热烈欢迎。

少年贵州会1919年3月创办《少年贵州日报》。何应钦提出"砥砺品节""阐扬正义""振作朝气""警醒夜郎""审辨政潮""灌输新智""监督官吏""通达民隐"等八条宗旨，大量刊登宣传欧美资产阶级政治、先进的科学文化和鼓吹实业救国、教育救国、卫生救国的文章，刊登了提倡民族独立，民主自由、主权在民的言论。少年贵州会成了贵州影响最大的社团。[1]

---

[1] 本节主要依据熊宗仁：《何应钦传》（上），贵州人民出版社2001年版；《贵州通史》第四卷，当代中国出版社2002年版；熊宗仁：《五四运动在贵州》，贵州人民出版社1986年版；《贵州省志·教育志》，贵州人民出版社1990年版等。

六 与封建顽固派对垒

新文化运动高潮迅猛，引起封建顽固派极大震怒和强烈敌视。

首先，应指出这个反对派不包括北大的国故派。因为以刘师培为首的北大国故派黄侃、林损、马叙伦等人多是章太炎的弟子和朋友，又大都在不同阶段不同程度地参加过辛亥革命，与新派陈独秀及庇护新派的蔡元培等有很深的历史联系和私人交往。故虽与新派文化主张明显相左，却主要在校内各申己见，有时亦有过激之调，但在校外还都努力维护北大的团结。当安福系《公言报》发表《请看北京学界思潮变迁之近状》，称北大新旧两派"旗鼓相当，互相争辩"、"各以恶声相报复"时，刘师培立即致函《公言报》，说明《国故》月刊"以保存国粹为宗旨"，"非与《新潮》诸杂志互相争辩"。国故月刊社同时声明自己"宗旨在昌明国学"，而"非固步自封，驳难新说"。[1]

封建顽固派主要在北大校外活动。公开站出来向新文化运动发起攻击的是既有译界泰斗经历、又被公认为桐城派殿军的林纾。1917年2月8日，林纾在上海《民国日报》上发表《论古文之不宜废》，以西方人讲维新但未废除古老的拉丁文为例提出异议："知腊丁之不可废"，意指提倡白话文废文言文大错。他拉开架势与新文化运动唱对台戏，先后在上海中华编译社设立古文函授部，发行《文学常识》《文学讲义》；1917年末在北京组织古文讲习会，亲自讲解《左传》《庄子》及汉魏唐宋古文名篇；还发表、编选、出版了一批古文论著。

对此，新文化营垒坚决反击。1918年3月，钱玄同和刘半农在《新青年》第四卷第三号上合演了轰动一时的"双簧戏"：钱玄同化名王敬轩模仿旧派，故意推崇林纾"为当代文豪"，能为"渊懿之古文"；刘半农则抨击林的著作"半点儿文学的意味也没有"。[2]这实际是主动向林纾公开叫阵。

---

[1] 张允侯等编：《五四时期的社团》（二），生活·读书·新知三联书店1979年版，第68—69页。
[2] 王敬轩：《文学革命之反响》，《新青年》第4卷第3号。

林纾愤恨已极，1919年2月3日，分别在《新申报》为他特设的《蠡叟丛谈》专栏发表了《荆生》和《妖梦》[1]两篇文言短篇小说。其中《荆生》写"皖人田必美"，"浙人金心异"和"新归自美洲"的"狄莫"三人聚会北京陶然亭，主张"去孔子、灭伦常"，"先废文字，以白话行之"；忽一"伟丈夫"至，怒斥三人，"中国四千余年，以伦纪立国，汝何为坏之？""田生尚欲抗辩，伟丈夫骈二指按其首，脑痛如被锥刺；更以足践狄莫，狄腰痛欲断。金生短视，丈夫取其眼镜掷之，则怕死如猬，泥首不已"，三人最后抱头鼠窜。伟丈夫则"俯视作狞笑"。显然，田必美是影射陈独秀，狄莫是影射胡适，金心异影射钱玄同。小说赤裸裸地表现了封建顽固势力对新文化运动的憎恶反感和气急败坏。

3月18日，林纾还在《公言报》上发表《致蔡鹤卿太史书》，公开直接指责蔡主持的北大"覆孔孟，铲伦常"；指责北大"尽废古书，行用土语为文字"，"凡京津之稗贩，均可用为教授"。

针对林纾的这些攻击和责难，蔡元培3月18日投《公言报》一长信作答。他列举大量事实，集中驳斥了"覆孔孟，铲伦常"和"尽废古书，行用土语为文字"两大责难。蔡元培指出，北大教员并非以孔孟为敌，而是反对那些利用孔子、依托孔子的不合时宜的言论。"《新青年》杂志中，偶有对于孔子学说之批评，然亦对于孔教会等托孔子学说以攻击新学说者而发，初非直接与孔子为敌也"。蔡元培进而说明，北大不但不是"覆孔孟"，而是实事求是地全面研究孔子学说，"大学讲义涉及孔孟者，惟哲学门中之中国哲学史。已出版者，为胡适之君之《中国上古哲学史大纲》，请详阅一过，果有'覆孔、孟'之说乎？特别讲演之出版者，有崔怀瑾君之《论语足征记》、《春秋复始》。哲学研究会中，有梁漱溟君提出'孔子与孟子异同'问题，与胡默青君提出

---

[1] 《妖梦》稿由北大学生张厚载送出后，林纾收到蔡元培一函谓：有赵体孟先生想出版明末遗老刘应秋先生遗著，求蔡氏介绍梁启超、章太炎、林纾诸先生为品题。面对蔡元培的雅量，林纾顿觉有点惭愧，急忙叫张追回《妖梦》不要发表，但已经晚了。参见罗志田：《再造文明之梦——胡适传》，四川人民出版社1995年版。

'孔子伦理学之研究'问题,尊孔子者多矣,宁曰覆孔?"[1]

蔡元培讲明北大没有"铲伦常"。他指出,大学伦理学"从未有以父子相夷,兄弟相阋,夫妇无别,朋友不信,教授学生者。大学尚无女学生,则所注意者,自偏于男子之节操。近年于教科以外,组织一进德会,其中基本戒约有不嫖、不娶妾两条。不嫖之戒,决不背于古代之伦理。不娶妾一条,则且视孔、孟之说为尤严矣"。[2]

关于"尽废古书,行用土语为文字",蔡元培指出,北大讲义大多数是文言,课卷仍用文言,北大的学术刊物《北京大学月刊》中多为文言之作;用白话文写的胡适的《中国哲学史大纲》中所引古书都是文言。蔡元培肯定了白话文的重要作用。指出讲解古书必须用白话,"大学教员所编之讲义,同皆文言矣。而上讲坛后,决不能以背诵讲义塞责,必有赖于白话之讲演,岂讲演之语,必皆编为文言而后可欤?"[3]蔡元培特别针对林纾译小说指出,"少仲马、迭更司、哈德等所著小说,皆白话也,而公译为文言。公能谓公及严君之所译,高出于原书本乎?"[4]蔡元培进而明确强调了北大的办学方针:第一是"对于学说,仿世界各大学通例,循'思想自由'原则,取兼容并包主义";第二是"对于教员,以学诣为主"。[5]

蔡元培的这些问答既高屋建瓴、义正辞严,又行文平实,语气和缓;实际上,不仅有力地驳斥了林所代表的文化顽固派的攻讦,也进一步明确清楚回答了北京政府的责难,有力申张了北大改革和白话文运动等的正义性。

有学者提出在答林纾的攻讦中,蔡元培是一一辩驳北大并不存在林纾所指控的错误,却甚少指出林氏的观念本身有何不妥。实际是蔡元培在驳林纾时,处处皆本林纾所提的观点。假如蔡元培的辩驳是成立的,则北大所为正是在林纾所希望的方向上,只是程度还不够罢了。所以,如果从观念上看,应该说是

---

[1] 《致〈公言报〉函并答林琴南函》,《蔡元培全集》第三卷,中华书局1984年版,第268页。
[2] 《致〈公言报〉函并答林琴南函》,《蔡元培全集》第三卷,中华书局1984年版,第269页。
[3] 《致〈公言报〉函并答林琴南函》,《蔡元培全集》第三卷,中华书局1984年版,第270页。
[4] 《致〈公言报〉函并答林琴南函》,《蔡元培全集》第三卷,中华书局1984年版,第270页。
[5] 《致〈公言报〉函并答林琴南函》,《蔡元培全集》第三卷,中华书局1984年版,第271页。

林纾的主张取胜才对。[1]

笔者认为，上述观点中，前一个论断是正确的，使我们对林蔡争论深入了一步；但林纾胜的观点值得商榷：

一、蔡元培处处皆本林纾所提的观点，实际凸显了蔡元培乃至陈独秀、胡适、钱玄同等新文化营垒实际是真正坚持中国优秀传统文化，包括纲常伦理中仍合乎现代生活需要的内容，即精华部分的内在和一贯的倾向。因为中国长期封建社会乃至近代的实际情况，正如张岱年先生在20世纪40年代指出，"孔学虽为一般人表面上所崇信，但盘踞于人心的并非孔学，而是世俗思想，以福禄寿为最高价值，以功名富贵、升官发财、求富避祸为生活准则，迷信鬼神术数、因果报应，讲求人情世故，此种世俗民想实危害最烈"，孔学等中国传统学说的"哲学的价值观往往正是对世俗价值观的批判"。[2]据此观察当时军阀政府的当权派及其追随者即诸多政客、文人，观察蔡元培、陈独秀、胡适、钱玄同、鲁迅等新文化营垒人物，可以看出，蔡元培等才是真正笃信践行中国优秀文化传统的，皖系军阀及其帮凶帮闲等不少人确是为一己之利，卖国侵民、毫无信义节操的人。陈独秀在批驳林纾时说："《新青年》所讨论的，不过是文学、孔教、戏剧、守节、扶乩这几个很平常问题，并不算什么新奇的议论。"[3]联系他们肯定孔学和孔学历史地位的诸多思想观点，可以充分证明这一点。他们激烈批判中国传统文化，并非是美籍华裔学者林毓生等提出的全盘反传统，而恰恰是真正坚持发展了中国优良传统文化，是真正坚持、发展了中国优良传统。所以，蔡元培等处处认同着中国优秀文化传统。

二、蔡元培的这种处处皆本林所提观点是保护北大，保护新文化运动，保护新文化主将陈独秀、胡适、钱玄同等及广大进步青年的策略。他这不仅是对林纾，而且也是在向对北大改革，对新文化运动恨之入骨，企图寻找时机动手摧残压制的军阀政府及其鹰犬宣示，义正辞严地正告他们：北大改革、新文化

---

[1] 罗志田：《权势转移——近代中国的思想社会与学术》，湖北人民出版社1999年版，第263页。
[2] 范学德：《综合与创造——记张岱年的哲学思想》，教育科学出版社1989年版，第314页。
[3] 陈独秀：《关于北京大学的谣言》，《每周评论》1919年3月16日。

运动是合乎中华民国法律的，是符合世界潮流的，是同各国大学及文化界同步的。从而强调新文化营垒、北大改革，对中国传统文化不符合现代化要求的东西的冲击、批判同坚持、发扬优秀中国传统文化的内在一致性。这不是消极地缩小和否认新派教授们所提倡的东西，而是引导人们，特别是也让军阀政府及其追随者们正视新文化运动及其人物的全部言行。

全国各大报都纷纷对林纾予以揭露和抨击。《每周评论》《晨报》《国民公报》等指出，那摧残新思想的人，是"学术界之大敌，思想界之蟊贼"，"欲以专制手段，阻隔世界潮流，多见其不知量耳"。[1]《民国日报》指出，顽固派是妄图使"中国数十年来仅得之世界的进步的学术思潮，完全消灭，俾人民仍还入于愚陋塞野之境"[2]。《北京新报》《顺天时报》《民治日报》《民福报》《益世报》《神州日报》《浙江教育周刊》等都发表了批判林纾的文章，形成了文化界舆论界声讨顽固派的一个热潮。

林纾攻击新文化运动的同时，北京政府、安福系政客也在极力活动。他们由某参议员出头，面见教育总长傅增湘，提出要求取缔《新青年》《新潮》，压制北大的新思潮运动，否则将由国会提出弹劾傅增湘案。有人还派人告诉傅增湘，必须撤换蔡元培，否则弹劾案立即提出。实际这个弹劾教育总长和北大校长，要求教育部解聘陈独秀、胡适、钱玄同的议案曾在国会上提出，但慑于广大学生和公众舆论强烈反对而没有通过。于是，他们策动爪牙，利用小报大肆张扬、夸大其词，捏造散布陈独秀的谣言。至此，蔡元培终于顶不住各种压力，于1919年4月8日召集文理科会议，提前实行文理分科，实行教务处组织法，实际是免除陈独秀的文科学长职务。陈独秀私德有缺，确实当引为教训。但当时在中国文化界甚至北大有些士大夫积习者大有人在，反动势力如此动作，恰如胡适所说，实际是"外人借此行为攻击陈独秀，明明是攻击北大的新思潮的几个领袖的一种手段"[3]。这足见军阀及其政客、爪牙破坏新文化运动

---

[1] 澜泉：《警告守旧党》，《每周评论》1919年4月13日。
[2] 《论大学教员被摈事》，录自《民国日报》，《每周评论》1919年4月13日。
[3] 《胡适来往书信选》中册，中华书局1979年版，第290页。

不择手段的无耻下作。

但以陈独秀为主帅的新文化营垒毫不屈服,而是以更高昂的斗志进一步推进新文化运动的广泛深入发展,推进新文化运动与反帝爱国政治斗争的结合。陈独秀不但继续发表《不可思议的新旧思潮》《孔教研究》等批判孔教、旧思想的论文,而且以高昂政治热情欢迎俄国十月革命,推出《二十世纪俄罗斯的革命》《克伦思基与列宁》;直接抨击揭露军阀政客卖国的《多谢倪嗣冲张作霖》《四大金刚》《陆宗舆到底是哪国的人?》《南北代表有什么用处?》等时论,胡适、李大钊、钱玄同、鲁迅等都继续活跃在新文化阵线。

这预示,一场规模空前的政治暴风骤雨即将到来。

爆发

弐部

第四章　五四运动爆发

在巴黎和会作出无理决定，企图使日本霸占中国山东合法化的历史紧要关头，中国学生挺身而出，以大无畏的革命行动，打乱了帝国主义和封建军阀的统治秩序，宣告中国彻底反对帝国主义、反对封建主义革命的新纪元正在到来，构成了中国革命、中国近现代历史发展的划时代的里程碑。

一　巴黎和会无视中国

巴黎和会于1919年1月18日开幕。参会的有美、英、法、意大利、日本、中国、巴西、古巴等20多个国家的代表及其随员1000余人。会议选举法国总理克里孟梭为大会主席（当时中国报界多称为会长或议长），美国国务卿兰辛、英国首相劳合·乔治、意大利首相奥兰多、日本公爵西原寺公望为副主席。巴黎和会最高机构为美、英、法、意、日五大国各派两名代表组成的十人会议。

会议规定各国席位分三类：一为主要协约国美、英、法、意、日，每国5席；二是战争中某些提供有效援助的国家，如巴西等，每国3席；三是协约国阵营中其他成员，每国2席。中国被列为第三类。

中国北京政府战后和会准备工作始于日本侵占中国山东，感到必须参与战后和会，争取山东问题得到公允解决。美国1917年2月1日宣布对德绝交，7月对德宣战。北京政府在段祺瑞大力推动下，中经张勋复辟等曲折，段祺瑞重任国务总理，8月14日正式对德奥宣战，为中国参加巴黎和会创造了前提条件。

北京政府外交方针欧战期间主要倾向亲日，"二十一条"谈判中争取美英援助未果；威尔逊总统发表十四点声明后，经驻美公使顾维钧等接洽，美国明确表示支持中国参加和会并在会中争取废除辛丑条约等要求，北京政府在巴黎和会召开前，形成了"联美制日"的方针。当然，亲日的力量依旧强大。[1]中国政府组成了出席和会的代表团。团长为外交总长陆徵祥，全权委员为驻英公使施肇基、驻美公使顾维钧、驻法公使胡惟德、驻比公使魏宸祖。北京政府为缓和与南方军政府的关系，对外显示中国的团结一致，经美国驻华公使芮恩施斡旋，加派广州非常国会副议长王正廷为全权委员。胡惟德退为代表团成员，代表团成员还有驻丹麦公使颜惠庆，驻意公使王广圻等。

1918年12月18日，北京政府中南海总统府聘请汪大燮为外交委员会委员长、林长民任事务主任，有熊希龄、张国淦、王宠惠等政界知名人士参加的外交委员会成立，规定凡和会各专使来电都由外交部送委员会检阅。1919年2月6日，张謇、熊希龄、王宠惠、蔡元培等发起成立国民外交协会，林长民为委员长。9日，北京又成立了国际联盟同志会，梁启超任理事长，梁赴欧，由汪大燮代理；理事有熊希龄、王宠惠、蔡元培、王揖唐等；林长民任总务干事。这表明，被皖系排挤失意的"研究系在外交领域获得一席之地"，而且"既有官方的外交委员会的身份，又有民间的国民外交协会的身份，这种官民兼具的双重身份，内外交通，角色易于变换"。[2]这构成了他们在五四风云中一展政治抱负的重要条件。

其时，陆徵祥提出代表出席会议顺序：代表南方军政府的王正廷为首席，以下是驻英公使施肇基、驻美公使顾维钧、驻比公使魏宸祖。汪大燮勇于任事，考虑到陆徵祥、王正廷来自不同阵营，不知能否一致对外；且陆徵祥软弱，王正廷少经验，施肇基过于圆滑，均非担当责任者，就呈请徐世昌将顾维钧提升至第二位。事实证明这对中国代表团的斗争意义重大。同时，各政派党团派出一批人去巴黎，直接支持中国代表团工作，其中有国民党的汪精卫、张

---

[1] 参见唐启华：《巴黎和会与中国外交》第一章和第二章，社会科学文献出版社2014年版。
[2] 邓野：《巴黎和会与北京政府的内外博弈》，社会科学文献出版社2014年版，第28—29页。

静江、李石曾、徐谦等，研究系的梁启超、蒋百里、张君劢、蒋方震、丁文江等。

日本为通过和会确认其接管德国在山东的各种权益，1月27日，在美、英、法、意、日五国十人会议上，牧野临时动议，要求继承德国在华山东权益。这对中国来说是突然袭击。因为陆徵祥赴会途经日本时，日本外相内田康哉提出：中日两国邻邦，遇事必相互提携。现在日本违背承诺，显然是要造成和会确认其要求的事实。但美国代表威尔逊和兰辛提出，有关中国事宜应听取中国方面的说明。十人会议于是决定请中国代表到会。美国这一提议，帮助了中国。

中国代表团中，长期关注并深入研究过山东问题的驻美公使顾维钧，大战期间就在驻美使馆成立了专门研究山东问题的小组，着重研究战后废除各项不平等条约和收回山东主权问题。[1]1919年1月23日，在中国代表团工作会议上，他明确提出：山东问题、铁路问题及中日间的许多条约，"均由欧战发生，仅属战期内之暂行办法"，"现在和会已开，一切由欧战发生之问题，正须求永久之解决，我国山东问题，亦可公诸大会议决。"[2]这一意见成为代表团的主导意见，为中国在和会上与日本等列强抗争做了重要准备。

当天中午，十人会议正式通知到达前，美国代表团顾问、国务院远东司司长威廉士已将这一情况通报中国代表团。中国代表团尽管已准备向大会提出山东问题，但听到这一消息仍感如晴天霹雳。中国代表团决定陆徵祥称病无法赴会，以留有变通余地；王正廷、顾维钧两人出席十人会，由顾维钧发言。

下午3点，顾维钧、王正廷赶到会场，会议主席为法国总理克列孟梭。日本代表牧野首先发言，"日本政府认为有正当理由要求德国无条件让予：一、胶州租借地、铁路及德国在山东所享有之其他权益；二、德国所占赤道以北的太平洋岛屿"，并声称，这些要求是"合理和公正的"。[3]顾维钧在牧野发言

---

[1]《顾维钧回忆录》第一分册，中华书局1983年版，第162—164页。
[2]《我国讲和专使团会议记录》第二次会议记录，转引自金光耀：《顾维钧传》，河北人民出版社1999年版，第55页。
[3]《顾维钧文件》第一盒，转引自金光耀：《顾维钧传》，河北人民出版社1999年版，第57页。

后，要求再行审查议决。由于顾维钧、王正廷已在会前取得兰辛给中国24小时进行准备的共识，会议决定中国代表次日发言。

会后，陆徵祥和顾维钧即拜访了威尔逊。威尔逊对牧野赤裸裸地要求和会认可日本在山东的权益，表示强烈不满，明确表示完全同情中国。当晚，陆徵祥与顾维钧又约请美国远东司司长商谈。美方询问：胶州问题，中日间有无成议？在摊牌已不可避免的情况下，陆徵祥据实相告，1918年换文成了中国代表团非常难以处理的问题。

28日，十人会议再次召开。顾维钧毅然撇开中日间一切密约的束缚，高屋建瓴、义正辞严地从山东的历史、文化、国防等方面，阐释了中国对山东不容质疑的主权。他首先指出，山东是中国民族及领土不可分割之部分，"仅就大纲原则而言，所有德国胶州租借地、胶济铁路及其他权利，即应直接归还中国。该地为中国领土完全之关系，不可稍有亏损；人民三千六百万，自有历史以来为中国种族，操中国语言，奉中国宗教"；"以形势言，胶州为中国北部门户，为自海至京最捷径路之关键，且胶济路与津浦相接，可以直达首都。即仅为国防问题，中国断不能听任他国于此重要地点，有所争持。以文化言，山东为孔孟降生之地，即中国人民所视为神圣之地。中国进化，该省力量居多，故该省为中国全国人民目光之所集。以经济言，该省地方狭而民庶，面积不过二万五千方英里，人口多至三十六兆，人烟稠密，竟存不易，设有他国侵入其间，不过鱼肉土著而已，亦不能为殖民地也。故以今日会议所承认之民族与领土之完全各原则言之，则该地之归还中国，实为应得之权利"。[1]

牧野对顾维钧所提理由无法反驳，只是强调中日之间已有了条约，称"日本占领胶州湾后，迄至今日，事实上已为领属，然而中日两国间，已有胶州湾交还之约，并关于铁路亦有成约"[2]；他还强调，"获得胶州湾后之办法，于

---

[1]《法京陆专使电》，《秘笈录存》，中国社会科学出版社1984年版，第73—74页。
[2] 王芸生编著：《六十年来中国与日本》第七卷，生活·读书·新知三联书店1981年版，第265页。

中日两国间业已商定完毕"[1]。牧野的意图是各列强承认日本占领中国青岛的既成事实,而中日两国已有成约,各国不必插手,中国只能屈服。

顾维钧早有准备,强调指出"二十一条"是中国被迫签订的,"此项条约换文,经日本送达最后通牒,中国始不得已而允之","且中国对德宣战之文,业已显然声明,中、德间所有一切约章,全数因参战地位而消灭。约章既如是而消失,则中国本为领土之主,德国在山东所享胶州湾租借地暨他项权利,于法律上已经早归中国矣"。[2]威尔逊已通过卫理知道中国还有1918年密约。故他在顾维钧和牧野辩论后立即询问日本代表,以前中日间缔结的条约能否都提交大会。这一要求的目标显然是顾维钧发言中点明的"二十一条"。因其露骨逼迫中国的内容实在不好见人,牧野只含糊其词地说,"须等待请训"。顾维钧当即表示:"中国愿意提交。"克里孟梭即以主席身份宣布,要求中日两国提交有关文件,这使日本处境更加被动。

顾维钧这次发言,是中国代表在整个巴黎和会期间最重要的发言,一度赢得西方各国同情和赞扬。当时,美国的威尔逊和兰辛,英国的劳合·乔治与贝尔福,相继快步上前与顾维钧握手道贺,克里孟梭也声言道贺;意大利的奥兰多后来向陆徵祥表示,对顾维钧发言极赞美;"威尔逊总统和劳合·乔治都说,这一发言是对中国观点的卓越论述"[3]。更为重要的是,这次发言为中国争回山东权益确立了法理根据。此后,中国各界论及山东问题都不再受中日条约限制,皆以这次发言的基本精神为指导。从此,山东问题成为中国方面最重要的问题,引起全国各界高度关注。

日本政府对顾维钧发言惊恨交加,立即指使驻华公使小幡酉吉向中国外交部提出交涉。因当时是中国旧历除夕,外交部放假,外交部次长陈籙等均未见。2月2日下午3时半,小幡直接到陈籙住处严厉指责中国政府:1.顾维钧在巴黎和会上"未与日本代表接洽,遽告各国新闻记者","是漠视日本之体

---

[1] 王芸生编著:《六十年来中国与日本》第七卷,生活·读书·新知三联书店1981年版,第266页。
[2] 《秘笈录存》,中国社会科学出版社1984年版,第74—75页。
[3] 《顾维钧回忆录》第一分册,中华书局1983年版,第186页。

面,且违反外交惯例","请以此意电知贵国代表";2.顾维钧讲"二十一条为强迫签订",是"欲假借外国之势力以抑压日本"。[1]

小幡当时还威胁:英国由于国内动乱而无暇他顾,不能援助中国。但日本确有援助中国的力量,因为它拥有50万吨舰队和一支随时可以投入战斗的100万人的陆军。所谓中国想借重英国,完全是小幡借题发挥。所以这是赤裸裸的政治威胁和武力恐吓。但陈箓态度非常软弱,不但不敢反驳,反而推说中国政府并未训令顾维钧作这次发言。段祺瑞获悉小幡言论后,更直接建议政府接受日本要求,制止中国代表团发表伤害日本的言论。北京政府害怕日本的威胁,即电令中国代表团不得发表中日密约。

但小幡的讲话很快传开。美国人办的《华北明星报》首先刊出。美国公使馆发表声明,表示将遵守威尔逊十四条原则,支持中国,希望中国政府不要气馁。《英文导报》评论要求日本撤掉这个不懂礼貌的公使。中国各界纷纷愤怒谴责。

中国代表团接到政府电报后,不为所动。5日,陆徵祥复电驳斥了日本公使的威胁恐吓,指出小幡所说顾维钧向新闻界表示要公布文件"毫无其事"。关于单方面宣布之事,是"日本事先未与我接洽,密于五国会议中商议处置德属问题时,乘机将胶州问题要求各大国同意。惟某国(指美国——笔者注)坚请问题解决之先,须邀中国委员到会陈述中国意见";电报同时还指出,"此事关系我国存亡,千钧一发,如再为其所动,在会稍有退让,则爱我者必鄙我。即使幸安数月,恐不可思议之问题不久即将发生,务请持以决心"。[2]

面对中国和西方各国的指责,小幡不得不公开发表谈话,否认自己对陈箓谈话是得到政府训令后作出的,谈话内容由他个人负责。

由于公布中日密约是和会的要求和一时中外舆论的中心。中国政府2月下

---

[1] 王芸生编著:《六十年来中国与日本》第七卷,生活·读书·新知三联书店1981年版,第268—269页。
[2] 王芸生编著:《六十年来中国与日本》第七卷,生活·读书·新知三联书店1981年版,第270页。

旬先向南北和会提交了山东换文及各项军事协定等密约;3月14日起向全国各报陆续公布。这对日本吞并中国的野心是一次有力揭露;同时,也是对皖系势力的一次沉重打击,加剧了徐世昌同段祺瑞的矛盾。

日本公布密约完全出于被迫。2月7日,牧野派人秘密把日英、日法、日俄、日意间关于山东的秘密换文,以及1918年关于胶州铁路的秘密换文等4个文件送交代表团,一再强调中国自愿把山东权益给予日本,英、法、意支持日本山东权益合法化成约在前。显然,这是公然向中国政府和代表团施加压力。

中国代表团自1月28日会后,就在准备山东问题说帖,得知威尔逊总统2月中旬返美,更加紧工作。到2月13日威尔逊返美前,中国代表团完成了《中国要求胶澳租借地、胶济铁路暨其他关于山东省之德国权利直接归还说帖》,并先将一份交给威尔逊。美国代表团看后,称《说帖》写得"理由充分,措词得体,语气和平"[1]。这表明,至威尔逊返美前,美国对中国各项要求持支持立场。

2月15日,在中国代表团按惯例将准备交到和会上的密约送日方时,日方提出:中日两国前有约定,凡交和会文件,必由两国全权委员先行接洽。中国代表团当天中午即研究对策。顾维钧提出:密约送日本之意,本不过为手续上之周到,并不待其答复,所谓接洽亦有界限,将文件送彼阅者,即可谓接洽,不得谓接洽二字需得其同意。[2]代表团最后决定:将山东说帖及附件,当日下午送交和会。

然而,当天下午,日本代表团派秘书官来中国代表团重申两国订立的密约,如一方宣示第三人,当得对方同意;与顾维钧会见时又质问:1月28日前为何不与日接洽。顾维钧反驳道:当时牧野男爵向五国会议提出山东问题,余等皆不知悉,待临时电话通知赴会,知牧野男爵正将此问题提出来。阁下所谓

---

[1] 《朱启钤存稿》,转引自李新等主编:《中华民国史》第二编第二卷,中华书局1987年版,第403页。
[2] 《我国讲和专使团会议记录》,转引自李新等主编:《中华民国史》第二编第二卷,中华书局1987年版,第403页。

接洽,即使接洽,何时接洽?[1]日方无言以对。当日下午,中国说帖及附件正式提交和会。

此后中国代表团又提出《中国希望条约》,提出各国"放弃在华势力范围,撤退外国军队和巡警,裁撤外国邮局及有线、无线电报机关,撤销领事裁制权,归还租借地、租界,关税自由等七项要求"[2]。表明中国代表团仍强烈幻想和会在威尔逊十四条原则基础上主持正义,维护各国主权。结果很快遭到和会坚决拒绝。5月14日,巴黎和会主席、法国总理克里孟梭复函陆徵祥:"充其量承认此项问题之重要,但不能认为在和会权限以内。"[3]

就在这时,一直同情支持中国,被中国代表团当作主要靠山的威尔逊总统态度突然发生根本变化。其原因:一是威尔逊返美后遇到了以威斯康星州参议员威廉·博拉、马萨诸塞州参议员兼美国参议院外交委员会主席亨利·洛奇等孤立主义者及其支持者对建立国际联盟的强大反对派势力。这严重削弱了威尔逊总统在巴黎和会上的威望和地位。3月中旬,威尔逊回到巴黎。4月16日,五国会议讨论山东问题,中国代表团被排斥在外。兰辛提出德国在山东的权益先由巴黎和会各国暂时接管,等中国将青岛及山东省各处按协约国专门商定的办法开作商埠后,再归还中国的方案。这个方案实际排除了日本从德国手中收取山东权益的可能。牧野立即坚决反对,坚持按中日协定由日本转交中国。英、法、意代表沉默不语,实际支持日本。

二是意大利代表团因为英、法背弃原先承诺,回绝了意大利得到亚德里亚海岸的阜姆(现称里耶卡,属克罗地亚),故愤而退出和会,离法归国。日本早就看出,威尔逊在和会的主要目标是成立国联,也看到美国内政局对威尔逊的影响,所以,日本便以退出和会来要挟美国。4月21日,日本外相内田发

---

[1] 《我国讲和专使团会议记录》,转引自李新等主编:《中华民国史》第二编第二卷,中华书局1987年版,第404页。
[2] 《北洋政府司法部档案》,转引自李新等主编:《中华民国史》第二编第二卷,中华书局1987年版,第406页。
[3] 《北洋政府司法部档案》,转引自李新等主编:《中华民国史》第二编第二卷,中华书局1987年版,第406页。

出电令：如日本关于山东的要求得不到通过，就暂时不要在国际联盟盟约上签字。日本代表团接到训令后，即向记者发表声明：奉日本政府训令，如山东问题等不能满意解决，日本就不能在和约上签字；必要时，可退出和会。同时日本又公布了1917年与英、法、意等国的密约。

这使威尔逊迅速改变了态度，也促使英法更加露骨地支持日本。4月22日下午，五国会议在威尔逊住地继续召开，中国代表陆徵祥、顾维钧应邀出席。威尔逊、劳合·乔治、克里孟梭与会。威尔逊代表三人讲话：决定满足日本要求，以免和会破产。他一改同情中国的论调，认为"中国、日本既有一九一五年五月之条约换文于前，又有一九一八年九月之续约于后，而英法等国亦与日本协定条件，有维持其继续德国在山东权利之义务"[1]。

顾维钧面对诸大国沉重压力坚毅抗争，指出"1915年的条约以及以后的换文，是日本强加于中国的二十一条的产物"。劳合·乔治公开为日本张目，问：1918年9月，协约国在军事上已占优势，停战在即，日本不能再强迫中国了，中国为什么又在换文中时对日本关于山东的建议表示"欣然接受"？顾维钧从容回答："以当时日本在中国的军队既不撤退，又设民政署，置警察，课税则，地方不胜其扰，非常愤闷，政府恐激出事端，故致有此约。该约亦只能是临时之性质。"顾维钧进一步提出，英法与日密约，也可视为无效，因其均为战事发生，"当然与本会可有变更之法"。[2]其实，中国驻日公使章宗祥回复日本外务大臣后藤新平"欣然同意"的是关于日军占领胶济路沿线警备队等问题，而不是日本继承德国山东权益问题，威尔逊等早已全部知情，在此是有意歪曲事实强词夺理。[3]其时，威尔逊已经完全站在日本一边，他在4月22日美、英、法、意、日五大国会议上公然说"日本领土的很大一部分是贫瘠的，因此它当然需要为它的人口找安身之处"，除朝鲜、满洲外，"它现在在中国

---

[1] 王芸生编著：《六十年来中国与日本》第七卷，生活·读书·新知三联书店1981年版，第306页。
[2] 项立岭：《中美关系史上的一次曲折——从巴黎和会到华盛顿会议》，复旦大学出版社1993年版，第67—68页。
[3] 邓野：《巴黎和会与北京政府的内外博弈》，社会科学文献出版社2014年版，第139—140页；唐启华：《巴黎和会与中国外交》，社会科学文献出版社2014年版，第72—73页。

寻找更多的地方"。[1]言外之意,日本霸占中国山东完全是合情合理的。这彻底撕破了十四条声明上的最后一层遮羞布。

威尔逊公开站在英法一边,宣称"此次战争本为维持条约之神圣"[2]。顾维钧表示中国不能接受。事后他说,"我非常坦率地告诉威尔逊总统,我是何等失望,方案又是何等不公。这种方案只能使中国人民大失所望,而且无疑将在亚洲播下动乱的种子"。[3]

威尔逊对日让步引起了美国代表团中除总统顾问豪斯以外的国务卿兰辛等所有成员的反对。他们主张:应坚持支持中国的权利。兰辛明确指出:"予则自始至终仍信日本声言脱离讲和会议为一种欺骗恐吓之假面具,而至今日尚信不疑。盖日本必不愿轻弃五大国之一之大特权也。"[4]他还预言,"当人们得知我们已抛弃中国,向日本屈服时,美国将掀起抗议的风暴"。[5]

4月29日,三国会议上,兰辛提出,日本应以文字声明,将来保证把山东归还中国。日本坚持不允。美国再次退让。

30日,"三人会"正式决定,将山东问题按"日本拟定的""一字不易"写入和约三条[6]:

> 第一五六条,德国将按照一八九八年三月六日与中国所订条约及关于山东省之其他文件,所获得之一切权利所有权及特权,其中以关于胶州领土铁路矿产及海底电线为尤要,放弃以与日本。
>
> 所有在青岛至济南铁路之德国权利,其所包含支路,连同无论何种附属财产、车站工厂、固定及行动机件、矿产、开矿所用之设备及材料、并

---

[1] 转引自刘绪贻等主编:《美国通史》第四卷,人民出版社2002年版,第432页。
[2] 王芸生编著:《六十年来中国与日本》第七卷,生活·读书·新知三联书店1981年版,第306页。
[3] 《顾维钧回忆录》第一分册,中华书局1983年版,第197页。
[4] 转引自项立岭:《中美关系史上的一次曲折——从巴黎和会到华盛顿会议》,复旦大学出版社1993年版,第84页。
[5] 转引自[美]罗伊·沃森·柯里:《伍德罗·威尔逊与远东政策(1913—1921)》,张玮瑛等译,社会科学文献出版社1994年版,第267页。
[6] 完颜绍元:《王正廷传》,河北人民出版社1999年版,第81页。

一切附随之权利及特权均为日本获得，并继续为其所有。

自青岛至上海及自青岛至烟台之德国国有海底电线，连同一切附随之权利特权及所有权，亦为日本获得，并继续为其所有，各项负担概行免除。

第一五七条，在胶州领土内之德国国有动产及不动产，并关于该领土德国因直接或间接负担费用实施工程或改良而得以要求之一切权利，均为日本获得，并继续为其所有，各项负担概行免除。

第一五八条，德国应将关于胶州领土内之民政军政财政司法或其他各项档案、登记册、地图、证券及各种文件，无论存放何处，自本约实行起三个月内移交日本。[1]

至此，巴黎和会完全拒绝了中国代表团关于山东问题的正当要求。

二　国内群情激愤

日本驻华公使小幡酉吉蛮横地向中国外交部施加压力，引起中国各界极大义愤。北京《益世报》发出号外，揭露日本公使蛮横行径。《民国日报》自2月6日起用大字标出专题栏目《日本恫吓我国之恶潮》连载6天；从12日至25日用《中日间密约宣布事件》的大字标题连载13天。

北京学生掀起抗议高潮。2月5日晚，北大学生在法科召开大会，北京医专、法专等校各派两名代表参加。会议决定联合各校及各省学界、社会各界人士、各国政府人民，吁求挽救之术；同时推出十余人分头联合各校学生致电巴黎和会中国专使：拒绝日本无理要求，公布密约内容。会后医专、法专等校代表回到本校又召开学生大会。很快，北京有11500名学生签名发电至巴黎和会，要求"努力取消中日一切密约及其他不平等之待遇"。此电及其他许多电文被北京政府扣留，后被《民国日报》等公开披露。

---

[1] 王芸生编著：《六十年来中国与日本》第七卷，生活·读书·新知三联书店1981年版，第310页。

中国各界对巴黎和会上及威尔逊的"正义""公理""十四条原则"等顿时表示极大失望。陈独秀尖锐指出："威尔逊总统的和平意见十四条，现在也多半是不可实行的理想，我们也可以叫他做威大炮。"2月2日，中国代表团在和会公布部分中日密约，国内尚不知密约内容。《京报》提醒国民注意，"愿国民合力以助赴欧专使之发言，并以全国公意，请求各国平等判断"[1]。梁启超在巴黎最早获悉密约内容，3月11日从巴黎电外交委员会汪大燮、林长民："查自日本占据胶济路，数年以来，中国纯取抗议方针，以不承认日本承继德国权利为限。本去年九月间，德军垂败，政府究用何意，乃于此时对日换文订约以自缚。"[2]显而易见，梁启超在把矛头指向段祺瑞皖系军阀及亲日派政客。

各界抗议活动蜂起。4月11日，在中国驻日公使章宗祥请假回国，携妻在东京中央新桥车站上车时，旅日中国学生手持"卖国贼"字样旗帜前来，把章氏夫妇团团围住，严厉质问章宗祥又卖多少国、签多少条约、借了多少款，有一学生大呼"章宗祥你既然卖国，何不先卖妻"。[3]直到日本警察赶到方结束。4月16日，上海民议联合会、华侨和平期成会、华侨联合会、对日外交后援会、救国会、四川同乡会等召开全体联合会决议声明："段祺瑞、曹汝霖、徐树铮、陆宗舆、章宗祥、靳云鹏等种种卖国行为，日益加厉，为全国所不容，应请决议惩办，以除祸根。"[4]

威尔逊总统改变态度以后，形成西方各大国联合压迫中国接受日本接管德国山东权益的严重局面。梁启超4月底急电国内北京外交委员会："汪、林两总长转外交协会：对德国事，闻将以青岛直接交还，因日使力争，结果英、法为所动，吾若认此，不啻加绳自缚，请警告政府及国民严责各全权，万勿署名，以示决心。"[5]30日，北京国民外交协会收到电报。林长民于5月1日立

---

[1]《密约宣布》，《京报》1919年2月5日。
[2] 丁文江等编：《梁启超年谱长编》，上海人民出版社1983年版，第879页。
[3] 丁文江：《北洋军阀史话》，中国友谊出版公司1992年版，第138页。郑德荣主编：《天地中国》，山西人民出版社1999年版，第131页。
[4]《民议联合会等七团体的南北和平决议》，《民国日报》1919年4月18日。
[5] 丁文江等编：《梁启超年谱长编》，上海人民出版社1983年版，第880页。此电文在1919年5月2日由上海《申报》发表，舆论哗然，国人震惊。

即起草《外交警报敬告国民》一文，当晚派人便道送《晨报》。晚9时左右，《晨报》总编辑陈博生接稿非常欢迎，考虑到报馆可能被因此被封闭，坚持必须由外交委员会负责人汪大燮或林长民署名才可发表。当场通过电话，林长民毅然署名。

其实，5月1日，上海美国人办的英文《大陆报》已最先报道：中国政府"接巴黎中国代表团来电，谓关于索还胶州租借地之对日外交战争已失败"，已经引起部分国人震惊。2日《晨报》以头版头条大字标题在"代论"栏目内刊登了《外交警报敬告国民》：

> 胶州亡矣，山东亡矣，国不国矣，此恶耗前两日仆即闻之。今得梁任公电，证实矣。闻前次四国会议时，本已决定德人在山东所得权利，交由五国商量处置，惟须得关系国之同意。我国所要求者，再由五国交还我国而已。不知因何一变其形势也。更闻日本力争之理由无他，但执一九一五年之廿一款及一九一八年胶济换文及诸铁路草约为口实。呜呼！二十一款出于胁逼，胶济换文，以该约所属确实为前提，不得遽为应属日本之据。济顺、高徐草约为预备合同，尚未正式订定。此皆我国民所不能承认者也。国亡无日，愿合我四万万众誓死图之！

此文向全国正式报告山东外交问题确实失败，同时指出失败原因在中日各项条款，实际提出应追究相关责任人即皖系军阀及其外交官责任，呼吁全国各界奋起抗争，救国抗敌之情激切昂扬，文字沉重有力，加之林长民作为研究系政要半官半民的身份，对全国各界有极大的震撼力和感召力。

邵飘萍在《京报》时评《国民对待外交之准备勿以空言塞责》中大声疾呼："山东问题为吾国存亡所系"，"我国民亦既有此觉悟而一致奋起"，"积极为对待外交之准备，此其时矣"。[1]

---

[1] 《京报》1919年5月3日。

4月30日，驻日公使章宗祥回京，住曹汝霖家。第二天有外电报道他将不返职；有谣言传他将接替陆徵祥任外交总长和巴黎和会总代表职务。实际上北京政府无此打算，这些传闻谣言实际反映了国民的深切担忧，但这使北京及各地民众的情绪更加激愤。

实际不出国人担忧，中国政府5月1日接陆徵祥来电。外交委员会紧急会议，决定不签约，由汪大燮、林长民将致专使拒签电呈徐世昌大总统，徐世昌令国务院派发。但2日国务院总理钱能训又密电专使签约。国务院电报处一位林长民同乡潜去告知林长民。3日，林长民到外交委员会报告，汪大燮闻讯极为焦急，立即坐马车到东营子胡同蔡元培住处通告。蔡元培急召罗家伦、傅斯年、许德珩、段锡朋等新潮社、国民社骨干把这严重消息告知。

5月3日当天，国民外交协会作出决定：7日，在中央公园召开国民大会，并分电各省各团体同日举行；声明不承认"二十一条"及英、法、意等与日本关于处分山东问题之密约；向英、美、法、意各国使馆声诉国民之意见。巴黎和会不能同意我国的主张，即专请政府撤回使团。

下午，许德珩、傅斯年等邀集北京中等以上各校学生代表在北大西斋饭厅紧急开会发出通告，决定3日晚7时在北河沿北大法科大礼堂召开全体学生大会，并邀北京13所中等以上学校学生代表参加。

北京各高校沸腾起来。3日夜幕降临的时候，法科大礼堂内，北大1000多名学生和北京高等师范、北京工业专门学校、法政专门学校、中国大学、铁路管理学校、朝阳法学院、农业专门学校、医药专门学校、汇文学校、民国大学、税务专门学校、高等警官学校等12所学校学生代表挤满礼堂会场，大家公推国民杂志社易克嶷为大会主席，[1]文科学生黄日葵、孟寿椿两人记录，许德珩起草宣言。

大会首先是邵飘萍悲愤激昂地报告了巴黎和会上中日外交失败的经过和原

---

[1] 笔者1982年4月15日在北京大学访问赵乃抟先生记录。又见张国焘：《我的回忆》第一册，东方出版社1998年版。另许德珩说为廖书仓，见许德珩：《为了民主与科学——许德珩回忆录》，中国青年出版社1987年版，第58页。

因，分析了山东问题的形势。他大声疾呼：现在民族危机系于一发，如果我们再等待，民族就无以挽救而只有沦亡了。各校学生应挺身而出，奋起抗争。许德珩、张国焘、丁肇青等及各校学生夏秀峰等纷纷发言。北大法律系学生谢绍敏当场咬破中指，撕破衣衫以血书写"还我青岛"四个字向大家展示。鼓掌声、万岁声相继而起，全场顿起一种悲壮激愤气象。

大会做出决定：（一）联合各界一致抗争；（二）通过巴黎专使，坚持和约不签字；（三）通电全国各省各市5月7日国耻纪念日举行群众游行示威运动；（四）定于5月4日（星期日）齐集天安门举行学界大示威。

这一夜，北大学生彻夜未眠，连夜动用学生抗议《中日共同军事协定》所集电报费资剩下的300元钱买了布，并请北大书法研究会和画法研究会的同学写字，赶制几百面小旗。

当时，大部分学生对第二天的行动都认为是合法斗争，要有秩序地进行。杜威1919年6月11日到达北京，20日写信给女儿说，"整个事情看来是计划得很周密的"[1]，符合实际。

同时，少数思想激进的学生确实有激烈行动方案。其中态度最坚决、影响最大的是北高师数理部四年级学生匡互生等。1918年下半年，北高师学生匡互生、周为群、杨明轩、刘薰宇等成立了同言社，对外以练习讲演为名，实际进行反对日本侵略的救亡活动。1919年2月9日，同言社扩大为健社。巴黎和会消息吃紧以来，匡互生就同校内外的同学易克嶷、罗章龙、熊梦飞、周予同、罗汉等人多次集会，准备暴动或暗杀曹汝霖、章宗祥、陆宗舆等卖国贼，并查明了曹汝霖住处，对认了曹汝霖、章宗祥、陆宗舆的照片。匡互生后来回忆：

> 五月三日那一夜，某校的工学会开全体会议，由会员提议讨论"对于中日的示威运动，本会应取何种态度？"大多数主张采用激烈的手段去对付那几个仰日本军阀的鼻息，作国内军阀的走狗，并且惯以构成南北战争

---

[1] 转引自[美]周策纵：《五四运动：现代中国的思想革命》，江苏人民出版社1996年版，第135页。

以快私意的曹、陆、章，就决定次日联络各学校的激烈分子，伴大队游行至曹、章、陆等的住宅时候，实行大暴动，并一面派会员先将曹、章、陆等住宅的门牌号数调查明白，以便直接行动。

各校的热烈分子——二十人以内——都有相当的准备，甚至于有连身后的事都向亲密的朋友商托好了的。[1]

这实际为后来火烧赵家楼做了直接准备。

5月4日上午10时许，北大、高师等十几所大专院校学生代表在法政专门学校开会，商议当日天安门大会议案和会后游行示威路线，推段锡朋为大会主席[2]，傅斯年为游行总指挥。会议开得紧张、迅速，莘莘学子们热血沸腾、壮怀激烈、正气凛然、义无反顾，急切地迎接一场大时代暴风骤雨的到来。

三 五四这一天

5月4日下午1时半左右，3000多名学生汇集天安门广场。他们来自北京市十几所大专院校[3]。最先到达的是北京高等师范学校，汇文大学学生。接着是北京法政学校、工业专门学校、农业专门学校、医学专门学校，警官学校、铁路管理学校、税务学校、中国大学、民国大学和朝阳大学。北京大学队伍最后到达，因为当天上午11时许，教育部一位司长和几名警官来校劝阻学生们不

---

[1] 匡互生：《五四运动纪实》，《五四爱国运动》上，中国社会科学出版社1979年版，第496页。
[2] 笔者1982年4月15日在北京大学访问赵乃抟先生记录。另许德珩说是谢绍敏，见许德珩：《五四运动六十年》，《五四运动回忆录》（续），中国社会科学出版社1979年版，第51页；张国焘说是易克嶷，见张国焘：《我的回忆》第一册，东方出版社1998年版，第50页；王抚洲说是傅斯年，见王抚洲：《我所记得的五四运动》，台北《传记文学》第10卷第5期，转引自陈占彪编：《五四事件回忆》，生活·读书·新知三联书店2014年版，第216页。
[3] 关于五四当天参加学校数字，目前有13所学校说，见匡互生《五四运动纪实》等，这些学校是北京大学、高等师范学校、中国大学、朝阳大学、工业专门学校、警官学校、医学专门学校、农业专门学校、汇文大学、铁路管理学校、法政专门学校、税务学校、民国大学；还有14校说，如《青岛潮》说："是役也，共十四校，汇文、协和届外人所办者，亦与焉"；还有"十几校说"，即还有俄文专修馆、留法预备学校参与，何长工回忆就忆及此事，参见徐锡祺《北京学生"五四"示威游行史事考》，见《党史研究资料》2，四川人民出版社1981年版，第36—37页。此处采用最后一种说法。

要游行，经过一番激烈辩论，北大学生按计划出发。教职员都对学生们"表示同情，始终伴着学生走的也有，如钱玄同先生"[1]，还有北大一位体育教员白雄远[2]。

这天天气晴朗。各校学生围立在金水桥前，华表之下，多数学生穿长衫，也有一些着黑色校服，手里拿着布或纸制小旗，上面有的画着漫画，有的写着口号："还我青岛""不复青岛宁死""头可断青岛不可失""誓死力争青岛""取消二十一条款""誓死不承认军事条款""拒绝签字巴黎和约""抵制日货""保卫国土""民族自决""国际公理""反对强权政治""宁为玉碎不为瓦全""打倒卖国贼""莫做五分钟爱国热忱"等；还有少数旗子上写的是祭文，有的写着英文、法文口号。谢绍敏血书"还我青岛"高挂在队伍前面。最引人注目的是金水桥南竖起的一面大白旗，上书一高师学生熊梦飞所撰大字对联："卖国求荣，早知曹瞒遗种碑无字；倾心媚外，不期章惇余孽死有头。——北京学界同挽"[3]。学生们群情激昂，有的高喊口号，有的大声宣讲。

教育部派员赶来阻拦，"学生团当付以传单一纸，指而告之曰：'区区苦衷，尽在于此，一览变知，无待赘述。'……既而步军统领李长泰、警察总监吴炳湘亦先后至[4]，均有照例劝慰阻止之辞，然而不过官样文章耳，安足动此如火如荼之学子听哉！"[5]

学生们当场散发了由北大学生、国民社骨干许德珩起草的《北京学生界宣言》传单："山东亡，是中国亡矣。我同胞处此大地，有此山河，岂能目睹此强暴之欺凌我、压迫我、奴隶我、牛马我，而不作万死一生之呼救呼。""我

---

[1] 周谷城：《五四运动与青年学生》，《解放日报》1959年5月4日。
[2] 叶曙明：《重返五四现场》，中国友谊出版公司2009年版，第226页。
[3] 据李弢：《火烧赵家楼》，载山东文史研究馆编、李骏昌等主编：《山左鸿爪》，中华书局2005年版，第51页。
[4] 另一说是李长泰和吴炳湘先于学生到达。见罗家伦：《蔡元培时代的北京大学与"五四"运动》，罗久芳：《罗家伦与张维桢：我的父亲母亲》，百花文艺出版社2006年版，第54页。
[5] 蔡晓舟等：《五四》，《五四爱国运动》上，中国社会科学出版社1979年版，第459页。罗家伦：《北京大学与五四运动》，《五四运动亲历记》，中国文史出版社1999年版，第65页。

同胞有不忍于奴隶牛马之痛苦，亟欲奔救治者乎？则开国民大会，露天演说，通电坚持，为今日之要着。"[1] 这篇宣言后来被《京报》《晨报》等各大报纸转载，在全国广泛传播。

当场还散发了一份白话文传单：

北京学界全体宣言

现在日本在万国和会要求并吞青岛，管理山东一切权利，就要成功了！他们的外交大胜利了！我们的外交大失败了！山东大势一去，就是破坏中国的领土！中国的领土破坏，中国就要亡了！所以我们学界今天排队到各公使馆去要求各国出来维持公理。务望全国工商各界，一律起来设法开国民大会，外争主权，内除国贼，中国存亡，就在此一举了！今与全国同胞立两个信条道：

"中国的土地可以征服而不可以断送！"

"中国的人民可以杀戮而不可以低头！"

国亡了！同胞起来呀！[2]

宣言是当天上午10时许罗家伦匆匆起草的。当时，罗家伦正在新潮社准备同大家一起游行。一同学赶来说：原来的传单是文言的，缺一张白话文的，你来执笔吧。罗家伦见事情紧急，也没推辞，就站在长桌前一挥而就。他后来回忆，当时面临紧急事件，心情万分紧张，但注意力非常集中，虽然社里人来人往，很是嘈杂，他却好像完全没有留意，写成后也没有修改，然后交由北大教员李辛白办的印刷所印成几万份。[3]它提出的"外争主权，内惩国贼"很快风行全国，成为五四运动的纲领性口号。

---

[1] 《时报》1919年5月6日。
[2] 《每周评论》1919年5日11日。
[3] 罗久芳：《父亲与五四运动》，见罗久芳：《罗家伦与张维桢：我的父亲母亲》，百花文艺出版社2006年版，第30页；此文说传单印了2万份。罗家伦在《北京大学与五四运动》中说，传单印了5万份，见《五四运动亲历记》，中国文史出版社1999年版，第65页。

大约中午1时左右，各校队伍到齐。学生们和围观助威的群众在广场上举行了短暂的大会，"很多人发表了演说"[1]，"决议先向各国公使馆游行示威，再向总统府请愿，要求惩办卖国贼曹汝霖、章宗祥、陆宗舆，拒绝对巴黎和约签字"[2]。那时没有扩音设备，演说者站稍高处，多数人听不清演说者说的话，但大体都是标语、传单讲的意思。[3]

学生们会集天安门广场和行进途中，不断向前来围观的群众说明游行示威的目的、意义，很多人感动得流下热泪。一些围观的外国人向学生们挥手和脱帽致意。一些市民，还有一些小学生自动加入了游行队伍。长辛店的一些工人和留法勤工俭学预备班成员参加了游行和火烧赵家楼。[4]

游行队伍出中华门奔向东交民巷使馆区。到东郊民巷西口时，被守卫在那里的中国巡捕拦住，巡捕称，必须得大总统同意才能准予通行。经巡捕电话联络近两个小时也没得要领。3000多学生暴晒在烈日之下，愤怒焦躁，中国领土竟不准中国人通过。学生推举罗家伦等四人为代表谒美公使。当时，公使不在，使馆官员出来说："诸君爱国热忱当尽情转陈于美公使"，并将学生陈词收下。《陈词》对美国公使，表示"无上之钦爱与同情"，并"请求贵公使转达此意于本国政府，于和平会议予吾中国以同情之援助"。[5]

陈词、口号充分表达了中国学生虽然极不满意威尔逊总统在巴黎和会对日本的妥协，但总体上对美国，特别是对以驻华公使芮恩施为代表的在华美国人士及其团体却很有好感。当代表进入美使馆时，学生们高呼："大美国万岁！大中华民国万岁！世界永久和平万岁！"

这表明，广大学生与各界民众在同日本帝国主义及皖系军阀、政客坚决斗争时，仍对美国帮助中国收回山东权益抱着很大期望。这种"期望"一方面反映了中国人民对帝国主义的本质还认识不清；另一方面也反映了中国人民确实

---

[1] 范云：《五四那天》，《五四运动回忆录》（续），中国社会科学出版社1979年版，第86页。
[2] 许德珩：《五四运动六十年》，《五四运动回忆录》（续），中国社会科学出版社1979年版，第52页。
[3] 笔者1982年4月15日在北京大学访问赵乃抟先生记录。
[4] 王元玺主编：《中国工会史》，中共党史出版社1992年版，第62页。
[5] 《晨报》1919年5月6日。

看到了大战后美日在中国乃至亚洲的战略冲突,应该也可以实行"联美制日"的对外策略。

学生代表从美国使馆出来向东。在英、法使馆没见到公使,递意见书也被拒绝。日本卫兵更连使馆也不许进。而中国大批警察赶来,仍企图迫使学生返回学校,学生们被激怒了,"素不感觉外力压迫痛苦的人们,这时也觉得激愤起来了,'大家往外交部去!大家往曹汝霖家去!'的呼声真个响彻云霄。这时候无论怎样懦弱的人也都变成一些有勇气的人了!"[1]大队转道向曹汝霖家方向走去。

学生队伍浩浩荡荡地由东郊民巷西口转北走户部街东行,经富贵街,东行往东长安街,经过东单牌楼,往北去米市大街,进石大人胡同,穿南小街进大羊宜宾胡同,约4点多到达赵家楼胡同2号的曹汝霖住宅。

曹宅分为东西两院中式房屋,包括大门及门房,东院是一排西式平房。当天下午,大总统徐世昌在中南海四照堂宴请刚回国的章宗祥,曹汝霖和陆宗舆等作陪,宴会至下午2点方散。席间有人报告学生游行并要求惩办曹汝霖、章宗祥、陆宗舆等事,徐世昌对国务总理钱能训说,"传话令吴总监妥速解散,不许游行"。[2]吴炳湘即派出警察到曹宅警卫[3]。有人劝曹汝霖等"暂留公府,不要出府回家"。但曹汝霖、章宗祥、陆宗舆毫不在意。3时许,曹汝霖、章宗祥回到赵家楼,日本记者中江丑吉等随行。

曹宅门前一片空地,内外都有警察警卫,门窗紧闭,临街的窗口密拦着铁丝网。学生们高呼"卖国贼曹汝霖快出来见我!"并冲上前叩击大门。警察立

---

[1] 匡互生:《五四运动纪实》,《五四爱国运动》上,中国社会科学出版社1979年版,第494页。
[2] 《曹汝霖一生之回忆》,台北传记文学出版社1970年版,第152页。
[3] 关于守门警察人数,一说为外国记者报道"有50名警察聚集在这位内阁阁员家的门口";还有报道说,事件发生不久,200多名警察包围了曹宅。曹汝霖可能要求警察总监吴炳湘派200人,但吴炳湘开始没派那么多,见[美]周策纵:《五四运动:现代中国的思想革命》,江苏人民出版社1996年版,第147页;另说为"警察厅派来警察三四十名守门",见贾熟村:《曹汝霖传》,浙江教育出版社1988年版,第137页。关于警察是否带枪,一说为带枪,如许德珩在《为了民主与科学》中说当时"用三、四个学生包围一个警察,使他们的枪不能用";匡互生说曹宅内有"十几个全身武装的卫兵",见匡互生:《五四爱国运动》上,中国社会科学出版社1979年版,第495页;另说为"军警们奉的命令是文明对待,故连警棍都没带",见贾熟村:《曹汝霖传》,浙江教育出版社1988年版,第137页。

即上前阻止。学生一面和警察讲理,一面向他们讲爱国道理,警察很快避开。但无论如何,曹汝霖也不出来。一些学生拥上前用旗杆把沿街一排房屋顶上的瓦掀到地上,再捡起用力抛进曹宅院里。一些人则把写着标语口号的小旗扔进曹家院里。在愤怒呐喊声中,一位勇敢的学生冲了进去,[1]几个学生马上跟进。这时曹宅的十几个全副武装的士兵被外面的呼声骂声震撼,并且被跳进去的同学的爱国热忱和勇敢无畏所感动,已丧失动武的胆量和能力,只得取下上好的刺刀、退出装好的子弹,任继续跳进去的5个同学从里面把紧闭的无锁的后门打开。学生一拥而进,有的在院里将汽车捣毁,有的进屋把各种家具砸碎,各种装饰品、古玩等被打得干干净净。但大家目标集中在卖国贼,对曹家其他人秋毫无犯。学生们在西院碰到了正患半身不遂的曹父,学生们愤怒地责骂他:"你是卖国贼的父亲,你生此孽畜,不肖之子,但我们不愿与你老头儿为难,你快去吧!"令警察引出。见到曹妾,时称"北京八大名妓"之一的苏佩秋,也令卫士快快将她送出。曹之幼子吓得据墙而哭,学生们也护送而出。曹汝霖事后在给总统的报告中说其父被殴打[2],绝非事实。

一些学生在曹宅东院花池前,迎头碰到正从一间厅房狼狈逃出的章宗祥和日本记者。大家见章宗祥身体肥胖,以为他就是曹汝霖,便一拥而上,拳脚交加,章宗祥躺倒在地,满头满脸是血。与章宗祥同来的交通部航政司司长兼京绥、京汉铁路局局长冲出去叫警察,警察不予干涉。约4时许,愤怒的学生在曹汝霖卧室中点燃了绿色的罗纱帐,顿时火起,很快烈焰当空。

---

[1] 关于最先冲进曹宅打开大门的人,主要有三种说法:一是周予同提出的,"匡日休,也就是毕业后以字行的匡互生同学,他首先用拳头将玻璃窗打碎,从窗口爬进去,再将大门从里边打开",见《五四回忆片段》,《五四运动回忆录》上,第267页;二是北京师范大学陈荩民(原名陈宏勋)在《回忆我在五四运动的战斗行列里》中说,"当时曹家门紧闭,已有许多军警在周围防守。愤怒的学生一拥而上,用木棍、石块、砖头撞击。我身材较高,就踩在高师同学匡互生的肩上,爬上墙头,打破天窗,第一批跳进曹贼院内。我和同学把大门门锁砸碎,打开大门,于是外面的同学一拥而入",见《五四运动回忆录》(续),中国社会科学出版社1979年版,第93页;三是罗家伦在回忆录中所说,"首先进去的人据我眼睛所看见的,乃是北大的蔡续瀛,一个学生,和高等工业学校一个姓水的",见《五四运动亲历记》,中国文史出版社1999年版,第67页。还有的说"是工业专门学校的湖南人夏君",见王抚洲:《我所记得的五四运动》,台北《传记文学》第10卷第5期,转引自陈占彪编:《五四事件回忆》,生活·读书·新知三联书店2014年版,第216页。
[2] [美]周策纵:《五四运动:现代中国的思想革命》,江苏人民出版社1996年版,第148页。

关于第一个放火者，有数位亲历者说是匡互生，说匡互生点火时，段锡朋曾加以劝阻说："我负不了责任。"匡互生回答："谁要你负责任！你也确实负不了责任！"[1]还有的说是北高师两个学生[2]。

起火时，躺在地上装死的章宗祥由日本记者和几个警察乘机扶起，逃进近邻油盐店的一间黑屋，又被一批学生认了出来，拖到门口，用旗杆，皮蛋等再次把他打晕了过去。

学生们寻遍各屋不见曹汝霖。原来，他一听学生呐喊声就躲起来了。他后来回忆：

> 听的呐喊叫嚷之声渐渐清晰……见白旗一簇簇出现墙外……我于仓促间避入一小房（箱子间），仲和（即章宗祥）由仆引到地下锅炉房（此屋小而黑）。这箱子间，一面通我妇卧室，一面通我两女卧室，都有门可通，我在里面，听到砰然一大声，知道大门已撞倒了，学生蜂拥而入，只听得找曹某打他，他到哪里去了。后又听到砰砰嘣嘣玻璃碎声，知道门窗玻璃都打碎了，继又听到瓷器掷地声，知道客厅、书房陈饰的花瓶等物件都摔地而破了。[3]

起火后，将近6点，多数同学已离开。警察总监吴炳湘、步兵统领李长泰奉命率全副武装大队军警来到曹宅，当场捕去学生32名。其中：北大20人，即熊天祉、梁彬文、李良骏、胡振飞、梁颖文、曹永、陈树声、郝祖宁、杨振声、萧济时、丘彬、江绍原、孙德中、何作霖、鲁其昌、易克嶷、[4]许德珩、潘菽、林君损、易敬泉；北高师8人，即向大光、陈宏勋、薛荣周、赵允刚、

---

[1] 周予同：《火烧赵家楼》，《匡互生与立达学园》，北京师范大学出版社1985年版，第83页。另张石樵在《怀念五四壮士匡互生》一文中说，"真正放火者为俞劲（又名慎初）"，见《匡互生与立达学园》，北京师范大学出版社1985年版，第107页。
[2] 罗家伦：《蔡元培时代的北京大学与"五四"运动》，载罗久芳：《罗家伦与张维桢：我的父亲母亲》，百花文艺出版社2006年版，第55页。
[3] 《曹汝霖一生之回忆》，台北传记文学出版社1970年版，第153页。
[4] 当时公布的名单误写为易克路。

杨荃骏、唐国英、王德润、初铭晋；工业专门学校2人，即李更新、董绍舒；中国大学刘国干；汇文大学张德。

北京爱国学生满怀冲天义愤一腔热血，以不惜牺牲青春和生命的大无畏精神，用大规模示威游行，痛殴政府大员并火烧其住宅的激烈行动，冲破了军阀专制制度、封建思想传统的重重政治禁锢、思想束缚，表现出了空前高昂勇猛的彻底反帝反封建革命精神，从而揭开了近代以来中国资产阶级民主革命历史新开端的一页。

四　营救被捕学生

5月4日晚，北京各校学生在北大法科大礼堂开会，讨论如何营救被捕同学和继续斗争，大家情绪高涨。蔡元培到会表示："自当尽营救学生之责。关于善后处理事宜也由我办理，只希望听我一句话——从明日起正常上课。"同学们对蔡校长的关怀报以"呼声雷动"，但仍坚持联络各校实行罢课。同时要求政府释放被捕学生，惩办卖国贼，坚持收回青岛，不达目的，决不罢休。会上成立了北京大学学生干事会，内设总务、文书、交际、会计、纠察、讲演等股，上百名学生骨干参加，其中多数是国民社、新潮社社员，北大商科三年级学生段锡朋被推选为干事会会长。

5日，北京大专院校实行同盟罢课。下午3时许，北大法科礼堂召开各校联合会议，段锡朋主持，报告了上午会议决议。罗家伦报告已接洽商界、报界，均对学生深表同情，一起努力。清华学校代表称："全校决议与各校取一致行动，自今日起一律罢课"。警官学校代表演说极为激昂，又出血书"杀卖国贼"四字遍示国人。朝阳大学代表提议抵制日货。会上筹集爱国活动经费自愿捐款异常踊跃，当场立集数千元。

会议还讨论了成立永久性的北京中等以上学校学联的问题，委托北大和北高师负责起草学联组织大纲，经6日北京中等以上各校代表讨论通过，正式成立了北京中等以上学校学生联合会。学联设评议会，由每校不论大小各选举两人组成；公举正副评议长，主持会务。评议会决定：关于具体事项，由评议会暂行委托北京大学干事会执行；关于各校事，由各校代表转达各校学生干事会执行。学联会址在马神庙北京大学第二院。北京大学学生会干事长段锡朋当选为北京学联会会长。段锡朋处理问题机敏而稳重，在众说纷纭的讨论后，他能果断地总结大家合理意见，提出正确处置方案，名气徒然闻于全北京[1]。一位亲历者回忆：段锡朋"确是一位领导人才。他主持大会，对于一个议案，经过辩论之后，把正反两方的意见简明扼要的引述一番交付表决，大家几乎都以他的意见为依归"[2]。

学生的行动极大地震动了北京政府。当晚，国务总理钱能训在家中召集阁员会议。段祺瑞极力袒护曹汝霖、章宗祥、陆宗舆，主张严惩肇事学生。京师警备司令段芝贵在吴炳湘、李长泰等去天安门劝阻学生时就要派兵镇压，被钱能训、吴炳湘按照徐世昌"文明对待"的意旨力阻。这次段芝贵又提出："宁可十年不要学校，不可一日容此学风。"[3]有人主张将游行学校一律解散，各校长一律免职；退一步也要罢免北大校长蔡元培。教育总长傅增湘坚决反对，拒绝副署命令。会议无果而散[4]。

段祺瑞5日亲自前往团城，慰问曹汝霖说："这次的事，他们本是对我，竟连累了你们，我很不安。"[5]

教育部5日晨发出命令，要各校校长查明为首滋事学生，一律开除。当天下午2时，蔡元培等14所校长在北京大学开会，一致认为"五四"是多数市民运动，不可让被捕的少数学生负责。蔡元培明确提出，愿以一人抵罪。当即成立以蔡元培为首，包括高师陈宝泉、农专金邦正、工专洪镕、医专汤尔和、中

---

[1] 笔者1982年4月15日在北京大学访问赵乃抟先生记录。
[2] 陶希圣：《我所知道志希先生的几件事》，台北《传记文学》第30卷1期。
[3] 转引自沈云龙：《徐世昌评传》，台北传记文学出版社1979年版，第438页。
[4] 五四当天被捕学生被送交京师地方警视厅处理，金殿选等三位推事组成的合议庭内部决定对学生不拟处刑无罪释放。但宣判当天，司法总长在上海报上看到金殿选向上海律师告此事的报道大怒，另派员任审理，宣告学生无罪，却没当天释放。据同维屏：《金殿选为爱国学生主持正义》，萧乾主编、中央文史馆编：《沪滨掠影》，中华书局2005年版，第4—5页。
[5] 《曹汝霖一生之回忆》，台北传记文学出版社1970年版，第173页。

国大学姚撼等为代表的校长团,先后赴警察厅、教育部、国务院、总统府,坚决要求释放被捕学生。

这时北京、天津、上海各地等各界各团体、社会名流纷纷发表函电坚决支持学生爱国行动,要求释放学生,愿作山东问题后援。

全市学生罢课、全国各界压力,加之"五七"国耻日即将来临,按照原计划北京和全国各界都要开国民大会,迫使北京政府不得不考虑释放学生。吴炳湘在5月6日晚向蔡元培提出,可以释放被捕学生。条件是:(一)明日学生不参加国民大会;(二)明日学生要全体上课。在蔡元培劝说下,5月7日各校学生上课。同日上午,被捕学生全部释放。各校代表各执小旗往警察厅迎接时,被捕同学称"我学生多拘一天,则国民多一分刺激,或者我三十二人被杀,其刺激更大",坚持不肯出狱,经学生代表再三劝慰,才分别返校。

各校师生像迎接凯旋归来的英雄般迎接被捕学生。许德珩回忆:"北大全体学生都在汉花园红楼北面的广场上等侯我们的归来。不知道从什么地方借来了三辆小汽车,我们就是分别坐着这三辆小汽车回来的。广场各校着五张方桌,我们被捕的北大同学约十二三人,都站在方桌上和同学们见面。蔡校长也在场。大家的情绪都万分激动,被捕同学没有一人说话,蔡元培校长讲了几句安慰并勉励的话,大家激动得热泪交流。"[1]罗家伦说:"全部被捕学生从警察所送回学校来,大家都列队在门口迎接,当时那种痛哭流涕的情形,真是有家人父子于乱离巨劫以后相遇时之同样感觉。"[2]北高师陈荩民写道:"警察厅派两辆车子送我们回校。刚到校门口,就被同学和邻近居民围住。我们一下车,就给戴上大红花,把我们一个个抛起来,并为我们拍摄了两张照片。"[3]

事实证明,被捕学生获释,有力地鼓舞了广大学生和各界人士的爱国斗

---

[1] 许德珩:《五四运动六十周年》,《五四运动回忆录》(续),中国社会科学出版社1979年版,第56—57页。
[2] 罗家伦:《北京大学与五四运动》,《五四运动亲历记》,中国文史出版社1999年版,第69页。
[3] 陈荩民:《回忆我在五四运动的战斗行列里》,《五四运动回忆录》(续),中国社会科学出版社1979年版,第94页。

志,也暴露、加剧了北京政府的内部矛盾,成为五四运动继续迅猛发展的一个重要环节。

五 蔡元培辞职离校

学生被释放后,5月9日晨5时30分,蔡元培悄然离京去天津,行前向徐世昌、傅增湘递送辞呈说,"已即日离校","一切校务,暂请温宗禹学长代行"。[1]蔡元培临行时,还留给北大师生启事一则:

> 我倦矣!"杀君马者道旁儿也","民亦劳止,迄可少休。"我愿少休矣!北京大学校长之职,已正式辞去;其他向有关系之各学校各集会,自五月九日起,一切脱离关系。特此声明,惟知我者谅之。[2]

其中的"杀君马者道旁儿"典故费解,引起不同猜测。有人解释说:"君者指政府,马者指曹章,道旁儿指各校学生。"[3]这显然是误解,因为这样就是把一切罪过都推到学生身上,这与蔡元培不顾身家性命爱护、坚决救助学生的思想行动完全相悖。为了消除学生及各界的误解,10日下午,蔡元培让人携《告北大同学诸君函》至京,并发表在11日《北京大学日刊》上:"仆深信诸君本月四日之举,纯出于爱国之热忱。仆亦国民之一,岂有不满于诸君之理!惟在校言校,为国立大学校长者,当然引咎辞职。仆所以不于五日即提出辞呈者,以有少数学生被拘警署,不得不立于校长之地位,以为之尽力也"。

10日,蔡元培又在天津沿津浦线南下时发表谈话,有友人说:"'君不去,将大不利于学生。在政府方面,以为君不去,则学生实无能为,故此时以去君为第一义;君不闻此案已送检察厅,明日即将传讯乎?彼等决定,如君不

---

[1] 高平叔撰著:《蔡元培年谱长编》(中),人民教育出版社1996年版,第201页。
[2] 高平叔撰著:《蔡元培年谱长编》(中),人民教育出版社1996年版,第202—203页。
[3] 高平叔撰著:《蔡元培年谱长编》(中),人民教育出版社1996年版,第203页。

去，则将严办此等学生，以陷君于极痛心之境，终不能不去。如君早去，则彼等料学生当无能为，将表示宽大之意敷衍之，或者不复追究也'。我闻此语大有理，好在辞呈早已预备，故即于是晚分头送去，而明晨速即离校，以保全此等无辜之学生。"[1]

蔡元培这些话显然有对学生行动过激，影响北大生存发展的忧虑；但他理解、支持学生爱国热情的态度也跃然纸上。

蔡元培出走震动了北京大学和整个教育界，与军阀政府的罪恶企图相反，爱国运动没被压下去，而是又增加了新的内容，即学生在要求惩办卖国贼，拒签巴黎和约之外，又增加了"蔡校长复职"一项目标，进一步揭露反抗反动势力的迫害和镇压。

9日晚8时，北大全体教职员开会，同学生采取一致态度，推举马叙伦、马寅初、李大钊、康宝忠、徐宝璜、沈士远等人为挽蔡代表。10日午后1时，马叙伦、马寅初、李大钊等到教育部，总长傅增湘表明态度，诚恳挽留蔡校长，但表示不能代表总统、总理。同日下午，北京专门以上12校教职员在北大召开联席会议，一致认为蔡元培的去留关系教育和外交前途，要求北京政府无条件挽留。11日午后，北京专门以上教职员联合会仿照学生联合会成立，到会有北大、北高师、工医农法各专科学校及各私立大学等10余所高校代表，一致决议挽蔡。13日，北大评议会和教授会联席会议选出协助蔡元培委托的工科学长温宗禹为首，包括胡适等6人组成的委员会主持校务。

11日晚，同情学生、坚持慰留蔡元培的教育总长傅增湘受到皖系军阀及其政客压力，径自前往北京附近西山坚决辞职。13日，北京各大专学校校长为挽蔡齐上辞呈，医专、工专等校校长并即日赴津，以示与蔡共去留。5月14日，徐世昌下达慰留蔡元培命令。15日，大总统徐世昌批准傅增湘辞职，任命次长袁希涛代理。政府内则迅速传出鼓吹传统桐城派文学的马其昶将接任北大校长、时任参议院副议长的田应璜将接任教育总长的消息，二人均属安福系。教

---

[1] 高平叔撰著：《蔡元培年谱长编》（中），人民教育出版社1996年版，第206页。

育界迅速掀起抗议浪潮，坚决反对，安福系只好作罢。6月6日，徐世昌发布大总统令，任命胡仁源署理北大校长。

北大师生和全国各界坚决"拒胡挽蔡"。6月6日，北大学生全体大会，7日，北大教职员全体紧急大会，都一致决议"不承认胡仁源为北大校长"。[1] 北大教授召开临时会议，一致要求挽蔡。一向以思想守旧著称的辜鸿铭教授也上台发言："校长是我们学校的皇帝，所以非得挽留不可。"[2] 其言虽旧，其诚可嘉。

蔡元培南下后，匿居于上海、杭州。挽蔡运动由北向南不断发展，至1919年9月20日，蔡元培返回北大，宣告军阀反动政府破坏北大、镇压爱国师生图谋失败，成为五四运动又一胜利成果。

六 北京总罢课

徐世昌发表挽蔡令同时，一再挽留被各界公认为卖国贼的曹汝霖、章宗祥。

曹汝霖因学生烧其宅邸起诉学生，要求赔偿损失。京师地方审判厅释放被捕学生同时宣称：法院随时传讯。这激起学生极大愤慨。5月10日，许德珩、易克嶷等32人向法庭提出《声明状》，严正指出："五月四日乃为数千学生、万余市民之爱国天良所激发。论原因，不得谓之犯罪，则结果，安有所谓嫌疑？！"[3] 北京高校学联一致决定：如政府必欲讯办，则全体学生同赴警厅"自首"，少数学生决不出庭。北京政府以传讯审判"五四"被捕学生而试图消弥学生运动的企图完全失败。

从12日起，北京学联组织各校讲演团分赴各处活动。北大讲演团在内城，高师在前门一带，清华在西城。15日，北京政府下令禁止学生集会讲演。但各校学生的讲演更加积极踊跃。17日，北大出动8个组，每组六七人，坚持

---

[1] 《晨报》1919年6月8日。
[2] 周作人：《知堂回想录》，香港三育图书有限公司1980年版，第478页。
[3] 《教育潮》第1至第2期。

讲演。

北京中等以上学校联合会经过多次酝酿，在18日召开的紧急会议上，决定从19日起实行总罢课。

郭钦光追悼会成为即将举行的总罢课的动员大会。北大学生郭钦光是广东文昌县人（现属海南省），平日细心研读中国历史，崇敬民族英雄。1915年就读于广东初级师范，正值袁世凯政府签订"二十一条"，广州各校学生在东园召开国耻大会。郭钦光毅然登台慷慨激昂地发表演说，因过于愤慨当场呕血。1917年，郭钦光考入北京大学中文预科，同学们知他有肺病，所以在"五四"当天都劝他不要去参加示威游行，但他坚决不肯。在游行中，他看到卖国贼骄奢淫逸，受到政府军警严密庇护，而手无寸铁一腔热血的爱国学生却遭到逮捕关押，因而"愤然大痛，呕血盈斗"。虽经医院抢救，终于在7日与世长辞，年仅24岁，家中遗下老母、妻子和女儿。

5月18日，北京学界五千多人在北河沿法科大礼堂隆重举行追悼大会。会场空中悬挂着郭钦光遗像，两旁书"力争青岛，死重泰山"八个大字，周围挂满了各界人士送的挽联。许德珩、长辛店十人团和留日学生等团体代表等相继登台演说，一位妇女代表发言时情不自禁放声大哭，所有与会者皆为泣下。数百人当即把自己戴的东洋帽子扯碎掷地，以示抵制日货的决心。

19日，北京中等以上18校学生3.6万余人总罢课开始；20日，各中学学生罢课。根据学联的统一布置，学生们开展了大规模的爱国活动。

第一，街头讲演。北大、高师、清华及各大中院校学生普遍建立了"十人团"等各种组织，分别在人口稠密的商业区、游览区、庙会、市场等处活动。总罢课当天，分头讲演的有三四百人；20日增加到六七百人；21日，猛增到1000多人。学生们的爱国热诚，受到广大市民的欢迎。他们所到之处，各界民众踊跃围观听讲。常常是演讲学生声泪俱下，听会者热血沸腾，有时甚至痛哭流涕。很多市民主动给学生送茶送水。一些被派来制止学生演讲的警察，也深受感动，不再行动。还有欧美人士表示钦佩，以手携照相器摄影数次而去。杜威在"6月初至6月中旬的每封家信"中，"都对学生表示同情"，"对军警镇压学生表示厌恶"。[1]他的女儿把学生当作英雄,拍了很多照片。

讲演内容的政治色彩非常鲜明,北大平民教育讲演团员5月18日讲《山东与全国之关系》《青岛关系我国之将来》《欧洲和会与世界和平》等,5月25日讲《经济侵略之抵御》《争回青岛》等。街头演讲的行动,实际上构成了青年爱国学生与广大群众相结合,发动民众参加反帝爱国斗争的一个重要环节。讲演范围由城区迅速向郊区的广大农村、工厂扩展。如长辛店等地,保定和京奉铁路列车上,都有讲演学生的积极活动。

第二,抵制日货。北京学联自成立起就组织学生进行抵制日货,同时与商界积极联络。5月9日,清华学生在校内体育馆召开国耻纪念大会后,在大操场上焚烧了校内日货。13日,北大学生将学生消费社所存日货,搬运到红楼后操场烧毁。18日下午4时,各校齐集先农坛焚烧日货,并请各界参观。数日内学生捐送日货者,络绎不绝,堆积如山。北京大学特用大车数辆送往,北大讲演团说明烧毁日货的理由及以后不买日货之决心。当时天空虽下雨,观者们仍有数万余人。因雨未到的法政专门等校的活动改在校门前进行。

24日,国货维持会在北京大学举行成立大会,分文书、调查、贩卖等组,并拟成立国货陈列所和国货贩卖所。大批学生上街售卖国货,他们"手拿布袋,有的写有'国货'两个字,有的写'提倡国货'四个字。每到茶桌前面,便向游人鞠躬,以一种极和蔼的话,劝人买货"。[2]游客中十有八九都买。所得微利全部用于学联费用。

第三,发行日刊,扩大爱国宣传。北京开始总罢课后,学联的《五七日刊》于5月20日正式出版,"车夫工人皆争相传诵,甚至销罄之后,尚纷索不止。至22日竟销去万份"[3]。但仅4天就被军警封闭。24日,学联派出北京大学学生4人前往警厅讲理,警厅无言以对,但却把学生拘押起来。23日学联坚持照出《五七日刊》,军警即将承印印刷局封闭,并拘押经理;同时大批警察

---

[1] 元青:《杜威与中国》,人民出版社2001年版,第26页。
[2] 《每周评论》1919年6月8日。
[3] 《新闻报》1919年6月7日。

大肆搜索，见到阅读《五七日刊》者即强行夺去。

第四，组织护鲁义勇队，进行军事训练。北京学生总罢课宣言明确提出组织护鲁义勇队。总罢课开始后，纷纷有人加入这个组织，其中以清华组织的活动最好。

北京学生的爱国壮举，受到全国各界的热烈支持。研究系积极行动。5月5日，《晨报》刊出题为《山东问题中之学界举动》的长篇报道，不仅真实、具体地介绍了学生天安门广场集会游行，火烧赵家楼的英勇创举，而且全文发表了北大新潮社主干罗家伦起草的《北京学界全体宣言》等传单，使"外争主权，内除国贼"的口号从此风行全国。这些报道受到全国各界的欢迎。5日、6日的《晨报》很快销售一空，北京和外地的许多读者还直接到报馆或致函报馆索要，以至《晨报》不得不在5月8日、9日、10日连续发表启事，请求回购5日、6日报纸，以应急需。这些报道不但充当了号召各界奋起支援北京学生行动的宣言书，而且发挥了把全国各地的斗争联成一体的巨大整合作用。

研究系通过国民外交协会发起召开国民大会以响应学生运动，并拟定于5月7日下午2时在中央公园召开国民大会，且在《晨报》连发三天公告。7日晨4时，政府禁开国民大会，数万张布告贴满北京大街小巷。中午，各界民众在军警的枪口前昂然结队前往中央公园，行至新华门前，与刚被释放的"五四"当天被捕的各校学生及其接应队伍相遇。林长民、熊希龄等也恰好赶来。大家结成一队，边走边高喊"还我山东""反对二十一条"等口号，围观的民众越拥越多，形成了颇有声势的游行示威。下午1时30分，到达中央公园的与会者达400余人，与全副武装封锁公园的军警对峙而立。大家决定把会址移至先农坛，这时与会者增至1000余人，到先农坛发现也有警察封锁。时至下午四点半，人们决定折回石虎胡同国民外交协会。因石虎胡同太小，只好推定300余名代表开会，由梁秋水主持，一致通过了"取消二十一条"、我专使不得签约等四项决议。"到会者，各阶级人具有，有做工者、有营商者，有官员，有教员，有学生，有新闻记者，严守静肃，而面上具带悲愤之色，每鼓掌声震屋瓦。"[1]

孙中山为首的革命民主派行动迅速。邵力子时任上海民国日报社经理兼复旦大学国文系教员，在5月5日深夜接到北京学生横遭逮捕消息后，立即打电话告复旦大学师生；翌日早又赶到复旦敲钟紧急集合师生做详细报告。上海五四反帝运动就此迅猛展开。

5月8日，戴季陶、张继等在上海一品香饭店举行了有日本驻沪各报主笔参加的中外记者招待会。戴季陶发表了声援北京学生的长篇演说，当场散发了题为《告日本民众书》的传单。稍后，戴季陶在《建设》月刊创刊号上发表长文《我的日本观》，严正指出，变中国为其独占殖民地是日本的传统国策，由来已久，根源"在日本建国的主义上，在日本统治阶级的思想上，在日本政治社会的组织上"[2]。

5月11日上海学联成立后，孙中山邀请学联会长复旦大学学生何葆仁到西藏路莱馆会面，勉励他："你们这种爱国行动很好。要唤起民众，与各界联合起来。"[3]北京学联代表在上海群众大会上批评孙中山领导的革命不彻底，"仅仅把大清国的牌匾换作新华门"。与会的孙中山报以热烈鼓掌，恳切表示："我所领导的革命，倘早有你们这样的同学参加，定会得到成功。"8月5日，孙中山应邀在上海环球学生会演讲，高度赞扬道："今次学生运动，不过因被激而兴，而于此甚短之期间，收绝伦之效果，可知结合者即强也。"翌年1月，孙中山在寓所会见了为反对中日"直接交涉"山东来沪参加全国学联工作的北大学生许德珩、罗家伦和张国焘等人，同他们倾心交谈三小时，态度始终娓娓不倦。他热烈称赞学生们"革命精神也是可佩服的"，"反抗北京政府的行动是很好的"。[4]孙中山还在经济上支持全国学联。他语重心长地对来访的学生代表说："中国的希望就寄托在你们身上。"[5]民主派其他骨干也同

---

[1] 《国耻纪念日之国民大会》，《晨报》1919年5月8日。
[2] 《建设》第1卷第1号。
[3] 转引自赵少荃等：《五四运动在复旦》，《复旦学报》（社会科学版）1984年第3期。
[4] 张国焘：《我的回忆》第一册，东方出版社1998年版，第72页。
[5] 转引自杨博文：《孙中山大传》，团结出版社2016年版，第282页。

爱国学生联系频繁。北大学联负责人张国焘说："我们与国民党人的接触较密切，而又是多方面的。孙中山先生的几位得力干部胡汉民、汪精卫、朱执信、廖仲恺、戴季陶、叶楚伧、邵力子等，与我们过从频繁。胡汉民和汪精卫这两位仅次于孙中山先生的革命要人深居简出，我们只有重要事件商谈时，前往访晤畅谈一番。戴季陶、朱执信、廖仲恺与我们来往得较为亲密和轻松，常聚在一块高谈阔论……叶楚伧、邵力子代表民国日报，出席各种民众团体的会议，无异是国民党的公开代表，与我们好像是在一块共事似的。"[1]许德珩说，全国学联派到广州的代表联系了孙中山领导的国会非常议会议员一起开展反帝救国工作。

曾长期坚持政治保皇、文化守旧的康有为，在5月6日公开指出："曹汝霖、章宗祥等力行卖国，以自刘其人民，断绝其国命久矣。举国愤怒，咸欲食其肉而寝其皮。""自有民国，八年以来，未见真民意、真民权，有之，自学生此举始耳。"他强烈呼吁："吾全国人宜唤醒以救被捕之学生，而日请诛卖国贼。政府宜亟释放被捕学生。而诛卖国贼。"[2]

当时担任燕京大学校长的司徒雷登，热情肯定学生是"中国的希望""是全世界民主运动的一环"。[3]一些宗教组织如基督教青年会支持学生，罗马天主教教会在华出版的中文日报天津《益世报》等连续发表正面报道，呼吁支援学生爱国运动。

---

[1] 张国焘：《我的回忆》第一册，东方出版社1998年版，第70—71页。
[2] 《公言报》1919年5月13日。
[3] 林梦熹：《司徒雷登与中国政局》，新华出版社2001年版，第9页。

第五章　各地和海外响应北京

"五四"后，各地学生及各界纷纷响应。首先是省会等中心城市和经济、文化相对较为发达地区的学生积极行动，并逐渐向周边市镇及城郊农村延伸，呈现出星火燎原、波澜壮阔之势。由于各地方当局同日本帝国主义及皖系军阀之间关系的不同，对爱国运动在政策上的差异，及各地经济、文化和对外联系发展水平的差异等诸多因素制约，直接影响到各地爱国运动发展很不平衡，各具特点，但总体上联系密切，步调协调，浑然一体。

各地爱国运动在召开大会、发出宣言通电、游行示威、散发传单、街头讲演、抵制日货等诸多斗争内容方式，与京、沪基本相同，故不再具体介绍。这里着重介绍各地响应北京学生斗争的突出特点或突出表现。

一　天津：京外枢纽促联合

天津地处京畿，是中国北方最大的经济中心城市，文化也较为发达。五四运动的高潮中，天津主要表现出三个突出特点。

第一点是与北京爱国运动联系直接、密切。天津学生在反对段祺瑞签订《中日共同防敌军事协定》的斗争中就与北京学生建立了密切关系。

北京学生"五四"运动的消息，当天下午4点就有电话传到天津。5月5日，津门天主教会《益世报》大幅版面介绍北京学生事迹，全文发表《北京学界全体宣言》。7日晚，各校学生代表齐聚北洋大学，决定成立天津学生临时联合会。5月14日，天津学联在水产学校正式成立，谌志笃（高等工业学校）、马骏（南开学校）任正副会长。学联成立时没吸收女校参加，直隶第一女子师范等校学生发起召开全市女校学生代表会议，并于5月25日在江苏会馆成立了以学生为主体的天津女界爱国同志会，推刘清扬为会长，李毅韬为副会长。

北京中等以上学校学生总罢课后，天津学联决定5月23日起，全市中等以上学校罢课。"六三"北京大批学生被捕，天津学生立即紧急声援。6月5日，数千学生在南开大学操场集会，会后游行示威。[1]天津学联还积极、直接推动天津商界进行罢市。9日，天津学联正副会长谌志笃、马骏等7人列席天津总商会大会，明确提出"商界即刻罢市，不然全体均往商会要求"[2]。在全国形势的推动下，以及上海罢市的影响和天津学联的直接推动下，天津总商会决定6月10日起罢市。北京政府受到极大震动，10日急电曹锐"津埠地方重要，极望剀切劝导。务期同体时艰，维持市面"；又透露曹汝霖、章宗祥、陆宗舆"当准其辞职"。[3]曹锐和北京政府派来的代表11日凌晨至总商会，力劝商界当天开市。11日，曹汝霖、章宗祥、陆宗舆被罢免。天津总商会通告全市商号复业。天津学联发动各界群众万余人赶赴天津总商会。天津学联副会长马骏提出："今仅免去曹、陆、章的职务，对于他们的卖国罪行则并未依法惩办，关于通令保护爱国学生，中央并无明文发表，因此，我们罢市的目的并未达到，即行开市，显系违背公决原案，应再罢市，非达目的不能罢休。"在场的人多表同情，惟有一董事在旁讽刺说："马先生，您是贵处人？天津有否产业？"然后又微微讥笑说："莫怪先生不知道罢市商业损失太大。"马骏慨然答道，"鄙人是吉林人，天津固无财产"，"现在外交紧迫，一发千钧，国家将亡，哪还能说到个人财产。我在天津固无财产，但我有生命，情愿牺牲，以谢国人"。说着扭头离席，直向会议厅明柱撞去，幸而被人急忙向前拉住。[4]全场

---

[1] 天津《益世报》1919年6月6日。
[2] 天津《大公报》1919年6月10日。
[3] 天津《益世报》1919年6月10日。
[4] 肖华：《马骏》，《中共党史人物传》第十二卷，陕西人民出版社1983年版，第118—119页。

董事深受感动，起身齐声赞成第二次罢市，随即发出致北京政府电和第二次罢市公告。翌日，天津全市、包括英租界华户全部罢市。

6月18日，在总商会成立了有学、商、教、绅、妇、新闻、宗教等各界代表参加的全国第一个各界联合会。很多人自发成立"救国十人团"，规定每个团员必须做到"提倡国货，宁死不买仇人的货物，自己的住屋，不贴仇人的广告"。

第二是爱国活动广泛深入。5月7日，南开全校师生召开国耻纪念大会，校长张伯苓和学生演说。孔德、高工、育才、政法、水产等校学生分组赴市内各繁华街头演讲。郭隆真、邓颖超等组织的演讲团，经常深入到居民区挨家挨户宣传。南开、北洋、政法、水产、育才等校演讲团赴市郊农村讲演，杨柳青、北仓、南仓、塘沽及附近数十里以内各村，均有演讲团的足迹。7月11日，天津公教（天主教）女子救国团会长萧秉秀率领演讲队赴津郊西于庄子进行救国宣传，"甫进村，即有该村若瑟院女生校全体学生及村民欢迎"，"至旱坝村时，该村男女千余人请求该女士（萧秉秀）等讲演，当由本会长指挥各团员分成数组，讲演约一小时"，"听者莫不感动"。[1]北洋大学学生乘船往东去大沽时，"适狂风陡起，怒涛汹涌，舟几覆，团员等衣裳尽湿，然未尝以旅途艰险稍萌退志也"[2]。

第三是抵制日货运动轰轰烈烈又深入全面。天津总商会5月28日召开董茶话会商议，6月2日发出提倡国货布告。很多商家纷纷表示今后不进、不售日货；一些赴日购货的天津商人停办日货，公开登报"誓不再用仇货"[3]。9日，天津各界2万多人在河北公园（今河北区中山公园）隆重召开公民大会。[4]10日，商会决定罢市。警察厅长杨以德打电话威胁商会："如果你们罢市，我叫警察'罢岗'，地方治安由你们负责！"学联立即组织各校童子军代

---

[1] 转引自李运华：《"五四"运动中天津天主教徒与基督教徒的救国活动》，《天津社会科学》1988年第4期。
[2] 天津《益世报》1919年6月2日。
[3] 天津《益世报》1919年5月31日。
[4] 据天津《大公报》1919年6月10日报道；另一说天津《益世报》同日报道4万余人。

替警察站岗,指挥行人,结果社会秩序良好。[1]

6月20日,天津织布工人罢工,成立天津织布艺人罢工团,并声明:"作工者虽是寒家,指着手艺吃饭,然亦不能轻易开工,饿死我们工人是小事,亡国后四万万同胞与外人作奴隶是重大事。工厂如用日线,我们死不开工。"[2] 电车工人主动让学生免费乘车散发《天津学生联合会报》。而外资方严令禁止电车工人此种行为,并要对工人按原票价两倍罚款。电车工人闻讯,立即实行同盟罢工,全市电车马上瘫痪,散散落落停在车站、路轨间。外资方不得不撤销前令。30日,天津7000多码头工人罢工,拒绝装卸日货;货栈工人不给日商存储货物。

第四,因地处京畿,是北方最大工商业城市,是南北铁路、水路交通必经之路,天津成为北京同各地爱国运动联络的枢纽。5月3日下午,北京、山东各校学生代表到津,接洽后各往他省。京、津第一批赴沪代表北大学生方豪、南开学生袁祥和等10余人先聚天津,然后南下,13日到宁、14日到沪,受到沪宁学联及各界热烈欢迎。京津学生代表在沪还拜访了孙中山、唐绍仪、黄炎培等,他们都热烈支持学生。天津学联经与北京学联多次磋商后,5月25日联合致电上海、宁波、太原、济南、保定、汉口、杭州等学联,倡议联合发起全国学联,有力推动了全国学生大联合。

二 山东:动员早,众志坚

山东是日本侵略罪行和皖系军阀的政府军阀卖国政策的直接重灾区,收回山东利权是中国在巴黎和会主要的斗争目标。山东人民因此在五四运动高潮阶段表现出三个突出特点。

首先是最先奋起抗争。1919年2月10日起,山东省议会单独并联合教育

---

[1] 《五四运动在天津——历史资料选辑》,天津人民出版社1979年版,第691—692页。
[2] 《南开日刊》1919年7月14日。

会、商会、工会、农会等多次致电北京政府、巴黎和会中国代表团，以及美、英、法、意、日等国代表团及其首脑等；4月12日派代表抵上海，向南北议和代表递交公函，坚决要求争回山东主权。中旬，山东省外交商榷会暨全省各团体公推前省议会议长孔祥柯和许宗汉为代表乘船前往巴黎，向我国专使及巴黎和会请愿。巴黎和会要把德国在山东的利权转给日本的消息传来后，4月20日上午，济南各界10万余人在关南演武厅前广场召开国民请愿大会，成立由省议会、商会、农会、教育会等组成的公民请愿团，各界30余名代表登台演说，慷慨激昂、声泪俱下。大会以张英麟等十万三千七百人的名义致电在巴黎和会的中国代表陆徵祥、顾维钧、王正廷，要求他们"据理力争，必达目的"[1]；会议派出10多位代表往省署请愿，省长沈铭昌立即致电北京政府，转达各界"恢复国权，保全领土"[2]的强烈要求。会后举行盛大游行。同时，旅京山东各界、鲁籍议员等多次赴国务院、外交部提出质询。

"5月初，济南劳动界连日在北岗子、药王庙、趵突泉、南关等处，召开演讲大会，到会者均数千人。"[3]5月2日，济南3000多搬运工人在北岗子举行收回青岛讲演大会。

其次是社会动员广泛。5月5日晨，北京学生运动的消息传到山东。济南学生立即号召各界抵制日货，不坐胶济铁路的日本火车。7日晚，济南中等以上21所学校代表70余人开会筹组学联。10日晨，21校13000多学生到省议会，胸前均配写有"还我河山""驱除蟊贼"等字样三角式长方白布。20余人演说，会后游行。适时天下大雨，学生全然不顾，队伍更加整齐，口号更加响亮；然后分开讲演。11日，济南学联在第一师范举行成立大会，选举工业专门学校张文英为会长、刘文言为副会长，正谊中学齐怀珠为组织部长，一中王建兴为讲演部长，统一领导全省学生的爱国运动。35个县的学生纷纷响应。24日下午，青州学生和各界万余人在法庆寺开国民大会，第一中学学生杨同照"登台

---

[1] 胡汶本等编：《五四运动在山东史料选辑》，山东人民出版社1980年版，第206页。
[2] 天津《益世报》1919年4月23日。
[3] 孙祚民主编：《山东通史》下卷，山东人民出版社1992年版。第687页。

演说,至沉痛处,竟咬断右手中指,血书'赤心报国身死志存'八字,全体会员皆泣不可抑,乡老且多失声音"[1]。6月下旬,济南罢市最后一天,督军张树元严令立即开市、严禁学生出校。"城外学生进西门时,军警要掩门,女生领队鞠文英奋不顾身,把腿插进门里,军警不能关门,学生队伍便一拥进门"[2]。

商界绝大多数人热烈响应学生抵制日货。济南及济宁、聊城、烟台、龙口、周村等各大市镇的绸缎、洋货、洋布、报等各业开会决定抵制日货,"各银行与日本银行断绝来往"[3],各商家有日货的悉收庄不售,不在胶济铁路运货,胶济铁路旅客之少前所未有。

胶济铁路沿线农民,深受日本侵略者压迫欺凌、盘剥残害,"宁愿多花钱买国货,也不使用日本货。有的农民把家中日产火柴全部烧毁。安丘县农民积极协助学生检查团检查日货,一些农村货郎主动检查自己有无日货,决心不贩卖日货。一些农村组织了救国十人团,把'绝不买卖日本货'作为自己行动的口号"[4]。

工人行动十分坚决。5月11日,旅京山东劳工数万人在北京彰仪门外举行大会,呼吁力争国家主权,"即令牺牲一切,亦义不容辞"[5]。22日,济南数万工人在南门外大校场开大会,工人代表轮番上台讲演,台上台下齐声高呼"收回山东主权"。28日,济南搬运工人再次集会,誓不与日人交际,并发起"劳动五人团"抵制日货。6月14日,济南商埠工人千余在青年会开大会,决定:凡为日本人工作者,完全罢工;不充日本人仆役;不卖日本货。[6]

军人积极参加爱国斗争。"山东第五师军人得知外交失败的消息后,于五月下旬背着长官设法通知全师各营、连,各派代表数名,会议数次,作出三项

---

[1] 胡汶本等编:《五四运动在山东史料选辑》,山东人民出版社1980年版,第256页。
[2] 胡汶本等编:《五四运动在山东史料选辑》,山东人民出版社1980年版,第235页。
[3] 胡汶本等编:《五四运动在山东史料选辑》,山东人民出版社1980年版,第87页。
[4] 刘家宾:《"五四"运动在山东及其特点》,《山东师大学报》(社会科学版)1982年第3期。
[5] 《五四运动在山东》,山东人民出版社1959年版,第96页。
[6] 《申报》1919年6月18日。

决议：通告全国同胞，以表示军人的爱国热忱；将来国家对外，无论如何，均抱铁血目的；全师士兵誓不用日货，遇有购日货者，随时劝阻。全师一万多士兵还联合发表致全国同胞电，强烈要求惩办卖国贼，'啖其肉而寝其皮'；表示'军人惟以铁血为诸君后盾'；并呼吁'全国军人猛醒'，'全国一致对外'，不使祖国重蹈'韩国前辙'。六月十日，济南罢市，反动当局派出军警强迫商店开市，虽有长官临阵指挥和监督，但一些士兵却暗中对商家说：'别听他的话，咱们大家都不开门，看他们有什么法？'驻寿光的第五师某连，全连军人热烈欢迎和招待下乡进行爱国宣传的青年学生。学生进行演讲宣传时，为了防止驻羊角沟的日军捣乱，他们派出岗哨，严密警戒。"[1]

山东省议会联络各界请愿。5月7日，济南各界62个团体六七百人，冲破武装军警阻挠，在省议会举行国耻纪念大会。6月19日，省议会与教育会、学联、总商会、济南商会、农会六团体共同推选85人的赴京请愿团从济南乘火车北上。6月25日，济南各界得知北京请愿无果后群情激愤，省议会议长郑钦立即召集各府县会议，决定各府县组织第二批请愿团进京。

然后是斗志顽强。"六三"大批北京学生被捕，济南学联召集各界代表在工业学校四面亭商讨对策。6月9日，济南各界万余人在省议会举行国民大会，决定10日全市大罢市。当晚6时，济南商学界五六百人在省立一师举行联席会议，与会绝大多数人不顾济南商会会长反对，通过罢市宣言。10日早6时，济南全市罢市。当局事前获知，派出大批军警阻拦。广大商家毫不畏惧。学联组织大批学生上街游行示威，维持秩序。中午，2000多学生到济南镇守使署、省督军署和省长公署请愿。

11日，曹汝霖、章宗祥、陆宗舆被罢免，济南各界代表聚会省议会，一致认为北京政府虽宣布曹汝霖、章宗祥、陆宗舆罢免，但无惩办之意，并且迄今没有不签字之表示，应坚持罢市。当局在诱骗商界12日开市计划落空后，下令13日午必须复市。学联针锋相对，12日晚开会决定，次日早全体学生出动，协

---

[1] 刘家宾：《"五四"运动在山东及其特点》，《山东师大学报》（社会科学版）1982年第3期。

助商家坚持罢市。

13日晨，大批军警到各商店强迫开市，同时封锁一师等校，严禁学生出校。学生奋力冲出，走上街头支援罢市。上午，军政两署又发出通告，严令中午12时前开市。学商团结一致，坚持罢市。讲演学生遭军警强力冲散，就到别处继续讲演。学生游行示威队伍被大队军警阻拦，立即就地宣传。到傍晚时，2000多男女学生分别在军警围困中，在西大门两旁街道上静坐抗议。广大市民为学生爱国精神感动，许多人争相送来茶水、食品，表示慰问。在各界的强大压力下，当局被迫接受省议会副议长张公制等的调停，答应"商家开市与否听其自由，不得强制"。经学商界商定，济南15日中午开市。

三 湖北：武汉学子洒热血

武汉是中国内地最大的工商交通中心，是辛亥革命首义之区，富有优良革命传统。各类学校，特别是教会学校较多。五四运动高潮阶段，武汉学生突出特点是在军阀当局血腥镇压下毫不畏惧，奋勇抗争。

北京五四运动的消息震动全国，直系湖北督军王占元让省长何佩瑢下令，不准学生举行纪念国耻活动。5月7日颁布全省临时戒严令，增派军警加强警戒，各邮局、电报局外来涉及青岛的电报、信函一律不准转送，寄往外地有关邮件一律不准发出。王占元还公然勾结日本。1919年5月8日，驻汉日军正副司令官借拜访当年2月新任省长何佩瑢为名，过江来军民两署，王占元设宴款待。15日，日本政府特派驻汉领事濑川向王占元、何佩瑢授一等勋位，王占元、何佩瑢欣然接受，并往日本领事署答谢，同时多次下令保护外侨。

5月6日，《汉口新闻报》首先报导了北京学生五四运动的消息，并发表短评《中国可以不亡》。当晚，时任中华大学中学部校长的恽代英起草了题为《勿忘五月七日之事》的传单，中学部三班学生林育南油印了600份并将其散发，以响应北京。9日，武汉各校学生代表齐集中华大学，公推恽代英起草宣言书。10日，中华大学、武昌高师等15所大学、中学校代表举行茶话会，决定与北京学生一致行动。17日，26校学生代表在中华大学开会，正式成立武汉学生联合会。学联会不设会长（主席），而设临时主席，主持会议。中华大学蓝芝浓、林育南，武昌高师高鸿缙，文华大学余上沅，外国语学院余敬昭，勺庭中学李书渠等为中坚分子。[1]18日中午，武汉3000多学生在阅马场集中，举行了第一次爱国大游行，武汉市民夹道欢迎，热烈助威。20日，武昌文华大学、文华中学、圣约瑟等教会学校学生1000多人游行示威。同日下午，武汉学联会议决定，派学生到阅马场、昙华林、黄土坡（今首义路）、南湖、鲇鱼套、黄鹤楼等处的商店、劝业场讲演爱国道理，抵制日货。31日，学联决定6月1日起全市总罢课，派代表赴沪筹建全国学联。王占元闻讯立即紧急召见各大中学校长宣布：如果哪个学校罢课，就立即封闭哪个学校的大门；所有学校教职员和学生一律不准外出，若不听从，格杀勿论！当晚，武汉宣布特别戒严。

6月1日清晨，大批全副武装军警包围各主要学校，每校大门前都有百余军警把守，严禁学生外出。学生们有的上前与军警交涉，有的翻过高墙一跃而下，有的推倒围墙，从各个方向冲向大街，很快汇成激荡的洪流。学生们高举大旗，到处发表演讲，高呼口号，散发传单，吸引了无数市民围观听讲、争相传阅传单。武汉市沸腾了。

王占元气急败坏，悍然下令镇压。武昌高师学生数次冲出校门，军警挺刺刀阻拦。学生陈开泰等上前与军警讲理，军警大打出手，有的用枪柄乱打，有的用刺刀乱戳，当场10余学生受伤。陈开泰受伤最重，刺刀穿透左腿，而且又伤右腿，流血不止，当场晕倒。文华大学8人受伤，一学生手掌被刺刀戳穿。这一天，全市计有湖南中学4人，中华大学、启黄中学各2人，高等师范、文华大学、第一中学、甲种工业学校各1人，分别受到不同程度的枪伤、砍伤。[2]史称"六一惨案"。

---

[1] 叶光国在《我在武汉经历的"五四"运动》中说：高鸿缙、蓝芝龙（浓）因5月21日被王占元召见时在保证书上签字，被学联会"开除"代表资格。见《湖北文史资料》第一辑、第二辑，中国人民政治协商会议湖北省委员会文史资料研究委员会1983年版，第79页。
[2] 田子渝：《武汉五四运动史》，湖北人民出版社1999年版，第127页。

噩耗传开，很多学生当晚冒雨在军民两署前静坐抗议，要求释放学生，严惩凶手。各界民众都纷纷表示同情学生。武汉各大报冲破禁令，谴责当局。文华大学外籍教师气愤地指着军警抗议："我们的学生爱你们的国家，你们不惟禁止，而且伤害，不料你们军警无知无识。"[1]另一位外籍教师赞誉中国学生，断言"不出二十年，中国其必强乎"[2]。

学生坚持抗争。6月3日下午，中华大学数十名学生到劝业场演讲，保安队大打出手，学生重伤4人，轻伤5人，7人被捕；中学部吴序宾被殴打，致使其便血，口吐鲜血，被抬往医院。互助社员杨理恒手臂被折断，其他受伤学生还有刘昌世、胡钟灿、刘鹄、汤济川、张上超、蔡家让、李岳等，[3]史称"六三惨案"。武昌圣公三一中学演讲队在阅马场演讲，数千人听讲，武装军警强力驱逐。湖南旅鄂中学学生逾墙而出，军警举枪就打，紧追不舍，到武昌青年会门前眼见要被追上，街上路人群起大呼，军警才悻悻离去。

"六一惨案""六三惨案"传遍全城全省。被分散回原籍的学生，化整为零，推动当地爱国运动。回到安陆县的武汉私立政法学校7名学生"仍互相联络或三人或五人在镇市分头演讲，每至一镇必先至该驻防军，详述山东外交之失败，凡属国民万不可漠不关心，坐视危局而不救。各兵士聆其言论皆为之感动"[4]。

武汉各界紧急声援。各校校长、全体教师提出辞职。武汉律师公会副会长施洋在律师公会紧急会议上提出援助学生议案，决定立即调查被伤学生，提起公诉。汉口总商会等要求军民两署查办凶手、释放学生，致电北京政府揭露真相。省议会一致通过查处直接凶手警务处长案。京、津、沪等地湖北同乡会纷纷通电全国，直接要求严惩王占元。

抵制日货轰轰烈烈。5月17日，汉口商界30多个团体开会，武汉三镇举行

---

[1] 《汉口新闻报》1919年6月2日。
[2] 《汉口新闻报》1919年6月4日。
[3] 田子渝：《武汉五四运动史》，湖北人民出版社1999年版，第127—128页。
[4] 《汉口新闻报》1919年6月11日。

各帮大会，商定联手抵制日货，销售国货。汉口洋广杂货数千摊户联合拒绝买卖外国货。汉口棉花商人决定一律不购买外国棉花。人力车行决定以后不准添置外国人力车，只购买中国人力车。众所周知，"外国"就是指日本。

6月5日，上海罢市的消息传到武汉。6月10日上午，汉口各商会几十家商店罢市。11日，汉口英租界二码头、法租界、华景街、歆生路、黄陂路等主要街区一致罢市。当局非常紧张，10日，王占元亲往巡视，下令速拨现款50万两活动市面，同时派出大批军警到各商家督促开市。11日，汉口英租界二码头、法租界和华界特别区、前后花楼等繁华地带商店开始罢市。12日，武昌罢市，武昌商界发表宣言提出九项条件，当局"如不承认则不开市并实行不纳税主义"[1]。

6月5日，汉口英租界平和、荣茂两花场工人罢工。11日，汉申轮船因水火夫罢工，停航一天。汉口日资楚兴公司的女工5月下旬就"因青岛问题顿起义愤"，"相约回省"，"不愿为其工作"。[2]

6月11日，武汉各报刊登出曹汝霖、章宗祥、陆宗舆被罢免的消息。武汉各界人民欢欣鼓舞，恽代英为武汉学联起草了3000余字的宣言书，号召真正惩办卖国贼、废除卖国条约、争取民主权利。

四 广东[3]：学商工齐奋起

广东是全国最早被迫对外开放、经济相对较为发达的地区；国民党在广东影响很大。把持广东大权的桂系军阀同皖系公开对立，所以，在面对反对日本和皖系军阀的学生运动时，总体上说，在政策上较为宽松。这也直接导致了广州五四运动高潮阶段的特点。

---

[1] 《湖北简史》，湖北教育出版社1994年版，第483页。
[2] 《湖北简史》，湖北教育出版社1994年版，第483页。
[3] 本节主要依据沙东迅：《五四运动在广州》，中国经济出版社1989年版；《中国共产党广东地方史》第一卷，广东人民出版社1999年版；《广东省志·教育志》，广东人民出版社1995年版等。

其一，行动快，势头猛。北京学生的壮举消息传来后，5月7日，广州各校学生纷纷开展纪念"五七"国耻日活动。11日，广东国民外交后援会联络各界，在东堤东园广场，隆重召开中等以上学校学生及各界人士10万人[1]的国民大会，规模空前。下午2时，10万群众由8位代表带头，分99队前往南方军政府请愿，护法军政府总裁岑春煊和外交总长伍廷芳答应向北京政府全力斗争。15日，省教育会召开会议声援学生，补发通电"以不签字力争山东问题"。25日，50多校学生代表在广东高等师范召开学生大会。26日，广东学界50余校5000多人及琼崖同乡会数百人在高师广场举行追悼郭钦光大会，郭钦光是广东文昌（现为海南省文昌）县人。

5月18日，广东学生护国团在广州寺召开筹备会议；继有兽医学生李伯益提议成立广东学生义勇队。6月17日，20余校代表在高师正式成立广东中等以上学校学联，公立法政学校学生张启荣、甲种工业学校学生周其鉴被选为正副会长；阮啸仙、刘尔崧、高慕德（即高恬波）、陈肇燊、邓曾骧等为职员；出版《雪耻周报》。

6月28日，中国使团拒签和约。但到7月上旬，广东尚未得到确切消息，多数民众以为中国代表会签字，因而斗志更高。

其二，动员广。广东各阶层民众，"除大中学校学生外，工、农、商、自由职业者，以至大部分议员、部分军政人员、社会名流均有参加"[2]。5月6日，军政府要员唐绍仪、朱启钤致电徐世昌要求释放被捕学生。11日的国民大会上，国会议员及各团体领袖纷纷登台演说"均集中于山东问题"。[3]广州军政府、参议院、众议院，省教育会、报界公会等都发表通电宣言，举行会议支持学生。京、津、沪学生代表到粤，广州各界6月8日下午在东园集会欢迎；11日，省教育会请京、津、沪学生代表和广州各校校长开会。13日，在粤

---

[1] 据韩信夫等编：《中华民国大事记》第一册，中国文史出版社1997年版，第624页。还有另一说"部分参加者回忆为数万人"，见沙东迅：《五四运动在广东》，中国经济出版社1989年版，第58页。
[2] 胡巧利：《广州五四运动的特点及其原因》，《广州社会》1999年第1、2期。
[3] 沙东迅：《五四运动在广东》，中国经济出版社1989年版，第58页。

两院全体议员在东园俱乐部特开茶话会,邀集京、津、沪学生代表演说。两院议长几度与他们会谈;全体议员每人捐款10元,共得六七千元作学生代表活动经费。

广东的商人开会决议不接受已订之日货,有些商人还与学生一起往四乡演说,劝人不买日货。7月6日,广东部分商人在广州举行代表会通过猛烈排斥日货、停止输入日货等3项决议。7月初,总商会发表宣言,"广州所有商店于11日将闭门罢业"[1]。

7月13日,机器总工会决定,电灯局及各机器厂工人罢工。14日、15日,电力公司、自来水厂、广三、广九、粤汉铁路,人力车夫、轿夫等进行政治罢工,全市停电、停水、交通断绝。大光灯(即汽灯)工人亦罢工,各机关只好点洋烛。先施、大新等私家电机工人也停工。

其三,影响大。5月30日晚,位于财政厅前贩卖日货的老威药房、广府前华美药房的招牌和玻璃窗尽被游行的学生及各界群众打破砸碎,几个日本人被愤怒的群众打伤。日本驻广州总领事太田喜平闻讯,马上向督军署交涉,督军莫荣新派军警弹压,群众坚持不退,直到后半夜才逐渐散离。31日下午,太田喜平会见粤督,抓住日本人被打伤事由,强硬要求"先行严禁人民不法举动,取缔排日运动",并追问莫荣新:"第一,能否确保日本国臣民生命财产之安固?第二,能否镇息排日货之举动?"[2]莫荣新屈服,马上派兵保护日本人安全,发出《督军、省长布告》,严加制止学生游行、抵制日货;同时增派军警站岗、军队巡逻。却导致罢课浪潮更猛烈,抵制日货声势更大。

日本以"保护侨商"为名,派军舰"嵯峨号"于6月13日驶进省河(珠江),向学生及各界民众示威,向桂系军阀当局施加压力。桂系军阀当局镇压无效,便下令从6月16日起提前放暑假,以分散学生力量。

学生和各界民众对日舰毫不理会,把放假作为将运动推向全省各地的契

---

[1] 沙东迅:《五四运动在广东》,中国经济出版社1989年版,第84页。
[2] 转引自沙东迅:《五四运动在广东》,中国经济出版社1989年版,第70—71页。

机。省一中、高师等校学生,连日分派许多讲演队,分赴江门、佛山、韶关、惠州、琼崖、高州等地讲演、调查。高州、汕头、肇庆、佛山、云水、海口、文昌以及澳门等地也很快掀起爱国运动。香港"居住在湾仔一带的市民自动蜂拥到日本商店门前举行游行示威,高呼'还我青岛'、'保我国权'、'废除不平等条约'、'抵制日货'等口号。具有爱国热情的青年和市民还打烂了一些日本店铺的玻璃窗"[1]。

五　江苏[2]：多地城乡联动

江苏是近代中国经济文化相对较为发达的省份。省会南京是直系军阀曹锟的据点,苏州、无锡、常州、镇江、扬州、南通等商业城市堪称在全国颇有影响,教育也较为发达。在北京学生"五四"创举后,江苏各地迅速呈现出以下两个突出特点。

一是民众动员广泛。在五四运动波及的国内诸多省份中,江苏参加爱国运动的市县是全国最多的省份之一。据《五四运动在江苏》一书统计,从5月4日到中国拒签和约,就有南京、苏州、武进、盐城、如皋、常州、无锡、常熟、淮安、宿迁、扬州、太仓、金坛、沛县、浦镇、海安、邳县、清江浦、东台、镇江、江阴、徐州、丹阳、溧阳、扬中、丹徒、泰州、仪征、宜兴、吴江、海州、江都、吴县、淮阴、涟水、兴化、昆山等约40个市县有反帝爱国运动的报道。

参加运动社会阶层广泛,学生一马当先。武进县乡立349所学校学生5月5日致电北京大总统、国务院。7日上午,南京学生在青年会集会,因人多青年会容纳不下,就改到北城鸡鸣寺。8日,南京召开国民大会,游行示威。9日

---

[1] 何锦州等:《华南革命史研究》,广州出版社1999年版,第8—9页。
[2] 本节主要依据《五四运动在江苏》,江苏古籍出版社1992年版;范崇山等:《五四运动在江苏》,《扬州师院学报》(社会科学版)1986年第2期;唐文起:《"五四"运动在江苏》,《江海学刊》1989年第4期;张圻福等:《五四运动在苏州》,《苏州大学学报》(哲学社会科学版)1984年第1期等。

上午，南京金陵大学、高师、河海工程学校等数10余所学校及美以美等教会团体，商界代表、人力车夫等劳动团体代表万余人，齐集小营演武厅大校场。临近开会时，第一女师学生冲破校长禁令赶来。南京高师教务主任陶行知、教师刘伯明等先后演讲。会后列队游行。中午12时，教会学校男女学生2000余人，省立各校学生4000余人，到达省公署请愿。午后1时，各校学生在王府园集合，由鼓楼向下关游行。同时派出50余名代表往省议会请愿。同一天，苏州各校停课在遂园集会，会后游行。扬州、无锡、镇江等地，都举行了国耻纪念活动。

5月28日起，苏州中等以上学校学生罢课；29日起，南京中等以上学校学生罢课；镇江、常州、无锡等市学生紧随罢课；6月9日后，苏州小学罢课。都大力开展爱国宣传和抵制日货活动。

商界抵制日货运动轰轰烈烈。5月15日，苏州总商会召开全体大会，号召提倡国货。无锡绸布业、棉纱业、洋广货业呼吁全国一致抵制日本的棉纱、绸布、洋货。出租给日商的22家茧行行主认损失而毁成约。镇江各业决议，一律不进日货，进出口货物一律不装日船。据《时报》报导，全省60余县均进行了抵制日货活动。

江苏商界罢市在全国最早之列，5月9日，南京花牌楼等大商店休业。上海"三罢"后，6月6日晨，南京学联决定于"中午12时分组出发，挨店哭泣，请求闭市……尤以第一女子师范学校学生的哭求最令人心痛"[1]。下午3时，南京商界一律罢市。7日，镇江罢市。8日下午，常州罢市，并宣布9日起全市不交杂捐，无锡是日起罢市并停止纳税。扬州、邵伯、宝应、清江、淮阴等地相继罢市。

农村集镇积极响应。吴县浒关于6月6日罢市；陆港镇于13日上午7时罢市；津浦铁路沿线的浦镇、滁州一带，南京城外上新河等各乡镇在南京罢市后罢市。无锡一些农民响应罢市，不纳田税。常州一些农民不纳正税。丹徒县农

---

[1] 唐文起：《"五四"运动在江苏》，《江海学刊》1989年第4期。

会紧急会议决定：学生不释放，国贼不惩办，外交不挽回，丁漕誓不完纳。南京城外新河镇临近乡董停完上交钱粮，不达目的不止。常熟农民禁阻向日本人卖粮。

工人行动积极坚决。南京劳动团及人力车夫，5月9日就推代表参加国民大会。浦镇生昌印刷所代印传单，不取工资。下关商埠贫民和转运工人，凡属日货概不起卸。从6月6日起，苏州苏经、延龄、三星等丝织厂工人罢工，接着日商穗丰丝厂工人局部罢工和怠工。16日晨，沪宁铁路苏州站全体工人参加铁路系统总罢工。同时，码头工人、人力车搬运工人、部分内河搬运工人罢工。火柴厂、梗片厂、纸厂、面粉厂工人相继停工。日商振兴电灯公司中国职员登报集体辞职。特别是苏州纸厂工人不要工资，连夜奋战仿造了十几座"鱼尾钟"，有效地抵制了日本钟表制品。[1]

军人积极投身爱国运动。驻宿迁的陆军备补第四团在田姓团长带领下，当"学生每一演讲，则士兵围绕静听，且受感改行，立戒烟酒者颇不乏人。其后学生散发种种传单，尽无不阅。最可奇者，有数兵士将每日吃烟之资取出铜元三十余枚，请学生联合会代刷传单，送同营军士阅看。钱虽微细，热忱可钦。学生联合会每一派人至关卡等处检查劣货，而兵士亦有数人相辅"[2]。

二是群众组织形式多样，爱国活动配合默契。学生有各市县学联、学界联合会、联络会，旅外学生联合会、中华青年维持会、学友会、少年宣讲团、通俗讲演队等。商界有各级商会、国货陈列所，与学生联合组织的商学联合会、商学爱国团等。宗教界有圣公会基督教徒爱国团、基督教普益社等。各界人士均参加的各界联合会、国民大会事务所、救国十人团、救国团、救国会、国货负贩团、国货侦察会、国货维持会等。原有的省议会、教育会、律师公会、平和期成会、同乡会、纱业等各行业公所、青年会等，都发挥了组织各界民众进行爱国运动的重要功能。这些密切联系，相互协同，使江苏全省人民实现了紧

---

[1] 张圻福等：《五四运动在苏州》，《苏州大学学报》（哲学社会科学版）1984年第1期。
[2] 《民国日报》1919年10月6日。

随京沪，城乡联动的局面。

六　浙江：学联带动"三罢"

浙江是中国近代经济、文化相对较发达地区。"五四"前有《教育周报》《汉民日报》等新式报刊。蔡元培、鲁迅、邵飘萍、钱玄同、邵力子等新文化运动领袖人物都是浙江人。巴黎和会召开后，浙江爱国运动特色突出，引人注目。

一是学联组织核心作用突出。5月6日晚，杭州唯一的高等学府——美国基督教会办的之江大学经全体学生代表会议决定立即联络各校。9日上午，之江大学全体学生及中国教师齐集总讲堂举行"国耻纪念大会"。当晚，杭州中等以上学校代表齐集省教育会，其中有省立第一师范俞秀松、施存统、周伯棣、傅彬然等，省立第一中学查猛济、阮毅成等，甲种工业学校汪馨泉、孙敬之、沈乃熙（夏衍）等。12日上午8时，杭州中等以上14所学校学生3000余人在湖滨公众运动场（今为湖滨公园）集会，宣告杭州学联正式成立，推选省立一中学生宣钟华（宣中华）为理事长，浙江医学专门学校学生连瑞为评议长；会后示威游行。21日下午，北京学联代表罗家伦、方豪、段锡朋，天津学联代表杨舆夏，上海学联代表吴逸等到杭，杭州各校学生2000余人在省教育会开欢迎大会。6月2日，之江大学学生冲破学校禁令，在总讲堂召开追悼郭钦光烈士大会，各校学生代表踊跃参加。5日，杭州学联在西湖昭忠祠召开追悼郭钦光大会。绍兴、嘉兴、台州、宁波、金华、湖州、海盐、镇海、黄岩、海门、义乌、缙云、乐青等市县都有学生游行示威。

学联及时提出正确指导意见，坚决反抗当局的镇压。省长齐耀珊5月30日下令杭州各校放假，扬言严惩罢课学生。学联同日发表宣言，将当局迫害爱国学生图谋向全国公开揭露，重申罢课决心；同时提出"文明抵制"日货。学联会刊《杭州学生联合会报》指出："我们反对日本是反对日本的武人，不是反对日本一般的平民。"学生向工商界提出限期处理完所有日货，以后不再购进、出售日货。学联"将学校之日货分为绝对可烧（玩具类），可烧（用物等类），不可烧（仪器等类）"。[1]这使浙江的抵制日货运动既轰轰烈烈又文明有序。

二是广泛动员，深入城乡。杭州学生宣传队深入大街小巷，市郊村镇。嘉兴学生在街头演出《中国魂》《卖国贼》等新剧，并应邀到四乡村镇演出两个多月，受到农民热烈欢迎。章宗祥、陆宗舆的原籍均为浙江。运动初起，吴兴商界章宗祥族人就一致公决将章宗祥"驱逐出族，以谢国人"；5月8日，全浙旅沪同乡会致电浙江各团体，要求驱逐章宗祥、陆宗舆出族；13日，湖州商界召开大会，公决开除章宗祥宗籍，查封其家产，作地方公费之用。同日，海宁石硖镇万人大会通电开除陆宗舆乡籍，宣布"公决以后，不认陆宗舆为海宁人，以为卖国者戒"，并勒碑以戒后人。全国各报纷纷报道。

抵制日货广泛深入。以杭州之江大学等组织劝用国货会为起点，宁波、绍兴、嘉兴、湖州、温州、台州等地各校建立同类组织，杭州总商会5月15日召开有150余人参加的抵制日货特别大会。19日，学联在省教育会举行3000余人集会。讨论劝用国货之方法，省教育会会长经亨颐等发表演讲。经总商会倡议，在西湖旁成立浙江商品陈列馆和附设劝工场一所。嘉兴、绍兴、宁海、温州、瑞安各县闻风而动，迅速建立了国货经营处、国货贩卖团。

学生、店员、工人和其他各界人士对极少数破坏抵制日货的奸商坚决斗争。宁波一家较大的老牌新章洋货店私购37件日纱，被学生和十人团查获，学商两界决议5月27日烧毁。但当学生持单据向太古轮船公司提货时，该公司以无新章盖印为借口不予提取。学生返回要求盖新章，店主拒绝盖章。学生和各界群众临时决定将该店所存十三四车日货，全部运往新马路焚毁，还将店主戴高帽游街示众，围观者上万，街道为之堵塞。新章店主表面上认罪，暗中却勾结官吏，周密策划，故意放出继续购进大批日货的风声，引诱学生去检查。学生前往时，遭到了预先潜伏的一群打手突然袭击，学生受伤十多人，其中3人

---

[1] 《五四运动在杭州》，《中共杭州党史研究》第一卷，中央文献出版社1999年版，第4页。

重伤。这个事件使各界非常气愤，法院在各界人民强大压力下，被迫宣判该店主有期徒刑4个月，后以罚款代之。

三是"三罢"规模及影响较大。5月29日，杭州各校罢课。嘉兴、宁波、绍兴、台州、温州、金华先后于5月30日、31日、6月3日、4日罢课。

5月中旬起，工人罢工兴起。宁波码头扛帮工人拒绝搬运日货，是全国最早的罢工行动之一。6月5日，杭甬铁路工人为营救北京学生，一律停止工作。7日上午11时，杭甬铁路总机厂工人宣布正式罢工。8日，宁波港停泊的宁绍、大达、三北、招商、太古、怡和等轮船水手和伙夫罢工，宁波至上海航运全部中断。9日，沪杭铁路全部技师工人实行全线罢工。东南铁路大动脉顿时中断。同日，杭州市内各厂由纬成公司工人罢工。11日，钱江内河各轮渡停驶。宁波、绍兴、温州、瑞安等地的丝织、印刷、机器、织布等行业工人罢工。这些罢工"不是出于经济目的，而是具有鲜明的政治意识；不是零星个别的行动，而是形成了整体的阶级行动，显示了巨大力量"[1]。

6月6日，宁波首先罢市。8日，台州、嘉兴、温州等地罢市。9日，杭州罢市。金华、绍兴等地商界都积极行动。浙江全省呈现各主要市场关闭、供应中断局面。

"三罢"风潮极大直接沉重地打击了帝国主义和军阀当局，浙江督军和省长6月10日急电北京政府要求解除曹汝霖、章宗祥、陆宗舆职务，以免激成"民变"。

七　安徽：学生引领各界

安徽近代以来涌现了很多在中国近代革命史、文化史上有影响的人物，如詹天佑、徐锡麟、陈独秀、胡适等。安徽又是北洋军阀李鸿章、段祺瑞的原籍，五四运动期间统治安徽的倪嗣冲、倪道琅等，都是皖系嫡系，始终敌视爱

---

[1]《中共浙江党史》第一卷，中共党史出版社2002年版，第58页。

国运动。安徽在五四运动高潮阶段发展表现出两个突出特点。

首先是各地学生充分动员。5月6日,省会安庆中等学校学生代表100多人在公立法政专门学校召开紧急会议;8日,安庆各中等学校学生3000余人[1],在黄家操场开大会,然后游行示威,大批市民主动加入。督军倪嗣冲和省长吕调元、军务帮办马联甲派大队军警进行监视,见群情激奋,未敢动武。芜湖、合肥等地学生紧急行动起来并成立学联。11日,安徽学联筹备会成立。18日,各校学生2400余人齐集黄家操场,宣布正式成立安徽学联,会后游行。游行队伍威武雄壮,演讲员在各商店前及十字街口大声讲演。队伍经过警察厅、教育会、省长督军公署等处,再回黄家操场收队,前后共5个小时。

徽州、凤阳、宿县、颍上、阜阳、泾县、南陵、青阳、当涂、宁国、宣城、广德、贵池、秋浦、铜陵、无为、庐江、巢县、和县、六安、太湖、岳西、舒城、桐城、滁县、全椒、定远、嘉山、天长、涡阳、太和等50多县的学生都紧急动员起来集会游行示威。

其次是抵制日货运动全面深入。安庆学联设立了日货检查站、国货贩卖部等机构,并同安庆商会会长程鸣鸾联络协商,选出代表50余人,组成安徽省各界抵制日货委员会。法政学校校长光明甫,教师洪子翊、周松园、李植先,社会人士李光炯、史大化、史蕴山、蔡晓舟、宋竹荪、胡霁澄等社会名流都积极参加。

合肥各校教师、校长和商界合作组成"商学联合会",推选周辅清担任该会会长,在全市广泛实行日货检查,将所查获的大批日货运到合肥江西会馆门前空地上付之一炬。现场观者如潮,齐声高呼口号。5月13日,商学联合会在东大街19家商号合营的"同益公司"查获日本白糖400多包(每包200斤),当即将这些糖从桥上抛入东门大河。两家专门推销日货的大隆商店与宁复兴商店,拒绝检查所存日货,引起当时马路上游行群众愤怒,很快被学生捣毁。

---

[1] 据吴振潮等:《五四运动在安徽》,《安徽师大学报》(人文社会科学版)1979年第2期;另李云鹤、翟宗文、李仲宾在《五四与安徽学生运动》中说,5月8日,安庆2000余人游行示威,见《五四运动回忆录》上,中国社会科学出版社1979年版,第799页。

芜湖商会会长汤善福等拒绝在抵制日货协议上签字。5月19日，商会正在为如何拒绝抵制日货举行全体董事会，各男女学生1000多人赶来把商会围得水泄不通。经谈判，商会仍不答应学生要求。愤怒的学生们按捺不住，一拥而上拆了电话，把家具砸得一塌糊涂。二师学生杨仪贞抱起茶壶打破商会会长汤善福、副会长陶玉堂的头。这时二三百军警在一个营长的带领下赶来弹压。翟宗文等及时把学生队伍整顿一下，让二女师学生及小学生排在门口，在军队要动手时放声大哭并高呼爱国口号，向军警们宣传抵制日货的意义，激发其良知。荷枪实弹的军警最后没有出手。此时，汤善福在广大学生及社会舆论的压力下，终于被迫在抵制日货的协议上签字。

5月24日，合肥大东门外码头工人及沿南淝河居民，发现河面有奸商运来大批日糖，正在改换包装；于是便要求召开各界联席会议，商讨对策。合肥商会会长李企颜（李鸿章之侄）等拒绝出席。工人、学生和市民足足等了3个多小时，到天黑后李企颜才出来劝群众回去。群众气愤填膺，直奔大东门，冲破守城哨兵阻拦，涌上船去一起动手，很快就把400多包日糖抛入河中。

6月8日，芜湖实现"三罢"。11日，安庆全城总罢市，码头工人、搬运工人罢工。

日本驻南京领事清野长太郎5月23日乘嵯峨号军舰到达芜湖，向芜湖警察厅提出赔偿、惩办十人等强硬要求。继而又派驱逐舰霰号、沙内药克号舰等5艘军舰[1]巡弋、停泊于芜湖长江水面。日本陆战队两次十多人上岸挑衅。但安徽人民毫不屈服，芜湖"三罢"当天，各界举行声势浩大的游行示威，日本商店洋行纷纷关门闭户；到达日本领事馆门口，群众高呼口号，并用石子砖块掷向领事馆房屋。[2]抵制日货运动轰轰烈烈继续。

---

[1] 据吴振潮等：《五四运动在安徽》，《安徽师大学报》（人文社会科学版）1979年第2期。
[2] 《安徽现代史资料长编》，安徽人民出版社1986年版，第176—178页。

八　江西：讲究策略实效

江西督军陈光远属直系，是全国为数极少的公开表态支持学生运动的军阀。这直接促使了江西五四运动，在高潮阶段表现出三个特点。

第一是各地各界动员广泛。首先是地区广泛。计有南昌、九江、赣州、吉安、万安、新干、永丰、峡江、吉水、遂川、抚州、南城、宜黄、崇仁、南丰、乐安、黎川、上饶、弋阳、波阳、铅山、万年、贵溪、景德镇、都昌、湖口、彭泽、星子、德安、永修、修水、宜春、高安、铜陵、清江、萍乡等55市县游行示威、抵制日货[1]。

投入运动社会阶层广泛。学生反应最快最积极。5月6日，九江得到北京学生消息，省教育会领衔，南伟烈大学、省立第六师范、省立第三中学、圣约翰中学、诺立书院和县立高等小学等校全体师生联名致电北京大总统；农会等三团体发出电报。7日，南昌各校学生代表在百花洲苏公圃开会。12日上午8时，省立农业专门学校等17校学生及教职员和少数校长共3000多人，齐聚皇殿侧公共体育场集会游行，经贡院侧、营坊街，先后到省议会、督军公署、省长公署、省教育厅、省总商会请愿，游行持续8个小时。这是江西学生第一次大规模游行。

12日下午，由省立女子师范和荷灵女书院发起，在女师召开各女校校长和学生代表会议；13日，各女校举行大会。14日，南昌基督教爱国会、豫章中学、青年会英文学校等师生2000多人在荷灵女书院召开爱国大会。

25日，江西省学联在南昌沈文肃公祠举行正式成立大会，省立农专学生邵祖平、私立法专学生卢任华当选为正副干事长；省立二中丁伟、私立法专汪宏毅当选为正副评议长。

商界行动十分积极。5月中旬，南昌总商会向全市商界发出抵制日货号

---

[1] 《中共江西地方史》，江西人民出版社2002年版，第29页。

召。南昌绸缎洋货业发公函指出，"独不办日本之货"[1]。日货很快在江西市场身价大跌，日币在市面不能通用，日本汽船无货可运、无人乘坐。6月12日，九江罢市。罢市前商会决议"如有违约经营者，众议公罚之"[2]。九江各界纷纷到九江的"日本台湾银行"提款，使之难于应付。

工人行动坚决。商人罢市同日，九江工人罢工。码头工人拒绝装卸货物，九江港口运输中断。日资日清轮船公司船员纷纷辞职。南浔铁路工人、南昌江北一千多码头工人以及赣州、萍乡、抚州等地的工人罢工。[3]九江划驳工人拒载日本人过江。一小划子载一东洋人，被工人发现将此划子拖上坡挂在树边，用粉笔在船板上写上"此船不爱国"[4]五字。当天下午4点半，九江总商会副会长辜某指使多人，将自己经营的8千担大米，用"江华"轮运往日本，被罢工工人发现，他们气愤地说："现在南浔米价上涨，每石上米已售七元左右，小民苦不堪言。况上月由南昌商会禀请督军省长禁米出口，已奉明文通行，又值抵制日货风潮正烈之时，彼以副会长之资格，乃为此狗彘不食之事，吾人非将其人打死，其货充公，誓不甘休，一时喧呼之声，几如千军万马"[5]。庐山牯岭轿夫拒绝抬日本人上下庐山。"是日'宁绍'下水，有美国人往庐山避暑，有行李二十余件，均无人敢搬"，美国人愿出洋两元，工人说："我们并不是说先生钱少了不搬，是因为日本人欺我中国太甚，是以我们罢工。"美国人只好自己动手搬运，并说："中国人热心甚好，不久即可强国。"[6]

省议会、教育会、总商会、农会等还连续发表致北京政府和巴黎中国代表通电。

督军陈光远和省长戚扬虽有压制爱国运动，以维护统治秩序的一面，如禁止南昌学生开5月17日国民大会等，但他们连续发表"请争青岛通电""请息

---

[1] 《申报》1919年5月19日。
[2] 《申报》1919年6月19日。
[3] 刘勉玉等：《简论江西的五四运动及其特点》，《江西党史研究》1989年第2期。
[4] 《申报》1919年6月19日。
[5] 《申报》1919年6月19日。
[6] 《申报》1919年6月16日

内争一致对外电",并对本省学生爱国行动表示公开赞许。[1]在全国地方军阀中实属难能可贵。

第二是讲究斗争策略。学生游行等活动"一般是先争取各校教职员的支持,联络商绅各界,报警厅备案,然后再选出干事,纠察维持秩序,并到督署、省署和教育厅请愿,请其代拍致北京的声援电报";"查禁日货时,也不是一律烧毁,而是采取与商界一起规定期限的办法,即规定某日前,所有日货由商人自己处理,或廉价出售,或自行焚毁。超过期限后,则绝对禁止贩卖,一旦查获,不仅没收、烧毁全部日货,而且视情节轻重,或罚款,或封闭店铺。这样,既照顾了商人的'血本',又达到了抵制日货的目的"。[2]九江"三罢"时,罢工工人进入英租界,愤怒的工人准备殴打东洋人,"幸有学生在租界妥为照料,不致发生意外,华英巡捕亦无可如何"[3]。

第三是结合本省实际。5月26日,省议会议员经当局默许,擅自在预算案内给议员原来每月薪酬由80元增加到160元,这在当时是个不小的数目。消息传出,江西各界无不愤怒。5月30日,南昌学生数百人拥入省议会,质问议员在举国为争回山东权利、惩办国贼之际,加薪肥私,良心何在?第二天上午,南昌全市学生、商人、各公团代表及各县旅省群众齐集百花洲沈文肃公祠召开公民大会,然后一面派出代表往省政府请愿,一面又派人去省议会要求他们自行撤消。但议员们拒绝会见,还指使门役、跟丁等数百人,用竹木杆或轿杠等乱打代表。全体代表"为正当防卫计,一起上前"与之搏斗一小时,终于赶跑议员,砸烂议会,最后还将代表被打事实"书于竹竿,作为旗帜,撑往商会"。31日,南昌全市学生罢课,并通知其他州县学一律罢课。总商会、教育会等各团体一致呼吁。省政府不得不在31日当晚宣布取消议员加薪[4]。这不

---

[1] 参见《江西党史资料》第九辑,中共江西省委党史研究室1989年3月版,第25—26页。
[2] 刘勉玉等:《简论江西的五四运动及其特点》,《江西党史研究》1989年第2期。
[3] 《申报》1919年6月18日。
[4] 据李健:《论南昌的五四运动》,《江西社会科学》2000年第1期;另刘勉玉等说,6月1日,学生游行并冲击省议会,当晚省政府宣布取消议员加薪,见刘勉玉等:《简论江西的五四运动及其特点》,《江西党史研究》1989年第2期。

仅在本省大长了人民的志气，加强了各界民众的团结，而且开了全国五四运动结合本地实际问题发展的先河。

九　福建：两市带动全省

福建地处东南沿海，是中国最早被迫开放的省份之一。第一次鸦片战争后中国被迫开放五个通商口岸，其中就有福州、厦门，列强势力纷纷进入。日本侵吞台湾后，更视福建为势力范围，在福州等城镇大肆开办银行、洋行、商场、妓院，大批日本人、"籍人"（时称入籍日本的台湾人）在福建各地为非作歹无恶不作。福建当局对外卑躬屈膝，对内镇压盘剥。各界民众早已怒火郁积。

北京五四消息传来，各校学生立即联络。5月7日晨，福州各校学生2000多人齐集南较场（今五一广场）集会，示威游行。中旬，福州学联（很快改为福建学联）成立，陈锡襄（协和大学学生）为评议部评议长，毛一丰（私立法政专门学生，闽侯籍）、谢翔高（华侨学校学生，龙岩籍）为组织执行部正副总干事，发行《福建学生周刊》。英华书院教员周靖给成立大会送来一副对联，上联"青岛，韩，台，大连，旅顺口"；下联"九龙，澳，港，卫海，广州湾"，极表失地之痛，道出各界对学生的期待。23日，学生在街头讲演，突遭一群日本人殴打，重伤8人。24日，各校学生3000多人冲破军警封禁抗议，在西湖公园紫薇厅召开追悼北大学生郭钦光大会，会后游行。接着，全市42所学校8000多学生在南郊场集会游行，冲破军警阻拦到仓前山日本领事馆周围张贴传单高呼口号。各界群众夹道围观助威者达数万人，沿途商店都备茶点支持。

抵制日货迅猛。绝大多数商人自动不买卖日货。福州商会会长黄瞻鳌及其子黄如壁（日商铃木洋行买办）、其弟黄瞻鸿（福州商会会长）却变本加厉地扩大日货经营。6月14日，学联代表王赓年、黄宗玉（二中）、林振中（青年会员）前来检查，黄门爪牙上前围住学生凶狠殴打，当场致多人受伤。大队军警很快赶到，为首者为督军卫队营机枪连长，是督军李厚基亲信，竟凶残叫嚣要杀几个学生。

次日,福州各校罢课,商店一律罢市,工人、手工业者、船户相继罢工,连黄氏自己经营的大兴春、樊源酒库的工人都拒绝做工。市郊农民奋起响应,不进城卖菜。福州全市处于高度恐慌气氛中。到傍晚,军警悍然逮捕谢翔高等学生。但群众并未被吓到,有部分学生跟着被捕代表到督军署,又被捕15人。在人民群众巨大压力下,福建当局不得不由地方检察长发出传票,由学生代表王赓年陪同司法警长在潭屋街长兴茂纸行内逮捕黄瞻鳌。

5月8日起,厦门同文书院、省立十三中学等校学生分别集会,上街散发传单。16日中午,厦门和鼓浪屿等共30多所中小学4000余学生举行示威游行。大队经过日本三井洋行、旭瀛书院时,愤怒的人群纷纷拿起石块对准洋行窗口砸去。一向盛气凌人的侵略者,这时紧闭大门,龟缩不出。19日下午3时,厦门学生、商人、工人及各界人士共2万余人在同文书院大操场召开国民大会。

民众争先恐后拿着"日本台湾银行""新高银行"发行的"银卷"纸币,拥到两行挤兑现金;存户纷纷前往提取存款。厦门钱庄公会5月17日开会决定,从当天起停止使用日本纸币,以后不与该行往来。这很快使这两家日行周转不灵,不得不宣告停业清理。厦门一时日货、日币绝迹。

厦门的落海、驳船、双桨、搬运等工人积极投入斗争。特别是6月2日后,码头工人拒绝为日本人卸货,厦门扛夫不肯为日船卸货,故由香港装往厦门的日货之船,运去者大为减少[1]。

日本当局凶相毕露。5月21日,3万吨级日舰"岩手"[2]号和"千岁"号,一艘警备舰和一艘驱逐舰接连驶进厦门港内,停泊猴屿附近,公开向中国人民示威。日本驻厦领事致电中国厦门道尹陈培琨,要他对"抵制日货运动必须严

---

[1] 《申报》1919年6月3日。
[2] 《中共厦门地方史(新民主主义时期)》,中央文献出版社1999年版,第33页。另说日舰"3万吨级的'岩手号'",见《厦门工人运动史》,厦门大学出版社1991年版,第85页。

加禁止"[1]。陈培堃唯唯诺诺，由厦门警察局出示布告，对"各国所有商行、商店、商船、商民均应切实为之保护"[2]。厦门人民置之不理。6月6日，厦门实现"三罢"，一直坚持到北京政府释放被捕学生。

漳州是孙中山委派陈炯明辖闽南护法区17县的首府。当局允许言论、出版、结社、集会、示威游行自由，政治空气活跃。

漳州省立第八中学、省立第二师范学校及其他各校学生于5月17日下午1时举行环城大游行，队伍直奔公园，列队演讲达4小时，听讲的除游行学生外，还有工人、妇女等一万余人。抵制日货活动猛烈进行。21日，漳州各界万余人在中山公园举行国民大会。学生组织了义勇队，随时准备与敌人决一死战。地方捐款2000余元购武器。6月8日，漳州学联成立，联合工人、商人，罢课、罢工、罢市，强烈要求北京政府释放被捕学生，惩办卖国贼。[3]

福州、漳州实际形成福建五四运动两个紧密呼应的斗争中心。泉州、龙岩、长汀、上杭、南平、建瓯、福安、普天等地甚至偏远山区，都奋起游行示威，抵制日货。

十　山西[4]：各界配合学生

山西一向与北京、天津联系密切。太原各校2000余名学生，5月7日在海子边中山公园（今儿童公园）集会，正式成立太原市大中学校学联，选举山大学生贾超孟为会长，杨思康为副会长；王思贤为讲演团长，周敦信、常裕仁为副团长。会址设在山西大学。会后游行示威，队伍浩浩荡荡地向督军署和省议会请愿。督军阎锡山派民政厅长贾净桂会见学生代表，省议会议长崔廷献称赞学

---

[1]《厦门工人运动史》，厦门大学出版社1991年版，第85页。
[2]《厦门工人运动史》，厦门大学出版社1991年版，第85页。
[3] 文政整理：《"五四"运动在漳州》，《文史资料选辑》第二辑，漳州文史资料委员会1979年版，第28—29页。
[4] 本节主要依据贾英波等：《五四运动在山西》，《晋中师范高等专科学校学报》1983年第1期；《阎锡山统治山西史实》，山西人民出版社1981年版；《山西通史》第七卷，山西人民出版社2001年版；《阎锡山评传》，中共中央党校出版社1991年版等。

生"纯粹出于爱国之热忱"。

5月18日,北京学联代表抵达太原,陕西学联决定组织全体学生赴车站欢迎并分团讲演,阎锡山派教育厅长等到各校劝阻。学生们慷慨激昂、声泪俱下地痛陈国是,厅长等也被感动。经当面交涉,阎锡山允许学生演讲,但同时不准学生列队欢迎北京代表。但学生不受束缚,1000多学生冲破军警阻拦,去车站迎接北京学联代表,并分10个团演讲。20日,天津学联派19岁的中学生沙主培为代表到太原推进罢课,官方极力阻挠,学生慷慨陈词,教育厅长答应学生罢课要求。26日,山西大学校,法政、甲种工业、商业等专科和一中、一师等10校学生罢课,传单贴满全城大街小巷。同日,学联在山大礼堂召开全体学生与省城各校学生代表会议,讲演团长王思贤慷慨激昂演说,当场把所戴日制草帽摘下,撕成碎片,连踏三脚,高呼三声:"我们一定要抵制日货!"台下热烈响应。学生日货检查队分至各街道,随时检查日货随时处理。还凑钱成立了一个国货商店,专售国货。大多数商家积极支持,抵制日货在太原如火如荼地展开。

"六三惨案"后,6月6日,大中学生5000多人和不少市民、职员、工人游行示威。当天,许多商行罢市。有些工人准备罢工,由于山西当局压制,未能实现。18日,天津各界联合会派韩致祥(韩麟符)到太原联络。太原学联代表与省城各界都赞同成立太原各界联合会,派出代表赴沪参加全国学联成立大会。

临汾、运城、大同、长治等地学生和各界群众游行示威、抵制日货。

十一 河南:女生率先反抗

河南是袁世凯的老家,封建势力根深蒂固;督军兼省长赵倜是袁世凯亲信,大批启用清末遗老,所辖军队无恶不作,全省民不聊生。

"五四"消息传来,省立开封女子师范学校师生千余人首先奋起响应。5月9日,在开封老府门女子师范学校召开女界国耻大会,学生争相发言。一张姓女生[1]演讲至激愤处，当场咬破中指，血书"坚持到底"四个大字，一时满座顿现悲壮，多有忧愤泣下者。这是河南妇女觉醒的革命创举，对各界爱国斗争产生了巨大推动作用。

13日，在法政学校大讲堂举行第一师范、农业专门、矿物、第一中学、女子师范等15所中等以上学校学生1000多人的大会。18日，开封学生、教员、工人、职员、省议员，离开封二三十里的农民等各界人士11000余人在第一师范操场举行国民大会。北京学联陆书辛等3位代表出席。5月下旬，河南省学联成立，开封、洛阳、豫南、豫北设分会；辉县、荥阳、伊阳、正阳等几十个县成立学联。31日，开封全市各校学生冲破重重阻挠开始总罢课。6月5日，学联派李仁荣、李九朝等赴上海参加全国学联成立大会。

当局派大批军警围堵省城各校门，强令学校在6月中旬提前放暑假，妄图以此平息学生运动。但开封3000多学生每人带着学联印发的"青岛失败""朝鲜见闻""日本亡韩史"等宣传材料，每人10件，每件约300份，回到各地家乡，郑州、洛阳、卫辉、彰德、南阳、许昌、鲁山、商丘、伊阳、卢氏、焦作、临汝、辉县、信阳、永城、杞县、淮阳、正阳、鄢陵、确山等几十个县市在1919年夏秋之间，成立了学联、十人团、国货维持会等各种组织，掀起以抵制日货为中心的爱国运动。[2]

抵制日货普遍激烈。开封国货维持会在马道街丰乐园召开成立大会，3000多人到会，当场有大中火柴公司捐洋300元，大丰面粉公司和普临电灯公司各捐洋400元作会费。在南关火车站和各城门设立日货检查站。省商会5月底制定抵制日货九条办法，规定对违反者货物充公并重罚。开封查出赵偶与其弟赵杰开的德泰军衣铺、济贫工厂偷运日产斜纹布及洋纱，立即召开群众大会，没收货物并罚款500元。安阳广益成、永聚成二杂货铺私进日货被学生查出扣留，

---

[1] 《中国共产党开封历史》第一卷，中共党史出版社2001年版，第4页。另有上海《民国日报》说，该女士姓阎，见《五四运动在河南》，中州书画社1983年版，第16页。
[2] 庞守信等：《"五四"反帝爱国运动在河南的反响》，《河南大学学报》（社会科学版）1979年第3期。

学生在其店门前贴一对联，"甘心要作卖国贼，情愿想当亡国奴"，并在其门口站岗、讲演，谢绝顾客数日。后两商店情愿认罚1200元。赵倜当局无可奈何。洛阳豫西学联7月成立后，立即拆毁火车站及城头所有日货广告招牌，举行焚烧日货大会，各界民众万人以上参观助威。7月，洛阳学生在火车站设立日货检查站，查扣一列满载20吨海参、海带、花布等日货的货车，先后有赵倜部军官和日本浪人前来威逼放行。1000多学生义正词严坚决拒绝，全体横卧铁轨，终将这批日货在车站广场全部焚毁。不久有投机商人偷运日货，不到洛阳卸车，而在洛阳以东的义并铺车站卸车，学生闻讯赶到就地焚毁。"从此，津沪等处日货，不能再向西北各省运销"[1]。

十二　湖南：抗高压，《评论》响

湖南地处中国腹地，辛亥革命后处于南北之争的要冲，屡经战乱，人民受尽磨难，使湖南蓄积了反抗封建军阀残暴统治的怒火。新民学会毛泽东、蔡和森等人在"五四"前已在湖南崭露头角，客观上为湖南学生运动做了组织准备。湖南五四运动高潮阶段表现出两个特征。

首先是不畏高压，坚决斗争。5月9日，督军张敬尧召集长沙各校长称"各校学生不得听信谣言，借青岛问题，引起纠纷"。11日，他令警察厅召集长沙各报不得登载有关山东的一切消息，并不准报纸开天窗。张敬尧发布"告戒学生训令"，称学生"游行市街""言辞过激"等"一律逮捕"；同时令各校提前考试，提前放假。

5月7日，长沙大批学生手执白旗游行，被军警强行解散。9日，长沙《大公报》突破禁令报道了北京学生的事迹。时任湖南第一师范学校附小主事的毛泽东以第一师范学校的名义，写了一张号召人民起来斗争的传单，秘密散发各校。他还以第一师范学校名义与各校及教育界、新闻界广泛联络。14日，省教育会联合

---

[1]　《五四运动在河南》，中州书画社1983年版，第78页。

省议会、农会及总商会，致电巴黎和会中国专使和北京政府，表示强烈抗议。

中旬，北京学生代表邓中夏等达长沙。通过毛泽东等人联络，第一师范、商专等10余校20多人于25日在楚怡小学开会。28日，湖南学联正式成立，选举法专夏正猷为会长，商专彭璜为副会长，后彭璜任会长。学联设在落星田商专，负责学联日常工作的多为新民学会会员。

6月2日，省学联决定全省学校3日起罢课。学生分别组成大批讲演团。在街市讲演，周南女校学生分头挨户宣传。19日，各校讲演团分赴华容、攸县、茶陵、武冈、湘阴、绥宁、宝庆、新宁、南县、东安、永兴、衡山、平江、耒阳、衡阳、临湘、新化、湘潭、湘乡、宁乡、沅江、益阳、常德、酃县、会同、靖县、桃源等31县。不少学校还组织学生排演新剧《亡国鉴》《青岛风云》等在街头村里演出。高等工业学校在玉泉山庙演出《亡国鉴》时，台上"情致逼真，演到沉痛之处，歌泣失声。场中观众2000余人，台下殿上等处，无一插足隙地"[1]。

24日，省学联在省教育会召开追悼郭钦光、陈开泰、周季珍（北京大学学生，闻外交失败之耗，作绝命书致高中同学，投江而死）、李鸿儒（汉口中华大学学生，在劝业场讲演，被保安队刺伤，悲愤交集，投襄河而死）大会。

25日，长沙各校学生及商务总会、模范劝业场、苏广同业会等团体代表共4000余人，在教育会草坪集会，在全城各主要街道游行，所举标语牌上书"一致对外，勿忘国耻"、"提倡国货，抵制日货"等口号。队伍出发时天已降雨，至学院街雨势更烈，大家均未打伞，满身淋湿，毫无惧色。

抵制日货进入高潮。这期间，日商已垄断湖南内河航运，日货占长沙百货商店售货十之八九，各界对此极为痛恨。5月26日，常德坪聆听学生爱国讲演的群众，愤起捣毁了日商丸三、新隆、宏裕等洋行门首，将玻璃器具打毁[2]。28日，省议会、教育会和农会等联合发起成立省国货维持会。学生同爱

---

[1] 长沙《大公报》1919年6月24日。
[2] 《五四爱国运动档案资料》，中国社会科学出版社1980年版，第299页。

国工商业者严惩见利忘义的奸商。长沙华泰长洋货店专营日货，在抵制日货运动兴起后，将招牌改为国货店，实际仍存日货，为学生和苏广业会查出。长沙师范学校学生将店主扭至同业会讲理，同业会将其日货搬至会内，令其停业二日，并处罚金。长沙培厚德绸布店仍销售日本布，被绸布业国货维持分会查出发函劝告，老板不听，反嘲讽道："排斥日货不过五分钟热度。"经长沙国货维持总会决定，限令该店老板3日内交出提货单，否则拘令游街示众。老板被迫交出提货单，总会派人前往太古码头提出日布24匹。

码头工人拒绝给日本轮船搬运煤等必需品，劝中国人不坐日本船并把乘客引到中国船。工人们还频频给学生提供日货情报。常德学生6月15日在府坪一带讲演，日商狂妄地嘲笑学生，周围群众激于义愤，将新隆、丸三、弘裕等洋行的门窗砸碎。常德驻军冯玉祥部拿获日商贩卖的鸦片烟土，处以罚款1万元，迫使日商很快逃遁。他还派兵给日本人所开商店"站岗保护"，该店立刻门可罗雀。

其次是舆论领先，《湘江评论》广获赞誉。6月9日，长沙湘雅医学专门学校创办《学生救国报》；10日，湖南学联创办《救国周刊》；7月14日，创办会刊《湘江评论》，毛泽东任主编，独自撰写了第一期几乎全部文章，第二期的三分之二，第三、第四期各一半。《湘江评论》形式同《每周评论》一样，设"世界杂评""西方大事述评""东方大事述评""湘江大事述评""湘江杂评"等醒目栏目，发表《民众大联合》等文章。这些文章以广阔的世界襟怀、深邃的历史眼光，无所畏惧、爱憎分明的政治立场，酣畅犀利、通俗明白的语言，展示了中国五四运动的世界背景、宏伟进程、生动场景、巨大意义。《湘江评论》不但深受湖南各界欢迎，而且在全国影响很大。胡适就在《每周评论》上热情洋溢地推荐说："现在我特别介绍我们新添的两个小兄弟：一个是长沙的《湘江评论》，一个是成都的《星期日》。""这两个周刊，形式上，精神上，都同每周评论和上海的星期评论最接近的。""《湘江评论》的长处是在议论的一方面。湘江评论的第二三四期的《民众的大联合》一篇大文章，眼光很远大，议论也很痛快，确是现今的重要文字。还有湘江大事述评一栏，记载湖南的新运动，使我们发生无限乐观。武人统治之下，能产生我们这样的一个好兄弟，真是我们意外的欢喜。"[1]《晨报》肯定《湘江评论》"内容完备"，"魄力非常充足"。[2]毛泽东由此一跃而成为全国知名的五四青年领袖人物，登上全国政治舞台。

十三　四川[3]：坚韧抵制日货

四川是全国人口最多的内陆省份，省会成都是西南地区政治、经济、文化中心；重庆是西南联结内地的经济枢纽。"五四"前后，成都被有国民党背景的四川督军熊克武控制；重庆属川军刘湘部。两方都与皖系军阀对立，积极支持爱国运动。

北京学生奋起后，5月16日，《川报》收到驻京通讯员王光祈五四当晚写的当天运动的通讯稿，经主编李劼人加按语用大字在《川报》刊出；重庆《商务日报》大体同时报道，学生立即行动起来。

17日上午，成都30余所大中学校学生数千人齐集高师致公堂前广场开会，会后游行示威。20日上午，重庆的川东师范、重庆联中、巴县中学等校学生在爱德唐聚会；24日，正式成立"川东学生救国团"。25日，成都学界在少城公园（今人民公园）召开外交后援会，各校男女学生6000余人、加上各界群众自动赴会者达万人以上，不少军人到会，还有大批无入场证者不能进入会场，便聚集在公园附近大街小巷，一派人山人海、异常壮观的景象。督军署派警备司令率大批军警维持秩序。27日，重庆省立第二女师发起成立"川东女子救国会"。28日，成都各界代表在欣园召开国民大会筹备会；30日，国民大会筹备会在南口岱庙召开第二次会议，决定派代表赴各县开国民大会。6月3日，重庆"川东学生救国团"组织20余校3000多学生举行游行示威。

---

[1] 胡适：《介绍新出版物》，《每周评论》1919年8月24日。
[2] 《晨报》1919年11月25日。
[3] 指当时的行政区划，重庆属四川省。

6月8日，成都四川省国民大会成立大会在少城公园召开，"军政学绅商各界各机关均派有代表到会"，原先准备的与会者一人一面、上书"死力相争，还我青岛"的小旗两万还不够散发。与会部分下级爱国官兵"每支枪上均插旗一面"。会场中间设捐款木盘五六个，可自由捐款，供作爱国活动经费。当天烈日如火，但大会近30余演说者与两万多听众，无不慷慨激昂。

"六三惨案"后，四川工人阶级独立地登上了政治舞台。此前，成都总工会召开40余人的职工代表会，成渝两地成立了"工界外援会"、劳动界"十人团"等，很多人参加了前述各大会。6月中旬，重庆码头工人罢工，洋行和日商商铺雇员纷纷退职，轿夫和黄包车夫一概拒绝日本人。6月15日，成都工人召开工人代表会，推动工人运动更加高涨。

6月28日，川东学生救国团改名为川东学联。7月17日，四川学界外交后援会更名为四川学联，加入全国学联，选出理事长张秀熟、副理事长袁诗尧。全省八九十个县都成立了学联组织。爱国十人团普遍建立，仅成都就800多个。

抵制日货在全川从运动兴起时就一直是学商联合行动。5月25日，成都学界外交后援会成立后，药材商、匹纱商、山货商通告沪、渝，停购日货。兴隆公号的王庶康、金惠泉等将历年所购草帽、衣服、瓷器等日货一概付之一炬。学生们在码头、车站大力宣传抵制日货，使日商货轮经常无货可运，不得不改载客人，票价压得很低，甚至向客人赠送雨伞、仁丹、金灵丹等礼物以招徕乘客，但仍很少有人问津。

6月8日、22日，成都、重庆分别成立了商学联合会，加强对抵制日货的领导。成都学商联合会规定文化用品，包括书籍纸张及教育用具、科学仪器，不在抵制之列。专门成立调查组和鉴定股，对日货进行详细检查登记造册并广为散发，日货种类、名称等都一一登记得清清楚楚。如成都联合县立中学编印的《日货商标一览表》按语："兹更将调查日货商标一览表列左，请同胞注意注意注意"，下面一一列出"墨、酒、烟"等15类546种商品。[1]

---

[1] 笔者统计的数字，据《五四运动在四川》，四川大学出版社1989年版，第183—189页。

重庆商学联合会集中调查日货，处理奸商。1919年11月，发现重庆警察厅长郑贤书挪用公款4000多元，廉价购进信孚洋行的日货80多箱。川东师范等校学生1000多人包围警厅一天一夜，迫使郑贤书把全部日货交至商会。学生赶到商会，与郑贤书的卫队发生冲突，2名学生受伤，郑贤书的卫队被学生解除武装，郑贤书从后窗逃跑。学生把郑贤书所购60件日货，价值2000余金，运到朝天门公开焚毁。经各界强烈要求，省长杨庶堪下令撤销了郑贤书的厅长职务。这样，全川抵制日货既轰轰烈烈，又坚决细致地开展起来，持续达三年之久，是全国抵制日货坚持时间最长、规模最大的地区。

四川在抵制日货中也发生过些许冲突，但总体看，四川督军熊克武、省长杨庶堪，川军军长杨森对爱国运动明确支持。5月25日，省长代表会见学生代表宣布"凡国民正当言论出版绝不干涉"；熊克武通电北京政府要求拒签和约；杨森对爱国学生公开赞扬。这对爱国运动的发展构成有力支持。

万县、达县、内江、宜宾、乐山、绵阳、雅安、南充、泸州、温江、绵竹、秀山、金堂、江油、双流、简阳、崇宁、灌县、广汉、綦江、富顺、自贡、长寿、遂宁、彭县、大邑、眉山、犍为、荣县、洪雅、夹江、射洪、保宁、五通桥、三台、江津、新津、新繁、梓潼、中江、江安、璧山、邛崃、云阳、武胜、奉节、铜梁、芦山、马边、丰都、广安、岳池等全川八九十县和镇爱国宣传、抵制日货都得以广泛展开。

十四 陕西[1]：学子并肩抗争

"五四"前后，陕西政局呈分裂状态。盘踞省会西安、控制省政府并统治大部分地区的是投靠皖系的督军陈树藩，对外以山西棉业和铜币制造权为抵押向日本洋行借款；对内穷兵黩武，纵兵攻打孙中山部靖国军控制区，疯狂掠

---

[1] 本节主要依据《五四运动和马克思主义在陕西的早期传播》，陕西人民出版社1990年版；《中国共产党西安历史》（第一卷），中共党史出版社2005年版；田杰、韦建培：《五四运动在陕西》，《陕西师范大学学报》（哲学社会科学版），1979年第2期等。

夺、压榨民众。

5月14日，西安《长安日报》首次报道五四运动。西安法政专门学校、省一中、三中、成德中学、农业学校等校学生代表齐集一中召开西安学生代表联席会议，决定全体罢课，示威游行。陈树藩及省长刘镇华闻讯下令"如有不遵守者立即枪毙"，并令电报局不得为学生对外发电报。次日，学生代表在教育厅人士的帮助下，再次见陈树藩，经辩论达成只讲演发传单、不示威游行的口头协议。从此，各校轮流每日在省议会门前人多处讲演，各界民众听讲围观者很多。各校学生印发数十种传单，广为散发，古城各界民众很快动员起来。

5月下旬，西安学生冲破禁令，走上各主要街道张贴标语，呼喊口号，然后齐集文庙，准备举行全市学生游行示威，被陈树藩直接出面压制未能进行。学生转而分散成小规模讲演队、宣传队在西安市场街头、集会上、人群中活动。6月初，陕西学联在西安学生代表联席会议基础上正式成立，选举会长屈武、刘道洁，评议长高尚贤、邹遵，外交代表翁子敬、李跃南。之后，陕西学生救国讲演会、陕西公民救陕会、基督教救国会等各界救国团体纷纷成立。6月3日至6日，西安学生连续举行声势浩大的游行示威，动员全城奋起抵制日货。学联与总商会联合通电全国一致抵制日货。一些商人自动销毁部分日货；极少数继续贩卖日货的商店，多被手执军棍的学生捣毁，所存日货被查封。

学联积极与京沪及各地爱国运动加强联系，派屈武和省三中学生李跃南为代表，赴上海参加全国学联成立大会。

陕北各县由陕北镇守使井岳秀割据，于右任任总司令的陕西靖国军驻渭北地区，一向民主空气较为浓厚，公开与陈树藩对峙，学生运动先于西安而起。5月中旬，三原县各中小学校学生和教师等在隍庙戏台前举行群众大会，然后列队绕南北二城游行，市民纷纷自动加入。6月6日，由渭北中学学生发起，三原县六七千学生，还有各界群众、军人、政府官员纷纷参加，游行连续3天，最后一天在城隍庙召开群众大会。之后，学生分成小组，沿街巷宣传抵制日货并进入商店搜查，靖国军的一些官兵也积极参加。16日，西北救国会在高陵县隆重举行成立大会，农商各界和附近各小学学生共数千人参加。

在榆林，榆林中学教员杜斌承发动学生组织演讲团到各街宣传，到商店检查日货。古文教师杜斗垣写了一篇文言《讨倭奴檄》，学生广为传诵。李子洲、呼延震东等旅京津学生及时把各地学生斗争情况传到家乡，使榆林成为陕北学生运动的又一中心。

川系军阀刘存厚部占据陕南，政治上倾向段祺瑞，但在全国形势的推动下，对学生运动管制相对宽松。首先起来响应北京学生的是汉中学生。经汉中联中、汉中农校、南郑县中等校师生联络，各校师生及各界群众数千人，在北校场召开声援大会。会后，游行示威，各校学生即日起联合罢课。西乡、城固等县都展开了爱国宣传和抵制日货活动。

十五 云南[1]：各方同仇敌忾

唐继尧1913年起继蔡锷任云南都督，参加护国运动、护法运动，"五四"前正声威鼎盛，以"东大陆主人"自命，号称滇川黔鄂豫陕湘闽八省靖国联军总司令。他公开宣布："滇省历次护国、护法，均以扶持正义，拥护主权，正与今日各省学生之举动，同出一道。"[2]他还下令取消了派员到日本考察教育的计划。

云南五四运动酝酿较早。1917年，省立一中成立了学生自治会；翌年6月，昆明商界、学界、工界、农界组成云南救国会；同年夏，留日归国学生张天放在昆明创办全省第一家白话刊物《救国日刊》。1919年3月6日昆明各界在救国会址召开首次国民大会，向巴黎和会中国代表通电，要求勿稍退让，号召

---

[1] 本节主要依据刘达成：《"五四"时期云南人民的革命斗争》，《昆明师院学报》1979年第2期；谢本书：《"五四"运动在昆明》，《思想战线》1979年第2期；谢本书：《"五四"运动在昆明及对云南历史发展的影响》，《云南文史丛刊》1999年第2期；张天放：《"五四"运动在云南的缘起与发展》，《云南师范大学学报》1980年第2期；《云南省志卷六十·教育志》，云南人民出版社1995年版等。

[2] 《唐督军训令第702号》，转引自谢本书：《"五四"运动在昆明》，《思想战线》1979年第2期。

抵制日货。

5月中旬，五四消息传到昆明，省一中学生杨兰春（杨青田）、段融生、张舫等铅印一份《缘起》分发各校得到热烈响应，一些学生上街演讲。6月4日，省议会、总商会、省农会、报界联合会、教育会、救国会、实业改进会、和平会、三迤总会、三省联合会、国民后援会、尚志学会等发起，国民大会在云南茶园（今云南省第一人民医院内）召开，昆明学生和民众万余人出席，其中包括一部分政府官员和讲武堂学生，会后游行示威。队伍沿途捣毁了日商的保田、府上洋行，日商理发店、镶牙馆；经德胜桥附近的日本领事署门前时，高呼抵制日货等口号，日本领事馆人员紧闭大门不出。

6月8日，云南学生爱国会（9月更名为中华民国学生联合会云南分会）正式成立，杨兰春任会长。很快，爱国分会在昆明、安宁、大理、腾冲、思茅、蒙自、昭通等地纷纷建立。

抵制日货运动在各地展开。昆明54家大商号签字不再进日货。云南实业改进会特设日货国货陈列馆，各界民众踊跃参观。7月25日国民大会再次召开，各界1000余人与会，中心就是筹商抵制日货办法。8月间，昆明商界数次罢市，使日货在云南销路大减，1920年，日本的主要货物洋纱进口量，只有1919年上半年进口量的十分之一。[1]以前畅销的印花布、搪瓷器、洋灯、洋伞、火柴、电石等大宗货几乎绝迹。外商运来少许日货无人问津。昆明3家日本商号不得不撤离云南。

6月4日，学生及各界民众在游行示威中捣毁日商洋行门窗后，唐继尧立即下令军警干涉，发出"轨外行动""一律从严惩办"的命令。学生们针锋相对地一方面用实际行动突破当局限制；一方面尽量利用当局与北京政府的矛盾，取得斗争的合法性。广大民众热烈支持，学生爱国会租借景鸿街2号作会址，房东不收租金。昆明出现了"李六更"（李姓老人，原为北洋政府议员，

---

[1] 万湘澄：《云南对外贸易概观》，新云南丛书社1946年版，转引自谢本书：《"五四"运动在昆明》，《思想战线》1979年第2期。

每天早六更起床敲梆，叫人们速起救国）和"芮七锣"（芮姓75岁老人，受李六更感动，购一铜锣，每天敲锣，与李六更"勠力同心，誓死救国"）的动人故事。[1]

云南学生积极加强与全国各地的联系。9月，云南学生爱国会改称为中华民国学联云南分会，《云南学生爱国会周刊》改为《云南学生联合会周刊》。楚图南、柯仲平等应邀赴沪参加全国学联第一次代表大会。张天放等5位代表赴沪参加全国各界联合会成立大会期间获孙中山接见。孙中山指出，"云南处在英、法两国争夺的地位，更要特别注意反帝反侵略的教育工作"[2]，对云南人民是很大的鼓舞。

十六　贵州[3]：官民共同对敌

"五四"前后，黔系军阀属西南军阀新义系，其中"旧派"首领刘显世任督军兼省长；其部下王文华等称新义系"新派"，受孙中山革命思想影响，要求进行必要的政治经济文化改革，两派政治上都同皖系军阀对立。

5月19日起，《贵州公报》《铎报》《少年贵州日报》等报道了北京等地的运动，贵阳各界纷纷要求发起国民大会。刘显世旧派既怕运动危害其统治秩序，也怕新派控制群众而表示反对；新派则积极支持，也有趁势扩大本派实力的意图。5月28日，时属新派、任少年贵州会主任理事的何应钦和属旧派的省教育会会长、省议会议长兼南明中学校长的张鹏年等联络各界，成立贵州国民大会筹备处，何应钦被推选为主任，发表通告支持学生运动。显然，运动背后有官方新旧两派争夺领导权的影子。

6月1日上午，贵州国民大会在市中心的梦草公园召开，数千人参加，何应

---

[1] 谢本书：《"五四"运动在昆明》，《思想战线》1979年第2期。
[2] 张天放：《"五四"运动在云南的缘起与发展》，《云南师范大学学报》1980年第2期。
[3] 本节主要依据熊宗仁：《五四运动在贵州》，贵州人民出版社1986年版；熊宗仁：《何应钦传》（上），贵州人民出版社1900年版；李仲明：《何应钦大传》，团结出版社2010年版；沈德海：《贵州革命史研究》，贵州人民出版社1996年版；《贵州省志·教育志》，贵州人民出版社1990年版等。

钦任大会执行主席。会后3000多学生游行，所过之处，市民倾家而出夹道欢迎，有些还加入游行队伍。到省长、督军公署时，何应钦等10余名代表进入，当面要求督军刘显世遵从民意。刘显世说他早就反对北京政府卖国，同时要求学生遵从法规。

6月18日和7月3日，留日归国学生救国团和全国学联代表闽继骞、康德馨、聂鸿逵先后到贵阳。7月6日，各校学生代表举行学联贵州支会筹备会议，旧派提出须省教育会派代表参加，贵州学联支会名称应为"贵州学界联合会"。学生坚决反对旧派要求。16日，贵阳的法政、达德、模范、南明、讲武堂等校学生结队到达梦草公园光复楼前，9时召开学联成立大会，闽继骞、康德馨、聂鸿逵及各校各界代表发表演说。会后，学生按校列队游行；一路上，民众助威不断。这标志贵州五四运动进入高潮，也表明学生运动摆脱了贵州当局控制。此前主导运动的贵州国民大会和少年贵州会转为学联支会的追随者。

贵州学联大力抵制日货，发现商店仍贩卖日货，就立即没收或干脆把该店捣毁。某"协和烟庄"趁夜晚偷运25箱日本玻璃进店，被学生发现没收。日商小林洋行依仗外交特权，以为风头一过照旧营业，不料半个多月过去，抵制日货却越来越猛，就贴出布告，愿以低于中国货的价格出售日本洋布。但布告一连三天都被撕去。某日有一商人探头探脑从该洋行扛一箱东西往外疾走。学联纠察股立即上前检查，发现箱内全是撕去商标的日货。学生集合队伍冲进洋行，把玻璃橱窗全部打碎。小林洋行立刻门前冷落，日商纷纷灰溜溜离开贵阳。[1]

全省81县相继积极行动。6月19日，古城遵义中学三百多学生罢课；20日，女子师范学校等10余所中小学罢课。21日晚，学生和教师共2000多人在老城大操场举行抗议集会。会后，师生高举火把、灯笼举行游行，市民群众自动排队尾随学生队伍，从南关至北关，走遍全城各主要街道。

---

[1] 熊宗仁：《五四运动在贵州》，贵州人民出版社1986年版，第71—75页。

遵义各界投入抵制日货运动。6月23日，方春凡、刘绍成两家丝织厂30多名工人集体罢工。24日，全城的匹头、百货、医药三个行业罢市。接着全城五金等10多个行业80%以上业户关门罢市。大商人汤子善趁全国抵制日货，日货急剧降价，派人到外地大批收购日货，准备大捞一笔。学生和市民得知，奋起前往捣毁汤的洋纱铺，把全部洋纱堆到街上放火烧毁。以后一年多时间，日货在贵州全省市场上几乎绝迹。

十七　黑龙江[1]：工运鼎力支持

"五四"前，日本把黑龙江地区作为武装干涉俄国革命的前进基地，根据《中日共同防敌军事协定》大肆扩充势力，大量商品、资本、人员涌入黑龙江。沙俄在黑龙江的势力因十月革命的胜利而急剧衰落，但仍有一定影响力。第一次世界大战期间，黑龙江地区民族工业发展较快，工人阶级力量迅速增长。1907年5月14日，中俄两国数千名工人在哈尔滨太阳岛一个高岗集会，会场四周插红旗，上书"民主""自由""五一万岁""中俄工人团结起来"等，是中国工人阶级第一次纪念五一国际劳动节。[2]1911年，仅中东铁路哈尔滨总工厂员工达12000人左右。1917年3月哈尔滨中东铁路总工厂等3000余工人罢工持续一个月；1918年1月，中东铁路总工厂2000多工人罢工近20天。[3]布尔什维克在哈尔滨相继创办《回声报》《前进报》《劳动之声》等俄文报刊，免费向各界散发。先后任滨江道道尹的李家鳌、傅强等当局政要，在"五四"后基本站在维护民族利益的立场，当日本侵略当局和北京政府、奉系当局一再

---

[1] 指现行区划。本节主要依据郭渊：《"五四"时期黑龙江的学生运动》，《东北史地》2008年第4期；郭渊：《五四时期哈尔滨的青年学生运动》，《党史研究与教学》2008年第5期；李士良等：《哈尔滨史略》，黑龙江人民出版社1994年版；赵俊清：《五四运动在黑龙江》，《中共党史研究》1999年第4期等。

[2] 张翔等主编：《黑龙江省红色历史文化研究》，黑龙江人民出版社2012年版，第3—4页。

[3] 赵俊清：《五四运动在黑龙江》，《中共党史研究》1999年第4期；另《中国共产党哈尔滨简史》（中共党史出版社2010年版，第1页）中提出：到十九世纪二十年代初，中东铁路中国工人有1.7万多人。

要求镇压时，都没有真正贯彻实施，而取淡化、维护立场。这对黑龙江人民投身五四运动产生了深刻的影响。

5月6日和7日，哈尔滨市东华和育才等校1000多学生和3000多商人、工人及市民两天连续集会游行。11日，哈市众多山东籍市民联名通电北京政府。17日，东华中学等各校学生再度走上街头演讲、散发传单，演出自编话剧《英雄泪》《国事悲》等。6月中旬，东华中学派出代表组成参观团赴京津考察学习；26日，参观团返回哈尔滨，报告京津运动情况和经验。7月28日，哈尔滨成立直鲁救国团，宣布"宁作断头鬼，不当亡国奴"。

5月23日，省城齐齐哈尔各校学生代表举行集会，宣布黑龙江[1]学生联合会成立。6月1日，齐齐哈尔师范学校、省立中学、法政、工业、农业等各校学生649人齐集龙沙公园，举行追悼郭钦光大会，会后游行示威。

商界与学生积极配合。5月19日，哈尔滨道里、道外两区商会召开联席会议，筹划抵制日货办法。30日，哈尔滨道里广盛源等商号发起组织"救国十人团"。众多商家声明不卖日货，豆油、豆饼等中国商品不卖给日商。众多学生组成的救国十人团坚持深入各商家检查日货。对仍贩卖日货的个别商家，学生结队前往捣毁。哈市日货很快销声匿迹，日本金票在哈行情骤降。《盛京时报》《泰东日报》等日本报纸均无人问津。

双城、绥化、满洲里、博克图、宁安、望奎、海伦、依兰等市镇学生和各界民众积极展开了爱国宣传和抵制日货运动。

哈尔滨工人行动十分坚决。5月16日，中东铁路总工厂住"三十六棚"[2]的2000多中国工人，以资方用大幅贬值的"羌贴"（俄币的俗称）支付工人工资，直接导致工人实际收入大减为由，宣布罢工。7月18日，因同样理由，中东铁路总工厂近千名中俄工人罢工，得到中东铁路沿线安达、昂昂溪、扎兰

---

[1] 此处指原黑龙江地区。
[2] 1903年秋，东清（中东）铁路厂厂方为哈尔滨中国工人搭建的6排窝棚式住宅，每排6座。地处洼地，土屋密如蜂房，一户住数家，一屋住数姓，每临夏秋之间，滞水腐臭，百病丛生，俗称"三十六棚"。

屯、博客图、海拉尔、横道河子各车站中国工人罢工响应。21日，哈尔滨发电厂5000多工人罢工。24日，中俄罢工委员会成立；25日，宣布中东铁路全线总罢工。到8月8日止，全路有15000工人参加罢工。

这次罢工不仅把黑龙江的五四运动推向高潮，而且造成中东铁路全线瘫痪，切断了高尔察克的军事运输线，直接支援了乌拉尔的苏俄红军。罢工宣言指出："中国工人和职员们，我们的国土几乎全被日本侵占，'和会'已决定将整个山东割让给日本，几百万山东人将沦为日本的奴隶。我们中国人如果不自己起而自卫，而做日本的奴隶，那么我们还有何面目见我们的兄弟们。"[1]中东铁路的机关报中文《远东报》5月11日发表《论北京学生之大活动》声援学生，称赞"此诚痛快人心之事"。富有政治嗅觉的沙俄殖民主义者及其新闻界灵敏察觉出工人罢工同学生运动的密切联系，其《满洲新闻报》说："中国工人意欲同学、商界采取一致行动，故于近期中国工人将要举行总罢工。"[2]

十八　吉林[3]：各族捍卫主权

5月5日，在京、津的吉林籍不少学生赶回省会吉林和长春，向民众介绍北京学生的事迹。7日，吉林私立毓文中学、省立一中、一师、法政等校学生开始罢课。8日，中等以上学校学生代表开会。10日，农工商等社会各团体代表到省议会谒见议长于慕忱。于欣然同意召开公民大会。督军孟恩远、省长郭宗熙却派军警严密把守公共体育场，加派岗哨和保安骑兵巡逻市区。11日上午10时，吉林各校学生和群众2000多人结队向公共体育场进发，但体育场早被大批军警团团围住，大会没有开成。学生就带领各界人士走进各大街小巷讲演，宣传抵制日货。各校学生代表秘密集会，商定12日早在省议会集会。

---

[1] 转引自祁冰：《关外赤子情——"五四"运动在东北》，《党史纵横》1999年第5期。
[2] 转引自李述笑：《哈尔滨历史编年（1763—1949）》，哈尔滨出版社2000年版，第107页。
[3] 指现行区划。

12日黎明，各校学生集合队伍在省议会大院召开大会，学生代表、各团体代表、省议会议长、议员登台演说。会后游行示威。督军孟恩远、省长郭宗熙答应向北京转达学生要求。当天下午，吉林省学生团正式成立，推举省一师学生吴仁华为学生团主席并出席全国学联会议。

　　延边地区东与苏俄沿海州相邻，南与朝鲜隔江相望。"五四"前，日本极力推进延边通朝鲜铁路，设立警察署和总领事馆及珲春等县分领事馆，日货大量涌进。奉系当局对日本图谋步步退让。深受朝鲜"三一"运动、"三一三"斗争[1]影响的延边人民对日本侵略者强烈仇恨。

　　5月18日，延吉师范、延吉二中及各校学生300多人集会游行示威，成立吉林省东南路学生团；6月1日，各群众团体在延吉商会成立公民团。延边人民提出口号："维护路权"，把反对日本收买奉系军阀政府修筑吉会（延吉至朝鲜会宁）铁路的斗争纳入五四运动洪流。

　　这期间，日本勾结亲日派军阀政客修建吉会、天图（天宝山老头沟至图们江左岸开山屯）铁路。吉林民众一致坚决反对，吉林市各界声援北京学生的游行队伍冲进省"交涉署"，表明严惩曹汝霖、章宗祥、陆宗舆，坚决反对修筑吉会铁路，交涉员吓得从后门落荒而逃。延吉各界明确提出了"反对日帝修筑吉会、天图铁路"的口号。北京政府终于被迫拒签吉会铁路条约，当年内下令停止天图工程。这成为全国各地把五四运动同维护本地经济主权问题结合起来的重要起点。

十九　辽宁：学生勇破禁锢

　　"五四"前，奉系军阀张作霖正处在统一东北的半路上，千方百计使东北完全处于排日圈子之外。"五四"后，张作霖悍然取缔学生在校集会，严禁罢

---

[1] 1919年3月13日，延边朝鲜族、汉族民众3万余人展开反日集会和示威运动。以此为契机，延边各地朝鲜族聚集地都掀起了反日运动。

课游行，声言"对图有妄动行迹者"一律"枪杀"。[1]

学生不畏强暴。奉天（沈阳）第一中学学生冲破封锁，联络各校，发起组织"奉天学生团"。5月27日，第一中学、师范学校、女子中学、工业学校学生走上街头游行示威，向省议会请愿；[2]各校学生代表在汇文学校召开会议，宣布成立"奉天学生联合总会"[3]。29日，各校代表在东关学校召开学联第一次代表会，发出通电，决定31日假借"公共体育大会"名义召开学生大会，被当局派大批警察破坏。各校代表又秘密约定，利用6月1日"夏节"例假，到城外召开学生大会，被张作霖特令"夏节一律禁止放假"未成。

抚顺学生先于省城学生上街游行，散发传单；商户召开会议抵制日货；工人以息工支援北京学生。海城师范、县立一中等校学生5月8日举行集会，1000多学生冲破军警阻拦沿街游行；5月9日至10日，各校学生总罢课。岫岩县各校学生5月中旬罢课、示威游行，检查日货，凡日货一律烧毁。锦县东街天华石印局翻印了天津路局寄来的有抵制日货、日币，反日等字样传单300余张。锦县当局立即逮捕石印局工人罗四和执事孙义，但怕引起罢工浪潮，几天后匆忙释放二人。

5月，奉天总商会秘密转发北京总商会"关于抵制日货的通知"。5月20日，盖平县商会召开董事会决议提倡国货。5月27日，安东商会正副会长召集各商号执事开特别大会响应关内各省。

朝阳、锦县、锦西、绥中、兴城、彰武、义县等中小城镇普遍开展了学生罢课、商人罢市、捣毁日人商店、焚烧日货、张贴反日标语、散发传单等活动。

军阀政府唯恐势态扩大，对爱国学生极力压制。1920年12月31日，省教育厅上报省长公署核准，开除省立第一中学学生250人、第一师范学校学生180人、女子师范学校学生110人、甲种商业学校学生90人，合计4校共开除学生

---

[1] 张伟等：《沈阳三百年史》，辽宁大学出版社2004年版，第395页。
[2] 喻鹏秋：《五四运动在辽宁》，《兰台世界》1999年第5期。
[3] 张伟等：《沈阳三百年史》，辽宁大学出版社2004年版，第396页。

630人。[1]但学生毫不屈服坚持斗争。

二十　广西[2]：波澜从东向西

广西桂系军阀陆荣廷与皖系军阀严重对立，极力推动五四运动，力图把斗争矛头指向皖系，这有利于广西反帝爱国运动的发展。广西青年周瑞琦毕业于北京大学，在运动爆发后"以忧国激愤，投河殒命"，有力激发了广西人民的爱国民主觉醒。

5月27日，广西东部滨海的梧州成立全省第一个学生联合救国团。6月，数千学生在梧州大较场集会，美国人办的建道圣经学校全体学生也冲破校方禁令按时参加，会后全城游行。省会南宁，省一中、第三师范、县立高小等校学生成立南宁学联，推举雷荣璞（雷经天）任会长。6月30日，南宁各校学生和各界3万多人集会，一个青年当场断指血书，写下"誓死殉国"四个大字[3]，会后游行。游行队伍特意涌到列强控制的海关税务司门前高呼口号，吼声震天。平日耀武扬威的列强官员和洋行老板紧闭大门，龟缩不出。7月初，京沪学生代表黄士嘉、李运华、蔡灏到达梧州，广西第一次学生代表大会在梧州举行，宣布成立广西学联，方规被推选为会长。

抵制日货斗争迅猛推进。南宁商会决议抵制日货，将大批日货"携至新商埠大马路旷地焚毁"。[4]各商店店员将商店门前日货招牌统统摘掉。贵县商会会长谭某购进日制火柴500箱，被学联查出。谭某先是宴请学联会长谭寿林等3人，被严词拒绝；后又勾结县知事出面对学联施加压力。学联毫不犹豫，立即组织八九百学生，在城厢搬运工人和河渡工人的帮助下，将火柴运

---

[1] 喻鹏秋：《五四运动在辽宁》，《兰台世界》1999年第5期。
[2] 本节主要依据莫杰：《五四运动和广西人民》，《学术论坛》1979年第2期；陈欣德：《五四运动与广西》，《广西党史》1999年第2期；《中共广西大事记（新民主主义时期）》，广西人民出版社1989年版；《广西通志·教育志》，广西人民出版社1995年版等。
[3] 《申报》1919年7月16日。
[4] 《时报》1919年6月1日。

到县城对河南岸,在隔江对岸群众两三千人的瞩目下,举火点燃,群众齐声高呼"抵制日货"。桂系军阀投资的南宁最大的先施公司有一批日货从水路秘密运进南宁,大批军警持枪警卫。学生和码头工人查知,学联组织学生冲破警戒,在先施公司门前示威,要求其交出日货。先施公司从此恶名远播,只好关门停业。

二十一　内蒙[1]：少年斗志顽强

蒙藏学校的内蒙学生荣耀先、王祥、孟志忠、恒升、巴文峻、张良翰等参加了北京"五四"当日的创举,其中不少是骨干分子。其中有"赵瑞年,还有一个姓巴的(是石王庙小学的教员),很快把消息传回家乡[2]。归绥(今呼和浩特)当时只有土默特和归绥两所高等小学校和一所归绥中学,共有学生500多人,立即举行座谈会,上街宣传爱国,抵制日货,迅速成立了绥远学生联合会。

5月中旬,归绥中学全体罢课;下旬,两所高等小学全体罢课。各校学生和教师分别组成了十多个小队奔赴街头,大声讲演,在大街小巷张贴大批标语和传单。归绥的绥远总商会也向全国通电,坚决拥护和支持学生的爱国运动。绥远都统马福祥对学生爱国运动态度谨慎,没同学生发生冲突。

1921年,交通系的蔚丰兴业公司和土默特旗总管荣祥联合,天津商人沈某与日本公司联合,同时在呼和浩特兴办电业。日商和沈某架设电线时,不管居民住宅庭院或郊区农田菜园,任意栽埋电线杆,还不准在电线杆周围种田,引起市民、农民等极端不满。各校学生就在市民、地方绅商支持下,提出"抵制日货""自己办电厂,不要日本人办"游行示威,砸了沈某办的电话局和电灯

---

[1]　此处主要指当时的绥远特别区(今中华人民共和国内蒙古自治区中部),行政中心为归绥(今呼和浩特)。本节主要依据郝维民：《"五四"到"五卅"时期呼和浩特反帝爱国运动史实札记》,《内蒙古大学学报》1979年第1、2期合刊；童力：《五四运动与少数民族》,《中央民族学院学报》1979年1、2期合刊；《乌兰夫传》,中央文献出版社2007年版等。
[2]　郝维民：《"五四"到"五卅"时期呼和浩特反帝爱国运动史实札记》,《内蒙古师大学报》1979年1、2期合刊。

公司。李裕智（蒙古族）带领一批学生，手持斧头和锯子，锯倒了已栽好的电线杆。沈某被迫狼狈逃到包头。

1923年5月7日上午，归绥各校学生纪念五四和"五七"国耻日，在归绥中学大操场集会，因1922年绥远师范建立，全市学生增至1000多。下午学生分队到各街道商场宣传抵制日货，贩卖日货的"盛记"商号经理公开反对，并把传单撕碎掷地践踏。8日上午，学生照常出发宣传，学生纠察队30多人冲进"盛记"，不到半小时，把摆满两层楼的绸缎布匹、瓷器玻璃、糖果点心、东洋挂钟手表等货物全部捣毁砸烂。"盛记"经理等人逃之夭夭。

运动中涌现出一批先进分子，如土默特高等小学的云泽（乌兰夫）、多松年、云润等蒙古族学生，归绥中学的李裕智、吉雅泰（蒙古族）、于存灏、孟纯（蒙古族）等，毕业后相继考进北京蒙藏学校，在李大钊、赵世炎、邓中夏等引导下，迅速走上献身中华民族解放的革命道路。

二十二 其他各地：紧密联系，共同发声

保定、唐山、石家庄[1]：五四学生运动的消息，当天下午就传到保定，高等师范等校师生行动起来，"争回山东主权"等大幅标语就贴上各主要街道。5日，育德中学、高等师范、法政专科、农业专科、第二师范等校学生队伍冲向西大街、天花市场一带。7日，驻保定的直系军阀曹锟派出大批军警监视爱国师生，天津直隶教育厅派来督察员压制破坏学生运动，同仁、第六中学、培基女校，第二女师等校规定学生不得集会游行。但学生毫不畏惧，9日，各校学生会派出育德中学学生吴震寰（吴玉章之子）、教师代表刘仙洲去北京学联联络，北京学联立即派人到来。19日，各校学生代表齐聚育德中学礼堂，正式成立保定学联。大会决定建立"救国十人团"并通过《中华救国十人团

---

[1] 本节主要依据王士立：《五四运动在唐山》，《河北学刊》1984年第4期；朱文通等：《河北通史》民国上卷，河北人民出版社2000年版；《唐山市路北区革命史》，中共党史出版社2001年版等。

宣言》，全市各中等以上学校学生绝大多数都积极加入，仅育德中学就500多人。[1]正在"保定赴法勤工俭学预备班"学习的刘少奇、李富春、李维汉等积极出席了大会，参加了各项斗争。24日，全市中等以上学校学生同盟总罢课。学联又联合各界在育德中学召开爱国大会，会后游行示威，动员抵制日货。6月2日，高师派王森然、施天侔、赵文泉等前往北京声援被捕学生，在北大见到邓中夏、何孟雄、李大钊。李大钊送给他们近期出版的部分《每周评论》，并"提醒他们要做好准备，防备军警镇压"[2]。6月16日，学联派吴震寰为代表出席上海的全国学联成立大会。吴震寰回保定后向学联和各界报告了全国学联决议，保定的爱国运动更加高涨。

唐山，工业专门学校[3]首先集会响应北京学生，成立救国会并派代表赴津、京参加学生会议；组织讲演团赴各主要街道讲演，出版白话报纸《救国报》。学生深入到京奉铁路唐山制造厂[4]工人群众中。6月下旬，40000多各界民众举行第二次公民大会，成立工、农、学、商、教、绅各界联合会。京奉铁路唐山制造厂2000多工人和开滦矿务局工人分别成立了"职工同人会"，在邓培等领导下举行罢工[5]。学生、工人还深入农村宣传。岳各庄农民自动成立"乡农民爱国会"抵制日货。唐山日货几乎绝迹。

石家庄，各界工人、商人和市民3000余人5月28日在升平戏院召开公民大会。学生和工人白天到农村和交通要道宣传，晚上到升平戏院和同乐戏院演讲。他们还挨户检查日货，对不听劝阻者重罚，市面上很快就看不到日货。赵县、元氏、正定等县学生和教师游行示威，抵制日货。北大平民教育讲演团邓中夏、朱务善、罗章龙等到正定、石家庄火车站和正太铁路总机器厂工人中讲演，鼓动工人积极投入爱国运动。

---

[1] 《保定历代史事长编》上册，新华出版社2005年版，第1054页。
[2] 《保定历代史事长编》上册，新华出版社2005年版，第1058页。
[3] 已迁四川，现名西南交通大学。
[4] 今唐山机车车辆厂。
[5] 王士立：《五四运动在唐山》，《河北学刊》1984年第4期。另王建初等主编《中国工人运动史》（辽宁人民出版社1984年版，第47页）说，这期间唐山工人没有罢工，而是"举行了示威游行"。

甘肃[1]：旅京学生迅速把消息传回家乡。青年学生积极响应。兰州中等学校学生在校内外举行讲演，游行示威，抵制日货。皖系军阀甘肃督军兼省长张广建悍然出动军警强力驱散学生队伍。学生们非常气愤，更加大力抵制日货。在张广建统治势力相对较为薄弱的各县，斗争规模、声势较省会兰州更大，武威举行了抵制日货大会。

1920—1923年间，甘肃第一中学学生提出建立甘肃中等以上学联，推出王维禔、黄执中、孔登庸、阎铣等7人为代表，向省教育厅提出呈文，震惊当局上层。1923年5月7日"国耻日"，兰州法政、工校、第一中学、农技、师范、女师、华英中学等校师生为纪念五四运动4周年，在曹家厅开会。5月9日，各校师生及市民2万余人集会，会后从左公祠出发分队游行，同时，组织200多人的纠察队维持秩序，各队都大呼废除不平等条约，收回旅顺大连主权，抵制日货。声势空前浩大，震动了全省。

宁夏[2]：五四运动爆发后，旅京宁夏学生就把消息和一些宣传品带到家乡。7月，旅京学生和进步人士返回兰州多取道宁夏，途中就在在宁安堡（今中宁）、中卫等地，多次举行讲演会、报告会，介绍北京等地五四运动情况。西宁大南门内高等小学和蒙番学校学生很快行动起来，在部分教师带领下，在大什字、小什字和东关等主要街道游行，沿途向各界群众讲演，同时劝告各商号洋行停售日货。甘肃督军兼省长张广建悍然出动军警强力驱散学生队伍，学生坚持斗争。

二十三 海外：赤子忧国奋起

（一）东京：中国3000余留日学生获悉巴黎和会山东问题交涉失败后，在

---

[1] 本节主要依据余尧：《五四运动对甘肃的影响》，《甘肃师大学报》1979年第2期；董汉河：《"五四"前后甘肃由旧民主主义革命到新民主主义的转变》，《社会科学》1979年第2期；《甘肃省志·教育志》，甘肃人民出版社1991年版等。
[2] 指现行区划，当时宁夏属甘肃省。

5月4日以留日学生救国团的名义分电国内南北政府，呼吁拒签和约。5日，日本《大阪朝日新闻》针对中国五四运动爆发出号外：《北京烧打起排日学生的暴动——章公使身负重伤，曹汝霖官邸被放火》。东京中国留学生得知后无不热血沸腾，6日，在神田区中华青年会开会决定7日集会游行示威。日本当局得知，勒令不准租借给中国留学生任何公共场所。中国留学生四处租会场，都因警方干预不成，就改在永田町中国驻日使馆俱乐部开会。中国驻日代办庄景柯闻讯，竟在6日通告日警厅，污蔑中国留学生将袭击使馆。7日早晨，中国留学生发现中国使馆四面的路口已经布满全副武装的军警，其中还有五六十名骑警。中国留学生知道无法进入使馆，便临时决定分两组行动：一组葵桥电车站下车，在附近小公园集合；一组三宅坂电车站下车，在德国大使馆门口集合。两组各分成5个小队，向各国驻日使馆递交宣言书。午后2时左右，中国学生到达两个电车站各达1000余人，还有人陆续赶来。他们打出上书"直接收回青岛""五七国耻纪念""打破军国主义"等口号的白布大旗，列队前进。

当三宅坂一组整队走到德国使馆旁巷口时，日本大批警察、步兵、马队一拥而上，肆意践踏，挥刀乱砍。学生顽强集合队伍向英法使馆递交了宣言书。队伍行至大手町时又被大批军警殴打，抢夺旗帜，不少学生受伤和被捕。

葵桥方向一组队伍向美、瑞士、俄使馆递交了宣言书。然后向中国使馆行进，临近时，日本宪兵、警察六七百人将中国留学生重重包围，马队冲击践踏，刀枪猛击。山东学生杜中舍命保护中华民国国旗，被打得半死。十多岁的山东学生李敬安被打倒在地，日警还用佩刀猛击他头部。

结果中国留学生重伤27人，其中广东的彭湃、湖南的龚德伯等头破血流，杜中重伤生命垂危。被捕35人，被分三处关押，日警还妄加11人"刀伤日警罪"。次日晚23人被放出；6天后释放5人，7人被判10天至半年徒刑。[1]

彭湃悲愤交加，当晚回到住处，在一块长约1米、宽约半米的白绢上，啮指

---

[1]《中共党史人物传·民运卷》，中共党史出版社2010年版，第389页。另王晓秋《五四运动在东京》一文说：中国被捕学生12人，被判3个月至10个月徒刑，见牛大勇等主编：《五四的历史与历史中的五四》，北京大学出版社2010年版，第249页。

血书"勿忘国耻"4个大字，寄回家乡广东海丰学联，大大激发了学生爱国情感。

国内举国激愤，强烈要求向日本政府提出强烈抗议并罢免庄景珂，北京政府置之不理。中国各界更加认清了日本政府残暴的帝国主义本质和北京政府亲日媚外的面目。

（二）东南亚[1]：东南亚是华侨华人最密集的地方，近代以来一向积极支持、参加国内的进步运动和革命斗争，很多志士献出了宝贵生命，爱国爱乡优良传统悠久厚重。获悉"五四"消息后，他们立即行动起来。

英属马来亚（今马来西亚、新加坡）：5月下旬，槟榔屿华侨领袖吴世荣等47人联名致电北京政府。首都吉隆坡华侨商学界最早掀起抵制日货运动，华侨商店不进、不卖日货、取消已有订货；华侨华人不买日货，人力车夫不拉日本人，搬运工人不装卸日货。

7月19日至21日，英当局举行签订对德条约庆祝活动，马来半岛华侨一致拒绝参加。吉隆坡工商学界侨胞不挂旗，傍晚5时就关闭门窗熄灭灯火，使市区一片黑暗。英当局28日搜查了全市抵制日货中心——吉隆坡华侨学校，翌日拘留校长宋森、华侨《益群报》编辑主任吴纯民以及华侨救国储金团发起者6人。当地华侨毫不畏惧，8月1日继续罢工、罢市、罢课。10月24日夜，英当局暗中把宋森等6人强制遣回中国，数千华侨冲破军警阻拦前往送行。

5月4日后，新加坡各个街道、角落出现爱国标语。6月3日，华侨各校师生在禧街启发学校集会，5日发布抵制日货檄文。华侨商店立即停售日货。6月16日，新加坡的人力车、牛马、舟船都拒绝日本人。18日、19日，许多华侨商店日货被抛街头销毁。19日晚8时半许，大批示威者冲进牛车水区的史密街部分华侨商店捣毁日货，一些市民住宅的日货也被捣毁或焚毁。在史密街和福建街，群众与警察发生冲突，警察开枪，造成2死2伤。在小坡武疑士街一带，示

---

[1] 本节主要依据郭梁：《华侨与五四运动》，《南洋问题研究》1990年第1期；刘芳彬：《海外华侨华人的爱国活动与五四运动》，《山西社会主义学院学报》2013年第4期；任贵祥：《简述华侨对五四运动的声援活动》，《广东社会科学》1999年第3期；朱杰勤：《东南亚华侨史》，高等教育出版社1990年版；林远辉等：《新加坡及马来西亚华侨史》，广东高等教育出版社1991年版等。数字均引自郭梁一文。

威者与警察发生激烈冲突,警察总监被愤怒的群众用硬物击中头部,差点丧命;随着警察后援军的赶到,群众才逐渐散去。示威者还闯进日本人商店,捣毁一切。惹兰勿刹日本人的肥皂厂,成百箱肥皂被焚。日本人闭紧窗户,足不出户,日领事馆警卫森严,无人出入。20日凌晨3时半,英当局派海军陆战队进入市区,驱散群众,实行戒严。这次事件4人死亡(华人、印人各2人),8人受伤,130余人被控上法庭;日商损失达13000元叻币。

但抵制日货的行动仍在继续。6月29日、7月1日,新加坡华侨杂货、棉布商会分别决定,在日本归还青岛前,停止与日本的全部贸易;如有违犯,罚款500元。此后,华商与日商的公开贸易中止,使新加坡日货销量锐减,与往年同期比较,七八月的日本药品销售量减少七至八成,啤酒的销量减少五至七成。9月便有日本杂货商店破产。

槟榔屿从6月初开始抵制日货。6月21日,示威群众袭击了日本商店和娼寮,马路上的东洋手车被付之一炬。

到7月中旬,马来亚各地华人华侨都进行了抵制日货运动,持续到11月底。

荷属东印度(今印度尼西亚):华侨华人集中的巴达维亚(今雅加达)、泗水、三宝垄等地都爆发了抵制日货运动。

7月中旬起,巴达维亚经营日货的30家华商联名通告当地横滨正金银行、台湾银行分行:今后不接受其期票,要求提兑现款。爪哇的台湾银行有3个分行,华侨存款合计约1500万荷盾,提兑现款对它们明显是威胁。华侨商人决定7月15日后停止与日本商人签订新的贸易合同,停止对日贸易。8月,日本棉布贸易除极少数在暗中进行外,几近全停。华侨商人宣布,自8月7日开始,拒绝接受与日本商人有关的票据支付,拒绝以往合同的商品交易。到9月,资本较小的日本批发商被迫关闭的有两三家。

泗水抵制日货运动始自7月下旬。华侨"铁血团"和"救亡团"等爱国组织在《泗滨日报》刊登公告:从8月1日起,停止与日本商人贸易来往。8月5日,荷兰当局出面压制,禁止《泗滨日报》排日言论。但是,抵制日货持续不停,除去日本棉布贸易避开排日团体暗中进行外,不少日本商品被完全中止贸易。日本啤酒原每月销2000箱，7月份减少一半；8月销量几乎为零。其他如药品、火柴等销量都减少了七八成。

三宝垄也掀起抵制日货活动。7月，华商与日商贸易受阻；8月，公开的对日贸易完全停止。

暹罗（今泰国）："五四"消息传到首都曼谷后，原同盟会负责人、侨商肖佛成主办的《华暹新报》等各报即从5月下旬起，连续呼吁收回青岛，抵制日货。6月19日新加坡抵制日货事件消息传来后，华侨商人就中止了与日商生意，华侨顾客不买日货，使日货销路大减。据统计，1919年6月至8月，暹罗日货药品（主要是仁丹）、啤酒、罐头输入额都为上年同期的50%左右。

美属菲律宾：6月21日，马尼拉华文报纸《平民报》发表社论《华侨急起》。22日，华侨学生二三百人在华侨会馆开会；23日，再次集会，决定向已建有华侨总商会的宿务、怡朗、黎牙实比、和乐等地的华侨进行宣传，抵制日货。广东军政府派来菲律宾筹款的两名代表在《马尼拉时报》发表谈话，华商、华侨立即行动，纷纷抵制日货。

8月4日，美当局召开大战胜利的庆祝大会，华侨各团体一致拒不参加。马尼拉中华商会、菲华侨学联都向菲律宾总督呈交抗议书，坚决反对和会对山东作出的无理决议。华侨学生戏剧社演出爱国戏剧筹款，汇回国内支援爱国斗争。

其他地区：印度孟买以及婆罗洲山打根、沙巴等地的华侨用各种方式抵制日货。日本大阪商船公司的轮船在婆罗洲停靠时，华侨工人拒绝为其装卸、运输煤炭。加拿大温哥华华侨纷纷抵制日货。美国旧金山华侨组织中国外交后援会、中华会馆、同源会、耶教联会，檀香山华侨联合总会等华侨社团，分别致电巴黎和会、各国代表以及美国总统、美国国会议员，坚决反对巴黎和会决定。当美国总统威尔逊决定9月到旧金山演讲时，中华会馆派麦纳律师为代表向他质询，实际是强烈抗议。

海外华侨华人爱国斗争的消息迅速传回，刊登于国内《民国日报》《东方杂志》等各大报刊，沉重地打击了日本帝国主义及其同伙，鼓舞了全国各界的斗志和信心，构成了五四运动的一条特殊战线。

第六章　六三运动和六五运动

国内外不少五四论著[1]中的"六三运动"均指"6月3日由北京学生遭逮捕而触发的全国响应、支援的运动";也称6月5日开始的上海工人大罢工为"六三大罢工"[2]。

但当时,6月5日开始的上海"三罢"被称为"六五运动"。胡适在《每周评论》第29号上发表的《七千个电报》说,"这一次七千个电报所以能收效,全靠还有一个'五四运动'和'六五运动'";上海《民国日报》1919年11月10日社论《祝全国各界联合会成立》也用"五四运动"和"六五运动"的提法,并将两者合成为"二五运动"。显然,这个"六五运动"是把6月5日上海的罢工、罢市和罢课作为一个运动来陈述的。

在此,采用"六三运动"专指北京学生斗争,"六五运动"专指上海罢工罢市罢课斗争的意义叙述这段历史。因为这更符合当时的具体历史实际,可以更明确清楚地说明北京学生"六三"斗争与上海学生、工人、商人等各界"六五"斗争各自的独特地位、独特作用及其相互关系。这就是:爱国学生一腔热血,义薄云天,不惧牺牲自己的宝贵青春和年轻生命,抗击日本侵略势力的高压威慑和军阀政府的强暴镇压,从而唤起了全国各地各界民众;工人、商人等各界广大爱国民众,以自己的大动员、大抗争,迫使残暴的日本侵略者及

---

[1] 如彭明《五四运动史》,李新等主编《伟大的开端》,汪士汉《五四运动简史》,李新等主编《中华民国史》第二编等。
[2] 姜沛南《关于"六三"大罢工的几个问题》专有一节《名称问题》,提出应称为"六三大罢工",同时说"也有的称之为'六五罢工'"。见沈以行等主编:《中国工运史论》,辽宁人民出版社1996年版,第63页。

其代理人皖系军阀不敢动用如后来制造五卅惨案和三一八惨案等惨案时一类的惯用伎俩，两者最终构成促使中国使团拒签巴黎和约的关键因素之一。

一　破坏与镇压愈演愈烈

日本从五四运动爆发后就百般进行压制和破坏。5月19日，北京学生总罢课后，日本驻华公使小幡酉吉向中国政府提出抗议；20日晚，小幡照会北京政府，称中国人"谗诬友邦"，如果"不加以何等之取缔"，"且引起两国国家上重大之交涉"。[1]日本军舰同时在天津、上海、南京、杭州、山海关等地频繁集结活动。驻京一排日军，持枪游街示威，至中南海总统府门故意横行而过。中南海总统府大门前左右两门有"车马行人，不得通过"的牌示，因此这排日军的行动系侵犯中国主权之举。但中国军警非但不加阻挠，反而向日军行礼示意；日军却傲然不睬。还有些日本人，每天分乘几辆插写有"扶桑馆"等字样的汽车游行，到北京大学、高等师范等校门前故意大声发出侮辱中国学生的叫嚣。

在日本的压力下，北京政府连发训令，开始对学生运动实行逐渐强化镇压。5月14日，北京政府令指责学生运动"流弊之所极，乃至破坏秩序，凌蔑法纪而不恤"，"名为爱国，适以误国"。[2]21日，北京政府撤销被认为同情学生运动的李长泰步兵统领职务，任命人称"王屠户"的王怀庆接替；从当日起，荷枪实弹的步兵、马队密布北京各街道，对各校讲演学生强行制止，抢夺旗帜，撕碎传单，驱散听众。同情学生的北京《益世报》被停刊。北京《晨报》《京报》遭受政府沉重压力。24日，《晨报》在头版头条刊登《本报特别广告》说："昨晚8时，京师警察厅派员会同右四区署员到本报馆检查发稿等事。所有各项新闻稿件须经审核后方准登载。"当时受到这种限制的北京报纸

---

[1]　《北洋政府内务部档案》，《五四爱国运动档案资料》，中国社会科学出版社1980年版，第202页。
[2]　《青岛潮》，《五四爱国运动》上，中国社会科学出版社1979年版，第295页。

有11种。同一天，"商学界联合会在北京大学开会，突来武装警察二百余名，包围该校捕去学生六名"[1]。27日，教育部下令解散罢课积极的北京第四中学，实际是杀鸡儆猴，向市内所有中等以上学校学生施加压力。同日，教育部令各校校长会同教职员在3日内督率学生一律上课。

北京政府采取了两项分化、破坏学生运动的措施。一是5月底，教育部公布即日起停课放暑假，应届毕业生照常举行毕业考试。二是举行文官高等考试及外交、司法官考试，企图吸收一些学生到政府中去任职，以削弱学生运动。

6月1日，北京政府颁发两项大总统令，公开为曹汝霖、章宗祥、陆宗舆等亲日派政客辩护："曹汝霖迭任外交财政，陆宗舆、章宗祥等先后任驻日公使，各能尽维持补救之力，案牍具在，无难复按。"[2]同时，严厉取缔学生运动，指责"北京大学等校学生聚众游行，酿成纵火伤人之举"，"以爱国始，以祸国终"，"举动逾轨，构成非法行动"，须"即日一律上课"，"其联合会、义勇队等项名目，尤应切实查禁。纠众滋事扰乱公安者，仍按前令办理"。[3]

显而易见，北京政府已经紧锣密鼓，决心对学生运动实行坚决镇压。

二　六三运动——北京学生大无畏抗争

6月2日，北京学生坚持上街演讲。下午，7名学生在北京东安市场出售国货被捕。广大学生气愤异常，北京学联当晚决定：3日上午10时，中等以上学校派数百人同时出发，举行更大规模的讲演活动；政府如逮捕监禁，翌日则加倍出发，又翌日又加倍出发，至全部25000名学生被拘禁为止，若有鞭笞杀戮则情甘共受。

6月3日上午，北京20余校各有数百学生分队出动，布满全城各预定地点，

---

[1] 《北京中等以上学校学生公电》，《时报》1919年5月29日。
[2] 《青岛潮》，《五四爱国运动》上，中国社会科学出版社1979年版，第296页。
[3] 《青岛潮》，《五四爱国运动》上，中国社会科学出版社1979年版，第297页。

竖起讲演团旗帜，举着国旗、校旗，佩戴着讲演员徽章，慷慨激昂地宣讲争回青岛、提倡国货。许多市民围观听讲，热烈呼应。学生讲演处，都有大批军警按照京师警备司令段芝贵的命令，放马过去左冲右突驱散听众，侦缉队、保安队冲上去，两个架一个把演说学生押送到警察署。因被捕学生太多，警署容纳不下，便派军警悍然将北河沿的北大三院即法科隔离包围起来，辟为临时监狱，在门口挂上"第一学生拘留所"字样的纸条，午后启用关押学生。

到下午6时，学生被捕超170多人。他们来自北京大学、法文专修馆、清华学校、第四中学、山东中学等校，其中北大学生占百分之七八十。周作人等站在北大三院门口看到"学生随时被军警押着送来，有的只是十三四岁的初中学生"[1]。胡适说，法科因"段芝贵有令，不许外面送东西进去。后来好容易办了许多交涉，方才送了一些被褥进去，共有三十几个铺盖。一百七十多人分用，自然不够用"，"夜里下了大雨，天气忽然大凉，几个学生病倒"。[2]

当天，北京中等以上学联向全国发出通电：

> 今日（三日）学生游行演讲，各校之出发者九百余人，被捕者一百七十八人。北京大学法科已被军警占据，作为临时拘留所，拘囚被捕学生于内。校外驻扎兵棚二十，断绝交通。军警长官，对于学生，任意侮辱。手执国旗，军警夺而毁之。讲演校旗，亦被撕掷。其坚持国旗与校旗者，多遭抢殴。受重伤者二人，旋被送入步军统领衙门，榜掠备至，尚不知能否生还。此外以马队之冲突而受伤者亦多。东华门外有一军官对学生曰：'吾系外国人。'其颟顸昧良有如此者；学生等文弱，拘囚榜掠，任彼军警之所为。一日不死，此志勿夺，杀贼杀敌，愿与诸君共勉之。[3]

6月4日，警察戒备更加森严，但各学校学生再接再厉，出动讲演人员增一

---

[1] 周作人：《知堂回想录》，香港三育图书有限公司1980年版，第379页。
[2] 《北京学生受辱记——大学教授胡适之先生来函》，《时事新报》1919年6月8日。
[3] 《五四爱国运动》上，中国社会科学出版社1979年版，第381—382页。

倍,特别是有100多位女生上街讲演。学生冒着正午的尘沙,在街头向过往围观的各界市民演说。上午11时,北大学生第九讲演团在哈达门大街正演说间,20多警察和多名步兵蜂拥赶来,强行将听众驱散;讲演学生也被斥去。但至12时,学生又出现在青年会门口照样大声疾呼地演说,听者甚众。警察驱之不去,便调来30多名骑兵将这些学生野蛮逮捕。《每周评论》报道:

  上午十点钟时候,各学生怀里藏着白旗,上写某校某队讲演团字样,或五六人或十几人不等,静悄悄的出去。走到行人多的地方,就从怀中摸出白旗子,大声疾呼的演说。这个时候街心的警察,比平常增加好几倍,又有穿灰衣的马队,背着枪,骑着马,四处乱跑。遇到有人讲演,不问他人多人少,放马过去,左冲右突,也不知道踏伤了几多人。把听的人冲散之后,便让游缉队、保安队把讲话的学生两个夹一人,送到北河沿法科大学里边去监禁起来。[1]

  北京政府的倒行逆施激怒了各校女生。6月3日,北京女子中等师范学校(当时女师已有专修科5班,正准备改为高等师范)学生听到大批学生被捕的消息,就决定4日下午列队到总统府请愿。女师校长方还政治态度保守,通知各家长决不容许学生有罢课行为。4日午后1时许,女师全体学生在校礼堂开会后,整队出发,发现前门早已上锁。国文专修科学生冯沅君第一个冲上前搬起石头砸开门上的大锁[2]。众多同学上前硬是把两扇大木门用肩掮摇活动,很快把两扇大门拖下来。大家冲出大门,自动地两人一组排起来,紧接着已经到达的女师附中学生队伍,向总统府出发。
  各校女生接连加入,汇成了一个由15校1000多人组成的队伍。她们拿着纸旗,高喊"打倒日本!打倒卖国贼!撤退包围北大的军警!"队伍经过长安街

---

[1] 《每周评论》1919年6月8日。
[2] 张衍芸:《春花秋叶——中国五四女作家》,人民文学出版社2002年版,第133页。

时，路上密布军警，女生们昂首挺胸，奋勇前进。到达总统府后，4名代表入内请求面见徐世昌。徐派秘书接见。学生代表提出"大学不能作为监狱""不可拿待土匪的法子来待高尚的学生""以后不得再叫军警干涉爱国学生的演说"等要求。秘书表示3天内回复。

这一天，北京有700多学生被捕，北大法科容纳不下，马神庙（今景山东街）的北大理科校舍又被辟为临时监狱，门口贴上了"第二学生拘留所"字样纸条。

当晚大风大雨，还夹着隆隆的雷声。在电闪中，人们隐隐约约可以见到北大法科花园中央一个大蓝布帐篷，门外20个帆布帐篷把法科团团围住；理科门口扎起营帐，刀枪林立；文科门口也扎起了5个黄营帐，有武装警察把守。被关押的学生这时都又冷又饿。3日，被捕的学生两天只吃了两顿饭。4日押进来的学生，到下午5时也不曾喝一口水，进一粒米。但他们毫无沮丧气馁之意，毫不屈服。当天进入法科探视学生的北大教授胡适当晚写信给《时事新报》总编辑张东荪说："法科的学生，穿着黄操衣精神最好；高师和俄文的专修的灰色制服也很整齐。其余的大多没有操衣。但是精神都还好。"[1]

警察厅因抓的人太多，供应不了，在多方压力下，便发公函让北大为学生预备饮食，称"各校学生人数众多，所有伙食用具，应请贵校速予筹备，以资应用"[2]。这份公函既不得不承认逮捕大批学生的事实，又向上司推卸责任，也是对学生及各界群众的表白，但坚持关押学生态度未变。

5日晨，北京中等以上学联向全国各界发出宣言：

> 肴日（三日）以来，恢复露天演讲，被捕者一百七十八人，军警横加虐待。肴电已陈其概。豪日（四日）被捕者七百余人。今日明日，有加无已。是即明知其难故蹈之也。学生等方当求学，惟知有真理耳。真理所

---

[1] 《北京学生受辱记——大学教授胡适之来信》，《时事新报》1919年6月8日。
[2] 《每周评论》1919年6月8日。

在，死生以之。求仁得仁，又何怨乎。[1]

北京各校呈现更多学生上街讲演高潮。"上午捉去的学生约有一千多人，这天学生更加激昂。当出去的时候，各人背着行李，连牙粉牙刷面包都带了，预备去陪伴同学去坐监"。他们"合计约有两千多人，分做三大纵队：第一队是北京大学，第一、第四中学的学生，由东四牌楼过东单牌楼到崇文门一带讲演；第二队是法政专门、蒙藏专门和崇德中学各学校的学生，由西四牌楼过西单牌楼出顺治门一带讲演；第三队是高等师范的学生，从前门到东西长安街一带讲演。出发的时候，一人传十，十人传百，声势非常的浩大。政府加派大批游缉队、保安队出来保护（当视为监视——笔者注）。忽然又有穿黄色军装的马队迎头冲来，把几千几百听的人冲得东奔西散，老幼啼哭，叫哭连天。""学生和兵士争论被军警打伤的很多"，方敦光（法文专修馆）、聂笔灵（高工）、陈峥宇（高工）、黄松梁（北大）、彭世昌（高工）五人，受伤尤重。但学生大义凛然，坚持演讲。军警只好改变方针，不捉学生，只赶听众，形成奇观："三队学生竟能沿街游行，手拿国旗，大叫爱国。不过有许多军队，到处跟随罢了"。[2]

愤怒的学生游行队伍冲破军警马队的包抄，直奔已成为临时拘留所的北大三院，许多市民也自动跟随学生队伍一同前进。队伍到达法科门前，学生们上前要求军警拘捕，誓与前两天被捕的学生一起坐牢。军警一个个被惊吓得面面相觑，连连后退。院内被关押的同学到听到外面喧闹声，纷纷登楼凭窗眺望。于是，门内外的学生都挥臂高呼，彼此呼应，口号声此起彼伏，响成一片。

傍晚，在北大法科文科门前的军警突然撤走，围困北大的军队匆匆忙忙拆掉帐篷迅速离去。京师警察总监吴炳湘亲自赶到北河沿北大法科向各校学生声言立即释放学生。

---

[1] 《学界风潮记》，《五四爱国运动》上，中国社会科学出版社1979年版，第409页。
[2] 《每周评论》1919年6月8日。

北京政府所以如此，是因为6月3日和4日的大逮捕，引起了全国各界各阶层普遍强烈抗议，特别是上海"三罢"的实现，使北京政府极受震动。路透社5日晚11时30分自北京发出消息："接上海商店对于学生表示同情罢市之消息，政府顿变方针，所拘学生尽行释放，驻扎学校军队一律撤回。"[1]同日北京政府为应付学生召开国务会议，有人提出，"若是一味的捉拿，越捉越多，恐怕还要引出别省的反响，不如拿平和方法对待为是"[2]。显然，他们感到强硬镇压方式不成，转而企图用和缓方式软化学生，避免激起更大风潮。主张对学生严厉镇压大量拘捕的警备司令段芝贵被迫引咎辞职。但是，学生拒绝出拘留所，还反拘7名警察，扣下2顶帐篷，作为北京政府镇压爱国学生的人证和物证。他们作出两项决定："一、暂不出校，并举出纠查队员数人维持秩序；二、向政府要求聚会、言论、出版自由，不受限制。"[3]

6日，北京学联通电各省各团体，严正声明"学生等无端被拘，决不能自行散去，致陷逃法之咎。故被拘者仍在北大法理两科，保持拘留时原状，以俟正当解决。惟此次军警蹂躏教育，破坏司法，侵犯人权，蔑弃人道，种种不法行为，皆政府纵使之。武人之跋扈日恣，国家之运命自蹙，长此优容，何以为国？学生等一面质问政府有何以处置军警，一面应亟筹应付国仇国贼之道"[4]。当天，教育部派出代表4人前往北河沿法科劝被拘学生回校，被学生严正拒绝。

7日，大总统徐世昌特派某参议偕教育部两司长前往劝学生"回校修养"。[5]被拘学生坚决拒绝并召开临时会议申明："政府对待学生毫无诚意，或以武力威胁，或以小惠诱，如欲示诚意，须自罢免曹章陆始，曹章陆不予罢免，决不甘休，议决现仍暂不出拘留，所以示要求罢免曹章陆始之决

---

[1]　《新闻报》1919年6月7日。
[2]　《五四爱国运动资料》，《五四爱国运动》上，中国社会科学出版社1979年版，第513页。
[3]　《每周评论》1919年6月8日。
[4]　《每周评论》1919年6月8日。
[5]　上海《时报》1919年6月10日。

心。"[1] "直到6月8日,学生们为准备参加中等以上学生大请愿,才离开了北大法科和理科,返回各自学校,去迎接新的战斗。"[2]

这些行动,充分展示出五四青年爱国主义思想水平和政治智慧在斗争中迅速提高。他们既不为军阀政府的镇压所屈,也不为其软化政策所骗;不仅坚持不懈地为当前的外争主权内惩国贼勇敢斗争,而且为中国人民的民主权利不懈奋斗;不仅义无反顾地站在反日救国斗争最前列打先锋,而且积极推动全国商、工、农等各界民众奋起联合行动;不仅为了中国的主权独立领土完整,也是为了世界的人道、和平、正义。

三 六五运动——上海"三罢"支持北京

上海是全国最大的经济中心,产业工人众多,现代教育、传媒业在全国相对最为发达,在全国相对最为开放;还是全国唯一的外国租界大于中国政府辖界的城市,而且英、美等西方列强比日本势力大。属皖系的上海政府首脑、淞沪护军使卢永祥对运动不得不采取相对和缓的方针。在这些因素综合的作用下,五四运动在上海的进一步发展,迅速由学生运动转向由各界民众参加的全民运动,上海迅速成为全国反对日本帝国主义及其代理人皖系军阀的又一个主战场。

5月5日,上海学生得到北京学生五四消息,立即通电全国及巴黎和会中国使团进行声援,并与江苏教育会等多方联系。7日下午,在西门外公共体育场召开60多个学校及团体、学生和各界民众2万多人参加的国民大会[3]。午后1时30分,大会开始,公推江苏省教育会副会长黄炎培为主席。大会提出"惩办卖国贼段祺瑞、徐树铮、曹汝霖、章宗祥、陆宗舆"、"打消大借款"、"收回青岛"、"释放被捕学生"等要求,以大会名义致电中国巴黎和会代表团,强

---

[1] 《五四爱国运动》上,中国社会科学出版社1979年版,第471页。
[2] 李新等主编:《伟大的开端》,中国社会科学出版社1983年版,第74页。
[3] 《英文沪报》1919年5月7日。另,《时事新报》1919年5月8日报道与会者"统计共有五六千人"。

烈要求取消"二十一条"和一切密约,非收回青岛不得在和约上签字。

会后分队游行。游行者每人手执分别写着"青岛不还毋宁死""共诛卖国贼""废除密约"等口号的小旗,沿路高呼口号。两旁市民人山人海,围观助威,拥挤非凡。

这次大会旗帜鲜明地把段祺瑞列为卖国贼之首,道出了全国人民的心声,实际是上海五四运动的总动员。一些目睹这次游行的老上海人说,他们在上海住了近50年,还是第一次看到这样的学生示威游行[1]。

5月9日是"二十一条"签订4年的日子,上海各校一律停课,展开国耻纪念活动。有的学生组织了游行和讲演。上海书业、药房、钟点、洋货、棉业、烟草业等不少企业停业一天。

上海各界人民迅速组织起来。5月10日晚,参加国民大会各团体各派一名代表组成"国民大上海事务所",公推王兆荣为干事会主席。[2]11日下午,上海各校代表在临时办事处寰球中国学生会内,正式成立上海学联,公推何葆仁(复旦大学)为会长,韩昕(南洋大学)为副会长;当天上海救国十人团成立。

14日,京津学生代表、日本留学生代表来沪。上海学联,国民大会上海事务所、沪上报界联合会等社会团体分别举行欢迎会。

26日,上海开始全市总罢课。上午10时全市公私立中等以上男女学校学生齐集公共体育场举行罢课宣誓。[3]然后由复旦大学打头开始游行,"共五十二校,约两万五千人,首尾经过,约二时之久。步伐整齐、精神严肃、绝无凌乱之状。夹道观者,无不为之兴感"[4]。

31日,上海3万多名学生及各社会团体及其代表在公共体育场举行追悼郭钦光大会。会场中间悬挂烈士遗像,周围摆满花圈,两旁分布军乐队。男女学

---

[1] 张廷灏:《在上海参加五四运动的回忆》,《五四运动亲历记》,中国文史出版社1999年版,第176页。
[2] 《民国日报》1919年5月12日。
[3] 《申报》1919年5月27日。
[4] 《申报》1919年5月27日。

生,头戴白布制帽,远望只见一片白云,声势之盛前所未有。大会首先由上海学联会长何葆仁报告开会起因,北大学生杨钟健报告郭钦光生平,许德珩演说。会后全体学生按学校及团体分82个方队游行。学生队伍中高举一副副挽联特别醒目,如:"君去矣,甘将热血红青岛;吾来也,不许狂奴撼泰山"(明强学校),"杀身成仁,豪气横吞沧海日;前呼后应,哭声寒咽浦江潮"(民立中学),"怕作安重根,万死不干亡国泪;愿追陈太学,千秋共矢摘奸心"(聂中丞公学)等。

游行按计划奔向南市上海县商会。前队抵达后,何葆仁等代表入内大义凛然地提出:"学界牺牲光阴,牺牲生命,商界似亦宜在利益上有所牺牲也。"[1]商会仍犹豫不决,答应明日再与学生晤商。

北京学生大批被捕后,因为北京政府封锁消息,上海6月4日才收到天津学联电报。上海学联立即通电全国响应,呼吁各界"主持公理,速起援救,性命呼吸,刻不容缓"[2]。同时,各校大批学生纷纷走上街头,手持载有天津学联电报的传单,报告北京学生大批被捕的消息,号召各界行动起来。

京、津、宁和留日学生代表学生发出学生罢课、商人罢市、工人罢工联合行动的号召。天津学生代表张阳先根据一个月来学生运动的经验提出:"学生既能罢课以救国难,商界亦可罢市,工界亦可罢工,同来救国,国为全国人民之国,学生不过国民之一种,救国之事,断非学生之力可以济事。凡为中华民国之民,均应同来出力救我中国"。[3]北京学联会长段锡朋强调"对外方面,吾人一方面提倡抵制,一方面应竭力为振兴工业之进行","吾辈必竭诚劝告商工界,使与吾人主张一致","今日乃唯一之时机,绝不可放过去"。[4]

6月4日,大批上海各校学生和救国十人团员分队分组走向城内外及租界各大小商店,不顾军警禁阻,挨家逐户报告北京学生大批被逮捕遭虐待的情况,

---

[1] 《新报》1919年6月1日。
[2] 《民国日报》1919年6月5日。
[3] 《五四爱国运动》下,中国社会科学出版社1979年版,第266页。
[4] 《新闻报》1919年6月3日。

要求商人罢市,有些学生甚至跪地泣求。

至夜间11时,大批学生仍在大小东门、中华路一带讲演动员。淞沪警察厅长徐国梁竟自驱车前往镇压,不但命令"保安队拨派队士约有四五十名,持械往该处,逢人便击,见人即拘",而且直接上前,"向巡长手中取指挥刀一柄,不分黑白,向众乱砍"。[1]学生们毫无惧色,坚持宣传动员。商界人士被学生救国热情感动,被徐国梁等暴行激怒,纷纷"各业星夜聚议,咸谓政府压制学生,各省学生已经一律罢课,则我商界亦应罢市,以示一致"[2]。

5日,全市各小学和租界工部局所设小学学生从下午1时起全部罢课,并组织起来"去各地露天演说","沿途各商店居民都拍手以示欢迎"。[3]

各大小商店在学生的推动下,爱国热情迅速高涨,纷纷积极行动起来,有的资本家业主不愿罢市,店员们纷纷罢工外出,有些甚至坚决表示,"宁愿牺牲现有职业","不达惩办国贼、释放学生之目的不止"。[4]这构成了上海商界罢市能迅速实现并坚持7天的决定性因素之一。

6月5日清晨,南市和城厢内外各大小商店接连罢市。在商户最集中的南京路,"九时许","永安、先施两公司首先收市,不一刻,各马馆相继闭门"。[5]《青岛潮》载:"东安、先施两公司为上海最大商场,平日销运日货甚伙,现因青岛问题,同深愤慨,情愿将日货收藏,换卖国货及西洋货。并切实登报声明,甘弃血本,与各界一致。"[6]

这时绝大多数中国商店没有玻璃橱窗和门,晚间关门停业时是用一块块木版并排齐整拦挡门面,木板的表面涂黑色。所以,大白天各家商店一同停业关门,整个街道就呈现出一片漆黑。街道两边墙上和黑色门板上面贴满了白纸标语,上书"商学一致,速起救国"、"不惩卖国贼不开市"等口号,在阳光下

---

[1] 《时事新报》1919年6月6日。
[2] 《民国日报》1919年6月6日。
[3] 《五四运动在上海史料选辑》,上海人民出版社1982年版,第259页。
[4] 《五四运动在上海史料选辑》,上海人民出版社1982年版,第388页。
[5] 《民国日报》1919年6月6日。
[6] 《五四爱国运动》上,中国社会科学出版社1979年版,第244页。

显得格外醒目。

上海工人从五四运动爆发起,就一直密切关注学生并大力声援。5月7日,杨树浦恒丰纱厂工人在本厂大门两边,分贴"国耻纪念日"和"禁止日本人进厂"大标语。次日晚,全厂2800多工人召开大会,宣布从今以后永与日本断绝工商关系,并推举代表与其他纱厂及各界一致行动。印刷、水木等工人提出坚决不用日产原材料,迫使资本家不得不实行抵制日货。裁缝工人坚决不收日本料子衣服,厨师拒绝用日产海味调料,黄包车拒载日本人,黄浦江摆渡工人拒绝运载日货和日本人过江。种种迹象表明,上海工人正在酝酿大的革命风暴;全市罢市后,工人阶级立刻掀起罢工浪潮。

6月5日上午11点30分,曹家渡内外第三、第四、第五纱厂男女工5000多人,高呼"不替仇人做工"的口号,一起走出工厂,宣告罢工。下午1时30分浦东陆家嘴日华纱厂,杨树浦日商上海纱厂数百名男工撞破被厂方关闭的大门和厂内女工一起罢工。杨树浦日商上海纱厂工人的口号是"罢工救国"。[1]继而,商务印书馆、中华书局印刷工人,济宁、杭甬两铁路部分工人,码头工人等奋起罢工。总计这天罢工两万多人[2],全市大部分工厂工人在积极准备罢工。

上海各界大联合组织在斗争中迅速形成并发展壮大。6月5日下午5时30分,在宁波路卡尔登西饭店举行上海各界联席会议,宣布成立上海商学工报联合会。出席者有商界邹静斋、汤节之、虞洽卿等,省教育会黄任之、蒋梦麟等,报界张东荪、叶楚伧等,京津学生代表段锡朋、许德珩、张扬先等,上海学联何葆仁、朱承洵等,以及各公会、公所、同乡会、企业等代表共二三百人。

北京学联代表段锡朋提出:"北京学生在其决心进行之先,大抵预备衣装下狱,预备遗书别家人也。盖其所抱负者纯粹牺牲主义。"[3]

《民国日报》代表叶楚伧认为:"吾人最大武器,即为罢市二字。设一二

---

[1] 《民国日报》1919年6月5日。
[2] 参见《新闻报》1919年6月7日。
[3] 《申报》1919年6月6日。

日上海各商号或受压力，或不一致而令罢市之举渐归消灭，则今日之举反为多事。故近日所当问者非他，即明日开门不开门耳。"[1]

商界代表邹静斋明确表示："学界诸君，独敢言人之所未能言者，我商家等又安可不速从良心上惮力进行乎。"[2]

会议提出了"不去卖国贼誓不开市"、"不争回国权，坚持到底"、"不遂自由，不纳赋税"、"卖国贼所订各密约，比山东问题更要紧"、"青岛即使交还，密约不取消，还是亡国"、"宁做爱国鬼，不甘亡国奴"、"军警也是国民，也应爱国"、"国民出钱养军警，天良岂能不动"等口号。

商界代表邹静斋提出，今日罢市"非以对外，实以对内""先与捕房接洽""请万国商团、童子军出面维持秩序"；[3]确实表现出了资产阶级不敢鲜明反对帝国主义列强的软弱性，但这里主要是强调防止扰乱，努力使罢市在文明守法的轨道进行，与北京学界代表许德珩提出的"万望勿与日本人为难，致涉轨外之行动也"[4]的思想方向一致。

一向处于社会最底层、政治上落后的游民阶层积极行动起来。"青红帮于上海罢市之日，由首领召集会议。议决，无论罢市若干日，所有盗窃扒手，一律停止。若有违背者，照帮规处罚。"[5]帮会控制的乞丐立即落实这个决定，"自罢市以来，路上乞丐几不见踪迹。闻天后宫中人云，乞丐之首领，六日曾公开通告，不准在路行乞，以免妨碍国人救国之行动，其业扒手掏摸者，亦各有首领，与丐首下同一之通告，戒令罢市之内，不许行偷。故六日以来，市上绝无失窃之事"[6]。"租界各妓院妓女，乃亦激发天良，追随与学商两界之后，……将牌子门灯一律除去，或竟连堂会亦谢绝不到"。[7]名妓鉴冰等在福州路230号依红楼番菜馆隔壁，设学生饮茶休息所，门前高张一大纸称："青

---

[1] 《申报》1919年6月6日。
[2] 《申报》1919年6月6日。
[3] 《申报》1919年6月6日。
[4] 《申报》1919年6月6日。
[5] 《五四爱国运动》下，中国社会科学出版社1979年版，第180页。
[6] 《五四爱国运动》下，中国社会科学出版社1979年版，第191页。
[7] 《五四爱国运动》下，中国社会科学出版社1979年版，第165页。

岛问题发生，各界一致罢歇，学生为国热忱，吾界不忍生息，敬备箪食壶浆，为君充饥解热。并非沽名钓誉，不过稍尽绵力。妓界泣告。"[1]各妓院门前多贴有长八九寸、宽二寸之小传单，楷书"君亦中华民国之国民乎"[2]。

四 上海各界持续斗争

上海"三罢"局面，在近代中国是空前的，在亚洲、世界亦罕见，极大震动、空前搅乱了军阀政府及西方列强上海统治秩序。两者从五四运动爆发起就密切关注运动态势，迅速加紧推行高压为主、政治分化为辅的两面政策。

上海政府首脑、淞沪护军使卢永祥出动大批军警、调两团军队全副武装在市区主要街道巡逻，强行制止学生爱国宣传。5日中午，百余名学生在警察厅前讲演，一批军警上前拦阻。学生大义凛然地与警察讲理，警察悍然将学生逮捕，拘押于警厅。16名学生在道前街讲演，30多名警察一拥而上拳打脚踢，将16个学生全部抓走。晚上，三四千名学生和店员在浙江路一带游行，租界大批巡捕横截马路，用警棍驱赶队伍。游行群众奋起反抗，有些人爬上附近尚在建筑中的住宅屋顶，居高临下，向马路上的巡捕投掷砖瓦，当场打伤8名巡捕。据上海学联统计，这一天学生被捕132人，另有数十人捕后即释，十数校失踪多人。[3]

大批军警进入各商家强迫开市。淞沪警察厅长徐国梁亲率卫队在十里铺一带逼迫商户开市。"各店多以伙友俱已外出，无人负责店务等语"应付。徐令"警察用枪柄乱击店门，各店不得已暂行开店，然警察甫行，店门又闭"。总之，商人们毫不畏惧，坚持不开店门。

6月6日，上海"三罢"迅猛发展。工人罢工规模迅速扩大。华商电车公司、法商电车公司、英商电车公司（部分工人）、求新机器厂、锐利机器厂、

---

[1] 《五四爱国运动》下，中国社会科学出版社1979年版，第55页。
[2] 《五四爱国运动》下，中国社会科学出版社1979年版，第181页。
[3] 《时报》1919年6月6日。

英商祥生铁厂、锦华和小烟囱两丝厂、海关造册处印刷工人及全体职员罢工。

求新机器厂工人游行时，"见街上悬挂白旗横额，风雨飘摇，易于损坏"，便集体捐款建成一座高大的铁木牌楼，上书"毋忘国耻"四个醒目大字。他们还投书《申报》申明"吾国外交失败，国势颠危，凡属国民，同深愤激，是以学界罢课，奔走呼号，商界罢市，哀求挽救。吾工界中人，同此热血，同此天良，际此时期，奚忍坐视？故自今日（6日）始全体罢工，与商学界一致行动"。[1]

值得注意的是，有的学生代表到工人集中的地方劝阻工人，工人严肃坚决拒绝。工人直接批评了那些劝阻者："各位都是学生和商人，你们比我们多受了一些教育，也比我们富足一些。你们有没有想一想，我们工人难道没有良心，难道我们不能对于卖国贼表示我们的愤怒吗？你们稍微想一下，难道爱国精神只限于你们这些阶级才能表现出来吗？"[2]他们还说："我们都是穷人但我们绝对不要我们的国家变成朝鲜第二，那里的一片景象是惨不忍睹的。我们当前所进行的运动，乃是世界史上一件最为惊人的运动。这是一个全民的运动，不是任何武力所能压制得了的。"[3]

商界罢市迅速扩大。市郊浦东、江湾、闵行等乡镇紧跟市区开始罢市。当大批全副武装的军警进入商户强迫开业时，各商家表示："我等死生与学生共之，军队与刀枪无效。"[4]"法界洋布商二十家以日货陈列门前，指示行人，说明日货之样式，随即分为十五堆付之一炬；并立誓非还我青岛，决不再用日货。"[5]这些言行较前日多数商家只要求营救被捕学生大不相同，反映商界政治觉悟在爱国大潮推动下迅速提高。

罢课学生在军阀高压下坚持斗争。大批军警团团包围了南洋中学、大同学校，禁止学生外出。学生从墙内扔出报告，"自言与犯囚无异"。警察厅长徐

---

[1] 《新闻报》1919年6月7日。
[2] 《字林西报》，《五四运动在上海史料选辑》，上海人民出版社1980年版，第309页。
[3] 《字林西报》，《五四运动在上海史料选辑》，上海人民出版社1980年版，第307—309页。
[4] 《时事新报》1919年6月7日。
[5] 《时事新报》1919年6月7日。

国梁"声言誓与学生拼命",对被拘警厅的学生"亲加拷鞭数下"。[1]但上海学联仍派出讲演团各处讲演,还向先施、永安两公司各借得汽车一部,游行全城,分发和张贴传单、标语和旗帜;其中有女学生120人分为6队手执白旗,游行各处;都是力劝群众保持和平,使罢市和抵制日货有秩序进行。

民众同列强在沪当局镇压和破坏下坚决斗争。上海"三罢"局面实现后,以英国人为主的公共租界工部局立即贴出布告,规定"不可再有排外及强迫煽惑等性质之旗帜与招贴","凡一切旗帜等有'抵制日货'及门前贴有'坚持雪耻'文字者,皆须除去。因'抵制'及'雪耻'等字多被日本人指为含有排外性质"。[2]美国人办的《大陆报》立即发表社论提出,美国不能允许"一场神圣的运动演变成暴民的骚乱";美国人的态度是:"把你的店铺关上是可以的,但是如果使整个工业陷于瘫痪,那么你不仅会使无辜者受到损害,而且你自己也在走向毁灭,并将毁灭我们一切人。"[3]

"各个捕房的巡捕和商团都奉命出动去执行这个任务","英国连队在中央和老闸捕房;美国连队在虹口捕房;葡萄牙与日本连队在虹口区;工兵连在中央捕房;轻骑兵队分配到南京路去巡逻";"法租界内法总领事命令法国商团准备随时出动应付事变,同时停泊在港内的外国军舰的士兵大部分在船上值勤。工部局的卡车派到老闸和虹口捕房,以便在商团值勤后一旦发生事变可以迅速地运送他们"。[4]"在中央和老闸区。午后捕房派了修电线的汽车","由奇南、琼斯两巡长指挥,配备了一队印捕和商团,到中央区巡行了两次。第一次撤除了数百面旗帜,第二次车子开到福建路福州路转角处就被阻塞了,群众立刻将汽车包围起来","一些勇敢的人不顾巡警的棍击,撕破了司机的衣服,企图将他从驾驶座上拖下来。附近茶楼上的人从窗口纷纷向车子上的巡捕抛掷茶壶、茶杯、刀子和石块","当时三道头西捕奇南的头部被击中,琼

---

[1] 《民国日报》1919年6月7日。
[2] 《时事新报》1919年6月7日。
[3] 转引自王立新:《美国对华政策与中国民族主义运动(1904—1928)》,中国社会科学出版社2000年版,第317—318页。
[4] 《大陆报》1919年6月7日。

斯的手臂也被石块击伤"。当英国连队押送一个被捕的中国人时,"他们不得不举起刺刀阻挡一群冲上来的中国人"。中国人却毫无畏惧,"齐心一致,团结得象一个人,大家坦胸露臂,拍着胸膛对巡捕和商团说,'你们刺吧!你们刺吧!'"。[1]当晚11点半时,一队特别巡捕在浙江路两座大楼之间巡逻,中国人从大东旅馆和先施公司楼上的窗户里纷纷将砖头、石块向巡捕投掷,并且还朝他们身上浇水。[2]这一切使列强在沪当局"感到非常棘手"。[3]

7日,上海"三罢"继续发展。租界当局、军阀政府高压政策连连受挫后,又拿出政治欺骗一手。上午10时,上海护军使卢永祥和沪海道护道尹、上海县知事沈宝昌在南商会召集各商学工报团体领袖开会,担保拍电向北京政府转达各界人民的要求,恳请曹汝霖、陆宗舆、章宗祥三人去职,同时要求立即结束"三罢"。下午3时,商学工报团体领袖在天后宫桥总商会召开各界联合会。当商界邹静斋报告上午会议情况,讲到"官厅劝告由商会、教育会出名发传单,劝告商家开市、学生上课"时,全体与会者一致表示坚决反对。商界代表主张,"开市、上课只需目的达到。今日政府下令将曹、章、陆、徐诸人先交法庭惩办,吾等明日既可开市"。学生代表纷纷演说,表明了更加激烈的反对开市、上课的立场。

大会当即决定,由商学工报联合会向南北商会申明:"决不可受官厅逼诱,任其假名刊发传单等事",并严正警告:"如有宵小埋没天良,欲将国民血汗牺牲所演成之事实,见好权要,诱煸他人图破大局,以谋自己将来升官发财地步者,吾人誓当以对待卖国贼之方法对待之。"南北商会接到上述公函后决定,"不下令惩办卖国贼,决不开市"。[4]

同日,华界、租界继续罢市。华界"武装警察挨户勒令开市",绝大多数商家坚持闭市,个别"畏其凶焰者勉强除去排门,及其既去,则仍复闭市"。

---

[1] 《大陆报》1919年6月7日。
[2] 《大陆报》1919年6月7日。
[3] 《大陆报》1919年6月7日。
[4] 以上引文见《时事新报》1919年6月8日。

在租界，有巡捕挨户劝告开市，结果无人开门。北京政府内务部警政司驻上海某要员7日电内务部说："华界、租界经警厅与领事，分别挨户劝谕开市，未有何等效力。"[1]工人罢工更加扩大。上午11时吴淞张华浜沪宁、沪杭甬铁路总机厂全体工人冲破执事洋员的阻挠实行罢工。轮船业水手、英商别发印书房、日晖桥中日合营的兴发荣机器制造厂、北浙江路信通织布厂和闸北的手工业工人加入罢工行列。

8日，上海"三罢"进入关键一天。

商界罢市深入到金融界，先有钱庄业罢市，接着中国、交通、浙江兴业、浙江地方实业、上海商业储蓄、盐业、中孚、中华、金城、四明、广东、聚兴诚等12家银行罢市。

工人罢工持续高涨。日本内外棉第三、第四、第五、第七、第八、第九纱厂15000多工人宣布罢工仅5天半时间，就造成日商"损失137500两"[2]。钢铁机器业600余工人集会，决定9日起总罢工。船厂、纱厂及各商店、各公司工人都在酝酿总罢工。在罢工高潮中，工人表现出了维护运动全局的理性态度。当时自来水、电灯厂、小菜场诸小工已经决定罢工，但学生会提出：这些工人"一旦全体停止，非但将肇绝大危险，恐起外人对于此次运动之恶感，并于除国贼之目的亦必受大影响"，"各工人闻之，无不感悟，立即签字，允明日照常上工"。[3]

9日，上海"三罢"进入高潮。

钢铁机器工人及江南造船厂、英商耶松老船坞、瑞镕机器造船厂、日商公兴铁厂、京华造纸厂、上海电气公司、英美烟厂、叉袋角日本纱厂、美孚和亚细亚两火油栈、美商慎昌洋行，全市汽车司机、清洁工人罢工，有的上街游行，表示誓做学商后盾。

海员加入罢工。新宁绍、新北京、大通、江新等轮船的水手纷纷上岸，使

---

[1] 《五四爱国运动档案资料》，中国社会科学出版社1980年版，第255页。
[2] 《日本外务省档案》，转引自《五四运动在上海史料选辑》，上海人民出版社1982年版，第327页。
[3] 《五四爱国运动档案资料》，中国社会科学出版社1980年版，第327页。

上海所有驶往沿海及内河口岸的轮船全部停航。有十二艘已经装好货物、办好海关手续的轮船仍旧停泊在杂货码头上。原预定有七条船要开出，结果因罢工发生停驶。海员朱宝庭回忆："'北京号'及'宁绍号'两船已坐满了四千多人，正当他们归心似箭的时候，我们秘密宣布罢工，此两船为首当其冲者，自此海上泊来之船只，无不立时罢工。……英领事不敢与我们正面交涉，迫上海总商会令我们开工。总商会会长亲到均安会所见我，他叫我通知海员工人到四明公所（宁波同乡会的组织）开会。到会工友千余人，都被巡捕、暗探、包打听包围监视着。总商会副会长方椒伯向我们讲'……如果不开工，你们就不能吃饭……'，他正要继续说下去，猛不防他身后一位体大力壮的工友，把住他的衣服，沙的一声撕破了他的绸衫。群众都鼓掌称快并喊着'打！打！'结果这位方先生默然而退。"[1]英商祥生铁厂全体工人坚持继续罢工，这时正值"有罗维芹洋行订造之轮船两艘，适值工竣，近日为试车之期。该厂西人着令工头再三挽劝，各工人坚执如初"。[2]

上海广大商人面对军警威逼昂然不屈。在大统路镇记石灰号，小北门警察署长率警察用枪托把门砸开，打伤店主，拘捕20余人。在新北门老街，警察冲进信古斋古玩店，店主杨德林晓以大义，警察竟用枪托对杨氏母子毒殴。近邻上前劝阻，亦遭毒打。但杨氏母子宁可挨打也不开店。警察扬言把他们带回警署，杨氏母子慨然愿往。《新闻报》《时报》等大报都迅速报道。[3]

这天，上海总商会按照7日卢永祥的命令，沿街张贴和分发布告，要求各商店6月10日先行开市。各商业公团立即坚决反对。在总商会会议上，与会者一致"严词责难总商会更变宗旨，时人众声厉，会场秩序不整。到会各商悉拂袖而走，是会毫无结果云。"[4]宁波、山东、广东各商帮、公会纷纷召开会议，坚决反对总商会破坏罢市，铜锡业公会直接退回总商会通告。

---

[1] 朱宝庭：《五四时期上海海员的罢工》，《五四运动回忆录》，中国社会科学出版社1979年版，第634—635页。
[2] 《新闻报》1919年6月10日。
[3] 参见《新闻报》和《时报》1919年6月3日。
[4] 《民国日报》1919年6月10日。

总商会此举，再次暴露了资产阶级上层在反帝反封建斗争中的软弱性和妥协性。但这个通告发出时一反惯例，既无署名，又没说明何人负责；总商会对各公团、帮会的责难既无任何申辩，也没提出任何贯彻落实通告的要求和措施。再联系总商会的主要负责人虞洽卿就是上海最大商帮宁波帮的主要领袖，宁波帮却公开、坚决反对总商会通告等实际情况，不难看出，这个通告实际是总商会在卢永祥当局高压下的消极应付之举，实际是听任它被诸商家否决抛弃，从而表现出总商会上层资产阶级在对军阀政府的妥协中还有消极抵制的一面。

租界当局和军阀政府残暴压制学生爱国斗争。上午10时，公共租界工部局巡捕悍然封闭静安路51号寰球中国学生会内的上海学联。"下午四时后，学生带白帽，着制服，佩带徽章，手执小旗及传单者，行经各马路，遂概遭印捕、西捕拘入不放，随即解送护军使署。华界遂下同一命令，拘捕类似之学生。华、租界顷刻捕获学生有一百余人之多，均押送护军使署。一时学生闻此警耗，悲愤欲狂，皆愿与被捕学生同受谴责，即相率自投送护军使署请罪，其数约有二千余人，皆徒步而往。"[1]

10日，上海"三罢"进一步发展。

工人罢工进入最高潮。美商奇异电灯厂和茂生洋行、日商铃木洋行、英商和平铁厂、伊文思图书公司、荣昌火柴厂、华盛盒片厂、大有榨油厂、各马车行等，都加入罢工。特别是沪宁、沪杭铁路工人继海员罢工之后全部罢工，立刻使上海两条陆上交通干线完全断绝。外商上海电话公司500名工人罢工，当天致信《大陆报》声明，"今晨我们罢工纯粹是为了希望释放在北京被扣押的学生"，"立刻罢免卖国贼"。[2]

沪东罢工工人在租界汇山区，罢工工匠在南市各马路游行示威。下午2时，上海海员及各轮船公司买办等在四明公所开会，三北轮船公司总经理虞洽

---

[1] 《新闻报》1919年6月10日。
[2] 《大陆报》1919年6月11日。

卿提出"航务要紧","已装货者照常开出",实际是主张开始复工,但立即遭到与会者的坚决反对,会场里响起"谁人说开驶者?打!打!"还有人冲上前撕破了他的长衫,他不得不悄悄从后门溜走。大会决定轮船"一律停开,与商界取一致行动"。[1]据不完全统计,这一天参加罢工的工人达18万[2]。这不仅在上海,就是在全国,规模均属空前。

各警署军警、租界巡捕仍荷枪实弹在各街道逼令商人开市。很多商人经"纷集会议"决定以"召盘""清理帐目""闭歇等方法抵制之"。[3]极个别奸商私售白米给日本某机关,"经附近人民察出,以该店际此罢市风潮,胆敢将白米数百石接济某国兵轮,实属全无心肝,不可言喻,群起为难,并将该店排门杂物捣毁殆尽"。"该号经理自知众怒难犯,因即缮写布告",表明"自即日起,决不与日人交易,如被查出,愿受公罚"。[4]

学联在公共租界被强行封闭后迁入法租界,继续工作。各校广大学生群起抗议。"南市各校集聚公共体育场千余人,游行城中及民国路一带";沪北20余校学生晨8时齐集商务印书馆编辑所后空场,还有工界青年励志会加入,经宝山路、界路、北浙江路向西至大统路进行了游行示威。[5]

11日,是上海"三罢"最后一天。

工人罢工继续进行。各轮船公司当局眼见各码头轮船只进不出,凡进港船只工人立即同罢工工人一致行动,资方损失日益严重,便千方百计劝导海员复工。因日前已有曹汝霖、章宗祥、陆宗舆罢免的京讯传来,海员水手们在答复买办时,"均声明斥退国贼命令,须指明'永不起用'字样,或有确实之保

---

[1] 《时报》1919年6月11日。
[2] 这18万人包括"产业工人和手工业工人,连同广大店员",见姜沛南:《关于"六三"大罢工的几个问题》,载沈以行等主编:《中国工运史论》,辽宁人民出版社1996年版,第64—67页。另有王建初等主编《中国工人运动史》(辽宁出版社1987年版,第47页)认为上海"全市参加罢工""人数约6万人,加上店员、职员,罢工人数超过10万人"。
[3] 杨尘因:《民潮七日记》,《五四运动在上海史料选辑》,上海人民出版社1982年版,第384页。
[4] 《时事新报》1919年6月10日。
[5] 《新闻报》1919年6月11日。

证,方肯登船供职"。[1]

英国总领事法磊斯、领事菲力浦及管理船务的副领事斯顿一同会见英国轮船公司工人代表,要求工人复工。工人的答复和别的轮船公司一样,一俟商店复市,他们即行复工。

下午,各界工人召开大会,讨论"设共同总机关,成立中华工界大会"、"通电全国工界一致行动",并推举出12名代表与各界联系。[2]

罢市持续。"城内外各店铺""人心愈形坚决","路上行人稀少","惟见警告白布旗额,并门上白纸条帖,触目皆是,颇现萧条气象"。[3]

12日,北京政府罢免曹汝霖、章宗祥、陆宗舆的消息得到确证,上海各界各团体代表及各校1000多学生在早7时前聚会在西门外公共体育场,7时30分列队出发,在华界主要街道游行示威至午后1时。队伍"经过之处各商行亦竞放高升,拍手欢呼,遂即开门营业"。下午3时,学生和北市商界三百多人在新世界游乐园聚会,何葆仁等演说,然后游行各主要街道,各商店鸣炮开业。[4]

五　六三运动和六五运动的鲜明特点

六三运动和六五运动不仅直接有力地引导、推进了全国各地的运动发展,更直接、有力地推动了中国代表团拒签巴黎和会对德和约,而且成为以后全国人民开展反帝反封建政治运动的楷模典范,在中国近现代历史进程中产生了深远影响。具体地说,六三运动和六五运动有三个突出特点:

其一,表明了中国人民彻底反对帝国主义侵略强权、封建主义专制统治的革命精神和斗争意志。

---

[1]　《新闻报》1919年6月12日。
[2]　《大陆报》1919年6月12日。
[3]　《时事新报》1919年6月12日。
[4]　《时事新报》1919年6月13日。

广大青年学生始终站在斗争最前线，昂首面对军阀政府警察、军队和列强炮舰、巡捕的威吓镇压，毫不畏惧，前赴后继，用青春的热血和宝贵的生命，谱写出了"力争青岛""共诛卖国贼""废除密约"的历史新篇。他们自觉主动地运用现代民主思想唤醒、推动了全国各界民众的觉醒和奋起。特别是6月3日起，两天内有近千学生因上街宣传救国被军警逮捕，堂堂的全国最高学府北京大学竟成了关押莘莘学子的临时监狱！坚持对外妥协、对内专制的军阀政府同代表全国人民爱国精神和斗争意志的学生的对抗冲突达到了空前极点！在这巨大压力面前，北京更多学生走上街头，继续爱国宣传并随时准备被捕入狱。北京学生以自己的实际行动为全国人民树立了光辉榜样，并引导全国人民为"外争主权，内惩国贼"继续抗争，把全国的爱国运动推向了新阶段。在全国有崇高威望和巨大影响的新文化运动主帅陈独秀因这一时段在北京直接参加爱国宣传被捕并引起全国性抗议浪潮。胡适6月4日去北大三院看望被捕学生并在上海《时事新报》发表公开信强烈抗议。这表明，北京爱国学生和他们的杰出老师们一起影响引导着全国人民的救国斗争呼啸前进。

以民族资产阶级为主体的商人在运动中有温和软弱、动摇妥协的一面，也有极少数人丧心病狂，见利忘义，但绝大多数商人在总体上顺应时代潮流，积极配合学生，掀起了中国近代以来声势规模空前的抵制日货和罢市高潮，构成了爱国运动直接有力打击了共同敌人的主要手段之一。这些斗争当然与学生的动员、店员的坚持密切相关，但各个店主的态度非常重要，多数商店罢市的决定还是由他们自己作出的。从而证明，民族资产阶级也同工人阶级、学生一样，是爱国运动的主力军之一。

工人阶级没有提出任何经济要求，冲破了帝国主义、军阀政府、资产阶级及其知识分子等多重阻挠，完全自主、自愿地举行了规模、声势空前的要求释放被捕学生、惩办卖国贼、拒签和约的政治大罢工。张东荪主持的《时事新报》当时就明确指出："我们这番罢工和近来的外国的罢工性质完全不同。他们的，是劳动家与资本家争斗，有的为了工值，有的为工作时间，有的为了待遇情况。我们的，是表示我们不愿受二三卖国贼的支配，争回民主国民的资格。"[1]他们使上海诸多重要企业生产骤然停止、市内公共交通全部中断、对外水陆交通立即断绝的果敢行动,空前沉重地打乱了帝国主义和北洋军阀的反动统治秩序,显示了工人阶级开始作为独立的政治力量[2],登上中国政治舞台的巨大威力。上海租界的《字林西报》6月12日刊登一份读者来信说:"对于工人来说,那些年轻的学生,不论要他们来发动一次罢工,或是把罢工的举动停下来,他们的影响总不会过去的。这些工人一般都具有他们单纯而热烈的意见,很难用劝告、威胁或其他办法,使其改变过来的。"[3]《字林西报》还特别指出:上海工人具有政治行动坚决果敢的特征,"只要他们认为是对的事情,他们马上就会干起来"[4]。显然,这些西方人的政治嗅觉敏锐而切实。

还应指出,中国人民的彻底反帝革命精神是建立在严格区分帝国主义侵略当局和其国内被压迫人民之间界限等理性认识基础之上的。六五运动高潮中,《民国日报》大声疾呼,"国民须知日本之谋亡我国者非他,日本之武人政府也","不宜因此仇视日本人民","或有种种非礼之举动"。中国拒签德约后,早稻田大学等校学生组成日本学生团"不顾一切障碍"来华访问,北大学生干事会罗家伦、高尚德等会见,明确指出,"排日两字""我们是不用的","不但日本军阀是我们所排斥的,就是无论那国的军阀都是我们所排斥的;不但是日本抱侵略主义是我们所反对的,就是无论那国抱侵略主义都是我们所反对的";"我们相信无论什么民族里","坏的不过是少数的阶级,现在各国最坏的阶级,大概都是军阀财阀官僚","将他们打倒后才有社会改造

---

[1] 《时事新报》1919年6月11日。
[2] 关于工人罢工,彭明认为是"工人阶级在上海三罢斗争中以独立的姿态登上政治舞台,并在运动中起了决定性的作用"(彭明:《五四运动史》,人民出版社1984年版,第352页);李新、陈铁健认为"中国工人阶级首先在上海实行大罢工,独立地登上政治舞台"(李新等主编:《伟大的开端》,中国社会科学出版社1983年版,第85页);姜沛南认为"中国工人阶级真正成为'觉悟了的独立的政治力量',只能以中共成立为标志"(姜沛南:《关于"六三"罢工的几个问题》,载沈以行:《中国工运史论》,辽宁人民出版社1996年版,第72页)。
[3] 《字林西报》1919年6月12日。
[4] 《字林西报》1919年6月12日。

可言"。[1]

其二，彰显了中国各阶级各阶层共同对敌，实现了革命大团结的历史自觉和坚定决心。

北京学生从运动爆发起就迅速建立了北京中等以上学联，形成了全市中等以上学生的联合行动机制；而且迅速派出代表分赴各地串联，推动全国各地学生一致行动。各地学生则闻风而动、积极响应，形成星火燎原之势。学生坚持联合商界一起投入运动，把总罢课和总罢市密切结合起来。很多地方都有学生积极劝说商人罢市，上海、天津等地都发生了极少数商人不肯罢市，学生跪地泣求的事例。学生实际发挥了把各地的反帝爱国运动结成一体的联络、整合作用。

以民族资产阶级为主体的商人阶层虽有惧怕损害私利等种种顾虑，但从总体上看，绝大多数人及其各级商会从运动开始就坚决支持学生，响应抵制日货、提倡国货。特别是各地商人的总罢市，成了打击日本及其他列强在华殖民权益、统治秩序和军阀政府卖国专制政策卓有成效的主要措施之一。

上海实现"三罢"后，上海护军使卢永祥同沪海道尹沈宝昌联名致电北京政府，称"此次沪上风潮始由学生罢课，继由商人罢市，近将且有劳动工人同盟罢工。初因青岛外交，提倡抵制日货，后即以释放京师被捕学生，并罢斥曹汝霖、章宗祥、陆宗舆三人为要求条件。现在罢市业经三日，并闻内地如南京、宁波等处亦有罢市之说，星星之火，可以燎原，失此不图，将成大乱"。[2]

对此稍加分析，再联系在此前后南京、天津、济南、福州、扬州、镇江、无锡、芜湖等各地军阀政府向北京政府发出的罢市罢课告急电[3]，可以看出，全国风起云涌的罢市确实震动、打疼了军阀政府，是促使他们不得不罢免曹汝霖、章宗祥、陆宗舆三个卖国贼的主要的决定性的因素之一。同时罢市也

---

[1] 《国民公报》1919年8月5日。
[2] 《新闻报》1919年6月10日。
[3] 《时事新报》1919年6月13日。

有力地推动了学生、工人的斗争。上海学联会长何葆仁在庆祝"三罢"胜利的集会上说："此次反对卖国贼，虽有学界发起，然罢课至今，将近匝月，迄无效果。今商行继起罢市，不及一星期，竟办到曹、陆、章罢斥，政府之重视商界，可谓至矣。"[1]何葆仁此说对罢市作用有夸大之处，但对罢市作用充分肯定则是正确无疑。

工人阶级与商学界联合斗争的决心坚定、态度鲜明。最早罢工的上海沪宁铁路、杭甬铁路员工就宣布"与学界一致行动"[2]。上海码头工人罢工后，致信总商会"要求与总商会合作"[3]。钢铁机器业工人实行总罢工时宣布"工界为商学界后盾"[4]。上海各外国轮船管事、厨司继水手罢工上岸后也宣布罢工，声明"青岛问题，学生被捕，政府容奸不戮，以致全国激愤，学界罢课，商界罢市，厂家罢工，水手火夫，均系一致皆为爱国之心。吾业管事、厨司、西崽等亦要爱国除奸，一体休歇，勿使外人笑吾五分热度，愿我同胞万众一心，共除国贼，以雪国耻"[5]。

不仅如此，工人阶级还在斗争中表现出建立独立的、统一的阶级工会的强烈意愿。6月11日下午，上海10000多名工人在东京路徐家村开会，提出"通电全国一致行动"，"庶可对外"。[6]12日，上海2000多工人在四明公所召开工界大会，提出"今日发起工会，实为最重要之图"[7]。鉴于当时"工界"的概念相当宽泛，并非专指工人阶级，所以还不能说这就是工人明确提出建立自己的阶级工会。但到16日，情况有了新的突破。《时事新报》报道，"全国学生联合会开成立大会的时候，有一位机匠姓仲名中的，穿了短衣，上台演说"，明确提出"学生有联合会，工人没有联合会"，作者叹道："你看他们自己，已经有需要工会的觉悟了"，"这是中国四千年来第一次平民精神之实现。从

---

[1]《大陆报》1919年6月6日。
[2]《时报》1919年6月7日。
[3]《大陆报》1919年6月6日。
[4]《申报》1919年6月9日。
[5]《时报》1919年6月11日。
[6]《时报》1919年6月12日。
[7]《时报》1919年6月13日。

此以后，劳工恐怕真要上台说话了"，"再过几时，恐怕社会的阶层完全要翻转过来了"。[1]其后中国现代工人运动迅猛兴起，不但震撼全国，而且引起世界瞩目的事实，证明《时事新报》这种预言完全符合历史实际。

总之，全国阶级、各阶层组织、团结意识空前提升。各地学生开展爱国运动，都迅速建立起本地的学联组织；各地商会也在斗争中迅速加强。上海、天津等地还建立有学、商、报等各界代表参加的各界联合会。全国各报还连续呼吁各界大联合。张东荪5月7日就在《时事新报》发表题为《全国青年其速兴》提出："这种国民大会的示威运动要遍全国，要相结合，要非俟青岛问题满意解决永不解散。"翌日，他在《时事新报》提出："通电全国高等小学以上的各校，求为同一的运动，并各举代表，组织全国学生的大联合。"他还提出，要"联合工商各界人士一致进行"。全国学联在沪正式成立，张东荪热烈称赞它是全国"国民联合的发端"。上海平民商会在爱国运动浪潮中成立，6月25日《时事新报》指出，这"是'商界'破天荒的组织"。稍后，毛泽东在《湘江评论》发表《民众的大联合》，得到胡适、罗家伦等激赏，并被成都《星期日》、北京《义新时报》、《时事新报》副刊《学灯》全文转载。李大钊于12月28日在《新生活》上发表《大联合》一文，可见这些认识又绝非单纯的个人思考，而是全民族迅速觉醒的典型表现。

事实充分证明，在六三运动和六五运动中，以学生、工人、商人为反帝爱国运动的三大主力军[2]，促使全国形成了除一小撮亲日派卖国贼之外的全国人民空前广泛的革命大团结，不仅有力地促进了当时反帝爱国运动的迅猛发展，直接构成了五四爱国的历史性成果的根本条件，而且对以后的民族民主革命产了深远影响。

其三，展示了中国人民为实现反帝救亡的共同目标，把西方现代民主主义

---

[1]　《时事新报》1919年6月22日。
[2]　学术界目前有两种观点：一是六三运动后工人是五四运动的主力军（彭明：《五四运动史》，人民出版社1984年版，第325页）；二是六三运动后工人和学生构成五四运动的"两大主力"（李新等主编：《伟大的开端》，中国社会科学出版社1991年版，第69页）。

优秀文化精神和中国优良文化传统结合起来的宏大气魄。

贯穿六三运动和六五运动的斗争目标是"外争主权，内惩国贼"，其中心是反帝救亡，因为内惩国贼是为外争主权服务的。反对巴黎和会关于山东问题的无理决定，挫败日本霸占山东并使之合法化的野心，是全国各界万众一心的奋斗目标。在这个大目标下，中国人民实际做到了团结一切可能团结的力量，调动一切可能调动的积极因素。其中一个重要方面，就是做到了把西方现代优秀文化精神和中国优良传统文化结合起来。

经过初期新文化运动洗礼的广大学生，一方面实际高举爱国反帝、科学民主旗帜奋起，对西方列强和专制政府坚决抗争，罢课、游行、示威、鼓动各界民众联合行动；同时，努力指引运动沿着民主法制轨道发展，防止下层群众特别是游民政治斗争的自发破坏性。另一方面，他们坚持开掘运用中国优良传统文化，特别是中国源远流长的爱国主义精神激励人民、打击敌人。5月31日，上海学生联合会联合工商各界在公共体育场召开追悼郭钦光大会，各校送的挽联中就有"杀身成仁，豪气横吞沧海日"、"愿追陈太学，千秋共矢摘奸心"等字样；各校女生在会上演唱的追悼歌中亦有"城狐未除，陈东骤死，一死惊千秋"的词句。[1]天津各女校学生于5月11日在东马路、12日在河北公园直隶省教育总会举行追悼郭钦光大会。会场高悬上千幅挽联，上书"填胸义愤拼一死，以挽危亡，宗泽大呼，英雄泪尽；嗔目悲歌舍此身，何足轻重，荆卿高唱，壮士不还"，"洒志士热血，为洗河山不净土；树国魂民气，常留天地姓名香"。[2]5月24日，济南女界数百人在城南关女子师范学校开会追悼郭钦光，挽联也有"破奸贼阴谋，倡士林义气；舍个人性命，争国民利权"，"奸贼胆寒，望望都言恨未已；英雄洒泪，潇潇易水去不还"等。[3]这就有力表明，广大学生在新的历史条件下下，继承发扬了中国传统士子"以天下为己任"的优良传统。这种情况，在全国各界民众中更为普遍，特别下层工农贫苦

---

[1] 《时报》1919年6月1日。
[2] 天津《益世报》1919年5月12日。
[3] 《青岛潮》，《五四爱国运动》上，中国社会科学出版社1979年版，第234页。

市民，他们当中多数没有机会接受现代教育、思想启蒙，他们大多是怀着朴素的自幼耳濡目染形成的"国家兴亡，匹夫有责"、"杀身成仁，舍生取义"等中国优良传统观念投身爱国运动的。这充分表明，宏伟壮丽的五四运动历史画卷，既高扬回旋荡漾着科学民主精神，又充盈弥漫着厚重浓郁的中华民族优良传统文化底蕴。唯其如此，它才动员如此广泛，影响如此深远。

第七章 中国拒签对德和约

拒签巴黎对德和约，反对日本通过巴黎和会把占领中国山东合法化，是五四爱国运动的最大目标，惩办曹汝霖、章宗祥、陆宗舆等亲日派以及其他一些活动，都是围绕这个中心进行的。由于国内各界人民群众的强大压力和中国使团反抗强权压迫、维护国家主权爱国思想等因素的有机结合，中国使团严正拒绝在巴黎对德和约上签字，构成了五四运动的最重要、最主要的历史性胜利成果，在近现代中国历史上写下了光辉的一页。

一 北京政府对签字问题的方针

五四运动在全国波澜壮阔的迅猛发展，使国内政治格局发生迅速变化。皖系军阀段祺瑞控制的北京政府，在对巴黎和会签字的问题上，到1919年5月中旬仍无明确方针。

5月14日，在巴黎的中国使团团长陆徵祥致电国务院：胶州问题，中国表示不满"不外三端：一、照义国（意大利）全体离会回国。二、不签字。三、签字而将该条款声明不能承认。第一法，我国情势与义国种种不同，自难照办。第二法，胶州事虽不满意，然尚有对德他项关系，如撤废领事裁判权、取消辛丑赔款、保留关系自由及赔偿损失等类。且如和约一日不签字，则对敌永立于战争地位。日后中德两国直接订约，是否较有把握，殊属疑问。第三法，签字而声明该条款不能承认。查本和约多为对德问题，若列强恐中国声明办法为敌国所用，不能照允，亦为意中之事。"因而，他向中央政府提出"隐忍签字而将山东保留"的正式建议。[1]北京政府接受代表团意见，于5月20日正式向国会提出山东问题谘文："对于此项草约，大体应行签字，惟山东问题应声明另行保留。"[2]

5月中旬，反帝爱国运动迅速在全国发展，日本对北京政府施加更大的压力；段祺瑞对学生运动难以容忍，实际主张按日本要求签约。在这双重压力下，北京政府开始对学生运动采取高压政策，在对德和约问题上迅速转向公开主张签字。5月24日，国务院致电各省："第一步自应力主保留，以俟后图；如果保留实难办到，只能签字。当经征询两院议长（李盛铎、王揖唐）及前段总理意见。因时期促迫，已于昨日电复陆专使照行。"[3]

同日，段祺瑞亲自出马公开明确主张签约，他说，"青岛问题，顾、王两使争执直接交还。国家有力，未尝不是"；但"以英日现在之力，我欲一笔抹煞得乎"，意即中国争亦无用；他指责"一般学子为人利用，罢学废时争执青岛。纵蹈法网，犯国交而不顾，风靡一时，名谓爱国"，"实以误国"。[4]至此，段祺瑞把皖系军阀在对德和约问题的"底牌"完全亮出。这充分显示了北京政府内徐世昌等无枪文人政客最终只能向段祺瑞等实力军阀屈服。

二 陈独秀、胡适等人冲到前台

从五四运动爆发起，新文化运动领袖人物陈独秀、李大钊、胡适、邵飘萍、张东荪等就对运动予以高度关注，有力地支持和指导了学生的正义斗争。

他们明确主张爱国运动不仅要坚持"内惩国贼，外争主权"的当前目标，还要有更长远、更根本的彻底反对列强侵略的远大目标。李大钊是杰出代表。

---

[1] 《秘笈录存》，中国社会科学出版社1984年版，第205—206页。
[2] 《晨报》1919年5月21日。
[3] 《公言报》1919年6月8日。
[4] 《公言报》1919年6月8日。

5月18日，他在《每周评论》第22号上发表《秘密外交与强盗世界》说，"抱侵略主义的日本人，是我们莫大的仇敌"，但"日本所以还能拿他那侵略主义在世界上横行的缘故，全因为现在的世界，还是强盗世界"，"这强盗世界的一切强盗团体，秘密外交这一类的一切强盗行为，都是我们的仇敌"。对李大钊这些论断，有学者认为"这反映了李大钊没有深入到对中国问题的具体交涉、山东问题的由来始末、政府压制学生的非理非法，以至于工人参加的整个运动的进程、意义等问题的具体的深入考察中去的事实"[1]。笔者认为值得斟酌，因为李大钊从运动爆发起就同罗家伦、邓中夏、张国焘等学生运动骨干分子保持密切联系。张国焘后来回忆，李大钊留学日本时，"常是学生闹风潮的领袖，因此能了解五四时的青年心理"；"他自己也极富有青年的热情，所以能在五四运动中和许多青年融洽相处"。[2]李大钊"五四"后连续发表《第五师军人》[3]《新华门前的血泪》等犀利时评，都表明他是密切关注五四运动发展具体实况的；这一番"强盗世界"论绝非泛泛而谈，而是对爱国运动的深入思考，为五四运动指出了长远的根本的斗争目标。

邵飘萍从"五三"之夜向北大学生演说后一直密切关注学生运动的发展，不但在《京报》上及时大量报道，还发表《外交失败第一幕》《挽回而后签字乎，抑袖手以待签字乎》等一系列火热评论，大声疾呼："战火甫息，和会初开，向之以公理欺人者，皆顿易面具，毕现伪善与真恶"，"处心积虑，四面网罗，何等周密，欲亡中国之野心不啻尽情暴露无可隐讳"；中国人民要"维国权，从民望"，"沉舟破釜，置死地以求生"。[4]可谓正气凛然，激情洋溢，分析透彻，促人猛醒，与李大钊呼"反对强盗世界"的主张互相呼应。

张东荪大声疾呼全国民众大联合。北京学生创举后的第三天，他在《时事新报》发表《全国青年其速兴》，号召"这种国民大会的示威运动要遍全

---

[1] 朱志敏：《李大钊传》，山东人民出版社1998年版，第349页。
[2] 张国焘：《我的回忆》第一册，东方出版社1998年版，第83页。
[3] 《每周评论》1919年5月26日。
[4] 转引自华德韩：《邵飘萍传》，杭州出版社1998年版，第122页。

国，要相结合，要非俟青岛问题满意解决永不解散"。翌日，他又在《时事新报》提出："宜通电全国高等小学以上的各学校，求为同一的运动，并各举代表，组织全国学生的大联合。"6月5日下午，上海各中等女校举行学生谈话会，声援北京学生。《时事新报》翌日时评誉之为"女界大联合之先声"，同时指出应"联合工商界各人士一致进行"。6月16日全国学联在沪成立，《时事新报》热烈称赞它是"全国联合的发端"[1]。张东荪的这些政论，既是对爱国运动的经验总结，也是对运动应向全国人民大团结方向发展的强劲推动。

尤其可贵的是，他们中的佼佼者，对学生斗争不仅积极支持、热心指导，而且直接投身斗争最前线。北京各校教师、职员深深地被学生们的爱国激情所感染，他们不再只是在道义上、舆论上声援学生斗争或救助被捕学生，而开始直接站到学生一边，以多种方式公开参加斗争。

胡适一改已往政治上的温和态度，于6月4日借了一个证件，同老师杜威一同进入北大法科探视被捕学生。当晚，他写信给上海《时事新报》主编张东荪，该信在6月8日以《北京学生受辱记——大学教授胡适之先生来函》为题全文刊登在该报的第二版头条[2]，实际是向全国公开揭露了军阀逮捕关押爱国学生的真相：

> 法科的花园中央扎了一个大蓝布帐篷，四围都是武装的士兵。地上一排一排的都是枪架，大门外从骑河楼口到东安门桥，共扎了二十五个黄帆布的临时营幕，行人非有执照不能往来。
>
> 理科门外也是刀枪林立，北大寄宿舍东斋的门口，也扎起营帐了。文科门口也有武装警察把守，文科门口共扎了五个黄营帐。

---

[1]《时事新报》1919年6月17日。
[2] 当时各大报第一版均全部刊登广告。

胡适还提到6月3日那天被捕的176名学生，"共有三十几个铺盖"，而"当晚大雨，天气忽然作凉，故容易受病"；4日又关进八百多人，"从上午十时到下午五时，还不曾有东西吃"，但学生们"精神最好"。此外，胡适还在信中提及"北大法科一位讲师"因"见警察用枪杆赶学生返礼堂（监狱）"，即上前和他们辩论起来，被一个军官"一个巴掌打过去，鼻子牙齿都打出血来"。这实际上就是最早把警官北大法科打人事件公诸全国。

被打师生立即向京师检察厅、陆军部和京师警备司令部正式起诉行凶者，进一步使这次事件真相大白于天下：

吴学宽诉："宽于六月三日下午二时许在大学法科楼上，突闻军警奔驰之声，见有武装马步军警多人押解学生三十余人来校。当由校中职员李景禄、许文堉等先后到校，向汪督察长维翰理论，谓校中未得教育部命令，不得以学校为囹圄。讵督察长凶蛮已极，大言：'予奉大总统命令而来，管他什么教育部不教育部！'又说：'这般学生是什么东西，非枪毙不可！'适有来访宽之曲维藩者，看见其辱骂学生前与理论，汪谓奉有总统命令，曲谓总统想未必令你骂人。汪即立披曲颊。宽旁观不平谓：'曲某乃访宽之客，何得殴打？'汪不由分说，掌披宽颊，登时口鼻流血，手湿巾沾，而汪尚不甘心，被各职员拉开。"

学生陈峥宇等诉："生等于六月五日午后五时许，因送食物铺盖于被捕同学，彼时适值驻扎北大法科军队奉命撤退之际，生等以被捕同学瞬可见面，乃于道左静候握晤。突有第十三师营长王建章命令灰色军服军人多名蜂拥前来，不问情由，用枪托群肆蛮殴，生等身负重伤晕迷不省人事"。[1]

同时《晨报》以《被伤学生三人（经地方检察官杨士毅当场检验）》为题

---

[1] 《教员学生被伤之起诉文一束》，《晨报》1919年6月11日。原文无标点，标点为笔者所加。

刊登了受伤的北京工专陈峥宇、聂兆灵，法文专修馆方墩元的合影[1]。

这些对军阀政府镇压、摧残爱国师生的平实、真切的第一时间现场报道，充分暴露了皖系军阀的狰狞面目，彰显了广大师生员工不畏强暴、坚持斗争的凛然正气。

这时，有人散布傅斯年、罗家伦被安福俱乐部收买了的谣言。胡适和周作人、刘复、陈大齐、李大钊、钱玄同、唐伟（鲁迅）6人联名发表公开《启事》："这种谣言本来不值得一笑，因为安福俱乐部是个什么东西？他也配收买这两个高洁的青年。"[2]当安福部通过北京大学的个别爪牙收买极少数学生制造"拒蔡迎胡"的舆论时，胡适立即尖锐揭露："五四以来，数目大作怪。今天一个呈子，是某某等几百几十几人欢迎胡仁源作大学校长……后天又一个传单，是北京大学本预科一千三百五十八人'揭破教员之阴谋'。"[3]胡适还发表《北京大学与青岛》，对诬蔑学生运动是"为蔡元培等争位置"报以辛辣讽刺。[4]

陈独秀更是直接站到了斗争的最前列，与学生并肩作战，同时极力推动、指导爱国运动斗争深入发展。他主持的《每周评论》连续发表跟踪运动进展的长篇报道，热烈肯定、积极声援。6月8日，他在《每周评论》上说："世界文明发源地有二：一是科学研究室，一是监狱。我们青年要立志出了研究室就入监狱，出了监狱就入研究室。这才是人生最高尚优美的生活。从这两处发生的文明，才是真文明，才是有生命，有价值的文明。"联系当时学生运动的蓬勃兴起，不断发生一些地方青年学生被捕事件，可以看出，这是陈独秀对学生的热情赞誉，也是对学生斗争重要意义的高度评价。9日，陈独秀起草了《北京市民宣言》，由胡适译成英文，以中、英文合印成一张传单，提出：

---

[1] 《晨报》1919年7月6日。
[2] 《晨报》1919年7月6日。
[3] 《数目作怪》，《每周评论》1919年8月3日。
[4] 《北京大学与青岛》，《每周评论》1919年6月29日。

> 对于政府提出最后最低之要求如下：一，对日外交，不抛弃山东省经济上之权利，并取消民国四年、七年两次密约。二，免除徐树铮、曹汝霖、陆宗舆、章宗祥、段芝贵、王怀庆六人官职并驱逐出京。三，取消步军统领及警备司令两机关。四，市民须有绝对集会、言论自由权。我市民仍希望和平方法达此目的。倘政府不愿和平，不完全听从市民之希望，我等学生、商人、劳工、（军）人等，惟有直接行动，以图根本之改造。[1]

这是中国人民第一次明确提出对中国社会"直接行动，以图根本之改造"！这表明，五四运动爆发以来，中国人民在"内惩国贼，外争主权"这个直接目标的基础上，又有了新的更高的斗争目标。这个新的目标是什么？中国人民应怎样"直接行动"？实现什么样的"根本改造"？陈独秀没有具体论说。但其重大意义在于明确地提出了这个问题——标志着中国人民开始思考：绝不能以实现传单中之四项"最后最低之要求"即拒签巴黎对德和约和罢免亲日派为满足，而要有更高的政治要求和奋斗目标。

对此，有学者解读为"是和平的'根本改造'，仍不是推翻"；因陈独秀在1919年2月发表的《实行民治的基础》中说，"渴望的是将来社会制度的结合生活，我们不情愿阶级斗争发生"。[2]笔者认为这个论断以偏概全，不能成立。的确，陈独秀这一期间思想非常复杂，正处于激烈转变中，不仅有"不情愿阶级斗争发生"的观念，还"要把那耶稣崇高的伟大的人格和热烈的深厚的情感，培养在我们的血里"[3]。但陈独秀同时对俄国十月革命及其根本经验认真吸取，如在5月26日《每周评论》上发表的《山东问题与国民觉悟》中就明确提出：

---

[1] 《民国日报》1919年6月14日。
[2] 牛大勇等主编：《五四的历史与历史中的五四》，北京大学出版社2010年版，第456—457页。
[3] 陈独秀：《基督教与中国人》，《新青年》第7卷第3号。

我们应该觉悟公理不是能够自己发挥、是要强力拥护的。譬如俄德两国的皇帝都是强横不讲公理,若没有社会党用强力将他们打倒,他们不仍旧是雄赳赳的在那里呈武力、结密约,说什么国权国威称强称霸吗?袁世凯想做皇帝,若不是护国军用强力把他打倒,恐怕如今还坐在金銮殿上称孤道寡哩。现在中日两国的军阀,不都是公理的仇敌吗?两国的平民若不用强力将他们打倒,任凭你怎样天天把公理挂在嘴上喊叫,他们照旧逆着公理做去,你把他们怎样?所以我们不可主张用强力蔑弃公理,却不可不主张用强力拥护公理。[1]

所以,断言陈独秀在《北京市民宣言》中提出的"根本之改造""是和平的,不是推翻的",不符合陈独秀的本意。前有学者肯定"这就实际上提出了学习俄德两国无产阶级的榜样来进行打倒军阀的号召"[2],今天看来确有些过分拔高,但陈独秀号召中国人民学习俄国十月革命经验,用强力即革命暴力对付日本侵略者和军阀政府是明确清楚的。这就不仅对北京而且对全国的反帝爱国运动,都有重要的指导作用。当然这绝不等于全国各界觉悟都已达到这种水平,但这有力地宣示了,这种新思想、新觉醒的号角从此吹响了。

6月9日,陈独秀与高一涵赴嵩竹寺旁的北大印讲义的印刷所印传单。10日,陈独秀与高一涵,以及其他一些人去中央公园茶摊,把传单用茶杯压在没有人的茶桌上。喝茶的人看到传单纷纷大声叫好。11日下午,两人又往前门附近香厂新世界娱乐场散发,北大理科教授王星拱、预科教授程演生去城南游艺场散发。北京政府一直密切监视陈独秀的行动,就在陈独秀登上新世界五层屋顶花园向下面人群撒传单时,被埋伏在那里的暗探抓住。当夜,大批军警抄了陈独秀的家,掠走很多信札、书籍。

其实,北京政府早就认定陈独秀是学生运动的煽动者。京师警察厅总监吴

---

[1] 陈独秀:《山东问题与国民觉悟》,《每周评论》1919年5月26日。
[2] 《纪念五四运动六十周年学术讨论会论文选》(二),中国社会科学出版社1980年版,第18页。

炳湘说,"政府认此次学生风潮发难于北京大学,皆陈君鼓吹新思想所致,故有被捕之举"[1]。表明通过逮捕陈独秀以釜底抽薪,压制当时如火如荼的爱国群众运动,是北京政府的既定政策。

13日,北京的《晨报》《北京时报》公开报道了陈独秀被捕,立即在全国引起巨大反响。各地各大报刊,如上海的《民国日报》《申报》《时报》等纷纷发表消息、强烈抗议。《民国日报》说:"陈君本教育界巨子,平日提倡新思潮,久为党派深忌,欲得而甘心,……中国进化一线新机,恐亦因此摧残殆尽,国家前途更不堪设想。"[2]6月17日,《时事新报》说:"陈独秀只因言辞直爽,触怒权奸,竟得了这个结果。"《时报》直接把陈独秀与学生运动联系在一起,指出"不知学生即无罪,陈又何罪"。而各地其他报纸反映更为激烈。如毛泽东在《湘江评论》创刊号上发表《陈独秀之被捕及营救》,称陈独秀为全国"思想界的明星",肯定"陈君之被逮,决不能损及陈君的毫末,并且是留着一个大大的纪念于新思潮,使他越发光辉远大。政府决没有胆子将陈君处死,就是死了,也不能损及陈君至坚至高精神的毫末"[3];"陈君曾自说过,出试验室,既入监狱,出监狱,即入研究室。又说,死是不怕的。陈君可以实验其言了。我祝陈君万岁!我祝陈君至高至坚的精神万岁"![4]

北京大学、民国大学、中国大学等北京中等以上学校教师代表刘师培、马叙伦、程演生、马裕藻、王星拱、马寅初等知名教授几十人,在6月16日和20日,联名致函京师警察厅,要求保释,称陈独秀"用心无非激于书生爱国之愚悃"[5]。

陈独秀的战友们热烈赞扬陈独秀的斗争精神,鞭挞军阀政府的反动和虚

---

[1] 《时事新报》1919年7月11日。
[2] 《民国日报》1919年6月17日。
[3] 《湘江评论》1919年7月14日。
[4] 《湘江评论》1919年7月14日。
[5] 京师警察厅档案:《陈独秀被捕卷》,转引自贾兴权:《陈独秀传》,山东人民出版社1998年版,第160页。

弱。胡适发表著名诗作《威权》：

一

威权坐在山顶上，
指挥一班铁索锁着的奴隶替他开矿。
他说："你们谁敢不尽力做工？
我要把你们怎么样就怎么样"

二

奴隶们做了一万年的苦工，
头颈上的铁索渐渐地磨断了。
他们说："等到铁索断时，
我们要造反了！"

三

奴隶们齐心合力，
一锄一锄的掘到山脚底。
山脚底挖空了，
结果威权倒撞下来，活活的跌死！[1]

这首诗形象生动、鲜明，情感深沉、激越，语言朴素、凝练，充分地表达了五四运动高潮中人民群众坚决反抗军阀政府腐朽专制的强烈义愤和必胜信念。后来收入《尝试集》时，胡适又附言："八年六月十一日夜。是夜陈独秀在北京被捕；半夜后，某报馆电话来，说东京有大罢工举动。"[2]表明这首诗的主旨是作者从世界强权压迫民众、人民反抗强权的历史大潮的历史高度，发出抗议军阀政府逮捕陈独秀的怒吼的，道出了五四时期先进知识分子反抗军阀

---

[1] 《胡适文集》（9），北京大学出版社1998年版，第141页。
[2] 胡适：《尝试集》，亚东图书馆1922年版，第60页。

暴政的心声。之后，胡适又指出："陈独秀被捕已半个多月了，他还在警察厅里，我们要对他说的话是：'爱国爱公理的报酬是痛苦，爱国爱公理的条件是要忍得住痛苦。'"[1]李大钊则直接怒斥军阀政府，"好久不见'只眼'了，是谁夺取了我们的光明？"[2]章士钊于6月22日分别致电王克敏和龚心湛，呼吁"方今国家多事，且值学潮甫息之后，讵可蹈腹诽之诛，师监谤之策，而愈激动人心之理耶？"表示"钊与陈君总角旧交，同岑大学，于其人品行谊知之甚深。取保天地，愿为估证"。[3]

孙中山在上海会见北京政府代表许世英，严辞斥责说："你们做得好事，很足以使国民相信我反对你们是不错的证据，但是你们也不敢把来杀死，身体不好的，或许弄出些病来，只是他们这些人，死了一个，就会增加五十、一百。"[4]

陈独秀、胡适、邵飘萍、李大钊等新文化先驱者的这些言论活动及各方面的热烈反响，表明继学生之后，知识分子中"老师"阶层已经广泛奋起，积极站到反帝爱国运动的前台。而他们由于学养、阅历、经验和社会联系比学生总体上丰厚深刻，对爱国运动的发展及其未来趋向有着更加全面和长远的考虑，这不仅是以直接参与的实际行动坚决支持了学生，而且更是帮助他们以更广阔的世界眼光，更深刻的历史思考，全面把握整个运动的发展全局，从而有力推动了全国拒签和约斗争的进展，使广大人民群众不满足于罢免曹汝霖、章宗祥、陆宗舆等极少数卖国贼和拒签和约的直接斗争目标，而且要有长远目标，为根本改造中国黑暗现实而不懈奋斗。

---

[1] 胡适：《爱情与痛苦》，《每周评论》1919年6月29日。
[2] 只眼：《是谁夺了我们的光明？》，《每周评论》1919年7月13日。"只眼"是陈独秀笔名之一。
[3] 《晨报》1919年6月26日。
[4] 《胡适来往书信选》上册，中华书局1979年版，第77页。

三 爱国团体的联合和发展

6月16日下午2时,全国学生联合会成立大会在上海大东旅馆6楼举行。出席会议的有来自各地的学生代表:北京段锡朋、陈宝锷、许德珩、黄日葵、黄炳蔚、罗国烺、罗发组、张伯谦,上海何葆仁、陈伦会、恽震、瞿宣颖、舒志侠(女)、程孝富(女)、陆匀绡(女)、高时侠,日本留学生廖方新、王之桢、凌炳、邹卫、刘振群、盛世才,天津张阳先,武昌蒋元龙、潘德芬,南京郎宝鎏、曹公瑾、吴邦杰,杭州连瑞琦、黄维时、陈中岳、曹烈,河南崔书馨、卓景泰,嘉兴吴乃燮、葛敬庚,松江陈熹、王同福、汤爻、庄居正,崇明王欧、施英,南通罗元恺、潘润夫,九江邓毅,保定吴震寰,吉林吴仁华,安徽常万元、汤志先,宁波张其昀、丁福成,河南李仁荣、李九朝,唐山周易,苏州尤敦信、周承澍,扬州孔庆洙。[1]教育界黄炎培、蒋梦麟、曹慕管、翟蕴玉(女)、孙一诚等,商界卢炜昌、吴祥华、张小棠、朱湘云等,工界吴琢之、张锦裘、竺一麐、胡伯承等,报界戈公振、冯叔鸾、王兆荣、邵仲辉(力子)、俞颂华等,上海国民大会代表李大年,在华外国人东吴大学法科教务长兰金、惠中学校克乐福等。

北京学生代表段锡朋主持会议并发表演说。上海学生代表何葆仁报告全国学联筹备工作,强调:"本会非可于去卖国贼废条约后所能中止者,中国社会不良,卖国贼必不能止绝。"许德珩、黄炎培、邵仲辉(力子)、工界代表求新厂吴琢之等发言;外国来宾兰金、克乐福讲话,对于学生表示肯定敬佩。[2]

大会于6月18日选出了36名全国学联委员,段锡朋当选为会长;何葆仁当选为副会长。全国学联设评议部和执行部,会址设在上海。

从此,中国学联第一次有了全国性的统一组织。成为全国学生爱国运动的

---

[1] 此名单据《申报》1919年6月17日。彭明指出:"此名单尚不够准确和完整,特别是没有包括会议后来到上海的各地参加全国学联的代表。"见彭明:《五四运动史》,人民出版社1984年版,第406页。
[2] 《申报》1919年6月17日。

一个重要指导中心，不仅对五四运动的深入发展起到了重要的组织、领导作用，而且对整个新民主主义革命时期的学生运动、青年运动产生了全面深远的推动作用。

商界组织不断发展壮大。从1903年清政府宣布《商会简明章程》，到1919年5月，全国已有商会1238个，其中总商会55个。这些商会的上层人物与统治阶级联系较多，但商会在五四运动时期总体上代表了中国民族资产阶级的利益和要求。一些论著认为五四运动时期的上海总商会为买办资产阶级所控制，实际蕴含肯定上海总商会主要负责人朱葆三、虞洽卿等是买办资产阶级分子，上海总商会代表买办资产阶级的判断。但新研究成果证明，朱葆三、虞洽卿等在五四运动时期已将历年积蓄的资金大部分投入金融、纺织、五金、航运等民族工商业，已完成了由买办向民族资本家的身份转换。[1]

商界团体积极推动广大商人支援学生正义斗争，开展抵制日货、提倡国货的运动。上海各商帮协会从5月9日起，通告各商店紧急行动起来，登记所存日货，停止与日商交易，停止付日货，不用日货，不再从日本进货。天津总商会6月2日、4日连续号召各界"维持国货必须有毅力，有恒心，坚久弗懈"，"购买国货就是爱国"。[2]显而易见，这些举动中有商人借抵制日货之机扩大国货销路、增加赢利的精明之举，但联系日货在华市场份额极大、很多商家都在经营的实际，可以断言，中国商界抵制日货主要是出于爱国思想。

他们同学生密切联系，推动了各界联合斗争。时任上海学联总务部长的李玉阶后来回忆，"我们这群天真无邪的青年负责学生"，"年龄最大者不过25岁，都是初出茅庐、未见世面，安能担当中国历史上这样空前的救国运动的重任！我们当时深恐走错一步影响全局；幸承各方响应爱国运动的《申报》社长史量才、上海商会会长聂云台、广东商会会长汤节之、江苏省教育会会长黄炎培，仕绅贾季英、沈信卿、穆藕初，以及《大晚报》社长沈卓君诸先生协助，

---

[1] 参见李玉威：《上海的宁波人》，上海人民出版社1998年版；朱国栋等主编：《上海商业史》，上海外语出版社1998年版。
[2] 《五四运动在天津》，天津人民出版社1979年版，第77—78页。

共商大计。从学生罢课，商工罢市最紧张的时候开始，每天晚间上述各位先生均能抽出时间，和我们学联会负责人在《申报》社长办公室或在聂或在黄家一起会谈研商应付办法，及今思之，当时苟无这许多位老成持重的爱国长者筹划指导，其后果不堪收拾。"[1]

各地工会组织迅速发展。经过"六五"大罢工的考验，一些工人显示出开始冲破公所、行会、同乡会、帮口等旧式组织束缚，寻找和建立新组织的明确要求。由于共产主义思想知识分子群体才刚刚形成，还没发展到自觉深入到工人群众之中。在工人中有一定工作基础，并积极开展工作的是孙中山领导的一些国民党人。

上海有冯自由、曹亚伯、黄介民主持的中华工业协会，明润生发起成立的中华工界志成会，陈家鼐、李荣魁等主持的中华工会，卢炜昌任会长，王亨利、杨广才任副会长的中华工会协会，还有上海电器工界联合会、上海船务栈房工界联合会等。

这些工会名气都很大，实际旗下组织起来的工人不多。1920年，张国焘在中华工会协会担任过总务主任，他说该会"号称有万多会员，可是经我实地调查，所谓会员也不过是仅仅见诸名册而已，实际上只是这个工厂有几个人，那个工厂有几个人，多数的会员甚至不知道是属于哪个工厂的"[2]。有学者称其为"招牌工会"。但是，在五四运动迅猛兴起发展的形势下，广大工人群众反帝反封建斗志日益高涨的情势下，这些工会组织总体上都积极主动、旗帜鲜明地站在爱国学生和各界爱国民众一边，引导工人积极投入了反帝爱国斗争的洪流。五四学生运动兴起后，中华工业协会即发出紧急通告，呼吁"凡吾工界同人，均属国民，同有救国之责"。"六三"北京大批学生被捕后，该会立即通电全国各省议会、教育会、农会、商会、工会等各团体，表示"誓为学生后盾"。上海"三罢"高潮中，中华工会号召："各码头上不起日货，坚持抵制

---

[1] 李玉阶：《上海学生响应五四爱国运动的经过》，《五四运动亲历记》，中国文史出版社1999年版，第170—171页。
[2] 张国焘：《我的回忆》第一册，东方出版社1998年版，第76页。

到底。"[1]

这些工会组织积极与学联等爱国团体加强联系。6月16日，全国学联成立，有两位工人代表登台演说，提出"我等何日复能如诸君之公开联合大会"[2]，实际是呼吁建立全国统一的工人组织。6月22日，《时事新报》发表两篇时评指出："这是中国五千年来第一次平民精神之实现，从此以后，劳工恐怕真要上台说话了，穿马褂长袍踏方步的人恐怕要跌到台底下去了，下层社会的暴起，是不能免的，现在已经有点端倪了。这次的大运动，简直是学生革教职员的命，小伙计革大店东的命。再过几时，恐怕社会的阶层完全要翻转过来了。"[3]这证明，中国工人阶级已经觉醒，要求作为独立的政治力量组织起来的社会影响正在迅速扩大。

这些工会引起反动军阀的极度仇视。中华工业协会等工会组织派人到外地与各界民众串联。1919年7月，中华工会协会职员吴灿煌、程鹏拟在湘发起国民大会，鼓动各界民众开展爱国运动。湖南督军张敬尧一面佯表同情，一面派遣军警趁黑夜潜入船山学校，将吴灿煌、程鹏二人刺死。

旧式公所、行会、同乡会、帮口等工人组织在运动中继续发挥了重要的组织作用。上海"三罢"期间，上海钢铁机器公所、水手均安公所、炎盈社火夫联合会等，都积极团结工人罢工。应特别指出，这些行帮很多都是资本家所控制的，而工人们是冲破了资本家的限制阻挠而罢工的。6月8日，上海铜匠会所的1000多人开会讨论罢工，资本家不赞同，但工人态度坚决，6月9日开始罢工。上海水木工人，"激于义愤，久欲与学商两界一致行动，经该业董极力抚慰，暂且有待，至昨日（10日）起，该董事阻拦无效，遂一律罢工。"[4]还有一些地方色彩浓厚的帮口，如在上海漆匠中居多数的宁绍帮，水木工人中的本帮、宁绍帮、苏帮，绸匠工会等都积极团结工人罢工。

---

[1] 《五四运动在上海史料选辑》，上海人民出版社1982年版，第620页。
[2] 《时事新报》6月24日。
[3] 《时事新报》1919年6月22日。
[4] 《新闻报》1919年6月11日。

五四运动中，还涌现了一些各阶层、各界民众都参加的爱国群众组织，其中"救国十人团"具有全国性影响。这个组织是由北京大学庶务部主任李辛白首倡，"他独自出资刊印十人团章程，出版《新生活周刊》，号召人民按十为单位组织起来，有十而百而千而万，迫使政府不得不尊重人民爱国要求，并致力平民生活状况的改善。这方案为学生会所接受实行"[1]。日本驻华公使小幡酉吉在5月8日发公函称"两天来的报纸还引载了国民大会、救国十人团的宣言"，发表了"种种狂暴的言论，或者是主张应当把日本人看作已绝交的朋友而与之断绝一切友好关系，或者主张应对使用日本纸币的银行实行挤兑。而且这类传单还在市内散布。结果是7日、8日以来本地的正金银行支行发生每天挤兑二万余元的情况"。[2]

从5月8日北京的《京报》、9日《益世报》公开刊登救国十人团的传单起，天津的《益世报》，上海的《民国日报》、外国人办的《字林西报》，重庆的《国民公报》等不少城市大报都刊登了这样的传单。各地民众散发得更多。虽然反复传抄中错排、漏排字句很多，甚至整条整项的缺失，但其爱国和反帝反军阀的内容精神却完全一致。

这个组织在爱国运动中迅速发展。它首先出现在北京，一两个月之间，北到吉林、黑龙江，西到四川，南到广西，"十人团"组织大量出于上海、天津、宁波、济南、长沙、重庆、成都、武汉、南昌、开封、厦门、福州、南宁、珲春等各个大中小城市。

四 国内外协力抗争

由于皖系军阀段祺瑞为主的北京政府主张对德约签字，引起了全国各界强烈反抗的新浪潮。

---

[1] 张国焘：《我的回忆》第一册，东方出版社1998年版，第59页。
[2] 转引自[日]小野信尔：《救国十人团运动研究》，殷叙彝等译，中央编译出版社1994年版，第1页。

6月20日，由山东省议会、教育会、学联、总商会、农会等各界代表组成的请愿团，一行85人到达北京，向总统府请愿，提出拒签和约等三项要求。徐世昌拒绝接见。代表们非常愤慨，"只得跪在门外，放声号哭。适时下大雨，一小时后，各代表尽陷于水污泥淖之中，痛哭失声，闻者悱恻"[1]。

6月27日，山东请愿团、北京学联代表请愿团、京师总商会代表、留日学生代表、报界代表、基督教代表、陕西学联代表等500余人，联合前往新华门前请愿。当天，天津刘清扬等10名代表也加入，大家守在新华门前坚持不散。28日上午8时，徐世昌才传10位代表入见，对代表的要求回答措辞含糊。陕西学生代表屈武愤而高呼："同一亡国，不如不签！"随即猛地以头撞柱，当场流血晕厥。徐世昌遽起入内，各代表被卫兵挟持而出。屈武此举，为各报广泛介绍，被誉为以"颈血溅总统府之举"。

6月21日，全国学联和上海社会各团体开会决议，并向中国巴黎和会使团发出电报："如或违背民意，不保留青岛及山东主权而签德国约者，当与曹、章、陆同论。"[2]6月27日，当上海商工学界团体听到当日下午2时《巴黎和约》签字的消息，就在公共体育场召开大会，上海学联何葆仁为临时主席。与会者齐声高呼："死不签字！"段锡朋、许德珩、沙立培、汤志先、凌炳等各地和留日学生代表，南京路商界联合会、工界代表等相继发言，一致急电巴黎专使死拒签字。[3]

7月1日，上海各界10多万人在公共体育场召开国民大会，各界代表踊跃登台发言，其中工界代表发言尖锐激烈。他明确提出："救国必须从根本上解决，就是要推翻卖国政府。因卖国政府一天存在，他可以在外交上、内政上活动，订约借款，压迫国民，为所欲为。故国民必须另起锅灶，组织新政府。"[4]这位工界代表与陈独秀在6月11日传单中提出的"根本之改造"南北

---

[1] 《五四运动在上海史料选辑》，上海人民出版社1982年版，第462页。
[2] 《新闻报》1919年6月25日。
[3] 《民国日报》1919年6月28日。
[4] 《时事新报》1919年7月2日。

呼应，表明了五四运动中国各界救亡图强的新觉醒。会后游行示威。大队浩浩荡荡，高呼口号。队伍中有年过六旬须发皆白的袁肇荣、姜昌龄等，游行队伍和大批围观助威民众都非常感动。游行所经街道，无数群众围观助威。很多商家为参加游行的人备有凉茶止渴。

海外华人、华侨积极参加拒签《巴黎和约》斗争。中国各方面代表人物纷纷汇聚巴黎，制止中国签约。

梁启超和顾维钧在巴黎会见威尔逊，力陈"如山东不能交还中国，恐违民族自决大义"。当法国政府把梁启超作为各国首脑、新闻界名人之一设宴招待时，他在席间严肃提出："若有别一国要承袭在山东的侵略主义遗产，就是为第二次世界大战之媒，这个便是和平公敌！"[1]

1919年1月，王世杰、周鲠生等国民党人就在旅法学生和华工中组织了中国国际和平促进会，反对日本霸占山东。5月5日，汪精卫与北大教授陶孟和等抵达巴黎，和平促进会召开欢迎会，很多旅法华人莅临。汪精卫演说指出："侵略主义再不能收万能之功"，"当前中国人民最突出的任务是反对卖国专制的北京军阀政府"。[2] 5月19日，由和平促进会发起，巴黎华工500余人，在哲人大厅集会。到会的还有法国人权会主席及朝鲜、越南等国人士，汪精卫、陈友仁、郑毓秀等发言，大力呼吁"拒绝签字"。[3]

值得注意的是，在国内政治生活中恶斗不停、隔膜至深的研究系和国民党人士，却在法国表现出为拒签和约这个共同目标而联合对敌的团结气象。5月12日，华法政学两界人士组成巴黎群政研究会成立大会，梁启超和国民党人李石曾先后发表演说，均提出"胶州问题，略谓此次和议中国为协约之一，而首受重大之损失，殊不公平"。[4]

至对德和约签字时，在巴黎的华侨、华工、留学生一连多次前往中国代表

---

[1] 梁启超：《欧游心影录》，《饮冰室合集·专集之二十三》，第83页。
[2] 转引自刘永明：《国民党人与五四运动》，中国社会科学出版社1990年版，第381页。
[3] 《民国日报》1919年7月9日。
[4] 《民国日报》1919年7月8日。

团之处示威。顾维钧回忆:"在巴黎的中国政治领袖们、中国学生各组织,还有华侨代表,他们全部每日必往中国代表团总部,不断要求代表团明确保证:不允许保留、拒签。他们将不择手段加以制止"[1]。

《时事新报》报道:

> 据说二十八日那一天,各专使的寓所满被侨法的中国工人和学生围住了,不准专使出门。扬言如果出门,当扑杀之。吾们(指工人、学生)已预备了:每一个专使的命用三个人的命去偿他。这预备偿命的人已开了名单,不管要出门的专使是被谁打死的,这预备偿命的人总要去偿命。[2]

各报报道细节各有出入,但所描述的华工与留学生不惜以生命坚决阻止中国使团签约的事实却完全一致。华侨、华工、留学生的行为,构成了中国使团拒绝签署对德和约的重要基础。

直系名将吴佩孚奋起支持学生。6月9日,吴佩孚公开致电徐世昌要求立即释放学生,争回青岛。[3]6月15日,吴佩孚发表"删电"建议驻湘南北将领联合通电反对签约。他说:"如谓不签字则失英、法、美诸国之感情,亦未闻有牺牲本国绝大之权利,而博友邦一时之欢心者。"他尖锐抨击日本独占中国的野心,表示不惜对日一战。他说:"与其强制签字,贻羞万国,毋宁悉索敝赋,背城借一。军人卫国,责无旁贷,共作后盾,原效前驱。"[4]该电于7月1日又以谭浩明、谭延闿、赵恒惕、冯玉祥等南北61名将领的名义联合发表。吴佩孚还在衡州会见了湖南学联会长彭璜等,"盛称此次全国学生之举动",表示愿作"学生保障"。[5]吴佩孚的这些言行,表现了他的民族意识、爱国情怀,有力地壮大了全国拒约运动的阵容和声势。因此,吴佩孚获得"爱国将

---

[1] 转引自刘永明:《五四运动与国民党人》,中国社会科学出版社1990年版,第381页。
[2] 《时事新报》1919年7月6日。
[3] 《五四爱国运动档案资料》,中国社会科学出版社1980年版,第351—352页。
[4] 长沙《大公报》1919年7月2日。
[5] 转引自李新等主编:《中华民国史》第二编,中华书局1987年版,第453页。

军"的盛誉，无形中造就其同皖系军阀争斗的政治优势。

五　中国使团毅然拒签

5月28日，中国使团接到北京政府24日的签字命令后，在吕德西亚饭店举行秘密会议，讨论和约签字问题。按照徐世昌命令，聚集在巴黎的中国驻外使节均参加会议并有表决权。

王正廷首先明确反对签约。他指出："各国屡欺中国，不可再受其欺。"驻意公使王广圻主张签约，认为如果拒绝，日本若以武力威胁，无法得到其他列强的援助。他说："就今日外交情形言，签字则南方人民责备北方太弱，倘将来国际巨害发生，则北方人民亦将责备南方不审国势。"某参议赞成王广圻观点，说如不签字则失去许多有利条件。顾维钧明确反对签约，他说："日本志在侵略，不可不留意。山东形势关夫全国，较东三省利害尤巨。不签字则全国注意日本，民气一振，签字则国内将自相纷扰。"驻法公使胡惟德主张签字，他表示："签字一层，苟利于国家，毅然为之，不必为个人毁誉计。"驻英公使施肇基最后发言："此次和约，各小国均不满意，恐不能永久践行，中国亦可以不签字。"[1]

这表明，双方在对英美法支持已无指望，但都寄希望于未来的国联能帮助中国进一步解决山东问题；在拒签后日本危害我国的问题上分歧严重：顾维钧主张全国一致对日；胡惟德等则认为国内毫无实力，国外更失同情。显然，他们在历史发展的关键时刻展示了截然不同的外交眼光和政治襟怀。

陆徵祥和魏宸组没有明确表态。但5位全权代表中，3位明确反对签字，表明拒签对德和约的意见已占上风。这个结果非常重要，实际构成了后来中国代表团拒签对德和约的直接基础。

---

[1] 以上均见《我国讲和专使团会议记录》，转引自李新等主编：《中华民国史》第二编第二卷，中华书局版1987年版，第459—460页。

这次会议是中国代表团召开的最后一次会议。陆徵祥会后电告政府，代表团内部有两种意见，请政府"详审裁定"[1]。北京政府"以民意所在，既不敢轻为签字之主张，而国际地位所关，又不敢轻下不签字之断语"[2]，对陆徵祥电迟迟不回复。和会各列强仍一再施压，要中国无条件签字。在这种复杂严峻的形势下，代表团出现严重涣散的态势。6月初，施肇基以陪同梁启超访英为由，擅离职守，返回伦敦；其他驻欧各国使节也相继返回任所。

对此，诸多有关论著均称代表团逐渐解体。笔者以为属误判。因为这期间陆徵祥虽一再向政府提出辞职，但均未获批准。陆徵祥便以"旧病骤发"为由，6月14日住进圣·克卢德医院。17日电告北京，"届时祥如果不能行动，拟即派顾使在会签约"。这时陆徵祥的心情非常矛盾，一方面，他作为使团团长不能违抗政府的签约决定；另一方面，他本人非常不愿签约，曾致北京政府电说："祥一九一五年签字在前（指签"二十一条"——笔者注），若再甘心签字，稍有肺腑，当不至此。"[3]实际上，在北京政府至签字之日也未批准陆徵祥辞职的情况下，陆徵祥一直在苦撑中履行使团团长职务。25日、26日连续向北京政府电告顾维钧争取保留的进展情况。当时，在巴黎的中国留学生和华工上万人，在和约签字前多次聚集包围陆徵祥所住医院；国内要求拒签和约的电报雪片似飞来，不少是直接拍给陆徵祥的，都表明各界仍认可他是中国使团主要负责人。所以陆徵祥住院一事，表明了陆徵祥有自动放弃团长职责的主观意图，但客观上却办不到。陆徵祥实际上仍具有团长的地位，仍在履行职责。而这种种行动的重大意义，就是维持了中国代表团的正常存在和外交业务。

顾维钧则为争取保留签字，坚持与和会做最后的艰难交涉。他非常清楚：和约条款一经宣布，山东方案就成定局，但如果中国在力争保全失败后，拒绝

---

[1]《法京陆专使电》，《秘笈录存》，中国社会科学出版社1984年版，第215页。
[2]《巴黎会议关于胶澳问题交涉纪要》，《五四爱国运动档案资料》，中国社会科学出版社1980年版，第356页。
[3] 王芸生编著：《六十年来中国与日本》第七卷，生活·读书·新知三联书店1981年版，第337页。

签字将会得到国内外舆论支持。这就表明顾维钧完全做好了拒绝和约的思想准备，在尽最后、最大的努力去争取保留对德和约。

6月24日，顾维钧会晤巴黎和会秘书长吕达斯达，声明："兹遵政府训令，愿于德约签字时，将关于山东声明保留。"当天下午，吕达斯达约见顾维钧，告诉他："贵国所愿将山东条件保留一层，已达会长。据云势不能行，只有签字或不签字之办法。"顾维钧立即提出另一方案："譬如不在约内注明，而另筹一正式手续，于开会数分钟前，备函通知会长声明保留。"但立遭拒绝。25日，吕达斯达再次约见顾维钧称："会长嘱告贵使，保留一层实不能行。"顾维钧问："会长之言，是否专指预在约中保留者而言？"秘书长答："系指各种保留。"[1]

26日，顾维钧前往会晤法国外长毕勋表明："中国委员并非不愿签字，惟对于山东问题必须保留。"毕勋一口外交辞令："约内保留一层，殊多不便。"顾维钧又退一步提议："如果保留字样实不能于约内声明则附于约后亦可勉允。"但毕勋蛮横拒绝道："附于约后，仍为条约之一部分，亦万难办到。"顾维钧再次让步，提出约外保留方案，即中国于签约之前发表一项保留山东问题的正式声明。对此，毕勋表示报告主席之后再予以答复。

27日下午，顾维钧再次会晤毕勋，毕勋答复说："兹会长嘱告中国，当在签约后酌备一函交会。"毕勋强硬表示，任何声明，即使只是在会上宣读，虽不附于约后，也难以获准。这是由于这样做势必引起轰动，和会的最后会议纯系签字仪式，中国做此类声明，将与惯例相悖并在协约国内制造不和。也就是说，拒绝中国在签约之前发表声明。中国只能在签约后，提交一份保留山东问题的公文。顾维钧愤怒地说："中国为顾全和会全局，已一再让步至于极点，会中尚不能承认，深为可惜！准此情形，恐中国委员未能签约。我全国舆论之不平，谅贵总会长亦有所闻。"毕勋傲慢地劝中国"签约为然"。顾维钧起身严正声明："若不能保留而签字，我全国民心必益愤激。万一中国委员不签

---

[1]《秘笈录存》，中国社会科学出版社1984年版，第219—221页。

约,中国政府不能负责,其责任当在和会!"[1]

27日晚,对德和约签字前夜,顾维钧拟以最后一个让步到极点的妥协方案保留签约,即要求在和约签字之前,由中国代表团发表一个宣言及保留二字的口头声明,申明签约之后,不得妨碍将来重新提议山东问题。如声明不成,"临时分函"——即临时当场散发书面声明也可以。该声明全文如下:

> 今日在签订对德媾和条约之前,中华民国全权代表因该约第一五六、一五七及一五八款竟使日本继承山东之德国权利,不使中国恢复其领土主权,实不公道,兹特以其政府之名义声明:彼等之签字于条约,并不妨碍将来于适当之时机,提请重议山东问题。因对中国不公道之结果,将妨碍远东永久和平之利益也。[2]

陆徵祥当即批准了这个声明。

28日晨,驻法公使胡惟德将中国这一声明带至和会磋商。他一直等到中午,该会秘书长送还函稿,仍坚决完全拒绝。至此,中国拒签和约不可避免。

在与和会紧张的交涉中,顾维钧等同美国代表团人士频繁深入商讨。美国代表团除威尔逊总统外的几乎全部成员,包括国务卿兰辛、五位全权代表之一威廉士、威尔逊总统密友豪斯上校及其助手贝克等绝大多数成员,都对威尔逊对日本侵占山东的让步感到非常失望,都对中国保留签字立场表示真诚同情和非常赞成。特别是,他们向顾维钧提出对奥和约签字,使中国也可以成为国联成员国的建议——此前,5月29日,王正廷在向广州请示的电报里就提出"我签奥约,仍可列入联合会"[3],表明中国代表团已有这种考虑。美国代表团绝大多数成员这种态度含着他们将支持中国签署对奥和约的意思。于是,就使中国代表团解除了朝野担心因拒签和约导致丧失中国应得权益的顾虑。顾维钧后

---

[1] 《秘笈录存》,中国社会科学出版社1984年版,第221—223页。
[2] 王芸生编著:《六十年来中国与日本》第七卷,生活·读书·新知三联书店1981年版,第352页。
[3] 转引自唐启华:《巴黎和会与中国外交》,社会科学文献出版社2014年版,第306页。

来回忆:

> 当时,对中国来说,巴黎的形势笼罩着一片黑暗。但是,无独有偶,我和美国人在讨论中都从那一片黑暗中觅得了一线光明。美国人说,他们发现,通过对奥和约的签字,中国也可以成为国联成员国,因为对奥和约的第一部分就是国联盟约。于是,我更加坚信,不允保留,自当断然拒签。[1]

这时,在巴黎的中国政治领袖人物、华侨、华工和留学生情绪非常激愤。6月27日晚,数百名男女华工聚集在陆徵祥住的圣·克卢德医院的花园。当代表团秘书长要返回巴黎时,被一批学生、华侨、华工、商人团团围住,厉声责问他为何赞成签约。一些人扬言要打他一顿。旅法学生郑毓秀用握在大衣内的手枪(实际是一截树枝)对准他,严厉警告:如果要签约就杀了他!顾维钧出来向大家解释:"不能签字,中国当然不会签字,而由于未得到任何支持,保留看来已无可能。因此签字一事便亦不复存在。"[2]

28日,如前述,在巴黎的中国华侨、华工、留学生、勤工俭学生等展现出对中国代表团包围、监视更严,各界同仇敌忾、誓死阻止中国使团签约的态势;国内要求拒签和约的电报如雪片似打来,给已下决心不保留即不签约的中国代表团以巨大鼓舞。

当天,中国使团陆徵祥、王正廷、顾维钧、魏宸组联名向北京政府详细电告了多次退让要求保留签字的过程,说明中国保留签字以"直(至)今午时","不料大会专横至此,竟不稍顾我国家纤微体面,曷胜愤慨!弱国交涉,始争终让,几成惯例。此次若再隐忍签字,我国前途将更无外交之可言","详审商榷,不得已,当时不往签字";[3]由于拒约并非中国政府

---

[1] 《顾维钧回忆录》第一分册,中华书局1983年版,第205页。
[2] 《顾维钧回忆录》第一分册,中华书局1983年版,第207页。
[3] 《秘笈录存》,中国社会科学出版社1984年版,第223页。

批准，中国代表团"当即备函通知会长，声明保存我政府对于德约最后决定之权"；最后，四位全权代表以"奉职无权"为由，请政府罢免职务交付惩戒。[1]

28日下午3时，巴黎和会在凡尔赛宫的镜厅举行对德和约签字仪式。会场布置成"同"字形，各国代表，各秘书等就座于此。中设签字桌，乃路易十四世所用的旧物；签字用的墨水瓶，也是路易十四御用之品。代表席外两端，一为特宾参观席，二为新闻记者席。中国的胡政之是400名参会各国记者之一，他生动地记录了中国代表团拒签对德和约使会议所受到的巨大震动：

> 会场代表席中有两空位，即中国代表所应坐之处也。……迨午后三时，代表座位犹虚，余等断其不来，遂与谢君东发，分告各国新闻记者，一时争相传告，遍于全场。有嗟叹者，有错愕者，亦有冷笑者。大抵法美两国人，怀惊诧叹服之感为多，英国人则多露轻蔑之色，至会场之中殊无何等印象。威尔逊之笑容，路易·乔治之蛮态，均无异于平日，惟克理孟梭颇有不悦之相，或者此倔强之老翁，以彼为能令举世大政治家对之低头，而不能压服一积弱之中国，引为深憾耶！日本新闻记者见中国代表不到，有故作冷静者，有来问余者，大抵是绝对想不到而已。散会以后，法美同业多拦住余等询问究竟，余等一一告之。有美人某君大呼曰："今日之中国真中国也！"有法人某君语余曰："此日本人之切腹也。"意谓，日本强压中国，乃日本之自杀政策也。[2]

28日下午3时多，在对德和约签字之后，中国代表团收到了北京政府拒签和约的指令。顾维钧等感到"实可惊异"。代表团内某些人揣测，或许北京政府并不想自己来决定，北京很可能是在得知最后会议已经召开之后才发出电谕

---

[1] 《秘笈录存》，中国社会科学出版社1984年版，第223页。
[2] 胡政之：《一九一九年六月二十八日与中国》，《新中国》第1卷第2号。

的。代表团的这些揣测是正确的。有学者考证,该电令6月26日发出,是经过周密考虑的,既表现了拒约的姿态,以应对全国各界的巨大压力;又使该令不起作用,对西方列强及日本的责难有所推诿。[1]

9月10日,陆徵祥和王正廷在圣日耳曼宫签署了《协约及参战各国对奥地利和约》,该约规定奥地利放弃在中国的各项权益,由中国收回。中国亦因此成为国联的创始成员国之一。之后,中国经交涉,1921年5月20日,在北京签署《中德协约》,恢复两国友好和商务关系,尊重彼此领土主权,实行平等互惠,取消德国领事裁判权及协定关税权。此外,德国放弃庚子赔款,以现款400万元及津浦、湖广铁路债券交于中国政府,中国同意解禁被查封的德国财产。7月1日,中德双方交换批准书,《中德协约》生效,中德两国恢复正常关系。这是中国与西方主要大国签订的第一个平等条约。

拒签和约的消息7月3日见诸中国报端。7月22日,全国学联宣布全国学生罢课结束。9月12日,蔡元培回到北京,重新出任北京大学校长。五四运动的高潮以中国代表拒签对德和约而胜利落幕。

中国拒签巴黎和会对德和约,不仅粉碎了日本通过巴黎和会使侵占中国山东合法化的罪恶图谋,直接打击了日本独占中国的野心,而且开创了一个敢于同西方各列强坚决抗争说"不"的先例,开始冲破近代以来中国外交"始争终让"的惯例。从甲午中日战争之后,日本对中国侵略步步进逼,处处得手,这次和会分明还想故伎重演。近代以来,西方各列强虽然因为种种矛盾在分割侵华权益上有分歧,但在维持其世界殖民主义秩序上,维护其侵华权益压迫中国历届政府屈服上,则大多协调一致,这次和会列强又旧调重弹。但中国人民以彻底不妥协的坚决斗争,打碎了他们的这个如意算盘。这不仅在近代中国外交史上,而且在近代中华民族解放运动史上,都是一个重要的里程碑。美国驻华公使芮恩施说,"从巴黎和会决议的祸害中,产生了一种令人鼓舞的中国人民

---

[1] 邓野:《巴黎和会和中国拒约问题研究》,《中国社会科学》1986年第2期。

的民族觉醒，这使他们为了共同的思想和共同的行动而紧密结合在一起"[1]。日本代表牧野伸显由欧返日途径上海时对日侨谈道：

> 世人不察，以为在巴黎之中国委员，为血气所驱使，为功名所激发，故有此等行动。而余观察则不如是。余深信此种感情早已浸润于一般中国国民，酝酿已数年之久，有触即发，巴黎和会不过其表现之机会耳。[2]

中国拒签巴黎和会对德和约，沉重地打击了以北洋军阀为代表的封建统治势力，特别是敲响了以段祺瑞为首的皖系军阀的丧钟。皖系军阀长期坚持亲日外交政策，巴黎和会召开后，坚持服从日本要求，主张签署对德和约；坚持庇护曹汝霖、章宗祥、陆宗舆等亲日政客；坚持镇压人民群众的反帝爱国运动。结果，遭到了全国各界民众一致的坚决反抗，陷入千夫所指、万众唾骂、空前孤立的处境。吴佩孚公开表示，为捍卫青岛，不惜与日本一战，站到了与皖系军阀亲日外交政策的对立面，标志了直系与皖系的进一步公开分裂。以梁启超为首的研究系坚决反对皖系军阀亲日外交政策，坚决支持学生的爱国行动。就是在其政府、派系内部，大总统徐世昌、原步军统领李长泰、京师警察总监吴炳湘等对段祺瑞、王怀庆等镇压爱国运动的计划也多有抵制。这表明，段祺瑞已经陷入严重的政治危机，其"再造共和""参战有功"等显赫政治资本已消耗殆尽。

中国拒签巴黎和会对德和约，是中华民族新觉醒、大团结的结果。所谓新觉醒，是指这场反帝爱国运动始终与彻底反对封建主义的新文化运动密切结合。"五四"前，新文化运动实际为这场反帝爱国运动作了思想准备，反帝爱国运动中，新文化的广泛传播又为反帝爱国运动不断提供了思想武器和精神动力。这场爱国运动明显表现出迥然有异于义和团运动，"是文明抗争，是有分

---

[1] 芮恩施：《一个美国外交官使华记》，李报宏等译，商务印书馆1982年版，第285页。
[2] 《牧野之中日关系谈》，《晨报》1919年9月13日。

析、有区别的抗争。它所反对的是帝国主义对中国的侵略,但它同时却欢迎一切对中国进步、发展有益的外国思想和文化"[1]。中国人民开始在斗争中自觉地把日本侵华当局与日本人民区别开来,并努力提高自己的独立人格,呼吁为了"打倒'侵略主义'和'军阀'","我们国民应有两种决心":"第一,唤起日本人的觉悟","造成东亚和平的基础";"第二,促进本国人的自觉","人人站起来做人!不做奴隶牛马","今天吾们争这山东问题也是争做人"。[2]各种爱国群众团体内部则都坚持实行了新型的现代民主原则和组织运作方式等,都是这种觉醒的典型例证。

所谓大团结,是指中国人民在这场斗争中实现了近代以来第一次全国人民的革命大团结。以青年学生为主体的知识分子高举反帝爱国、科学民主大旗充当先锋,始终站在斗争最前列;以商人为主体的资产阶级在总体上积极支持、配合学生,实际充当了爱国学生的坚强后盾;工人阶级开始作为独立的政治力量登上政治舞台,显示了巨大威力。以上三者共同组成了反帝爱国运动的主力军。其中,资产阶级长期分裂,曾突出表现为以孙中山为首的革命民主派同以康有为、梁启超为代表的改良派的对立和斗争。在这场反帝爱国运动中,孙中山为首的革命民主派同以梁启超为代表的研究系总体上实现了团结奋斗。部分农民、特别是城郊农民都参加了斗争,表现出了高昂的爱国热情。处于中国社会最底层的游民阶层、娼妓、流氓、小偷等积极支持了运动的发展。军阀政府内部发生分裂,多数人不同程度地同情、支持爱国运动。特别是以顾维钧为代表的外交官(时称"外交系")在关键时刻与广大人民站在一起冲锋陷阵。他们回国时,都被誉为"不签字代表"受到全国各界英雄凯旋般的迎接。总之,除一小撮顽固亲日派军阀政客外,中国人民在"外争主权,内惩国贼"的旗帜下,实现了空前的反帝爱国大团结,开创了反帝反封建革命斗争的新纪元。

---

[1] 杨天石:《国民党人与前期中华民国》,中国人民大学出版社2007年版,第238页。
[2] 毋忘(蓝公武):《国民应具之两种决心》,《国民公报》1919年5月11日临时增刊。

第八章　捍卫并发展五四运动成果

拒签巴黎对德和约后,中国人民毫不畏惧日本帝国主义和反动军阀的武力高压,也不被其花招所欺骗与软化,针锋相对地展开了捍卫、扩大五四运动高潮斗争成果的坚韧斗争。

斗争总体上明显表现为两种趋向:一是针对日本帝国主义扩大侵略势力斗争的深入。日本压迫中国政府直接交涉山东问题、要求中国政府补签巴黎对德和约。其顽固坚持、肆意扩大侵华权益的行径和直接镇压中国人民的罪恶行径遭到了中国各界的一致高度关注和坚决反抗。中国各界团结一致,同仇敌忾,行动果断、理性,政治揭露与经济抵制密切结合,汇入"五四"以来奔腾不息的反对帝国主义的革命洪流之中。

二是反对封建军阀斗争的深入。从抗议马良屠杀回族爱国领袖到安徽"六二学潮",经过新文化运动和五四运动高潮洗礼的广大青年学生和各界民众再也不能忍受封建军阀统治的专制暴虐,而是放开世界眼光、运用现代民主法制观念,迅速认清他们腐朽没落、孤立虚弱的本质。这种人民群众思想的新觉醒比赶跑张敬尧等直接斗争的成果,作用更重大,影响更深远。

以上两种趋向内在地密切相连,互相促进。其根本原因是:上述主要针对日本帝国主义的斗争,不仅直接反对日本侵略山东主权,而且冲击并动摇了整个帝国主义列强在华统治秩序;不仅沉重打击了皖系军阀,而且有力震撼整个中国封建军阀的统治基础。所以,不仅日本帝国主义及亲日派军阀政客始终站在中国反帝爱国运动的敌对立场,尽其镇压破坏之能事;直系、西南军阀及其代表人物在学生及各界民众的革命行动中触及其根本利益时,也急剧转变态度，对反帝爱国斗争进行不同程度的压制和打击。

所以，拒签《巴黎和约》后，随着五四运动的深入发展，没再呈现运动爆发到拒签和约高潮阶段那样以北京为中心，波澜壮阔、山呼海啸般地向全国各城镇和乡村迅速推进的局面，而是呈现出中心分散、相互呼应、此起彼伏、连续不断的态势，由主要集中反对皖系军阀控制的、施行卖国专制政策的北京政府，转向同日本帝国主义在华势力及各地军阀政府的直接斗争，其政治内涵、思想影响更加广泛、更加深刻。

一　持续反对日本扩大侵略

（一）反对日本压迫中国补签巴黎对德和约和直接交涉山东问题

中国拒签和约之后，国内报刊很快连续出现日本压迫北京政府补签巴黎对德和约的消息。1919年8月2日，日本外相内田康哉发表声明，日本一贯政策为中国承认凡尔赛和约之后，即由中日谈判将山东主权归还中国，"日本所欲保持者，不过中国已许德国经济上之特权而已"[1]。实际是要求中国补签巴黎对德和约。巴黎和会日本代表芳泽谦吉劝告顾维钧速行补签德约，中日直接交涉山东问题。[2]此前，上海《民国日报》7月6日第二版专电："据日本方面消息，称北京政府已电致巴黎欧和专使，从速详报拒绝签字之理由，其用意在俟复电到后，即直发训令，命其补行签字，亦不必保留胶澳问题。"北京《晨报》同日刊登中美通讯社消息说：中国"政府现致电巴黎中国陆专使与日本交涉，能得其交还青岛之保证，可即行签字。识者谓此系某方面压迫政府之结果"。这里"某方面"系指日本政府。8月8日，有日本外务省事务官到北京"运动青岛问题"，"住东长安街北京饭店内"，"9日，赴团城拜会章宗祥

---

[1]　《秘笈录存》，中国社会科学出版社1984年版，第230—231页。
[2]　顾维钧：《续参与欧洲和平大会分类报告》，转引自唐启华：《被"废除不平等条约"遮蔽的北洋修约史：1912~1928》，社会科学文献出版社2010年版，第88页。

（祥）、曹汝林（霖）"的报道。[1]

1920年1月10日，对德和约签字国交换批准文本后，日本政府为使继承德国在山东权益合法化，作出直接同中国交涉山东问题的决策。19日，日本驻华公使小幡酉吉照会北京外交部提议，中日双方从速派员商议交还胶奥办法，并解决山东善后问题。中国政府经反复研究，感到若与日本交涉，则有承认对德和约及日本所得山东权益之虞，与中国拒签德约相矛盾，对外将丧失国际信用；对内将招致国民和各派政治力量，特别是广州军政府的反对；若拒绝交涉，担心日本会随时随地与我方冲突，提出各种不合理的要求。北京政府决定采取"延宕政策"[2]，迟迟不回复日本照会，探寻将山东问题提交国联。

这些消息、传言引起了全国各界的深切担忧和强烈反对。北京、济南、唐山、天津、开封、上海、南京等各地都迅速行动起来。学生们尖锐指出，"安福派受日人指使，破坏大学、复又赞成补签和约"。[3]学生们呼吁，"军阀派，安福派""偏偏要和日本勾结，说山东的问题，要中日两国直接去办"，"就是我山东的催命鬼到了！"[4] 1920年4月14日，上海全国学联因为电请北京政府驳回日本直接交涉照会未得回复，决定通电各地学联，举行全国总罢课游行讲演并联络各界一致行动。

顾维钧自美国公使任上来电指出，"德约既然拒签，惟有付诸国际联盟，请求公允之判决。此时无论如何，绝不宜希冀补签授人以柄"；"现时英美人士之娴习国际法者，对于此次条约，多为我代抱不平。我国痛责切肤，益当有以自处，设竟出于补签一举，则影响国际地位者尤小，而国家道德且将堕落无遗矣。"[5]

梁启超自国外归来，到沪即对记者发表谈话：中国"既拒签于前，当然不能交涉于后"，"今果直接交涉，不但前功尽失，并且前后矛盾，自丧信用，

---

[1]《五四爱国运动档案资料》，中国社会科学出版社1980年版，第515页。
[2] 王芸生著：《六十年来中国与日本》第八卷，生活·读书·新知三联书店1982年版，第7页。
[3]《五四爱国运动档案资料》，中国社会科学出版社1980年版，第511页。
[4]《五四爱国运动档案资料》，中国社会科学出版社1980年版，第517页。
[5]《民国日报》1919年8月13日。

国际人格从此一隳千丈,不能再与他国为正义之要求矣"。[1]

吴佩孚在衡阳驻地通电全国主张:"对于补签德约、正须根本推翻。"[2]山东籍军人湖北督军王占元、浙江督军卢永祥、四川经略史参谋长潘矩楹、第三师师长吴佩孚、暂编第一师师长张宗昌等48人联名通电,反对中日直接交涉,要求将山东问题递交国际联盟解决。河南督军兼省长赵倜通电北京政府反对补签对德和约。

这期间,全国抗议"鲁案""闽案"等反日爱国浪潮接连发生,湖南"驱张"、安徽"拒李"等风潮一浪高过一浪,各地学生及各界民众都自觉地把反对补签巴黎对德和约、反对中国直接交涉山东问题作为最为重要的共同中心目标不懈斗争。1920年5月22日,中国政府正式照会日本驻华公使,表示"未便依据德约迳与贵国开议青岛问题。且全国人民对于本问题态度之激昂,尤为贵公使所熟悉"[3],实际是明确拒绝与日本直接交涉山东问题和补签巴黎对德和约。6月14日,日本公使小幡酉吉第三次强硬照会北京政府要求中国重新考虑重新交涉山东问题,仍被北京政府拒绝。

(二)山东人民直接抗争

巴黎和会后,在山东的日本侵华当局就蓄意向中国人民进行反攻倒算,不但向胶济铁路增兵,而且连续使用暴力镇压中国民众和各界的坚决反抗。

1919年7月1日,日本宪兵在济南纬五路抓捕了去查询运粮车辆的齐鲁大学学生王志谦。济南学生千余人涌向省长公署要求向日本领事交涉放人,并保证今后不再发生同类事件。省长沈铭昌立即派济南道尹兼交涉使唐柯三前往。请愿学生在门前等候。至夜晚,唐柯三返回报告:日领事提出赔偿日商在抵制日货中损失并担保以后不再抵制日货才可放人。日本"掳人勒索"的凶恶面目毕现,引起中国各界极大愤慨,请愿队伍骤增至5000多人。沈铭昌当众表示,本

---

[1] 夏晓红辑:《饮冰室合集集外文》中册,北京大学出版社2005年版,第830页。
[2] 《五四爱国运动档案资料》,中国社会科学出版社1980年版,第521页。
[3] 《五四爱国运动档案资料》,中国社会科学出版社1980年版,第578页。

人宁可省长不干，绝不屈从日本。群众报以热烈持久的掌声。翌日晨5时，唐柯三回报告，日领事已将王志谦移送警察厅。沈铭昌即请学生派代表领回。

7日晚，济南的日本宪兵和侨民为庆祝对德和约签订仪式举行提灯会，行至带头抵制日货的商店泰康号时，从后门闯入，把店内物品、器具全都砸烂毁弃。11日上午，两名济南学生被四名日本兵猛追。霞侣市村农民李继寿、刘砚田正在路上，李继寿奋勇上前，几下就把两个日兵摔进路边藕湾，把另一个打倒在地。最后一名日本兵跑回报宪兵队，将李继寿、刘砚田捕去严刑拷打。17日，驻青州站的日军7人全副武装闯入第十中学，捣毁各种所见事物，将青州学联负责人马忠怀捕去。19日，青州甲种农校学生罗圣臣被日本人绑架。26日晚，济南三马路恒升木器厂伙友3人、粮行客贩2人被日本人捕去。8月5日，日商在高密县姜庄收买鸡蛋，乡民拒不交易，日本宪兵数十人将该庄四面包围，捕去16人。[1]

山东人民坚决反抗。农民李继寿、刘砚田被日军逮捕后，附近北园、大杨庄、刘家静、黄台、霞侣村等村民众积极营救。19日，济南各界召开营救大会，决定学生罢课、商人罢市、工人罢工；会后列队前往省长公署请愿。警察厅长宋德玉、济南道尹唐柯三和历城县知事靳巩被迫带领千余群众前往日本领事馆交涉。愤怒的民众把领事馆团团包围起来，吼声如雷。日本领事不得不下令将李继寿、刘砚田二人释放。

青州各界奋起声讨，学生罢课、商人罢市，附近农民也自带干粮进城参加斗争，四五千人包围县署，连续数昼夜示威。青州商学联合会向省长提出惩办县知事郑宝善，因郑宝善屈从日本人的要求。日军欲逮捕马忠怀，就是郑宝善派人引的路。20日，青州各界联合会、教育会、商会、学生会联合会和省署交涉员等到青州车站向日本人交涉。日方反提出取缔抵制日货等15条要求，被中方严词拒绝。21日，省长沈铭昌也不答应日本的条件，并将郑宝善撤职查办。

山东各界抵制日货，不仅各城镇、各农村，特别是胶济铁路沿线的农村、

---

[1] 吕伟俊主编：《民国山东史》，山东人民出版社1995年版，第120页。

农民们都积极行动，使山东很多地方日货基本绝迹。港口城市烟台1920年进口的日本粗细布，只相当于1919年进口的千分之一点六[1]。

这些斗争的直接成果极其有限，但这是在学、商、工、农各界及政界爱国人士组成的反帝爱国统一战线中所取得的；这直接显示了中国人民开始彻底反对帝国主义侵略的现代民族觉醒，标志着中国革命踏上新阶段的航程。

（三）全国强烈抗议"闽案"

中国抵制日货的运动日益高涨，这使福州日商受到严重打击。日本领事紧急组织日本商人和"籍民"[2]成立"敢死队"，欲寻隙滋事。日方组织台湾银行专门拨款充作经费，并规定因此丧命，除向中国管厅交涉赔款外，再给1000元抚恤费；又令博爱医院预备绷带、伤药等分给个人备用；同时，购买铁尺、刀、木棍等武器，伺机行动，制造事端。1919年10月11日，日本领事馆虚构事实，称日商瑞顺洋行当天午后2时搬运火柴2箱，价值99元，经过中洲时被学生包围，强迫挑夫运至大庙山焚毁。日本人把这凭空捏造的事写成新闻稿投递当地各报馆。各报均置之不理，只有《求是报》失于检点为之刊登，查无此事后立即公开更正。

但日本福州总领事竟以此为由，正式向福建省政府提出逮捕惩罚学生、赔偿99元、确保不再犯三项要求。原函最后声明，"将来倘遇到学生等不法行为"，"不幸在路上见流血重大事件发生"，"本领事全然不负责任"[3]。这说明，日本总领事早已蓄谋制造事端。

11月16日，日领事馆出动"敢死队"60余人，携带手枪、刀棍，由日本警察署长江口善海任总指挥，分路行动。下午5时左右，在大桥头，"敢死队"成员围住青年会中学学生黄玉苍、刘钟植、郑超皓，另一所中学校学生郑孝

---

[1]《五四运动在山东》，山东人民出版社1959年版，第96页。
[2] 时称受日本驱使、利用并加入日籍的中国台湾人。
[3] 郭公木："'五四'运动在福州"，《福州文史资料选辑》第二辑，福建人民出版社1982年版，第28—29页。

谦、刘开祥,育德学校教员杨尚慈等,用手枪、铁器、木棍将他们打得遍体鳞伤,有的头被打破、有的脚骨折断、有的当场吐血、有的全身发肿。路过的鱼摊商人朱依财和清乡处工人陈金钿也被打伤。值班警察陈汉章和前来弹压的十名警士被打得头破血流,被夺去马枪两支。其中警士史孝亮被手枪击中要害三处,伤势沉重,被抬往圣教医院抢救无效而死亡。

在田垱,一群日本人闯进顺记洋芽馆楼上,熄灭电灯,把店里的酒瓶、罐头、汽水瓶及痰盂、花盆等掷下并开枪射击行人。中国警察赶来弹压,擒获当场开枪的日本人2名,同时查明在楼上摔物并开枪的,是日本领事馆警察署长江口善海等7人。

17日和18日,福州又发生了有"籍民"在光天化日之下持枪追击、殴打学生的事件。

福建政府交涉署照会日领事应负责任,日方反责福建政府对"排斥日货"等"学生之暴行""朝三暮四不能彻底"。22日,日本军舰"蹉峨"号和驱逐舰两艘"樱"号、"桔"号开到闽江公开示威,气焰嚣张到极点。

福州各界愤怒万分。11月16日,日本人肇事后,全城中国人开办的商店罢市。17日起,各校罢课。各界万余人在省议会门前广场召开国民大会。

全国各地紧急行动起来,形成"五四"以来又一个全国性的反日爱国斗争高潮。上海行动最快,11月23日午后2时,在西门外公共体育场召开各界4万多人参加的声讨大会。大会首先由福建代表报告"闽事",其"语语沉痛,泪随声堕";随后,全国各界联合会代表刘清扬等慷慨发言。[1]大会通过了对北京政府通电,提出"日本政府谢罪""更换驻闽日领""惩办犯罪日人""限日本军舰军队离闽"等应向日本政府提出要求八项。这八项很快成为全国各地抗议"闽案"的共同要求。12月2日,56000多上海大中学生示威游行;晚上在公共体育场举行焚烧日货大会,"直至八时始散"。[2]

---

[1] 《民国日报》1919年11月24日。
[2] 《民国日报》1919年12月3日。

11月29日，北京学生在天安门前集会并游行示威，参加的有北大、清华等大中学校34所及旅京福建学生会学生3万余人。游行队伍沿途散发了旅京福建学生《泣告全国同胞书》等100多种传单。翌日起各校学生分团出发，沿街讲演。12月7日，北京学生联合商界在天安门召开学生及各界民众10万余人参加的国民大会，重申惩凶、道歉等解决"闽案"八条件，反对中国补签对德和约、山东问题中日直接交涉。

12月3日，山东召开大会声援。山东省学联还派人联系召开全省国民大会。山东当局却派警察厅长会同教育厅长强行摘掉省学联牌子。23日，督军张树元派兵解散省学联。学联决定24日起济南学生总罢课，并全体外出讲演。张树元闻讯急忙派军警到学校禁止学生外出。学生冲出校门，军警动用警棍、刺刀等强行制止，致学生受伤者不计其数，其中10余人被截削手指、耳朵，打折臂腿、重伤腰头部等，并有4人被捕。

1920年元旦，学生在济南第二区大舞台旧址会演话剧，并演讲抵制日货。新任山东督军兼省长田中玉指使警察厅派人破坏，学生被打伤七八十人，重伤十余人。军警暴行引起各界极大义愤，群起抗议。济南各校教职员宣布自1月2日起罢教并坚持到1月19日。山东当局迫于形势，不得不宣布给肇事人一定处分，给学生一定赔偿。

广州学生组织获悉福建惨案消息后，于12月9日，广州60余学校9000余人在东园集会游行。11日，教会圣心学生团在金花庙、佛山祖庙讲演。时逢大雨，聚精会神听者五六万人，无不摇首叹息，热烈鼓掌。 15日，广州公立法政、高等师范等20多所学校的学生4000余人游行，行至西瓜园（今人民中路广州日报社）时，焚烧没收的日货，黑烟蔽天，围观者达万人。

武汉、天津（详后）、长沙、苏州、开封、太原、南昌、杭州、长沙、南通、沈阳、成都、昆明等地都举行了各种形式的抗议"闽案"的活动。

在全国人民的巨大压力下，北京政府派员同日方谈判。日方多方狡辩，百般抵赖。直到1920年11月12日，日本政府不得不正式以公文向中国道歉，声明撤退在闽军舰，附送抚恤金2100元（给受伤者1300元，补贴顺记洋芽菜馆800元）；对于中国人民"惩凶"的要求，则以"惩凶善后"空话不了了之。[1]这个结果，虽然离中国各界民众的八条要求有很大差距，但日本侵略者为他们在华习以为常、司空见惯的肆意横行正式道歉，却极为罕见，影响深远。

（四）反对侵夺中国洛潼、南浔路权和郑州商埠

日本在侵占山东后，还千方百计地不断扩大对中国铁路的渗透与控制。1919年6月初，陇海铁路督办施肇曾秉承交通总长曹汝霖旨意，暗中与日本签订日本保修洛潼铁路的密约。6月18日，有报纸刊出日本工程师测量该路段的消息。[2]在全国反日爱国运动风起云涌的形势推动下，1919年7月，河南省议会向北京政府正式发电询问，"洛潼铁路自观音堂至潼关一段，闻让日人保修。现值青岛问题民心鼎沸，恐于豫省治安大有妨碍。务恳立即取消，以保路权"[3]。实际是把事情真相进一步公布在全国人民面前。

8月3日，河南省议会在致大总统、国务院、参众两院电中指出："日本前在山东缔结高徐、顺济路约，已扼津蒲、京汉南北交通之咽喉；今复东据胶澳，西断陇海，设有绥急，作茧自缚，大江以北听其宰割。"[4]议员陈鸿时等34人联名向省议会提出议案，要求依法查办陇海铁路督办施肇曾，揭露他"暗与某国结合，以包工之名行卖路之实"[5]。施肇曾不得不出面为自己辩解，但无形中却揭开了事情的内幕："因日人出此垫款，故允许延用日工程师，以资建造及监视"[6]。

河南全省各界无比愤怒。7月31日，省会开封召开万余人国民大会。会上

---

[1]《政府公报》第1074号，1920年11月13日，转引自苏全有等著：《徐世昌家族》，金城出版社2000年版，第198页。
[2] 上海《时事新报》1919年6月18日。
[3]《时报》1919年7月15日。
[4]《豫人抵制日修洛潼路》，《时报》1919年8月3日。
[5]《议员陈鸿畴等提案一件》，《五四运动在河南》，中州书画社1983年版，第109页。
[6]《洛潼铁路外资修筑问题——施肇曾之自白》，《五四运动在河南》，中州书画社1983年版，第112页。

散发一个《白话警告》指出，日本"终天想达他的大亚细亚主义（就是日本管理亚洲的代名词），始而东三省，继而青岛，继而顺济、高徐两铁路。这一次居然想到洛潼铁路，要戕害我们的腹心了"[1]。

在河南各界人民的强烈抗议声中，北京政府不得不宣布对日本人包修洛潼铁路予以取消。8月15日，以交通部正式回复河南议会、总商会，"陇海铁路包工一节，断不能成为事实"[2]为标志，河南人民争回洛潼路权斗争取得胜利。

江西南浔（南昌—九江）铁路于1904年动工，1916年通车，由商家集股修建。因资金不足，先后向日本兴业会社贷款750万元，并签订合约，以铁路及附近财产作抵押，加收地方五厘附捐为借款利息，从1922年起分年偿还，到期不还，铁路即归日本营业。五四运动兴起后，江西人民从日本控制胶济、顺济、高徐等路权看到了南浔铁路的危险。

江西省妇幼医院院长康成女士，最先于1919年6月11日在该院召开了各界重要人士参加的大会，成立了救济南浔铁路筹备会。7月19日召开正式成立大会，督军陈光远、省长戚扬和张勋、李烈钧等23人当选为名誉会长，康成当选为会长。

救济会展开广泛宣传。上海《民国日报》于9月9日刊发了《南浔铁路救济会忠告股东书》，严正指出："江西居中国之中部，使南浔路权转移于日本，将来伸张势力，上接京汉之路，下通津沪之邮，隐与英人同占扬子江之权利，并且延长路线，由南浔而渐之杭州、粤之潮汕、闽之三都澳，则东南数省，尽归其掌握，祸且中于全国矣。"[3]京沪粤等地江西籍人士也向省议会发出呼吁："铁路如为日人所有，则赣省将为南满第二，为中国腹心之患。"[4]

救济会、省议会和各团体纷纷举行各种形式的会议讨论救济南浔路办法，

---

[1]　《时报》1919年8月7日，《五四运动在河南》，中州书画社1983年版，第114页。
[2]　《交通部对日人包修洛潼路之复电》，《时报》1919年8月15日。《五四运动在河南》，中州书画社1983年版，第116页。
[3]　上海《民国日报》1919年9月9日。
[4]　上海《民国日报》1919年12月11日。

并积极行动起来,迅速挫败了日本人夺取南浔路的图谋。

河南督军赵倜勾结施肇曾出卖洛潼铁路案情败露后,又在北京政府授意下,同年8月下旬至11月中旬,多次与日本东洋拓殖会社秘密会谈,陆续签订总额为100万日元借款合同,以郑州商埠为抵押品,以中原煤矿公司100万元股票、全省牲畜税等作担保,与日本人合组河南东豫公司,承包郑州商埠建设,开封自来水、水力及黄河以南矿山采掘、铁路建筑等。这实际上是把郑州商埠等经济主权盗卖给日本。

但赵倜的阴谋很快暴露,河南各界强烈反对。1920年11月23日,开封各界在丰乐园举行国民大会,一师学生涂亚超任主席。12月19日,河南全省学生会豫西总分会在洛阳商场召开公民大会,到会两千余人。公民代表发言指出:"此次赵倜摧残教育,盗卖郑州,实为全民公敌",致电北京政府,请求严惩赵倜。大会号召各界速组国民自治团,实行罢工罢税。[1]这些斗争使赵倜盗卖郑州、日本盗买郑州阴谋最终破产。

(五)反对干涉天津商会选举

1919年11月1日,天津总商会改选,原副会长卞荫昌为会长。日本驻天津总领事公然出面,直接致函北京政府农商次长称,"自津埠排日风潮兴起,当抵制日货剧烈之时,致有殴伤大阪《朝日新闻》通讯员及商业会议所书记一案。查知卞荫昌实为商界联合会主动之人,并为十人团团长。当时卞君尚居商会副会长之职"[2]。所以,该领事对卞荫昌十分仇恨,当时就向直隶公署交涉,提出"取缔各商业联盟抵制日货规条及令卞荫昌退职"[3]。不料这次卞荫昌又升任会长。因此,日领事专门会见中国农商部佥事并致专函坚决反对。

北京农商部明知天津总商会无可指责,但又不敢得罪日本领事,所以采取

---

[1] 上海《民国日报》1919年12月23日。
[2] 天津《益世报》1919年11月17日。
[3] 天津《益世报》1919年11月17日。

两面手法。一方面，北京农商部次长正式致函天津日领事，答复说，"商会选举在商会范围之内，官厅向不干涉，此次执事当选为会长一案，尚未报部，亦（难）加以制裁"；一边致函天津总商会长，称"商会为法定机关，会长副会长为群商领袖，执事又列各议席，一举一动，每为外人重视。船津总领事在华多年，深知现在之情势。务希慎重相处，勿令发生重大交涉"。[1]

日本总领事的蛮横干涉和北京农商部的软弱退让，引起了天津商界强烈反抗。天津总商会11月19日召开临时会议，严正指出，"本会为民意机关，选举既系合法"；日领事"直接致函农商部要求卞会长辞职"，是"不但蔑视本国驻京公使，且蔑视吾国主权"；"农商部不以非理干涉严词拒绝，今反致函本会，尤属非是"。商会指出，"日领此次之非理干涉，彼已不认中国为独立国家，试问彼，对欧美各国，亦敢有此种表示否？"会议一致决定：一面质问农商部，一面对各国宣言，附带日领事致农商部原函，把日领事丑行公之于世界。[2]

天津总商会根据国际通行规则，以主动进攻的姿态，于11月25日致函国务院、外交部、农商部，要求转请日本政府将该领事撤换并用相当国礼赔罪。天津各界纷纷起来坚决支持商会正义立场。天津各界联合会发表致顺直省议会请愿书，严正指出：日领事此举有"攘我主权""大伤国体"，"触背法律"，"破坏商业"三大罪错；中国政府应"对日政府提起最严厉之交涉，要求惩责该日领"。[3]

在这个请愿书上署名的有：报界联合会代表孟震侯、耶稣教爱国祈祷会代表王后斋、公教救国团代表王醉生、回教代表时子周、女界爱国会代表李毅韬、学生联合会代表谌志笃。[4]

请愿书依据现代世界公认的外交、法制通则，不仅全面、深刻地在政治上

---

[1] 天津《益世报》1919年11月21日。
[2] 天津《益世报》1919年11月21日。
[3] 天津《益世报》1919年11月27日。
[4] 天津《益世报》1919年11月27日。

揭露了日本驻津总领事非法干涉中国内政、破坏中国人民反帝爱国运动的狰狞面目,而且在法理上、道义上对他以中国太上皇自居的帝国主义霸权思维定势进行了深入剖析和批判。这表明,中国人民已有了自觉运用现代民主主义思想和国际通行法则为武器,进行反对帝国主义斗争的新觉醒;帝国主义在中国肆意横行的时代虽然还在延续,但其不可逆转的终结过程已经开启。

(六)反对侵占珲春

珲春当时是吉林东南边陲延边地区的一个县城,东界俄属沿海州、南隔图们江与朝鲜相望。

1920年10月18日,日本派军舰驶入波谢特海湾,借口保护日侨,会剿进入中国境内的朝鲜革命党人,悍然出兵数千人[1]从海参崴侵入我国延边地区的珲春县,后又分兵占领延吉、和龙、汪清,最后占领了整个延边地区。日军所到之处,烧杀抢掠,无恶不作。奉系军阀张作霖不但不反对日本侵略,反而配合日军,袭击朝鲜独立军,残害朝鲜侨民和中国人民。

消息传开,全国学生和各界立即掀起抗议浪潮。10月23日,全国学联总会向日本政府发出抗议书。翌日致电各地学生会,号召"全国同学一致提起热烈的精神来,一面促使对外名义上的北京政府,一面直接向国际联盟会表示意见"。[2]

各地学生立即行动。11月12日,旅京东三省17所学校学生千余人游行。17日下午2时,北京中等以上学校学生23000余人,齐集天安门示威游行。游行学生高举对联"总理卖国,总长卖国,督军也卖国;山东失败,福建失败,珲春快失败。"[3]19日,北京学生聚集天安门,向政府提出:"限于一星期内,日本将其军队退出珲春"等4点要求,然后学生结队去外交部请愿。

---

[1] 赵佳楹编著:《中国现代外交史》,世界知识出版社2005年5月版,第20页。另一说为日本"派遣四、五万日军",见《五四运动在河南》,中州书画社1983年版,第167页。还有说"出兵万余人",见杨昭全:《中朝关系史论文集》,世界知识出版社1988年10月版,第200页。
[2] 李新总编、韩信夫等主编:《中华民国大事记》第一册,中国文史出版社1996年版,第736页。
[3] 李新总编、韩信夫等主编:《中华民国大事记》第一册,中国文史出版社1996年版,第745—746页。

11月20日，河南学联作出珲春事件决定。23日，在开封丰乐园召开公民大会，同时偕同国货维持会抵制日货。21日，国货维持会检查各商号货品，计有大纶、永和公等6家商号有应罚之货。22日，4家允将罚款缴出，独大纶、永和公两家商号坚持不交，还指使人打伤前去催缴罚款的学生。学生愤极，将大纶、永和公掌柜拉去插旗游街。河南督军赵倜当局却悍然派军警封闭学联和国货维持会；同时，派警察千余人把守各校门，不准学生出入。学生毫不屈服，从27日起全城罢课，同时派出代表赴北京争取援助。

全国各地学生及各界民众纷纷公开声援河南学生。12月14日，全国学联发出全国各界驱逐赵倜的号召，河南各团体积极响应、行动。12月1日下午3时，河南留京学生联合会在北大一院，召开有北大、清华、工专、农专、高师、朝阳、民国、中国、中央法政等十余校学生代表及北大豫籍学生数百名参加的会议。

在中国各界的巨大压力下，11月8日，日本公使小幡酉吉照会北京政府，答应撤退驻珲春日军[1]。

二 决绝对抗军阀专制暴政

（一）反对马良祸鲁

山东督军张树元、驻军二师师长马良、省长屈映光均属皖系。他们控制的济南《昌言报》从五四运动爆发起就不断发表攻击学生及各界人士的言论。1919年7月18日上午9时，济南学、商、工、农各界千余人，在省议会召开各界联合救国大会。会后，群众齐奔《昌言报》馆，将报馆主编张景之、经理薛惠卿等7人捆绑起来，在其身后纸片写上"卖国贼"及其名字，载到人力车上游街，围观者人山人海。

山东当局抓住这个事端，请北京政府宣布山东戒严并任命马良为济南戒严

---

[1] 实际日军1921年才撤出。

司令。马良公开叫嚷,巴黎对德和约"中国要是不签字,一定要亡国;要是签字,中国可以不亡"[1]。他强迫米商为日本人购买米、麦各两万五千石,派兵押送到胶济车站,从中获利五万元;强行规定由济南登火车者,手中不持日货不准上站购买火车票。这一卑劣行径引起广大民众包括其部下官兵强烈反对。马良就在其营以上军官会上叫嚣:"参战军之成立,军械饷项皆系日本所供给。如无日本,即无本军。"[2]

马良媚日言行遭到山东各界人民的鄙视。其中,济南正觉街药铺保安堂坐堂先生、山东回民外交后援会会长马云亭、清真寺主持朱春涛等反抗尤烈。马云亭在商民大会上严厉斥责马良卖国行径,并提议清真寺把马良所立碑匾一律销毁。

8月4日,马良率兵捣毁回民外交后援会,将回民爱国领袖马云亭、朱春涛、朱春祥等三人逮捕;严刑拷打后,于8月5日绑赴刑场执行枪决。马良洋洋得意说:"我是回人,先从自己开始,杀几个回人给大家看看。"[3]

马云亭须发皆白,是济南无人不识的善良医生。赴刑场路上,他面不改色,大声疾呼:"我三人此次纯系爱国举动,提倡国货,抵制外货,犯何法律?竟将我枪毙,实为我民国富强前途大有障碍。"[4]沿途市民报以激烈鼓掌,很多人流下热泪。史称此为"鲁案"。

"鲁案"震动全国。8月23日,山东、天津、北京、唐山、良乡、山海关等各界代表30余人,于上午10点多赴中南海新华门,要求会见大总统徐世昌,提出山东解除戒严并罢免马良。但是,代表们不仅没有见到徐世昌,反而被军警拘禁在警厅。当晚,警厅一回族常姓处长劝天津代表刘清扬回寓所,被刘清扬拒绝。常处长又用车载刘清扬兄来劝解。刘清扬说,我们女界"绝不能比男界少走一步,即或死,我们亦在里头。代表等从此一定要与我们全国女子作个

---

[1] 《天津学生联合会报》1919年8月8日。
[2] 天津《益世报》1919年8月12日。
[3] 吕伟俊主编:《民国山东史》,山东人民出版社1995年版,第121页。
[4] 《时报》1919年8月10日。

榜样"[1]。

周恩来主编的《天津学生联合会报》刊发报告代表被捕的《号外》在天津街头散发，立即有上千人要求赴京继续抗争。8月26日早8时，天津及北京各界代表公推天津学联前会长马骏为主席，推举天津13人（8男5女），北京19人（15男4女），在11时前往中南海总统府请愿。徐世昌仍拒不接见，还派军警将请愿团围住。当时"炎天烈日，大汗淋漓"[2]，军警不准代表出入，也不准外边的人送入茶点饮水，但代表毫无懈怠，斗志更高。当晚，京津各界代表及爱国学生等万余人露宿于新华门外抗争。8月27日，学生及各界人士2000余人拥至新华门，请愿声势更加浩大。学生及各界人士成立临时干事部，主持一切，由童子军维持秩序。当天烈日暴雨，但请愿队伍无一人躲避。

28日，又有学生多人到新华门与露宿代表会合。中午12时，大批军警涌来，向请愿代表宣布，总统令大家齐赴天安门，称自有相应的办法。随即每请愿者一人由军警二人挟持，女代表则以军警围之而行，把请愿代表禁锢在天安门内。晚8点，包围请愿团的军警按照警察厅命令，抓捕马骏。学生将马骏团团围在队伍中心。军警用枪托、皮鞭殴打学生，强力突破学生包围，不少学生受伤。马骏见状，立即挺身而出，高声呼喊："我就是马骏，你们不要打人！"军警冲上前把马骏抓住，拉到天安门门洞用枪口对准他的胸膛，逼他宣布解散请愿队伍。马骏却泰然自若地对大家高声说："我们此次来，就是抱定牺牲决心的。我虽然被捕了，不必恐惧；坚持斗争一定会胜利。逮捕一个，便会激起十个、百个、千个爱国者。爱国者是逮不完的。"[3]

请愿代表又一次被捕，激起了京津学生和全国各界更大怒潮。天津绅商代表、南开校长张伯苓向北京政府递交请愿书；天津、北京学生分别包围天津、北京的警察厅；全国各地各界抗议电文在各大报刊连篇登出。8月30日，北京

---

[1] 天津《益世报》1919年8月29日。
[2] 《五四运动在天津》，天津人民出版社1979年版，第304页。
[3] 赵新华等：《马骏》，《中共黑龙江党史人物传》第1卷，黑龙江人民出版社2006年版，第11页。

政府不得不释放全部被捕代表。被捕代表回到天津，受到各界热烈欢迎。

但是，1919年8月的请愿并没有达到目的。9月20日，各地代表再次集合，在天津法租界一个教堂的地下室，前后召开三次会议，讨论如何再次进京请愿。

10月1日上午8时，各地代表在中央公园集合，向新华门总统府进发，提出"不得补签德约及与日本直接交涉"、"惩办马良、张树元，并取消山东戒严令"等要求。下午3时，总统府仍无接见代表之意。郭隆真便站立在新华门前东边的石狮子上大声呐喊，其他代表与围观群众齐声呼应。晚10时左右，六七百军警一拥而上，把31名代表和一名记者分别由几个警察架一个，押往警察厅。代表们毫无惧色，沿途高呼："惩办马良！""反对日本强占山东！""拒绝直接交涉！"

10月2日，天津学联组织学生分40团队赴各主要街道演说。午后4时，各校男女学生千余人齐集省长公署东西辕门，重申代表团5点要求。全国各地纷纷声援；北京《晨报》、上海《民国日报》等各大报都发表了各地进京代表被捕的消息。10月7日，北京政府被迫释放全体代表和记者。

（二）全国各界联合会成立

11月10日，全国13省各界联合会代表六七百人齐集上海四川路青年会，举行全国各界联合会成立大会。天津代表刘清扬任大会主席，她提出："今组全国各界联合会，乃国民救国之起点，亦自救之急务。"[1]

章太炎和孙中山的代表黄大伟发表演说，强调"护法"、恢复国会是"挽救国家的关键"。[2]显然，这与刘清扬提出的全国各界联合会的宗旨不完全合拍，反映了国民党人力图把反帝爱国群众运动纳入护法轨道的意图。

大会通过了湖北代表施洋起草的《全国各界联合会成立宣言》指出，全国

---

[1] 《全国各界联合会成立》，《民国日报》1919年11月11日。
[2] 上海《时报》1919年11月11日。

各界联合会"合各界为一体,以觉悟人群为主旨,但求有裨于时局,遑恤个人之牺牲。伸张公理,抵御强权,虽遭横逆之加,决不危难而沮,务使真正民意,永存于世界;自由幸福,普遍于平民"[1]。

可见,全国各界联合会仍然坚持刘清扬以爱国主义、反帝救亡为宗旨的方向,而绝非有学者提出的全国各界联合会从此"以护法讨贼为要点","以三民主义为宗旨"。[2]

(三)湖南驱张运动

1919年12月1日,长沙学生纠察队和店员工人在火车站查出大批日货,当即决定焚毁。商会会长张某依仗自己是张敬尧亲信,勾结军警把日货强行运到国货维持会,张敬尧下令保护。学联不为压力、威胁所动,通知各校各界:12月2日在教育会坪再次举行焚毁日货大会。

届时,几批学生纠察队把在各商店清出的大批日货运到教育会坪,"合计在坪先期守候之学生与旁观人,约近万人。学生将各项劣货抛置坪内时,欢呼之声雷动"。正待举火时,"张敬尧遣弟敬汤(时任长沙警备司令——笔者注),带领军警千余人,包围会场。张因受外人运动,甘心媚外,反骂称:'你们这般东西……怎么敢挡外人,不怕惹起交涉么?……我们兄弟是军人,只知道杀人放火,你们再不解散,我们就把你们做土匪办,一个个拿来枪毙。我从前只知道湖南有男土匪,今天方知还有土匪婆(指女学生)'。旋有学生联合会会长、湘雅医学院学生等五人发言:谓今天的事,须我们自决。语未毕,即被军警拘缚至教育会内,张敬汤以手枪相拟,谓之曰:你们怕死否?随各拍一照,声将骈戮。又有长郡中学职员向张敬汤发言,谓今天学生出于爱国至诚,焚毁日货,并无不法,张即手批其颊,立呼答责,召兵攒殴。并令员殴杀,枪柄、刺刀、拳足四向纷飞。可怜文弱学生,身受重伤者数十人,即数龄

---

[1] 《民国日报》1919年11月12日。
[2] 刘永明:《国民党人与五四运动》,中国社会科学出版社1990年版,第289页。

小学生，亦同遭毒打。驱逐解散者，不下数千名。哭声截途，为学界未有之惨剧"[1]。湖南学生及各界人民长期郁积在心中的怒火爆发了！

时任湖南第一师范附小主事的毛泽东等提出：张敬尧恶罪臭名已传遍湖南，传遍全国；皖直两系军阀已势同水火，张敬尧同驻衡阳的吴佩孚和冯玉祥等矛盾正日益尖锐；在北京的上层湖南名流熊希龄、范源濂等已通电揭发张敬尧贪赃枉法等六大罪状并向北京政府控告张祸湘五大罪状。张敬尧表面气势汹汹，实际已极为孤立、虚弱，驱逐张敬尧的时机已完全成熟。

自12月6日起，长沙各校，包括教会办的雅礼大学、中学、师范和部分小学实行总罢课。长沙73所公立、私立学校教职人员宣布湖南教职员1200人总罢教。湖南学联发表宣言，严正揭露张敬尧"亲日""勒种鸦片""纵兵殃民"等八大罪状，宣布张敬尧"一日不去湘，学生一日不回校，时日曷丧，誓与偕之！"[2]张敬尧又惊又怕，派出大批军警威胁恐吓教育界人士，同时放出谣言，称某某将被逮捕，某某已与其合作等。但湖南各界人民丝毫不为所动，决定组织驱张代表团，分赴北京、上海、汉口、衡阳、常德、郴州、广州等地，一方面扩大舆论宣传，造成声势、伸张民主；一方面利用北洋军阀的内部矛盾和湘系军阀急欲恢复失地的要求，推动军事力量逼迫张敬尧。

赴北京的有湖南各界公民代表团、学生代表团和教职员代表团，毛泽东为公民团团长，实际是各代表团公认的领导者。途经武汉时，毛泽东发表"快邮代电"向全国人民揭露张敬尧罪行。这时，武汉学联在鲇鱼套车站发现张敬尧偷运的鸦片种子万余斤，立即拍成照片公诸报端，有力地配合了湖南人民的斗争。

12月18日，毛泽东一行30余人到达北京。1920年1月3日，北京大学和北京学联分别召开慰问欢迎湖南学生代表大会。湖南学生代表详细揭露张敬尧在湖南的种种罪行。湖南公民代表团和教职员代表团同范源濂等湘籍名流会见北

---

[1] 《湘南》第1卷第4号，转引自李锐：《毛泽东的早期革命活动》，湖南人民出版社1980年版，第227—228页。

[2] 转引自李锐：《毛泽东的早期革命活动》，湖南人民出版社1980年版，第230页。

京政府国务总理靳云鹏，还在湖南会馆召集在京湖南同乡1000余人举行驱张大会，强迫在场的10个湘籍安福国会议员在驱张决心书上签字。代表团当场散发了大批揭露张敬尧罪恶的专刊和小册子，包括《湘灾纪略》《醴陵兵燹图》《宝庆兵灾纪实》等在内有十数种。

毛泽东组织一平民通讯社，自任社长，向京津、沪、汉等各地报纸发布新闻稿件，每天150余件。仅《北京日报》、《北京惟一日报》、《京津泰晤士报》、上海的《申报》、汉口的《大陆报》和《正义报》等就发表时评、社论17篇。

湖南学联彭璜负责的驱张代表团，1919年12月到达上海，得到了全国各界联合会、全国学联及上海学联、各界联合会等团体的大力支持，立即成立了湖南旅沪各界联合会，在沪湘籍各界人士纷纷积极投入驱张浪潮。全国各界联合会发表致全国各界的"声讨张敬尧"通电；全国学联公开致书张敬尧"快识时务"，走为上计。彭璜等主编专门宣传主张驱逐张敬尧的《天问》周刊，于1920年2月29日公开出版，不仅发行全国各地，而且很快发行到法国、日本、南洋等地。

1920年1月5日，陈独秀发表《欢迎湖南人底精神》一文，热情洋溢地赞扬湖南青年的革命行动，他说，"王船山、曾国藩、罗泽南、黄克强、蔡松坡"等的"奋斗精神，现在那里去了"？今天"仿佛有一种微细而悲壮的精神，从无穷深的地底下答道：我们奋斗不过的精神，已渐渐在一班可敬可爱的青年身上复活了。我听了这类声音，欢喜极了，几乎落下泪来"，"欢迎他们的奋斗精神，欢迎他们的奋斗造桥的精神，欢迎他们造的桥，比王船山、曾国藩、罗泽南、黄克强、蔡松坡所造的还要雄大精美得多"。[1]

1920年1月2日，易培基、何叔衡、匡日休（互生）等驱张代表团一行35人到达衡阳，先后以湖南全体13000名学生的名义4次向吴佩孚上书，还以各校教

---

[1] 《欢迎湖南人底精神》，《陈独秀文章选编》上，生活·读书·新知三联书店1984年版，第480—481页。

职员、公民代表、学生等名义向吴佩孚上书，请求吴佩孚"当机立断、举旆东行"。[1]吴佩孚在1月9日、13日、16日、22日，3月6日、7日多次会见驱张代表团代表，答应"由军政两界联衔电请中央特派专员来衡慰遣"[2]。

留在长沙的学联和新民学会骨干分子在易培基家设联络总站，将各地驱张消息转交学联干部编成《驱张通讯》，油印分发各校同学。各校学生采取组织临时学校、组织剧团演出反封建新剧为各代表团筹款，将张敬尧的新罪行写成材料告各驱张代表团和各报刊发布，同时仍坚持大力抵制日货。

1920年5月，吴佩孚部由衡阳经长沙直趋武汉。湘军谭延闿、赵恒惕部默契跟进。腐败不堪的张敬尧不得不在6月21日狼狈逃走，残部于26日退出湖南全境，驱张运动终于取得胜利。

（四）天津"九一念九"斗争

天津各界民众获悉福州惨案后，经学生联合会、各界联合会、总商会，顺直议会、回教联合会、基督教四团、女界同志会等团体紧急联络，于1919年12月20日与全市学界、商界、报界、教育界170多个团体在南开操场联合发起国民大会。午后1时，主席宣布开会，天津总商会卞月庭等8人分5处讲说，会场内外已达10余万人，皆"慷慨淋漓，痛陈闽事"。下午2时半，全体游行，"队伍经西南城角、南马路、东南城角、东马路、南阁大街等全市各主要街道"，"沿路所经之处，马路为之塞，电车为之停，路人拥挤异常，救国口号响遍全城，有商家燃放鞭炮表示欢迎，但秩序丝毫不乱。"[3]

27日午后，各校学生和各界民众数万人举行国民大会。会后游行，队伍浩浩荡荡，秩序井然。军阀政府派出大量军警巡逻监视，"欲禁阻，无所借口"。[4]

---

[1] 《第三次上吴将军请愿书》，《蒸阳请愿录》，湖南人民出版社1979年版，第40页。
[2] 《中共衡南地方史》，中共党史出版社1995年版，第90页。
[3] 上海《申报》1919年12月23日。
[4] 上海《申报》1920年1月30日。

29日，各校学生6000人又举行游行大会，赴省长公署请愿。军阀政府开始了蓄谋已久的镇压行动。下午3点多，各校学生五六千人聚立省长公署辕门要见省长。省署一参谋长对学生说，要求选三四位代表，余者退出辕门。学生选出男代表周恩来、于兰渚，女代表郭隆真、张若名。但学生聚立辕门1小时后，省府仍无人答复。不得已，四名代表由门下钻入；而大队学生仍立等。片刻后，从西辕门、正中头门冲出大批军警，对学生三面围攻，"以枪托刺刀枪横击直刺，三军官手持指挥刀在前率领，不分男女稚幼，刀刺枪打拳殴足踢。卧地不能起立者数十人，头破血流腰折腿断者十数人，眼部刺伤，头顶穿透，膀臂手腕击脱节者又十余人。一时风云惨黯哭声震天。卫兵如临大敌，学生赤手空拳。一片凄惨之状"。[1]这次惨案被称为"九一念九"事件。[2]

噩耗震动天津，传遍全国。天津学联在惨案翌日召开有17校代表参加的评议会，宣布全市总罢课。31日，北大、高师等北京39校学生万余人，齐集天安门前举行声援天津学生的冒雪游行。上海、苏州、南京、唐山、南昌、杭州、嘉兴等地大批学生纷纷集会游行，声援天津学生，坚决反对中日直接交涉山东，催办福州交涉。

天津被捕学生在狱中同反动当局坚决斗争。天津警察厅长杨以德亲自出马，对学生软硬兼施，企图摸清是何人提倡、组织学联，何人经手国民大会款项等，均被学生严辞拒绝。学生在监禁中坚持总结斗争经验。4月7日，周恩来负责论述"山东问题的始末""日人处置山东的蛮横""中国失去山东的自认"等。[3]此外，自4月4日起，狱中学生全体绝食，"以遂牺牲之初衷"。[4]狱外同学及各界不断积极营救，5日，天津学生代表24人在警察厅门前集合，要求将24个狱中代表换出。他们还聘请研究系要人、著名大律师刘崇佑为被捕代表出庭辩护。刘崇佑支持学生，慨然义务出庭。在6月7日和7月17日的审判

---

[1] 天津《益世报》1920年1月30日。
[2] 第一个"九"指民国九年，即1920年；"一"指一月；"念九"指29日。
[3] 《五四运动在天津》，天津人民出版社1979年版，第567页。
[4] 天津《益世报》1920年4月6日。

庭上,周恩来等被捕学生大义凛然慷慨陈词,刘崇佑律师理直气壮义正词严为学生辩护,驳得法官张口结舌,狼狈不堪,只得以判学生有期徒刑至执行刑罚终了之期;最终7月17日当厅释放。学生出狱时,受到了各界代表英雄凯旋般的热烈迎接。

(五)浙江"浙一师风潮"

1920年春,浙江省发生了浙江省第一师范(以下简称"浙一师")学生风潮和驱逐省长齐耀珊与教育厅长夏敬观的斗争。

浙一师校长经亨颐(又名子渊),兼任省教育会会长,"五四"后在浙一师实行国文课改文言为白话等改革,聘用陈望道、刘大白、李次九等新派教员任各年级语文主任教员,《新青年》《新潮》《星期评论》等新型报刊在校内外广泛传阅。学生施存统、俞秀松等联合省一中学生查猛济、甲种工业学校学生沈乃熙(又名沈瑞先,即夏衍)等成立浙江新潮社,于1919年11月1日起出版四开小报《浙江新潮》周刊,在发刊词中明确其宗旨为"谋人类——指全体人类——生活的幸福和进步"、"改造社会",展现了浙江青年"五四"以后蓬勃向上进取、奋斗的精神风貌。

正逢浙江当局按惯例每年春秋雨季举行祭孔大典(时称"丁祭")。一般由省长或教育厅长主祭,省教育会长兼浙一师校长经亨颐是主要陪祭,浙一师高年级学生是主要参与者。浙一师学生在浙江新潮社带领下,公开拒绝参加"丁祭"。经亨颐完全支持学生。

大体同时,11月7日出版的《浙江新潮》第2期刊登了施存统的《非孝》,明确主张在家庭中用平等的"爱"来代替不平等的"孝"道,这在顽固势力中引起轩然大波。他们认为《浙江新潮》作者们拒不"丁祭",今又"非孝",实如洪水猛兽,大逆不道。

于是,由省长公署正式发公文给教育厅,教育厅两次派人赴浙一师查问,正式下令立即将"不学无术"的教师陈望道、刘大白、夏丏尊、李次九解聘,将《非孝》作者施存统立即开除。同时省政府明令查封、禁止《浙江新潮》出版、邮寄，已出版的没收。浙江督军卢永祥和省长齐耀珊联名密电北京大总统、国务院，请求在全国禁止该刊印刷、邮寄。12月2日，北京国务院密电各省，严禁《浙江新潮》发行，同类刊物一律取缔。学生针锋相对，派人到上海重新排版印刷，发行于北至哈尔滨，南至广州，西至成都，东至日本神户的广大区域，由各地如长沙毛泽东、南京杨贤江等代办发行；在杭州则秘密发行。

浙江当局对经亨颐明调实驱，将他从由省教育厅任职调整为任"随时顾问"的省视学，而浙一师校长职务立即交卸。经亨颐明知底里，当即辞职，不受任命。1920年2月14日，教育厅任命思想一贯守旧的原视学金布兼代浙一师校长。并明确规定，原有教员重新聘任。

2月17日，金布到校上任，秉承齐耀珊、夏敬观旨意对陈望道等4位教员一概不聘。但全校所聘教员只有2人应聘，其他拒不到校。金布无奈，只好致函学生家长延期开学。浙一师师生多次赴教育厅请愿，要求经亨颐复任。

当局无视学生要求，金布四处拼凑了一些新聘教员，于3月22日到校视事，在接待室被学生包围，阻止他们进校。齐耀珊恼羞成怒，蛮横下令教育厅解散浙一师，勒令学生"即日一律离校"。省公署还令财政厅停发该校经费。次日，当局派40多名荷枪实弹的警察进驻浙一师。

3月28日，杭州学联发动各校学生4000余人，整队前往教育厅和省长公署请愿。队伍到省教育厅时，门口站满警察，教育厅长夏敬观托故不见。到省公署门口时，大批气势汹汹的士兵在那里站岗。学生代表5人被准入见齐耀珊。齐耀珊表示坚决拒绝接受学生的请愿书；并狂妄声言，早就想解散杭州学联。

学生们转向督军公署请愿。当队伍从省公署的东辕门穿过西辕门时，门口的卫队受齐耀珊指令，一拥而上，对学生拳打脚踢、用枪托和刺刀向学生乱打乱戳。学生当场多人受伤、血流满身。浙一师叶天瑞和一中朱某，伤势严重、当场昏倒。当晚，杭州学联召开各校代表紧急会议，决定一面请检察院验伤，向法院投诉齐耀珊、夏敬观罪行；一面通电全国学联、教育界、新闻界，揭露惨案真相；同时电呈教育部司法部要求查办摧残文化教育、镇压学生的齐耀珊和夏敬观。齐耀珊等也料定学生不会善罢甘休，决定采取先发制人的手段，把学生运动彻底压下去。

3月29日清晨4时多，500多军警悄悄来到浙一师，严密封锁前后门，禁止任何人出入。当时浙一师学生全部住校，6时多，学生正在自修室早自修，军警冲进高喊："省长命令，立即离校，送你们回家去！"学生们纷纷高喊："不回去！"军警就如狼似虎地两人挟持一个学生，把学生强行拖出校门。校门已有军警带来的300余辆人力车。军警把学生推上人力车拉了就走。到了东站或轮船码头逼迫学生自己回家。

当军警拉人时，学生会领导人宣钟华（宣中华）、徐白民果断通知全校同学到操场集中。很快，300多学生集中在健身房前操场上。不少被拉出坐车的同学跑回操场。陈望道等教师闻声赶来。大家齐声高呼："我们在一起！"

住在校外的大部分教师到9时多方得知校内出事，立刻自动集合在文龙巷奉化试馆内，议决一路去购买大量馒头糕点，从西面围墙外抛进操场，给被围困同学充饥；一路到各校直接进入教室呼救报信。

约在中午12时半，一声哨声响，持枪械站立旁边的500多军警冲击操场，把坐在地上的同学们团团围住。一个警察队长高叫："省长已几次来电催促，你们再不走，我们就要动手了！"同学们愤怒地不断高呼："我们不走！""我们宁愿死在这里！"

这时，警察队长下令，数百名军警扑向学生，四人一组硬拖一个学生。教师胡公冕和另一位教师冲上前，大喊"我们的学生犯了什么罪，你们这班警察这样虐待他们？！"同学们高举拳头齐声高呼："国家兴亡，匹夫有责！""我们情愿为新文化牺牲，不愿在黑暗社会中做人！"警察拥上来抓胡公冕。在同学们极力保护他才得以脱身。警察又抓徐白民和宣钟华，结果把徐白民抓去关在附小的房子里；宣钟华经同学们极力保护脱身。几个警察狂妄地叫嚣："经亨颐如果在场，非把他抓起来不可！"同学们气愤至极点，一个名叫朱赞唐的同学，突然猛地冲到警察队长跟前，呼地一下抽出他腰间悬挂的指挥刀，架在自己的头颈上，对警察队长说："你为了保住饭碗，不惜牺牲我们；我宁愿为了保卫新文化，而不惜牺牲自己的生命！"，说完，就要横刀自刎。胡公冕急忙冲上前去把刀夺下。在场同学们为之深深感动，情不自禁地痛哭失声。[1]整个操场，气氛悲壮惨烈。

这时，杭州各校大队学生赶到。女子职业学校队伍打先锋，一下子就冲开学校大门口警察的第一道防线。接着是女子师范、女子蚕桑、女子工读互助团等女生队伍。后面跟着省一中、安定、宗文、惠兰、商校、医专等男校学生队伍。校外浙一师教师和工友队伍也及时赶到。大家冲破了操场上的包围圈和浙一师学生队伍汇合。援军带来馒头、糕点等食品和水果。师生队伍的扩大，使警察不得不松围、稍退，但仍未撤出学校。

全国各地各界人士和海外侨界都纷纷声援。上海的《民国日报》、《新闻报》、《星期评论》、《申报》、《国语时报》、《江声时报》，北京的《晨报》、《中华新报》、《神州日报》等报刊和《上海学生联合会日刊》等学生刊物都纷纷发表社论、时评抨击齐耀珊、夏敬观。全国学联，上海、江西、广东等地学联，全国各界联合会，在北京的梁启超、张一麐、范源濂、蔡元培等名流都一致谴责浙江当局，呼吁支持学生。浙江各市县学生和各界人士都奋起支援浙一师学生。

浙江政府无奈，不得不与学生代表宣钟华、徐白民等重新谈判，并请蔡元培之弟、中国银行杭州分行行长蔡元康调停。于当晚10时多钟，正式同意学生要求：（1）立即撤退驻校军警；（2）立即收回解散学校命令；（3）定期开学，原教职员一律复职；立即取消金布为浙一师校长的训令，新任校长必须维护浙一师的革新精神并取得全体同学的同意。"浙一师学潮"胜利结束。

"浙一师风潮"的斗争实践使浙江学生看清了齐耀珊、夏敬观的丑恶面目。4月11日，杭州学联发出"声讨齐耀珊通电"。12日，杭州各校一律罢课，全市5000余名学生游行。13日下午，杭州学联召开评议部会议，研究"驱齐逐夏"具体部署。军警突然闯入会所，将学联干部押到教育会看管。各校门

---

[1] 董舒林：《"浙江一师学潮"的前前后后》，《杭州文史资料》第一辑，浙江人民出版社1982年版，第127—128页。

口和大街布满军警，全市紧张恐怖。学生选出新的代表，继续斗争。当局提出，学生取消"驱齐"主张，即可撤回军警。学生严正拒绝。

这时，全国学联总会为推动全国各界反对北京政府直接同日本交涉山东问题致电杭州学联，要求4月14日起全国学生罢课，共争外交。杭州学联为顾全大局，按此精神宣布暂时"改驱齐、夏运动为一致对外"。[1]14日，学生继续罢课，并分头讲说，集中揭露日本帝国主义的侵略野心和军阀政府的卖国行径。21日，5000余各校学生在湖滨公园运动场集会，遭到1000多军警蛮横阻拦殴打，造成84名学生受伤，其中18人重伤的严重的流血事件。

血案发生后，当天下午杭州市学联在城隍山召开会议，决定把"一致对外、共争外交"的斗争和"驱齐逐夏"斗争结合起来，并深入分析了浙江籍的警察厅长夏超与吉林籍的齐耀珊之间的矛盾，提出"浙人治浙"的口号，取得了夏超及与夏超关系密切的省议会部分议员的支持。杭州学联又与教职员联合会召开联席会议，议决由教育会出面动员各界参与"驱齐逐夏"的斗争。接着，学联强烈要求议会弹劾齐耀珊。全国各地各团体各阶层人士大力声援，驱逐齐、夏的斗争声势越来越大。

5月17日，省议会召开临时会议。学联发动大批学生请愿，要求议会弹劾齐耀珊，全省各界强烈支持。加上部分议员与齐的矛盾，议会正式提出弹劾省长齐耀珊案，列举齐"引用私亲、克扣军饷、摧残教育"等八大罪状，又指出齐"擅将西湖名地，卖于外国人哈同，尤复恬不知耻，始则为之题匾，继则与之摄影，致令吴山带愤、浙水含羞"。[2]6月16日，省议会正式通过此案。齐耀珊被迫于17日狼狈离杭。夏敬观靠山已倒，也不得不离开教育厅长职位。杭州"驱齐逐夏"斗争终于取得完全胜利。

---

[1] 《中共浙江党史》，中共党史出版社2002年版，第69页。
[2] 《申报》1920年6月16日。

（六）安徽"六二学潮"

1920年，安徽省教育厅根据教育界的状况和广大师生要求，向省财政厅提出将1921年教育经费由1920年的95万元增加到145万元。因经教育界人士调查，1917年和1918年的财政厅尚有77.3万元的剩余[1]，便要求将其列入教育经费。但财政厅长官答复已将此款垫付军用。这激起了广大师生员工极大的愤怒。省长聂宪藩只得将增加教育经费案提交省议会。由段祺瑞亲信、安徽督军兼长江巡阅使倪嗣冲一手操纵的省议会开会多次，教育预算案均未通过。

这时，第三届省议会即将选举，倪嗣冲侄子、凤阳关盐督公署监督倪道烺决定于6月2日晚从安庆启程，乘船到南京，然后到蚌埠参加倪嗣冲生祠落成典礼，有省议员随行。行前，省议会副议长赵继椿等在省议会为之设宴饯行。

省学联和教育界人士闻讯，恐怕他们一走省议会便不能开会，增加教育经费将归无望。于是学联和教育界人士决定分头派代表到省议会和江边码头挽留议员，请其开会通过教育费预案以后再去蚌埠。当省学联会长方乐舟等学生代表赶到省议会时，大门前已布满军警。曾任一师校长被学生赶下台的副议长赵继椿出来，一见学生代表就下令动武。卫兵们端起上了刺刀的长枪、举起警棍，凶狠地冲向学生。很快，许多学生代表受伤，血流满地。其中戴文秀、汪铎钟重伤，并被抓进议会院内关押起来。其他代表拼死夺门冲出，飞奔至学联和各校报信。很快，法专、一师、六邑中学、一女师、一工、一农等七校1000多学生径直向省议会奔去。

皖南镇守使马联甲从东门外调来三营军队，警察厅加派警察，保安队出动40多人，齐集省议会前后门。学生队伍陆续到达后，士兵与警察立即用刺刀、枪托、警棍殴打学生。当晚受伤学生50余人，其中姜高琦、浦世泽、鲁光焕、储应时、卢前鉴、陈瑶、蔡芳秀、路锡庄、陈济夫等人重伤。尤以一师学生姜高琦伤势最重，身受7刀，颈部、腹部被刺刀捅穿。省会一中学生周肇基受重

---

[1]《安徽现代革命史资料长编》，安徽人民出版社1986年版，第250页。

伤，不醒人事，仍被拖进省议会门房拘押。安庆全城闭市，各校门前均有军警把守，不许学生出入。当晚，省长聂宪藩在省议会召集各校长开紧急会议，商议解救办法。当法专校长光升（明甫）斥责副议长赵继椿殴打拘押学生时，稍后进入的马联甲竟当面殴打光升。当晚，各校长在省教育会决定通电省内外，公布马联甲、倪道烺、赵继椿残害学生的罪行；省学联决议第二天起全城总罢课。

6月3日，马联甲下令全城戒严。省议会召开紧急会议，108名议员仅到会36人，却悍然决定全城戒严，解散各学校，惩办教育厅长张继熙、法专校长光升及其他各校校长。但全城各大中小学校一律罢课罢教。各校一致要求惩办军阀马联甲、副议长赵继椿等人。学联派出120余名代表携带受伤学生的血衣和照片，分赴北京、南京、上海、天津等地宣讲，呼吁援助。各县学生同乡会也派人回乡报告"六二惨案"经过。因马联甲在安庆封闭电讯，会议决定派人到九江拍发通电。合肥、芜湖、六安、宣城、徽州、霍邱、霍山等地学联、教联都纷纷召开紧急会议，罢课、罢教，不少地方还派代表来安庆与学生并肩斗争。

"六二惨案"消息迅速在全国传开，各界震动，舆论大哗。上海的《民国日报》《申报》《时事新报》等各大报刊都刊载了"六二惨案"的经过和通电全文。全国学联和京、沪、津、宁、济文教团体和安徽旅外名流学者胡适等纷纷通电声援，有的还派代表来皖慰问。

安庆各校罢课坚持近20天，省教育厅厅长张继熙到省教育会谋求结束罢课办法。教育会提出维持此次教育费案等三项条件。省长聂宪藩慑于各界压力，表示接受教育界提出的条件，对姜高琦等被殴受伤学生作了抚恤和善后处理。这标志"六二学潮"取得初步胜利，各校学生开始复课。

7月1日，姜高琦在同仁医院因伤重而身亡，安徽师生更加悲愤。2日，安庆各界民众1000余人在黄家操场举行盛大的姜高琦致祭典礼，这实际是一次声讨封建军阀罪行的大会。11月4日，在菱湖公园将姜高琦遗体安葬并建立纪念堂和血衣亭；还在省议会后门立了一块姜高琦烈士纪念碑。1922年11月11日，在"六二惨案"中受重伤的周肇基伤发致死,其夫人黄家馥亦以身殉,两人被安葬在菱湖公园姜高琦墓旁,称"姜周坟祠"。

"六二惨案"充分暴露了安徽省议会完全是倪嗣冲等军阀操纵的工具。1921年夏秋之交,正值省议会第三届议员届满。倪嗣冲故伎重演,指使倪道烺指挥爪牙奴仆四处活动,妄图通过公益维持会用收买和造假等办法操纵选举。

安徽各界民众奋起抗争。7月2日,省学联首先在《民国日报》发表监督省选通告,历陈省议会"助桀为虐""倡建倪嗣冲生祠""残杀学生"等罪恶。李光炯、朱蕴山等教育界人士以"六二惨案"后援会为基础,联络省教育会、省商会、省农会、律师公会、报界公会等十大团体,发起成立了安徽各界澄清选举团。

经过学联、澄清选举团等共同努力,倪道烺及"公益维持会"操纵选举的种种丑行被一一揭露。他们有的伪造选民名册,有的无其人也造册上报,有的拿成捆选票投票,有的公开花钱收买选票,玩种种花样,丑态百出。无为、桐城、舒城、六安、旌德等40余县都就近向法院起诉各县选举舞弊案。根据选举法规定,全省如有一县选举无效,其他各县选举亦无效。所以,倪道烺等封建军阀操纵省议会选举全面严重受挫,贿选的第三届省议会处于难产之中。

同时,安徽各界开展反对李兆珍长皖斗争。"六二惨案"发生后,安徽省长聂宪藩在处理学潮等问题上与倪道烺、马联甲意见不合,不得不于8月向北京政府提出辞呈。倪道烺早就觊觎省长权位,暗中以40万元贿赂国务总理靳云鹏,让他的老师、倪嗣冲旧幕僚李兆珍任安徽省长。李兆珍则以定期召开三届省议会,维护贿选,维持倪氏军阀在安徽统治为交换条件。8月21日,北京政府正式任命李兆珍为安徽省长。

消息传开,安徽各界震惊。9月1日起,省学联组织大批学生组成纠察队、义勇团布满安庆江岸,人人手执上书有"李兆珍滚回去"等口号的小旗。8日,安庆各社会团体闻知李兆珍赴任,即决定,如果李强行进城,则"徒手与搏";还派出40人监印,将省长大印封存在安庆道尹公署,不让李接印;并加派力量到江边码头和各城门守候,防止李进城。李兆珍到蚌埠后即躲进督军公署，9月9日由倪道烺、马联甲派军队护送绕道南京赴安庆。9月13日夜，李兆珍乘兵轮到达安庆江面，深夜乔装打扮由小南门偷偷溜进城内。

各界民众闻讯后，14日拂晓，安庆各团体千余人齐聚省长公署门前，将纸扎轿马置于省署大门前焚烧。中午，女师数十名学生在街上讲演。途经省署东大门时，遭到卫队毒打，伤13人。李兆珍还下达临时戒严令，并封锁邮电、断绝交通，一时气焰十分嚣张。此前，安徽各界已成立全皖公民拒李大会。19日，全皖公民拒李大会发表第二次宣言，宣告：自即日起，凡李兆珍所签发命令文告一律不予承认，凡李兆珍任命官员一律拒却；在李兆珍离开安徽之前，各地商民一律不缴纳赋税。随即，安庆开始罢课、罢市、罢工，并迅速遍及全省各地。21日，安庆各界在黄家操场举行拒李大会。会后，各界民众结队到省署，高呼"李兆珍立即滚回去"的口号。李兆珍见大势已去，不得不于27日凌晨仓皇逃离安庆。29日，北京政府批准李兆珍辞去安徽省长职务。

全国各界联合会驱张运动中致电国务院指出："张敬尧解散学校，全体罢课；李厚基封禁学生会及学生周刊；倪嗣冲纵军围奸女校；陈树藩派兵枪毙学生"；"张敬尧祸湘，倪嗣冲祸皖，李厚基祸闽，陈树藩祸陕，罪恶昭彰，国人共愤"，"四凶外媚日人，内联安系（指安福系——笔者注），暴行所及，全国且受其影响"；"全国人民持自决主义，合力以谋对待之方法，非达到驱逐出境之目的不止，方足表吾国民救国之真精神与除暴力之真力量也"。[1]这充分表明，中国人民已经开始把各地封建军阀联系起来作为一个整体，看清楚了他们和帝国主义沆瀣一气，是中国人民不共戴天的敌人。这是五四运动高潮后中国人民彻底反帝反封建新觉醒的重要宣言。

---

[1]《蒸阳请愿录》，湖南人民出版社1979年版，第104—105页。

选择

第九章 新文化运动的深入发展

五四运动空前地提高了新型知识分子在中国社会生活中的地位，空前地扩大了他们的社会影响；同时，也极大地扩大了新文化的影响，促进了新文化运动呈现出横广拓展和深入发展并进的崭新、活跃的局面。

一 新闻界全面改革

五四运动的爆发和进展，直接、全面地推进了新闻事业的改革。主要有五个方面的变化。

其一，地方性报刊如雨后春笋般涌现。各地各级学联、各界联合会、救国十人团等爱国团体创办、出版了难以计数的报刊，如《五七》《湘江评论》《浙江新潮》等，全用白话文。因各级军阀政府摧残，它们的寿命一般都很短。但都在对反帝爱国运动中发挥了巨大作用：首先，作为打击军阀政府的专制政策和卖国行为的武器，这些刊物起到了沉重有力、直击要害的作用；其次，在当地人民群众反帝爱国运动的战斗中，这些刊物起到了高举战斗旗帜、吹响前进号角的作用；最后，在当时中国交通工具十分落后、传播渠道较少的情况下，这些刊物构成了各地民众相互鼓舞、连成一体的重要媒介。

其二，一批宣传新文化的新型杂志迅速涌现。其中影响较大的，有1919年7月创刊的少年中国学会机关刊物《少年中国》（月刊），1920年1月创刊的南京分会的《少年世界》（月刊），1919年7月创刊的成都分会的《星期日》（周刊）；国民党1919年6月创刊的政治周刊《星期评论》，8月创刊的理论刊物《建设》（月刊）；研究系1919年9月创刊的机关刊物《解放与改造》（1920年9月15日改名《改造》）（月刊）；1919年8月创刊的北大出版部主任李辛白主编的小型通俗刊物《新生活》（周刊）等。其总数无确切统计，罗家伦说，仅"五四"后的一年间，"新出版品骤然增至四百余种之多"[1]。

这些期刊的共同特点是多刊发紧密配合反帝爱国斗争的政论性文章，但更为重要的是文化色彩更为突出，以介绍新学说、研究中国社会问题为主，特别是围绕中国社会改造问题进行广泛探讨，寿命比前述紧密配合反帝爱国斗争的期刊小报都要长。这些刊物的政治理想、文化观念、价值取向尽管五光十色，但是在追求中国国家独立、民族解放和社会现代化光明前景这一点上是根本一致的。围绕这些杂志还形成一个个相对稳定的小团体，在每个小团体内部及各个小团体之间，无时不进行着热血青年的思想交流、观点碰撞、问题争论，推动他们思想不断进步，迅速提高。正如毛泽东在《沁园春·长沙》词中描绘的：他们"恰同学少年，风华正茂；书生意气，挥斥方遒。指点江山，激扬文字，粪土当年万户侯"。

其三，大中城市许多报纸普遍增设新型副刊，在"五四"后迅速成为一种热潮。首先是上海《民国日报》的《觉悟》，邵力子主编。从1919年6月16日创刊起两个月内，就发表了李达的《什么叫社会主义？》、胡适的《杜威论思想》等，转载了《每周评论》和《晨报》的《俄国之土地法》《俄国的新宪法》《马氏唯物史观概要》《克鲁泡特金学说的要点》等文章，介绍世界新动态、新学说、新思潮，表现出"思想自由、兼容并包"的气势。《觉悟》关注现实社会政治状况，不断报道香港、上海、长沙、河南等地工人运动状况；对女子恋爱、婚姻、守节、剪发等妇女解放问题深入讨论，严厉抨击封建势力迫害、摧残妇女的罪行。《觉悟》还发表了大量小说、诗歌、随感录等新文学作品，仅1920年到1925年年底就发表小说900多篇。

孙伏园受邵飘萍之邀，接编《京报》副刊。从1924年10月起，《京报》副

---

[1] 罗家伦：《一年来我们学生运动底成功失败和将来应取的方针》，《晨报》1920年5月4日。

刊面貌一新，刊出鲁迅的《咬文嚼字》《忽然想到》等杂文名篇。此外，还有《显微镜》《妇女周刊》《儿童周刊》《戏剧周刊》等随《京报》附送。此前，鲁迅主编的《莽原》（周刊）从1921年4月24日创刊起便随《京报》附送。《京报》实际开创了副刊多样化的先河："经常抓住一个问题，有意识的展开讨论，正反两个方面都发表一些文章，然后总结"。这"使青年在对比中深入思考，明辨是非，有所启迪和收获"。[1]

《民国日报》的《觉悟》、《京报》副刊、《晨报》副刊、《时事新报》的《学灯》，后来被称为五四时期的"四大副刊"。

其四，"五四"后，原来内容、形式比较保守的报刊杂志，很多都开始改革。1904年创刊的全国最大的综合杂志《东方杂志》宣布：根本改变编辑方针，"顺应世界之潮流"，放弃"反动的保守主义"，[2]从1920年起开始改用白话文和新式标点。上海商务印书馆的《小说月报》，"五四"前主要刊登"礼拜六派"[3]小说，"五四"后销量降到每期只印两千册。商务印书馆主事人张菊生、高梦旦聘沈雁冰主编，从1921年11月起，大量刊载文学研究会的新文学作品。《学生杂志》《中华教育》等文言文杂志同样也作了改进。

其五，"五四"后，不少报刊大力加强海外报道。1920年，北京《晨报》和上海《时事新报》联合派遣瞿秋白、俞颂华、李宗武赴苏俄采访；派刘延陵去法国；派陈筑山去美国；派陈溥贤、刘秉麟等去英国。天津《益世报》聘赴法勤工俭学生周恩来为特约通讯员。他们不但及时向国内报道各国重大事件，还将自己所见新闻、所思所感写成通讯或述评，成为新闻媒体中的一个亮点。瞿秋白在《晨报》《时事新报》发表了一批通讯，计48篇，约16万字，真实生动地介绍了苏俄政治、经济、文化生活。周恩来在1921年2月至1922年3月的《益世报》上发表通讯56篇，约20万字，全面介绍了中国旅欧勤工俭学运动，详细报道了欧洲政局和工人运动。开拓了中国知识分子的胸襟和视野，这也使

---

[1] 冯并：《中国文艺副刊史》，华文出版社2001年版，第188页。
[2] 《本社新定投稿简章》，《东方杂志》第16卷第6期。
[3] 即鸳鸯蝴蝶派。

中国社会改造等问题的讨论有了更广阔的世界背景、时代背景和全新的参照对象，有效加强了中国与世界的联系。

总之，"五四"后，中国现代新闻事业空前迅猛发展，有力地推动了反帝爱国运动和新文化运动的良性互动、有机结合。特别是"它们把中国的年轻的知识分子介绍人民大众"，对"他们在后来的几十年中成为中国社会、政治、文学方面的领导人物"发挥了至关重要的作用。[1]

二　文学革命高歌猛进

首先体现在新文学理论水平不断充实提高。"五四"前，新文学理论以胡适贡献和影响最为突出。他大声疾呼"提倡白话文，反对文言文"；倡导《建设的文学革命论》："在三五十年内替中国创造一派新中国""国语的文学，文学的国语"，称这是新文学建设的"唯一宗旨"。[2]从而表明文学革命不限于文学本身，而是要造就言文一致的统一的国语，全面彻底取代往昔的言文脱节。这就使文学革命不再单纯是形式变革，而是势必导致中国社会思维方式、情感方式、价值观念的全面变革。其实也揭示了文学革命迅速推进，短期内即不断大胜的内在原因。胡适还不断呼吁"诗体解放"，实际进行了新诗现实主义的创作探索。[3]

周作人在1918年底明确提出"人的文学"这一著名命题。他说，"这种""人的文学"的"人"字，乃是"相信人的一切生活本能，都是美的善的，应得完全满足。凡有违反人性不自然的习惯制度，都应排斥改正"，"凡兽性的残留，与古代礼法可以阻碍人性向上的发展者，也都应排斥改正"。"如提倡女人殉葬——即殉节——的文章"，都"是非人的道德，也是非人的

---

[1] [美]周策纵：《五四运动：现代中国的思想革命》，周子平等译，江苏人民出版社1996年版，第249页。
[2] 胡适：《建设的文学革命论》，《新青年》第4卷第4号。
[3] 参见《谈新诗》，《星期评论》1919年10月10日；《尝试集》中《威权》《乐观》《示威》《一颗遭劫的星》《双十节的鬼歌》等。

文学"。[1]

陈独秀在《文学革命论》中提出以"国民文学"对抗"贵族文学"。周作人进一步提出"平民文学",强调平民文学应该着重与贵族文学相反的地方,"是内容充实,就是普遍与真挚两件事。第一,平民文学应以普遍的文体,写普遍的思想与事实。我们不必记英雄豪杰的事业,才子佳人的幸福,只应记载世间普遍男女的悲欢成败……第二,平民文学应以真挚的文体,记真挚的思想与事实。既不坐在上面,自命为才子佳人,又不立在下风,颂扬英雄豪杰";当然"既是文学作品,自然应有艺术的美。只须以真为主,美即在其中"。[2]

这样,新文化运动第一次比较完整地论证了新文学建设的内容问题,使"人的文学"成为指引新文学发展并足以同顽固陈旧的封建主义文学思想相抗衡的口号,对五四运动后新文学发展有重要指导作用。

随着新文化运动的不断发展,共产主义知识分子对文学理论颇为关注。瞿秋白说,"听着俄国旧社会崩裂的声浪,真是空谷足音,不由得不动心。因此大家都要来讨论研究俄国。于是俄国文学就成了中国文学家的目标"[3]。相对于在新文学阵营中以资产阶级民主主义、人道主义、个人主义为指导思想的大多数来说,他们是极少的一翼,但这初步表明马克思主义指导的中国无产阶级文学正开始举起自己的旗帜。

新文学社团大量涌现。1921年,新文学运动从新文化运动中开始凸显出独立性,形成了相对独立的队伍,出现了一批新的文学社团和纯文艺性刊物。据统计,从1921年到1923年,全国出现大小文学社团40多个,出版文艺刊物50多种。至1925年,文学社团和文学刊物激增到100余个,这标志新文学运动已从初期侧重破坏旧文学而转向大力建设新文学。其中最有代表性的是文学研究会和创造社。

---

[1] 周作人:《人的文学》,《新青年》第5卷第6号。
[2] 周作人:《平民文学》,《每周评论》1919年1月19日。
[3] 瞿秋白:《俄罗斯名家短篇小说集序》,《俄罗斯名家短篇小说集》,新中国杂志社1920年版。

文学研究会由周作人、郑振铎、沈雁冰、王统照、许地山、朱希祖、耿济之、瞿世英、郭绍虞、孙伏园、叶圣陶、蒋百里等12人发起,1921年1月在北京成立,它申明:"文学也是一种工作,而且又是于人生很切要的一种工作。治文学的人,也当以这事为他一生的事业,正同劳农一样。"[1]这标志新文学开始取得在社会上的独立地位。他们把上海商务印书馆出版,沈雁冰主编、经过革新的《小说月报》和附随《时事新报》发行的《文学旬刊》以及《诗》月刊等作为发表作品的阵地。

留学日本的郭沫若、郁达夫、田汉、成仿吾、郑伯奇等人于1921年6月在日本东京正式成立创造社,先后创办《创造》季刊、《创造周报》、《创造月刊》、《洪水》等刊物。他们以强烈的积极浪漫主义精神,产生了广泛的影响。郭沫若在《创造》季刊第一期首篇《创造者》诗中说,他们要怀着"创造者的光耀"去"努力创造"。但他们这些激情并非脱离中国现实。成仿吾说:"对于时代的虚伪与它的罪孽,我们要不惜加以猛烈的炮火","打破这现状"。[2]

"五四"后文学创作上全面收获,其中成就最突出的是小说创作。鲁迅继"五四"前发表的《狂人日记》之后,连续发表《孔乙己》《药》《故乡》《阿Q正传》等短篇小说,后结集为《呐喊》和《彷徨》。这些小说"通过一系列典型形象的成功塑造,概括了异常深广的时代历史内容,真实地再现出中国人民特别是农民在获得无产阶级领导前的极度痛苦,并怀着对未来的信念探索了革命的前途,显示出深刻的革命现实主义特色"[3],特别是"对旧中国的社会结构和心理结构的现实主义探索的深度,对旧文化、旧道德、旧习惯的革命民主主义批判的深度,均代表了我们民族在'五四'时代的智慧水平,甚至超过了当时几乎所有的思想家,包括哲学体系和生活理想比他进步的思想

---

[1] 《文学研究会宣言》,《新青年》第8卷第5期。
[2] 成仿吾:《新文学之使命》,载张若英编:《中国新文学运动史资料》,光明书局1934年版,第324页。
[3] 唐弢主编:《中国现代文学史》一,人民文学出版社1986年版,第34页。

家"[1]。这样，鲁迅的小说就不仅使新文学创作同中国社会改造，特别是同国人的灵魂改造成功结合起来，而且实现了中国现代新文学同世界文学的成功对话，成为现代世界文学中当之无愧且独具特色的一个重要组成部分。

"五四"后，新诗创作进入高潮阶段。胡适作为新诗创作首倡者和开拓者，在五四运动高潮中写了《威权》《一颗星儿》《乐观》《示威》《四烈士冢上的没字碑歌》《死者》《双十节的鬼歌》等直接配合反帝爱国斗争的篇章，表达了坚决反对军阀政府的专制卖国政策的斗志。1921年8月，郭沫若出版的新诗集《女神》标志五四新文化运动中新诗创作高潮的到来。郭沫若在《凤凰涅槃》《立在地球边上放号》《匪徒颂》等诗篇中激情高昂地宣告，中国这个世界最古老的民族，正经历着伟大的"死灰中更生"。[2]《女神》表明，五四时期的自由精神在新诗里得到充分表现。诗人也更加重视诗歌本身的艺术规律，把"情感"和"哲学"作为新诗的基本要素。《女神》成为中国新诗的奠基之作。

"五四"后杂文创作就斐然。议论时政的杂文很受欢迎。《新青年》从创刊起就设《通信》栏，作为读者与作者交流思想的一个平台，发表的实际就是杂文。1918年4月起，《新青年》设《随感录》栏，专门刊登杂文。其后，《晨报》的《自由谈》，《时事新报》副刊《学灯》的《小言》，《民国日报》副刊《觉悟》，《每周评论》《新生活》《新社会》等报刊杂志的《随感录》专栏，《星期评论》的《短评》，《湘江评论》的《湘江杂评》《世界杂评》，《星期日》的《批评》，《平民教育》的《杂感》等栏目都专发杂文，均拥有或联系了一批撰稿人，形成了很有声势的杂文创作热潮。其中影响最大、引领全国杂文创作的是《新青年》和《每周评论》的《随感录》作家群，其中有陈独秀、胡适、李大钊、鲁迅、钱玄同、刘半农、周作人、高一涵、张申府、王光祈等。他们的杂文尖锐深刻，鲜明泼辣、畅达通俗，回答了关于

---

[1] 杨义：《中国现代小说史》第一卷，人民文学出版社1986年版，第167页。
[2] 钱理群等：《中国现代文学三十年》，北京大学出版社1998年版，第103—104页。

五四运动的斗争对象、最终目标等一系列问题，是五四运动中引领全国各界奋进的冲锋号角。鲁迅、钱玄同、刘半农等把批判的锋芒指向腐朽没落的封建文化、纲常名教，特别是国人思想深处的种种痼疾，搜寻中华民族精神世界的未来的前进方向。鲁迅大声疾呼知识分子不要像古人"恨恨而死"，"必须先改造了自己，再改造社会，改造世界"，要"抬起头"，"看看别国"，"为所信的主义，牺牲了别的一切，用骨肉碰钝了锋刃，血液浇灭了烟焰。在刀光火色衰微中，看出一种薄明的天色，便是新世纪的曙光"。[1]这种文化批判实际与前述陈、李等政治批判密切结合、互相呼应，体现了五四文学革命与反帝爱国运动的相互促进、协调发展。

"五四"后中国现代话剧迅速发展。

其一，西方戏剧流派大量涌入国内。胡适在《建设的文学革命论》中提出的"赶紧多多地翻译西洋的文学名著做我们的模范"变成了新文学营垒的实践。"据不完全统计，从1917年到1924年，全国23家报刊、4家出版社发表、出版了翻译剧本170余部，涉及到17个国家70多位剧作家：莎士比亚、易卜生、萧伯纳、泰戈尔、王尔德、高尔斯华绥、斯特林堡、梅特林克、契诃夫、安特莱夫、果戈理、托尔斯泰、席勒、莫里哀等。西方戏剧史上各种流派，几乎是同时涌进了中国"，"这就为中国现代话剧的作者提供了新的，又是广阔的戏剧想象空间与艺术探讨的可能性"。[2]

其二，涌现了一批新的戏剧团体、戏剧刊物和戏剧学校。1921年3月，著名戏剧演员汪仲贤联合文学研究会的沈雁冰、郑振铎、熊佛西等人发起成立上海戏剧社，同时创办《戏剧》月刊。同年，又成立上海戏剧协社。同期，北京大学、清华学校、燕京大学、燕京女校、北京师范大学、女高师、政法专科学校等院校纷纷成立业余剧社。1922年，蒲伯英、陈大悲主持创办北京人艺戏剧专门学校。梁启超、鲁迅、周作人等被聘为董事。1925年，余上沅、

---

[1] 鲁迅：《圣武》，《新青年》第6卷第5号。本号所标时间为1919年5月，有误，实际应为1919年9月。
[2] 钱理群等：《中国现代文学三十年》，北京大学出版社1998年版，第167页。

赵太侔、闻一多等主持，恢复了国立北京艺术专门学校，增设了戏剧系。这些剧团、戏剧学校经常在节假日或配合反帝爱国运动演出，扩大了现代戏剧的社会影响。

其三，剧本创作有了重大突破。"五四"前，胡适发表了中国第一个现代话剧剧本《终身大事》。"五四"后，响应《新青年》关注社会现实的"社会问题剧"创作大增，田汉成就较为突出，推出了《咖啡店之一夜》《午饭前》等剧本，郭沫若的《棠棣之花》《卓文君》等历史剧也同现实生活密切相关。

此外，戏剧的社会地位提高明显。"五四"后，北京大学开设戏曲课，聘吴梅来校任教。不久，北高师也聘吴梅前去授课。这在新文化运动前是不可想象的。

三 "整理国故"运动发端

1919年11月，胡适在《新青年》发表《新思潮的主义》，提出"研究问题，输入学理，整理国故，再造文明"的口号，实际是中国资产阶级第一个新文化纲领。这个纲领第一次提出运用国外的各种现代新学说、新思想结合中国实际需要，研究中国历史和传统文化，建设中国现代文明的问题。

实际上在"五四"前，新潮社员毛子水在1919年5月1月的《新潮》杂志上发表了《国故和科学精神》一文，就提出"国故就是中国古代的学术思想和中国民族过去的历史"；号召"用科学的精神去研究国故"。但毛子水只是一个学生，影响有限。胡适提出"整理国故"，很快受到各方面关注，引发"整理国故"运动。陈独秀、鲁迅、吴稚晖等都表示了不同意见。但胡适明确阐述了"整理国故"的指导思想、方法、目标，提出：国故就是"一切过去的文化历史"，整理国故"就是从乱七八糟里面寻出一个条理脉络来；从无头无脑里面寻出一个前因后果来；从胡说谬解里寻出一个意义来；从武断迷信里面寻出一个真价值来";[1]就是"用精密的方法,考出古文化的真相;用明白晓畅的文字报告出来,叫有眼的都可以看见,有脑筋的都可以明白。这是化黑暗为光明,化神奇为臭腐,化玄妙为平常,化神圣为凡庸,这才是'重新估定一切价值'。他的功用可以解放人心,可以保护人们不受鬼怪迷惑"[2]。这样,胡适就明确与顽固派的保护国粹划清了界限,表明了自己的主旨是用科学的思想、方法去研究中国历史和中国文化,是把新文化运动深入推进到中国历史和传统文化领域。胡适的这种态度赢得了新文化同人的理解。陈独秀说,"他以这样的精神来研究中国的古董学问,纯粹是把他看作历史的材料来研究,我不但不反对,而且认为必要"[3]。

其实,这种"整理国故"的思想和实践对于新文化诸先驱而言,由来已久。蔡元培、陈独秀、胡适、李大钊、鲁迅、钱玄同、周作人、刘半农、吴虞、易白沙等均成长于晚清末年,青少年阶段都受过系统严格的传统文化教育,特别是都接受了晚清学术界居正统地位的朴学训练。他们都是在这种文化基础上接受西方现代文化的,是近代中国少见的一批既富有中国传统文化修养,又深通西方现代文化的知识分子。他们在大力倡导新文化的同时也不同程度地从事中国历史和古代文化的研究。胡适在《新青年》发表《文学改良刍议》震动全国文坛时,同时也以传统文化的深厚学养称名于世。鲁迅也是如此。从1920年8月起,他先后在北京大学、北京师范大学、女子师范大学等校兼课,讲的就是《中国小说史》。

"整理国故"运动的功绩主要体现在三个方面:一方面是在中国古代哲学史研究上有所开创。胡适以在美国哥伦比亚大学的博士论文《先秦名学史》为基础,增补材料、调整内容,先在校内印成讲义发给学生。1919年2月,由上海商务印书馆出版,名为《中国哲学史大纲》(上册)。全书除引文外都用白话,并用新式标点。蔡元培在《序言》中指出,此书有"证明的方法""扼要

---

[1] 胡适:《新思潮的含义》,《新青年》第7卷第1号。
[2] 《整理国故与"打鬼"》,《胡适文集4·胡适文存三集》,北京大学出版社1998年版,第117页。
[3] 陈独秀:《国学》,《前锋》1924年第3号。

的手段""平等的眼光""系统的研究"等突出特长[1]。该书一出版即受到学界热烈欢迎，不到两个月又再版一次。章太炎收到胡适赠书后，在指出不足的同时称其"尽有见解"。[2]梁启超则专门为此书在北大哲学社开讲座，批评胡适讲孔子、庄子最不好，但讲墨子、荀子最好。他特别称赞胡适"观察中国古代哲学，全从'知识论'方面下手，观察得异常精密，我对于本书这方面，认为是空前创作"，"到处发现石破天惊的伟论"。[3]该书到1930年已出第15版，它不仅是中国现代哲学史的开山之作，而且对其他社会科学有典范意义。

"整理国故"运动的第二个成绩显赫、影响深远的领域是对中国古代文学和文学史的研究。胡适倾心血最多、影响最大的是对《红楼梦》的考证研究。"五四"前，影响较大的是以王梦阮、蔡元培为主的"索隐派"。胡适认为他们都是"牵强附会"。他大力搜集资料，精心钻研后指出，这部书的作者是曹雪芹，"他有美术和文学的天才，能做诗能绘画"，"晚年的境况非常潦倒"；《红楼梦》便是他写的"一部'将真事隐去'的自叙的书"。[4]胡适经考证提出《红楼梦》后40回非曹雪芹手笔，而是高鹗所续。[5]胡适围绕这些问题发表了《红楼梦考证》等系列文章。蔡元培为胡适提供了自己所有的资料，肯定胡适"于短时期内，搜集许多材料，诚有功于《石头记》，而可稍释王静庵先生之遗憾矣"[6]。王静庵即王国维。他研读《红楼梦》时就明确提出"当知作者及其年代"。

---

[1] 蔡元培：《序》，胡适：《中国古代哲学史》，安徽教育出版社1999年版。胡适的《中国哲学史大纲》（上册）一书，于1919年2月由上海商务印书馆初版；1929年，此书被收入商务印书馆出版、王云五主编的"万有文库"中，改名为《中国古代哲学史》；1958年，台湾商务印书馆将此书改版发行；1986年7月，台湾远流出版公司将此书收入《胡适作品集》第31集；1991年12月，北京中华书局又将此书收入"中国近代人物文集"丛书。时至今日，此二书名均在使用。
[2] 转引自白吉庵：《胡适传》，人民出版社1993年版，第119页。
[3] 梁启超：《评胡适之〈中国哲学史大纲〉》，《饮冰室全集·文集之三十八》，中华书局1989年版，第51、60页。
[4] 《〈红楼梦〉考证》（改定稿），《胡适文选》2，台北远流出版公司1986年版，第291—292页。
[5] 参见《〈红楼梦〉考证》（改定稿），《胡适文选》，台北远流出版公司1986年版；另：2008年人民文学出版社版《红楼梦》署"曹雪芹著无名氏续"，书内说明：前80回曹雪芹著，后40回无名氏续，程伟元、高鹗整理。
[6] 转引自白吉庵：《胡适传》，人民出版社1993年版，第166页。

从此，中国出现了区别于"旧红学"的"新红学派"。鲁迅在《中国小说史略》中采用胡适说。1964年，毛泽东仍肯定"蔡元培对《红楼梦》的观点是不对的，胡适的看法比较对一点"。[1]"新红学"派发展至今，仍是中国古典文学研究中最为繁盛的一支。

文学史研究领域，胡适1921年在教育部办国语讲习所、1922年在南开大学作了国语文学史的讲演。1927年，北京文化学社整理演讲稿后以《国语文学史》书名出版。经胡适在此基础上修改增补，1928年正式出版，这就是《白话文学史》（卷上）。全书约21万字，涵盖了由《国风》到唐白居易、元稹的中国白话文学发展历程。这部书从出版起学界评价就众说纷纭，但它第一次提出中国文学有相互对立、平行发展的"古文传统史"和"白话文学史"两条线索，从而为五四时期提倡白话文，提倡新文学提供了历史根据。

文学史研究最高水平代表作是鲁迅的《中国小说史略》。鲁迅自1909年9月从日本回国后，作了大量小说史资料的收集、整理工作。后来出版的《古小说钩沉》辑唐以前36种小说佚文，《唐宋传奇集》收集唐宋传奇小说45篇，《小说旧闻钞》是一部古代小说史料集。1920年，鲁迅在这些扎实的资料基础上，写成《中国小说史大略》，由北京大学印出。后又经修改补充，改为《中国小说史略》，在新潮社于1923年12月出版，1924年6月又分上下两册出版；1925年7月，增加第1篇和第17篇，合成两册再版。后来又发现一些新材料，鲁迅又修改，至1930年最后定稿后再版。在这部书中，鲁迅用进化论理论第一次系统、全面、清晰地评述了中国古代小说发展变迁的历史进程。

鲁迅的《中国小说史略》表现出了高超的艺术洞察力和感悟力。他指出《红楼梦》"在中国古代小说中实在不可多得的。其要点在于敢于如实描写，并无讳饰，和从前的小说叙好人完全是好，坏人完全是坏的，大不相同，所以其中所叙的人物，都是真的人物。总之自有《红楼梦》出来以后，传统的思想和写法都打破了"[2]。对贾宝玉这个形象及其艺术环境，鲁迅说：大观园

---

[1] 转引自白吉庵：《胡适传》，人民出版社1993年版，第166页。
[2] 《中国小说的历史变迁》，《鲁迅论文学与艺术》，人民文学出版社1980年版，第128页。

中"悲凉之雾，遍布华林，然呼吸而领会之者，独宝玉而已"[1]，可谓一语中的，发人深思，显示出鲁迅集文学史巨匠与文学艺术大师于一身的巨大优势。

《中国小说史略》受到了文化界的高度重视，胡适1928年在《"白话文学史"自序》中说，在小说史的史料方面，"最大的成绩自然就是鲁迅先生的《中国小说史略》，这是一部开山的创作，搜集甚勤，取材甚精，判断也甚谨严，可以替我们研究文学史的人节省无数精力"[2]。

王国维的文学史研究专著《宋元戏曲史》和美学专著《人间词话》都在国内外影响深远。傅斯年在1919年初出版的《新潮》创刊号《出版界评》栏发表书评热烈称赞"近年坊间刊刻各种文学史与文学评议之书，独王静庵《宋元戏曲史》最有价值"[3]。郭沫若后来说：鲁迅的《中国小说史略》"和"王国维的《宋元戏曲史》"，"是中国文艺史上的双璧。不仅是拓荒的工作，而且是权威性的成就，一直领导着百万的后学"。[4]

第三方面的成就，是中国史学界开始打破传统史学模式，大胆探索中国现代史学的模式。顾颉刚提出了"层累地造成的中国古史"的观点：其一，"时代愈后，传说的古史期愈长"，例如周朝人相信中最古的人是禹，到孔子时有了尧舜等人，到战国时有皇帝和神农，到秦朝有三皇，到汉代以后又有了盘古等；其二，"时代愈后，传说中的中心人物愈放愈大"，比如尧舜，在《诗经》和《尚书》（除首数篇外）中完全没有说到尧舜，似乎不知道有他们，《论语》中提到他们了，但却没有清楚的事实，到《尧典》中，尧舜的德行政事才清楚了；其三，"我们在这上，即不能知道某一件事的真确的状况，但可以知道某一件事在传说中的最早的状况"。[5]

据此，顾颉刚否定了中国古史上传说中的三皇五帝时代；如他这种大胆的怀疑和否定从未有过。而且这种行动不是个别学人，还有胡适、钱玄同等全国

---

[1] 《中国小说史略》，《鲁迅全集》第九卷，人民文学出版社1981年版，第236页。
[2] 胡适：《白话文学史》，岳麓书社1986年版，第9页。
[3] 傅斯年：《出版界评·宋元戏曲史》，《新潮》第1卷第1号。
[4] 《论鲁迅和王国维》，《郭沫若选集》第四卷，人民文学出版社1997年版，第439页。
[5] 顾颉刚：《与钱玄同先生论古史书》，《古史辨》第一册，北京朴社1926年版，第60页。

最高学府教授、新文化运动领袖的鼓励支持、唱和呼应。顾颉刚后来自述"要是不遇见孟真和适之先生,不遇到《新青年》的思想革命的鼓吹","我不到北京大学来,或是子民先生等不为学术界开风气","我的胸中积蓄的许多传统学说的见解也不敢大胆公布"。[1]这对当时的文化界、思想界、史学界产生了极大震撼,对传统的封建主义史学是沉重的冲击。

同理,"层累论"所蕴含的怀疑精神和科学理性,为建立新的古史系统创造了重要条件。反对派提出要顾颉刚等拿出一部"上古的信史"来。这当然不是疑古派(古史辨派)所能承担得起的任务。但是这个任务就此明确提出,即直接推动了考古学、地质学、古生物学、古器物学、民俗学等诸分支学科和相关学科的发展,有力地推动了中国史学"科学化"进程沿着疑古、考古、释古的逻辑迅速推进。1937年,冯友兰在为《古史辨》第六册所作的《序》中说:"就整个的史学说,一个历史的完成,必须经过审查史料及融会贯通两阶段,而且必须到融会贯通的阶段,历史方能完成",而"疑古一派的人,所作的工夫即是审查史料",[2]符合历史实际。

考证古史派进展扎实。王国维仅在1916年就连续写出"《释史》、《周书·顾命考》、《释乐次》、《说周颂》、《毛公鼎铭考释》、《魏石经考》、《汉魏博士考》、《殷礼征文》、《乐诗考略》、《汉代古文考》和《尔雅草木虫鱼鸟兽释例》等诸多著述","随后还有《殷周制度考》、《竹书纪年》、《唐韵别考》、《两周金石文韵读》""等等一大批涉及诸多学科、论述见解深邃或具有某种开创性贡献的大著述和大文章"。[3]陈寅恪指出,王国维的这些研究做到了"取地下之实物与纸上之遗文互相释证"、"取异族之故书与吾国之旧籍互相补正"、"取外来之观念,与固有之材料互相参证","足以转移一时之风气,而示来者以轨则",[4]可谓对王国维学术成

---

[1] 顾颉刚:《自序》,《古史辨》第一册,上海古籍出版社1982年版,第78—80页。
[2] 冯友兰:《三松堂学术文集》,北京出版社1984年版,第410页。
[3] 窦忠如:《王国维传》,百花文艺出版社2007年8月版,第200页。
[4] 陈寅恪:《王静安先生遗书序》,《金明馆丛稿二编》,上海古籍出版社1980年版,第247—248页。

就、特别是古史研究科学评价的不刊之论。

学衡派古史研究取得重要进展。时任东南大学教授的柳诒徵著《中国文化史》，从1925年10月在《学衡》开始连载，至今仍是学习中国文化史的基本著作之一。在很长时期，他被认为是与疑古派对立的"信古派"的代表。但新的研究认为："他虽然维护传统史学，不主张全盘否定之，但在具体研究中并不固守旧史法、旧史例，不囿于传统史学的思想和观念"，"在中国新史学建设方面起了很重要的作用"。[1]

四 教育改革多方展开

首先，大学开女禁。五四运动前，全国为女子设立的高等学校只有教会办的北京协和女子大学（又称燕京女子大学，后并入燕京大学）、南京金陵女子大学和华南女子大学。但因教会学校水平参差不一，相当部分徒有大学之名，而无大学之实，加上数量少，故影响不大。1919年3月，北京女子高等师范学校才正式命名。新文化运动中，在妇女解放、男女平等思想潮流推动下，女子教育问题愈来愈引起各界重视。高等教育仍延续只招收男生、不招收女生的状况亟需改变。

蔡元培一向主张大学男女同校。1918年底，北京政府教育部致函北大，称"国立学校为社会视听所系，所有女生旁听办法，务须格外慎重，以免发生弊端"[2]。蔡元培不为所动，1920年1月1日在上海《中华新报》发表公开谈话："其实学制上并没有只收男生的明文，如招考时有女生来报名；如考试及格，可准其就学；请从北大始。"这实际是公开向高等学校不收女生的旧制度宣战，宣布北大决定招收女生。之前，1919年4月到5月，甘肃学生邓春兰致信蔡元培说：愿负笈入京，"为全国女子开一先例"[3]。1920年2月，江苏籍学生

---

[1] 刘俐娜：《由传统走向现代：论中国史学的转型》，社会科学文献出版社2006年版，第109页。
[2] 《教育公报》1918年第6期。
[3] 《晨报》1919年8月3日。

王兰向北大提出入学申请。随后又有奚浈、查晓园报名入校旁听。就这样，北大于1920年先后共招收了9位女学生旁听。同年秋考试，9位女生被北大正式录取。这样，北大成为全国第一个开女禁的大学。有人责难："兼收女生是新法，为什么不先请教育部核准？"蔡元培毫不退让，机智地据理回应："我国教育部所定的大学规程，并没有专收男生的规定。不过从前中学毕业的女生，并不来要求，我们自然没有去招女生的理；要是招考期间，有女生来考，我们当然准考。考了程度合适我们当然准入预科。"[1]

从此，中国所有大学陆续都招收女生，还带动了更多中等学校男女同校。中国教育史上掀开了新的一章。

其次，平民主义教育形成热潮。杜威在华演讲时，谈到平民主义教育问题占突出地位。之后，美国著名教育家、哥伦比亚大学教育史教授孟禄博士应中国实际教育调查社之聘来华，先后到北京、保定、太原、开封、南京、无锡、苏州、上海、杭州、南通、福州、厦门、广州、济南、曲阜、奉天等地考察并传授平民教育思想。《新青年》《新教育》《中华教育界》等都纷纷发表文章，倡导要开启平民教育。

作为响应，平民教育团体纷纷成立。1923年，熊朱其慧（熊希龄夫人）、陶知行等人发起南京平民教育促进会（同年扩充为江苏平民教育会）。会长由袁希涛、蒋维乔担任。同年8月26日，全国平民教育促进总会在北京成立，与会有20省600余名代表。一致推举熊朱其慧为会长，晏阳初为总干事。各地成立诸多同样组织。熊朱其慧、晏阳初、陶知行从此终生献身平民教育事业，在中国近现代教育史上写下了光辉的一页。

北京大学平民教育讲演团在五四运动高潮后扩大了队伍，经常分组到城内的工厂、郊区农村、矿山，利用寺庙、小学、空场地，打着旗帜，放着留声机吸引民众，结合国家形势深入浅出地向听众实际是向工农大众讲演。

---

[1]《燕京大学男女两校联欢会的演说》，新潮社编辑：《蔡子民先生言行录》，新潮社1920年版，第445—446页。

同时，各地建起各种平民学校。1918年春假后，北京大学开设校夜班，入学者190余人，由北大教师自愿担任国文、算术、理科、修身等课程。[1]学生会办的平民学校有学生350名，最大的38岁，最小的6岁。学科有日文、修身、历史、地理、算术、理科及歌音、游戏等。1921年元旦，邓中夏等创办的长辛店劳动补习学校正式开学，招收工人子弟，有国文、法文（为旅法勤工俭学作准备）、科学常识、生活常识、铁路、工厂知识等科目。同年8月，毛泽东在长沙船山学社旧址创办湖南自修大学，宣言申明，"自修大学为一种平民主义的大学"，使它"事势上虽不能和湖南人个个发生关系，精神上要必要使他成为一个湖南全社会公共的学术机关"。[2]蔡元培热情洋溢地为自修大学题词，并在《新教育》杂志发表《湖南自修大学的介绍与说明》，称"自修大学的组织，可以为各省的模范"，"他们的主义，实在是颠扑不破的"。[3]晏阳初在长沙创办平民学校，仅1922年3月到7月，就有学生900多人在"平民千字课"考试中成绩及格。1920—1924年，长沙开办平民学校60余处，招收学生1320名。至1923年，南京开办平民学校126所，学生5000余人。烟台、嘉兴、杭州等地也大规模实施平民教育。

再次，职业教育兴起。1917年5月6日，中华职业教育社（以下简称"职教社"）在上海正式成立。成员以黄炎培为首，还有陶知行、郭秉文等一批教育界的重量级人物，金融界有宋汉章、钱新之、陈光甫，纺织界有穆藕初、聂云台，机械界有刘柏生，新闻界有史量才等一批民族企业家；南洋侨界陈嘉庚等为特别会员，在社内任名誉职务。

职教社坚持培养学生手脑并用、学习与生产相结合。1918年，职教社创建上海中华职业学校，提出了"灵肉双修"的总教育方针，"一面注重职业的知能训练，一面注重公民道德、服务道德和民族精神的培养"[4]。在课程设置

---

[1]《致北大学生函》，《蔡元培全集》第三卷，中华书局1984年版，第142—143页。
[2]《新时代》创刊号。
[3]《新时代》创刊号。
[4] 江恒源：《中华职业教育社二十周年纪念感言》，《教育与职业》第186期，1937年6月。

上，先设铁工和木工两科，并设两科附属工厂。在教学安排上，半日授课、半日工作。在教学中坚持实行"做学合一"、"知识与技能并重，理论与实践并行"，"使动手的读书，读书的动手，把读书和做工两大结合起来"。[1]上海中华职业学校实际创造了在一个完全不同于传统的以传授儒家经典为中心的崭新的学校模式，实际为全国职业教育学校树立了一个成功样板。

职教社在"五四"后适时提倡国货需要增设珐琅、纽扣两科及附属工厂，把两科专业毕业生推荐到相应行业就业。珐琅业由此成为上海一大产业，其舶来品后来在黄河以南地区却几乎完全绝迹。聂云台创办了湖南旅沪职业学校。

1921年，全国职业学校联合会成立，中国从此有了专门从事职业教育研究、联络的专门机构。到1925年，全国职业学校由1918年的531所增至1662所[2]；还举办了3次全国性展览，每次参观者均有10000人左右。

最后，1922年学制（壬戌学制）制度确立。"五四"后，大学仍在实行的清末民初确定的、基本沿袭日本的"壬子—癸丑学制"已明显不适应形势需要。1922年6月，《教育杂志》的《学制课程研究专号》就发表了李石岑、黄炎培、庄启、舒新城、余家菊等讨论学制问题的文章34篇。7月，中华教育改进社在济南举行第一届年会，重点讨论学制改革，到会各地代表370余人，对现行学制必须改革已成为全国教育界的共识。9月，教育部在北京召开全国学制会议，各省教育厅、教育会代表、大专院校校长及所聘专家共80人出席，通过了《学校系统改革案》。11月1日，以中华民国大总统黎元洪名义颁行全国。因这年是中国农历壬戌年，故1922年学制又称"壬戌学制"。

与民国壬子—癸丑学制相比，1922年学制有如下特点：

第一，小学由7年缩为6年，取消"国民""高等"名目，称"高级"（2年）、"初级"（4年）。义务教育年限暂以4年为准。小学课程得以地方情形，增职业准备教育。为年长失学者设补习学校。

---

[1] 黄炎培：《职业教育该怎么办》，《黄炎培教育文选》，上海教育出版社1985年版，第194页。
[2] 孙祖基：《十年来中国之职业教育》，《教育与职业》第85期，1927年5月。

第二，中等由4年延长为6年，分初高两级各5年，实行选科制。初级中学设职业科。高级中学分普通、农、工、商、师范、高等专科。

第三，师范由5年改为6年，大学和师范大学可设二年制师范专修科，以补充初级中学教员之不足。

第四，实业学校改为职业学校，于相当学校内得设职业教员。

第五，高等教育、大学修业年限为4至6年，不设科；教学实行选科制，专科3年以上。

"附则"规定"注重天才教育，得变通年限及教程，使优异之智能尽量发展"；"对于精神上或身体上有缺陷者，应施以相当之特种教育"。特别是新学制明确规定，这些规定均以"适应社会进化之需要"、"发展平民教育精神"、"谋个性之发展"、"注意国民经济力"、"注重生活教育"、"使教育易于普及"、"多留各地方伸缩余地"为"标准"，[1]实际都反映了新文化运动科学民主思想的深刻影响。

综观这个新学制的制定过程及其全部内容，可以看出不是行政长官意志的产物，而是反映了全国学者、专家的意志，特别是综合了欧美留学归来的一批现代知识分子和长期从事教育工作的学者专家的智慧，总体上从效仿日本转向效仿美国但坚持结合中国国情；既汲取了辛亥革命以来教育改革的经验，又反映了新文化运动解放思想的积极成果，真正终结了传统儒家经学体系对中国教育的统治，确立了以知识科学化为基本特征的现代知识体系在中国教育中的主导地位。

---

[1] 《1922年新学制——壬戌学制》，载朱有瓛主编：《中国近代学制史料》第三辑下册，华东师范大学出版社1992年版，第807、804—805页。

第十章　西方学说思潮大力引进

"五四"后，西方各种新学说、新思潮，主要是英、美、法、德、俄等国的各种哲学、社会科学学说在中国全面、深入传播，其广度和力度前所未有。这些学说在各自国内的地位、作用、影响迥异，彼此间矛盾重重，甚至严重对立。但在处于半封建半殖民地的中国，在社会、经济、文化极其落后的社会历史条件和语言环境制约下，这些学说被中国新型知识分子用以反对封建主义，特别是专制主义的腐朽影响，客观上，在历史上产生了明显的积极作用。

一　实用主义全国滥觞

约翰·杜威（John Dewey，1859—1952）是有着世界影响的美国实用主义思想大师。早在1906年，张东荪和蓝公武等人就在日本东京出版的《教育》杂志上，选译詹姆斯的《心理学悬论》（即《心理学原理》），并发表《真理论》一文，介绍实用主义哲学。1915年，陈独秀在《新青年》创刊号发刊词《敬告青年》中高度评价西方的实验哲学，称赞自西方提出"实利主义"和"实验哲学"以来，"举凡政治之所营，教育之所期，文艺技术之所风向，万马奔驰，无不集于原生利用之一途。一切虚文空想无裨于现实生活者，吐弃殆尽"。杜威来华前一个月，他的弟子们又做了大量准备工作，胡适在北京作题为《实验主义》的报告，蒋梦麟、陶知行发表文章介绍杜威的教育思想。1914年4月，蒋梦麟主编的《新教育》杂志出版《杜威专号》。这一切，为杜威在中国的讲学活动做了很好的铺垫。

杜威接受北京大学、讲学社、江苏省教育会、中国公学、尚志学会的联合邀请，于1919年4月30日偕夫人及女儿到达上海，1921年7月11日离北京返美。两年多时间，杜威足迹遍及上海、北京、天津、辽宁、河北、山西、山东、江苏、湖南、湖北、浙江、福建、广东等13个省市，讲演200多场，系统阐释了实验主义的政治学、教育学、哲学、伦理学学说，胡适等现场翻译。讲演中文记录稿不断发表在《新青年》、《新教育》、《晨报》、《民国日报》、《时事新报》、《东方杂志》、长沙《大公报》等全国各报刊上。1920年5月，晨报社将杜威在北京的5场讲演记录稿辑成《杜威五大演讲》在全国发行。到他离华返美时，已连印13版，每版销量都在10000册以上，这在当时极为罕见。此后，此书又多次印行。一个外国学者受到如此隆重热烈的欢迎，在近代中国实属空前。

杜威运用实验主义哲学系统阐述了其政治观。他指出，民治主义的理想即"自由、平等、博爱"，其中"自由是偏重个人的方面；博爱是偏重社会的方面；平等是总结个人社会两个方面"；"美国社会顶注重的就是平等的机会"，是"注重人民的个性"，"各人自由发展各人的才能，要怎么做便怎么做，能做到什么田地就做到什么田地"。[1]杜威说，美国人"不是依靠政府做事的，是用政府的，不是为政府所用的"[2]。同时，"民治主义不单是个人的自由发展，还有共同生活、共同利益、共同志趣的一方面"，"就是指联合全国群众的种种情谊关系"，"对于公众利益负责任"。[3]

杜威强调：必须实行民治主义与教育结合。一方面，民治主义"本身就是一种教育，就是教育的利器，叫人要知道的事不是大人先生的事，就是小百姓也都可以过问的"。另一方面，"教育可以帮助民治主义"，造成"人人都有自由发展的机会"，"倘若单叫上等人受教育，下等人便不能受教育"，[4]社

---

[1] 袁刚等编：《民治主义与现代社会：杜威在华讲演集》，北京大学出版社2004年版，第8—9页。
[2] 袁刚等编：《民治主义与现代社会：杜威在华讲演集》，北京大学出版社2004年版，第11页。
[3] 袁刚等编：《民治主义与现代社会：杜威在华讲演集》，北京大学出版社2004年版，第12—13页。
[4] 袁刚等编：《民治主义与现代社会：杜威在华讲演集》，北京大学出版社2004年版，第11—12页。

会就会发生"主奴关系",出现"家庭中父对于子、夫对于妻,政治中的君对于民,实业中的雇佣者对于被雇佣者等等,总之一方是上、一方是下,一方有统治支配之权、一方被统治支配",使"社会本身上有绝大的危险,使社会本身不能持久","在个人方面妨碍个人人格的发展"。[1]

在《民本政治之基本》讲演中,杜威进一步指出:人权有三个主要组成部分:"身体自由。人民之身体,非依法律,不得逮捕、监禁、讯问、处罚"。"财产自由。凡属人民财产,人们得自由处置之,即政府对于人民要取赋税,亦须本人民之公意"。"思想自由。此种自由,原由天赋,然亦非竞争不得。言论不自由。著作不自由,出版不自由,是无人权"。"以上三大自由权具备,然后可以言平民政治"。[2]杜威特别强调,"对于思想,应该因势利导;要是太荒谬了,大多数人也决不会采用他们。人类几千年以来没有一种思想是被大炮攻破的,刀斩断的,枪打死的;倘能让他发表,或可有大多数人纠正它,越压制反越不中用了"。[3]

杜威大力提倡科学,向中国听众介绍了西方现代心理学、教育学、物理学、社会学、哲学等各种新科学的知识和科学理论。但是,他更多的讲的是培养科学精神,尤其是掌握科学的思想方法。他指出,"思想的方法根本改变",能引起"思想界的大革命";而"科学的方法便是归纳的方法,一切都从事实下手,从试验下手"。[4]科学进步可以使人"在道德方面""发生新的希望、新的勇敢",需"打破从前的迷信","使老的国家变为少年的国家";使人"有新的诚实,有研究事实的方法和信仰,知道人的智慧,有找出真理,解决天然界事实种种困难的能力,对于事实只是老实说出,这么样就是这么样,然后去找出真理,去想解决纠正的方法"。[5]

社会应如何改造?杜威反对"社会主义"等各种社会哲学和政治哲学,提

---

[1] 袁刚等编:《民治主义与现代社会:杜威在华讲演集》,北京大学出版社2004年版,第45页。
[2] 袁刚等编:《民治主义与现代社会:杜威在华讲演集》,北京大学出版社2004年版,第126页。
[3] 袁刚等编:《民治主义与现代社会:杜威在华讲演集》,北京大学出版社2004年版,第93页。
[4] 袁刚等编:《民治主义与现代社会:杜威在华讲演集》,北京大学出版社2004年版,第440页。
[5] 袁刚等编:《民治主义与现代社会:杜威在华讲演集》,北京大学出版社2004年版,第445—448页。

出了实用主义的社会改造理论,说实验主义"哲学不像从前的哲学对于现行制度不是总攻击,便是总辩护,知道用力去辩护攻击,不如用力造成进步的观念。这种进步,不是自然的进步,也不是笼统的进步;是今天一点,明天一点,从各方面各个体进步的;是拿人力补救他,修正他,帮助他,使他一步一步朝前去。所以进步是零卖的,不是批发的,是杂凑的,不是整包的"。[1]

杜威对中国学生运动和新文化运动密切关注,一到北京就热烈赞扬"中国学生不特能教训自己,并且能教训他人"[2]。可见,杜威这些演讲绝不只是一般的学理阐释,还包含着他针对中国军阀专制、儒家道统禁锢思想的现状,对正迅猛发展的五四运动和新文化运动的深思后有感而发,明显表现出两个思想方向:一、他热烈真诚地支持中国改革黑暗落后的社会现实,其演讲魅力在此。二、他反对根本改造的社会革命,主张点滴渐进的社会改良。前者当时深深地感动、启示了中国各界;后者对于美国那样的成熟资本主义大国,是符合其国情并得到中产阶级等大多数民众认同的,杜威因此被称为"美国人民的向导、导师与良知"[3]。但后者却不符合中国国情,中国先进分子对此是逐渐认识到的;可以讲,以李大钊为代表的早期马克思主义者是这方面的先锋。

教育问题,是杜威在讲演中最系统、最完整也最多的话题。杜威尖锐指出了传统学校教育的严重弊端:一是"养成一种特别阶级。所谓读书人、文人、学者";二是"渐渐趋于保守古训和文字的方面","把这保存下来的东西看得太重了,反把人类社会日用的教育看轻了";三是"社会上早已成为过去的东西学校却还在那里教;社会上很有重大需要的东西学校反而不肯教了"。[4]

怎样搞好教育?杜威提出,应实行"儿童中心"或"学生中心"应"按照儿童长进的程序使他逐渐发展他的本能,直到他能自己教育自己为止";[5]应引进"游戏"和"做戏","用最好的方法,输入社会实用的知识",还"能

---

[1] 高一涵记:《社会哲学与政治哲学》,《新青年》第7卷第1号。
[2] 《杜威博士之近况》,《晨报》1919年6月10日。
[3] 转引自孙有中:《美国精神的象征》,上海人民出版社2002年版,绪论第1页。
[4] 袁刚等编:《民治主义与现代社会:杜威在华讲演集》,北京大学出版社2004年版,第413页。
[5] 袁刚等编:《民治主义与现代社会:杜威在华讲演集》,北京大学出版社2004年版,第419页。

发生一种社会的性质：一方面能养成领袖的人才；一方面又能养成辅助的人才。最重要的是能有一种通力合作的"精神；[1]要"从感情方面使儿童有社会的兴趣及感觉，知道自身以外还有社会还有别人"，"从知识方面，给他社会上必须的知识，使他成为社会有用的人才"。[2]

杜威系统阐释了初等、中等、高等教育及职业教育的作用特点。他指出初等教育最重要，"不但是中学入学的基础，尤是他一生事业、习惯、嗜好的基础"[3]。中等教育"应该自身完全独立的，升学固然可以，就是出去谋生也有相当的技能"，应免除预备升学"太专门"，"学工的不能文，学文的不能工"。[4]高等教育"应养成专门的人才，不是专门的机械；尤为重要者，须养成专门的领袖人才，在工业、实业、政治、文学等各科的当中，知道它的方法，使别人能在他所开的一条路子上进步，不但事业上做领袖，还要在本门的学问上做领袖"[5]。

杜威高度重视使用实验方法，训练动手能力。他说："只有行然后就可以知，没有动作，便没有真的知识。有了动作，然后可以发现新的光明，有条理的事实，以及从前所未发挥的知识。"[6]

无须赘言，杜威关于教育的这些论述，包含了他对中国教育、教育改革经过深思熟虑形成的意见和建议，对中国教育的影响极为深远，至今仍有重要的指导意义。

杜威还做了多次哲学讲演，集中从多个侧面、角度介绍了实验主义的思想方法。杜威说，"科学的思想"应该分五个阶段："第一个阶段就是困难。先有困难，才得要想解脱，所以困难是思想的起源"；"第二个阶段就是臆想。假定既定，就要看目前的情形与从前的情形究竟对不对？方法究竟同不同？

---

[1] 袁刚等编：《民治主义与现代社会：杜威在华讲演集》，北京大学出版社2004年版，第421页。
[2] 袁刚等编：《民治主义与现代社会：杜威在华讲演集》，北京大学出版社2004年版，第431—432页。
[3] 袁刚等编：《民治主义与现代社会：杜威在华讲演集》，北京大学出版社2004年版，第459页。
[4] 袁刚等编：《民治主义与现代社会：杜威在华讲演集》，北京大学出版社2004年版，第461—462页。
[5] 袁刚等编：《民治主义与现代社会：杜威在华讲演集》，北京大学出版社2004年版，第463页。
[6] 袁刚等编：《民治主义与现代社会：杜威在华讲演集》，北京大学出版社2004年版，第450页。

那就不得不臆想了"；"第三个阶段就是比较，拿从前的情形与现在的情形互相比较：如果前后相同，就可以把这经过臆想的假定应用到问题上去；如果不同，就不能把从前解决的方法拿到目前来应用"；"第四个阶段就是决断。比较后所得的前后价值之中，选择一种最有效果的定为计划"；"第五个阶段就是实行。把决断的一个计划实行到事实上去，实行出来如果结果良好，那么困难就可以解脱；如其结果不好，那么就是决断不好，应即重想别种方法来解决这个困难"。[1]

杜威说明，这种科学的思想方法含有三种历程：一是归纳的历程——做出具体的事实，作为研究的资料；一是演绎的历程——应用原理原则，解释事实；一是证实的历程——把原理原则，应用到事实上去以后，看有什么关系。[2]

显然，杜威这些论断里蕴涵了从实际出发，用实践及其结果来检验理论等认识论重要的理论内涵，具有鲜明的唯物、辨证的色彩。对"五四"后迫切需要新的思想武器，而马克思的唯物史观还没有广泛传播之际的中国新型知识分子来讲，这些明晰、具体、中肯、易行的思想方法的介绍，是极具震撼力、启发性和可操作性的。[3]

之所以如此，最根本的原因是实验主义的积极因素满足了中国新文化运动和"五四"在不断发展过程中，对先进思想武器的迫切需要。瞿秋白说："中国五四运动的前后，有胡适之的实验主义出现，实在不是偶然的。中国宗法社会因受国际资本主义的侵蚀而动摇，要求一种新的宇宙观、新的人生观，才能适应中国所处的新环境；实验主义的哲学刚刚能用他的积极方面来满足这种需要。"[4]艾思奇在二十世纪三十年代指出，"新的思想方法之出现，是在五四的炮声发出以后，实验主义的治学方法在某种意义上可以说是与传统迷信针锋

---

[1] 袁刚等编：《民治主义与现代社会：杜威在华讲演集》，北京大学出版社2004年版，第322—323页。
[2] 袁刚等编：《民治主义与现代社会：杜威在华讲演集》，北京大学出版社2004年版，第329—330页。
[3] 笔者于1982年5月在复旦大学哲学系访问胡曲园教授时的记录。
[4] 《实验主义与革命哲学》，《瞿秋白文集政治理论编》第二卷，人民出版社1988年版，第619页。

相对,因此也就成为五四文化中之天之骄子","这对于传统的推翻,迷信的打破,科学的提倡,是当时的急务,以'拿证据来'为中心口号的实验主义被当时认作典型的科学精神","不失为历史推进的前锋"。[1]

总之,杜威对中国新型知识分子群体产生了广泛而深远的影响。胡适等自由派知识分子从此更加自觉、坚定地坚持以实验主义为自己的世界观和方法论。胡适后来一再强调,他的中国哲学史研究、文学改良的提倡、古典小说的整理等,都是实验主义指导的结果。蒋梦麟的《杜威之伦理学》、刘经庶的《杜威之论理学》、罗家伦的《杜威博士的"学校与社会"》等一大批文章接连发表,都奉杜威学说为五四运动后中国社会改造的指导思想。

正在形成中的共产主义思想知识分子群体,在逐渐明确以俄国十月革命为榜样的科学社会主义方向的同时,热烈欢迎实验主义,将其当作反对北洋军阀政府黑暗政治和封建主义腐朽文化的思想武器。1919年12月,陈独秀在《新青年》发表《实行民治的基础》中说:"杜威博士关于社会经济(即生计)的民治主义的解释,可算是各派社会主义的公同主张,我想存心公正的人都不会反对。"同期《新青年》上,陈独秀在《本志宣言》中还说:"我们相信尊重自然科学实验哲学,破除迷信妄想,是我们现在社会进化的必要条件。"毛泽东在《湘江评论》创刊宣言中指出,中国改革"见于思想方面,为实验主义"。周恩来主编《天津学生联合会报》创刊号肯定:"现在世界的最新思潮是'实验主义'。"直到1922年7月,中共中央机关刊物《新青年》还称赞日常生活、科学、社会、政治上都要用杜威的"实验方法",要把"杜威、罗素、柏格森等三家之说合在一炉","切实试行"。[2]这充分证明,杜威的实验主义内在的具备适应中国社会需要的重要因素;在马克思主义广泛传播之际,仍有不可忽略的巨大的积极作用。

---

[1] 《二十二年来之中国哲学思潮》,《艾思奇文集》第一卷,人民出版社1981年版,第59、57、62页。
[2] 赤:《(一二八)切实试行!!!》,《新青年》第9卷第6号。

二 罗素临别明确回应

1920年10月12日,受北京大学、尚志学会、新学会、中国公学邀请,享有世界声誉的英国哲学家伯特兰·罗素(Bertrand Arthur William Russell,1872—1970)抵达上海,至1921年7月11日离开北京,先后在上海、杭州、南京、长沙、保定等地发表多次讲演。

罗素来华之前,他在数理逻辑等学术领域的取得巨大成就;同时,他因坚决反对世界大战而拒服兵役被英国政府判刑,两度入狱毫不屈服,并亲赴苏俄城乡各地与各层各界人士接触、考察。罗素独特的经历及其鲜明个性,都已为中国文化界所熟知;其哲学、社会学、经济学部分代表作已译成中文出版,北京大学师生还专门成立了"罗素学说研究会"。

这时正值中国社会根本改造的呼声空前强烈,中国革命的外部环境和内在机制处于深刻变化的关键节点。1920年4月,长期阻断的中俄交通开通,苏俄第一个代表魏经斯基到达中国,与中国早期马克思主义者李大钊、陈独秀等联系;8月,陈独秀等在上海创建了中国共产党早期组织,新文化运动的中心堡垒和旗帜《新青年》杂志从此转变为在上海的中国共产党早期组织的机关刊物。这实际标志着中国革命正在开始转向崭新的历史阶段。中国先进知识界对罗素的到来表示热烈欢迎,衷心期望他对中国社会改造问题予以正确指导。

1920年10月出版的《新青年》第8卷第2号,以罗素照片为封面,从卷首连排《罗素》(张崧年)、《民主与青年》(罗素著、张崧年译)、《游俄感想》(罗素著、雁冰译)等6篇有关罗素的文章。《新青年》第8卷第3号又从首篇起连排《试编罗素既刊著作》(张崧年)、《民主与革命》(罗素著、张崧年译)、《罗素论苏维埃俄罗斯》(雁冰译)等6篇有关罗素的文章。这种情况自《新青年》创刊起从未有过。这两期《新青年》的其他文章,大都是关于苏维埃俄国的,如《俄罗斯研究》、《文学与现在的俄罗斯》、《哥尔基[1]在莫斯科万国大会演说》、《我们要从那里做起》（杜洛斯基[2]著，震瀛译）、《俄罗斯研究》等。这就完全表明，对中国早期马克思主义者来说，介绍罗素与介绍俄罗斯革命经验两者同样重要、并行不悖。

罗素到沪次日，江苏省教育会、新教育共进社、中国公学、时事新报社、申报社、基督教救国会等七团体为罗素设宴接风。江苏省教育会沈信卿代表致欢迎词："所望于罗素先生在此一年之间，予我中国以种种指导，完成我国之改造事业也。"[3]罗素抵京后，讲学社在11月9日借美术学校礼堂开欢迎会。梁启超致辞强调："我们认为往后世界人类所要求的，是生活的理想化、理想的生活化。罗素先生的学说，最能满足这个要求。"[4]

相反，英国在华当局对罗素来华反感之至。同船来华英人报告英国使馆，罗素沿途"公开发表同情布尔什维克的言论，并流露出反英情绪"；英驻华官员向英国外交部和国防部请示是否可以采取必要行动。国防部认为罗素言行"对英国是危险而且是有颠覆性的"，建议参照《战时案例》有关规定将罗素拘留或遣返英国。由于《战时案例》的有关规定于1900年已过期，加之罗素友人斡旋，英国政府终于没有采取行动。但英国情报局把罗素列为"可疑人物"，指示英国驻华官员与中国政府合作随时注意其言行。[5]英国使馆和传教士"都不欢迎罗素"，并公开向中国人散布"后悔让罗素来华访问"。[6]

罗素绝非一位与中国某政派政治方向、政治主张完全契合的思想家。他这期间正处于思想的"反思期"[7]，对一些重大理论、政治问题正处于矛盾状态。

关于西方资本主义，他一方面对惨绝人寰的世界大战感到愤怒、绝望，并

---

[1] 今译高尔基。
[2] 今译托洛斯基。
[3] 《晨报》1920年10月16日。
[4] 《晨报》1920年11月10日。
[5] 冯崇义：《罗素与中国》，生活·读书·新知三联书店1993年版，第107—108页。
[6] 蒋梦麟：《西潮与新潮——蒋梦麟回忆录》，东方出版社2006年版，第151页。
[7] 袁刚等编：《中国到自由之路：罗素在华讲演集》，北京大学出版社2004年版，前言第9页。

在大战期间就宣布自己是社会主义者。[1]另一方面，罗素宣布他归属基尔特社会主义，实际是持不根本触动资本主义制度的改良主义立场。

关于苏俄，罗素在1920年经一个多月（5月11日入境，6月16日出境）在俄罗斯的实地考察，认为："所有由这次战争发出来的新事实中，最重要的是一个实际采用社会主义的大强国之存在。社会主义以前只是一个学说，实行家轻看他是不可能而属于幻想的东西，布尔什维克派不论我们对于他的优点劣点可以怎么想，但至少总已证明社会主义是和一个强有力的成功的国相容的。"[2]

但罗素在苏俄城乡与社会各阶层接触后，对社会主义产生了很大的怀疑、反感，认为"凡由战争得来的社会主义，不论是何式的，他的好处总要少些。因为战争——尤其是国内战争——的恶果，是必有而且很大的"，"想打胜仗，必须要集中权力，而集中权力所生的恶结果，和资本集中所生的简直绝无差别"，"不能信仰那种集中大权于少数人手内底共产主义"。[3]他对俄国少数人掌权的前景极为担忧："虽然现在在俄国握权的人大部分都是极热心的共产主义者，曾经表示愿为了他们的信仰牺牲一切。但此等人总有一天要让位给其他不甚热心忠于主义而甚能利用机会的人们，他们可就要和一般实行政治家一样，把地位当作实在利益般看待了。此辈如得了兵队来济恶，便不难以一道命令，给统治者的贵族阶级以大薪俸和特别的私产。他们方在成功，那腐败和掠夺底机会也就继长增高地跟了来。这种的诱惑，我不信会能永久抵抗得住"。[4]

面对中国各界迫切希望对中国社会如何改造提出指导意见的热烈期盼，罗素没急于正面直接具体回应，而采取了认真负责的暂时回避的谨慎态度。所以，他首先结合当前世界物理学、心理学的相对论、量子论、精神分析、数理

---

[1] 冯崇义：《罗素与中国》，生活·读书·新知三联书店1994年版，第22页。
[2] 罗素：《民主与革命》，张崧年译，《新青年》第8卷第2号。
[3] 罗素：《游俄之感想》，雁冰译，《新青年》第8卷第2号。
[4] 罗素：《游俄之感想》，雁冰译，《新青年》第8卷第2号。

逻辑等世界学术界最新研究成果，重点阐释了自己的哲学思想。

罗素先后在北京大学、北京高师、南京中国科学社作了《哲学问题》《心之分析》《物的分析》《数学逻辑》《爱因斯坦引力新说》等长篇系列讲演或专题讲演，就世界广有歧义的因果关系、时空观、真理观、意识观、数理逻辑等一系列哲学问题发表了自己的新颖见解。

罗素强调哲学要注重方法，就是实验的、分析的、细定的思想方法。"实验的方法，使他相信真理必以直接经验为准，不能全以先天理论来判断是非；分析的方法，使他能以科学的态度考虑问题，不凭主观臆断；而细定的方法则使他不为成见所拘，而依特定的问题选择适宜的细定的研究与解答，并施用不同的方案"。[1]无须赘言，罗素这些观点使中国先进知识界大大拓宽、深化了对科学、科学思想方法的认识，不仅对新文化运动是直接有力的促进，对中国人民探索改造中国社会的方向和道路的思考与选择也有着根本性的、基础性的推动。

罗素呼吁中国办好新教育。他说："今日教育之急务，于应用之知识必需之技能外，最急者在于国民能有创造之精神。在此任务之中，虽费时必久，用力必久，然此实无可避免之事。""最要者，在乎叫人能学会自由，能学会自由后不复以压制施诸他人。"[2]同时，教育要注重中国社会的实际需要，"国家与社会之进步，实业及应用之事务，实缺一不可"[3]。这些见解对中国今天的现实仍有指导意义。

罗素热心坦诚地向中国各界介绍了十月革命后的苏俄实况。他在长沙教育会连讲四次《布尔塞维克与世界政治》，在北京女高师和其他地方中也多有言及。罗素说：布尔塞维克主义是"现在世界上最要紧最有趣的东西"，它"是应世界的潮流而生"的，[4]因为"资本主义已到末路，世界的将来，布尔塞维

---

[1] 袁刚等编：《中国到自由之路：罗素在华讲演集》，北京大学出版社2004年版，第2页。
[2] 袁刚等编：《中国到自由之路：罗素在华讲演集》，北京大学出版社2004年版，第5—6页。
[3] 袁刚等编：《中国到自由之路：罗素在华讲演集》，北京大学出版社2004年版，第4页。
[4] 袁刚等编：《中国到自由之路：罗素在华讲演集》，北京大学出版社2004年版，第12页。

克正好发展，推倒资本主义"[1]。

罗素说，"布党极遵守马克斯的学理"[2]；他们坚持"唯物史观"，认为"政治、美术等无一不受经济的支配"，"如果想知道政治上的现象"，"必须知道工业的情形"。[3]马克思认为工人与资本家的利益难以调和，"只有打破资本主义，使资本集中于公众，才可救济。资本若能集中，则资本家少，劳动者多，于是劳动者的势力大于资本家，就容易把他推倒。资本家既推倒，就能实行共产主义，世界才可有幸福"[4]。

罗素高度评价列宁等俄国革命领袖"极肯牺牲自己"，"每天常做十六小时的工作，礼拜六和礼拜日都不放假"。[5]列宁"很诚恳，其心术专以救世为主，和他谈两分钟，就知道他是很诚恳的"，他"胆量大；我所见的人以他的胆量为最大。他深信马克斯主义像信教一样"。[6]这些都是非直接接触而不可得的质感和体验，给听众和读者留下了极深的印象。

罗素明确提出了"评判社会制度的标准"："第一，社会里现在人民的幸福，第二，社会以后再进步的机会。"[7]当时还没有"可持续发展"概念，但罗素实际简洁明了地阐释了这一点。

罗素明确肯定世界上实现第一个要求的榜样是苏俄，"现在惟一的新希望还是从俄国来，就是这回战事上最失败的国"，"现在俄国共产党对他们所提创的制度的信仰固然是有点儿粗简，手段有点辣，也许都有点不到时期，但是它能使人民有一种别国所没有的快乐"；能使人耐苦冒险保存一种新鲜畅快的精神，是黑暗的西欧所没有的"。[8]罗素指出实现好社会制度标准第二点要求，是"要有一个科学的共产制度的组织"，特别是"要让创造的人有完全自

---

[1] 袁刚等编：《中国到自由之路：罗素在华讲演集》，北京大学出版社2004年版，第13页。
[2] 袁刚等编：《中国到自由之路：罗素在华讲演集》，北京大学出版社2004年版，第15页。
[3] 袁刚等编：《中国到自由之路：罗素在华讲演集》，北京大学出版社2004年版，第14页。
[4] 袁刚等编：《中国到自由之路：罗素在华讲演集》，北京大学出版社2004年版，第15页。
[5] 袁刚等编：《中国到自由之路：罗素在华讲演集》，北京大学出版社2004年版，第17页。
[6] 袁刚等编：《中国到自由之路：罗素在华讲演集》，北京大学出版社2004年版，第19页。
[7] 袁刚等编：《中国到自由之路：罗素在华讲演集》，北京大学出版社2004年版，第286页。
[8] 袁刚等编：《中国到自由之路：罗素在华讲演集》，北京大学出版社2004年版，第290页。

由，像科学家美术家等"，"最紧要的就是给他创造自由和发表的机会——例如一个科学家有了什么结果应该能发刊他的报告，不可以令他先巴结了印刷局的局长才准他发刊"。[1]

罗素认为布尔什维克失败了，"工人在工厂内正像坐牢，他们的情形比在资本制度下更坏"[2]；农民，"政府无法使他们信服，故不得不用强制手段"[3]。尽管罗素承认布尔什维克所以如此是迫不得已，因为"俄国正如船只被难，船长欲救人性命，不得不用强硬手段使他们服从"；而"外人决不肯援助俄国"。[4]对苏俄放弃沙俄侵略特权，支援被压迫民族解放的声明、宣言，罗素充满怀疑："我要警告诸君，布党对于东方受压制的国家说，我帮助你们伸张自由权，但实质上我恐怕他们是想假借这种美名，为伸张布党自己的势力起见。"[5]

罗素这些讲演，从社会发展规律和总体趋势的高度，再次深入地揭示了大工业生产在社会发展中的基础地位，批判了资本主义社会中资产阶级垄断一切等诸多弊病，肯定了布尔什维克主义指导的俄国代表了人类社会的发展方向，也指出了其明显弊端。历史证明，罗素这些评价切中要害富于政治远见，至今对我们建设中国特色社会主义还有着重要的借鉴作用。

罗素结束中国之行前，就中国先进知识界就如何改造中国问题的殷切期待做了一个清楚明白的交待。1921年7月6日，面对依依惜别的北京知识界，罗素在北京教育会场最后一次讲演中，正式回应中国社会政治改革问题。他郑重声明："我现在终敢大胆的把我对于中国情形，及其改进的方法的感想，摆在诸君面前。这种感想，是我和诸君相处之间，渐渐得来，并非初跨上岸的时候，就到我脑筋里面的。"[6]

罗素提出，中国"直接从经济问题下手，终归无用，一定要先解决政治问

---

[1] 袁刚等编：《中国到自由之路：罗素在华讲演集》，北京大学出版社2004年版，第290—291页。
[2] 袁刚等编：《中国到自由之路：罗素在华讲演集》，北京大学出版社2004年版，第25页。
[3] 袁刚等编：《中国到自由之路：罗素在华讲演集》，北京大学出版社2004年版，第24—25页。
[4] 袁刚等编：《中国到自由之路：罗素在华讲演集》，北京大学出版社2004年版，第25页。
[5] 袁刚等编：《中国到自由之路：罗素在华讲演集》，北京大学出版社2004年版，第23页。
[6] 袁刚等编：《中国到自由之路：罗素在华讲演集》，北京大学出版社2004年版，第300页。

题。非等到有了巩固诚实的国家，没有弊端的政府，无论那种共产主义社会主义都不能成立"[1]；中国"最好经过俄国共产党专政的阶级"，"俄国式的方法是惟一的道路"。[2]中国应走"社会主义道路"，"其中最重要的方法，就是矿产铁路水道实业农业都归国家所有"。[3]而"行会社会主义，只适用于产业已发达的国家"[4]。中国应保持对西方列强的高度警惕，"非到强力的时候，足以摒除外国资本家以战舰军队强迫窥探中国的财源，国际管理终非中国之福"。[5]同时，罗素指出发展实业，是"现在中国实际上的重要问题，是以极少度的坏处，极大度的利益，来发展实业主义"[6]。这是罗素建议中国大胆主动地引进外资，不要闭关自守。

罗素斩钉截铁、毫不含糊地表明了他非常赞同中国走俄国式新道路，这样，罗素厘清了自己同中国主张基尔特社会主义的严格界限。

对于中国的文化发展，罗素指出，"中国古来遗传的文化，以孔子学说为基础，而又参杂佛学的意味，已经到了自然剥落的程度；既不能成就个人的事业，更不能解决当前中国前面的内外政治问题"[7]；同时，不应盲从西方的文化，当前"中国最要紧的需要是爱国心的发达，而于有高等知识足为民意导师的尤为要紧。日本的侵略政策，反激起中国的这类运动；但是还要较此更敏锐更普遍一些的"[8]。

罗素这一临别赠言如惊蛰春雷，震撼了中国先进的知识界。因为根据他一贯反对暴力、维护和平、主张渐进改革的思想及他来华后一度公开表示赞成基尔特社会主义，中国文化界已经把他视为中国基尔特社会主义的大师，同视杜威为实验主义大师一样。张东荪掀起社会主义论战，固然有利用罗素的巨大声

---

[1] 袁刚等编：《中国到自由之路：罗素在华讲演集》，北京大学出版社2004年版，第303页。
[2] 袁刚等编：《中国到自由之路：罗素在华讲演集》，北京大学出版社2004年版，第303页。
[3] 袁刚等编：《中国到自由之路：罗素在华讲演集》，北京大学出版社2004年版，第304页。
[4] 袁刚等编：《中国到自由之路：罗素在华讲演集》，北京大学出版社2004年版，第304页。
[5] 袁刚等编：《中国到自由之路：罗素在华讲演集》，北京大学出版社2004年版，第302页。
[6] 袁刚等编：《中国到自由之路：罗素在华讲演集》，北京大学出版社2004年版，第302页。
[7] 袁刚等编：《中国到自由之路：罗素在华讲演集》，北京大学出版社2004年版，第301页。
[8] 袁刚等编：《中国到自由之路：罗素在华讲演集》，北京大学出版社2004年版，第302页。

望给自己壮大声势的考虑；但他视罗素为自己推行基尔特社会主义的同道、导师是真诚的。加之罗素来华后，负责接待的主要是梁启超、张东荪等研究系要人等因素，罗素基本是以主张基尔特社会主义的形象矗立于中国政坛、文坛。罗素对此了然于心，他在告别词中强调基尔特社会主义"只适用于产业发达的国家"，就明显针对这种状况而言。

所以，罗素这个郑重的告别词分外引人瞩目，有力地深化了中国先进知识界对中国社会如何根本改造的思想探索，客观上有力地支持了中国先进知识分子由以英美西方资本主义为目标向以俄国十月革命建立的社会主义为榜样的历史性转变；也有力地推动了中国新文化运动向着彻底反对封建主义文化，但不能对传统文化采取虚无主义，放手学习西方现代文化，但不能全盘西化的健康道路不断前进。

三 无政府主义思潮蔓延

五四新文化运动和反帝爱国运动的兴起与发展，成为无政府主义在中国广泛传播的契机。

中国对无政府主义的译介始于1902年。马君武译英人克喀伯著作《俄罗斯大风潮》（上海广智书局1902年版），在序言中说："圣西门之徒倡社会主义（即公产主义）于世，其势日盛。至十九世纪，而英人达尔文、斯宾塞之徒发明天演进化之理，由是两种学说发明一种新主义，是新主义曰'无政府主义'。"[1]1907年，资产阶级革命派的刘师培与妻子何震在东京创办半月刊《天义报》，李石曾、吴稚晖、张静江在法国巴黎创办《新世纪》周报，对各派无政府主义都有介绍。"五四"前后，中国无政府主义者逐渐分化为三个主要派别：以北京实社、进化社为代表的无政府共产主义派，主要成员有黄凌霜、区声白等；以奋斗社为代表的无政府个人主义派，主要成员有朱谦之、易

---

[1] 转引自孟庆澍：《无政府主义与五四新文化》，河南大学出版社2006年版，第26页。

家钺等；以工余社、互助社和民声社为主要代表的无政府工团主义派，主要成员有郑佩刚、李卓、晓星等。其中无政府共产主义派又被称为无政府主义正统派，后两者被称为无政府主义非正统派。以上各派对蒲鲁东（Proudhon，1809—1865）、巴枯宁（米哈伊尔·亚历山大罗维奇·巴枯宁，Михаил Александрович Бакунин，1814—1876）、克鲁泡特金（彼得·阿列克谢耶维奇·克鲁泡特金，Пётр Алексе́евич Кропо́ткин，1842—1921）等各种无政府主义思想在中国均有广泛传播，其中传播广、影响大的是克鲁泡特金的无政府主义互助论。其因有三：

首先，第一次世界大战引起了对达尔文竞争进化论的反思。达尔文竞争进化论自严复1898年出版《天演论》被引入中国起，"物竞天择，适者生存"、"弱肉强食，优胜劣汰"的进化论学说对中国思想界产生了巨大而持久的影响，构成了清末民初最主要的社会文化思潮，成了中国先进分子乃至各界民众反对列强侵略、反对满清腐朽统治的主要思想武器。直到"五四"前后，达尔文竞争进化论在中国思想界仍有很大影响。但第一次世界大战后，竞争进化论遭到了不少思想家的批评。他们认为，"物竞天择，适者生存"、"弱肉强食，优胜劣汰"，不仅为帝国主义推行强权政治、侵略弱小国家提供了理论依据，而且为个人主义极度膨胀、强者欺凌剥削弱者提供了理论依据，这构成了第一次世界大战爆发的重要原因之一。

其次，克鲁泡特金互助论反对私有制，主张生产资料和生活资料均归公用，各尽所能、各取所需，同中国传统文化中的"财务均平""至公"的思想传统非常契合。孔子提出"不患寡而患不均，不患贫而患不安"，墨家主张"兼爱"等，都深深积淀在中国各界民众的灵魂深处。无政府主义互助论提倡互助是人类进步的原动力，则同中国自古以来就有的重伦理道德的传统契合。儒家强调"仁者爱人""恻隐之心人皆有之"都实际已经变为中国多数人的生活理念道德规范。蔡元培在北京大学发起成立进德会，很快就吸引了具有各种政治主张、文化色彩的师生积极参加就是典型例证。

最后，也是最主要的，在于各种无政府主义具有反对强权、废除国家、废除政府、废除法律，反对一切束缚，强调个人绝对自由的思想特点，在当时所针对的实际的政治革命对象是帝国主义侵略势力和北洋军阀政府，文化革命对象是腐朽黑暗的封建纲常名教时，无政府主义思想很容易为有强烈反帝反封建要求的广大青年所接受，作为他们反帝反封建的思想武器之一。那么多坚决反帝反封建的具有初步共产主义思想的青年知识分子，如陈延年、陈乔年、何孟雄、恽代英等均不同程度受过无政府主义、特别是无政府主义互助论的影响。

无政府主义团体呈逐渐增加、大量涌现之势。据不完全统计，在这一时期国内成立的无政府主义社团近70个。[1]其中有具体活动记载并有社章社约的22个，有较大影响的刊物有十五六种。[2]社团中存在时间比较久、成员比较多、影响比较大的有实社、进化社、奋斗社、互助社和民钟社等。但由于无政府主义主张绝对自由，反对一切组织纪律、领导管理，这些社团总体上呈现出思想混乱、组织涣散、旋起旋灭的突出特征。有的社团只有两三个人，往往昙花一现。

这一时期国内由无政府主义团体办的刊物有70多种[3]，较有影响的有《进化》《互助》《学汇》《民钟》《奋斗》《自由录》等。出版的书有30种左右。宣传无政府主义的文章则难以统计，除上述无政府主义团体办的刊物外，《新青年》、《新潮》、《星期评论》、《晨报》副刊、《民国日报》副刊《觉悟》、《时事新报》副刊《学灯》、《少年中国》、《湘江评论》等各新型报刊都数量不等地发表过一些介绍无政府主义或有无政府主义色彩的文章。

无政府主义极力向工人们传播，出现了一些无政府主义领导或主要接受无政府主义影响的工人团体。1920年，黄爱、庞人铨领导的湖南劳工会在长沙成立，出版了面向工人的刊物，很快就建立了20多个基层工会。

黄凌霜、区声白、朱谦之等在理论上没有什么创造，但结合中国实际有所发挥。他们强调克鲁泡特金的无政府主义互助论"是向上进化的好工具"；应

---

[1] 徐善广等：《中国无政府主义史》，湖北人民出版社1989年版，第142—153页。
[2] 李怡：《近代中国无政府主义思潮与中国传统文化》，华中师范大学出版社2001年版，第53页。
[3] 徐善广等：《中国无政府主义史》，湖北人民出版社1989年版，第142—153页。

"由平民自己去寻那'互助'的生活（各尽所能，各取所需），这才算进化的公理（无政府、无私产），完全战胜强权"。[1]

他们鼓吹反对一切政府，"专制政府固恶，即共和政府亦未必善"，"法也，美也，世界所谓较良之政治，观其官吏资本家托辣斯之专横，军民之困苦，何以异于未革命之前"。[2]马克思主义指导的俄国革命"坏处在于自己又建立一个万能的资本家，压抑出版自由、言论自由，以至于行动自由"[3]。

他们猛烈抨击宗法家族制度，认为中国三纲制度中"'君纲'的死是死绝了"，"那'父纲''夫纲'依然张牙舞爪，肆其毒噬。这恶物的凶焰决不减于'君纲'，家族的害人决不减于政治"，它"和人格主义抵触"，"为个性发展的障碍"，"和人的自由冲突"，"造成今日万恶的社会"。[4]

他们积极鼓吹"各尽所能，各取所需"的无政府共产主义，他们认为，现在中国"是人吃人的世界"，因为"有国家，有政府，有官，有绅"，要"先把这吃人政府推倒，更要把吃人的资本家都铲清光"；实现"只有做工吃饭，绝对自由，极端平等"。[5]他们同时攻击苏维埃俄国"集产主义"，"是自己想打倒资本主义"，却"自己变成了资本主义的国家"[6]；"无所不用强权手段，束缚人民的自由"[7]；"还要把人民的经济生活也一并交给国家管理，势非把人民个个都化为奴隶不可"[8]；"以工作的多少定酬资之厚薄，不照'各

---

[1] 凌霜：《本志宣言》，载葛懋春等编：《无政府主义思想资料选》上册，北京大学出版社1984年版，第380—382页。

[2] 声白：《平民革命》，载葛懋春等编：《无政府主义思想资料选》上册，北京大学出版社1984年版，第356页。

[3] 凌霜：《克鲁泡特金的社会学说与未来》，载葛懋春等编：《无政府主义思想资料选》下册，北京大学出版社1984年版，第548页。

[4] 两极（梁冰弦）：《家族的处分》，载葛懋春等编：《无政府主义思想资料选》上册，北京大学出版社1984年版，第401—404页。

[5] 《无政府主义者在漳州散发的传单选载》，载葛懋春等编：《无政府主义思想资料选》上册，北京大学出版社1984年版，第343页。

[6] 太朴：《无政府主义与中国》，载葛懋春等编：《无政府主义思想资料选》上册，北京大学出版社1984年版，第440页。

[7] A.D：《我们反对"布尔什维克"》，载葛懋春等编：《无政府主义思想资料选》上册，北京大学出版社1984年版，第440页。

[8] 太朴：《无政府主义与中国》，载葛懋春等编：《无政府主义思想资料选》上册，北京大学出版社1984年版，第495页。

尽所能各取所需'的原则以支配生产与消费"[1]，将使"强有力的将享受最高的幸福，能力微弱的将至不能生活。能力微弱的缘故，或关乎生理，却非其人懒惰的罪，而结果不幸若此，还说什么幸福呢"[2]。

他们越来越明确地把攻击的锋芒指向马克思主义，断言"现在布尔什维克所奉行的，明明是马克思主义"[3]。他们"与我们平民没有多大关系"，"与世界进化的新趋势不合"[4]，只有"认清了'无政府'这条大路走去，方才有达到真正的改造社会之希望"[5]。

无政府主义在中国传播的历史作用是双重的。现在学术界公认无政府主义在辛亥革命前的主要作用是革命的、积极的。对五四时期的无政府主义，多数有关论著都持否定态度，特别是有论断认为"当无政府主义成为反对马克思主义的主要对手时，其阻碍社会进步的一方面为主导方面"[6]。笔者认为，无政府主义在五四时期具有消极作用，且呈日益增强趋向，特别是在创立无产阶级先进政党之际，对一些先进青年思想的阻碍极大；但其社会作用的主导方面仍然是积极的、革命的。

其客观原因在于，五四运动既是一场彻底反对帝国主义和封建主义的群众性运动，又是一场彻底反封建主义的文化革命。这就决定了在衡量一个政治派别，或者一种文化思潮是否是革命的、积极的时候，主要标准是它在上述政治、文化革命实践中站在哪一边或者主要有利于哪一边，对中国社会现代化历史进程主要起积极推动作用还是阻碍破坏作用。其他的制约因素当然也应引起

---

[1] 太朴：《无政府主义与中国》，载葛懋春等编：《无政府主义思想资料选》上册，北京大学出版社1984年版，第496页。
[2] 凌霜：《评〈新潮〉杂志所谓今日世界之新潮》，载葛懋春等编：《无政府主义思想资料选》上册，北京大学出版社1984年版，第387页。
[3] A.D：《我们反对"布尔什维克"》，载葛懋春等编：《无政府主义思想资料选》上册，北京大学出版社1984年版，第439页。
[4] 太朴：《无政府主义与中国》，载葛懋春等编：《无政府主义思想资料选》上册，北京大学出版社1984年版，第495—496页。
[5] 太朴：《无政府主义与中国》，载葛懋春等编：《无政府主义思想资料选》上册，北京大学出版社1984年版，第499—500页。
[6] 高瑞泉主编：《中国近代社会思潮》，华东师范大学出版社1996年版，第354页。

我们的重视，也应予以实事求是的分析，但是它们都应首先纳入前述主要标准的框架内予以审视。由此判断，无政府主义总体上是作为一种与帝国主义奴化文化，与腐朽专制的封建主义文化鲜明对立的新思潮而传播；虽然无政府主义者在五四时期与早期马克思主义者及其他资产阶级、小资产阶级革命政派有种种矛盾，甚至公开论战，但从总体上看，他们始终坚持了反帝反封建的政治大方向，是五四时期反帝反封建的革命统一战线中的激进一翼，是彻底反对封建主义文化革命中的一支活跃力量。

无政府主义者们在现实的政治斗争中一直坚持反对帝国主义侵略、反对北洋军阀政府的卖国专制，站在五四反帝反封建革命斗争的前列。"五四"当天，具有浓厚无政府主义色彩的北京工学会学生决心流血牺牲，以视死如归的决心和行动，对痛殴章宗祥、火烧赵家楼预作准备，从而对激发全国各界的救国热忱、使五四爱国救亡烈火迅速燃遍全国起了无可替代的重要作用。"五四"前经常和毛泽东讨论无政府主义的北大学生朱谦之后来回忆，"在五四学生运动，每次示威大集会，我都有机会参加，但到屡次请愿失败后，我便激烈地走上反对压迫人民的政府的路上"[1]。五四运动后期摆脱无政府主义转向马克思主义的何孟雄、恽代英、陈延年、陈乔年等都是五四运动的骨干。特别是在组织上，无政府主义者并没有真正坚持他们所推崇的反对一切组织、反对一切束缚等极端自由立场，而是积极参加了各种爱国组织，积极服从了反帝反封建斗争的革命大局需要。

他们集中抨击的是中国现实经济生活中的地主、资本家私有制，特别是北洋军阀残酷压榨盘剥人民造成的种种罪恶。太俸说："罪恶之源，厥惟政府为问"，"民法保护私产，私产造成贫富之阶级，是政府消极的以造成罪恶也。巧立名目以朘削平民之脂膏；收归国有，以掠夺人民之实业；地方官横征暴敛，地皮刮穷，则鼓励以嘉禾；军队戕人生命、墟之村庄，则炫耀以文虎，斯

---

[1] 朱谦之：《世界观的转变——七十自述》，《中国哲学》第三辑，生活·新知·读书三联书店1980年版，第382页。

真所谓盗亦有道也"。[1]这番议论中,"收归国有,以掠夺人民之企业",有指苏俄意;其余多端,都指向中国的北洋军阀政府和半殖民地半封建社会的腐朽落后的经济制度。

他们鼓吹暗杀、暴动等恐怖思想,但实际上主要是坚决反抗现实黑暗社会制度。血钟称:"暗杀的革命运动,也不过是为达到我们的目的罢了";"设若那些军阀要施工人的权威,我们也给他一个暗杀的预告"。[2]这些言说空想成分很多,实际他们没有真正付诸实践;但这是五四时期无政府主义为数不多的一个具体设想,其主导思想还是反对中国现实黑暗腐朽社会制度,反对现在的当权派剥削阶级。

他们提倡废除婚姻、姓氏,实际主要是以一种极端的态度和方式,抨击、否定中国旧式封建家族制度。真正实践的是北京工读互助团,他们指出,"家庭制度是万恶之源,非打破不可,脱离是打破之先声";"婚姻是附丽于家庭之中的","家庭一脱离,婚姻已失其根据的所在","所以失于从前已婚的或订约未婚的,一概主张和对方脱离关系,离婚的离婚,解约的解约"。[3]他们天真地认为这就实现了无宗教、无婚姻、无家庭的理想世界。至于废姓氏则一度在无政府主义者中颇为流行,他们刊物上一时出现了如悟光、哀鸣、无吾、求同及AA等诸多名字。实际上,这些青年脱离家庭,废除宗教、姓氏等活动的作用极其有限。工读互助团废除家庭的尝试就很快失败。但是,中国当时封建家族制度确实黑幕重重,无数青年被这个黑幕扼杀了青春和生命。五四运动期间还出现了北京女师学生李超、长沙女知识青年赵五贞等被封建家族迫害致死的惨剧(详后)。这就可见无政府主义倡导这两个"废除"的正面宣传意义了。

---

[1] 太侔:《复了僧君》,载葛懋春等编:《无政府主义思想资料选》上册,北京大学出版社1984年版,第351页。

[2] 血钟:《劳动运动(节录)》,载葛懋春等编:《无政府主义思想资料选》下册,北京大学出版社1984年版,第678页。

[3] 存统:《"工读互助团"底实验和教训》,载张允侯等编:《五四时期的社团》(二),生活·新知·读书三联书店1980年版,第433页。

所以，无政府主义在五四时期被很多热血青年所认同、接受，奉为反帝反封建的思想武器。毛泽东在他成为共产主义思想知识分子的代表作《民众的大联合》中就说："广大平民反对贵族资本家有两种方法"，一派是马克思主义，"一派是较为温和的，不想急于见效，先从平民的了解入手，人人要有互助的道德和自愿工作。贵族资本家，只要他们回心向善能够工作，能够助人而不害人，也不必杀他。这派人的意思，更广、更深远，他们要联合地球做一国，联合人类做一家，和乐亲善——不是日本的亲善——共臻盛世。这派的首领，为一个生于俄国的，叫做克鲁泡特金"。[1]在如何推翻强权、打倒反动统治者上，毛泽东主张联合群众，向强权者作持续的忠告运动，实行"呼声革命""无血革命"。1919年9月，恽代英在给王光祈信中说："我信安那其主义已经七年了，我自信懂得安那其真理，而且曾经细心的研究"，"我信只要自己将自由、平等、博爱、劳动、互助的真理，一一实践起来，勉强自己莫勉强人家，自然人家要感动，自然社会要改变的"。[2]其他如李大钊、陈独秀、周恩来等接受无政府主义影响时也是如此。

五四时期，早期马克思主义者与无政府主义者基本是反帝反封建的盟友关系。邵力子后来回忆："'五四'前后，马克思主义者和无政府主义者在一起工作的，如《星期评论》，有宣传马克思主义的文章，也有宣传无政府主义的文章。这是因为十月革命后，知识分子向往苏联，但马克思主义未在中国广泛传播，许多人对马克思主义没有认识。有的甚至以为俄国革命胜利，虚无党也有功劳，因此一部分人接受了无政府主义思想。无政府主义思想，在破坏旧的方面，起了好作用。"[3]毛泽东在谈他同无政府主义者黄爱、庞人铨的关系时说，"在无政府主义的分子反对马克思主义者的情况下，'在许多别的斗争中，我们援助了他们'"[4]。所以，在无政府主义论战中，陈独秀等对区声

---

[1] 《民众的大联合》（一），《毛泽东早期文稿》，湖南出版社1990年版，第341页。
[2] 《恽代英日记》，中共党史出版社1981年版，第624页。
[3] 邵力子：《党成立前后的一些情况》，《共产主义小组》上，中共党史出版社1987年版，第191页。
[4] 转引自李锐：《毛泽东的早期革命活动》，湖南人民出版社1980年版，第365页。

白、黄凌霜等既在原则上、理论上尖锐批判，又对其人始终坚持循循善诱、耐心启发，寄予期望。

相反，北洋军阀政府对无政府主义则竭力镇压，视为洪水猛兽。北京政府多次发出公告、通告、训令，查禁无政府主义书刊。1919年6月27日，北京国务院秘密致各省督军、省长、各区督统、龙华护军使：《民声丛刊》《实社自由录》等，"其内容均属无政府主义，已饬所部多次严密检查，拟请通电各省一律查禁，消除乱源等语。近日国事纠纷，群情浮动，此种邪说传播，易滋煽惑。希切实查实。遇有此项印刷品立即检集销毁，以遏乱萌为要"[1]。1920年2月，北京政府内务部下令查禁的印刷物清单中，就有《无政府主义》《克鲁泡特金之无政府共产学说》《无政府党之元素》《蒲鲁东巴枯宁合传》《中国无政府共产党之小史》等约10种，与《马克思资本论》《国家与革命》等赫然同列。[2]同年7月10日，内务部通电全国查禁《光明》杂志、《进化丛书》，称它们"均是鼓吹无政府主义"，"均在租界出版，其散布内地各省，多假外国邮箱接递。除密商英、法各捕房严行取缔外，应中央通饬各省一体查禁。并转外交部，商请公使团，分饬外国邮局，对于此种印刷品注意检查扣留，以免传播"。[3]这表明军阀政府勾结列强、公共租界当局联合镇压无政府主义。

军阀政府不断侦查、迫害、直接镇压无政府主义者。1919年6月11日，警察厅函告内务部，"又闻俄国社会党懋兴、美国社会党高景等一百余名来沪，与聂豫等共同鼓吹共产主义，其宗旨无政府、无家庭"[4]。1920年12月29日，内务部秘密致函步军统领衙门，称"前闻有过激党由沪派员来京，拟乘学潮与劳动界一同罢学、罢工。嗣以学潮业经底定，难事鼓吹，该党旋即出京，近

---

[1]　《国务院密电稿》，转引自《中国无政府主义和中国社会党》，江苏人民出版社1981年版，第74页。
[2]　《国务院等查禁〈国家与革命〉及其他书刊有关文件》（1920年2—7月），《五四爱国运动档案资料》，中国社会科学出版社1980年版，第633—636页。
[3]　《内务部关于严密防范过激党在京活动密函稿》，转引自《中国无政府主义和中国社会党》，江苏人民出版社1981年版，第74页。
[4]　《汉口警察厅报告孙中山革命活动及防范无政府主义刊物传播函》，转引自《中国无政府主义和中国社会党》，江苏人民出版社1981年版，第28页。

复探有二批人来京,仍以无政府主义鼓动学、工界,且有散布该项传单","函达贵衙门查照,转饬认真侦查,严密防范为要"。[1]他们更用血腥手段大开杀戒。1922年1月,湖南赵恒惕当局为镇压长沙纱厂工人罢工,悍然派军队将罢工领导人,很长时间以无政府主义者著称[2]的黄爱、庞人铨押往浏阳门外斩首。

四 人本主义不断渗入

就"五四"前后在中国传播的西方文化学说而言,占据主流地位的是杜威、罗素等为代表的美英等国的自由主义学说和以马克思为代表的社会主义学说,同时,西方文化人本主义思想学说在中国也开始广泛传播,迅速形成了一个又一个热潮。

德国思想家弗里德里希·威廉·尼采(Friedrich Wilhelm Nietzsche,1844—1900)的唯意志主义和生命哲学,高扬主体意识和彻底批判精神,为新文化运动提供了精神动力和思想武器。1902年,梁启超就对"超人"说极表赞成,认为中国"今日社会之弊在少数之优者为多数之劣者所钳制"[3]。两年后,王国维明确指出,尼采思想的积极意义就在于"破坏旧文化而创造新文化"[4]。"五四"后,尼采思想继续受到重视。陈独秀在《人生真义》中说,"像那德国人尼采也是主张尊重个人的意志,发挥个人的天才,成功一个大艺术家、大事业家,叫做寻常以上的'超人',才算是人生的目的"[5]。

胡适在《五十年之世界哲学》中专辟一节介绍尼采,突出强调他"说的意

---

[1] 《内务部训令稿》,转引自《中国无政府主义和中国社会党》,江苏人民出版社1981年版,第73页。
[2] 黄庞二人"在他们被杀之前二月,确曾被介绍加入社会主义青年团"。参见邓中夏:《中国职工运动简史(1919—1926)》,人民出版社1953年第2版。
[3] 梁启超:《进化论革命者颉德之学说》,《饮冰室合集·文集之十二》,中华书局1989年版,第86页。
[4] 王国维:《叔本华和尼采》,《教育世界》1904年第84号。
[5] 陈独秀:《人生真义》,《新青年》第4卷第2号

志，是求权力的意志。生命乃是一出争权力的大戏；在这戏里，意志唱的是正角，知识等等都是配角"；"生命的最高目的是造成一种更高等的人，造成'超人'"。胡适说，"尼采大声疾呼的反对古代遗传下来的道德与宗教"，"他对于传统的道德宗教，下了很无忌惮的批评，'重新估定一切价值'，确有很大的破坏功劳"。[1]

鲁迅运用尼采的思想进行思想启蒙的色彩更加鲜明。他称赞尼采"是'轨道破坏者'。其实他们不单是破坏，而且是扫除，是大呼猛进，将碍脚的旧轨道不论整条或碎片，一扫而空，并非想挖一块废铁古砖挟回家去，预备卖给旧货店。"[2]。他高度评价尼采"文字的刚劲，读起来有金石声。而他的学说的精髓，则在鼓励人类的生活，思想，文化，日渐向上，不使停顿在琐屑的，卑鄙的，只注意物质的生活之中"[3]。鲁迅的短篇小说《狂人日记》、杂文集《坟》、散文诗《野草》等作品中，都有明显的尼采思想的影响。刘半农等《新青年》的同人称鲁迅"托尼文章，魏晋风骨"，鲁迅对此表示认同。

年轻一代新型知识分子从尼采学说中吸取巨大的精神力量。五四运动前三天，傅斯年在《新潮》称赞尼采"是位极端破除偶像家"，号召读者以尼采"让每件东西的价值都被你重新决定"的思想为武器，"拿人道的偶像，打礼教的偶像"，鼓动青年要"提着灯笼沿街去寻找'超人'，拿着棍子沿街打魔鬼"。[4]郭沫若在《女神》中欢呼尼采的创造精神："待我们创造的太阳出来，要照彻天内的世界，天外的世界！"在《匪徒颂》中更直接称尼采是"倡导超人哲学的疯癫"、欺神灭像的"匪徒"，为之三呼万岁。郭沫若将尼采的《查拉图士特拉如是说》的部分章节译出，在《创造周报》上分39次连载。沈雁冰发表长篇论文《尼采的学说》呼吁"对于尼采道德的历史起源说是可以承

---

[1]《五十年之世界哲学》，《胡适文集3·胡适文存二集》，北京大学出版社1998年版，第271—272页。
[2]《再论雷峰塔的倒掉》，《鲁迅全集》第一卷，人民文学出版社1981年版，第192页。
[3] 转引自闵抗生：《鲁迅的创作与尼采的箴言》，陕西人民教育出版社1996年版，第291页。
[4] 傅斯年：《随感录》，《新潮》第1卷第5号。

认的，而且应当接过来做摧毁历史传统的畸形的桎梏的旧道德的利器，重新估定价值，创造一种新道德出来"[1]。

可见，尼采思想在"五四"前实际是构成了新文化运动直接呼唤五四运动的思想准备中的重要一环；在五四运动后仍是先进青年知识分子反帝反封建斗争的号角、军刀。这绝非尼采的初衷，但这是五四时期中国的事实。

与尼采学说热的同时，系统传入中国的西方人本主义思想是法国哲学家亨利·柏格森（Henri Bergson，1859—1941）的生命哲学。柏格森长期在巴黎高等师范任教授，主要著作有《时间与自由意志》《物质与记忆》《形而上学序论》《创化论》等。1920年3月，杜威在题为《现代的三个哲学家》的讲演中，直接向中国知识界介绍了柏格森的学说，称"黑格尔以后"，世界上"惟他独有的哲学系统"。[2]柏格森热与中国文化界推崇有关。梁启超旅欧期间，在精心准备后，前往柏格森家中拜访畅谈，称其为"新派哲学巨子"，为自己在法"所见最得意者"，"为十年来梦寐愿见之人，一见皆成良友，最足快也"。[3]1921年12月，李石岑主编的《民铎》杂志推出《柏格森号》，发表8篇有关文章，其中有严既澄的《柏格森传》、李石岑的《柏格森哲学之解释与批判》、梁漱溟的《唯识家与柏格森》、张君劢的《法国哲学家柏格森谈话记》等。

柏格森以"生命冲动"为自己哲学体系的核心。杜威说，"柏格森以生命为意志的作用，意志是没有计划的，没有意识的。意志只有生命的冲动，努力向前推，遇见险阻，便打破它还再继续前进。这是意志的经验，是生命的真现象"；而"智识不能领会生命"，"只能对付分段的零碎的东西，决不能懂得永远变迁、永远创造的生命"。[4]据此，柏格森尖锐指出，斯宾塞等进化论者"以生物环境的不同解释生物的种种性质——鱼必在水中，鸟必在空中""是

---

[1] 沈雁冰：《尼采的学说》，《学生》第7卷第2、3号。
[2] 袁刚等编：《民治主义与现代社会：杜威在华讲演集》，北京大学出版社2004年版，第247—248页。
[3] 丁文江等编：《梁启超年谱长编》，上海人民出版社1983年版，第881页。
[4] 《三个哲学家》，载袁刚等编：《民治主义与现代社会：杜威在华讲演集》，北京大学出版社2004年版，第251—252页。

错了","试问生物为什么要适合环境呢,因为他要有生活的一点意志"。[1]柏格森崇尚直觉,如杜威说,柏格森认为"许多往往不能由冰冷的知识得来,而由于内面的直觉,也是他的精彩之处"[2]。瞿世英说,"柏格森以为宇宙本身亦是转化无已。宇宙的历程即是真的时间中之创造的转化。我们的知识须靠直觉得来,而不仅靠理知来分析"[3]。显然,"柏格森是要破单纯崇尚理性主义的片面性。就此而言,柏格森的哲学在哲学史上是有祛蔽和开拓的积极意义"[4],对中国的新文化运动、特别是文化保守主义的兴起产生了深远影响。

德国哲学家倭伊铿(又译奥伊肯,EUCKEN, Rudolf Christoph, 1846—1926)的精神哲学也迅速传入中国。倭伊铿是德国著名唯心主义哲学家,诺贝尔文学奖获得者,长期任耶纳大学教授。其哲学体系以"精神生活"为核心,认为"精神生活"就是"自我生活";"自我生活"扩充及予世界,又叫"世界生活";所以宇宙的万事万物都不过是"精神生活"亦就是"自我生活"的表现而已。"精神生活"才是最真实的实在,才能实现主(心)客(物)的高度统一。个人要分沾或渗入其中,就必须与非精神生活或低级生活作不息的斗争,努力进入自由自主的生活,也就是人格的完成。倭氏认为,有人格的人,才是最真实的人,他能超越、能创造,就是世间精神生活的典型。因此,倭氏反对理智主义,认为理智不能认识和穷尽真理,因为真理不是与外在对象或客观世界的一致,真理所倚靠的"实在"不能离开精神生活而自存,只能通过精神生活的体验才能获得。这样,倭氏就突出强调了精神生活的独立性和完整

---

[1] 《三个哲学家》,载袁刚等编:《民治主义与现代社会:杜威在华讲演集》,北京大学出版社2004年版,第253页。
[2] 《三个哲学家》,载袁刚等编:《民治主义与现代社会:杜威在华讲演集》,北京大学出版社2004年版,第255页。
[3] 瞿世英:《柏格森与现代哲学的趋势》,《民铎》第3卷第1号。
[4] 叶秀山等:《西方哲学史》第一卷,江苏人民出版社2004年版,第425页。

性,是一切事物存在和发展的动力。[1]

张君劢最早在中国介绍倭伊铿精神哲学。他深为倭伊铿思想、风度折服,待梁启超回国后,便移居耶纳,师从倭伊铿学习两年。1921年11月,张君劢到达巴黎,应中国留学生的邀请,就倭伊铿哲学作了几场演讲。不久,他将演讲内容以《倭伊铿精神生活哲学大概》为题,发表在《改造》第3卷第7号上。从此,倭伊铿精神哲学开始在中国知识界传播开来,特别是为文化保守主义提供了新的思想武器。

比倭伊铿精神哲学传入中国稍后,德国哲学家杜里舒(Hans Driesch, 1867—1941)的生机主义哲学也传入中国。杜里舒本是著名的生物学家,又依据生物学研究成果形成生机主义哲学。其要旨为:生物现象是一种机械论不能解释的有机现象,其生长发育有其"自主"规律,即因"生命原理""而自身发展"。这一学说打破了用机械论解释生物现象的陈说,发展了自达尔文生物进化论行世后就日渐消亡的旧生机主义,因而被称为"新生机主义"。

1922年10月,杜里舒应由梁启超、张东荪主持的讲学社之邀来华讲学。缘起是1921年夏讲学社嘱留德国的张君劢邀请倭伊铿或柏格森来华讲学,两人因年老或日期难定不能远行,转介杜里舒以自代。经双方协商,1921年12月,杜里舒由张君劢陪同离德来华。张君劢启程之前,写成《德国哲学家杜里舒氏东来之报告及其学说大略》,发表在《改造》第4卷第6号上,称"杜威来而去矣,罗素来而去矣,杜里舒之来亦不远矣。一美人也,一英人也,今又约之以德人,吾思想界之周咨博访,殆鲜有如今之盛者也"。

至1923年6月回国之前,杜里舒在张君劢陪同下,先后到过北京、南京、上海等地讲演,《时事新报》副刊《学灯》曾用大量篇幅刊登过讲演记录,其他不少报刊也多有报道。1923年4月,《东方杂志》出版《杜里舒号》,集中发表文章介绍其生平和思想,其中有费鸿年的《杜里舒学说概观》、瞿世英的

---

[1] 参见郑大华:《第一次世界大战对战后(1918—1927)中国思想文化的影响》,载郑大华等主编:《西方思想在近代中国》,社会科学文献出版社2005年版,第171页;郑大华:《张君劢传》,中华书局1997年版,第68—69页。

《杜里舒哲学之研究》、张君劢的《杜里舒与罗素两家心理学之感想》、秉志的《杜里舒生机哲学论》、菊农的《杜里舒与现代精神》等。

与杜里舒生机哲学几乎同时传入中国的，还有在美国有20世纪现代保守主义核心之称的白璧德（又译巴比特，Irving Babbitt，1865—1933）的新人文主义。

白璧德在美国实验主义十分盛行之际，坚守人文主义道统。既反对培根以来的自然主义，也反对卢梭以来的浪漫主义。他认为，"西洋近世，物质之学大昌，而人生之道理遂晦，科学实业日益兴盛，而宗教道德之势力衰弱，人不知所以为人之道。于是，众惟趋于功利一途，而又流于感情作用，中于诡辩之说。群情激扰，人各自是，社会之中，是非善恶之观念将绝。而各国民族，则常以互相残杀为事。科学发达，不能增益生人内心之真福，反成为桎梏刀剑"[1]，"流毒所极，致引起空前之浩劫（仍指欧战——笔者注）"[2]。"其受病之根，由于众群昧于为人之道"，"以物质之律施之人事，则理智不讲，道德全失，私欲横流，将成率兽食人之局"[3]。白璧德认为，造成这种局面，在文化思想上应归咎于以培根为代表的科学自然主义和以卢梭为代表的感情自然主义，前者专分物质而不免为物所驱，后者率意任情而陷于放纵私欲。

怎样使人类不断进步，健康发展呢？白璧德指出："所当务者，则为熟读古人之佳书名篇"，做到"古人之灵明睿智既得传于今，而今人本其新得之经验，亦可以其灵明睿智并传于后也"[4]。他大力推崇耶稣基督与释迦牟尼、孔子与亚里士多德"四圣"，"实可为全人类精神文化史上最伟大人物"，其中"孔子则道德之完人也"[5]。

白璧德对中国新文化运动提出了恳切的批评和建议。他完全赞同中国的

---

[1] 吴宓译：《胡先骕译文"白璧德中西人文教育说"按语》，《学衡》1922年第3期。
[2] 吴宓译：《白璧德之人文主义》，《学衡》1923年第19期。
[3] 吴宓译：《胡先骕译"白璧德中西人文教育说"按语》，《学衡》1922年第3期。
[4] 吴宓译：《白璧德之人文主义》，《学衡》1923年第19期。
[5] 吴宓译：《白璧德论欧亚两洲文化》，《学衡》1922年第1期。

改革，"吾深信今中国之人于旧日之教育，尽可淘汰其浮表之繁文缛节。孔教教育中，寻章摘句，辨析毫末之事，亦当删去不讲。即经籍亦有宜改易之处"[1]；"中国必须具西欧之机械，庶免为日本与列强侵略。中国或将有与欧洲同样之工业革命。中国亦必须脱去昔日盲从之故俗"。[2]但他尖锐地指出："中国旧学中根本之正义，则务宜保存而勿失也"[3]，中国"可力改形式主义之非，同时必须审慎，保有其伟大的文明之精魂也"，"中国在力求进步时，万不宜效欧西之将盆中小儿随浴水而倾弃之"。[4]这期间，指出类似意见建议的还有来华的杜威、罗素等西方学者，但正面直截了当地对中国新文化运动尖锐批评的，只有白璧德。

白璧德这些观点全然没有"西方文化中心论"的痕迹，而是从世界文化汇通交融，以全人类共同创造普适性、永久性的价值规范，推动人类文化健康发展的角度，希望中国文化传统和西方文化传统"在人文方面、尤能互为表里，形成我们可谓之集成的智慧的东西"，"造成一最完美之国际主义"。[5]

应该说，白璧德的上述观点切中20世纪初在世界和中国广泛存在的唯科学主义等激进文化思潮的要害，较早地指明了中国新文化运动的形式主义等缺失。它应属于五四时期传入中国的西方各国新学说中的重要一翼，对当时的中国新文化运动，甚至对今天中国文化现代化建设都有借鉴参考的重要意义。

但是白璧德的学说当时没能产生应有的积极影响。其原因在于：一是新文化运动正以横扫千军、一往无前的声势凯歌猛进，冲击着腐朽的封建主义文化堡垒，反思新文化运动缺失的问题还没有提上新文化先驱者的议事日程，白璧德与新文化运动主流的不协调声音很难吸引人们更多的注意力；二是白璧德学说基本由梅光迪、吴宓、胡先骕等在《学衡》杂志上用陈旧艰涩的文言译出

---

[1] 胡先骕译：《白璧德中西人文教育说》，《学衡》1922年第3期。
[2] 胡先骕译：《白璧德中西人文教育说》，《学衡》1922年第3期。
[3] 胡先骕译：《白璧德中西人文教育说》，《学衡》1922年第3期。
[4] 胡先骕译：《白璧德中西人文教育说》，《学衡》1922年第3期。
[5] 胡先骕译：《白璧德中西人文教育说》，《学衡》1922年第3期。

发表，而在"五四"后，白话文已成不可逆转的主要思想交流工具，无形中大大削弱了人们对白璧德学说的了解。反击学衡派最有力的鲁迅在《而已集·卢梭和胃口》中直白申明，他没读过白璧德学说的原文，对白璧德的了解只是通过日文资料的浏览，他讽刺白璧德只是为了让"大谈白璧德"的梁实秋"倒倒胃口"。

但是，白璧德新人文主义宝贵价值不可抹煞，不仅学衡派以之为精神支柱、理论武器，长期坚持而逐渐彰显其独特的积极作用，直到今天，还不断有学者反复研究，从中开掘其丰富深刻的文化意蕴。

第十一章 马克思主义广泛传播

"五四"后,世界革命形势迅猛发展:社会主义苏俄政权在血与火的奋斗中迅速站稳了脚跟;西欧、北美、日本工人罢工的怒涛不断发展;亚洲各国的民族解放运动风起云涌。被公认为俄国十月革命指导理论的马克思主义迅速引起了中国先进知识分子的进一步重视,被更多的先进知识分子以更高的热情和崭新的姿态广泛传播。

一 共产主义知识分子系统传播

与"五四"前只有李大钊等极少数人传播马克思主义不同,在"五四"后,迅速形成了一个以李大钊、陈独秀为中心的具有初步共产主义思想、拥护俄国十月革命的知识分子群体(简称共产主义知识分子群体),开始系统地介绍马克思主义的基本原理,并初步运用它探索中国社会根本改造的方向和道路。

贡献、影响最大的是李大钊。他在1918年经章士钊推荐,应蔡元培之邀担任北大图书馆馆长,加入《新青年》编辑部,把他主编的《新青年》第6卷第5号编成《马克思主义研究》专号,发表了《我的马克思主义观》(上半篇),在中国第一次系统地介绍马克思主义理论体系的三个组成部分。这对于马克思主义,特别是唯物史观在中国的传播具有开拓性的里程碑意义。

李大钊指出,马克思主义的"社会主义的理论,可大别为三部:一为关于过去的理论,就是他的历史论,也称社会组织进化论;二为关于现在的理论,就是他的经济论,也称资本主义的经济论;三为关于将来的理论,就是他的政策论,也称社会主义运动论,就是社会民主主义"[1];"实现社会主义的手段、方法仍在最后的阶级竞争","阶级竞争说恰如一条金线,把这三大原理从根本上联络起来"。[2]

关于阶级竞争说,李大钊指出马克思认为,阶级竞争"当初只是经济的竞争,争经济上的利益,后来更进而为政治的竞争,争政治上的权力,直至那建在阶级对立上的经济的构造自己进化,发生了一种新变化为止";阶级竞争并非"与人类历史相终始的","只应用于人类历史的前史,不是通用于过去、现在、未来的全部"。[3]

关于唯物史观,李大钊强调"人类社会生产关系的总和,构成社会经济的构造。这是社会的基础构造。一切社会上政治的、法制的、伦理的、哲学的,简单说,凡是精神上的构造,都是随着经济的构造变化而变化。我们可以称这些精神的构造为表面构造,表面构造常视其基础构造为转移,而基础构造的变动,乃以其内部促他自己进化的最高动因,就是生产力"[4]。这实际是明确指出了经济基础对社会发展的决定作用和生产力的最高动因地位,在当时中国进步思想界文化决定论非常流行的情况下,意义重大。

李大钊介绍了马克思社会革命与生产方式变革关系原理。他说:"生产力在那里发展的社会组织,当初虽然助长生产力的发展,后来发展的力是[量]到那社会组织不能适应的程度,那社会组织不但不能助它,反倒束缚他、妨碍他了。而这生产力在那束缚他、妨碍他的社会组织中,仍是向前发展不已。发展的力量愈大,与那不能适应他的社会组织间的冲突愈迫,结局这旧社会组织非至崩坏不可。这就是社会革命……可是这个生产力,非到在他所活动的社会组织里,发展到无可再容的程度,那社会组织是万万不能打破。而这在旧社会组

---

[1] 《李大钊文集》第三卷,人民出版社1999年版,第18页。
[2] 《李大钊文集》第三卷,人民出版社1999年版,第19页。
[3] 《李大钊文集》第三卷,人民出版社1999年版,第30页。
[4] 《李大钊文集》第三卷,人民出版社1999年版,第27页。

织内，长成他那生存条件的新社会组织，非到自然脱离母胎，有了独立生存的运命，也是万万不能发生。"[1]

李大钊着重介绍了马克思的剩余价值学说，他说，"工人所生产的价值，全部移入资本家的手中，完全归他处分。而以其一小部分用工银的名目还给工人……余则尽数归入资本家的囊中"[2]，"这是资本主义下资本家掠夺劳工生产的方式"[3]。

此后，李大钊还发表了《物质变动与道德变动》《唯物史观在现代史学上的价值》《唯物史观在现代社会学上的价值》等论文，开始初步运用马克思主义分析中国社会现实和革命问题。李大钊指出，"中国的大家族制度，就是中国的农业经济组织，就是中国二千年来社会的基础结构。一切政治、法度、伦理、道德、学术、思想、风俗、习惯，都建筑在大家族制度上作他的表层结构"[4]。孔子学说所以能长期支配中国思想界，就因为它是"适应中国二千余年来未曾变动的农业经济组织反映出来的产物"；但是，"时代变了！西洋动的文明打进来了！西洋的工业经济来压迫东洋的农业经济了！孔门伦理的基础就根本动摇了！"。[5]

李大钊从1920年起在北大史学系、经济系、政治系正式开设"唯物史观研究""工人的国际运动""社会主义与社会运动"等课程和讲座，直接向学生讲授马克思主义理论。至今，北京市档案馆还保留着1923年北京大学政治系二年级学生贺廷珊的"唯物史观"课试卷。试卷封面印有"北京大学试卷"六个套红大字，在考试科目栏下印着"唯物史观"四个墨字，试题是"试述马克思唯物史观的要义并其及于现代史学的影响"，学生答题要点正确清晰，达到了与当时马克思主义传播状况相应的很高水平，李大钊评为"玖拾伍分"。[6]

---

[1] 《李大钊文集》第三卷，人民出版社1999年版，第27—28页。
[2] 《李大钊文集》第三卷，人民出版社1999年版，第38页。
[3] 《李大钊文集》第三卷，人民出版社1999年版，第39页。
[4] 《李大钊文集》第三卷，人民出版社1999年版，第141页。
[5] 《李大钊文集》第三卷，人民出版社1999年版，第142页。
[6] 萧超然：《北京大学与近现代中国》，中国社会科学出版社2005年版，第311—312页。

李大钊指导邓中夏、罗章龙、张国焘、黄日葵、何孟雄、高君宇等19人于1920年3月秘密成立"北京大学马克斯学说研究会";翌年11月17日在《北京大学日刊》正式刊登《发起马克斯学说研究会启事》,征求会员。他们积极搜集、采购马克思主义原著,到1922年已有外文书籍数十种,其中有《共产党宣言》《社会主义从空想到科学的发展》《哲学的贫困》《家族、私有制和国家的起源》《共产主义原理》《雇佣劳动与资本》《德国的革命与反革命》《路易·波拿巴的雾月十八日》《法兰西内战》《伟大的创举》《共产主义运动中的"左"派幼稚病》等。研究会成员经常分组分专题研究马克思主义,定期举行讨论会、讲演会,交流学习研究心得。该会坚持活动约6年时间,培养了一批早期马克思主义者。罗章龙回忆,毛泽东在北大时就在研究会的"亢慕义斋"读了一些他们翻译的手写本马克思主义原著。[1]

与李大钊同时或稍后热心系统传播马克思主义的具有初步共产主义思想的知识分子还有陈独秀、杨匏安、李达、李汉俊等。

陈独秀对马克思主义的认同始于对俄国十月革命的认识,其理论集中聚焦于阶级斗争学说和无产阶级革命、无产阶级专政理论。1919年4月6日,他在《每周评论》上指出,"欧洲各国社会主义的学说,已经大大的流行了。俄、德和匈牙利,并且成了共产党的世界。这种风气,恐怕马上就要来到东方。日本人害怕得很","我们中国人不怕!不怕!"4月20日,他又在《每周评论》上提出,"十八世纪法兰西的政治革命,二十世纪俄罗斯的社会革命,当时的人都对着他们极口痛骂,但是后来的历史家,都要把他们当作人类社会变动和进化的大关键"。在此期间,4月6日《每周评论》"名著"一栏刊登了《共产党宣言》第二章《无产者共产党人》中关于无产阶级专政论述的一段译文,编者按说,"这个宣言是马克斯和恩格斯最先最重大的意见","其要旨在主张阶级战争,要求各地劳工的联合,是表示新时代的文书","劳工革命

---

[1] 笔者1982年4月17日在北京访问罗章龙的记录。在蔡元培的支持下,北京大学拨出西斋宿舍中两间房子为北京大学马克斯学说研究会活动场所,其中一间为图书馆,一间是活动室。因共产主义德文音译是"亢慕义",故将活动场所称为"亢慕义斋"。

的第一步，我们所最希望的，就是把无产阶级高举起来，放他们在统治的地位"。这篇译文及按语无疑反映了陈独秀的赞同的态度。12月，陈独秀在《告北京劳动界》中指出："如今二十世纪的'德莫克拉西'，乃是被征服的新兴无产劳动阶级。"[1]显而易见，陈独秀正在由一个推崇法国大革命精神的激进民主主义者向拥护俄国十月革命的具有初步共产主义思想知识分子迅速转变，并开始传播马克思主义。1920年9月，陈独秀在《新青年》上发表《谈政治》一文，深刻阐述了马克思主义关于无产阶级革命与无产阶级专政的学说，并联系国际共产主义运动和中国革命的实际，批判了无政府主义（详后）和第二国际的修正主义。

陈独秀明确阐述了马克思主义无产阶级革命和无产阶级专政的学说，他指出，"我敢说，若不经过阶级战争，若不经过劳动阶级占领权力阶级地位底时代，德谟克拉西必然永远是资产阶级底专有物，也就是资产阶级永远把持政权抵制劳动阶级底利器"，所以，"我承认用革命的手段建设劳动阶级（即生产阶级）的国家，创造那禁止对内对外一切掠夺的政治、法律，为现代社会第一需要"。[2]

因为陈独秀是誉满全国的《新青年》杂志的创办者、北京大学文科学长，是举国公认的新文化运动的旗手和主帅，所以他的思想转变、他传播马克思主义的活动就更具震撼力、吸引力和影响力。毛泽东后来说，"一九一九年我第二次前往上海，在那里我再次看见了陈独秀"，"他之影响也许比任何人还大"。[3]这可谓是年轻一代具有初步共产主义思想学生的共同心声。

杨匏安在1915—1916年间去日本留学，接触了西方新学说，埋头钻研社会主义理论。1918年到广州一中学任教，任《广东中华新报》记者，很快便任主编。该报刊登了很多客观介绍十月革命和日本社会主义运动的报道，还向广东读者介绍了《新青年》《新潮》《每周评论》《解放与改造》等新型报刊，在

---

[1] 《晨报》1919年12月1日。
[2] 陈独秀《谈政治》，《新青年》第8卷第1号。
[3] [美]埃德加·斯诺：《西行漫记》，董乐山译，生活·读书·新知三联书店1979年版，第130页。

广东影响较大。

杨匏安发表了很多介绍马克思主义的文章，特别是1919年11月11日起发表《马克斯主义———称科学的社会主义》一文，在《广东中华新报》接连刊载19天，对马克思主义产生的历史及其唯物史观、剩余价值等多个组成部分进行较为系统的介绍，观点、思路与李大钊《我的马克思主义观》完全一致；而这篇文章发表的时间与1919年11月《新青年》第6卷第6号李大钊的《我的马克思主义观》下半篇几乎同时，客观上南北呼应。这足以证明，马克思主义在中国系统传播，已是不可阻挡的历史趋势。

李达于1918年5月反对《中日共同防敌军事协定》斗争后回到日本，放弃理科学习，全力研究马克思主义。从1919年秋到1920年夏，他直接师事日本著名马克思主义者河上肇，用近一年时间翻译了《唯物史观解说》《社会问题总览》《马克思经济学说》三本书，寄回国内出版。这些著作对马克思主义的各个组成部分作了比较系统的阐释。其中《社会问题总览》分三册，21万余字；《唯物史观解说》中有一篇题为《马克思唯物史观要旨》的附录，辑录了马克思《"政治经济学批判"序言》和恩格斯在《共产党宣言》英文版序言中精辟阐述唯物史观的文字。这些著作广受读者欢迎，《唯物史观解说》1921年由中华书局出版后，至1932年重版14次。

李达"1922年应毛泽东函邀担任'湖南自修大学'校长，自修大学被反动当局封闭后，他又在湖南公立法政学校、湖南大学、湖南第一师范继续讲授唯物史观。在讲授的基础上，他以文言文写成《现代社会学》一书……表明中国人对唯物史观的传播已经从一般的介绍进到了独立的系统阐发"[1]。

1904年，12岁的李汉俊赴日留学，直接师从日本著名马克思主义理论家河上肇，深受启发。他不仅精通日语，还通晓英、德、法等多种语言。1918年底，他从日本帝国大学毕业，携带多种日文马克思主义理论书籍回到上海。不久参加《星期评论》编辑工作，仅在该刊就发表38篇宣传马克思主义与新思想

---

[1] 楼宇烈等主编：《中外哲学交流史》，湖南教育出版社1998年版，第455页。

的文章。同时，李汉俊将德国米里·伊·马尔西介绍马克思《资本论》的通俗读本《经济漫谈》由日译本译出。他在序言中指出，此书将"马格斯经济学说底骨子即商品、价值、价格、剩余价值，以及资本和劳动底关系，用很通俗的方法说明了出来，说得这样平易而又说得这样得要领"[1]。在《研究马克思学说的必要及我们现在入手的方法》一文中，李汉俊把"唯物史观""经济学说""社会民主主义"作为马克思主义的三大要素，而把"阶级斗争"作为贯穿其中的一条"金线"，同李大钊在《我的马克思主义观》中的认识完全一致。[2]李汉俊还向时在上海的董必武等详细讲述所知的俄国十月革命情况，把一些马克思主义理论书籍和日本进步刊物如《黎明》《创造》等拿给他们看，对他们转向马克思主义产生了深刻影响。董必武后来说，李汉俊是"我的马克思主义老师"[3]。

毛泽东为筹划湖南青年旅法勤工俭学之事，于1918年8月第一次赴北京，在李大钊任主任的北大图书馆作管理员，"由于工作关系，时常到李大钊处请教，读到一些传播马克思主义的书刊，并参加李大钊组织的学生研讨各种新思潮的活动"[4]，大大开扩了胸襟视野，反帝反封建政治方向更加明确、坚定，由激进民主主义者向马克思主义者迅速转变。湖南五四运动高潮中，毛泽东在他主编的湖南学联会刊《湘江评论》上发表了《民众的大联合》一文，初步但鲜明地举起了马克思主义的理论旗帜。

毛泽东高度赞扬俄国十月革命，把五四运动与俄国十月社会主义革命直接联系起来，热烈欢呼"我（俄）罗斯打倒贵族，驱逐富人，劳农两界合立了委办政府，红旗军东驰西突，扫荡了多少敌人，协约国为之改容，全世界为之震动。匈牙利崛起，布达佩斯又出现了崭新的劳农政府。德人奥人截克人和之，出死力以与其国内的敌党搏战。怒涛西迈，转而东行。英法意美既演了多少的

---

[1] 转引自钟家栋等主编：《20世纪：马克思主义在中国》，上海人民出版社1998年版，第66页。
[2] 李汉俊：《研究马克思学说的必要及我们现在入手的方法》，《民国日报·觉悟》1922年6月6日。
[3] 《"一大"前后》二，人民出版社1980年版，第292页。
[4] 逄先知主编：《毛泽东年谱：1893~1949》，中央文献出版社2005年版，第39页。

大罢工，印度朝鲜，又起了若干的大革命。异军特起，更有中华长城渤海之间，发生了'五四'运动。旌旗南向，过黄河而到长江，黄埔汉皋，屡演活剧，洞庭闽水，更起高潮"[1]。这是中国先进知识分子最早提出的俄国十月社会主义革命是五四运动重要国际背景的科学论断。

毛泽东高度评价人民群众的伟大作用，提出"民众大联合"是改造中国的"根本的一个方法"。[2]他结合五四运动的实际经验指出，民众大联合的力量最大，"陆荣廷的子弹，永世打不到曹汝霖等一班奸人，我们起而一呼，奸人就要站起身来发抖，就要舍命的飞跑"[3]，"中华民族的大联合，将较任何地域任何民族而先告成功"[4]；其联合途径为"要从小联合入手"[5]，"许多的小联合彼此间利益有共同之点，故可以立为大联合"[6]。这些论断具有历史唯物论的鲜明色彩，在当时诸多总结五四运动经验的文章中，可谓气魄宏伟，立意高远，独步一时。

这篇文章在全国反响很大。胡适在《每周评论》上称赞《湘江评论》"长处是在议论一方面"，"武人统治之下，能产出我们这样一个好兄弟，真是我们意外的欢喜"；《民众的大联合》一文"眼光很远大，议论也很痛快，确是现今的重要文字"。[7]成都《星期日》、北京《又新日报》和上海《时事新报》副刊《学灯》全文转载了这篇文章。五四运动爆发一周年时，北大学生运动领袖、新潮社主干罗家伦于1920年5月4日在《晨报》发表《一年来我们学生运动底成功失败和将来应取的方针》，谈及五四运动的成功时，把"社会组织的增加"列为重要一项，特别强调，"若是大家参看毛泽东君的《全国民众的大联合》一文，一定会更明白"[8]。罗文被《新潮》等诸多报刊转载，毛泽东

---

[1]《民众的大联合》（三），《毛泽东早期文稿》，湖南出版社1990年版，第390页。
[2]《民众的大联合》（一），《毛泽东早期文稿》，湖南出版社1990年版，第338页。
[3]《民众的大联合》（一），《毛泽东早期文稿》，湖南出版社1990年版，第341页。
[4]《民众的大联合》（三），《毛泽东早期文稿》，湖南出版社1990年版，第394页。
[5]《民众的大联合》（二），《毛泽东早期文稿》，湖南出版社1990年版，第378页。
[6]《民众的大联合》（二），《毛泽东早期文稿》，湖南出版社1990年版，第377页。
[7] 胡适：《介绍新出版物〈建设〉〈湘江评论〉〈星期日〉》，《每周评论》1919年8月24日。
[8] 罗家伦：《一年来我们学生运动底成功失败和将来应取的方针》，《新潮》第2卷第4号。

《民众的大联合》的影响也随之不断扩大。

蔡和森1919年底偕一批新民学会会员赴法勤工俭学。他到法后就"猛看猛译",刻苦钻研马克思主义,很快就能阅读法文马克思主义原著和介绍俄国十月革命的书刊。他不仅带动了旅法勤工俭学生,而且鸿雁传书同国内的毛泽东等人保持密切联系;同陈独秀等人交流学习马克思主义、俄国十月革命经验心得,研讨中国社会改造出路,直接深刻地推进了湖南、全国的马克思主义传播和建党工作。

1920年8月、9月,蔡和森从法国发出给毛泽东的两封长信,谈了他对马克思主义的领悟和对中国革命的思考,明确指出:"我近对各种主义综合审缔(谛),觉社会主义真为改造现世界对症之方,中国也不能外此。社会主义必要之方法:阶级战争——无产阶级专政。我认为现世界革命唯一制胜的方法……先要组织党——共产党。因为他是革命运动的发动者、宣传者、先锋队、作战部,以中国现在的情形看来,须先组织他,然后工团、合作社,才能发生有力的组织。革命运动、劳动运动,才有神经中枢"。[1]

蔡和森1921年2月致信陈独秀,该信以《马克思学说与中国无产阶级》为题公开发表在《新青年》第9卷第4号,他旗帜鲜明地表示:"和森为极端马克思派,极端主张:唯物史观、阶级战争、无产阶级专政。"[2]他断言,国际资本帝国主义经济压迫今日"异常之大"[3],是中国"最大多数的生死临头问题"[4];还有军阀压迫,中国人民"今日由段祺瑞下动员令送到这个战场上去死,明日由曹锟张作霖下动员令送到那个战场上去死!天灾,人祸,穷困死亡,日日围着我们"[5],所以,"我们无产阶级不先发制人之计,则必受制于人"[6]。

---

[1] 《新民学会资料》,人民出版社1979年版,第129—130页。
[2] 《蔡和森致陈独秀》,《陈独秀书信集》,新华出版社1987年版,第324页。
[3] 《蔡和森致陈独秀》,《陈独秀书信集》,新华出版社1987年版,第325页。
[4] 《蔡和森致陈独秀》,《陈独秀书信集》,新华出版社1987年版,第326页。
[5] 《蔡和森致陈独秀》,《陈独秀书信集》,新华出版社1987年版,第327页。
[6] 《蔡和森致陈独秀》,《陈独秀书信集》,新华出版社1987年版,第328页。

蔡和森呼吁简明深刻，高亢激越，有力地推进了中国共产党的创建工作，有力地证明了中共创建绝非"舶来品"，而是中国马克思主义者主动提出创建的，是中国革命历史发展的必然产物。

周恩来留学日本期间接触马克思主义，读了河上肇著《资本论入门》。1919年从日本回国投身五四运动，1920年在天津声援"鲁案"的游行示威中被捕。在1月29日到7月17日的狱中时光，周恩来曾五次给难友们讲解马克思主义学说。他当时写下的《检厅日录》记载：

五月三十一日：
……
晚上全体会，演讲会仍由周恩来讲马克思学说，唯物史观。

六月二日：
晚间聚会，演讲会仍由周恩来讲马克思学说，唯物史观的总论同阶级斗争史。

六月四日：
晚间聚会……先开讲演会，仍由周恩来续讲马克思主义——经济论中的余工余值说。

六月七日：
……先开讲演会，周恩来续讲马克思的学说——经济论中的《资本论》，同《资产集中说》，今天马氏学说已经讲完了。[1]

---

[1] 周飞飞编：《检厅日录》，《五四爱国运动》上，中国社会科学出版社1979年版，第71—72页。周飞飞是周恩来的笔名。

一年多后，周恩来在一封谈及自己共产主义信念的信中说，"思想是颤动于狱中"[1]，实际说明他在给同学们讲马克思主义时，也联系了自己的思想实际。1920年，周恩来赴法勤工俭学，同时兼任天津《益世报》特派记者，先后考察了法、德、英及其他国家工人运动发展等情况，不断把通讯报道和评论文章寄回国内发表，同时向国内的觉悟社成员介绍科学社会主义，并开始运用马克思主义经济理论分析社会实际问题。很快，周恩来转变成马克思主义者。1922年3月，他在天津《新民意报》副刊《觉邮》上发表《西欧的"赤"况》上郑重声明，自己"当信共产主义的原理和阶级革命与无产阶级专政两大原则，而实行的手段则当因时制宜"[2]。同年，他还申明，"我认的主义一定是不变了，并且很坚决地要为他宣传奔走"[3]。

与蔡和森、周恩来同时旅法勤工俭学的赵世炎、李立三、向警予、李维汉、李富春、王若飞、聂荣臻、陈毅、邓小平等一批共产主义思想知识分子，都为马克思主义在广大旅法勤工俭学生中以及由西欧传入国内的传播发挥了重要作用。

瞿秋白1919年11月与郑振铎等在北京创办《新社会》旬刊时，就对社会主义产生了"无限的兴味"[4]。同年10月，他作为《晨报》特派记者踏上了赴俄罗斯考察之途，在赤塔访问了远东共和国临时政府总理兼外交总长，读了《俄罗斯共产主义党纲》《社会主义史》《共产国际》等书刊。1921年1月，他到达莫斯科，读了很多马克思主义理论书籍，深入考察了苏俄社会生活，担任过东方劳动大学翻译和教员，出席了远东劳动大会和共产国际大会，多次见到列宁并聆听其演说。瞿秋白迅速成长为一个马克思主义者。他根据实际考察，写出《饿乡纪程》和《赤都心史》两部散文作品，生动具体地记述了旅俄的见闻感想。1921年6月至1922年11月，他在北京《晨报》和上海《时事新

---

[1]　《周恩来书信选集》，中央文献出版社1988年版，第49页。
[2]　《西欧的"赤"况》，《新民意报》副刊《觉邮》第2期。
[3]　《伍的誓词》，《新民意报》副刊《觉邮》第2期。
[4]　《饿乡纪程》，《瞿秋白文集》第一卷，人民出版社1953年版，第23—24页。

报》发表了大量介绍苏俄社会实际情况的报道。这是中国人第一次根据亲身见闻写出的对苏俄社会主义国家的全面报告，为中国各界了解真实的苏俄打开了一扇窗口。郑振铎后来回忆，"那些充满了热情和同情的报道，令无限的读者们对这个人类历史上第一次出现的、崭新的社会主义国家，发生了无限向往的之情"[1]。

恽代英在很长时间对各种新学说采取兼收并蓄的态度，先后被克鲁泡特金无政府主义互助论、日本新村主义深深吸引。1920年7月，他发表《怎样创造少年中国》一文，提出"若我们一天天走受掠夺的路，欲谈什么无政府主义，这只是割肉饲虎的左道，投井救人的诬说"，实际表明了对无政府主义的深切怀疑；同时对马克思的道德是随着经济演变而演化的观点表示"很信"。[2]这表明他开始摒弃无政府主义，开始向马克主义转变。

恽代英传播马克思主义的活动亦由此开始。是年秋，他翻译了恩格斯的《家庭、私有制和国家的起源》部分章节，刊登《东方杂志》第17卷第19期；他受《新青年》杂志委托，翻译了考茨基的《阶级争斗》，1921年1月由新青年社出版。这本书正确阐释了马克思阶级斗争学说，对毛泽东、周恩来、董必武等一批人转向马克思主义有重大影响。1921年7月，恽代英和林育南等在湖北黄冈发起成立共存社。恽代英指出："以积极切实的预备，乞求阶级斗争、劳农政治的实现，以达到圆满的人类共存的实现。"[3]这是恽代英最终信仰马克思主义的重要标志。他是湖北各界公认的进步青年领袖，带动湖北一批先进青年走上了马克思主义道路。

共产主义知识分子这时对马克思主义原理理解还不很深入和全面，不能真正分清马克思主义同其他打着社会主义旗帜的资产阶级、小资产阶级"社会主义"思潮的界限。李大钊在《我的马克思主义观》里还认为"属于人类意识的东西"对经济基础和生产力"丝毫不能"影响，应该用克鲁泡特金的互助论修

---

[1] 郑振铎：《记瞿秋白同志早年的二三事》，《新观察》1955年第12期。
[2] 恽代英：《怎样创造少年中国》，《少年中国》第2卷第1期。
[3] 《我们的》第7期。

正马克思主义的阶级斗争理论；毛泽东、周恩来、恽代英等都曾认为中国思想方面最科学的指导思想是实验主义等等。

但是，他们突出的特点或优点是，从一开始接触马克思主义就把它作为从根本改造中国的思想武器，不断用马克思主义指导观察和分析中国的社会实际问题，投身反帝反封建的群众运动；同时不断运用马克思主义，在改造中国的实践中清算自己头脑中的种种资产阶级、小资产阶级思想影响，从而使真正集科学性与革命性于一身的马克思主义迅速与中国革命实际相结合并开辟了中国反帝反封建的资产阶级民主革命的新纪元。

二　国民党人积极传播

五四运动和新文化运动的迅猛发展，极大地震撼、启发了孙中山及其领导下的国民党人，让他们更加重视对马克思主义的传播。

朱执信早在1906年就在《民报》第2、3号上发表《德意志社会革命家列传》，肯定《共产党宣言》"既颁布，家户颂之，而其所惠于法国者尤深"，"万国共产同盟会奉以为金科玉律"。五四时期他重点介绍马克思主义阶级斗争理论，指出："社会主义者的主张阶级斗争，不是以为没有阶级斗争，也要用这种手段。只是看见历史上的事迹，都是阶级斗争的表现，所以现在要绝灭阶级斗争，不能不先绝灭阶级。"[1]他针对《民铎》杂志第七号中的一篇文章称阶级斗争"在吾国目前之极短时期，除野心家煽动不计外，不致成吃紧之问题"的说法指出：上述观点错了，因为"现如中国虽然没有雄厚的资本家，这小资本家的取得剩余价值的手段，要比欧美的大资本家凶十倍。中国的劳动者虽然没有力量，他所受的痛苦压迫，比别的国民也要加多几倍……他这斗争是应该的，他这斗争的能力是没有的，我们正应该扶助他，替他想解决的办

---

[1] 朱执信：《新文化的危机》，《闽星》第7卷第6号。

法"。[1]可见,朱执信对中国工人阶级及其反抗资产阶级剥削压迫的斗争的态度与戴季陶等的重重忧虑根本不同,是满腔热情主动指导的态度,在一定程度上开始突破资产阶级民主主义的藩篱。毛泽东曾称赞朱执信是"马克思主义在中国的传播的拓荒者"[2]。何香凝说:"在同盟会中朱执信是真正研究马克思主义的人。"[3]

胡汉民致力传播马克思主义的唯物史观。1919年7月,孙中山在上海创办理论月刊《建设》,任胡汉民为总编辑,《建设》在半年多的时间就发表了有关马克思主义和社会主义的文章20多篇。胡汉民1919年12月在《建设》第1卷第5号上发表《唯物史观批评之批评》,成为继李大钊《我的马克思主义观》后,有全国影响的一篇系统介绍唯物史观的重要论文。

文章节译了马克思、恩格斯关于唯物史观诸多原著的主要论点。这些原著有:《神圣家族》、《哲学的贫困》、《共产党宣言》、《雇佣劳动与资本》(译为《赁银劳动及资本》)、《路易·波拿巴的雾月十八日》(译为《法兰西政变论文》)、《〈政治经济学批判〉序言》(译为《〈经济学批评〉序文》、《资本论》第1卷附注、《资本论》第3卷等共8种。他还引证了恩格斯1889年致布洛赫、1894年致瓦·博尔吉乌斯两封有关历史唯物主义的通信。其中大部分都是第一次见诸中文,译文准确、流畅,解说意义完整,为当时知识界学习、研究唯物史观的原著提供了当时最为系统全面的资料。

他突出强调了经济在社会发展中的决定作用。胡汉民说,"唯物史观的意义,简单说,就是以经济为中心的历史观"。以这次欧洲大战为例,"他们真正最大的动因,为争市场、为争殖民地,总不外乎于经济的利益。故从现代生活看来,经济还是占着中心地位,有最强决定一般行动的势力"。他还引证恩格斯致瓦·博尔吉乌斯的信,强调社会一旦有技术上的需要,则这种需要就会

---

[1] 朱执信:《野心家与劳动阶级》,《建设》第2卷第2号。
[2] 《中共党史文摘年刊(1982)》,浙江人民出版社,第78页,转引自钟家栋等主编:《20世纪:马克思主义在中国》,上海人民出版社1998年版,第38页。
[3] 何香凝:《回忆孙中山和廖仲恺》,中国青年出版社1957年版,第12页。

比十所大学更能把科学技术推向前进。

胡汉民阐释了马克思的生产力与阶级斗争是阶级社会历史发展动力两大原理的内在统一性。胡汉民说，因为"阶级对立、阶级斗争，都是经济行程自然的变化。故此在一方可以说社会生产力为历史之原动力。在他一方可以说从来的历史，是阶级斗争历史。阶级斗争，即由社会生产力变化而来"，"阶级斗争中所谓最后之胜利者，更靠作成于旧社会母胎内，使能解决敌对之必要条件。故此他无非跟着经济不能免的道路而前进。不能认他有变更经济行程的力量"。

胡汉民反驳了西方学者攻击唯物史观轻视文化、道德、伟人等"缺点"，他引用恩格斯1890年的两封信："唯物史观说历史最后之条件，是直接生命之生产及复生产。……马克思和我未尝主张过此以上的事。若把来曲解，当作仅是一个经济的原质产生历史，就是把这个原则变成无意义的、抽象的、不道理的话"。胡汉民强调：这"不过补足《经济学批评序文》的意思，而唯物史观、经济一元论的论据，并不因此动摇。"[1]显然，在这一点上，胡汉民的认识比李大钊正确、全面。这对于一个资产阶级革命民主派的思想家来讲，当属难能可贵。

戴季陶传播马克思主义，是深受苏俄抛弃帝俄在华特权宣言的推动和鼓舞的。他说这"的确是自有人类以来空前的美举！任何民族国家在历史上从来没有这样伟大的事业，没有这样清洁高尚的道德"[2]。因为世界公认，苏俄的新建设以马克思主义为指导，戴季陶称马克思、恩格斯为"天才""近代经济学的大家""近代社会运动的先觉"。[3]

戴季陶从日文转译了考茨基早期名著《马克思资本论解说》（即《马克思主义经济学说》，从1919年11月开始，分六次发表在《建设》杂志。在中国还没有马克思《资本论》中文译本的情况下，这个译本与前述陈博贤、李汉俊

---

[1] 以上三节，均引自胡汉民《唯物史观批评之批评》，《建设》第1卷第5号。
[2] 《戴季陶集》，华中师范大学出版社1990年版，第1059页。
[3] 《戴季陶集》，华中师范大学出版社1990年版，第1136、1137、1190页。

译本等一同为中国先进知识分子学习这部经典发挥了重要作用。戴季陶还试图运用马克思主义的经济学说分析现实问题，先后发表了《从经济上观察中国的混乱》《革命！何故？为何？》等长篇论文，用经济上的原因来说明中国及与中国密切相关的日本的社会现象与政治问题。其中《我的日本观》是当时中国文化界极少数深入全面剖析日本军国主义侵略主义历史渊源、发展历程的力作。胡适当时就在《每周评论》上高度赞扬："这是一篇两万字的长文，研究日本的种种历史的势力，遗传思想的特性，经济的发展和发展的影响，政党的过去与现在，和今后日本的趋势。材料很丰富，方法也很有系统"，说明"现在的日本不是一个孤立的怪现状，乃是无数历史的势力所造成的产儿"，"戴季陶先生这篇日本的研究真可以给我们做'觇国'文字的模范了"。[1]

戴季陶根据孙中山的指示，于1919年6月8日创办与《每周评论》形式相同的周刊《星期评论》，发表了《唯物史观的解释》《马克思传》《马克思逸话》《俄罗斯劳工政府给我们的公告》《俄国劳工政府通告的意义》《为什么要赞同俄国劳公政府的通告？》等介绍马克思主义理论与俄国革命政府对华政策的文章，大量报道了中外风起云涌的工人运动发展。他尖锐抨击军阀政府强行查封《每周评论》和《湘江评论》等倒行逆施的行为。《星期评论》很快受到全国先进知识分子、特别是青年学生们热烈欢迎，每期销十几万份。周恩来后来说："戴季陶在上海主编《星期评论》，专门介绍社会主义"，与《新青年》《每周评论》一样"都是进步刊物，对我的思想都有许多影响"。[2]

当然，胡汉民、戴季陶等作为民族资产阶级思想家对马克思主义、俄国十月革命还有担忧、怀疑、抵触的一面。戴季陶在上海"三罢"高潮后，强调"那些做煽动功夫的人，就拿了一知半解系统不清的社会共产主义，传布在无知识的兵士和工人里面。这几天报上登载说军队里面发现题名《兵士须

---

[1] 胡适：《介绍新出版物·建设第一卷第一号》，《每周评论》1919年8月24日。
[2] 《周恩来同志谈个人与革命的历史——和美国记者李勃曼谈话》，《中共党史资料》（一九八二年第一辑），中共中央党校出版社1982年版，第7页。

知》的小册子，就是这种事实了。如果因为这一种无意识的煽动，发生出动乱来，真是一塌糊涂，没有办法了"。[1]胡汉民断言社会主义绝不是"叫贫民造反"[2]。可见，戴季陶等对马克思主义的态度是积极借鉴、参考，并没有把马克思主义作为自己的信仰，作为中国社会改革乃至革命的根本的指导思想。这种态度自然限制了他们传播马克思主义、俄国革命经验的影响，并构成了他们在不久的将来与马克思主义分道扬镳的重要原因。但从总体上看，他们这期间传播马克思主义，并努力用马克思主义分析现实问题的态度热情、积极，影响很大。瞿秋白后来说："戴季陶先生、胡汉民先生及朱执信先生，都是中国第一批的马克思主义者。"[3]应该说评价过高，但有力证明了当时国民党人传播马克思主义的重要地位和广泛影响。

三 研究系热情介绍

梁启超、张东荪、林长民、蓝公武、张君劢等为核心成员的研究系，虽然对马克思主义、社会主义的态度、认识各有不同，前后更多变化，但从总体上看，他们对马克思主义采取了如同对待其他种种外国新学说一样积极的兼容并包的方针，在其报刊上传播马克思主义，对马克思主义在中国的传播客观上有重要的推动、促进作用。

其一，直接传播马克思主义。"五四"前后任《晨报》总编辑的陈溥贤1919年4月1日至4日，在《晨报》副刊"名人小史"栏内连载《近代社会主义鼻祖马克思之奋斗生涯》，介绍马克思勇抗欧洲资产阶级政府政治经济压力，在贫困、疾病重重困窘之中不懈探索人类解放真理的精神。他说，马克思"《资本论》第一卷出版以后，体益羸弱"；"凡十三年间，马氏几无日不呻吟于苦楚之中。然马氏终未因病，而废其著述焉"，最后"竟坐其案前椅上与

---

[1] 戴季陶：《访孙先生的谈话》，《星期评论》1919年6月15日。
[2] 胡汉民：《孟子与社会主义》，《建设》第2卷第1号。
[3] 《瞿秋白论文集自序》，《瞿秋白选集》，人民出版社1985年版，第310页。

世长辞","其坚忍不拔之决心,献身救世之精神。吾侪于数十年之后读之,犹跃跃纸上。我亲爱之青年诸君,阅此当知所以自奋矣"。寥寥几笔,浓墨重彩,满含深情。他高度评价《资本论》是"不朽名著","吾侪固深信马氏之学说,乃现代万恶社会之唯一疗法也"。[1]

陈溥贤5月5日至8日在《晨报》上发表由日文转译的《马克思的唯物史观》、《共产党宣言》第一章和《〈政治经济学批判〉序言》前四页,说明唯物史观是科学社会主义的理论基础;唯物史观的基本特征是以经济为中心考察世界的变化,生产力是社会经济变动的根本原因;阐述了经济基础与上层建筑的关系。译文观点正确,是中国五四时期最早较为系统地介绍唯物史观的文章之一。

6月3日起,《晨报》"马克思主义研究"专栏分138次连载陈溥贤译注的考茨基通俗阐释《资本论》的《马氏资本论释义》(即《马克思的经济学说》)。1920年,陈溥贤还将这些译文合辑成书出版。这是该书最早的中文译本,被公认是初学者学习马克思主义政治经济学的优秀入门之作,很受读者欢迎。

陈溥贤积极运用马克思主义原理分析中国现实问题。1919年5月1日,他在《晨报》副刊的《劳动节纪念》版指出,"人类三大基本权利"就是生存权、劳动权和劳动全收权,要实现这些权利","非先改造完全的社会不可","由世界的大势看来,我们劳动阶级,在政治上、社会上、经济上非占得中心的地位,是绝没有法子去解决的"。

其二,提供传播阵地。五四运动后研究系掌握具有全国影响的三报一刊:北京《晨报》、《国民公报》(1919年10月被北京军阀政府查封)和上海《时事新报》;期刊《解放与改造》(1920年9月第3卷第1号期改名《改造》),五四运动后都发表了介绍马克思主义和俄国十月革命的文章。

《晨报》副刊发表了马克思的《劳动与资本》(1919年5月9日——6月1

---

[1] 渊泉:《近代社会主义鼻祖马克思之奋斗生涯》,《晨报》1919年4月1日至4日。

日)、《马克思年表》、列宁的《劳农俄国的建设事业》(今译《苏维埃政权当前的任务》)(1922年2月15日—20日、3月20日—30日)等。1922年5月5日,《晨报》副刊《马克思纪念》专栏发表李大钊的《马克思与第一国际》、竞人的《我们纪念马克思的意义》、《俄国革命之马克思主义基础》,雁订的《马克思传》等。

《晨报》副刊推出一系列从不同角度介绍俄国革命的译著、报道,如《新共产党宣言》(1919年8月7日—11日)、《一九一九年旅俄六周见闻记》(1919年11月12日—1920年1月7日)、《俄劳农政府之一瞥》(1920年9月2日—1921年3月1日)等。1922年、1923年11月7日两度推出《俄国革命纪念》专栏,发表了李大钊的《马克思与第一国际》《十月革命与中国人民》,李汉俊的《俄罗斯十月革命》等。这些介绍评论对中国人民认识十月革命道路、布尔什维克主义理论有积极作用。这些内容在《晨报》处于如此显赫地位,同李大钊与《晨报》的联系、合作有关,但时任《晨报》社长的研究系骨干蒲殿俊和主要编辑人员陈溥贤等对马克思主义、俄国十月革命所持的开放精神、正面的肯定态度显然更具决定作用。

张东荪主编的《时事新报》副刊《学灯》五四运动后至当年年底,陆续发表马克思的《雇佣劳动与资本》(转载《晨报副刊》),河上肇著《马克思的唯物史观》(5月19日起)、《社会主义之进化》(6月11日起)、《马克司社会主义之理论的体系》(8月5日起)、《河上肇博士关于马克思唯物史观的一考察》(12月6日起)等长篇论文。

1919年9月创刊,先后由张东荪、俞颂华、梁启超任主编的《解放与改造》,是全国唯一一份以"社会改造"公开命名的期刊,发表了不少介绍马克思主义和苏俄实况的文章,如列宁的《鲍尔雪维克之排斥与要求》("鲍尔雪维克"即"布尔什维克")、《俄罗斯苏维埃联邦共和国宪法全文》、《列宁托洛斯基之人物及其主义之实现》、《俄国土地法》、《苏维埃俄罗斯之文化事业与教育》、《无产阶级论》等,从不同侧面拓广、加深了中国人民对俄国十月革命后实况的了解。

张东荪因此在这期间获得了好谈社会主义的声誉。陈独秀在与共产国际代表协商筹建中国共产党时，曾一度把张东荪作为发起人之一争取合作，张东荪坚持自己的立场，很快离开了。但这个事情本身足以说明，他同坚持以马克思主义为根本改造中国指导思想的早期马克思主义者联系曾经非常密切。

四　多方参与传播

青年社团传播　国民社是与新潮社齐名的新型社团，其《国民》杂志五四运动后明显增多了宣传马克思主义的文章，有《共产党宣言》第一章（李泽彰译）、《马克思资本论自叙》；常乃德译《马克思历史唯物主义》（连载）[1]；还有介绍苏俄的《苏维埃俄国底经济组织》和《苏维埃俄国底新农制度》等。

少年中国学会南京分会会员的《少年世界》发表了《李宁对于俄罗斯妇女解放的言论》（第1卷第7号）、《一九一九年之俄罗斯》（第1卷第4号）、《新俄罗斯建设之初步》（第1卷第6号）、《波希微党之教育计划》（第1卷第3号）、《苏维埃教育之成绩》（第1卷第12号）等，还有黄日葵《日本之劳动阶级》、《最近英美的劳动运动》，李大钊《"五一"（May Day）运动史》、李璜《法兰西工党组织》等介绍国际工人运动的文章。

《东方杂志》介绍　《东方杂志》是全国最大出版企业上海商务印书馆在国内创办早、容量大、发行广的最大的社会科学综合期刊，1920年初，胡愈之任主编，先后发表了一些不同立场的介绍马克思主义的文章，有范寿康的《马克思的唯物史观》（第18卷第1号，1921年1月）、陈望道译自日文的《社会主义底意义及其类别》（第18卷第11号，1921年6月）、施存统的《唯物史观在马克思学上的地位》（第19卷第11期，1922年6月）、丹卿译自日文的《社会主义发达的经过》（第17卷第24号）等。

《东方杂志》介绍十月革命后俄国的许多报道、评论频出：雁冰译《俄国

---

[1] 《国民》第1卷第2号，第2卷第2、3号。

人民及苏维埃政府》（第17卷第3号），幼雄转译自日文《劳农俄国的文化设施》（第18卷第8号），《俄国近时的经济地位》（第18卷第22号），《俄国为什么改用新经济政策》（第19卷第15号），介绍国际共产主义运动的《第三国际之二十一条件》（第18卷第11号），《第三次国际共产党大会之经过及各国劳动运动之现在地位》（第18卷第21号），等等。还有关于印度、朝鲜等国的民族解放运动的消息、报道。从总体上来看，《东方杂志》是尽可能并基本做到了如实引导中国各界了解十月革命后俄国真相和世界民族解放运动实况；从根本上看，对中国传播马克思主义有益。

无政府主义者介绍 中国无政府主义者在"五四"后对马克思主义总体持反对态度，但不自觉地传播了马克思主义，表现在三个方面。

一是直接正面介绍马克思主义的理论学说。李大钊主编的"马克思主义专号"，既《新青年》第6卷第5号上，无政府主义者黄凌霜发表《马克思学说的批评》，一方面称马克思的"价值说，与唯物史观"，"在他前头的社会党，和社会学者"，如蒲鲁东"在他所著的《什么是产业》"中"早已说过了"等等，实际是借机宣传、抬高无政府主义；另一方面，他也肯定，唯物史观是马克思"最大的创造，为学问界开一新纪元。他所说的生产者在历史进化上的重要，可谓发前人之所没发"。

二是正面介绍俄国十月革命及其意义。1920年，朱谦之出版《现代思潮批评》一书指出："列宁之徒，以独断的鼓吹，敢与资本家与帝国主义者挑战，此种革命，宁得谓之无价值耶？吾意广义派革命固犹有未至也，然或者以此为无政府革命之过程乎？呜呼赤革命至矣，吾愿以大锦褓迎之。"[1]显然，朱谦之误解十月革命胜利是无政府主义的胜利，但他对俄国十月革命对内反对资产阶级、对外反对帝国主义的总体概括是正确的。同年10月，无政府主义者印制散发的《北京国庆日的传单》说，"俄罗斯虽然还做不到无政府的地步，可是

---

[1] 朱谦之：《世界观的转变——七十自述》，《中国哲学》第三辑，生活·读书·新知三联书店1980年版，第381页。

人人自由、人人平等，过快乐的日子了"[1]，表明了对十月革命后俄国社会巨大变革肯定的态度。

三是无政府主义者在宣传活动中不自觉地"为国人提供了丰富的社会主义思想素材。如：废除私有制，消灭剥削压迫，建立一个公有制为基础的，人人都参加劳动，实行各尽所能，各取所需，人人平等、自由、幸福、美好的社会。在这个社会中，人人为工为农，人人受教育，人人要劳动，没有城、乡、脑、体、工、农差别"[2]等，客观上对人们了解马克思主义有所裨益。

地方报刊介绍 陕西西安的《西北日报》从1919年9月到1920年10月，连续数十次以社论、代论或专件的栏目，刊出《马克司之价值说剩余价值说及其批判》《理想的社会主义与科学的社会主义》《社会主义之一斑》等文章和介绍十月革命后俄国的消息报道。陕西省参议会议员田芝芳创办、张仞鸣任主笔的《鼓听日报》从1920年创刊到翌年停刊，连续刊登介绍社会主义的《布尔什维克主义论》《俄国联工会之实力》等文。

据统计，1918——1922年间，79%的国内报刊都或多或少地发表过关于"社会主义"的文字。[3]显然，这里的"社会主义"内涵是宽泛的，但也多少可以反映马克思主义传播的广泛性。还有学者进一步指出，各种"社会主义"中，"在1919至1926年间，除了革命的社会主义、马克思的（科学的）社会主义和俄国的社会主义获得正面评价，并一直保持很高的使用次数外，其他形形色色的社会主义（包括一般的社会主义）的评价均由正面变为中性甚至负面。这意味着革命的、俄国式的科学社会主义，成为社会主义思潮的主流。"[4]事实证明：马克思主义是近代中国历史的选择，是中国人民的选择。

综上所述，五四运动后马克思主义在中国的广泛传播具有三个明显特征：

---

[1] 葛懋春等编：《无政府主义思想资料选》下，北京大学出版社1984年版，第545页。
[2] 李怡：《近代中国无政府主义思潮与中国传统文化》，华中师范大学出版社2001年版，第174—175页。
[3] 杨奎松等：《海市蜃楼与大漠绿洲——中国近代社会主义思潮研究》，上海人民出版社1991年版，第192页。
[4] 金观涛等：《观念史研究：中国现代重要政治术语的形成》，法律出版社2009年版，第221页。

首先，马克思主义是作为一种推进中国社会改造的思想武器而广泛传播，其传播过程一直围绕着回答"中国向何处去""中国社会如何根本改造"等现实问题进行，即明显表现出与中国实际相结合的明确方向。李大钊提出："一个主义""都有理想和实用两面"，会"因时、因所、因事的性质情形，有所不同"。[1]陈独秀说，"学说重在需要"，"学说之所以可贵，不过为他能够救济一个社会、一时代弊害昭著的思想或制度"，"一种学说，有没有输入我们社会底价值，应该看我们的社会有没有用他来救济弊害的需要"，"我们士大夫阶级断然是没有革新希望的，生产劳动者又受了世界上无比的压迫，所以有输入马格斯社会主义底需要"。[2]实际都反映了中国先进知识分子立足中国现实，学习、运用马克思主义的主体意识。正是由此出发，才逐渐形成了中国共产党、中国人民坚持马克思主义中国化的思想路线和优良传统，保证了中国革命、建设、改革历经千难万险而不断胜利。

其次，马克思主义的广泛传播同俄国十月革命影响在中国的不断扩大和深化而密切联系在一起。毛泽东后来说，"十月革命一声炮响，给我们送来了马克思主义"。世界近现代历史证明，俄国十月革命是马克思主义在一个大国的第一次胜利实践，也是世界无产阶级革命同殖民地半殖民地民族解放运动密切联系的历史开端。中国先进知识分子努力学习并初步运用马克思主义更深刻地理解了俄国十月革命的本质，又通过对俄国十月革命的不断深入了解，加深认清了马克思主义。从李大钊欢呼"布尔什维主义的胜利"到瞿秋白介绍俄国新经济政策，从李大钊主编《新青年》"马克思主义专号"到陈独秀在《谈政治》一文中阐释无产阶级专政理论，可谓集中展现了中国先进知识分子的这一心路历程。中国人民从此开始确立了追求民族彻底解放、国家真正独立的明确方向和前进道路，中国革命从此开始转向了以俄国十月革命为榜样的新民主主义革命的新纪元。

---

[1] 李大钊：《再论问题与主义》，《五四运动文选》，生活·读书·新知三联出版社1959年版，第307页。
[2] 陈独秀：《学说与装饰品》，《新青年》第8卷第2号。

最后，马克思主义受到中国先进知识分子广泛热烈的欢迎，但真正坚持信仰，彻底践行者少。中国民族危机、阶级矛盾空前严重，特别是新型知识分子群体中通过第一次世界大战开始认清了资本主义的弊端，通过五四运动高潮看到工人阶级作为独立的政治力量开始登上中国政治舞台的巨大力量，这就使他们深刻感受到了马克思主义彻底批判旧世界，勇敢创造新世界的革命理论锋芒及其在中国生根开花结果的辉煌前景。但由于马克思主义的无产阶级彻底革命的本性，又使它同不少新型知识分子头脑中不同程度存在的种种资产阶级、小资产阶级思想不时地产生激烈冲突，因而最后只能是那一部分决心把一切都献给中华民族彻底解放、决心与工人运动相结合的先进分子，才能真正掌握它、运用它。

第十二章　文化保守主义纠偏

杜亚泉、章士钊、梁启超、梁漱溟、张君劢、梅光迪等一批学兼中西又接受过清末民初民主思想洗礼，但在中西古今文化交流碰撞中坚持中国文化本位立场的知识分子与以林纾、孔教会为代表的封建遗老、守旧人物不同，他们大都以欧美反思西方文化危机的非理性主义、人本主义如尼采思想、柏格森主义、白璧德主义等为思想武器，对中国文化的历史、现状、前途有深入的思考研究。其文化思想被称为文化保守主义，与以陈独秀、李大钊等为代表的激进主义，以胡适等为代表的自由主义，并称为20世纪中国的三大思潮。五四时期，前两者虽有矛盾、交锋，但总体上客观上密切合作，构成了新文化运动汹涌澎湃的主流（详后）；后者总体上与主流保持相同的学习借鉴西方先进文化、推进中国文化现代化的方向，但坚守中国文化本位基点，对主流刻意保持距离，在很多重要问题上鲜明对立，构成了五四时期彻底反对封建主义文化革命中一幅奇异的图景。

一　杜亚泉东方文化派

杜亚泉，会稽县伧塘（今属浙江省绍兴市上虞）人，少时刻苦自学，经历了由经史训诂而数理科学的转变，自学精通日语。1898年，应蔡元培之邀任绍兴中西学堂数学及理科教员；1900年，赴上海创办亚泉学馆，编辑出版《亚泉杂志》；1904年，入商务印书馆任编译所理化部主任，编辑教科书不下百余种。1911—1920年，任《东方杂志》主编，发表文章200余篇；著有《人生哲学》，译有叔本华的《处世哲学》、幸德秋水的《社会主义神髓》。

1916年10月起，杜亚泉在《东方杂志》上发表《静的文明与动的文明》《战后东西文明之调和》《再论新旧思想之冲突》《迷乱之现代人心》等文，其同人钱智修发表《功利主义与学术》等呼应，以理性温和的态度对新青年派展开批评。

首先，针对陈独秀东西文化是古今之别——"近世文明者，乃欧罗巴人所独有，即西洋文明也"[1]，杜亚泉提出"西洋文明与吾国固有之文明，乃性质之异，而非程度之差"，这实际是"以文化多元论反对新青年派线性的文化进化论"[2]。他认为，东方文明是"静的文明"，西方文明是"动的文明"。"西方注重于人为"，中国"注重于自然"；"西洋人之生活为向外的"，主张个人权利，"我国人之为内向的"，"勤俭克己安心守分"；西方以"战争为常态，以和平为变态"，中国以"和平为常态，战争为变态"等。这些"西洋文明与吾国文明之差异，即由于西洋社会与吾国社会之差异；至两社会差异之由来，则由于社会成立之历史不同"。[3]他特别指出，西方"至十九世纪科学勃兴，物质主义大炽，更由达尔文之生存竞争说，与叔本华（即罅本哈卫）之意志论，推而演之，为强权主义、奋斗主义、活动主义、精力主义，张而大之，为帝国主义、军国主义"，使西洋道德观念"叠受摧残，基本已毁"，"正如航海之船，罗盘已失，而炉火正炽，气压大张，鼓浪前行"，造成"今日之战，日杀六千人，犹未已止"等惨剧。[4]

其次，提出"文化统整"为中国现代文化的救济之道，实际是主张中西文化调和。杜亚泉早在新文化运动兴起前就说过，"一国有一国之特性，则一国亦自有一国之文明。取他人之所长，以补吾人之所短，可也；乞他人所余，而弃吾之所有，不可也"[5]。尤其"今日，两社会之交通，日益繁盛，两

---

[1] 陈独秀：《法兰西与近世文明》，《新青年》第1卷第1号。
[2] 高瑞泉主编：《中国近代社会思潮》，华东师范大学出版社1996年版，第279页。
[3] 杜亚泉：《静的文明与动的文明》，《东方杂志》第13卷第11号。
[4] 杜亚泉：《战后东西文明之调和》，《东方杂志》第14卷第4号。
[5] 杜亚泉：《现代文明之弱点》，《东方杂志》第9卷第11号。

文明互相接近，故抱合调和，为势所必至"。[1]正确的做法是"统整吾固有之文明，其本有系统者则明了之，其间有错出者则修整之"，尤其是"君道臣节及名教纲常诸大端"，"为我国固有文明之基础"，应该也可以"与现时之国体，融合而会通之"。[2]同时"尽力输入西洋学说，使其融合于吾固有文明之中"[3]，"今后果能融合西洋思想以统整世界之文明，则非特吾人之自身得赖以救济，全世界之救济亦在于是"。[4]

1918年9月，陈独秀在《新青年》发表《质问〈东方杂志〉记者——〈东方杂志〉与复辟问题》；1919年2月，发表《再质问〈东方杂志〉记者》，没有从学理上一一回应对方的论点，而是以一种居高临下、不屑一辩的态度，对东西文化关系等问题用提出反问的方法予以回击。如对钱智修提出，中国"自与西洋文明互相接触，其最占势力者，厥维功利主义"，导致"伦理则一味崇拜强权之势力"，"学术则一高资厚禄之敲门砖"；特别是"功利主义之最大多数说""为万事之标准"，造成"绝圣弃智，使学术界无领袖人才"等一系列弊端的观点[5]，陈独秀提出"自广义言之，人世间去功利主义无善行。释迦之自觉觉他，孔子之言礼立教，耶稣之杀身救世"，"非皆以有功于国有利于群为目的乎"[6]等质问。对杜亚泉、陈独秀抓住其用儒家君道臣节、名教纲常统整中国文化说尖锐地提出一系列问题：

> 中国学术文化之发达，果以儒家统一以后之汉、魏、唐、宋为盛乎，抑以儒家统一以前之晚周为盛乎？
>
> 欧洲中世，史家所称黑暗时代也，此时代中耶教思想统一全欧千有余年，大与中土秦、汉以来儒家统一相类；文艺复兴后之文明，诚混乱矛

---

[1] 杜亚泉：《静的文明与动的文明》，《东方杂志》第13卷第10号。
[2] 杜亚泉：《答"新青年"杂志记者之质问》，《东方杂志》第15卷第12号。
[3] 杜亚泉：《答"新青年"杂志记者之质问》，《东方杂志》第15卷第12号。
[4] 杜亚泉：《迷乱之现代人心》，《东方杂志》第15卷第4号。
[5] 钱智修：《功利主义与学术》，《东方杂志》第15卷第6号。
[6] 陈独秀：《质问〈东方杂志〉记者——〈东方杂志〉与复辟问题》，《新青年》第5卷第3号。

盾，然比之中土，比之欧洲中世，优劣如何？

近代中国之思想学术，即无欧化输入，精神界已否破产？假定即未破产，伧父君所谓我国固有之文明与国基，是否有存在之价值？倘力排异说，以保存此固有之文明与国基，能否使吾族适应于二十世纪之生存而不削灭？[1]

显然，陈独秀实际是用众所周知的历史事实，通过鲜明对比来说明，统整不利文化发展，自由促进文化繁荣；新文化运动是近代中国走向新世纪现代化的历史必由之路。

李大钊承认东西文明分别有动和静的总体特征，但强调中国"静的文明，精神的生活，已从处于屈败之势"，迫切需要"竭力以受西洋文明之特长，以济吾静止文明之穷"。[2]

这表明，陈独秀等新青年派立足于对人类文化发展历史的整体全面把握，更坚定了把新文化运动推向前进的决心和信心。新青年营垒声势更壮；杜亚泉等则受到极大压力。1920年，杜亚泉辞去《东方杂志》主编，与此关系密切。

但杜亚泉有很多思想极有价值，不仅构成了中国现代文化保守主义的理论基石，而且对长远的中国文化现代文化建设富有启示。

其一，杜亚泉把中西文化"从各国文化发展的多样性统一，即从进化的横向上"，"看成是两种互相平行、独立的区域性文化体系"，[3]用中西文化的空间关系代替了新青年派的纵向时间关系[4]。新青年派将中西文化判定为不同时代的产物，纵向思路"有助于发现差距，取长补短"，不足是容易表现出民族虚无主义。而横向思路着重强调"文化民族性""民族自信心"，有助于中

---

[1] 陈独秀：《质问〈东方杂志〉记者——〈东方杂志〉与复辟问题》，《新青年》第5卷第3号。
[2] 李大钊：《东西文明根本之异点》，《李大钊文集》上，人民出版社1984年版，第562页。
[3] 《杜亚泉与新文化运动》，载郑师渠：《思潮与学派——中国近代思想文化研究》，北京师范大学出版社2005年版，第335—336页。
[4] 汪晖：《现代中国思想的兴起》第二部下卷，生活·新知·读书三联书店2004年版，第1293页。

西文化"在互相尊重的基础上，使文化交流更具成效"，缺点是"易于忽略纵向的反思。而表现出消极的文化自足情绪，从而淡化了进取意识"。[1]所以，这种见解实际开始破除了新青年派的纵向比较中西文化的线性思维定势，有利于先进知识分子进一步推进新文化运动的深入开展；其后则引发了文化民族性、世界性、单向性、多向性等种种讨论。

其二，杜亚泉提出自主开放的文化调和论。杜亚泉认为，中国"当确信吾社会中固有之道德观念，为最纯粹最中正者"，但绝不能"以此自封自囿"，"世界各国之贤者所阐发之明理，所留遗之言论，精深透辟，足以使吾人固有之观念益明益确者，吾皆当研究之"，"以科学的手段，实现吾人经济的目的；以力行的精神，实现吾人理性的道德"。[2]显然，除去对中国固有道德观念评价过高外，杜亚泉这些思想为后来的文化保守主义者所共同遵循，也与当代中国文化界居主流地位的张岱年先生的文化综合创新论多有相通。

其三，杜亚泉肯定世界大战后，"经济之变动，必趋向于社会主义"。因为"欧洲社会，自科学勃兴以后，经济界中，已造成一种阶级，经济上势力，全操纵于少数阶级之手，国家民族间之经济竞争，实不过少数阶级间之经济竞争"；"在少数阶级，既因战争而生莫大之疮痍，亦必有所悔悟，与其投巨资以启战争，何如移其资以施行社会政策，扩充社会事业，互相迎合，以驯致于社会主义之实行"。[3]毋庸赘言，杜亚泉对社会主义理解肤浅简单，预言少数阶级实即资产阶级会接受教训而搞社会主义，这只是一厢情愿。但那是大战期间，俄国十月革命还没爆发的1917年4月，应该说难能可贵。

其四，杜亚泉提倡新思想必须正确处理态度与理性的关系，主张"人当以理性率领情欲，不可以情欲率领理性"[4]。他指出蒋梦麟提出的"新思想是一个态度"，即"向进化方向走的态度"，是"以感情与意志为思想之原动

---

[1] 《杜亚泉与新文化运动》，载郑师渠：《思潮与学派——中国近代思想文化研究》，北京师范大学出版社2005年版，第356页。
[2] 杜亚泉：《战后东西文明之调和》，《东方杂志》第14卷第4号。
[3] 杜亚泉：《战后东西文明之调和》，《东方杂志》第14卷第4号。
[4] 杜亚泉：《对蒋梦麟〈何谓新思想〉一文的附志》，《东方杂志》第17卷第2号。

力,先改变感情与意志,然后能发生新思想,是将人类之理性,为情欲的奴隶。先定了我喜欢什么,我要什么,然后再想出道理来说明所以喜欢及要的缘故"。[1]蒋梦麟说明自己"并没有思想即是(等于)态度的话",并进而指出"现在的'新思想'是指一个向进化方面走的态度",这个态度就是胡适所说的"批评的态度"。[2]这个讨论当时并没有深入展开。但确如有学者所指出的这个观点"具有普遍意义"[3]。

二 章士钊新旧文化调和论

章士钊是清末民初思想文化界的风云人物,曾先后任上海《苏报》主笔,与陈独秀、张继、苏曼殊等创办《国民日报》,主编《甲寅》周刊,"培植这个新文化运动的种子"[4];1907年4月至1911年在英国爱丁堡大学学法律。1917年,应蔡元培、陈独秀邀任北大教授兼图书馆主任,讲授逻辑学,很受学生欢迎;向蔡元培举荐李大钊、杨昌济入北大。[5]1919年9月,章士钊先在上海寰球学生会发表题为《新时代之青年》的讲演,后又在湖南、南京、杭州等地讲演,提出阐发了新旧文化调和论。

章士钊提出,"宇宙之进步,如两圆合体,逐渐分离,乃移行而非超越的","若干年"后,"最后之新社会,与最初者相衡,或厘然为二物。而当其乍占乍蜕之时,固仍是新旧杂糅也"。[6]"新……决非与旧者析疆分界鸿沟确立","不有旧决不有新,不善于保旧,决不能迎新。不迎新止于不进化,不善保旧之弊,则几于自杀";总之是"新旧相衔,斯成调和"。[7]显然,章士钊的这种调和论与陈独秀打破中国儒家文化统治地位、大力提倡西方新思潮

---

[1] 杜亚泉:《对蒋梦麟〈何谓新思想〉一文的附志》,《东方杂志》第17卷第2号。
[2] 蒋梦麟:《何谓新思想》,《东方杂志》第17卷第2号。
[3] 王元化:《九十年代反思录》,上海古籍出版社2000年版,第53页。
[4] 常乃惪:《中国思想小史》,上海古籍出版社2005年版,第136页。
[5] 参见白吉庵:《章士钊传》,作家出版社2004年版。
[6] 章士钊:《新时代之青年》,《东方杂志》第16卷第11号。
[7] 章士钊:《新时代之青年》,《东方杂志》第16卷第11号。

新文化论是针锋相对的。

章士钊结合批判新青年派的具体文化主张来阐释"调和"观。一是科学不能新旧分离。他说:"欧洲之战争,科学之战争也","经此结果,科学方面""必生绝大变化","各国凋残已甚,必先言恢复,然后可言改进","其变化,或上或下,忽进忽退,其中必且参差。而不能径前直迈"。[1]二是道德"亦不可以其不宜于今时,遂并其所含宜于古今时之通性而亦抛之";对中西道德"亦斟酌调和之可耳"。三是文言文更不应否定,"须知不说古人的话,现在即无话可说",如"谈何容易"是"前汉人语,今人谈话,任意说出,人人可以了解。而且觉其自然"。[2]

章士钊进一步明确提出,"今日论坛上有最新之二名词,曰改造,曰解放",而"无论改造,无论解放,俱不可不以旧有者为之基础","新旧质剂之结果,因别型成一物,斯曰改造。新旧不相容之结果,旧者因为新者留出余地若干,己身不在留有余地之内更占一步,斯曰解放"。[3]

显然,章士钊这种中西调和、新旧杂糅论是针对新文化运动提倡科学民主、提倡新道德、提倡白话文等主流思想进行了全面的批评和挑战,口气和缓但锋芒毕露。而章士钊在中国政界文化界的地位和影响都远非杜亚泉可比。所以,他的新旧文化调和论迅速引起文化界广泛关注。他讲演所到之处,受到很多人欢迎。《申报》报道章士钊讲演"是日虽大雨而场中已无容足之地,到者有高阳硕士等数百人"。[4]其演讲稿《新时代之青年》被收入陆翔编《当代名人新演讲集》,广为流传。当然,章士钊这些观点引起了陈独秀、李大钊、胡适、张东荪、蒋梦麟、杜亚泉、陈嘉异等文化界各派代表人物的关注。

张东荪第一个反驳,且针对性很强。他从"调和"的内涵及过程说明中西

---

[1] 章士钊:《新时代之青年》,《东方杂志》第16卷第11号。
[2] 章士钊:《新时代之青年》,《东方杂志》第16卷第11号。
[3] 章士钊:《新时代之青年》,《东方杂志》第16卷第11号。
[4] 《章行严君之演说》,《申报》1919年9月29日。

文化调和的危害性。他说，"调和有两个意思，一个是甲乙化合变为丙，一个是甲乙互让"[1]，前者是自然现象，后者是人为的调停。章士钊的"调和"，实际上是指后者。张东荪认为，新旧思想的真正调和是双方融合变成丙种新思想；新旧思想不能调和的原因在于，输入西方文化是"变的酝酿"，而"酝酿"是不能调和的，一经调和就把未成熟的新思想消灭了。所以，张东荪说："我认为变后可以调和，而未变时的变因不能调和，调和变因便是消灭变化，也就是使变因不发效力，如甲乙调和成丙，必定先有甲，后有乙，现在乙还没有成熟，如何能调和呢？"中国的当务之急是大量输入西方文化，准备变因，而不是做人为的调和工作。所以，张东荪认为"守旧论不足阻害新机，而调和论最危险"。[2]据此，张东荪呼吁中国应最大限度地输入西方文化。

陈独秀认定，"新旧杂糅调和缓进"，"是由人类惰性上自然发生的一种不幸的现象，不可说是社会进化上一种应该如此的道理。若是助纣为虐，把他当作应该如此的一种主义主张，那便误尽苍生了。譬如货物买卖，讨价十元，还价三元，最后的结果是五元，讨价若是五元，最后的结果不过二元五角；社会进化上的惰性作用，也是如此，改新的主张十分，社会惰性当初只能够承认三分，最后自然的结果自然是五分；若是照调和论者的意见，自然就主张五分，最后自然的结果只有二分五，如此社会进化上所受二分五的损失，岂不是调和论的罪恶吗？"[3]不难看出，陈独秀实际在反驳章士钊的同时，说明了新文化运动先驱者们之所以采取激进的以新代旧的态度，乃是针对中国旧势力盘根错节、顽固沉重不得不为之。胡适与陈独秀观点相似，认为"调和是社会的一种天然趋势。人类社会有一种守旧的惰性，少数人只管趋向极端的革新，而多数人至多跟你走半程路，这就是调和"；但胡适坚决反对调和，"评判的态度只认得一个是与不是，一个好与不好，一个适与不适，不认得什么古今中外

---

[1] 张东荪：《答章行严君》，《时事新报》1919年10月12日。
[2] 张东荪：《答章行严君》，《时事新报》1919年10月12日。
[3] 陈独秀：《调和论与旧道德》，《新青年》第6卷第6号。

的调和"。[1]

李大钊是新文化营垒中具有文化调和色彩的人,但这次对章士钊的调和论没有通融,而是根据马克思的唯物史观提出,"道德既是社会的本能,那就适应社会的变动,随着社会的需要,因时因地而有变动","旧的毁灭,新的再兴。这只是重生,只是再造,也断断不能说是复旧。物质上,道德上,均没有复旧的道理";同时断言"思想、主义、哲学、宗教、道德、法制等等不能限制经济变化物质变化",[2]完全否定文化对经济的反作用,反映了机械唯物主义的影响。但他充分肯定经济、物质对文化的决定性,文化必然随经济发展而变化是正确的。他肯定"那进行不息的时代,才有调和的真本领","主张调和的人,自问若没有这么大的本领,请把这件功业让给时代罢"。[3]

三 梁启超发表《欧游心影录》

梁启超的《欧游途中之一般观察及感想》作为《欧游心影录》的第一部分,于1920年3月同时发表在北京《晨报》和上海《时事新报》上,成为五四时期中国文化保守主义发展进入高潮阶段的起点。

从1918年12月底到1920年3月,梁启超偕蒋方震、张君劢、丁文江等在欧洲进行了一年多的考察,到过英、法、德、比利时、意大利、荷兰、瑞士等国,其中在法时间最长。他们与各国政治家、外交家、社会名流多有接触,拜访过柏格森、倭伊铿等著名学者,还亲赴凡尔登等第一次世界大战阵地现场参观。梁启超亲眼看到了欧洲社会经济萧条、物资匮乏、生活困难、政治动荡的严峻实况;亲身感受到了欧洲文化教育界一些人对西方文化极其失望,同时了解到欧洲渴求东方文化,特别是欢迎与中国文化广泛深入交流的强烈要求,这些深深地打动了梁启超,他的思想迅速发生了变化。《欧游心影录》就是他这

---

[1] 胡适:《新思潮的意义》,《新青年》第6卷第5号。
[2] 李大钊:《物质变动与道德变动》,《新潮》第2卷第2号。
[3] 李大钊:《最有力的调和者》,载《李大钊文集》下,人民出版社1984年版,第114页。

一阶段心路历程的真实记录。

在《欧游心影录》中，他在政治上仍持通过改良实现资产阶级民主共和的一贯思路，认为社会主义不适于中国；在文化上，他坚持科学精神，一再强调"我绝不承认科学破产"[1]；强调思想自由是西方文化观念的核心，开了社会思想解放的路。但他思想的"基调却是明白无误地想用中国的文明做主体，把西方文明的成就吸收进来，同时用中国文明去补救、调剂败敝的西方文明"。[2]特别是他对欧洲学界反思西方现代文化危机，欢迎中国传统文化的渲染，就更加突出、鲜明地表明了这种意向。他说："欧洲人做了一场科学万能的大梦，到如今却叫起科学破产来。这便是最近思潮变迁一个大关键。"[3]这表明梁启超直接且深刻地感受到了大战后西方文明的危机，对正确认识中西文化关系有重要意义。但如法国学者指出，这种观点也表明了"他没有看到被苦恼表现本身可能掩盖了重建、抗争、奋斗的意志，也根本没有试图去感知这一意志"[4]。这也对中国文化界造成了不小影响，直接构成了中国文化保守主义过分强调中国文化本位的一个重要原因。

梁启超强调西方文化界急需中国传统文化挽救文化危机。他说，法国大哲学家蒲陀罗在巴黎当面对他说过："一个国民，最要紧的是把本国文化发扬光大。——你们中国，着实可爱可敬。我们祖宗裹块鹿皮、拿把石刀在野林里打猎的时候，你们不知已出了多少哲人了。我近来读些译本的中国哲学书，总觉得他精深博大。"梁启超还说，一些法国社会名流听到中国孔子的"四海之内皆兄弟""不患寡而患不均"，墨子的"兼爱""寝兵"等思想观点时，都跳起来说道："你们家里有这些宝贝，却藏起来不分点给我们，真是对不起

---

[1] 梁启超：《欧游中之一般观察及一般感想》，载蔡尚思主编：《中国现代思想史资料简编》第一卷，浙江人民出版社1982年版，第232页。
[2] 《胡绳论"从五四运动到人民共和国成立"》，社会科学文献出版社2001年版，第113页。
[3] 梁启超：《欧游中之一般观察及一般感想》，载蔡尚思主编：《中国现代政治思想史资料简编》第一卷，浙江人民出版社1982年版，第232页。
[4] [法]巴斯蒂：《梁启超1919年的旅居法国与晚年社会文化思想上对欧洲的贬低》，载李喜所主编：《梁启超与近代中国社会文化》，天津古籍出版社2005年版，第231页。

人啊！"[1]

中国应怎样承担"对于世界文明之大责任"？梁启超提出"四步说"，即"第一步，要人人存一个尊重本国文化的诚意；第二步要用那西洋人研究学问的方法去研究他，得他的真相；第三步，把自己的文化综合起来，还拿别人的补助他，叫他起一种化合作用，成了一个新文化系统；第四步，把这种新系统向外扩充，叫人类全体都得着他好处"[2]。如果单纯从字面上看，这显然是一个综合中西优秀文化、创造新文化的基本纲领，与新文化运动的主流意见基本一致。但联系前面相关论述，特别是接着提出："我们可爱的青年啊！立正，开步走！大海对岸那边有好几万万人，愁着物质文明破产，哀哀欲绝的喊救命，等着你来超拔他哩。我们在天的祖宗三大圣（指孔子、老子、墨子——笔者注）和许多前辈，眼巴巴盼望你完成他的事业，正在拿他的精神来加佑你哩。"[3]，可以明显看出梁启超这时在中西文化关系上的中国文化本位倾向。

所以，《欧游心影录》实际是作为中国文化保守主义的代表作正式面世。由于梁启超在国内文化界、思想界、舆论界、教育界罕有比肩的地位和影响；而杜威、罗素等西方著名学者这期间也发表了不少肯定中国优良传统文化及批评西方资本主义弊端的言论，梁启超这些主张迅速在各界广泛传播，引起巨大震动。《欧游心影录》发表同月，梁启超中国公学演讲稿在《申报》和《东方杂志》发表，所谈的中心思想是中国政治上不能照搬西方的代议制，社会生活上不能学西方的竞争主义，经济上不适宜西方的资本集中，而应"将固有国民性发挥光大"，如将民本主义扩大到组织方面，把互助扩充到家庭以外等，没从正面用中国文化批判西方文化。可是，《东方杂志》为演讲加的附言却是："梁先生即席演说，主张发挥固有的民本精神，以矫正欧洲代议制及资本主

---

[1] 梁启超：《欧游中之一般观察及一般感想》，载蔡尚思主编：《中国现代政治思想史资料简编》第一卷，浙江人民出版社1982年版，第234—235页。
[2] 梁启超：《欧游中之一般观察及一般感想》，载蔡尚思主编：《中国现代政治思想史资料简编》第一卷，浙江人民出版社1982年版，第236页。
[3] 梁启超：《欧游中之一般观察及一般感想》，载蔡尚思主编：《中国现代政治思想史资料简编》第一卷，浙江人民出版社1982年版，第237页。

之流弊，颇足为国人当头棒喝。"[1]这些从一个侧面反应出《欧游心影录》客观上主要扩大了文化保守主义的社会影响。

因此，新青年派对《欧游心影录》大不以为然。胡适说："自从《欧游心影录》发表之后，科学在中国的尊严就远不如前了。一般不曾出国门的老先生很高兴地喊着：'欧洲科学破产了！梁任公这样说的。'我们不能说梁先生说的话和近年同善社、悟善社的风行有什么直接的关系；但我们不能不说梁先生的话在国内确曾替反科学的势力助长不少的威风，梁先生的声望，梁先生那支'笔锋常带情感'的健笔，都能使他的读者容易感受他的言论的影响。"[2]郭沫若说，"欧洲不乏近视的科学家，以欧战之惨毒而遽行宣告科学破产"，我国"一闻欧洲人因噎废食的肤言，则不禁因然而色喜，我辈对此宜有所深戒而详加考察"。[3]可见，《欧游心影录》对科学等新思潮传播的消极影响不小，胡适等是呼吁人们对此提高警戒，坚持正确的科学信念。

四 梁漱溟出版《东西文化及其哲学》

梁漱溟与胡适、陈独秀早年就接受过系统的中国传统文化教育不同，他自幼接受了以新知识为主的启蒙教育，中学时广泛涉猎了梁启超编《新民丛报》、谭嗣同著《仁学》、张继翻译的日本人幸德秋水著《社会主义之神髓》等许多新书、报刊。1913—1915年间转向佛学，1916年在《东方杂志》发表《究元决疑论》，进入北大哲学门讲授印度哲学，声言只"替释迦、孔子发挥"[4]。有两件事深深地触动过梁漱溟：一是因护送妹夫灵柩赴湘，现场目睹了南北军阀混战下百姓的惨状；二是其父梁济1918年11月沉湖自尽，遗书申

---

[1] 《梁任公在中国公学之演说》，《东方杂志》第17卷第6号。
[2] 胡适：《〈科学与人生观〉序》，张君劢等：《科学与人生观》，山东人民出版社1997年版，第12页。
[3] 郭沫若：《论中德文化》，《创造周报》1923年第5号。
[4] 李渊庭等编著，梁漱溟亲修：《梁漱溟》，群言出版社2009年版，第33页。

明自己是"为国性之一存"[1]。所以,梁漱溟立誓:"自今已往,其敢忘吾亲之志。"[2]梁漱溟在北京大学深感国内知识界"风气是极其菲薄东方故有文化","在精神上自感受到一种压迫,必须在自己思想上求得解决"。[3] 于是在哲学系演讲《东西文化及其哲学》,并在1919年写出《东西文化及其哲学》稿,1920年以同样题目在北京大学做课外讲演。1921年暑假期间,梁漱溟应山东教育厅暑期讲演会之聘,在济南第一中学又做同题公开演讲,由北大学生罗常培记录,随时付印。同年底,在山东正式出版《东西文化及其哲学》一书。

梁漱溟认为,文化"不过是那一民族生活的样法","生活就是没尽的意欲(Will)""和那不断的满足与不满足";意欲是"生活样法最初本因",是"文化的根原"。[4]但是"一家民族的文化不是孤立绝缘的,是处于一个总关系中的"[5]。

"中国文化是以意欲自为调和、持中为其根本精神的。印度文化是以意欲反身向后要求为其根本精神的"[6];西方人走的是"第一条路向",中国人走的是"第二条路向",印度走的是"第三条路向";[7]三种文化正常应接序接行。

梁漱溟认为,"西方化是以意欲向前的精神的产生'赛恩斯'与'德谟克拉西'两大异彩的文化"。[8]"赛恩斯"即科学,其精神"一定要求客观公认的确实知识","样样东西都带着征服自然的威风";[9]"德谟克拉西""便是公众的事大家都有参与做主的权"而"个人的事大家都无过问的权",[10]是

---

[1] 梁济:《桂林梁先生遗书》,转引自刘黎红:《五四文化保守主义思潮研究》,中国社会科学出版社2006年版,第82页。
[2] 梁漱溟:《思亲记》,转引自刘黎红:《五四文化保守主义思潮研究》,中国社会科学出版社2006年版,第83页。
[3] 李渊庭等编著、梁漱溟亲修:《梁漱溟》,群言出版社2009年版,第37页。
[4] 梁漱溟:《东西文化及其哲学》,上海人民出版社2006年版,第31页。
[5] 梁漱溟:《东西文化及其哲学》,上海人民出版社2006年版,第32页。
[6] 梁漱溟:《东西文化及其哲学》,上海人民出版社2006年版,第59页。
[7] 梁漱溟:《东西文化及其哲学》,上海人民出版社2006年版,第59页。
[8] 梁漱溟:《东西文化及其哲学》,上海人民出版社2006年版,第32页。
[9] 梁漱溟:《东西文化及其哲学》,上海人民出版社2006年版,第33—34页。
[10] 梁漱溟:《东西文化及其哲学》,上海人民出版社2006年版,第42页。

"个性伸展社会性发达"[1]。梁漱溟特别强调，这两样东西是西方化的"特别所在""长处所在"。[2]

梁漱溟同时对西方文化的弊端进行猛烈批判，认为资本主义经济"其戕贼人性——仁——是人所不能堪。无论是工人或其余地位较好的人乃至资本家都被他把生机斫丧殆尽；其生活之不自然、机械、枯窘乏味都是一样"[3]，"无论什么人""都要聚精会神在经济竞争上"；[4]人对自然和人本身都视为"破物""碎物"，人都处在"冷漠寡欢，干燥乏味的宇宙中，将情趣斩伐的尽净"，"外面生活富丽，内里生活却贫乏至于零"。[5]这一切都归咎于西洋人"总是改造外面的环境以求满足，求诸外而不求诸内，求诸人而不求诸己"的路已经"走到了尽头处"[6]。

梁漱溟认为，当时东西文化问题已成为"很急迫的问题，并不是很远而可以俟诸未来的问题，确是很急迫"[7]，"现在对于东西文化的问题，差不多是要问：西方化对于东方化，是否要连根拔掉？中国人对于西方化的输入，态度逐渐变迁，东方化对于西方化步步的退让，西方化对于东方化节节的斩伐！到了最后的问题是已将针叶去掉，要向咽喉去着刀！而将中国化根本打倒"，这种形势"是明明对于中国人逼着讨一个解决"。[8]从世界看，"所谓东西文化问题的不是讨论什么东西文化的异同优劣，是问在这西方的世界已经临到绝地的东方文化究竟绝废不绝废呢"，"须要从临绝处开生机从新发展方可"，"其真际就是问东方化能复兴不能复兴，能象西方化发展到世界上去不能"。[9]

---

[1] 梁漱溟：《东西文化及其哲学》，上海人民出版社2006年版，第46页。
[2] 梁漱溟：《东西文化及其哲学》，上海人民出版社2006年版，第47页。
[3] 梁漱溟：《东西文化及其哲学》，上海人民出版社2006年版，第157页。
[4] 梁漱溟：《东西文化及其哲学》，上海人民出版社2006年版，第157页
[5] 梁漱溟：《东西文化及其哲学》，上海人民出版社2006年版，第168页。
[6] 梁漱溟：《东西文化及其哲学》，上海人民出版社2006年版，第158—159页。
[7] 梁漱溟：《东西文化及其哲学》，上海人民出版社2006年版，第16页。
[8] 梁漱溟：《东西文化及其哲学》，上海人民出版社2006年版，第15页。
[9] 梁漱溟：《东西文化及其哲学》，上海人民出版社2006年版，第214页。

那么，"中国人现在应持的态度是怎样才对呢？"[1]梁漱溟提出："第一，要排斥印度的态度，丝毫不能容留"；"第二，对于西方文化是全盘承受，而根本改过，就是对其态度要改一改"，[2]特别是科学和民主"两种精神完全是对的；只能为无条件无批评的承认"[3]；"第三，批评的把中国原来态度重新拿出来"[4]。

重新拿出来什么？梁漱溟提出孔子思想，特别是其人生哲学。他认为孔子的"仁"不但是如朱熹所解的"无私心""合天理"，而且是一种"极有活气而稳静平衡的一个状态"，[5]"仁是体，而敏锐易感则其用"[6]。"孔子之所谓'刚'"，就是"无私欲之谓"，就是"知命而仍旧奋发，其奋发为自然的不容已，完全不管得失成败，永远活泼，不厌不倦"。[7]孔子同时还"有一个很重要的态度就是一切不认定"，"所有一切，同时都调和，同时都不调和，不认定其表面之所示为实"，从而防止了"极端的态度和固执"。[8]显然，梁漱溟是明确提出儒家学说能救济西方文明的严重危机，代表了人类社会光明的未来。有学者指出："梁漱溟说的虽是人类世界，其实处处针对中国。太虚法师当时就指出，尽管梁漱溟'臆造出三种人生的三条路'，其实是想要'推开了佛学，生吞了近代现代化，让儒家出来独霸'。话说得生猛了点儿，但大体看出了梁漱溟的真意。"[9]

刚从欧洲归国的张君劢对梁漱溟分世界文化为西方、印度和中国三种并分析其特点表示"佩服"，但认为中国既要全盘接受西方文化，又要把中国原来态度重拿出来难以行得通。[10]《学衡》杂志编辑刘伯明，哲学家张东荪、

---

[1] 梁漱溟：《东西文化及其哲学》，上海人民出版社2006年版，第189页。
[2] 梁漱溟：《东西文化及其哲学》，上海人民出版社2006年版，第189—190页。
[3] 梁漱溟：《东西文化及其哲学》，上海人民出版社2006年版，第193页。
[4] 梁漱溟：《东西文化及其哲学》，上海人民出版社2006年版，第190页。
[5] 梁漱溟：《东西文化及其哲学》，上海人民出版社2006年版，第123页。
[6] 梁漱溟：《东西文化及其哲学》，上海人民出版社2006年版，第124页。
[7] 梁漱溟：《东西文化及其哲学》，上海人民出版社2006年版，第134页。
[8] 梁漱溟：《东西文化及其哲学》，上海人民出版社2006年版，第119页。
[9] 罗志田：《文化翻身：梁漱溟的憧憬与困惑》，《近代史研究》2016年第6期。
[10] 张君劢：《欧洲文化之危机及中国新文化之趋向》，《东方杂志》第19卷第3号。

李石岑等发表文章批评《东西文化及其哲学》，指出梁漱溟讲的是哲学，而不是文化；就是讲哲学，也仅仅讲的是一家或一宗，中国就绝不仅仅只有孔子哲学。

新青年派对《东西文化及其哲学》坚决反对，提出了尖锐的批评。陈独秀明确表示："梁漱溟说我是他的同志，说我和他走的是一条路，我绝对不能承认；他要拉国人向幽谷走，我要拉国人向康庄大道（不用说这康庄大道也有许多荆棘须我们努力砍伐）走，如何是一条路，又如何是同志？"[1]

胡适则重点抓住梁漱溟提出的文化三条路，指出其总体上"勇于自信而倾于武断"，是"用一条线的眼光来看世界文化，故世界文化也只走一条线了"。[2]胡适在具体分析后指出更多的矛盾：印度文化向后要求实际是"极端的奔赴向前"；希腊亚里士多德的伦理学、希伯来和印度的宗教书里也多有"调和持中"思想；[3]中西印思想"都自然包含直觉，感觉，与理智三种分子，三者缺一不可"。[4]胡适的批评可谓一语中的。

杨明斋在《评中西文化观》的第一部分从三个方面批评了《东西文化及其哲学》。首先，意欲是"人类生理之要求借神经系统的一种表现"，它"并不是人类生活的根本，更不是产生文化的原因。人类生活的根本，原本就是那些养生的物质"，离开客观物质条件，就不可能产生意欲。显然，这抓住了梁漱溟文化观的根本问题。其次，"西洋中国印度生活的理智直觉感觉之运用公式之错误"。他说，直觉，不是中国独有的专利品，如果说直觉是一种悟性，世界各民族无一例外皆有；如果是指生活中的机巧，那么因各民族的生活状态和客观环境不同而表现不一。最后，"孔子的人生观解释之错误"，即梁漱溟对孔子的解释太过主观，对中国的人生过于美化。[5]

---

[1] 《精神生活东方文化》，《陈独秀著作选》第二卷，上海人民出版社1993年版，第603页。
[2] 《读梁漱溟先生的〈东西文化及其哲学〉》，《胡适文集3·胡适文存二集》，北京大学出版社1998年版，第186页。
[3] 《读梁漱溟先生的〈东西文化及其哲学〉》，《胡适文集3·胡适文存二集》，北京大学出版社1998年版，第189页。
[4] 《一年半的回顾》，《胡适文集3·胡适文存二集》，北京大学出版社1998年版，第194页。
[5] 参见杨明斋：《评中西文化观》，上海书店1991年版。

1922年10月,在《东西文化及其哲学》上海商务印书馆第三版《自序》中,梁漱溟表示各家批评"没有能引起我作答的兴味"。但半年后,胡适在《一年半的回顾》中说,在《努力周报》发表的文章中,批评梁漱溟的文章"最有价值"[1];陈独秀在《前锋》创刊号上发表《思想革命上的联合战线》一文,说胡适教训梁漱溟的文章"是思想的一线曙光"。这激怒了梁漱溟。梁漱溟在北大连作两场公开讲演,批评胡适等人把世界种种文化都纳入一个简单式子中去,"乃真笼统耳"[2]。

《东西文化及其哲学》一书从问世到1922年10月,一年内出了4版,还很快被译成12种外文出版。在北大,梁漱溟成为很受学生欢迎的教师,大批学生和校外仰慕者来听他的"孔家哲学史"课,以至学校把原定在红楼的课堂改在第二院大讲堂。他还经常被其他学校和校外团体,包括外地的学校和团体,邀请去作东西文化问题的报告,讲演稿被各报刊抢去发表。1923年12月,北京大学25周年校庆时搞了一次"国内著名人物"的民意测验,年仅30岁的梁漱溟与赫赫有名的将军冯玉祥并列第10位。

五四时期,梁漱溟是第一位在人类社会发展历史的广阔背景下,从文化多元论视角平等地对中西文化进行比较,"打破了文化研究中西方中心主义或欧洲中心主义对人们思想的禁锢,给人们比较中西文化提供了一个新的坐标。这在五四新文化运动时期可谓是独树一帜"[3]。熊十力说:"在'五四'运动那个时期,在反对孔学,反对中国古老文化那么厉害的气氛中,梁先生提出未来世界文化是中国文化的复兴这话,是很有胆识的。"[4]

---

[1] 《一年半的回顾》,《胡适文集3·胡适文存二集》,北京大学出版社1998年版,第397页。
[2] 《答胡评〈东西文化及其哲学〉》,《梁漱溟全集》第4卷,山东人民出版社2005年版,第758页。
[3] 《文化的现代性与民族性》,载郑大华:《民国思想家论》,中华书局2006年版,第227页。
[4] 转引自李渊庭等编著、梁漱溟亲修:《梁漱溟》,群言出版社2009年版,第47页。

五 张君劢挑起"科学与人生观"论战

1923年2月14日，当时正陪同来华的德国哲学家杜里舒在京津等地讲学的张君劢应清华学校学生会负责人吴文藻之邀，给清华的出国留学生做了一场人生观问题的讲演。

张君劢讲演的中心是提醒学生们注意科学的限度和人生哲学的精神价值。他指出，"人生观之中心点，是曰我。与我对待者，则非我也"[1]，这就是说，人生观的核心问题是内在的"我"和外在的"非我"的关系。他认为，人生观是没有公例可循的。为说明这个观点，他对科学和人生观的特点进行了比较分析。其一，科学是"客观的"、具有"推诸四海而皆准"的意义；人生观则是"主观的"，如"孔子之行健与老子之无为""达尔文之进化论与哥罗巴金[2]之互助主义"等。[3]其二，"科学为论理的方法所支配"，有逻辑性；人生观则"起于直觉"，如孔孟的亲疏远近等级分明、墨子、耶稣的泛爱等，都任人采纳。[4]其三，"科学可以以分析方法下手"，如分物质世界为各种元素；人生观则为综合的、包括一切的，如释迦牟尼的普度人生就不好强为分析。[5]其四，"科学为因果律所支配"，强调有因必有果；人生观则是自由意志的，如耶稣何以死于十字架，释迦何以舍身修行，都起于良心自动。[6]其五，科学起于相同现象，而人生观起于人类之单一性。这样，张君劢得出结论："故科学无论如何发达，而人生观问题之解决，决非科学所能为力，惟赖诸人类之自身而已。"[7]

这个讲演稿被刊登在《清华周刊》第272期上，张君劢好友、著名地质学家丁文江读后勃然大怒，认为如果科学像张君劢所说不能支配人生观，还有什

---

[1] 张君劢：《人生观》，张君劢等：《科学与人生观》，山东人民出版社1997年版，第33页。
[2] 今译克鲁泡特金。
[3] 张君劢：《人生观》，张君劢等：《科学与人生观》，山东人民出版社1997年版，第35页。
[4] 张君劢：《人生观》，张君劢等：《科学与人生观》，山东人民出版社1997年版，第35—36页。
[5] 张君劢：《人生观》，张君劢等：《科学与人生观》，山东人民出版社1997年版，第36页。
[6] 张君劢：《人生观》，张君劢等：《科学与人生观》，山东人民出版社1997年版，第37页。
[7] 张君劢：《人生观》，张君劢等：《科学与人生观》，山东人民出版社1997年版，第37—38页。

么用处。他立即找到张君劢，面对面激烈辩论两个小时，谁也说不服谁。丁文江就先后在胡适主编的《努力周报》上发表了《玄学与科学——评张君劢的"人生观"》和《玄学与科学——答张君劢》，从三个方面对张君劢的观点全面反驳。第一，提出科学的公例来自对诸多事实的概括"叫做科学的公例"[1]；科学现在还不能完全认识复杂的人生观问题，但总有一天会认识；因为"科学的万能，不是在他的结果，是在他的方法"[2]。第二，提出科学"是教育同修养最好的工具"[3]；欧洲文化破产危机并不存在，即使有，科学也"绝对不负这种责任。因为破产的大原因是国际战争"[4]。第三，反驳张君劢对宋明理学家以及所谓精神文明的肯定。他尖锐提出，南宋士大夫崇尚理学，结果断送宋朝江山；明代理学家造成明朝灭亡，这种连国家都不能保的精神文明有什么价值？[5]

张君劢很快在《晨报》副刊发表了《再论人生观与科学并答丁在君》，进一步说明科学分为两类：物质科学和精神科学，物质科学包括数学、物理学、化学和生物学，精神科学包括心理学、历史学、文字学、社会学、法律学和生计学（经济学）等；物质科学有一定的甚至是牢固不拔的自然公例，精神科学则无此类公例。所以，张君劢的结论是："科学决不能支配人生观，乃不能不舍科学而别求一种解释于哲学或玄学中（或曰形上学）"。[6]他所说的"玄学"[7]包括两方面内容，一是中国传统的儒家学说，特别是宋明理学家的心性

---

[1] 丁文江：《玄学与科学——评张君劢的〈人生观〉》，张君劢等：《科学与人生观》，山东人民出版社1997年版，第42页。
[2] 丁文江：《玄学与科学——答张君劢》，张君劢等：《科学与人生观》，山东人民出版社1997年版，第193页。
[3] 丁文江：《玄学与科学——评张君劢的〈人生观〉》，张君劢等：《科学与人生观》，山东人民出版社1997年版，第53页。
[4] 丁文江：《玄学与科学——评张君劢的〈人生观〉》，张君劢等：《科学与人生观》，山东人民出版社1997年版，第55页。
[5] 丁文江：《玄学与科学——评张君劢的〈人生观〉》，张君劢等：《科学与人生观》，山东人民出版社1997年版，第58页。
[6] 张君劢：《再论人生观与科学并答丁在君》，张君劢等：《科学与人生观》，山东人民出版社1997年版，第102页。
[7] 雷颐指出：玄学（metaphysics），今译形而上学，但此处不是指与辩证法相对立的"形而上学"，而是指一种对超验对象的思考和陈述。（《从"科玄之争"看五四后科学思潮与人本思潮的冲突》，《近代史研究》1989年第3期）

之学；二是西方的柏格森、倭伊铿等人的"直觉主义""精神哲学"等。

丁文江继续迎战，他把人生观定义为人的知识情感及其对于知识情感的态度；进而肯定，知识与情感密不可分，在知识领域科学方法万能，而情感领域的艺术、宗教，同样离不开科学。

这场论战很快吸引了文化界的高度关注，诸多学者、思想家纷纷介入。支持丁文江的有胡适、吴稚晖、王星拱、唐钺、朱经农等，站在张君劢一边的有张东荪、林宰平、瞿菊农、屠孝实等。梁启超号称张君劢和丁文江都是自己的好朋友，两边都不加入，但实际站在张君劢一边。早期马克思主义者陈独秀、瞿秋白也参加了论战。

1923年底，上海亚东图书馆经理汪孟邹将收集到的关于科学与人生观论战的文章结集出版，并请其同乡、好友胡适和陈独秀各写一篇序言；几乎同时，上海泰东图书局推出大体相同的出版计划并请张君劢作序。这表明论战虽然基本结束，但实际又是论战的继续深入。

胡适一年前在北京政法专门学校做过关于科学人生观的讲演，观点与丁文江相同[1]。这次，在序言中坚决反对张君劢"科学不能支配人生观"和梁启超质疑"科学万能"，极为赞同吴稚晖提出的自然主义人生观，进一步提出根据天文学、物理学、地质学、生物学、生理学、心理学等科学知识所建立起来的科学人生观，不仅能够使人"驾驭天行"，"解释过去，预测未来"，而且它有美、有诗意、有道德的责任、有创造的智慧[2]。

陈独秀根据唯物史观对科学派坚决支持。他针对张君劢所举九项人生观不受科学支配的根据指出，"大家族主义和小家族主义""男女尊卑及婚姻制度""财产公有私有制度""守旧维新之争持"，乃至人性中"为我利他两种本能""悲观乐观见解之不同"等"种种不同的人生观，都为种种不同客观的因果所支配，而社会科学可一一加以分析的论理的说明，找不出那一种是没

---

[1] 胡明：《胡适传论》上，人民文学出版社2010年4月版，第539页。
[2] 胡适：《〈科学与人生观〉序》，张君劢等：《科学与人生观》，山东人民出版社1997年版，第25页。

有客观的原因，而由于个人主观的直觉的自由意志凭空发生的"。[1]他宣告："我们相信只有客观的物质原因可以变动社会，可以解释历史，可以支配人生观，这便是'唯物的历史观'。"[2]

这场论战无人裁决高下胜负。从声势看，科学派大胜，其直接效果有利于科学观念、科学精神在中国的普及，从而有利于人们思想启蒙。这表明两派相比，科学派更适应中国历史发展需要科学的主流要求，符合社会大多数人的愿望。李泽厚说："科学的、理性的人生观更符合当时变革中国的社会需要，更符合向往未来、追求进步的人们的要求。承认身、心、社会、国家、历史均有可确定、可预测的决定论和因果律，从而可以用以反省过期，预想未来。这种科学主义的精神、态度、方法，更适合于当时中国年轻人的选择。不愿再'返求诸己'回到修心养性的'宋学'，也不能漫无把握不着边际地空喊'意志自由''直觉综合'；处在个体命运与社会前途休戚攸关的危机年代，倾向于信仰一种有规律可循、有因果可寻，从而可以指导自己行动的宇宙——历史——人生观，是很容易理解的事。18、19世纪西方近代的科学及其精神和方法，对落后的中国，还是新鲜的和先进的东西，人们欢欣鼓舞地去接受它，是很自然的。"[3]

但张君劢及其支持者所提出的一些问题有重要价值，"例如认为科学并不能解决人生观问题，价值判断与事实判断有根本区别，心理、生物特别是历史、社会领域与无机世界的因果领域有性质的不同，以及对非理性因素的重视等等，比起科学派虽乐观却简单的决定论的观点论证要远为深刻，它更符合于20世纪的社会思潮"[4]。它表明，这是中国现代人本主义思潮同唯科学主义思潮的第一次旗鼓相当的正面理论交锋，张君劢等文化保守主义者们在西方科学

---

[1] 陈独秀：《〈科学与人生观〉序》，张君劢等：《科学与人生观》，山东人民出版社1997年版，第3—5页。
[2] 陈独秀：《〈科学与人生观〉序》，张君劢等：《科学与人生观》，山东人民出版社1997年版，第7页。
[3] 李泽厚：《中国现代思想史论》，东方出版社1987年版，第59页。
[4] 李泽厚：《中国现代思想史论》，东方出版社1987年版，第59页。

主义思潮山呼海啸铺天盖地涌入中国之际，通过对科学主义"的批判性思考在两个相关的方向上展开：在文化上，通过与西方文明的对比关系中建立中国文化的主体性，否定西方文明的普遍意义；在知识上，通过'科学与人生观'的二元分化，伦理学、心理学和其他社会科学逐渐地从自然科学的完整体系中分化出来，从而否定科学公例或科学规则的普遍意义，实际上是在知识的领域重建人的主体性"[1]，开创了中国现代新儒学的先河。

中国早期的马克思主义者在同这两方面思想的斗争、交流碰撞中迅速扩大了自己的阵地和影响。陈独秀对丁文江、张君劢两派都有所批评，他尖锐指出，张君劢所提各种人生观"找不出那一种是没有客观的原因，而由于个人主观的直觉的自由意志凭空发生的"[2]；胡适"明白主张心物二元论，张君劢必然大摇大摆的来向适之拱手道谢"，所以陈独秀提出：""唯物的历史观'是我们的根本思想，名为历史观，其实不限于历史，并应用于人生观及社会观"；同时唯物史观"并不是不重视思想、文化、宗教、道德、教育等心的现象之存在，惟只承认他们都是经济的基础上面之建筑物，而非基础之本身"。[3]这鲜明地展示了马克思主义的理论旗帜。

这场论战还有另外一种意义，就是"丁、张二人之主将地位赫然彰显，一时占住了舆论中心的地位"，特别是"丁文江本人的名声，远远超过了地质界，成为海内外知识界人人知晓的公共性的人物"；梁启超则对论战表示"最欢迎"；可见，这场论战有力地扩大了研究系的社会影响，从而"加剧了中国思想界三组鼎立（激进主义、自由主义、保守主义）之格局的形成。"[4]

---

[1] 汪晖：《现代中国思想的兴起》第二部下卷，生活·新知·读书三联书店2004年版，第1331—1332页。
[2] 陈独秀：《〈科学与人生观〉序》，张君劢等：《科学与人生观》，山东人民出版社1997年版，第5页。
[3] 陈独秀：《答适之》，张君劢等：《科学与人生观》，山东人民出版社1997年版，第29、30页。
[4] 欧阳哲生：《"科学与人生观"论战中的丁文江》，载耿云志等编：《开放的文化观念及其他——纪念新文化运动九十周年》，国家图书馆出版社2009年4月版。

六 学衡派攻击《新青年》

学衡派的酝酿准备,始于新文化运动初起之际。吴宓与汤用彤1915年冬在清华学校发起成立"天人学会",宣示以"融和新旧,撷精立极,造成一种学说,以影响社会,改良群志"[1]为宗旨。之后,留学美国的梅光迪与胡适围绕文学革命激烈辩论。1918年8月初,梅光迪在哈佛会见吴宓,"慷慨流涕,极言我中国文化之可宝贵","今彼胡适等所言所行之可恨";吴宓大有同感。[2]

1921年秋,梅光迪、吴宓、刘伯明、胡先骕、柳诒徵等8人,在吴宓寓所召开《学衡》杂志社全体社员大会。1922年1月,《学衡》杂志在南京高等师范创刊,吴宓任主编,由上海中华书局出版发行;至1933年7月停办,共出79期,1922年1月至1926年12月为月刊,其作者群被称为"学衡派"。

学衡派成员有以下几个特点:一是大多是归国留学生,尤其以美国留学生居多,不少人还获得美国名牌大学博士、硕士、学士学位。二是大多是高等院校教授,前期以东南大学为主,吴宓转任清华国学研究院主任后,转变为东大和清华并重。三是学贯中西,学术地位高。如刘伯明是著名哲学史家,梅光迪、吴宓是西洋文学史家,吴宓还是中国比较文学开山者,胡先骕是中国现代植物学奠基人之一,任中国植物学会首届会长。可见,学衡派成员出身经历、所受教育、从事职业和社会地位,都与以胡适为代表的新青年派多数成员旗鼓相当,作为文化保守主义一翼,与杜亚泉、梁漱溟、章士钊等几乎单枪匹马相比,阵容要强大得多。

《学衡》办刊宗旨:"研究学术,阐求真理,昌明国粹,融化新知。以中正之眼光,行批评之职责。无偏无党,不激不随。"[3]其中"昌明国粹,融化新知"为中心词,表明了与新青年派的鲜明对立。

---

[1] 转引自孙尚扬编:《国故新知论——学衡派文化论著辑要》,中国广播电视出版社1995年版,第3页。
[2] 吴宓著,吴学昭整理:《吴宓自编年谱》,生活·读书·新知三联出版社1995年版,第177页。
[3] 《简章》,《学衡》1922年第1期。

学衡派坚决反对新青年派的"不破不立""破旧立新"。吴宓认为，新、旧都不能作为判断是非优劣的标准，论学"不应拘泥于新旧，旧者不必是，新者未必非，然反是则犹不可"；以学问为例，如"历史、政治、文章、美术等，则或系于社会之实境，或由于个人之天才，其发达也，无一定之轨辙，故后来者不必居上，晚出者不必胜前"。[1]

他们反对新青年派以西方近现代文化取代中国现有文化，主张"兼取中西文明之精华"，做到"审查之能精与选择之得当"。[2]吴宓指责新青年派"惟选西洋晚近一家之思想，一派之文章，在西洋已视为糟粕，为毒酖者，举以代表西洋文化之全体"。[3]为此，学衡派大力传播了美国新人文主义大师白璧德的学说，本书前面已述评，在此不再重复。

学衡派反对《新青年》对孔子和儒家学说的批判。柳诒徵认为"中国近世之病源，在满清之旗人，在鸦片之病夫，在污秽之官吏，在无赖之军人，在托名革命之盗贼，在附会民治之名流政客，以迄地痞流氓"；"中国最大之病根"，"实在不行孔子之教"。[4]他们认为孔子是世界文化伟人，《学衡》创刊号在插图中将孔子与苏格拉底的画像并列刊出，表明对两大哲人同样尊崇。

学衡派反对新青年派用新道德代替旧道德。邵祖平认为，评价道德的标准应是真、善、美，而"新旧不过时期之代谢，方式之迁换，苟其质量之不变，自无地位之轩轾，非可谓旧者常胜于新者，亦不可谓新者常优于旧者"[5]。吴宓特别强调"道德之本为忠恕，所以教人以理制欲，正其言，端其行，俾百事各有轨辙，社会得以维持"，应"一定而不变"[6]。

学衡派否定提倡白话文、反对文言文的文学革命。吴方吉用中国文学中的

---

[1] 吴宓：《论新文化运动》，《学衡》1922年第4期。
[2] 吴宓：《论新文化运动》，《学衡》1922年第4期。
[3] 吴宓：《论新文化运动》，《学衡》1922年第4期。
[4] 柳诒徵：《论中国近世之病源》，《学衡》1922年第3期。
[5] 邵祖平：《论新旧道德与文艺》，《学衡》1922年第7期。
[6] 吴宓：《论新文化运动》，《学衡》1922年第4期。

大量成功例证逐条驳斥胡适《文学改良刍议》的"八不主义"。[1]胡先骕尖锐批评胡适等白话诗"皆仅为白话而非白话诗","《尝试集》之价值与效用,为负性的"。[2]

梅光迪直斥提倡新文化者对"于欧西文化,无广博精粹之研究。故所知既浅,所取尤谬","杜威、罗素,为有势力思想家中之二人耳,而彼等奉为神明,一若欧美数千年来思想界,只有此二人者"。[3]

在此,梅光迪等的矛头直接指向《新青年》营垒,而"杜威""白话诗"等词语则暗示主要攻击目标是胡适,言辞语气已全无平心静气的学者风度,充满了尖酸刻薄的谩骂与诋毁。

学衡派正式公开亮出旗帜之际,新文化运动已进入深入发展阶段,特别是文学革命已从北京向外辐射到全国各地,白话文运动已呈不可阻挡之势。郑振铎事后说,学衡派"站在'古典派'的立场来说话了。他们引致了好些西洋的文艺理论来做护身符。声势当然和林琴南、张厚载们有些不同,但终于'时势已非',他们是来得太晚了一些。新文学运动已成了燎原之势,决非他们的书生的微力所能撼动其万一的了"[4]。

所以,《学衡》对新文化运动的"鏖战",当时并未引起新青年派乃至文化界多数人的重视。深知学衡派内情底细的胡适只简单回应说,《学衡》的特点是"学骂","《学衡》的议论,大概是反对文学革命的尾声了。我可以大胆说,文学革命已过了讨论的时期,反对党已破产了"[5],根本没有与学衡派针锋相对论战的意向。陈独秀、李大钊已全身心投入中国共产党的紧张工作,无暇对学衡派正面回应。新青年派主将中,只有鲁迅在《晨报》副刊上发表了一篇杂文《估〈学衡〉》,提出他们"实不过聚在'聚宝之门'左近的几个假古董所放的假毫光;虽然自称为'衡',而本身的称星尚且未曾钉

---

[1] 吴芳吉:《再论吾人眼中之新旧文学观》,《学衡》1923年第21期。
[2] 胡先骕:《评〈尝试集〉》,《学衡》1922年第1、2期。
[3] 梅光迪:《评新文化提倡者》,《学衡》1922年第1期。
[4] 郑振铎编选:《文学论争集》,良友图书印刷公司1935年版,导言第13页。
[5] 《五十年来之中国文学》,《胡适文集3·胡适文存二集》,北京大学出版社1998年版,第262页。

好,更何况他所衡的轻重的是非。所以,决用不着较准,只要估一估就明白了"。然后——具体指出了《学衡》创刊号上"乌托之邦"等明显语病,嘲笑学衡派"于旧学并无门径",甚至"字句未通",而"这种东西也居然有发表的勇气"。[1]新文化营垒的年轻一代中,只有北大学生罗家伦在《新潮》杂志发表《驳胡先骕君的〈中国文学改良论〉》。其实,学衡派对杂志出版可能遭冷遇早有预感。胡先骕的长篇论文《评〈尝试集〉》在《学衡》创刊两年前已经写成,但"历投南北各日报及各文学杂志,无一愿为刊登,或无一敢为刊登"[2]。

综合学衡派以上所述言论活动,与新青年派相比,可以取得两方面认识。一方面,新青年派适应时代的要求,围绕中国已往学习西方先进文化、冲破封建主义文化这个中心,高举"提倡民主、反对专制","提倡科学、反对迷信","提倡白话文、反对文言文"三大旗帜,不仅开创了中国文化现代化的新纪元,而且推动了政治革命和社会全面进步。尽管他们在中西文化等各种问题上存在种种偏差,但其方向和主流不能否定。学衡派却力图引进主要针对美国资本主义文明的科学主义弊端,但在美国文化界不占主流的白璧德主义,用孔子学说和柏拉图学说等中西古代文化学说,重构中国文化,显然游离于中国文化发展的主流,遭受文化界多数人的冷落。吴宓就有"歌成不为时人听"[3]的感慨。

另一方面,从正确处理中西文化关系乃至新道德、新文学建设等诸多学理、微观层次看,学衡派有很多重要甚至是独步一时的建树。其所论文化的新旧、中西、模仿与创新关系等,道德的根本与枝叶、继承与变革关系等观点,就不仅至少可以起到对五四新文化运动(特别是新文学运动)过分否定传统文化等的纠偏作用,而且对至今的中国现代文化建设富有启发。这是学衡派后来越来越引起中国文化界重视的内在根据。

---

[1] 鲁迅:《估〈学衡〉》,《晨报副刊》1922年2月9日。
[2] 吴宓著,吴学昭整理:《吴宓自编年谱》,生活·读书·新知三联书店1995年版,第229页。
[3] 吕效祖:《吴宓诗及其诗话》,陕西人民出版社1993年版,第251页。

七 文化保守主义的历史地位

关于五四时期文化保守主义的历史评价,目前海内外学术界基本有三种观点:一是新文化运动的反对派,与林琴南、辜鸿铭为代表的封建顽固派无二致;二是新文化运动的参加者,与以陈独秀、胡适为代表的新文化运动先驱者的区别在于主流派与非主流派;三是介于新文化运动的参加者和反对派之间,既不是新文化派,也与封建顽固派有区别,是新文化运动的批评者。

笔者同意第二种观点。首先,他们不反对新文化运动的两面大旗——民主和科学。关于民主,五四时期新青年派提倡民主的重点不是联系现实政治制度,而是以反对封建纲常礼教,强调个性解放、思想自由为重点,文化保守派对此总体上积极拥护。杜亚泉明确主张人格独立、个性解放,应接受西方"不自由勿宁死"的思想,"从思想上根本变革",造成"完全之人格"。[1] 梁启超一贯主张个性解放、思想自由,他在《欧游心影录》中呼吁,中国"今日第一要紧的",是发展个性,而"要个性发展,必须从思想解放入手",那就是"当运用思想时,绝不许有丝毫先入为主的意见束缚自己",应"任凭青年纵极他的思想力,对于中外古今学说随意发生疑问,就是闹得过分有些'非尧舜,薄汤武',也不要紧"。[2] 梁漱溟尖锐指出,古代礼法教条"数千年以来使吾人不能从种种在上的权威解放出来而得自由,个性不得伸展,社会性亦不得发达,这是我们人生上一个最大的不及西洋人之处"[3]。张君劢强调"中国旧文化腐败已极,应有外来的血清剂来注射他一番。故西方人生观中如个人独立之精神,如政治上之民主主义,加科学上之实验方法,应尽量输入。如不输入,则中国文化必无活力"[4]。章士钊对中国先进青年在五四运动高潮

---

[1] 杜亚泉:《死之哲学》,《东方杂志》第15卷第3号。
[2] 梁启超:《欧游心影录》,《饮冰室合集·专集之二十三》,中华书局1939年版,第24—26页。
[3] 梁漱溟:《东西文化及其哲学》,上海人民出版社2006年版,第145页。
[4] 张君劢:《欧洲文化之危机及中国新文化之趋向》,《东方杂志》第19卷第3号。

中表现出来的民主主义觉醒高度赞扬,1919年9月在上海寰球学生会演说中指出,近日学生及团体之运动,即不肯把国家付与二三卖国者之手,而求其自决之萌芽。北京学生代表马骏为学生中的拿破仑,可与美国之威尔逊相比。[1]可见,从总体上看文化保守派对中国纲常名教束缚禁锢人民遗毒的批判也极其坚决。

对于科学,文化保守派充分肯定,大力宣传。杜亚泉逝世后,《东方杂志》悼文说,他"是中国科学界的先驱,不但在其早年生活中,对于自然科学的介绍,尽了当时最大的任务,此外在政治学、社会学、语言学、哲学方面,先生亦致力于科学思想的灌输"。[2]蔡元培赞扬他"以科学方法研求哲理,周详审慎,力避偏宕"。梁启超在《欧游心影录》中郑重表示"绝不承认科学破产"。章士钊1917年在日本东京应中国留学生之邀发表演讲明确提出,"知识永远贫乏,国家即从根本上不能救济,所有别种救国的手段,都是皮毛,决不中用"。[3]梁漱溟在《东西文化及其哲学》中一再肯定"科学方法及其所成就,则是天下的公器","没有个人或民族的关系在内",中国引进西方的科学和民主"完全是对的","是当今所急的,否则我们将永此不配谈人格,我们将永此不配谈学术"。[4]张君劢认为,"欧洲之科学方法与社会运动足以救吾国旧文明之弊"[5]。学衡派大力引进传播美国白璧德等新人文主义,强调"欲以欧西文化之眼光,将吾国旧学重新估值"[6]。

其次,文化保守派文化建设思路与新青年派总体殊途同归。1919年12月出版的《新青年》发表陈独秀起草的《本志宣言》提出:"我们想求社会进化,不得不打破'天经地义'、'自古如斯'的成见;决计一面抛弃此等旧观念,一面综合前代贤哲和我们自己所想的,创造政治上、道德上、经济上的新观

---

[1] 转引自白吉庵:《章士钊传》,作家出版社2004年版,第135页。
[2] 转引自《追悼杜亚泉先生》,《东方杂志》第31卷第1号。
[3] 转引自白吉庵:《章士钊传》,作家出版社2004年版,第121页。
[4] 转引自梁漱溟:《东西文化及其哲学》,上海人民出版社2006年版,第192—193页。
[5] 张君劢:《学术方法上之管见》,《改造》第4卷第5号。
[6] 胡先骕:《论批评家之责任》,《学衡》1922年第3期。

念，树立新时代的精神，适应新社会的环境。"此处"前代贤哲"显然囊括中西，是意味深长的。胡适提出的新文化纲领性是"研究问题，输入学理，整理国故，再造文明"。两人共同点是改变了新文化运动初期以新代旧、以西代中的单向思路，实际是明确提出了综合中西古今文化创造新文化的基本思路。胡秋原认为，这是新青年派超越中西之争，提出了"主张综合新旧创造新文化的宣言"，代表了五四思想水准的高峰[1]；有学者认为这是新文化运动由"五四"前的以思想启蒙为主题转向以文化复兴为主题的标志[2]，都符合历史实际。东方文化派如杜亚泉主张的"东洋文化和西洋文化结合产生未来的新文化"[3]，梁启超提出的中国文化建设"四步说"纲领[4]、梁漱溟引进西方科学学术说、学衡派所提出的"研究学术，阐求真理，昌明国粹，融化新知"等等，都贯穿与陈独秀、胡适综合中西古今文化创造新文化说根本上相同的文化建设基本思路。

最后，文化保守派对新文化运动的态度看，总体上实质上是持积极的纠偏补台立场。他们针对新文化运动，针对新青年派中西新旧文化不能相容，否定中国传统文化、传统道德、古代文学等过激偏颇之处等尖锐批评，都有为新文化运动纠偏固正的苦心。杜亚泉是心平气和地提出纠正意见和建议。梁漱溟一直自认是新文化运动的同道，多次表白：胡适和陈独秀把自己看成了"他们的障碍物，障碍了"他们的思想革新运动，自己十分难过，"胡、陈所作所为都是对的，都是好极的，他们在前努力，自己是来吆喝鼓励他们"，自己和他们是"一伙子"。[5]1922年，胡适主持起草著名的《我们的政治主张》，蔡元培、李大钊等16位著名学者列名其上，其中就有梁漱溟。梁启超一直积极支持参加新文化运动，作为主要负责人之一，积极邀请杜威、罗素、杜里舒、泰戈

---

[1] 胡秋原：《评介五四运动史》，载萧延中等编：《启蒙的价值与局限——台港学者论五四》，山西人民出版社1989年版，第11—12页。
[2] 洪峻峰：《思想启蒙与文化复兴——五四思想史论》，人民出版社2006年版，第26页。
[3] 杜亚泉：《人生哲学》，商务印书馆1929年版，第154页。
[4] 梁启超：《欧游中之一般观察及一般感想》，载蔡尚思主编：《中国现代政治思想史资料简编》第一卷，浙江人民出版社1986年版，第236页。
[5] 梁漱溟：《答胡评〈东西文化及其哲学〉》，《晨报副镌》1923年11月14日。

尔来华讲学，积极推动《晨报》副刊和《时事新报》改革。学衡派攻击新文化运动，激烈批评胡适过分贬低包括古体诗在内的古典文学，其实反对的是胡适掌握了主流文化的话语权，甚至话语霸权，力图取而代之。这同根本上反对、否定这个运动的林纾等本质上完全不同。实际这些批评亦有直接成效，陈独秀肯定"前代贤哲"，胡适提出"再造文明"等16字新文化纲领，均在1919年11月至12月，不难推断同杜亚泉、章士钊等此前对新青年派就新旧古今文化的争论当有些许联系。

之所以如此，根本原因有二。一是双方根本政治立场有相通之基本点、价值观。文化保守主义代表人物中，除章士钊一人自1924年11月起一度依附段祺瑞临时执政府担任司法总长、教育总长、秘书长，站在国民革命群众运动对立面外，文化保守派多数人与新青年派一样，政治上都是爱国的进步的自由主义者，一切文化言论活动尽管有这样那样的偏颇，但都是为了一个民族振兴、国家独立富强、世界文化发展、人类共同进步的远大目标。他们激烈的文化主张里，荡漾着与新文化运动先驱者一样的爱国主义的共同旋律。二是受五四时期的文化氛围制约，诚如有学者指出的，当时"整个社会存在着一种自由讨论的气氛，那么，无论是怎样偏激的学术派别都是无害的，它只能有助于全社会更深刻地寻找到黑格尔意义上的'合题'"。[1]这未必、甚至完全不是他们的初衷，但最重要的客观效果、长远的历史影响确实如此。

---

[1] 《北大学统与五四传统——历史的另一种可能性》，《刘东自选集》，广西师范大学出版社2007年版，第205页。

第十三章　社会改造的思想论战

拒签巴黎和约后，中国社会如何改造、中国向何处去的问题日渐凸显，成为中国文化界、思想界众所瞩目的问题。北大新潮社骨干罗家伦说："德约虽然拒签，而山东问题还未见了结；曹章陆虽罢免，而继任曹章陆者为何人，国人自能知之。"[1]对此，中国新文化运动中各个派别及其代表人物因为政治立场和文化观念的不同，对现实问题和未来发展理想等方面迅速产生了新的错综复杂的矛盾，总体上突出表现为以下异同。

其相同处在，以李大钊、陈独秀为代表的共产主义思想知识分子群体，以胡适为代表的亲英美派知识分子，以梁启超为首的研究系，以孙中山、蔡元培、戴季陶、胡汉民为代表的革命民主派，以黄凌霜、区声白等无政府主义者等政派，都坚持反对日本等列强大肆扩大在华侵略权益和北洋军阀政府对内专制、对外妥协的统治政策，都持有不懈地争取中国国家独立、民族解放的政治立场；都坚持反对封建腐朽没落文化，推进中国、特别是文化现代化的立场。这就决定了"五四"后，反帝爱国运动统一战线和新文化统一战线在很长时间仍然存在；上述各派及其代表人物，都仍是反帝反封建军阀和反对封建主义腐朽文化的盟友。

其差异、矛盾乃至对立则是在政治方向和文化方向大体一致的前提下，在如何进行反帝反封建政治斗争和反封建文化的革命，以及未来中国发展的政治理想和文化目标等重大问题上的差异、矛盾。这些差异、矛盾、斗争均围绕反

---

[1]　罗家伦：《一年来我们学生运动底成功失败和将来应取的方针》，《新潮》第2卷第4号。

帝爱国运动和新文化运动的主导地位和发展方向而进行。其实质是中国无产阶级、小资产阶级和资产阶级、政派及其代表都要求按照自己的世界观改造中国，改造世界。

所以，"五四"后，新文化阵线内部的思想分歧、理论论争，不仅全面、具体、生动地展示了中国社会转型期、全面现代化起步关键期的文化格局，而且展示了中国由旧民主主义革命转向新民主主义革命的政治格局和演变历程，全面、持久地影响和制约着迄今为止的中国革命、建设、改革和现代化的历史进程。至今中外不少文化论著仍有中国是否走出五四运动等种种议论，关键在此。

一　指针之争——问题与主义论战

"五四"后，各种外国新学说、新思潮更加迅速地在中国广泛传播开来，其中之一就是社会主义。冯自由说："这回欧洲大战后的结果，社会主义的潮流，真有百马奔腾之势，睡在鼓里的中国人便也忽然醒觉，睡眼惺忪的不能不跟着一路走。现在社会主义一句话，在中国是最时髦的名词了。"[1]

新青年营垒内为此争议很大。1919年1月27日，钱玄同在日记中写道："《新青年》为社会主义的问题已经有了赞成和反对两派的意见，现在《每周评论》上也发生了这个争论。"[2]这句话分量很重。因为钱玄同是新青年营垒中骨干人物之一，同陈独秀、胡适、李大钊关系都很密切，深知《新青年》《每周评论》两个编辑部的内幕。所以，"两派"之说无疑有力地揭示了《新青年》《每周评论》内部反对社会主义的非胡适一人；主张社会主义的也不只有李大钊；也可以自然得出问题与主义论战双方主将胡适、李大钊都并非只代表个人，都是有备而来的结论。最近几年有些学者断定胡适在问题与主义论战

---

[1] 转引自杨奎松等：《海市蜃楼与大漠绿洲》，上海人民出版社1991年版，第127页。
[2] 《钱玄同与胡适》，载杨天石：《哲人与文士》，中国人民大学出版社2007年版，第555页。

时并不反对马克思主义或社会主义,笔者认为有悖历史实际。

1919年7月20日,胡适在《每周评论》上发表《多研究些问题,少谈些主义》,明确提出:

第一,反对空谈"好听的""外来的""偏向纸上的"主义,"凡'主义'都是应时势而起的","初起时大都是一种救时的具体主张,后来这种主张传播出去,传播的人要图简便,便用一两个字代表这种具体的主张,所以叫他做'某某主义'。主张成了主义,便由具体的计划,变成一个抽象的名词。'主义'的弱点和危险就在这里。因为世间没有一个抽象名词能把某人某派的具体主张都包括在里面"。在此,胡适把主义同具体主张对立起来,认定主义一旦形成,具体主张便无法存在。

第二,应该"多多研究这个问题如何解决,那个问题如何解决,不要高谈这种主义如何新奇,那种主义如何玄妙",更不要谈社会改造的"根本解决"。他说,"我们不去研究人力车夫的生计,却去高谈社会主义;不去研究女子如何解放,家庭制度如何救正,却去高谈公妻主义和自由恋爱;不去研究安福部如何解散,不去研究南北问题如何解决,却去高谈无政府主义;我们还要得意扬扬夸口道,我们所谈的是根本'解决'。老实说罢,这是自欺欺人的梦话,这是中国思想界破产的铁证,这是中国社会改良的死刑宣告"。在此,胡适站在改良主义立场上,表明了对包括陈独秀、李大钊的主张对中国社会进行"根本改造"的政治激进主张的强烈不满。当然,胡适不满的,也包括无政府主义者以及奢谈民生主义的安福部首领王揖唐等人。

胡适的文章引起马克思主义者李大钊和研究系《国民公报》主编蓝公武的反驳。1919年8月3日,蓝公武在《每周评论》上发表《问题与主义》指出:"问题与主义,并不是相反而不能并立的东西",主义是"多数人共同行动的标准,或是对于某种问题的进行趋向或是态度",主义的"最重要部分"是理想。主义抽象不是什么缺点、危险,主义"范围愈广,他的抽象性亦愈大。因为抽象性,而涵盖力可以增大","归依的人数自然愈增多","自来宗教上,道德上,政治上,主义能鼓动一世,发生极大效力","做各部分人的共同的趋向"。

1919年8月17日，李大钊在《每周评论》上发表《再论问题与主义》，运用唯物史观，结合中外实际反驳胡适。他指出"'问题'与'主义'有不能十分分离的关系。因为一个社会问题的解决，必须靠着社会上多数人共同的运动"，这就要"多数人先有一个共同趋向的理想、主义"，"所以我们的社会运动，一方面固然要研究实际的问题，一方面也要宣传理想的主义，这是交相为用的，这是并行不悖的"。李大钊强调，"大凡一个主义，都有理想和实用两面。例如民主主义的理想，不论在哪一国，大致都很相同。把这个理想适用到实际的政治上去，那就因时因所因事的性质情形，有些不同"。这些论断极为重要，这实际是在中国第一次初步但明确地提出了马克思主义理论必须与中国实际相结合的重要思想。

李大钊旗帜鲜明地举起了布尔什维克主义即马克思主义的旗帜。他说"我总觉得布尔扎维克主义的流行，实在是世界文化上的一大变动。我们应该研究他、介绍他。把他的害（实）象昭布在人类社会"，"在别的资本主义盛行的国家，他们可以用社会主义做工具，去打倒资本阶级。在我们这不事生产的官僚强盗横行的国家。我们也可以用他做工具，去驱除这一班不劳而生的官僚强盗"。

李大钊进一步斩钉截铁地断言，对"没有组织没有生机的社会"，"必须有一个根本解决，才有一个一个的具体问题都解决了的希望。就以俄国而论，罗曼诺夫家没有颠覆、经济组织没有改造以前，一切问题丝毫不能解决，今则全都解决了"。

李大钊具体说明了社会改革中"根本解决"的途径，即经济革命与阶级斗争的关系。他说："经济问题的解决，是根本解决。经济问题一旦解决，什么政治问题、法律问题、家族制度问题、女子解放问题、工人解放问题都可以解决。可是专取这唯物史观（又称历史的唯物主义）的第一说，只信这经济的变动是必然的、不能免的，而于他的第二说，就是阶级斗争说，了不注意，丝毫不去用这个学理当作工具，为工人联合的实际运动，那经济的革命、恐怕永远不能实现。就能实现，也不知迟了多少时期。有许多的马克思派的社会主义学者，很吃了这个观念的亏"，"这实在是现在各国社会党遭了很大危机的主要原因"。李大钊这是提醒人们，必须吸取第二国际背叛无产阶级革命事业的教训。

因为《每周评论》在1919年8月31日被北京政府强行封闭，"问题"与"主义"论战暂停一段，但实际还在继续。胡适不仅接着写了《三论问题与主义》《四论问题与主义》，还在1919年12月发表《新思潮的意义》一文，提出以"研究问题，输入学理，整理国故，再造文明"的新文化纲领，"研究问题"为其第一要义，实际是为全文的中心。"输入学理"是为"研究问题"服务的。他说："研究问题的人，势不能专就问题本身讨论，不能不以那问题的意义上着想；但是问题引申到意义上去，便不能不靠许多学理参考比较的材料，故学理的输入往往可以帮助问题的研究"。一般而言，这个观点是正确的。任何学说都是因为适应中国社会的需要，能帮助解决中国实际问题才会被中国人民接受。但胡适在一般地肯定《新青年》的"马克思主义专号"是"输入学理"，后又直接批评"凭空介绍一种专家学说"，如马克思的"赢余价值论"，就"没有人讨论，没有人反对"，"不能引起人注意"，"除了少数专门学者之外，决不会发生什么影响"，"十篇'赢余价值论'不如一点研究的兴趣"。[1]

李大钊当时没有立即直接回应胡适对马克思剩余价值学说的批评，但实际上在继续学习、研究并大力传播马克思剩余价值学说。1920年1月，他在《新青年》第7卷第2号发表《由经济上解释中国近代思想变动的原因》；1922年2月19日，在北大马克思学说研究会上作题为《马克思的经济学说》的演讲，集中介绍了马克思的剩余价值学说，详细阐述了马克思如何揭破"资本家取利的方法"，"资本家的秘密"。[2]这实际是毫不含糊地回应了胡适的批评。

---

[1] 胡适：《"新思潮"的意义》，《新青年》第7卷第1号。
[2] 《马克思的经济学说》，《李大钊文集》下，人民出版社1984年版，第543页。

这场论战的社会影响如何？绝大多数新文化运动积极参加者对这场争论持正面看法，认为双方都有道理，主义和问题都值得重视，二者缺一不可。与胡适一直关系十分密切的蒋梦麟，经胡适特向他说明自己主要是阐发实验主义后没表示支持，而说"问题是达主义的方法、主义是研究问题的指南针"[1]。北大学生、终生师事胡适的罗家伦认为"问题当与主义并重"[2]。论战时被军阀监禁的陈独秀在1920年12月1日说："主义制度好比领航的方向，领航不定方向，若一味盲目地努力，向前碰在礁石上，向后退回原路都是不可知的。我敢说，改造社会和行船一样，定方向和努力二者缺一不可。"[3]毛泽东于1919年9月在长沙拟发起成立"问题研究会"[4]，起草了《问题研究会章程》，在章程中既主张"在各种问题研究之先，须为各种主义之研究"，又提出了"社会主义如何实施""领事裁判权取消"等中国社会改造的重大原则问题，从而体现出学习、传播马克思主义，根本改造中国社会的意向；又吸取胡适重视社会具体问题、注重解决问题实践的思想，提出了类似胡适所提出的"大总统权限""女子解放"等其他大大小小、林林总总140多个问题。北大国民社骨干、平民教育演讲团的核心人物之一邓中夏接到毛泽东寄来的《问题研究会章程》，把它推荐到《北京大学日刊》，1919年10月23日刊出。同时发表《邓康（即邓中夏——笔者注）启事》说："我的朋友毛君泽东，从长沙寄来问题研究会章程十余张。在北京的朋友看了都说很好，有研究的必要。各向我要了一份去。现在只剩下一份，要的人还不少，我借本校日刊登出，以答关心现代问题解决的诸君的雅意"。以上种种议论，都很难得出他们在胡适、李大钊之间偏向一方的结论。

论战在青年社团内部不断延伸。1920年1月初，长沙新民学会会员围绕学会宗旨及如何实行宗旨热烈讨论，实际继续"问题与主义之争"。毛泽东、何

---

[1]　《星期评论》1919年10月10日。
[2]　志希：《评〈解放与改造〉》，《新潮》第2卷第2号。
[3]　陈独秀：《主义与努力》，《新青年》第8卷第4号。
[4]　关于问题研究会是否成立，此处采用李锐在《毛泽东的早期革命活动》认为没成立的说法；另有赵映林：《温故（之九）》，广西师大出版社2012年版，提出毛泽东"组织了问题研究会"。

叔衡等主张学俄国十月革命,一再强调"吾人有讲主义之必要,讲主义不是说空话","言教育,言实业,须有主义,须用劳农主义。诊病须从根本入手,一点一滴,功迟而小","所谓劳农主义。用阶级专政的方法,是可以预计效果的,故最宜采用"。主张渐进改良的,认为"宜点滴改造。从现时现地做起。注重教育实业","时间上积渐改进;空间上积渐改进"。[1]1920年6月,旅法勤工俭学新民学会会员13人和一些工学励进会员在蒙达尼连开5天会议,确定新民学会的方针为"改造中国与世界"。但对如何改造分歧严重:以蔡和森为代表,主张激烈的革命,组织共产党,实行无产阶级专政,即仿效俄国革命;萧子升等主张温和的革命即无政府主义的蒲鲁东的方法,实质是资产阶级改良主义。[2]他们分别写信征求国内会员意见,毛泽东在给罗章龙等回信中申明,中国改造"固然要有一班刻苦励志的'人',尤其要有一种为大家共同信守的'主义',没有主义,是造不成空气的。我想我们学会,不可做徒然人的聚集,感情的结合,要变为主义的结合才好。主义譬如一面样子,旗子立起了,大家才有所指望、有所趋赴"[3]。寥寥数语,道出了新民学会中一批共产主义知识分子深入思考问题与主义的思想轨迹和认识升华。

1920年8月16日,周恩来等天津觉悟社在京会员邀请北京宗旨相同的人道社、曙光社、青年互助团和少年中国学会20余人在陶然亭开茶话会。李大钊的讲话"提议各团体标明本会主义之必要,盖主义不明,对内即不足以齐一全体之心志,对外尤不足以与人为联合之行动"[4]。会后五团体发表了《联合改造宣言》,提出"本联合结合各地革新团体,本分工互助的精神,以实行社会改造"[5],实际没有接受李大钊主张,仍坚持少年中国原有宗旨;李大钊也没有把自己的意见强加于人。可见,胡适坚持的实验主义和李大钊坚持的马克思主义都造成了广泛影响,很难分清胜负高下。

---

[1] 《新民学会会务报告(第二号)》,《新民学会资料》,人民出版社1980年版,第23—27页。
[2] 李维汉:《回忆新民学会》,《新民学会资料》,人民出版社1980年版,第477页。
[3] 《新民学会资料》,人民出版社1980年版,第97页。
[4] 《学会消息》,《少年中国》第2卷第3期。
[5] 《联合改造宣言》,《少年中国》第2卷第5期。

但是，相比于论战前，两方各自的社会影响又是如何变化的呢？显然是李大钊所坚持的马克思主义相对扩大更为突出。因为论战前，由于美国对华总体态度友好，杜威来华并到各地讲学，胡适、蒋梦麟、陶行知等人的大力宣扬，新闻界全面报道等，及其实验主义本身的内在特质，使实验主义在中国威望正盛，如日中天。《新青年》和《新教育》杂志，《晨报》《民国日报》《大公报》（长沙）等大报纷纷刊载杜威讲演或专号，《湘江评论》《天津学生联合会报》等学生刊物都认其为"科学思想"。马克思主义传播主体、传播渠道、传播对象、声势影响等则与之无法相比，李大钊的社会影响和政治、学术威望也明显远远不及胡适。但论战后，李大钊的《再论问题与主义》和《新青年》"马克思主义专号"中《我的马克思主义观》发表，标志马克思主义的理论旗帜如朝阳般在全国生机勃勃、锐不可当地冉冉升起。两篇文章各有特色，前者以马克思主义为指导思想考察中国现实，旗帜鲜明地对五四运动高潮后全国文化界、思想界瞩目的中国社会如何改造这一问题拿出了系统、深刻的纲要性答案；后者正面介绍了马克思主义理论体系的三个组成部分，展示了中国共产主义者在其后半个多世纪的英勇奋斗的理论根据，实际是与全国影响最大的实验主义鲜明对阵，可谓气势如虹、总揽全局。如同胡适是中国实用主义的代表人物，李大钊从此作为中国马克思主义的主要代表人物为全国文化界、思想界所了解认识，迅速成为新文化运动中与胡适并驾齐驱的中国无产阶级的第一个文化巨人，是马克思主义中国化的第一位开拓者。

正是沿着李大钊指明的方向，陈独秀、毛泽东、周恩来、邓中夏等一批曾经热情认同实验主义为科学指导思想的人逐渐但是迅速地在马克思主义指出的革命道路上不断奋进。其中，陈独秀的社会影响最大，因为他是各界公认的新文化运动的第一旗手和第一主将，其思想的明显转变本身就是马克思主义在中国地位迅速提升、影响迅速扩大的标志。

还应指出，问题与主义论战构成了中国近现代史上一个思想碰撞、理论论战的转折点。此前思想、文化论战除极少是属于封建地主阶级代表人物同资产阶级代表人物间的论战，如林纾同蔡元培的论战等；大都都是资产阶级知识分子之间的内部之争,如1905年前后资产阶级的革命派同改良派论战等。问题与主义论战则不同,是中国新兴的无产阶级代表运用世界无产阶级的科学理论武器同资产阶级代表人物的思想论战。而且李大钊以彻底务实的革命精神,直面中国社会现实,勇敢抓社会主要矛盾的战略思维,回应时代命题,为全国、为后人树立了崭新的理论风范。这充分表明资产阶级在中国思想界占主导地位的一统天下从此开始被彻底打破,中国革命和现代化进程开始进入崭新的历史阶段。

当然,必须明确肯定,李大钊、蓝公武和胡适都是五四运动的战友,是彻底反封建主义文化革命的盟友,他们之间的论战,完全是当时政治、文化革命统一战线的内部问题。双方不仅坚持自己的政治立场、理论原则,而且同时都表现出坦率诚恳、认真考虑、积极吸取对方合理意见的意向。李大钊说:"承认我们最近发表的言论,偏于纸上空谈得多,涉及实际问题的少。以后誓向实际的方面去作,这是读先生那篇论文后发生的觉悟。"[1]胡适在《四论问题与主义》中,虽然仍坚持断言唯物史观派偏向申明"阶级的自觉心",造成资本家、劳动者成为不能并立的敌人,"使历史上演出许多不须有的惨剧";但也承认唯物史观"指出物质文明与经济组织在人类进化社会史上的重要,在史学上开一个新纪元,替社会学开无数门径,替政治学开许多生路;这都是这种学说所涵意义的表现,不单是这学说本身在社会主义运动史上的关系了。这种唯物的历史观,能否证明社会主义的必然实现,现在已不成问题"。[2]论战之后,双方仍坚持自己的思想方向前进,但仍然保持政治上的合作与密切的私人友情。1922年,胡适写完著名的《我们的政治主张》时,正值夜半,他第一个打电话邀请签名支持的就是李大钊。李大钊也欣然响应。1933年春,北平中共

---

[1] 李大钊:《再论问题与主义》,《每周评论》1919年8月17日。
[2] 《问题和主义》,姜义华主编、章清编:《胡适学术文集·哲学与文化》,中华书局2001年版,第519—520页。

地下党组织了李大钊遗体安葬仪式，胡适参加了送葬队伍[1]。

二 道路之争——社会主义论战

张东荪在五四运动和新文化运动中俱称健将[2]；很长一段时间，早期马克思主义者视其为社会主义同道。1920年三四月间，陈独秀在组织创立上海的中国共产党早期组织时，一度诚恳邀请张东荪参加秘密聚会，但张东荪很快退出。因为张东荪虽然宣称"资本主义必倒而社会主义必兴"，[3]但他认为布尔什维克主义"是过激主义"[4]，"不来中国则已，来则必无法救药"[5]。可见他与早期马克思主义者分歧严重。数月后，这些矛盾公开化，迅速引发波及全国、影响深远的"社会主义论战"。

1920年10月，张东荪与吴稚晖等陪同罗素到湖南演讲，"湖南经济的落后，官吏的横行等现实，给张东荪留下了非常深刻的印象"[6]。张东荪回到上海后，于11月6日在《时事新报》上发表《由内地旅行而得之又一教训》，提出"救中国只有一条路，一言以蔽之，就是增加富力。而增加富力就是开发实业"，"空谈主义必无结果"。

张东荪从一向大谈社会主义忽而转向大谈"开发实业"，自然引起文化思想界、舆论界的关注。陈独秀已经是中共上海早期组织的领导人，对此当然绝不会无动于衷，便在1920年12月出版的《新青年》第8卷第4号上开辟"关于社会主义的讨论"专栏，刊出了上述文章及张东荪和陈独秀往来信件等共13篇。

---

[1] 《李时雨回忆录：敌营十五年》，南海出版社2012年版，第83页。另，笔者在1999年北大纪念五四运动八十周年北大国际研讨会期间，曾问《胡适传论》作者胡明先生："胡适是否参加了1933年春的李大钊葬礼？"他回答："参加了，但队伍到甘石桥，地下党打出红旗，送葬变成了游行示威，胡适等就离开了。我访问过有关人。"
[2] 《五四运动中的张东荪》，载张德旺：《在向新民主主义革命转变的历史起点——五四及其政派研究》，哈尔滨工业大学出版社2009年版。
[3] 东荪：《一个申说》，《改造》第3卷第6号。
[4] 张东荪：《世界共同之一问题》，《时事新报》1919年1月15日。
[5] 张东荪：《世界共同之一问题》，《时事新报》1919年1月15日。
[6] 左玉河：《张东荪传》，红旗出版社2009年版，第82页。

知晓底里的陈望道、李达、邵力子等积极参加论战。

1920年12月15日,张东荪在《改造》第3卷第4号上发表题为《现在与将来》的长文。之前,张东荪先寄天津向梁启超征求意见。梁启超完全赞成,并很快写出题为《复张东荪书论社会主义运动》的长文,发表在1921年2月15日出版的《改造》第3卷第6号。论战从此全面展开。

如何认识国情?张东荪等认为国情决定中国根本不可能也不应该走苏俄社会主义之路,而只能走发展实业的资本主义道路。张东荪说,中国现在的问题是"四病":"内地大多数人民无知识,和原始人类的状态所差未必甚大"的"无知病";"大多数人民困于生计,因本来物产不丰,加以连年天灾人祸,以致愈贫"的"贫乏病";"自民国以来,连年内乱,以致兵匪愈增多"的"兵匪病";"自前清以来,关税、外交完全失败,外国的国家主义与资本主义合而为一,以压倒中国"的"外力病"。[1]结论是中国"不能发生社会主义的运动"。[2]

梁启超则依据中国社会阶级结构提出,"社会主义所以不能实现于今日之中国者,其总原因在于无劳动阶级"。因为"劳动阶级""狭义的解释,则专指在新式企业组织之下佣工为活的人。而社会运动之主体,必恃此狭义的劳动阶级。中国则此狭义的劳动者未能成为阶级";而"农民及散工,次第失其业者日众"正大量变为"游民",而游民"决不可以为社会运动之主体",如果有"游民阶级之运动,只有毁灭社会";"若利用游民以行社会主义运动,其结果必至毁灭社会主义"。[3]

张东荪、梁启超断言中国只有依靠资本家发展实业,走资本主义道路一途。张东荪说,"中国民不聊生,急有待于开发实业,而开发实业方法之最能速成者,莫若资本主义","资本主义、机器生产的工厂必日增一日,乃是不

---

[1] 张东荪:《现在与将来》,《改造》第3卷第4号。
[2] 张东荪:《现在与将来》,《改造》第3卷第4号。
[3] 梁启超:《复张东荪书论社会主义运动》,《改造》第3卷第6号。

可抗的"。[1]梁启超说,"生产事业,十中八九,不能不委诸'将本求利'之资本家";"就令其掠夺行为与欧美资本家相等,或且更甚;然最少总有一部分,得丐其余沥以免死"。[2]这就终会"增加富力及于一般人民"[3],最终"能使国中多数人弃其游民资格而取得劳动者资格","然后社会运动得有主体,而新社会可以出现"。[4]甚至"中国自己的企业亦必乘势而蜂起","有制军阀死命之能力"。[5]

梁启超还提出,中国对资本家应取"矫正态度"等积极政策。"所谓矫正态度者,将来勃兴之资本家,若果能完成其'为本国增加生产力'之一大职务,能使多数游民得有职业,吾辈愿承认其在社会上有一部分功德,虽取偿较优,亦可优容。"[6]

可见,张东荪、梁启超对于在中国现时经济极端落后条件下,急需努力发展现代经济产业,急需发展资本主义,特别是充分发挥资本家积极作用有了相当深入的思考,同时在关注中国游民问题的大帽子下无视中国工人阶级的发展壮大和巨大作用,完全抹杀了农民在中国革命和现代化进程中的重要地位和积极作用;对资产阶级消极一面则极力掩饰。这充分暴露了他们作为资产阶级代言人在中国发展道路战略指导思想问题上的政治敏感度和蔑视劳动大众的阶级狭隘性。

张东荪、梁启超坚决反对中国学习俄国十月革命、实行无产阶级专政、建立无产阶级政党。

他们含沙射影地断言中国"近来又在未创成劳动阶级的时候,又要组织起社会党"必然失败,因为"党的奋斗与阶级的自觉是相待相成的","党的组织必定后于阶级的自觉","党是代表那阶级的,若他背后没有阶级,

---

[1] 《关于社会主义的讨论》,《新青年》第8卷第4号。
[2] 梁启超:《复张东荪书论社会主义运动》,《改造》第3卷第6号。
[3] 张东荪:《现在与将来》,《改造》第3卷第4号。
[4] 梁启超:《复张东荪书论社会主义运动》,《改造》第3卷第6号。
[5] 张东荪:《现在与将来》,《改造》第3卷第4号。
[6] 梁启超:《复张东荪书论社会主义运动》,《改造》第3卷第6号。

必不成立"。[1]中国也不能"用迪克推多（无产阶级专政——笔者注）制贯彻劳农主义"，因为"国中无人有迪克推多之资格"，"不是能力不够便是学识不够"；"中国劳动阶级为数极少，决不能为拥戴者，即拥戴亦无实力"。[2]"迪克推多的劳农专制"万一发生，"必是昙花一现"。其原因主要"是外国的压迫"，"外国资本势力侵入中国恐数倍于俄国。中国要打破资本主义而行共产主义，就是要打破他们在中国的势力，他们必定不肯放过。无论各国国内社会党如何活动，然而以现在各国政府的势力，推翻我们这种空浮的劳农革命总是绰乎有余"。[3]"伪的劳农革命或可一度发生"，"只能是破坏的，不能是建设的"，"不能福民而必定是害民"，"不过在已过的许多内乱上再添一个内乱罢了"。[4]梁启超尤其反对早期马克思主义者搞工人运动。他说，"在今日而劝之（指工厂工人——笔者注）为主义的运动，或为他种政治问题的运动"，肯定"运动一度，必失败一度，而其力亦削一度，其气亦馁一度，此自杀政策也"。[5]显然，张东荪和梁启超是发出预言，帝国主义一定会镇压中国的社会主义运动，中国共产党及其领导的工人运动只有败亡结局。也十分明显，这是张东荪和梁启超无视、蔑视人民群众力量和畏惧帝国主义的资产阶级政治自白。

早期马克思主义者对张东荪、梁启超等的观点针锋相对，全面回应，这让关于社会主义问题的论战迅速进入高潮。陈独秀、李达等着重从四个方面阐述。

其一，究竟什么是社会主义？陈独秀明确提出，社会主义"至今尚留存的、有力量的，可分为五派"：无政府主义、共产主义、国家社会主义、工团主义、行会社会主义，其中"只有俄国的共产党在名义上、在实质上，都真是马克思主义"，主张阶级斗争、直接行动、无产阶级专政、国际运动；而基

---

[1] 张东荪：《现在与将来》，《改造》第3卷第4号。
[2] 张东荪：《现在与将来》，《改造》第3卷第4号。
[3] 张东荪：《现在与将来》，《改造》第3卷第4号。
[4] 张东荪：《现在与将来》，《改造》第3卷第4号。
[5] 梁启超：《复张东荪书论社会主义运动》，《改造》第3卷第6号。

尔特社会主义"有两个不可掩盖的缺点：（一）把压制生产劳动者底国家政权、法庭、海陆军、警察完全交给资本阶级了；（二）政治事业和经济事业部有许多不能分离的事件，例如国际贸易之类是也"。[1]陈独秀后一句话，实际是说没有政治保证的经济事业不可能大发展，张东荪和梁启超在中国处于帝国主义封建军阀重重压迫下发展实业等是欺人之谈。陈独秀还尖锐指出他们鼓吹的法国社会民主主义是"自己明明反对马克思，表面上却打着马克思派的招牌"[2]。陈独秀的这些论断言简意赅，基本在理论上划清了科学社会主义同基尔特社会主义及其他种种社会主义的原则界线。

其二，用资本主义发展实业解决不了中国社会的问题。首先是帝国主义列强绝不允许。李达说，"中国是万国的商场，是各资本国经济竞争的焦点，是万国大战争的战场。各资本国在中国培植的经济势力，早已根深蒂固，牢不可破"，中国"要想发展资本主义和各资本国为经济战争"，只"是空想"。[3]而社会主义从来不否定发展生产，邵力子指出，"'增加富力开发实业'，在谈论社会主义的人，不但从来没有反对过，并且也认为必要……社会主义者和资本主义者不同的地方，只在用什么方法去增加富力开发实业"[4]。

其三，基尔特社会主义与资本主义改良不足取，中国应该也能够学习俄国革命。李达认为，"中国是劳动过剩不能说没有劳动阶级，只不过没有组织罢了"。所谓游民，"是劳动者失业而成"。中国的社会主义者应"网罗全部劳动者，失业的劳动者"，采用劳农主义的直接行动，达到社会革命目的；应"组织巩固之团体，无论受国际或国内的恶势力的压迫，始终为支持共产主义而战"。[5]实际这成为中国共产党领导工农大众革命的公开宣言。

显然，陈独秀、李达等还不会运用马克思主义理论全面分析中国国情，有明显的照搬马克思主义理论、照抄俄国十月革命经验的倾向，主张立即实行社

---

[1] 陈独秀：《社会主义批评》，《新青年》第9卷第3号。
[2] 陈独秀：《社会主义批评》，《新青年》第9卷第3号。
[3] 李达：《讨论社会主义并质梁任公》，《新青年》第9卷第1号。
[4] 邵力子：《再评"东荪君底'又一教训'"》，《新青年》第8卷第4号。
[5] 李达：《讨论社会主义并质梁任公》，《新青年》第9卷第1号。

会主义，进行社会主义革命，把中国资产阶级与外国资产阶级混为一谈；对开发实业，发展经济，特别是在中国这样经济非常落后、国家必须允许和保护民族资本主义经济等基本没有认识。这为后来中国共产党在革命战争时期的"保护民族工商业"政策和社会主义改革开放实践所证明。但是他们坚持中国必须走俄国社会主义道路，坚持进行以劳动大众为主体的反帝反封建革命、坚持无产阶级专政的方向是正确的，经得起历史考验的。

这些思想把"问题与主义论战"中李大钊的"根本改造"论具体化了。如果说李大钊的《我的马克思主义观》和《再论问题和主义》是在全国鲜明亮出了马克思主义理论的旗帜，那么，社会主义论战中陈独秀、李达等实际就是在中国公开举起了中国共产党的革命旗帜和行动纲领。两者是内在一致的，但又是有区别的：后者比前者大大前进了一大步，实际构成了中国共产党提出一大、二大纲领的舆论先声和理论准备。

但是，张东荪、梁启超的基尔特社会主义理论中确实有精辟见解。张东荪的中国社会"四病"说，梁启超提出中国经济落后的最主要原因是"外国势力之压迫"说等，反映他们对国情问题有了相当深入的思考，为当时早期马克思主义者们所不及。他们提出从当时中国的经济严重落后的实际出发，运用资本主义发展实业等，都符合当时中国社会不是苦于资本主义发展，而是苦于资本主义不发展的客观实际。

这场论战，时间长达一年多，参加的人数多，在中国当时的思想文化界产生了巨大而深刻的影响，马克思的科学社会主义得到了进一步广泛的传播，早期马克思主义者队伍在斗争中得到了很大锻炼和提高，有力地推进了中国共产党的创建进程。

三　主体之争——无政府主义论战

随着十月革命影响的扩大，马克思主义在中国广泛传播，特别是中国共产党的创建加紧进行。无政府主义者在"五四"后，越来越把斗争的锋芒转向十月革命和马克思主义。

1920年2月,黄凌霜公开亮出"我们反对'布尔扎维克'"的旗帜,并申明"我们知道布尔扎维克是马克思主义的实行者","说马克思主义的不对,就无异乎说布尔扎维克的不对"。[1]叶麐则较为系统地论述了克鲁泡特金的理论观点并攻击马克思主义。[2]

1920年9月,陈独秀在《新青年》发表题为《谈政治》的长篇论文,标志早期马克思主义者开始反击无政府主义思想的进攻。李大钊、李达、施存统等相继以《新青年》、《少年中国》、《民国日报》副刊《觉悟》及中国共产党上海发起组内部刊物《共产党》等为阵地参加论战。

无政府主义者坚持自己的观点。郑贤宗在陈独秀《谈政治》发表后,立即写信给陈独秀。1920年底,陈独秀在广州发表题为《社会主义批评》的讲演,讲稿在《广东群报》面世,广东无政府主义者区声白随后写信反对。陈独秀复信回应,区声白又写信,如此往复三次。陈独秀毫不回避,把这些讲演稿、信件,刊登在《新青年》第8卷第3号的《通讯》栏内;把区声白同自己的信,在《新青年》第9卷第4号设《讨论无政府主义》专栏发表,引起了全国思想文化界的广泛关注。

无政府主义者主要观点是:

第一,个人绝对自由。他们宣称"我们在生存上要求绝对的自由,非达到'安那其'的境地不可。什么'德谟克拉西''布尔扎维克',都不是绝对的自由","非铲除一切束缚、妨碍我们的东西不可"[3]。黄凌霜认为,"无政府主义的社会,是自由组织的,人人都可自由加入,也可自由退出,所以每逢办一件事,都要得人人同意。如果在一个团体内,有两派的意见,赞成的就可执行,反对的就可退出,赞成的既不能强迫反对的一定做去!反对的也不能

---

[1] A.D.:《我们反对"布尔扎维克"》,《奋斗》第2号。
[2] 叶麐:《"无强权主义的根据"及"无强权的社会"略说》,《新潮》第2卷第3号。
[3] 遗恨:《安那其与自由》,《自由》第1期。

阻碍赞成的执行"[1]。同时，黄凌霜申明：出现"恶人"，则"由公众会议解决，公议是因事实之不同，而可随时变更的，不像法律是钢板铁铸的"[2]。显然，黄凌霜是想以公众会议对付恶人说，堵住绝对自由将任恶人自由作恶的明显漏洞。

第二，反对国家等强权，反对无产阶级专政。他们肯定，"国家是一切强权的总汇"[3]，"是社会的障碍物"[4]。他们无视阶级、国家产生的真正原因，说"人类本极平等，国家要他们分成若者为主，若者为奴，若者为贵，若者为贱"[5]。他们断言俄国无产阶级专政"是独裁，是专制"[6]，列宁就是"俄罗斯共和国的大皇帝"[7]。俄国苏维埃政府"实行强迫主义，要将土地收归国有，不顾农民的生计如何。其他如干涉婚姻、教育、言论及出版，布尔扎维克无所不用其强迫手段，束缚人民的自由"[8]。显然，无政府主义者已经深刻意识到无政府主义同俄国布尔什维克无产阶级专政的原则区别，把自己摆在俄国社会主义的对立面。

第三，经济上"主张共产主义"。他们断言"人类当有自由的组织，这组织是依据自由契约和自由协和的"[9]，"各人在团体中不以工作之多寡而定其酬给，只依能力之多寡而定其义务之大小"，故"金钱或劳动卷亦废弃之，凡劳动者对于品物均得自由取用之，而无所谓交易及交换"[10]。这些貌似激进，脱离现实的空论，充分反映了无政府主义者对于社会生活实际上缺乏基本的了解，对社会发展的规律缺乏基本的科学知识。

早期马克思主义者对上述无政府主义观点进行了深入批驳。关于个人"绝

---

[1]《讨论无政府主义》，《新青年》第9卷第4号。
[2]《讨论无政府主义》，《新青年》第9卷第4号。
[3] 叶麐：《"无强权主义的根据"及"无强权的社会"略说》，《新潮》第2卷第3号。
[4] 朱谦之：《无政府革命的意义》，《北京大学学生周刊》第17号。
[5]《破坏论》，《奋斗》第2号。
[6]《为什麽反对布尔雪维克》，《奋斗》第8、9号合刊。
[7]《为什麽反对布尔雪维克》，《奋斗》第8、9号合刊。
[8]《我们反对布尔扎维克》，《奋斗》第2号。
[9] A.Y：《克鲁泡特金的哲学》，《北京大学学生周刊》第17号。
[10] S.P：《无政府主义与社会主义》一，《北京大学学生周刊》第17号。

对自由",陈独秀尖锐指出:"如果像无政府主义者所说的凡事要'人人同意','九十九人赞成,一人反对,也不能执行'。试问数千数万人的工厂,事事怎可以人人同意,如不同意岂不糟极了吗?"[1]他针对黄凌霜的反对者可"自由退出"说反问:"假定反对的不取消极的退出手段,而取积极的固执主张;两派的意见绝对不同而两派都不肯退出,请问先生,无论何种事业在这种状态之下,依无政府主义如何处置呢?""一团体意见不同的份子还可以说退出,我不知道以社会内意见不同的份子或一团体,有何方法可以自由退出?"

关于强权,陈独秀认为应具体分析,"强权所以可恶,是因为有人拿他来拥护强者无道者,压迫弱者与正义。若是倒转过来,拿它来救护弱者与正义,排除强者与无道,就不见得可恶了"[2]。

关于无产阶级专政,陈独秀指出,"我们要明白世界各国里最不平、最痛苦的事,不是别的,就是少数游堕的消费的资产阶级,利用国家、政治、法律等机关,把多数勤苦的生产的劳动阶级压在资本势力底下,当作牛马、机器还不如。要扫除这种不平、这种痛苦,只有被压迫的生产的劳动阶级自己造成新的势力,自己站在国家地位,利用政治、法律等机关,把那压迫的资产阶级完全征服,然后才可望将财产私有、工银劳动等制度废弃,将过于不平等的经济情况除去"[3]。李达主编的《共产党》第五号载文指出:"在此时期内若有人主张把政权及自由给资本阶级,便是杀害劳动阶级;若是劳动阶级肯把政权及自由给资本阶级,便是劳动阶级自杀。"蔡和森更斩钉截铁地指出,"阶级战争的结果,必为阶级专政",无产阶级"无政权不能保护革命,不能防止反革命,打倒的阶级倒而复起,革命将等于零"。[4]同时,他们公开宣告,"我们的目的并不是拿国家建树无产阶级的特权,是要拿国家撤废一切阶级","我们的最终目的,也是没有国家","即最终实现共产主义"。[5]

---

[1] 《讨论无政府主义》,《新青年》第9卷第4号。
[2] 陈独秀:《谈政治》,《新青年》第8卷第1号。
[3] 陈独秀:《谈政治》,《新青年》第8卷第1号。
[4] 《蔡林彬给毛泽东》,《蔡和森文集》,人民出版社1980年版,第51页。
[5] C·T:《我们要怎样干社会革命》,《共产党》第五号。

在经济问题上，李达依据马克思主义关于共产主义分低级和高级阶段原理指出，在生产力水平还不高的情况下，"听各人消费的自由得其平等，是绝对办不到的。若果社会的生产力发达到无限制的程度，生产物十分丰富，取之不尽，用之不竭，则'各取所需'的分配原则是很可实行的"[1]。实际上，从1921年3月起，俄国已在列宁领导下，开始实行新经济政策，1922年7月1日出版的《新青年》第9卷第6号发表沈雁冰译布哈林的《俄国的新经济政策》一文，向全国各界介绍了有关最新情况，实际也是对无政府主义者种种经济空想的否定。

这场论战迅速波及各青年社团乃至国外，其中旅欧勤工俭学生反应激烈。先是1920年新民学会旅法会员在讨论工学互助会章程时，蔡和森、向警予、李维汉等都对无政府主义主张严肃批判，他们还把有关情况通报给国内的会员毛泽东等。

这场论战促进了马克思主义理论日益广泛传播并且迅速与工人运动相结合，早期马克思主义者开始与苏俄、共产国际建立直接联系；开始按照列宁建党学说，建立以布尔什维克党为榜样的中国无产阶级先进政党。中国无政府主义者中的不少活跃分子了解这些情况，其中一些人实际上是不同程度地直接参与了有关活动。因此，马克思主义与无政府主义的根本分歧就明显摆在早期马克思主义者面前：是坚持马克思主义、建立以布尔什维克党为榜样的中国无产阶级先进政党，还是坚持无政府主义，建立一个没有统一意志、没有纪律，自由进出、各行其是的无政府主义党。所以，这场论战实质上，是代表中国无产阶级的彻底革命要求、决心走十月革命道路的早期马克思主义者主动发起进行的，对代表小资产阶级的空想、盲动甚至幻灭情绪的思想、理论清算。

这场论战还是当时反帝反封建的革命统一战线内部的思想论战。无政府主义者在现实政治斗争中的主要斗争锋芒，还是指向帝国主义和北洋军阀政府。翻开这一阶段无政府主义者的各种报刊，可以明显地看出这种倾向。无政府主

---

[1] 李达：《社会革命的商榷》，《共产党》第二号。

义影响很深的《北京大学学生周刊》旗帜鲜明地反对中日"直接交涉"山东问题[1]。该刊还发表题为《近事批评》《学生近闻》等时评,尖锐抨击各地军阀疯狂镇压反帝爱国运动和新思潮的罪行,指出"天津事件,杨以德想把各界代表枪毙"、湖北王占元诬"记载北京国民大会之事件"的《新生活》杂志是"过激派暗中指使"、湖南张敬尧"请北京政府禁止新思潮"等都是"可恨"是"放屁都不能响"的倒行逆施。[2]同期无政府主义者散发《共产》等传单,都号召"要立刻打倒我们的仇敌,便是政府。政府恃着他们的军队和警察来杀我们。我们和他对抗,只有靠着炸弹和手枪"[3]。

正因如此,无政府主义者同早期马克思主义者的分歧和对立,"主要表现在世界观上,表现在对社会主义的理解和斗争手段上"[4],加之无政府主义者在政治主张上激进,甚至激烈,在青年学生和工人中广有影响。所以,早期马克思主义者实际对他们采取了在思想上、理论上坚持原则的严肃批判,李汉俊甚至尖锐地提出无政府主义者是"有产阶级底恩人,无产阶级底敌人"[5]。但是,从总体上看,早期马克思主义在政治上还是把同他们的矛盾作为革命阵营内部的问题处理。《共产党》月刊第一号具有发刊词性质的《短言》呼吁:"无政府主义者诸君呀!你们本来也是反对资本主义反对私有财产制的,请你们不要将可宝贵的自由滥给资本阶级。一切生产工具都归劳动者所有,一切权利都归劳动者执掌。这是我们的信条,也应该是你们的信条。"实际上,中国共产党同无政府主义者联合活动不少。1920年5月,两方在广州联合召开庆祝五一劳动节大会,会场挂了两幅画像:马克思和克鲁泡特金。游行时,拥护马克思的配红带子,拥护克鲁泡特金的配黑带子。

实践证明,早期马克思主义者这种态度和做法是正确的,取得了这场论战的压倒性胜利。胜利的标志是什么?不少论著都以1922年7月赴俄途中的黄

---

[1] 《我们为甚么要反对直接交涉?》,《北京大学学生周刊》第7号。
[2] 《北京大学学生周刊》第6号。
[3] 《北京国庆日的传单》,《无政府主义思想资料选》下册,第545页。
[4] 李新等主编:《伟大的开端》,中国社会科学出版社1983年版,第296页。
[5] 无懈:《夺取政权》,《共产党》第五号。

凌霜致信陈独秀时表示的，"生未去国以前，对于'无产阶级专政'尚未表示可否，现在已确信此种方法，乃今日社会革命唯一之手段，此后惟有随先生之后，为人道尽力而已"[1]为马克思主义胜利的重要标志。笔者认为此说不实。因为黄凌霜翌年3月就在《工余》杂志发表一封信，对因"共产党侦查甚密"，与俄无政府主义者"交际殊不自由"而"惆怅"，对陈延年赞同马克思的观点"实不得其理解"；同时认为俄国平民"百分之九十九都表示不赞成劳农政府"，从而表明，其无政府主义立场基本没变。[2] 这场论战中，早期马克思主义者胜利的标志是一些原来深受无政府主义的思想激进的先进青年迅速转变了思想，如北京的何孟雄，武汉的恽代英、施洋，旅法勤工俭学的陈延年、陈乔年，湖南的工人运动领袖黄爱、庞人铨等，都是这一阶段在陈独秀等人的影响下走上马克思主义之路，从而使无政府主义在全国的影响迅速降温，而在思想上、组织上有力地促进了中国共产党的创建。

---

[1] 《通信·无产阶级专政》，《新青年》第9卷第6号。
[2] 《同志凌霜的一封来信》，《工余》第16期。

第十四章　改造社会的实践探索

"五四"后,新型知识界改造中国的实践探索空前活跃。新型知识分子内部的各种政治派别及其主张的实践效果明显且直接地展现在世人面前,从而使各种新思潮、新学说在实践中迅速地现出原形和本质。

一　工读互助团昙花一现

工读互助运动是包括空想社会主义、无政府主义互助论、工读主义、泛劳动主义、点滴进化改造的社会改良主义等各种思潮的综合作用的结果,得到了陈独秀、李大钊、胡适、蔡元培等各派新型知识分子代表人物一致支援和众多先进知识青年的积极响应。

工读互助运动的兴起与日本空想主义者武者小路实笃(1885—1976)倡导的新村主义直接相关。1918年12月,武者小路实笃在九州买了约3公顷土地,集合了22名志同道合者建了第一个新村,志在向全国、全世界推广。1919年3月,周作人在《新青年》发表《日本的新村》向国内介绍;1919年暑假期间,他亲往九州日向新村参观数日,归来后在《新潮》发表《游日本新村记》。

新村主义恰好适应了"五四"后中国青年迫切要求改造社会的需要,迅速在青年学生中传播开来。1919年8月15日出版的《少年中国》杂志发表讨论"小组织问题",王光祈、左舜生等围绕如何实行热烈讨论。王光祈想在农村组织一个小团体,因土地问题不能解决,就提出:"这种组织除在北京先行着手外，将来在天津、南京、上海、武汉、广州各处都要设法推行。"[1]

王光祈的呼吁得到文化教育界积极响应，募款发起人有蔡元培、陈独秀、胡适、周作人、顾兆熊、李大钊、陶孟和、程演生、王星拱、高一涵、陈溥贤、罗家伦等17人，蔡元培赞扬工读互助团"宗旨与组织法都非常质实。要是本着这个宗旨推行起来……全中国最重大问题，全世界最重大问题，也不难解决。这真是大有希望的"[2]。《新青年》等报刊刊登了他们的广告。

王光祈倡议后二三日，便有北京及外地共数百人踊跃报名；一星期后，外省亦有许多同志来信讨论此事。当然加入者动机各异，第三组（女子组）中，有的贫苦家庭以为它是慈善机构，想送孩子学点职业技术；有的考不上大学想求个"进身之阶"；有的不满小姐太太的生活想借此谋个独立自由机会。但是北大何孟雄、陈公培、张树荣等，浙江俞秀松、施存统等多数人则是满怀改造社会，追求新生活的热情积极投入。

王光祈主持制定公布的《工读互助团简章》的宗旨是"本互助精神，实行半工半读"；"团员每日必须工作四（六）小时"，"工作以时间为标准，不以工作结果为标准"，不管能力如何，要各尽所能；"工作所得归团体公有"，"团员生活必需之衣食住""所需之教育费、医药费、书籍费，由团体供给，惟书籍归团体公有"；"办理久了，已养成互助习惯，就可以实行'各尽所能，各取所需'"；组织上，"由全体团员组织团员会选举事务员，并讨论团中重要事务，及审查新入团员"。[3]

1919年底，北京工读互助团正式成立，分为3组，后又增加了第四组。第一组何孟雄、俞秀松、施存统等13人，在北京大学附近骑河楼斗鸡坑7号；第二组罗汉、李实等11人，在北京西城翠花街北狗尾巴胡同5号；第三组为10余位女团员，原计划在女子高等师范附近，后租定东安门北河沿17号；第四组法文专修馆10人因赴法勤工俭学困难，改为国内工读。

---

[1] 王光祈：《城市中的新生活》，《晨报》1919年12月4日。
[2] 蔡元培：《工读互助团的大希望》，《少年中国学会》第1卷第7期。
[3] 《工读互助团简章》，《少年中国》第1卷第7号。

因为首先要维持团员生计，更是为矫正社会上"重读轻工"旧观念，所以北京工读互助团实行工读并重。第一组经营食堂、电影放映、洗衣：食堂工作每天6小时以上，洗衣组每天洗衣60件；电影每周在北大、高师等校轮流放映4场。第二组经营平民消费公社、平民洗衣局、平民工厂、平民食堂，还接办了原法文专修馆平民补习学校。第三组经营制作帽子、袜子和衣服等。第四组办"食劳轩"（意为自食其力），出售食品和贩卖杂货。北京工读互助团员工余按计划去北大旁听各科课程，北大予以免费；同时请人讲课，得到一些著名学者支持。他们尤为重视自由研究，第二组住处专门设图书馆、研究室供团员自修。

开办初期，大家热情高涨，非常团结，每周至少开一次讨论会，除团内事务外，还经常就大家关心的家庭、婚姻、学校关系等问题进行辩论，决定脱离家庭名分关系和经济关系的，离婚的离婚、解约的解约；脱离学校关系，因为现在的校长、教员都是资本家的私产，应退出学校，改为旁听生。施存统回忆，"那时，我们以为，我们的无政府、无强权、无法律、无家庭、无婚姻的理想的社会，在团里总算实现一部分了，所以精神上非常愉快"[1]。《新青年》等报刊纷纷报道、评论，一时很红火。

1920年2月，恽代英等在武汉组织"武汉工学互助团"；3月，上海成立由陈独秀、王光祈、左舜生、宗白华、毛泽东等组织的工读互助团；6月，部分旅沪湖南青年组成"沪滨工读互助团"。

但北京工读互助团很快就陷入经济危机。施存统说，"食堂无异是我们底根据地"，很快"在食堂里做工底人共有八个，连这八个人底饭都没得吃"，"每天要亏本一元五角"；洗衣店因为"开工那几天，专门洗自己底衣服。等到去收外面底衣服，一连收了三四天，还不到二十件衣服"，只得"停业"；印刷信封信纸，"办了一个多月，大概赚三元钱"[2]。而"每个问题发生，必

---

[1] 存统：《"工读互助团"底经验和教训》，《星期评论·劳动纪念号》1920年5月1日。
[2] 存统：《"工读互助团"底经验和教训》，《星期评论·劳动纪念号》1920年5月1日。

有狠激烈的辩论"，"讨论共产问题，自愿退团者五人"，"讨论家庭问题，退团者也有一人"，我们组"前后三个月，做过团员的共有二十一人，而到破裂的时候，只有团员十一人"。[1]结果，筹募的钱款很快用光，互助团无法维持。1920年3月23日，第一组开会"议决个人自由另找工作，工读互助团的主张，从根本上推翻"[2]。随即第二组解散，第三、四组不久也销声匿迹。火红一时的北京工读互助团就此落下帷幕，各地的工读互助团的命运大体相同。

工读互助团的失败引起了人们高度关注，纷纷对失败原因及其经验教训进行分析。

胡适认为工读就是勤工俭学，反对赋予互助团更大使命。胡适认为，北京工读互助团的"根本大错就在于不忠于'工读'"，"工读主义只不过是靠自己的工作去换一点教育经费"[3]。显然，胡适是根据自己留学美国经历观察工读互助团的活动，并力图把它归结到没有条件读书的学生创造条件读书的一个具体社会问题。

王光祈认为互助团方向正确，意义重大，失败原因"全是人的问题"，"不善经营，不善计划，不善办理"。[4]

戴季陶认为，现在"是资本家生产法所代表的财产私有制。在这一种社会组织的下面，要想用很少一部分人的努力，一面做生产的工，一面达求学的目的。在事实上是作不到的"[5]。

1920年5月1日，施存统在《星期评论》上发表《"工读互助团"底经验和教训》，现身说法指出，靠工读互助团形式无法摆脱整个社会制度"经济的压迫"，以团员技能、资本和劳力无法维持最低生存。他认为，应把工读互助团的失败同社会制度联系起来，得到两个"很大的教训"，即：一要改造社会，须从根本上谋全体改造，枝枝节节地一部分改造不中用；二、社会没有改造以

---

[1] 存统：《"工读互助团"底经验和教训》，《星期评论·劳动纪念号》1920年5月1日。
[2] 存统：《"工读互助团"底经验和教训》，《星期评论·劳动纪念号》1920年5月1日。
[3] 胡适：《工读主义试行的观察》，《新青年》第7卷第5号。
[4] 王光祈：《为什么不能实行工读主义？》，《新青年》第7卷第5号。
[5] 季陶：《工读互助团与资本家的生产制》，《新青年》第7卷第5号。

前，不能试验新生活，不论工读互助和新村。今后怎么办？施存统表示响应戴季陶："投向资本家底下的生产机关去！"显然，这是指开展工人运动，与工人运动结合。

工读互助团风行一时，很快烟消云散，但影响深远。一方面，表现了中国先进知识分子，特别是先进青年知识分子勇于追求真理，学习并运用外国新学说来改造黑暗社会现实的炽热情怀，能够虽经挫败而不气馁，总结经验教训，弃旧图新，再接再厉。另一方面，实践又像一面无情的镜子，促使中国先进分子在现实的严峻考验面前，对各种新学说进行比较研究，结果胜过任何文化论说、思想论战。空想社会主义、无政府主义互助论、点滴进步的改良主义等，都在严酷的现实面前，凸显其本质的苍白无力，而马克思主义以其革命精神和实践品格，为越来越多的先进青年所接受。施存统、俞秀松、何孟雄、邓中夏等一批优秀青年就经过这次实践后，加快了迅速转向马克思主义轨道的思想进程。

二 妇女解放发轫

"五四"后，先进知识分子，特别是共产主义知识分子越来越把妇女问题同根本改造中国问题紧密联系起来，从解除中国压迫、摧残妇女的社会政治、经济制度的根本上探索出路，实际把近代中国妇女解放运动推进到了一个新的历史高度。

妇女解放观念迅速更新。李大钊提出："妇女在社会中的地位，随着经济状况变动"[1]，"妇女问题中的贞操问题、节烈问题、女子教育问题、女子职业问题、女子参政问题、法律上男女平等权利问题（如承继遗产权利问题等）、婚姻问题——自由婚姻、离婚、再嫁、一夫一妻制，乃至自由恋爱、婚姻废业——都是甚于这一类的，都是从前大家族制下断断不许发生，现在断

---

[1] 李大钊：《物质变动与道德变动》，《新潮》第2卷第2号。

断不能不发生的问题"。[1] 陈独秀认为，妇女受压迫的根本原因是"社会许多不平等的制度"，"在资本主义制度之下"，女子如果"不能雇人，一定要受雇，那就变成资本家的奴隶"，"女子问题仍然没有解决"；"在社会主义之下"，"女子在家庭，固有独立的人格，在社会，也有独立的人格"，"社会主义不止解决妇女问题，且可以解决一切问题"。[2]

胡适强调妇女解放要从当前具体问题做起。他说，"女子解放当从女子解放做起"，如"补救女子教育的失败，就是多给他一点教育"，"女子礼教的解放、生计的解放，婚姻的解放，都是一样的。解放的唯一方法就是实行解放"。[3]

显然，这是对妇女问题的两条思路：其一，从当前妇女教育平等、婚姻自由、社交自由等具体问题一点一滴做起；其二，把妇女解放问题同根本改造中国社会联系起来。两者有明显差异，但可联合向现存黑暗社会制度和丑恶现实进行猛烈进攻。

"男女授受不亲"的腐朽观念受到严重冲击，男女社交公开热潮迅速涌现。

男女合作的学生社团不断涌现。1919年9月16日，觉悟社在天津草厂庵学联会内成立，男女社员参半，其中女社员有邓颖超、刘清扬、张若名、李锡锦、郑季清、李毅韬、吴瑞燕、张嗣婧等，男社员为周恩来等。长沙新民学会吸收一批女会员：陶毅、向警予、李思安、周敦祥、魏璧、劳君展、徐瑛、杨润余、吴毓珍等。这些组织社会影响良好，被称为是"当然的合理的要求"[4]。

剥夺女子继承权现象社会反响强烈。女高师学生李超被封建家族压迫致死是一典型事件。李超是广西梧州金紫庄人，父母早亡，有两个姐姐，其父有一

---

[1] 李大钊：《由经济上解释中国近代思想变动的原因》，《新青年》第7卷第2号。
[2] 陈独秀：《妇女问题域社会主义——在广东女界联合会演辞》，《广东群报》1921年1月31日至2月1日。
[3] 胡适：《妇女解放从那里做起？》，《星期评论》1919年7月27日。
[4] 沈雁冰：《男女社交公开问题管见》，《妇女杂志》第6卷第2号。

妾名附姐。李超父母因为无男性后代，便过继李超胞叔儿子继承丰厚家产。李超从小经常读书，民国初年（1912）进梧州师范学校学习，成绩很好，发愤要出门求学。继兄对李超求学平时多"冷言讽语"，这次更坚决制止，并以家族制度施压，提出"尔此行必要禀报族中尊长方可以成行"。可见，李超所面临的，还有黑暗愚昧的宗法制度。但李超毅然决然进入广州学习，继兄不寄信、不寄钱。但李超得到姐夫、嫂嫂等私下赞助，在广州学习两年；1918年7月，又进入北京女高师学习。继兄严令李超必须早日完婚，为此殴打妻子，致其上吊寻死，幸被附姐闻声救下。李超得知，很快病倒吐血。1919年8月16日，死于法国医院，年仅二十三四岁。"她的朋友搜索她的遗物，寻出了许多往日的信札，又经他的朋友苏甲荣君把这些信分类编记一遍，使他一生所受的艰苦所抱的志愿，都一一的表现分明"，人们才惊骇起来，发起了追悼会。[1]

1919年11月30日下午，北京女高师举行李超追悼会，到会男女来宾1000多人。蔡元培、蒋梦麟、陈独秀、胡适、李大钊，梁漱溟等名流学者到会并发表演说，"均淋漓尽致，全场感动，满座恻然，无不叹旧家庭之残暴，表同情于奋斗之女青年"[2]，胡适的《李超传》会上当场散发。广大学生，特别是女青年学生反应强烈。

李超的命运，深刻地反映了女子教育与女子经济独立都同改造腐朽黑暗的社会制度密切相关，没有社会制度的真正改变，这些问题都不可能真正解决。

城市知识女性争取恋爱自由、婚姻自主的事件频频出现。长沙22岁（一说23岁）的赵五贞，"颇知书识字"，经父母包办许配给长沙柑子园开古董店、31岁（一说40岁）的吴某为妻。赵五贞不愿，被父母拒绝；要求暂缓婚期，也不行。1919年11月14日结婚当天，赵五贞在迎亲花轿中自杀。

血案震惊长沙各界，全国也有一定影响。长沙各报收到大量批判旧家族制度的来稿，毛泽东连续发表5篇评论，指出，"这事件背后，是婚姻制度的

---

[1] 本段据胡适《李超传》写出，见《胡适文集2·胡适文存》，北京大学出版社1998年版。
[2] 邓中夏：《李超女士追悼会纪略》，长沙《大公报》1919年12月6日。

腐败，社会制度的黑暗，思想的不能独立，恋爱不能自由"；[1]赵女士之死，"母家夫家是有罪恶的，但是罪恶的来源，仍在社会"[2]，"他可以使赵女士死，他又可以使钱女士，孙女士，李女士死。他可以使'女'死，他又可以使'男'死，所以不得不高呼'社会万恶'"。[3]这表明，对这类问题，社会舆论较"五四"前变化很大。

废娼运动再度兴起。五四运动前，上海某报就此征求各界意见，李大钊积极响应，提出"根本解决的方法，还是要把这个现实背后逼着一部分妇女不卖淫不能生活的社会组织根本改造不可"[4]。1920年8月初出版的《妇女杂志》中《废娼运动意见》一文指出，"社会上所以有娼妓这种阶级，完全是土地私有制和封建经济社会下而必然的结果，要想铲除娼妓阶级，非先从现在土地私有制和资本主义的经济社会着手实行改造不可"。这说明，娼妓问题是一定社会制度的产物，必须把它同整个社会的根本改造相应地联系起来，在一定程度上已成为社会共识。

生育节制开始提上中国社会改造行动日程。1922年4月，美国、也是世界节制生育运动创始人山格夫人来华，先后在北京大学和上海家庭日新会作关于产儿限制的公开讲话，而且出版专刊，兴办研究组织，形成了近代中国第一次产儿限制运动。北京大学校长蔡元培亲自为山格夫人撰写讲演启事；山格夫人在北大作报告，胡适现场翻译。

留学日本学医归国的杨步伟，把山格夫人著《女子应有的知识》一书译成中文，由商务印书馆出版，这是中国最早的避孕书籍中文译本。她还在丈夫、著名学者赵元任及其好友胡适、蒋梦麟等支持下，在北京景山东大街创建了中国第一个女子计划生育诊所。由于当时中国社会条件的限制，山格夫人、杨步伟呼吁实行节制生育的影响是极其有限的，但其意义十分重大，成为中国近代

---

[1] 毛泽东：《对于赵女士自杀的批评》，长沙《大公报》1919年11月16日。
[2] 毛泽东：《对于赵女士自杀的批评》，长沙《大公报》1919年11月16日。
[3] 毛泽东：《"社会万恶"与赵女士》，长沙《大公报》1919年11月21日。
[4] 李大钊：《废娼问题》，《每周评论》1919年4月27日。

以来节制生育事业的先声。

"五四"后,妇女解放观念深入人心,突出表现在涌现了一个热烈呼吁积极推动妇女解放的女作家群,其中有陈衡哲、谢冰心、庐隐、冯沅君、凌叔华,苏雪林,石评梅等。她们以切身体验和细腻笔法,生动展现了觉醒了的妇女强烈的社会参与和批判意识。陈衡哲说,文艺创作"是借了文艺思想来尽我改造社会心理的一份责任"[1];冰心说,我作小说的目的是要"感化社会",所以把"所看到听到的种种问题,用小说的形式写了出来"[2]。石评梅的创作"从她个人的悲海中跳出来,站在了喜马拉雅山的最高峰,下观人世的种种色色,以悲哀她个人的情,扩大为悲悯一切众生的同情"[3]。她们把都市妇女、农村妇女、底层劳动妇女的真实遭际,封建礼教、宗法制度对妇女的残酷压迫和摧残,展现于笔下,显示了中国妇女对人格独立,纯洁爱情,婚姻自由的强烈追求向往。她们既是"五四"后妇女解放深入发展的标志,又是妇女解放的内部推进力量,更构成了中国现代文学第一批生机蓬勃、敏锐坚韧的生力军,在中国现代文学史上写下了辉煌的一篇。

三 非基督教运动开始

"五四"后,随着科学、民主的观念日益深入人心,特别是马克思主义的传播日益广泛,中国先进知识界越来越关注基督教在西方列强侵华进程中的独特作用。

世界基督教青年同盟就是针对在中国很多教会学校学生积极参加反帝爱国运动的实际,决定在北京清华学校举行其1922年年会,引起了中国学生极度反感,非基督教运动由此兴起。

1922年2月26日,上海学生决定成立非基督教学生同盟。3月9日,社会主

---

[1] 转引自张衍芸:《春华秋叶——中国五四女作家》,人民文学出版社2002年版,第24页。
[2] 转引自张衍芸:《春华秋叶——中国五四女作家》,人民文学出版社2002年版,第45页。
[3] 参见庐隐:《石评梅略传》,《石评梅选集》,陕西人民出版社1983年版。

义青年团机关刊物《先驱》刊出《非基督教学生同盟宣言》，明确提出：世界基督教学生同盟"准备于今年4月4日，集合全世界基督教徒，在北京清华学校开会，所讨论者，无非是怎样维持世界资本主义及怎样在中国发展资本主义的把戏。我们认彼为诬蔑我国青年，欺骗我国人民，掠夺我们经济的强盗会议"，故"决然与彼宣战"。他们呼吁宗教与教育实行分离，同时出版《我们为什么反对世界基督教学生同盟》等小册子广为散发。

各地学生和文化界热烈响应。3月20日，北京一些学校学生和各界人士宣布成立非宗教大同盟。21日，李石曾领衔，蔡元培、陈独秀、李大钊、朱执信、吴稚晖、汪精卫、戴季陶等联名发表号召全国学生组织抗议世界基督教学生同盟在清华举行年会的通电。短短10天之内，天津、广东、福建、湖南、湖北、山西、江西、浙江、江苏、四川等地迅速成立了30多个同样的组织。

4月4日，世界第十一次基督教学生同盟年会在清华学校召开。中国各界抗议如火如荼，不少城市学生罢课集会游行。当天，蔡元培、王星拱、吴虞、李石曾、李大钊、邓中夏、萧子升等12人联名发表《非宗教者宣言》[1]。

9日，非宗教大同盟在北大举行各校2000余[2]师生集会。北大校长蔡元培"因病未到，萧子升代表读其讲词"[3]，明确指出：西方各宗教"完全是用外力侵入个人的精神界，可算是侵犯人权的。我所尤其反对的，是那些教会的学校同青年会，用种种暗示，来诱惑未成年的学生，去信仰他的基督教"[4]。

李大钊说"贫穷的人有福了，因为天国是你们的"等说教，实际"使人安于贫困穷""卑躬屈从"，"是人类进步的巨大的障碍"。[5]

胡适在1925年燕京大学教职员聚餐会上以客观平允的语气说明，中国各界

---

[1] 《非宗教者宣言》，《晨报》1922年4月4日。
[2] 《吴虞日记摘录》，《党史研究资料》2，四川人民出版社1981年版，第21页。
[3] 《吴虞日记摘录》，《党史研究资料》2，四川人民出版社1981年版，第21页。
[4] 《非宗教运动——在北京非宗教大同盟讲演大会的演说词》，《蔡元培全集》第四卷，中华书局1984年版，第179页。
[5] 《宗教妨碍进步》，《李大钊文集》下，人民出版社1984年版，第556页。

非基督教运动，是"因为他们相信凡帝国主义文化侵略的唯一方法是布宗教开学校。'宗教一方面是帝国主义昏迷殖民地民众之一种催眠术，另一方面又是帝国主义侵略殖民地之探险队，先锋军'"[1]，中国非基督教还在于"新起的理性主义的趋势"，其"根本态度是怀疑，他要人疑而后信。他的武器是'拿证据来！'"，"基督教教义与信条也免不掉他的评判与攻击"。[2]

显而易见，李大钊、陈独秀、胡适对西方帝国主义列强宗教利用宗教对中国进行的这些侵略活动的批判，总体上符合实际，深刻概括了经过五四运动锻炼和新文化运动高潮洗礼的中国人民运用民主、科学思想深入进行反帝斗争的思想主流、心路历程。

到1922年下半年，全国非宗教大同盟发动的罢课、示威活动逐渐沉寂。但这场斗争是中国人民第一次公开揭露帝国主义利用宗教搞文化侵略的罪行，对列强在华侵略势力是一次直接而沉重的打击。随着国共合作和国民革命的兴起，1924年8月，由上海发端，全国各地重新组织了许多非基督教同盟，运动声势和规模都远远超过1922年。非基督教运动还有力地扩大增强了了苏俄和中国共产党对青年学生的影响。来华工作的共产国际人士达林说，非基督教运动运动期间，社会主义青年团组织迅速发展，团员人数超过了3000人，在17个城市建立了组织。[3]

四　北京"驱彭挽蔡"

1922年11月，北京政府据湖南军阀赵恒惕保举，任命彭允彝担任教育总长。他到任后就与军阀相勾结，克扣教育经费，无端撤换法专、农专校长，安插私人亲信，假借整顿学风之名，对教育横加摧残，遭到教育界的一致反对。

---

[1]《向导》第81期。
[2]《今日教育的难关》，《胡适文集4·胡适文存三集》，北京大学出版社1988年版，第635—636页。
[3] 陶非亚：《边缘的历史》，转引自郑大华等：《论五四前后的民族主义思潮及其特点》，《四川大学学报》2008年第5期。

1923年1月17日，北大校长蔡元培向北京政府大总统提出辞职，严正声明："不能与主张干涉司法独立、蹂躏人权之教育当局再生关系。"[1]

蔡元培辞职消息传开后，很多学生和教职员发出通电声明，强烈要求"驱彭挽蔡"。1月19日，在各校学生会领导下，北大、法专、工专、农专等各校学生数千人列队奔赴象坊桥的众议院，要求否决彭允彝任教育总长的任命。但众议院不仅对学生要求全然不理，而且正式通过对彭允彝的任命，议长吴景濂还指派大批军警用刺刀、枪托、皮带、警棍对学生大打出手，致重伤者10余人，微伤者300多人。

流血事件迅速轰动全国。北京和各地学生纷纷通电、声明、宣言，对军阀政府揭露抨击，并对如何改造中国黑暗政治深入探讨。北大学生干事会的《北大学生新闻》直接呼吁革命，"不可遏抑的运动已经开始了，意料以内的流血，已经把革命的历史染红了许多页了"，不应把这场斗争只"当一个挽蔡问题、驱彭问题，或是一个司法独立拥护人权问题，乃是中国被压迫阶级中的知识阶级……感觉到现在政治的污浊，与被压迫的痛苦，兴起而实行革命的大问题"。[2]社会主义青年团书记施存统告诫学生："你们不要以为政治腐败与你们没有什么关系，须知彭允彝之所以能够在教育界横行，蔡先生之所以被迫出走，都是反动政治使然的"，"只做单纯的学生运动一定没有成效！你们一面须组织坚固的学生联合会做你们的根基，他面还须切实联络农、工、商。各界民众一同做推翻军阀政治的运动！一种革命运动，没有多数民众参加，断断不会成功的"。[3]

对蔡元培以"不合作主义"同军阀斗争，胡适等积极支持。他们认为，蔡元培的"不合作主义"是用自己的行动，"一方面控诉'不要人格，只要权利'的当局坏人，一方面控诉'有奶便是娘'的无数胥吏式机械式的学

---

[1] 《辞北大校长职声明》，《蔡元培全集》第四卷，中华书局1984年版，第310页。
[2] 转引自于学仁：《中国现代学生运动史长编》上册，东北师范大学出版社1988年版，第169页。
[3] 光亮：《从单纯的学生运动到普遍的群众运动》，《先驱》第16号。

者"[1]。北京《晨报》称蔡元培为"中国之甘地",肯定"不合作主义是打破恶人政治之一方法",应风靡全国。

陈独秀在《向导》上肯定蔡元培这种行为"高尚洁己",但同时以"责备贤者之意,对于他这种'消极的'、'非民众的'观念,认为是民族思想改造上根本的障碍","因为社会上领袖人物若取消极的态度,不但不能够打倒恶浊政治,并且往往引导群众心理渐渐离开苦战恶斗积极的倾向",是"眼中只看见一班无良心无能力的学者管理,而不看见全国有良心有能力的士、农、工、商大民众";他指出,革命事业不能"依赖少数人消极的拆台政策",而"必须建立在大民众积极运动的力量上面"。[2]

胡适、陈溥贤等持不同见解。胡适说:"在这个猪仔世界里,民众固不用谈起,组织也不可靠,还应该先提倡蔡先生这种抗议的精神,提倡'不降志,不辱身'的精神,提倡那为要做人而有所不为的牺牲精神。先要人不肯做猪仔,然后可以打破这个猪仔的政治!"[3]陈溥贤引印度甘地的不合作主义的八种含义,说明"他们所谓不字,是含有积极的进取精神,决不止消极的否定的意味",如"劳动阶级的罢工,也是一种不合作主义的表现"。[4]

显然,他们肯定蔡元培不合作主义对揭露、打击军阀政府等积极作用的观点是正确的,陈独秀尊称蔡元培"贤者"亦包含此意,这说明双方反对中国黑暗政治方向一致。双方分歧焦点在如何对待发动全国士、农、工、商于民众革命的问题。从这个角度审视,"驱彭挽蔡"运动规模不大,但影响、意义是进一步凸显了新文化营垒、新型知识分子群体中革命和改良两种政治倾向的日益严重的思想分歧,对深化中国社会如何改造认识有重要意义。

---

[1]《这一周·蔡元培的"不合作主义"》,《胡适文集3·胡适文存二集》,北京大学出版社1998年版,第455页。
[2]《评蔡校长宣言》,《向导》第17期。
[3]《这一周·蔡元培是消极吗?》,《胡适文集3·胡适文存二集》,北京大学出版社1998年版,第458页。
[4]《晨报》1922年2月1日。

五 湖南"联省自治"

联省自治思想渊源于效仿美国的联邦制。"五四"后主张"联省自治"的，一是各省地方军阀，是以"省自治"为旗帜，反对先后掌握北京政府的皖系军阀段祺瑞和直系军阀吴佩孚，以扩大自己的势力；二是一些知识分子，不满袁世凯死后，各路军阀为一己之私，连年征战，祸国殃民，想通过实行联省自治，扩大人民的民主权利，实现国家和平统一。

在张敬尧被驱逐后，湖南的政局，构成了上述两种人自治主张在短时间内契合的机遇。谭延闿以湖南省长和湘军总司令名义，赵恒惕以湘军总指挥的名义进入长沙，时值直皖两系大战当头，广东发生桂系陆荣廷对抗国民党陈炯明之战。湖南各界"湘人治湘"要求非常强烈。1920年6月，旅沪湖南人组成"湖南改造促进会"，公开呼吁"湘事湘人自决"。谭延闿趁机发出"湘人治湘"通电，声明废除督军，开始民选省长，在本省及京津乡绅名流支持下，掀起自治运动。

湖南各界热烈响应，在京湘籍名流熊希龄、范源濂等通电支持，并请梁启超为湖南代笔起草一份《湖南自治法大纲》和《湖南自治根本法》及说明书，国民党人张继、吴稚晖、李石岑、蔡元培和章太炎等积极支持。李剑农，胡适、周鲠生、王世杰等一批学者在《太平洋》《东方杂志》《努力周报》等报刊发表文章响应。

一批思想激进的青年知识分子，包括共产主义思想知识分子对湖南自治期待很高。毛泽东大力呼吁，"赞助此项决定，湖南人之友。障碍此项决定，湖南人之仇"[1]；希望新上台的当权派谭延闿、赵恒惕，"第一能遵守自决主义，不引虎入室，已入室将入室之虎又能正式拒而去之。第二能遵守民治主义，自认为平民之一，干净洗脱其丘八气、官僚气、绅士气，往后举措，一以三千万平民之公意为从违。最重要者，废督裁兵，钱不浪用，教育力图普及，

---

[1] 《湖南人民的自决》（1920年6月18日），《毛泽东早期文稿》，湖南出版社1990年版，第487页。

三千万人都有言论，出版，集会，结社之自由，此同人之最大希望者"[1]。显然，毛泽东是以实现人民的民主权利为中心来推进自治的。

毛泽东提出建立"湖南共和国"，同北京政府脱离关系，"二十年不谈中央政治，各省人用全力注意到自己的省，采省门罗主义，各省关上各省的大门，大门以外，一概不理"；[2]致旅法勤工俭学新民学会会友信强调"弟主张湖南应自立为国，湖南完全自治"[3]。这种把湖南同全国隔离开来的设想，显然是一种空想，但毛泽东本意，是湖南人民脱离北京中央政府控制，湖南人民自己起来解决湖南问题，又的确代表了湖南人民的心声。

针对谭延闿一手包办的意图，湖南舆论界"反对官绅包办"；"反对恩赐自治"呼声连续不断。毛泽东强调指出，"湖南自治运动应该是由'民'来发起的"[4]。他说："俄国的政治全是俄国的工人农人在那里办理。俄国的工人农民果都是学过政治法律的吗？""不论你是农人也罢，工人也罢，商人也罢，学生也罢，教员也罢，兵士也罢，警察也罢，乞丐也罢，女人也罢，你总有权发言，而且你一定应该发言，并且你一定能够发言，只要你将你那不应该自疑的缺点祛去，你便立刻发现你自己的重大本领和重大责任。这本领发现在你的心坎里，这责任便立刻落在你的双肩上"。[5]

毛泽东同时在新民学会内部提醒大家，自治运动和驱张运动，"都只是应付目前环境的一种权宜之计，决不是我们的根本主张，我们的主张远在这些运动之外"，"如蔡和森所主张的共产党"等"根本改造之计划和组织"；但"'驱张'运动和自治运动，也是达到根本改造的一种手段，是对付'目前环

---

[1]《湖南促进改造促成会复曾毅书》（1920年6月21日），《毛泽东早期文稿》，湖南出版社1990年版，第491页。
[2]《反对统一》，《毛泽东早期文稿》，湖南出版社1990年版，第533页。
[3]《致罗璈阶信》（1920年11月25日），《毛泽东早期文集》，湖南出版社1990年版，第554页。
[4]《"湖南自治运动"应该发起了》（1920年9月26日），《毛泽东早期文稿》，湖南出版社1990年版，第517—518页。
[5]《释疑》（1920年9月27日），《毛泽东早期文稿》，湖南出版社1990年版，第519—521页，。

境'最经济最有意义的一种手段。"[1]

因与同属湘系的赵恒惕、程潜两个集团的矛盾纠纷,谭延闿1920年11月辞职离湘。赵恒惕接任湘军总司令,1921年4月又任省长,实际掌握湖南大权。1921年3月中旬后,赵恒惕正式邀请专家名流李剑农、王毓祥、王正廷、蒋方震等13人为省宪起草员,负责起草省宪工作。其间,1921年10月,赵恒惕率湘军进攻湖北督军王占元;王占元弃职后,北京政府任命吴佩孚为两湖巡阅使。湖南在外有吴军压境,外祸随时可至的情况下,仓促地在1921年9月9日将省宪草案审查完毕,经12月11日"全省公民"总投票表决通过。1922年1月1日,赵恒惕正式颁布了《湖南省宪法》,计13章141条,但都只停留在口头、文字上,没有实际落实。浙江、云南、贵州、广西、湖北、福建等省也不同程度地开展自治运动。至1924年10月、11月,联省自治运动终于全面消退。

"联省自治运动反映了资产阶级、开明官绅和部分市民,特别是知识分子反对军阀专制,希望和平改革以达到统一的愿望,具有一定的积极意义"[2],如《湖南省宪法》规定的"省自治权,属于省民全体",以及人民有身体自由权及信仰、言论、结社、居住、迁徙、营业自由等诸种权利等规定,都可视为新文化运动"民主"思想的发挥和展开。[3]运动的失败结局,"宪法"等只能是一纸空文,则再次宣告了中国资产阶级知识分子幻想中国社会只能实现一点一滴和平改变中国的主张只能是一厢情愿。

对此,陈独秀认识清醒。他在运动进入高潮时指出:"联省制即联邦制的理想,固然是我们所不反对的,自治更是我们所赞成的",但"中国政象纷乱的源泉,正是中外同人所同恶的'督军政治'";胡适等人"省自治""联邦式的统一可以打破现在的割据局面"等设想都"是药不对症"。他进一步指出:"救济中国""是集中全国而不为私利私图的有力分子,统率新兴的大群

---

[1] 《"驱张"和"自治"不是我们的根本主张》(1920年11月),《毛泽东早期文稿》,湖南出版社1990年版,第571—572页。
[2] 耿云志等:《西方民主在近代中国》,中国青年出版社2003年版,第407页。
[3] 《湖南省宪法》,《东方杂志》第19卷第22号。

众，用革命的手段，铲除各方面的恶势力，统一军权政权，建立一个民主政治的全国统一政府"。[1]蔡和森尖锐痛斥：赵恒惕是"不可为训的民主革命的叛徒"，"正在那唱'联省自治的模范省'之把戏。这出把戏初打开台，就把劳动运动中的青年领袖（指黄爱、庞人铨——笔者注）杀得血肉横飞"；就令军警解散"十一月七日湖南市民对于苏俄革命之热烈的集会"，"什么'省宪'除保障'总统'个人的地位外，其余一切却是不会发生效力的"。[2]

总之，联省自治运动作为五四民主精神的一次实践尝试，在中国各界，尤其是先进知识分子们的思想中留下了深刻教训：在中国，帝国主义封建军阀统治之下，改良主义行不通。

六　旅法勤工俭学起波澜

留法勤工俭学形成一个运动，一批批有志青年接连赴法，始于五四运动前夜。五四运动迅猛发展，把留法勤工俭学运动推向了高潮。一大批经过五四运动高潮和新文化运动洗礼的先进知识分子，怀着寻求救国救民真理的强烈愿望投入留法勤工俭学，使这个运动构成了"五四"后中国先进知识分子探索改造中国实践活动的重要组成部分。

据统计，从"五四"到1919年底，有7批共587人赴法；翌年有千余人赴法。他们中有大学生、中学生、小学生，教员、职员、新闻记者、医生、工人等，还有日本、南洋等地转来的留学生。年龄大的有如43岁的湖南教育家徐特立，有年过半百的蔡和森母亲葛健豪等；年龄最小的只有十四五岁；绝大多数是二十上下的青年人。其中不少是新文化运动和五四运动的骨干和活跃分子，是怀着"改造中国与世界"的昂扬斗志而赴外国寻求真理的。

留法勤工俭学生绝大多数是第一次出国，法国乃至欧洲的一切对他们都

---

[1]　陈独秀：《联省自治与中国政象》，《向导》第1期。
[2]　蔡和森：《赵恒惕与湖南省自治》，《向导》第10期。

属新鲜，但最强烈印象却是"欧战后社会生活的严重动荡和不安"[1]。周恩来说："吾人初旅欧土，第一印象感触于吾人眼帘者，即大战后欧洲社会所受之巨大影响，及其显著之不安现状也。影响维何？曰，生产力之缺乏，经济界之恐慌，生活之窘困。"[2]四川青年陈毅真切感受到了资本主义制度下尖锐的阶级对立，法国"当货物销路极广的时候，资本便雇过数的工人，以资制造。到销路低落时，便大批取缔出来。尝见工人被退出厂的情形，就是'神情丧失''面若死灰'都形容不尽致，令人表无限同情，觉社会革命是极合道理的事……资本家完全是为自己利益起见，实毫无人心，我才知道欧洲资本界，是罪恶的渊薮"[3]。贵州的王若飞感到，所以如此是"资本家有政府作后盾，并且依靠金钱的邪恶力量，因此他们想怎么干就怎么干"[4]。

他们直接考察了欧洲风起云涌的工人运动。法国工人在1920年五一劳动节举行大罢工，明确提出"抛弃一切反对世界无产阶级解放运动的反动""正式承认俄罗斯苏维埃共和国""男女完全平等"等政治要求，遭当局强力镇压。蔡和森指出，当局对付罢工的办法"除武力弹压外，就是以'阴谋反对国家'的招牌，四出搜查与拘捕……共计捉去十八名"[5]。周恩来到达伦敦后的前两个月，英国煤矿工人开始同盟罢工。1921年4月后，发展成为有百万工人的罢工。周恩来先后写了《英国矿工罢工之始末》《英国罢工风潮之影响》《煤矿罢工中之谈判》《英国矿工罢工风潮之波折》《英国矿工总投票之结果》等九篇通信。这些经验对他们后来回国指导工人运动有着重要作用。

他们进入工厂做工，了解工人工作的实际状况。周恩来、聂荣臻等在巴黎近郊的雷诺（Reonault）汽车工厂，赵世炎、罗学瓒、李立三、陈毅、邓小平、傅钟、萧子璋、陈公培等在克鲁耶的施乃德钢铁总厂，李富春、李维

---

[1]　《周恩来书信选集》，中央文献出版社1988年版，第23—24页。
[2]　天津《益世报》1921年3月23日。
[3]　陈毅：《我两年来旅法勤工俭学的实感》，《旅法勤工俭学运动史料》第三册，北京出版社1981年版，第50页。
[4]　转引自张允侯等编：《留法勤工俭学运动》，陕西高校联合出版社1993年版，第11页。
[5]　《法国最近的劳动运动》（1920年6月13日），《蔡和森文集》，人民出版社1980年版，第47页。

汉、贺果、李林等在勒哈佛尔的施乃德钢铁分厂，分别从事铸工、钳工、翻砂工、搬运工等不同工种。还有些学生到田庄、农场、植物院当农业工人。他们什么脏活累活都干，从而"对于资本家对工人剥削和管制方法有了初步的认识"[1]。

他们积极帮助华工组织工会、夜校，同旅法华工及法国工人建立了密切联系。华工对勤工俭学生极为支持和关心。他们频频捐款，为候工的勤工俭学生购置大批铁工工具，还每周来华侨协社的布棚内热心传授技艺，为候工同学觅工创造有利条件。

紧张的劳动之余，勤工俭学生抓紧时间学习法文，阅读进步书籍报刊，包括各种马克思主义著作。留法勤工俭学中的一些人出国前就是新民学会等社团骨干，到法后继续进行改造中国的探索。1920年7月6日至10日，新民学会蔡和森、向警予、李维汉、陈绍休、萧子璋、萧子升等13名会员及一些外省的工学勤进会会员共20余人在蒙达尼聚会，经过认真深入的讨论，确定了新民学会的方针为"改造中国与世界"。

1920年下半年，法国经济危机严重。第一次世界大战中，法国一大批军工厂因停产而大批辞退工人，加上缺少煤炭原料，停产工厂更多；还有上百万退伍士兵要求工作。政府战后又叠加新税，物价飞涨。这种种困难使大批留法勤工俭学生很快陷入困境。到1920年底，全体留法勤工俭学生1600多人中，十分之七八处于失业状态，不得不依靠华法教育会每天借贷5法郎维持最低限度生活。这时，留法勤工俭学生发现了华法教育会职员有贪污国内资助留法勤工俭学生捐款费用事件，同华法教育会产生了尖锐矛盾。而来到巴黎的华法教育会长蔡元培听信教育会职员一面之词，竟于1921年1月两次发通告，其一要学生自行组织俭学会和勤工俭学会，使华法教育会和勤工俭学生脱离关系；其二是宣布至同年2月底，"华法教育会对于俭学生和勤工俭学生脱却一切经济上之

---

[1] 李维汉：《回忆新民学会》，《历史研究》1979年第3期。

责任"。[1]这对困境中的勤工俭学生无疑是雪上加霜。

1921年1月26日,留法勤工俭学生各地代表在巴黎华侨协社开会,决议要求中国驻法使馆、领事馆、留学监督处、华法教育会给勤工俭学生找工作,继续发放生活维持费和在校生的学膳费,并要求他们向国内政府请求津贴。北京政府很快回电:"在法学生之无钱无工者,唯有将其分别遣送回国。"[2]各地留法勤工俭学生得此消息,怒火更盛。2月27日,在巴黎近郊咖啡馆召开各地勤工俭学生代表大会,通过争取"生存权、求学权"口号,决定第二天去公使馆示威请愿。

28日晨,400多名勤工俭学生从巴黎四面八方涌向中国驻法使馆请愿,见到法国政府早已在使馆周围布满警察和骑兵队。同学们心里清楚,这是中国公使馆同法国政府勾结欲镇压学生。大家推选出蔡和森、向警予等11名代表与中国驻法公使陈箓谈判无果。这时,附近的法国警兵冲进院中,用警棍和枪托对学生乱打,武警马队也冲上前来驱逐学生。陈箓趁机逃脱,许多学生被打伤,衣服被撕破,4名学生被法警捕去。一名四川学生王木,为躲避警察毒打,当场被电车轧死。

这场斗争,勤工俭学生没有达到预期目的,但迫使中法当局做出让步,从3月起继续发放候工同学"维持费"。陈箓急电国内北京和各省政府想办法,北京政府和大多数省政府均无法,只让学生"克速遣归"。法国当局接纳中国勤工俭学生是为了培养为其对华战略服务的驯顺工具,不同意立即遣迫,就组织少年监护会负责联系学生的劳动和生活救济。

这场斗争大大加强了留法勤工俭学生的团结。在留法勤工俭学生中,原有观点明显分歧的两派。一派是蔡和森、向警予和工学世界社(原为工学励志社)的李维汉、罗学瓒、张昆弟、李富春、萧子璋等,他们大多为保定留法预备班的湖南第一师范学生,其中多数为新民学会会员,越来越认识到"必不在

---

[1] 《留法勤工俭学生使馆请愿记》,《教育杂志》第13卷第17号。
[2] 周恩来:《留法勤工俭学生之大波澜》,天津《益世报》1921年5月16日。

现代组织下劳动，而以要求生存权、求学权为社会革命之发动点"[1]，因此积极投身这场向中国使馆的"请愿运动"。不难看出，这是五四运动斗争的精神和做法的延续。另一些同学赵世炎、李立三等持工学主义观点，当时信仰无政府主义的陈延年、陈乔年等也赞成这种主张。他们宣称，"吾人终信勤工俭学具有可能性"[2]。同时指责"二二八"请愿是"向人乞怜，求苟且偷安"[3]。"二二八"运动后，还有200多个留法勤工俭学生前往克鲁耶做工。但中国留法勤工俭学生迅速加入失业队伍，严酷事实昭示他们：" 要想在这样的勤工状态下求俭学的可能，武断着说便是万难做到。"[4]

在这场斗争中，这两派人迅速团结。正在这时，中法大借款的消息在巴黎各报上披露开来。起因是1921年6月初，中国北京政府专使朱启钤、财政次长吴鼎昌以代表大总统徐世昌接受巴黎大学名誉法学博士学位为名来法，实际主要是同法国政府商谈秘密借款3亿法郎（后增加到5亿法郎），其中2亿法郎存中法实业银行，1亿法郎供北京政府购买军火等。条件是：中国的印花税、验契税由法国监理收税50年，滇渝铁路建筑权全归法国。而法人的中法实业银行当时亏耗已达2亿法郎以上，2亿法郎借款若存该行，等于用中国借款去帮助法国资本家。中法当局一直严密封锁消息，由于法国财团分赃不均才泄露出来。

留法勤工俭学生、华工及其他华人立即紧急行动起来。周恩来和旅法华工领袖、工学世界社社员袁子贞等，联络中国留法学生联合会、华工会、国际和平促进会、巴黎通讯社等六大华人团体，组成拒款委员会，发表"拒款通告"指斥朱启钤、吴鼎昌等"买欢军阀，献媚外人，国家存亡，在所不计"，"祈同胞一致进行，以挽狂澜"。[5]该通告在巴黎及法国其他各地广为散发，还寄

---

[1] 周恩来：《留法勤工俭学生之大波澜》，天津《益世报》1921年5月16日。
[2] 周恩来：《留法勤工俭学生之大波澜》，天津《益世报》1921年5月16日。
[3] 《勤工俭学生在法最后之命运》，《五四前后周恩来同志诗文选》，天津人民出版社1979年版，第292页。
[4] 《勤工俭学生在法最后之命运》，《五四前后周恩来同志诗文选》，天津人民出版社1979年版，第297页。
[5] 《关于中法借款》，《五四前后周恩来同志诗文选》，天津人民出版社1979年版，第255页。

给国内各团体和美洲、南洋的华侨及留英留美学生会，要求共同行动。同时用法文印刷1000份，分送法国国会议员、国务员、社会知名人士和各报馆，在法文报纸上公开刊登。

6月30日下午2时，在巴黎哲人厅召开拒款大会，赵世炎、周恩来、李立三、陈毅、徐特立、华工领袖袁子贞等旅法勤工俭学生和华工300多人出席。大会主席宣布：今日大会为"防将来借款之阴谋""宣布对于法国之态度，非反对其国民，乃反对其少数资本家借款与中国，长中国之内乱者"。[1]华工当场散发传单呼吁应"直接行动，盖重演曹、章、陆之故事也"。[2]各地华人团体发表声援宣言、电报、书信数百份。

驻法公使原表示到会说明有关事宜，但开会时没敢露面。朱启钤吓得跑到美国，吴鼎昌溜到英国。法国各报不仅登载华人"拒款通告"，而且发表批评法国政府的文章。这使法国政府不得不在表面上暂时停止借款案商讨，实际上秘密进行，只是经办人由陈箓取代朱启钤，吴鼎昌仍继续留任。《巴黎时报》7月下旬突然披露，中法借款合同已经商定，将于7月25日签字，借款由3亿法郎增加到5亿法郎。

旅法华人闻讯无不怒火万丈。8月13日，旅法华人团体在巴黎哲人厅举行第二次拒款大会，之前通知陈箓到会说明真相。陈箓畏惧，只派使馆一秘王曾思出席。会间王曾思对草约签字一事彻底否认，还称，法报之登载亦未尝见，"言时颇怒形于色，似怪同胞开会拒款为多事者，又复以拳击案，表示其不满"[3]，"听众本盛气而来，满腔义愤，正苦无处发泄，忽聆其言，睹其形，全场大怒，大呼打打，群起和之"，[4]将王曾思痛打一顿。王曾思被迫代表陈箓签字，"正式承认中国无秘密借款之必要，准将一切在法借款3项，交由留法各界所组织之委员会审查"[5]，这次秘密借款被迫中止。

---

[1] 《关于中法借款》，《五四前后周恩来同志诗文选》，天津人民出版社1979年版，第258页。
[2] 《关于中法借款》，《五四前后周恩来同志诗文选》，天津人民出版社1979年版，第258—260页。
[3] 《关于中法借款》，《五四前后周恩来同志诗文选》，天津人民出版社1979年版，第277页。
[4] 《关于中法借款》，《五四前后周恩来同志诗文选》，天津人民出版社1979年版，第277页。
[5] 《关于中法借款》，《五四前后周恩来同志诗文选》，天津人民出版社1979年版，第277—278页。

在法华人，特别是勤工学生的正义行动，受到法国当局的仇视。他们叫嚣，"我们助款维持他们的生活，他们还来反对我们"[1]，"银行白送了勤工俭学生一些钱，今日还要反对他们借款"。[2]8月下旬，法外交部通知中国使馆，称留法勤工俭学生是拒款运动主谋，法国政府已定妥1400个船位，要将这些学生分两批遣送回国。中国使馆怕激起更大反抗运动，没敢执行这一计划。法外交部又敦促中国被打官员起诉中国学生，陈箓怕事情闹大也没照办。法国外交部9月3日通告：撤销少年监护委员会，从15日起，停止发放留法勤工俭学生的维持费。这无疑把大批留法勤工俭学生置于更艰难的困境。

正在这时，留法勤工俭学生获悉，原为勤工俭学生而建的里昂中法大学，废弃让留法勤工俭学生入校学习的承诺，在国内另行招生。

里昂中法大学是华法教育会创办的。1919到1920年间，华法教育会以解决勤工俭学生海外求学为名，募捐一批经费，加上法国里昂市长哀里欧捐赠一座旧炮台（即圣埃莱纳古城堡）建成。华法教育会负责人曾公开宣称，中法大学建成可容纳2500多人，勤工俭学生全部进入都没有问题。吴稚晖更公开说过，"里昂中国大学是公开的，普遍的劳工神圣的"。[3]但1920年9月学校修建完毕，校长吴稚晖等出尔反尔，把中法大学说成与勤工俭学生毫无关系。1921年夏，吴稚晖以中法大学校长的名义决定9月25日开学。

勤工俭学生闻讯，万分气愤，忍无可忍，掀起争回里大斗争，各地勤工俭学生联合会应运而生。

但校方用里昂中法大学协会名义在9月12日声明"这个学校为一高等教育机关"，"所养成的青年，在回中国的时候，定当做教授"；"对于收录与考试学生，应验文凭或经过考试"，若"非官费或有支付款项的确实保证，不能

---

[1] 《勤工俭学生在法之最后命运》，《五四前后周恩来同志诗文选》，天津人民出版社1979年版，第284页。
[2] 《勤工俭学生在法之最后命运》，《五四前后周恩来同志诗文选》，天津人民出版社1979年版，第290页。
[3] 《勤工俭学生在法之最后命运》，《五四前后周恩来同志诗文选》，天津人民出版社1979年版，第305页。

收入"。[1]这等于公开拒绝勤工俭学生进入里昂中法大学。

9月17日,各地留法勤工俭学生联合会100多人齐聚巴黎,赵世炎、蔡和森主持开会,一致决议,提出"誓死争回里大""绝对不承认部分解决""绝对不承认考试"三大口号。会议原拟派代表赴里昂找校方谈判。但得知吴稚晖从国内招来150多名官僚贵族子弟,将于24日到达马赛港,25日正式入校。这进一步激起了勤工俭学生的愤怒。20日,留法勤工俭学生联合会决定立即行动。当晚,由赵世炎、蔡和森、陈毅等100多人组成先发队,从巴黎、圣日耳曼、克鲁耶、蒙达尼等地,同时向里昂进发。周恩来、王若飞、李维汉、徐特立、萧子璋等留驻巴黎负责联络奔走,直接和公使馆交涉。

21日,两批先发队员125人分别于4时24分、7时17分先后到达里昂。校方早已防范森严,各处房门全部上锁。大家推举赵世炎、蔡和森、陈毅等代表进见里昂中法大学主事人褚民谊。褚民谊拒绝学生一切要求,并连同大学协会法国书记给先发队员加上"无钱、无学、革命党"等罪名通报警察厅。后者立即派"警察八人,严密监视,所有勤工俭学生,许入不许出,于是他们一切电报电信和书信,都不能向外间通达";"到了下午四时半,空气更紧张了,大学协会书记伴着五六个警察来到众人面前,将所有人的护照逐一查验,最后复行收去"。[2]当晚,先发队员挤在学校的一间空屋席地而卧。

22日,全体先发队员被大队武装警察强行送入一个兵营里囚禁。消息传到巴黎,周恩来、王若飞、向警予、李维汉、徐特立等立即找公使陈箓交涉,要求他转告法国政府,立即释放全部被囚学生。陈箓派副领事于23日晚到里昂,但警察对学生却"更加重了监视的程度",并把此事"由里昂地方移归外交部处理"。[3]勤工俭学生代表再找陈箓,陈箓却说:"法政府甚不满意者一百余

---

[1]《勤工俭学生在法之最后命运》,《五四前后周恩来同志诗文选》,天津人民出版社1979年版,第313—314页。
[2]《勤工俭学生在法之最后命运》,《五四前后周恩来同志诗文选》,天津人民出版社1979年版,第323页。
[3]《勤工俭学生在法最后之命运》,《五四前后周恩来同志论文选》,天津人民出版社1979年版,第329页。

人的行动，已决定遣送回国。"[1]他还指责学生犯了四种罪："（一）不得主权者许可擅入人室；（二）侮辱市长；（三）散发传单；（四）与共产党新闻记者接近。"[2]周恩来等当即严正驳斥：同学此举"充其量也不过违警，况且法兰西共和国家，又非戒严时代，何能凭一面的诉词，强人入罪"？"何至于囚禁不开审讯，更何至演出了一出同中国学潮中拘留学生的一样悲剧？不是惯经此事的陈箓暗示他们，默许他们，他们又何能目无中国至此？至于说到散传单、同新闻记者接近，举眼看一看巴黎、里昂市上，那一天不有成万的传单飞出，试问都是经警察厅许可的么？共产党的《人道报》飞满法兰西全国，何解禁人们同他的新闻记者接近"？[3]实际上，陈箓在10月2日就收到法方遣送先发队回国照会，翌日他电告北京政府，毫无挽救之意。所以，这一席话句句在理，一下子就把陈箓勾结法国当局压迫留学勤工俭学生面目暴露于天下。

学生代表王若飞、李维汉等同徐特立、黄齐生两位老先生与中法大学校长吴稚晖交涉。吴只是一味指责学生"不守纪律""无办法"[4]，实际与陈箓态度一致。勤工俭学生对他非常失望。

被囚兵营的勤工俭学生坚持斗争。10月10日，他们全体绝食一天，同时召开全体大会。法政府加紧压迫学生。10月13日午前，里昂市长和法国外交部代表来到兵营，向被囚学生宣布：当晚即将全体被拘学生送往马赛，不准停留，不准反抗。晚7时，百余名武装警察和万余名士兵将勤工俭学生强行押上汽车往火车站登上火车。14日晨抵马赛车站，又被交接押进法轮"波尔加"号的五等舱，船上还有全副武装的1名法国军官和8名士兵押送。下午5时55分，船驶离马赛海岸。

---

[1]《勤工俭学生在法最后之命运》，《五四前后周恩来同志论文选》，天津人民出版社1979年版，第329页。
[2]《勤工俭学生在法最后之命运》，《五四前后周恩来同志论文选》，天津人民出版社1979年版，第329页。
[3]《勤工俭学生在法最后之命运》，《五四前后周恩来同志论文选》，天津人民出版社1979年版，第329—330页。
[4] 徐特立：《回忆勤工俭学时代的若飞同志和黄齐生先生》，《解放日报》1946年4月23日。

这次除赵世炎等在同学帮助下逃离兵营外,被驱逐出境押送回国的勤工俭学生共104人。他们身上一无所有,行李、衣服、书籍、生活用品都散在法国各地,一路大海颠簸,全然是俘虏待遇。但他们丝毫没有气馁。湖南的蔡和森、张昆弟、罗学瓒、李立三、颜昌颐、贺果、鲁其昌、陈公培等43人,四川的陈毅、陈炎、周钦岳等35人,还有湖北10人,安徽7人,贵州3人,浙江2人,福建2人,陕西、河南各1人,都继续坚持斗争。到香港后,蔡和森、李立三、张昆弟、罗学瓒等上岸为同学们募捐并宣传被迫回国真相。各地华侨、民众对他们表示了极大同情和关心。新加坡华侨华工纷纷上船慰问学生,捐款赠物。陈毅等到上海后,立即组成"被迫回国留法勤工俭学生团",发表了《被迫回国留法勤工俭学生一百零四人通告》,并到报社发表谈话、控诉北京政府、法国政府对勤工俭学生的迫害。

以赵世炎、周恩来、蔡和森、向警予、李立三、陈毅等为代表的一批旅法勤工俭学运动骨干迅速转变为坚定的马克思主义者,很多人成长为中国共产党和新中国的重要领导骨干,在中国革命和现代化历史进程中发挥了重要作用。

七 现代工人运动起步

五四运动高潮中,工人阶级以政治大罢工的突出表现发挥了其他阶级难以企及的独特作用,沉重打击了帝国主义及其帮凶北洋军阀,也空前震撼、吸引了中国先进知识分子,促使他们认清工人阶级是中国社会改造的重要主体力量,并在不久的未来迈出了与工人阶级结合的最初一步。其中,共产主义知识分子群体充当了马克思主义与工人运动结合起来的桥梁,奏出了"五四"后中国社会改造实践探索的宏伟乐章。中国工人运动从此跨入了现代无产阶级革命运动的新阶段。

先进知识分子中,各个政派呈现出多方位、多角度共同关注工人运动的热烈气象。1920年五一国际劳动节,由早期马克思主义者陈独秀主持,《新青年》出版《劳动节纪念号》,刊登了蔡元培、孙中山等16位名流、工人的题词,发表了李大钊的《"五一"(May Day)运动史》,T.C.I.的《一九一九年巴黎"五一"运动》,陈独秀的《劳动者底觉悟》等文章,以及张慰慈、高一涵、程振基等介绍美、日、英、俄劳动运动、劳动组织、劳动法典的文章,还有关于上海厚生纱厂、香港罢工、巴黎罢工,以及南京、唐山、陕西、苏南、长沙、芜湖、无锡、北京、上海、皖豫鄂、天津工人状况的调查报告,并刊出了《对于俄罗斯劳农政府通告的舆论》,内容为平时一期90余页容量的3倍。其主题非常鲜明,即中国工人阶级放开眼界,学习借鉴美、日、英、俄等各国工人运动及其组织经验,认清自己所受的剥削压迫,提高"劳动者底觉悟"。

《劳动节纪念号》详细展示了中国工人所受的残酷剥削和压迫。《唐山劳动状况》说:"余每到唐山就看到那挖煤的苦汉,穿着木头底的履,跟那腻垢破烂的衣,开口露出雪白的牙,抬头现出锅底似的脸,结群成帮的,走在大街上。这般苦汉,到在煤洞子里,虽是隆冬,也热过盛夏;甚而至于空气不足,窒闷欲死。且常有土地塌陷,或煤石下坠,压成肉饼的。井下的煤,用人工挖,用马车运,要是场塌的时候,外国工师一定问伤马了没有?至于人的死活,他们不很注意。因为死一马价值百八十元;死一工人,仅出抚恤四十元,工人的生命,比牛马还贱几倍!"

《劳动节纪念号》介绍社会主义俄国《劳动法典》规定,"由劳动检查所专门检查员及卫生监察委员切实保护生命健康及劳力","随时考察各区域企业和工厂的设备(住所、医院、养育院、澡堂)"等。这些规定与前述中国的劳工的悲惨境遇形成鲜明对比。这无疑体现了文章作者和杂志编者启发读者学习俄国的榜样,改变中国劳工处境乃至社会面貌、社会制度的深刻用心。

国民党的《星期评论》在1920年五一国际劳动节出版《劳动纪念号》,头条是李大钊的《"五一"(May Day)运动史》,还有陈望道的《妇女劳动问题一瞥》、仲九的《香港机器工的罢工》、施存统的《"工读互助团"底实验和教训》、李汉俊译的《五一》等文。但占刊物绝大多数版面的是戴季陶的《文化运动与劳动运动》《上海的同盟罢工》《关于劳动问题的杂感》等。

戴季陶指出:今后工人"运动的目的",要"社会主义的",要"世界的";"劳动运动的手段",要"实际的","具体的","继续的","团结的","直接的","奋斗的"。从事文化运动的人要认清楚文化和社会的意义,从国家主义和资本主义里面解放出来,切切实实地为"无产阶级的新文化尽力"。[1]

戴季陶还号召工人起来废除工头制度,指出:"我们只要把工头废了,把工头剥削去的这一笔钱,捐出来做'工会基金'已经很可以做很多事"了,使工会"是真正各业自己组织的工会,不可是变相的'工头会'"。[2]

戴季陶同时主张工人运动"要平和的",则暴露了对军阀政府和资产阶级的幻想,因为中国资产阶级、特别是官僚买办资产阶级及其后台军阀政府从来不会和平地让出利益。这显然同他在六三罢工高潮中惧怕社会主义影响工人运动的思想内在一致。这是戴季陶资产阶级软弱性的再次表露。但全面看这期《劳动纪念号》的方向与《新青年》的《劳动纪念号》完全一致。

北京大学学生会会刊《北京大学学生周刊》同样出版了《劳动纪念号》。主要负责人朱谦之在首篇文章《劳动节的祝词》中宣布:"我们是信奉无政府共产主义为理想的,虽从社会革命入手,却断不以集产派的施设为然,我们所要求的是各尽所能各取所需的社会","请对着劳动节宣言,从今后一面企图社会革命,一面脚踏实地去运动世界的总同盟罢工"。另一篇《彻底的劳动运动》则进一步呼吁"最要紧的就是组织一个互助机关,集合同一业,或同一地方之劳动者,彼此联盟,互相救济","更要与军人时相接近","务使工人一有举动,军警亦即联同罢工","资本制度亦可宣告死刑"。可以看出,该纪念号无政府主义互助论的色彩鲜明,有明显的立即"废除私产制度""各尽所能各取所需"等空想成分,但他们支持工人反对资产阶级、军阀政府和帝国主义对劳动人民的压榨剥削的政治方向极其鲜明。

研究系《晨报》推出《劳动节纪念》专版,发表了《劳动问题在中国的意

---

[1] 季陶:《文化运动与劳动运动》,《星期评论·劳动纪念号》1920年5月1日。
[2] 季陶:《文化运动与劳动运动》,《星期评论·劳动纪念号》1920年5月1日。

义》《劳动纪念日小史》《国际劳动会议经过的情形及其与中国的关系》《现下中国工人阶级的劳动问题》等4篇文章，呼吁重视劳工问题。但其诸文充满政治上与《新青年》、《星期评论》和《北京大学学生周刊》迥然有别的温和态度。他们认为，"中国的劳动问题"，"仍不能不从集合资本，开发实业下手"，要"妥为规定，预防资本家专制，酿成阶级斗争"。[1]明显在宣扬"劳资调和"。

上述前三个国际劳动节纪念号分别明显体现出共产主义知识分子、国民党人、无政府主义者合作的突出特征。《新青年》上有国民党人孙中山、蔡元培等的题词；《星期评论》上有李大钊、陈望道、施存统等的论文；《北京大学学生周刊》有高君宇等的论文。尤其是三个纪念号的内容在反对帝国主义、反对军阀政府统治、反对资本家剥削，主张学习、联合各国工人阶级团结奋斗，主张学习俄国十月革命经验的政治方向是基本一致的。

研究系表现出了与前三者联合行动的意向。值得注意的是，研究系敏锐地注意到了知识分子失业问题，"有许多似士非士的人"，"大部分是从前读书的人——即所谓绅士——他们每每有来了北京好几年没有找着一点事体，弄得鞋破袜穿，流离无所归的"；他们深为担心，这些人也有"破坏中国社会"的"危险性"。[2]这再次显示出了他们关注中国社会实际问题的高度政治敏感。

新型知识分子不仅强烈呼吁工人运动，而且实地深入工人群众，开展工人运动。国民党人继续进行了在工人群众中发展工会组织的活动。有学者考证，在上海"单是1922年新成立的就有：中国劳工同盟会，湖南驻沪劳工会，（或称湖南劳工会驻沪办事处），上海职工俱乐部，女子工业进德会，安徽驻沪劳工会，上海工会，粤侨工界联合会，南洋烟草职工同志会，中国机器工会上海支部（亦称上海机器工会，总会在广州），还有浙江、江西的驻沪劳工会，连

---

[1] 西豁：《劳动问题在中国的意义》，《晨报·劳动节纪念》1920年5月1日。
[2] 一湖：《现下中国士人阶级的劳动问题》，《晨报·劳动节纪念》1920年5月1日。

同原有的招牌工会，总数达三十多个"[1]。这些工会确实有"资产阶级欺骗工人阶级"的一面，但"还有反帝反封建的革命斗争的一面"[2]，实际进行了创办工人义务学校，发起纪念劳动节，鼓吹提高工人地位，改善工人待遇等不少积极努力。这些活动在当时上海的报纸上也是"日不绝书"，形成了很大声势。[3]

无政府主义者继续在工人群众中进行活动，在广州，区声白、梁冰弦、刘石心等在广州的协同和机器厂等工厂工人中活动，组织工人俱乐部，开展讲演，"主要是揭露工人如何受资本家的剥削和压迫、不合理、不平等，要起来斗争"等。[4]湖南的黄爱、庞人铨于1920年11月在长沙组织了湖南劳工会，规定以"改造'物质的缺乏'，'增进劳工的知识'"为宗旨，领导了反对湖南两任督军张敬尧和赵恒惕将湖南官商合办的第一纱厂转给外省资本家经营的斗争；至1921年12月劳工会会员激增至四五千人，在湖南各界有很大影响。

早期马克思主义者自觉推进马克思主义与中国工人运动的结合。一方面，把工人运动推高到工人自觉实现阶级解放的水平；一方面，自觉改造自己的主观世界，实现了知识分子的工人阶级化。

陈独秀出席上海码头工人发起组织的船务栈房工界联合会成立大会，发表著名的题为《劳动者底觉悟》的讲演，指出"只有做工的人最有用最觉悟"，工人觉醒的第一步是"要求待遇改良"，第二步是"做工的人自己起来管理政治、军事、产业"。[5]

早期马克思主义者们还创办了以工人为对象的小型通俗刊物。上海的中国共产党早期组织于1920年8月15日创办《劳动界》，10月10日创办以商界店

---

[1] 姜沛南等：《上海招牌工会的兴起》，载沈以行等编：《中国工运史论》，辽宁人民出版社1996年版，第105—106页。

[2] 邓中夏：《中国职工运动简史（1919—1926）》，人民出版社1953年版，第9页。

[3] 姜沛南等：《上海招牌工会的兴起》，载沈以行等编：《中国工运史论》，辽宁人民出版社1996年版，第105页。

[4] 参见《谭祖荫的回忆》《刘石心的回忆》，《"一大"前后》三，人民出版社1984年版，第115—135页。

[5] 《新青年》第7卷第6号。

员为对象的《上海伙友》;北京的中国共产党早期组织于同年11月7日创办的《劳动音》,1921年7月,又创办《工人周刊》;广州的中国共产党早期组织于1920年10月3日创办《劳动者》等。其共同特点是文章短小精悍、深入浅出、通俗易懂。《上海伙友》创刊号上《一个拣丝头的工人自述》一文说,"给我们的工钱又不多,每人每天的工钱是二百七十文。头脑(指工头——笔者注)还要扣去二十文,我们到手的只有二百五十文","我们到饭店吃饭,吃的一羊春,一添头,一分头三碗饭,就要七十五文,而且小菜不在内,如吃一碟黄豆芽就要二十文。最起码的汤,也要三十文。你要吃好些,就要六十文,一百文了。我们住客栈,每天要八九十文。吃早餐,吃茶,洗衣,和沐浴,每天也要一百四五十文。而且别的还没算。总计算起来就要四百多文了。进款这么少,怎样的过活呀!"这些小型刊物受到广大工人、店员的热烈欢迎与支持,在争相传阅之中,迅速提高了工人的阶级觉悟。

早期马克思主义者们努力创建工人阶级工会。为此,这就要冲破帝国主义侵华当局,外国资本家羽翼下的暗探、把头等爪牙的禁锢;要冲破工人中长期存在的旧式地方性组织,如上海的江北帮、安徽帮、广东帮、宁波帮,京汉铁路的湖北帮、江南帮、福建帮等地方性组织障碍;要打破青帮、红帮、哥老会等旧式帮会组织等障碍。这些障碍,实质是帝国主义压迫,封建势力在工人中的影响。[1]早期马克思主义者经过千方百计地艰苦工作,建立了最初的工人阶级工会,如上海的上海机器工会和印刷工会,北京地区的长辛店工人俱乐部,唐山电测京奉铁路制造厂职工同人会,广州的广东土木建筑工会等。从1920年8月中共上海早期组织成立到1921年7月的"一大"召开前,早期马克思主义者领导的产业工人已近万人。[2]

在这工人运动相结合的艰苦奋斗中,早期马克思主义者们的思想与感情发生了深刻变化。邓中夏在《长辛店旅行一日记》中说,"在长辛店下车的时

---

[1] 参见蔡少卿:《中国近代会党史研究》,中华书局1987年版,第331页—333页。
[2] 黄修荣:《中国二十世纪全史》第二卷,中国青年出版社2001年版,第288页。

候，我见了许多灾民——男女老幼的麇集在站边的地方，那种种的憔悴枯黄的面色，千孔百孔的衣服融在我的眼内，我的心就感着不快，表出一种痛苦的同情……光觉得心中难受，好比我也在饥饿困苦中。我想起他们灾民在这严冬风雪寒冷，衣没有得穿，饭没有得食，屋没有得住"，"为什么他们穷到那个地步呢？他们的财产给谁抢去了呢"？"长辛店的工人见到我们到了，十分欢迎，对于我们很亲热，我们也觉得他们很友爱，好比兄弟一般"。[1]

广东的社会主义青年团员彭湃走向了农村，开始因城市衣装、说话学生腔等与农民格格不入。他就迅速换下学生装、深入田间地头农家住户，逐渐与农民打成一片，取得了农民的信任。他又把分家后自己名下的土地全部无偿分给农民。1921年10月，他在海丰县赤山建立中国第一个以新思想为指导的农会；1923年元旦，领导成立海丰县总农会并任会长。农会的成立成为中国共产党领导农民运动的历史性起点。

邓中夏、彭湃是早期马克思主义者同工人运动、农民运动结合的典型。他们都经历了与工农大众结合的刻骨铭心的思想与情感的变化后，才真正成为工人阶级的知识分子。马克思主义就这样才真正传播到中国工人之中，传播到广大农民中去，成为他们的思想武器。由此，中国共产党才成为中国工人阶级的先锋队、中华民族的先锋队；工人阶级因此开始成为一个自觉的独立的彻底革命的阶级；广大农民则开始迅速成为中国革命的主力军之一。

---

[1] 心美（邓中夏）：《长辛店旅行一日记》，《晨报》1920年12月21日。

第十五章 新文化统一战线的分化

"五四"以后,随着反帝反封建爱国运动的不断发展和"中国社会如何改造"的理论探讨、思想论战日益深入,新文化统一战线内部的分歧日趋明显、激烈,从而使新文化统一战线日渐分化,展示了由核心向外围,由不为民众所知所感的较为隐蔽状态向为民众所知所感的公开状态发展的进程。

一 《新青年》编辑部分裂

《新青年》编辑部是全国公认的新文化运动中心堡垒,其成员按政治思想方向大体可以分为三种:以陈独秀、鲁迅为代表的激进的小资产阶级民主主义革命者;以胡适为代表的资产阶级亲英美派知识分子,以李大钊为代表的共产主义知识分子。"五四"后,陈独秀迅速向马克思主义靠拢,转变为具有初步共产主义思想的知识分子,李大钊则成为坚定的马克思主义者。胡适等改良主义者同马克思主义者李大钊的思想分歧在"问题与主义"论战中公开显露。

受当时反对北洋军阀腐朽专制统治和反对封建主义腐朽文化的迫切任务等制约,双方的分歧还没有广泛地扩散到社会上,如前所述,毛泽东、罗家伦等青年精英均对论战作了积极和正面的理解,但这场论战的思想分歧极为深刻,实际上揭示了新文化统一战线内部分歧的主题和焦点。

胡适坚持反对马克思主义,在李大钊发表《再论问题与主义》后,他在《四论问题与主义》中说:马克思主义阶级斗争学说"不但使劳动者认定资本家为不能并立的仇敌,并且是许多资本家也觉劳动者真是一种敌人。这种仇恨心的结果,使社会本来应该互助而且可以互助的两大势力,成为两座对垒的敌营,使许多建设的救济方法成为不可能,使社会上演出许多不需要的惨剧"[1]。胡适作为新文化运动纲领而发表的《新思潮的意义》一文又断言"马克思'赢余价值论'""决不会发生什么影响","十篇《赢余价值论》不如一点研究的兴趣"。[2]可见,胡适反对马克思主义在中国传播,特别是反对李大钊用马克思主义指导中国社会根本改造实践的态度、立场,是毫不含糊的。

李大钊坚持以马克思主义指导中国革命的立场也是坚定不移的。同样,他并不正面、直接地批评胡适,但是实际是坚定的回应。李大钊在《再论问题与主义》发表后,主编出版了《新青年》"马克思主义专号",相继发表了《我的马克思主义观》(《新青年》第6卷第5号、6号)、《由经济上解释中国近代思想变动的原因》(《新青年》第7卷第2号)等文章,实际上开始运用马克思主义指导中国革命,迈出了马克思主义中国化的最初一步。陈独秀在"五四"后迅速成长为一个马克思主义者,特别是接受了列宁的无产阶级革命和无产阶级专政理论。从1920年底到1921年初,终于发生了一场关于《新青年》编辑方针的争论。

《新青年》杂志自1920年5月出版《劳动节纪念号》(第7卷第6号)起就急剧左转,1920年8月起更正式成为在上海的中国共产党早期组织的机关刊物,由李达、李汉俊等负责编辑事务,积极宣传马克思主义,大力介绍俄国十月革命及建设情况;所发表的在北京的编辑部成员胡适等的稿件明显减少。

同时,陈独秀不断同北京同人就《新青年》编辑方针、编辑地点诸事进行商议。《劳动节纪念号》编辑完成后,1920年4月26日他在上海致信李大钊、胡适等12位北大同人说:"本卷已有结束,以后拟如何办法,尚请公同讨论赐

---

[1] 胡适:《四论问题与主义》,《每周评论》第37号,原定1919年8月31号出版,因在付印时被北洋军阀政府查封而未能出版。
[2] 胡适:《新思潮的意义》,《新青年》第7卷第1号。

复：（1）是否接续出版？（2）倘续出，对发行部初次所订合同已期满，有无应与交涉的事？（3）编辑人问题：（一）由在京诸人轮流担任；（二）由在京一人担任；（三）由弟在沪担任。"[1]稍后，陈独秀又致函胡适、周作人催稿。鉴于《新青年》一直以陈独秀为中心，实际上随着陈独秀南下赴沪，编辑部实际已迁上海，陈独秀的这些表示不过是走一个过场。

12月中旬，陈独秀接受陈炯明之邀，出任广东教育厅厅长，行前致胡适、高一涵信说："《新青年》色彩过于鲜明，弟近亦每不以为然，陈望道君亦主张稍改内容，以后仍以趋重哲学文学为是；但如此办法，非北京同人多做文章不可。近几册内容稍稍与前不同，京中同人来文太少，也是个重大的原因。"[2]

此前，《新青年》已从1920年9月出版第8卷起，脱离原出版单位群益书局，在上海大马路（今金陵东路）设立新青年社独立出版《新青年》；另设《新青年》编辑部于渔阳里。[3]

胡适终于忍不住了，在1921年1月2日回信陈独秀，指责"《新青年》色彩过于鲜明"，乃是"已成之事实，今虽有意抹淡，似亦非易事。北京同人抹淡的工夫绝赶不上上海同人染浓的手段之神速"。他提出《新青年》今后的三个办法："1、听《新青年》流为一种有独特色彩之杂志，而另创一个哲学文学的杂志"；"2、若要《新青年》'改变内容'，非恢复我们'不谈主义'的戒约，不能做到"，"将《新青年》编辑的事，自九卷一号移到北京来。北京同人于九卷一号内发表一个新宣言，略根据七卷一号的宣言，而注重学术思想艺文的改造，声明不谈政治"。3、"暂时停办"。[4]胡适还强调，把编辑部移回北京，并非他个人的意见，而是获得了李大钊、陶孟和、钱玄同、高一涵、张慰慈、王星拱等人赞同。

陈独秀接信后，对于胡适所说的编辑部移回北京、不谈政治的意见"似太

---

[1] 《陈独秀致李大钊胡适等》，《陈独秀书信集》，新华出版社1987年版，第252页。
[2] 《陈独秀致胡适高一涵》，《陈独秀书信集》，新华出版社1987年版，第292—293页。
[3] 汪原放：《亚东图书馆与陈独秀》，学林出版社2006年版，第57页。
[4] 《胡适答陈独秀》，《陈独秀书信集》，新华出版社1987年版，第293—294页。

生气",认为另办杂志就是反对他个人;如果胡适另办一杂志则"与《新青年》无关"。[1]陈独秀给李大钊等信表明了这一立场。

陈独秀的态度在北京同人中引起很大震动。钱玄同认为胡适与陈独秀已到"短兵相接的时候"。[2]李大钊致信胡适,表示他与钱玄同、鲁迅、周作人赞成第一种办法。1月22日,胡适致函李大钊、鲁迅、周作人等提出,由于陈独秀"答书颇多误解","恐误会更深",决定"取消'宣言不谈政治'之说,单提出'移回北京编辑'一法。理由是:《新青年》在北京编辑或可以多逼北京同人多做文章。否则独秀在上海尚不易催稿,何况此时在不相识的人的手里呢"。胡适特为说明,"我并不反对他个人,亦不反对《新青年》,不过我认为今日有一个文学哲学的杂志的必要,今《新青年》差不多成了Soviet Russia的汉译本"。[3]胡适表面上似乎是在"谈政治"上稍有让步,但实际上反对宣传苏俄,就是针对陈独秀当时最主要的政治主张,而"移回北京编辑"则意味着包含胡适自己主导今后编辑工作的含义,所以实质上胡适并未退让,而是积极进攻。

随即北京《新青年》同人进行表决。张慰慈、高一涵、陶孟和、王星拱明确表示赞同胡适。李大钊表示"主张从前的第一条办法,但如果'不致破坏《新青年》精神之团结',我对于改归北京编辑之议亦不反对,而绝对的不赞成停办,因停办比分裂还不好";稍后又表示"取消此议,改主张移北京编辑之说"。周作人表示:"赞成北京编辑。但我看现在《新青年》的趋势是倾向于分裂的,不容易勉强调和统一。无论用第一、第二条办法,结果还是一样,所以索性任他分裂,照第一条做或者倒还好一点"。鲁迅表示与周作人意见相同,但强调,"不必争《新青年》这一个名目"。钱玄同认为:"和周氏弟兄差不多,觉得还是分裂为两个杂志的好","和守常兄一样,也是绝对的不赞

---

[1] 《胡适来往书信选》上册,中华书局1979年版,第119页。
[2] 钱玄同致鲁迅、周作人信,《中国现代文艺资料丛刊》第5辑,转引自贾兴权:《陈独秀传》,山东人民出版社1998年版,第260页。
[3] 张静庐辑注:《关于新青年问题的几封信》,《中国现代出版史料》甲编,中华书局1954年版,第9—10页。

成"停办，因为"《新青年》这个团体本是自由结合的，即此其中有人彼此意见相左，也只有照'临时退席'的办法，断不可提出解散的话。极而言之，即使大家对于仲甫兄感情真坏极了，友谊也断绝了，只有他个人还是要办下去，我们也不能要他停办。至于《新青年》精神能团结与否，还是要看各个人的实际思想如何来断定，断不在乎《新青年》三个字的金字招牌"。

因为发起这个表决的胡适明确主张"移回北京"，可以从上文的分析肯定，真正赞成移回北京的是张慰慈、高一涵、陶孟和、王星拱4人；李大钊、周氏兄弟、钱玄同赞成移回北京编辑都有应付胡适的意思，实际是坚持从前的第一条办法，任"新青年"成为一个有特别色彩的期刊或索性任它分裂，并绝对不赞成争《新青年》这个名目或金字招牌。由此可见，他们4人对陈独秀在上海办"新青年"实际是支持或认可态度，而不赞同胡适"移回北京"，即由胡适主持编辑的主张。而李大钊、周氏兄弟、钱玄同的文化地位、影响权重显然要大于高一涵等4人。因此，表决结果实际很不利于胡适。[1]

于是，胡适转而直接向负责编辑《新青年》的陈望道施加压力，在给他的明信片中提出："我不是反对你编辑《新青年》，而是反对你把《新青年》用作宣传共产主义之用。"[2]陈望道对胡适予以坚决反驳，1921年2月13日致函周作人，表示对胡适"不能信任"[3]；在致鲁迅信中明确表示"办《新青年》不能靠胡适，要靠你"[4]。

正当《新青年》编辑部内争论进行时，1921年2月初，《新青年》第8卷第6号交付排时，稿件被租界巡捕房包探搜去，并罚款50元，不准在上海印刷。陈独秀决定将《新青年》移到广州出版。2月15日，他致函胡适："现在《新青年》已被封禁，非移粤不能出版，移京已不成问题了。你们另外办一个报，我十分赞成，因为中国好报太少，你们做出来的东西总不差，但我却没功夫帮

---

[1] 以上两节引文见张静庐辑注：《中国现代出版史料》甲编，中华书局1954年版，第7—13页。
[2] 邓明以：《五四时期的陈望道》，《百科知识》1979年第1辑。
[3] 转引自贾兴权：《陈独秀传》，山东人民出版社1998年版，第262页。
[4] 转引自唐宝林等编：《陈独秀年谱》，上海人民出版社1988年版，第143页。

助文章，而且在北京出版，我也不宜做文章。"[1]

《新青年》的编辑部从此公开分裂。《新青年》继续作为在上海的中国共产党早期组织和共产主义知识分子的理论刊物，大力宣传马克思主义理论和俄国十月革命的经验；1923年6月改为季刊，作为中国共产党机关刊物持续出版。胡适则在1922年创办《努力》周报，旗帜鲜明地宣传改良主义。两者的内容、风格迥然有异：前者高举马克思主义旗帜，主张以俄国十月革命为榜样，根本改造中国；后者以实验主义为理论根据，主张对中国实行渐进改良。但两者的共同点是都坚持反对北洋军阀黑暗专制统治、反对封建主义腐朽思想的大方向，都作为反对封建主义的新型期刊受到各界民众的关注和重视。

二 "少年中国"分途

少年中国学会（以下简称"少中"）是全国成员分布地区广、人数多、影响大的一个重要社团。在如何对待中国社会改造问题，如何对待在国内思想界影响日益扩大、地位日益突出的共产主义思想的问题上，"五四"后少中内部也呈矛盾越来越突出的态势。

"问题与主义"论战稍前，少中上海同人主张"暂多研究'学理'，少叙述'主义'，以求维持学会之巩固"；北京同人表示接受上海同人意见，但又主张"倘有会员对于政治兴趣极浓，急欲登台一试，或对于社会组织有所不满，急欲从事社会革命，在会同人对于上述两种观点，无论其成功失败，均不过问，听其自然"。[2]显然，后者支持参与社会革命的观点是北京同人的主要思想倾向。巴黎同人最为坚决，明确表示反对上海同人意见，主张"若主义而根据学理，则吾人绝不可因恐人误会及社会黑暗而隐忍不言"，"主义但当问其是不是，不当限制其多少；学理之研究，亦当即实有用于人生，不当与主义

---

[1]《陈独秀致胡适》，《陈独秀书信集》，新华出版社1987年版，第309页。
[2]《会员通讯》，《少年中国》第1卷第1期。而"问题与主义论战"始于1919年7月20日。

悬绝",应"多传述根据学理之主义,多研究有益于实际之学术"。[1]

显然,"大多上海会员的远离黑暗政治而坚持学术和教育事业的道路,与北京会员的积极介入政治,以政治参与为改造社会的方向,已经隐然两分"[2]。

此时,中国思想界关于"中国社会如何根本改造"的探讨正日益深入。1921年7月1日至4日,在南京召开的少中第一次年会,以政治改造为主要取向的会员和以学术研究为主要取向的会员之间进行了激烈的争论。这构成了少中全员内部思想分化的一个重要转折点。

会前,北京同人于6月17日在中山公园来雨轩召开谈话会,围绕"本学会应否采取某种主义"这个问题有四种意见:一是认为"学会有采用一种主义的必要,而且不可不为社会主义",这代表了李大钊、邓中夏等共产党人的观点;二是认为"创造少年中国就是本学会的主义,所谓少年中国,固不是国家主义的少年中国,也决不是社会主义的少年中国",这是坚决反对以社会主义指导学会全部活动的主张;三是主张学会"不能采用一个主义而且没有必要";四是主张"所有一切主义均在我们研究讨论之列。我们应该一方面为学理上的研究,一方面为事实上的观察,大家把这个'学'字完全做到了,我们自己的主义,理想的少年中国自然会涌现出来做我们实行的标准"。[3]后两种意见在第一、第二种意见之间,但明显偏于教育。这说明,在北京的少中成员中,坚持社会主义为少中指导思想的也不是多数。

南京大会第二天,讨论宗旨主义问题及政治活动问题时,与会23人全部参加,两种意见明显对立。后来成为中国共产党人的邓中夏、黄日葵、刘仁静、高君宇、沈泽民、恽代英、杨贤江等形成一个很强的阵容。其中,邓中夏态度最为鲜明,他提出,"学会须讲学行兼重。但为决定二者缓急先后,全会应

---

[1] 《少年中国学会之纪念册》第42、43册,转引自吴小龙:《少年中国学会研究》,上海三联书店2006年版,第78页。
[2] 吴小龙:《少年中国学会研究》,上海三联书店2006年版,第101页。
[3] 《少年中国学会消息》,《少年中国》第3卷第1期。

有共同的目的以为标准，故必须采取或创造一种主义，以为学会的主义"；"至于规定主义怕引起学会分裂，我想苟于创进少年中国学会有益，即分裂亦何妨"。[1]

反对学会确定主义的邰爽秋认为："强定一种共同主义，必至因大家意见不同，引起分裂，且一种主义总有缺点，我以为但能采取各主义之长，以定为学会的共同事业亦便够了"。方东美则强调确定"一种共同的主义为不可能"。杨钟健书面发言提出"学会最好只成为一种研究学术的会"，实际也不赞成学会确定主义。[2]

会议主席把问题付表决，主张不要主义的6人，要确定主义的17人。但这不能说明学会就能据此提出主义，因为正如方东美最后发言所说："即大会表决要主义，亦不能当作大家的意思。"[3]

会议继续讨论了"是否容许会员自由从事政治活动"的问题。邓中夏主张："受学会干部指挥以从事政治活动则可"，是"为创造新政治，而加入政界"。恽代英提出："政治活动应受到容许。革命后更应容许会员为政治运动。即革命的政治活动亦当然应受容许。"对能否加入和如何加入问题，大家讨论比较深入。邓中夏认为："有限制的必要。"黄日葵认为："可以容许"，"因必入旧政界，然后可以调查他的内容，以便求个切实改革方法"，但学会应"监督加入旧政界的人"。左舜生提出"绝对反对""在今日无准备，无办法，三五零星的加入旧政界"。[4]

大家一致同意把加入"旧政界"视为狭义的政治活动；凡打破现在政治组织从事革命者，则视为广义的政治活动。最后以"社会活动"应包括广义的政治活动付表决，19人赞成，3人反对。可见，在中国现实黑暗政治应坚决改造这个问题上，少年中国学会成员态度基本一致。这实际构成了少中在南京大会

---

[1] 《南京大会纪略》，《少年中国》第3卷第2期。
[2] 《南京大会纪略》，《少年中国》第3卷第2期。
[3] 《南京大会纪略》，《少年中国》第3卷第2期。
[4] 以上引文均见《少年中国学会问题》，《少年中国》第3卷第2期。

后没有分裂的根本原因。

这种趋势延续到1922年7月2—3日在杭州西湖畔召开的少中第三届年会。会议讨论的重点问题仍是政治问题："1、学会对政治的永久态度；2、学会对目前时局所采的态度。"[1]经认真讨论，对第二个问题又形成激烈争论的局面。

共产党人高君宇提出："我们的团体非有明白的主义不可，这种主张就是主义。我自身是信马克思主义。去年便以如此想，并希望采取马克思主义。相信无明显的主义便不能做出什么事业。"[2]

由李大钊、邓中夏、黄日葵、刘仁静等6人署名提交大会的《北京同人提案》，表示"现在不谈任何主义"，但实际是按照马克思主义提出了对当前中国政局的系统主张："鉴于中国内军阀政治的横暴，国外资本帝国主义的压迫，将中国改良的各种希望都澌灭殆尽了，我们不能忍了，是有意诚意改革社会的人们都应该不再忍了，起来引导人民，打倒军阀和国际资本帝国主义啊！"[3]

大会经过了一番激烈争论，拒绝了高君宇提出的学会应采取马克思主义的意见，也没有通过《北京同人提案》；但通过了一个反帝反军阀决议案，明确指出："本会对时局的主张：对外反对帝国主义的侵略；对内谋军阀势力的推翻；为实现此种目的，本会用舆论及其他方法，为独立的活动。同时对国内外任何团体，凡实际上能作此种民治主义的革命运动者，本会于必要时得与以相当的协力。"[4]这表明少中虽然不赞同马克思主义指导，但在反帝反军阀这些现实政治斗争大方向上，大家还是一致的。

1923年10月，少中第四届年会，通过了学会苏州大会宣言，决定"学会进行方针为'求中华民族独立，到青年中间去'"，并提出了九条学会纲领，包

---

[1] 《学会消息》，《少年中国》第3卷第11期。
[2] 《学会消息》，《少年中国》第3卷第11期。《少年中国》第3卷第11期上标注的出版时间为1922年6月1日，这个日期有误：因为杭州年会是7月2日至3日开的。
[3] 《学会消息》，《少年中国》第3卷第11期。
[4] 《学会消息》，《少年中国》第3卷第11期。

括"反对国际主义路线。特别注意英美帝国主义,以矫正一般人因对内而忽略对外,因为日本而忽视对英美的恶弊。更矫正一般无识者亲善英美的心理";"为打倒军阀肃清政局,提倡国民自决主义。应注意打破国民依赖外力,及其他军阀或其他恶势力解决国是的心理"等。[1]

这九条纲领,既有马克思主义方法分析的味道,又表达了国家主义的基本观点,甚至还反映了组织上对中共起着主导作用的共产国际在远东战略上打击英美方针的影响。这充分表明,这九条纲领是少中内共产主义和国家主义两种政治主张的汇合,而没有在少中会员中占多数的学术取向的会员的思想色彩。当然,后者要顽强地表现自己,如刊登上述苏州大会宣言的《少年中国》第4卷第8期就同时发表了王光祈的《德国人之音乐生活》、周光煦的《原始人类》、汪奠基的《数学逻辑的产生》等反映音乐救国、科技救国思想的文章和《本会建筑会所创办学校计划书》。但少中学会的"进行方针"和"纲领"更能反映学会的总体方向,表明少中正"向政治活动团体转化"[2]。

1925年五卅运动爆发,标志国民革命运动进入高潮,中国共产党的反对帝国主义和反对北洋军阀的革命纲领广泛深入人心。7月17日在南京召开的少中第六届年会,就爆发了国家主义与共产主义的尖锐冲突。左舜生、陈启天、曾琦、余家菊等绝对主张国家主义,而恽代英、沈泽民等坚决反对。陈启天提案力主"以国家为前提",恽代英坚持修正为"注重民族独立",实际表达了各自坚持的国家主义和共产主义的政治主张。因为少中成员中的多数共产党人会员实际上已把主要精力投入在轰轰烈烈的大革命洪流中,造成少中会内的国家主义在第六届年会上"一家独大"的地位。所以,倾向于国家主义的《宣言》获年会通过;恽代英、沈泽民等放弃表决权抗议。毛泽东则在填写学会的调查表时提出:"会员所抱主义,显然有互相冲突之点,且许多会员精神不属于学

---

[1] 《少年中国学会苏州大会宣言》,《少年中国》第4卷第8期。
[2] 吴小龙:《少年中国学会研究》,上海三联书店2006年版,第212页。

会，少年中国学会在此时实无存在之必要，主张宣布解散。"[1]邓中夏表示："主义如不相同，分裂亦好。"[2]

这样，"少中"公开分裂，标志新文化统一战线的分裂已深入到广大骨干分子层面。

三　从《觉悟》右转到北大新派教师分裂

五卅惨案后，国内政治关系的深刻变动和各派政治力量的分化改组，深深地反映在新文化运动及其统一战线中。其中最突出、最集中地表现就是资产阶级知识分子公开明确地表现出了反对马克思主义、反对中国共产党、反对中国共产党领导下的革命群众的态度和立场。

首先是《民国日报》副刊《觉悟》急剧右转。其起点是1925年11月23日，上海《民国日报》总编辑、主要撰稿人叶楚伧，以国民党中央执委的身份发起并参加反对孙中山新三民主义的西山会议。上海《民国日报》公开宣传西山会议是"中国国民党中央执行委员会全体会议"，表明它实际上已成为西山会议派的机关报。其副刊《觉悟》也把主编邵力子等排挤出去，由国民党右派分子陈德征任主编。

西山会议前的1925年7月27日至8月3日，《觉悟》连载了国民党新右派理论家戴季陶的《孙文主义之哲学的基础》，这是在政治上为以蒋介石为首的国民党新右派分裂革命统一战线、篡夺革命领导权奠定理论基础。从新文化运动发展视角看，是对彻底反封建文化革命大方向的原则性背离。戴季陶从此开始转变为大地主大资产阶级的政治代言人；而作为五四时期新文化重要阵地的《觉悟》，从此根本上改变了性质。

---

[1]　《少年中国学会会员改组委员会调查表》，载张允侯等编：《五四时期的社团》（一），生活·读书·新知三联书店1979年版，第508—509页。
[2]　《少年中国学会会员改组委员会调查表》，载张允侯等编：《五四时期的社团》（一），生活·读书·新知三联书店1979年版，第510页。

梁启超为首的研究系对中国共产党和国共合作实现后迅速兴起的工农群众反帝反军阀革命运动是日益反感。五卅运动兴起，梁启超断言："纯是共产党预定计画，顽固骄傲的英侨和英官吏凑上去助他成功，真可恨。"[1]孙中山逝世后，他们咒骂"中国对苏俄"和"国内共产党一类问题"，"是不曾开刀获破口的一个大痈，里面的脓水"已"无可再淤"。[2]三一八惨案后，他们公然污蔑中国共产党"故杀青年"，青年是"间接死于"共产党之手。[3]反共反俄反新三民主义，对抗正在迅猛发展的反帝革命高潮，成为研究系各报刊的政治基调，最终激成了在1925年10月北京反奉倒段群众游行示威中《晨报》报馆被烧的惩罚。这种激烈的行动有力地证明研究系及其《晨报》这时在广大革命青年乃至各界民众中的地位。

同期，在新文化运动中一向团结奋斗的北京大学新派教师队伍发生了公开分裂。起因是女师大学潮。女师大校长杨荫榆顽固地反对学生参加反帝爱国运动。1925年3月12日，孙中山在北京逝世。北京各界民众在中央公园举行公祭。女师大学生自治会决定参加。杨荫榆却跳出来阻挠，说："孙中山是实行共产共妻的，你们学了他没有好处，不准去！"[4]学生冲破了她的障碍，不仅毅然前往中央公园参加了孙中山的追悼会，而且公推学生自治会总干事许广平等人向杨荫榆宣布了学生自治会要求她立即去职的决定。

5月7日上午9时，女师大举行纪念国耻讲演会，杨荫榆登台想当大会主席，从而达到重理校长事务的目的。但学生当场群起表示坚决反对，杨荫榆无奈悻悻而去。9日，杨荫榆在女师大公开贴出开除学生会干部刘和珍等6人的布告。

1925年4月起任北京段祺瑞临时执政府教育总长兼司法总长的章士钊极力支持杨荫榆。7月31日，他批准杨荫榆提出的解散女师大大学预科甲乙两部、

---

[1] 丁文江等编：《梁启超年谱长编》，上海人民出版社1983年版，第1048页。
[2] 《晨报》1925年10月10日。
[3] 《晨报》1926年3月20日。
[4] 转引自房向东：《鲁迅与他的论敌》，上海书店出版社2007年版，第116页。

高师国文系三年级、大学教育预科一年级共4个班。8月1日晨,杨荫榆率保安警察、侦缉队及打手等100余人,强行驱逐全体学生出校,打伤刘和珍等10余名学生。因全市各校学生赶来支援,杨荫榆等不得不退出学校。当天,教育部正式决定女师大停办。19日晨,教育部专门教育司司长刘百昭领武装巡警强行接收女师大,打伤女师大7名学生,逮捕来声援的各校各团体代表14人。20日,刘百昭率军警、打手数百人第二次呼啸打入女师大,搜查抢劫一天。22日,刘百昭率军警及300多男女流氓第三次入校强拖学生出校,或10余人,或七八人挟1人,拳脚相加拖到街心,捆塞进早已停放在教育部街和参政胡同的几十辆汽车里,致女师大学生受伤多人,重伤2人、失踪7人。

消息迅速传遍北京及全国各地,各学生团体纷纷发表声明、通电声援女师大学生。8月19日,北京50余校组成反章同盟、开展驱章运动。[1]24日,北京爱国大同盟53团体发表致全国同胞电声援女师大学生。早在6月2日,全国各界妇女联合会为北京女师大发表宣言,指出:杨荫榆"真是女界前途之棘,女权恢扩之障,只应痛切加以伐除"。[2]这说明,女师大学潮已不只是一所学校的斗争,而构成了全国反帝反封建国民革命运动的一个重要组成部分。

以鲁迅为代表的一批北大教师坚决站在女师大学生一边。杨荫榆在女师大搞复古倒退一套时,鲁迅就发表《寡妇主义》一文尖锐指出:"在寡妇或拟寡妇所办的学校里,正当的青年是不能生活的。青年应当天真烂漫,非如她们的阴沉,她们却以为中邪了;青年应当有朝气,敢作为,非如她们的萎缩,她们却以为不安分了;都有罪。"[3]

5月27日,鲁迅联合马裕藻、沈尹默、李泰棻、钱玄同、沈兼士、周作人等教授,在《京报》上发表《关于北京女子师范大学风潮的宣言》,强烈抗议杨荫榆迫害学生。刘百昭率军警、流氓进校摧残学生后,又大肆散布女师大"男女学生混杂"等流言。鲁迅应学生之邀,住在女师大教务处,为学生的品

---

[1] 陈漱渝:《鲁迅与女师大学生运动》,北京人民出版社1978年版,第55页。
[2] 《全国各界妇女联合会为北京女子师范大学风潮事宣言》,《京报》1925年6月2日。
[3] 《寡妇主义》,《鲁迅全集》第一卷,人民文学出版社1981年版,第266页。

行作证。8月10日，鲁迅等6名教授发起女师大教员全体会议，13日被正式推举为女师大教务维持会委员。鲁迅同其他30多位教员一起接受被解散的女师大的聘书，为学生义务授课，而绝不当教育部新成立的女子大学教员；他还把自己授课的时间增加一倍，有病也坚持上课。

以英语系主任陈源为代表的一部分北大教授的态度与鲁迅等相反，对女师大学潮冷嘲热讽，横加指责；对杨荫榆、章士钊则同情、支持，实际站到了学生运动的对立面。鲁迅等七教授发表《关于北京女子师范大学风潮的宣言》后第三天，陈源就在《现代评论》上指责女师大学潮，是"在北京教育界占最大势力的某籍某系的人在暗中鼓动"[1]。陈源的这些观点确实代表了北大内部某些非浙江籍教员对浙江籍教员不满的宗派意气，但在政治上却明显偏向摧残学生的杨荫榆、章士钊和段祺瑞执政府一边。五卅运动爆发后，女师大学生积极投入。陈源等却攻击"打倒帝国主义"的口号是"分裂与猜忌的现象"，中国人民的反帝斗争"与拳匪的一味蛮横""一样的不当"。[2]

针对段祺瑞临时执政府停办女师大，筹建女子大学等针对女师大学生愈演愈烈的倒行逆施，北大评议会于8月18日举行会议正式决定：对"本校学生会因章士钊摧残一般教育及女师大事，请本校宣布与教育部脱离关系事"，评议会"议决：以本会名义宣布不承认章士钊为教育总长，拒绝受章士钊签署之教育部文件"。[3]胡适、颜任光、陶孟和、燕树棠、陈源等稍后发表《致评议会书》表示坚决反对，因为目前"处兹政治与教育十分纷乱之时期，本校对教育部采取脱离关系之极端手段，亦应以教育部对于本校地位有直接加害之行为之场合为限，否则学校将日日在一般学潮与政潮之旋涡中"；"即就目前而论，下学年本校之经费尚无着落，下学期之考试与课务亦尚缺乏任何准备"。[4]

显而易见，北大评议会发表脱离教育部声明的动机和实际目的是政治表

---

[1] 转引自林志浩：《鲁迅传》，北京出版社1981年版，第166—167页。
[2] 转引自林志浩：《鲁迅传》，北京出版社1981年版，第168页。
[3] 《评议会公告》，《北京大学日刊》1925年8月22日。
[4] 《致评议会书》，《北京大学日刊》1925年8月22日。

态,是对反动军阀政府、章士钊之流镇压女师大学潮行径的强烈抗议;而并非是在行政隶属、经济关系上脱离中央政府真正完全独立。主持评议会的北大教务长顾孟余[1]就在评议会做出脱离教育部决议后发函给财政部,声明北大已与教育部脱离关系,以后经费请财政部直接发给学校。实际上,如北京大学、北京女师大这些国立公办大学是不可能脱离中央政府的。

8月28日,北大召开评议会;在代理校长蒋梦麟主持下召开教务会议联席谈话会。胡适、颜任光、丁燮林、高一涵、陶孟和、王世杰、王星拱、陈翰笙、陈源等17名教授正式提出"对于本月十八日议决案斟酌情形停止执行"建议案。胡适等进一步提出:"本校不滚到政治漩涡里去","本校脱离一般政潮与学潮","努力向学问的路上走,为国家留一个学术的团体"。[2]经激烈争论,最后投票表决。顾孟余、李石曾、鲁迅、周作人、朱家骅、沈尹默、沈兼士、李书华、马裕藻等30多位教授坚持北大独立的原议案。赞同胡适等提案的有17位教授。[3]这样,北大再次肯定了脱离教育部案,北大学生会代表列席会议,表示了对多数教授的坚决支持。

陈源等北大教授坚持反对学生运动立场。1925年12月14日,成立以支持教育部建立女子大学取代女师大为宗旨的教育界公理维持会,后改为"国立女子大学后援会",其32名成员中,王世杰、陈源、燕树棠等北大教授占多数。16日,该会发表《致北京各校教职员联席会议函》,指责女师大学生12月2日接收原校址是:"有人乘京中秩序紊乱之际,率领暴徒抢入校内,强行霸占,将教职员驱逐,且将该校教务长围困威胁,诋辱百端"。[4]

这个文件所指的"有人",显然包括一直支持女师大学潮,坚持给女师大学生上课的鲁迅、马裕藻、沈尹默、徐炳昶等北大教师,甚至包括支持北大脱离教育部决议案的教授们在内。因此,自然引来迎头痛击。12月26日,女师大

---

[1] 白吉庵在《胡适传》(人民出版社1993年版,第226页)认为是代理校长蒋梦麟主持会议作出决议,似误。
[2] 转引自白吉庵:《胡适传》,人民出版社1993年版,第226页。
[3] 《八月二十八日评议会教务会议》,《北京大学日刊》1925年8月29日。
[4] 《京报》1925年12月17日。

学生自治会指出:"当彼屠伯大张杀伐之时,诸公何竟默不一言,而为同人等伸张公理;今日而始曰公理,直不过章士钊、刘百昭等之公理而已。"[1]

对这段冲突,吴稚晖事后有过评论:"女师大学潮迅速发展为社会性的群众运动。当时,北京大学分为两派,一部分人支持女师大学生,组成北京大学评议会反对北洋政府教育总长章士钊摧残女师大,决议与教育部脱离关系;另一部分教授,如陈源、胡适、王世杰、高一涵等则向评议会提出抗议,反对卷入学潮与政潮。"[2]吴稚晖说北京大学评议会由一派组成不是事实,但他对女师大学潮北大教授分裂态势的描述,充分反映了当时社会各界或大多数人对北京大学的看法,则是准确适度的。

这表明,北大新派教职员队伍在全国各界面前公开分裂、公开冲突。虽然稍后胡适同时写信给鲁迅和陈源,希望两人捐弃前嫌,恢复友情。但实际上,鲁迅没有回应;同时,不仅与陈源,而且与胡适也从此分道扬镳。这并非简单的、一般的个人友情的分裂,而是标志着新文化运动统一战线分裂的重要的具体表征。

四 新文化统一战线解体

综合上述,新文化统一战线到1926年三一八惨案前后无可挽回地解体了。与此同时,以彻底反对封建主义文化,大力吸取西方现代文化,推进中国文化现代化为目标的新文化运动同时结束。

之所以说新文化统一战线的解体,也是新文化运动的终结,是因为新文化运动兴起、发展的过程,就是新文化统一战线不断扩大的过程。这个新文化统一战线在经历了"五四"后实验主义、马克思主义等现代西方新学说的广泛传播,白话文在反帝爱国运动中凯歌猛进的高潮之后,随着革命和现代化进程的

---

[1] 《致教育界维持公理会书》,本文曾以《女师大学生自治会解释复校运动》为题并加编者按刊发在1925年12月19日的《京报》上。
[2] 杨天石:《哲人与文士》,中国人民大学出版社2007年版,第603页。

不断深入发展，呈现出前述逐渐分化的过程。

在新文化运动统一战线和新文化运动中处于中心地位的陈独秀、李大钊等早期马克思主义者，在这期间对新文化运动的关注剧减，影响力亦减少。如果说五卅惨案前，他们把主要精力集中在反帝反封建的政治运动上，但还以部分精力参与新文化运动，如1923年前后"科学与人生观"论战中，陈独秀写了《〈科学与人生观〉序》，瞿秋白发表了《自由世界与必然世界》等文章，阐明了马克思主义者的基本观点，实际是参加论战，构成论战中一方重镇。五卅惨案后，这类文章就基本很少见了。这当然是中国革命形势发展的客观需要，但客观上对新文化运动及其统一战线却造成了不可弥补的巨大空缺。

资产阶级知识分子在全国文化界的地位总体上急剧下降。从胡适这个影响最大的代表人物看，在五卅惨案至三一八惨案这一期间，他已全然没有五四运动高潮期间站在全国知识界反帝爱国运动前列引领全局的气魄和威望，而是站在新兴的、迅猛发展的以工农大众为主体的反帝反军阀革命群众运动的一旁，甚至是对立面，时有挑三拣四，时有反调。主观原因在于胡适固守自己的资产阶级改良主义立场，不能、不敢甚至不承认帝国主义是中国革命最主要的敌人[1]。他同陈独秀、鲁迅的分歧、疏离，以及不再是广大青年的楷模和导师，其源盖在此。

小资产阶级知识分子急剧分化，其中激进的一部分把对新文化的热情转移到投身现实的政治斗争，特别是把希望寄托在反帝反军阀的革命武装斗争方面。有人十分生动、亲切地描绘过他们当时的这种心态："'三一八惨案'在北京青年中掀起了'投笔从戎'的汹涌暗潮：要以枪杆子来代替笔杆子"，他们"越发鄙弃那琐碎无力的文学争论了。人们渴望行动，拼命追求与行动有关的思想和理论"。[2]他们一批又一批地由北京等大城市走向了广东、走向了黄埔军校，投身革命。

---

[1] 1925年11月，胡适仍同陈独秀激烈争论，不承认中国有帝国主义势力。参见汪原放：《亚东图书馆与陈独秀》，学林出版社2006年版，第97页。
[2] 王凡西：《双山回忆录》，东方出版社2004年版，第20页。

还有一部分小资产阶级知识分子，以王光祈、陶行知、匡互生等为代表，既反对帝国主义与反动军阀的统治，不满中国社会的落后贫穷，又由于种种原因没能投身于反帝反封建的血与火的狂澜大潮，而坚持在科学救国、教育救国、音乐救国的改良主义道路上，为中国社会的现代化进程坚忍不拔、艰辛耕耘。

实际上，以上两部分即小资产阶级知识分子大多数人在这期间都自觉或不自觉地脱离或游离了新文化运动统一战线。

真正坚韧不拔地在文化战线上进行反对封建主义腐朽文化斗争的杰出代表，是鲁迅。这一期间，他坚持"用文学、用小说来思考时代的要求，记录时代的步音，参与和鼎助时代发展"[1]，但他同时有"成了游勇，布不成阵"[2]的苦闷和彷徨。

这一切都表明，新文化统一战线已经分裂并不复存在。当然，这期间在新文化运动中成长起来的新型知识分子，仍在为中国新文化的发展而不懈奋斗，并且不断地取得了可观的成就。以新文学论，就有文学研究会、创造社、语丝社、新月社、未名社、莽原社、沉钟社等文学团体，有叶圣陶、沈从文、老舍、闻一多、徐志摩、朱自清、欧阳予倩、洪深等诸多星光灿烂的、年轻的小说家、诗人、剧作家不断成长。但他们的文学活动呈现各呈芳华的独立、分散状态。林贤治曾借用德国学者迈纳克的话正确概括了新文化运动："震撼世界的划时代事件，总的倾向或思想，以及活跃的人物都前后呼应，呵成一气，形成一个单一的和强大的过程。"[3]到"三一八"前后，这种局面已不复存在，表明新文化运动已经基本终结。

---

[1] 杨义：《中国现代小说史》第一卷，人民文学出版社1998年版，第151页。
[2] 转引自林志浩：《鲁迅传》，北京出版社1981年版，第190页。
[3] 林贤治：《五四之魂：中国知识分子精神史》，广西师范大学出版社2008年版，第11页。

回望

结语：总论五四运动

随着中国革命、建设、改革的不断发展，中国现代化进程的不断深化，五四运动的地位、影响，已经并将继续引起人们的重视和探究。在此，就五四运动的宏观研究，谈几点粗浅意见，作为本书的结语。

一 五四运动的领导权

五四运动中，各阶级阶层、政派团体之间是相互独立、相互平等的，不存在谁领导、谁服从的关系。五四运动领导权的问题实质是哪个阶级阶层、哪种思想在运动中居于主导地位，即对运动的发展发挥主要导向作用的问题。因此可以说，五四运动的主导力量在整个五四运动期间，经历了一个由小资产阶级、资产阶级向无产阶级，资产阶级民主主义思想向无产阶级共产主义思想逐渐转移的过程。

在从运动爆发到拒签对德和约的五四运动高潮阶段，是学生即革命的小资产阶级知识分子在全国据主导地位，其突出代表为北京高校的段锡朋、许德珩、罗家伦、匡互生等学生领袖人物。全国学联在上海成立，段锡朋等当选为学联第一任会长，他关于运动发展的意见为各大报及时报道。在全国各界五四运动参加者中，反帝救亡的爱国主义思想占主导地位，集中表现为全国的斗争都紧紧围绕北京大学学生罗家伦提出的"外争主权，内惩国贼"，即罢免亲日派政客曹汝霖、章宗祥、陆宗舆和拒签巴黎和约的统一目标进行。《每周评论》《晨报》《民国日报》《时事新报》等全国各重要报刊也都以反帝救亡的爱国主义思想为报道,并评论五四运动的主旋律。

那么,怎样理解毛泽东、恽代英所说的陈独秀、胡适等人领导五四运动的言论呢?毛泽东1942年在延安说:"在五四运动里面,起领导作用的是一些进步的知识分子。大学教授虽然没有上街,但是他们在其中奔走呼号,做了许多事情。陈独秀是五四运动的总司令。"[1]恽代英1925年说,胡适"曾为一时士大夫救国者之领袖"[2];1926年更明确提出:"这次五四运动……当时的领导者为北大教授陈独秀、胡适之二人。陈独秀在彼时,尚未组织共产党,不过他眼光敏锐,主张激烈,胡适之是美国留学生,受美国的反日影响不少,他两人在北京极力鼓吹,到五月四日,遂发生了北大学生二三千人的示威游行,殴打章宗祥,焚毁曹汝霖住宅的事。各省爱国学生,纷纷罢课响应,不久便成为了全国的普遍运动。"[3]五四运动中任北京医专校长的汤尔和在1935年12月29日致胡适的信中说得直白:"兄在八、九年(指民国八年、九年,即1919年和1920年——笔者注),力主打破枷锁,吐弃国渣,影响所及,岂止罢课而已。"[4]陈独秀在纪念蔡元培逝世时说,五四运动"无论是功是罪","蔡先生、适之和我,乃是当时在思想上言论上负主要责任的人"。[5]

几位五四运动重要亲历者的话内涵丰富,其重要一点是道出了众多五四运动参加者、亲历者的一项共识:陈独秀、胡适等北大新青年派教师,是五四运动的政治思想指导者,是广大学生投身反帝爱国斗争的精神支柱。他们在思想上指导、影响了广大青年学生,特别是深刻影响了段锡朋、许德珩、罗家伦、匡互生等在全国有影响的学生领袖人物,给他们巨大的思想、精神动力。他们同五四运动的联系节点便在此。但他们不是政治运动的领导者,没有直接组

---

[1] 《如何研究中共党史》,《毛泽东文集》第二卷,人民出版社1993年版,第403页。
[2] 《论醒狮派》,《恽代英文集》下,人民出版社1984年版,第665—666页。此处"一时",只能解读为五四运动,因为此前1915年留日学生抗议日本侵占中国山东,胡适拒不参加;此后1925年五卅运动等胡适基本是以"读书救国"为政治基调,对学生运动持保留甚至公开反对立场。
[3] 《中国民族革命运动史》,《恽代英文集》下,人民出版社1984年版,第952页。
[4] 《汤尔和致胡适》,《胡适来往书信选》中册,中华书局1979年版,第292页。
[5] 《蔡孑民先生逝世后感言》,《陈独秀文章选编》下,生活·读书·新知三联书店1984年版,第642页。

织、具体领导学生的爱国行动。这同段锡朋、许德珩、罗家伦、匡互生等在五四运动高潮中站在运动前列、居于学生组织中心，随时对学生及各界的爱国运动发展提出行动意见、为学生及各界所认同并实行是完全不同的。所以，笔者认为，毛泽东、恽代英的"总司令""领袖""领导者"都是指称其在政治上、思想上的指导，而非指称其在政治行动和组织上的领导。

在拒签巴黎对德和约后五四运动的深入发展阶段，运动高潮中极其活跃的学生领袖人物段锡朋、傅斯年、罗家伦、许德珩等相继出国，匡互生高年级毕业后回乡就业，实际基本淡出了国内爱国运动的政治舞台中心，具有初步共产主义思想的知识分子则逐渐凸显。此时，李大钊已成为马克思主义者，其影响在全国迅速扩大，特别是经过问题与主义论战后，成为与胡适这个美国实验主义旗手地位相当的马克思主义旗手，威望迅速提升。同时，由于作为新文化运动发起人和主帅的陈独秀，在思想上迅速转向马克思主义，很快便形成了以李大钊、陈独秀为中心，反映中国新兴无产阶级意志和利益要求的共产主义知识分子群体，虽然数量少，但逐渐发展成为社会影响重大的新兴政派[1]。

这一新兴政派旗帜鲜明地在五四运动高潮中提出中国人民不仅要反对日本侵略者，而且要推翻这"强盗世界的一切强盗团体"，不仅要打倒亲日派军阀和政客，还要"根本改造"中国后，进一步明确提出实现这个目标的主体力量是实现"民众的大联合"，具体途径是靠广大人民群众"自己的努力"，"把头上的铁索解开"，"从那黑暗的牢狱中，打出一道光明来"，实现"真正的解放"。[2]这实际为五四运动指明了唯一正确的发展方向和真正的主体力量。在行动上，他们始终站在斗争最前线，为群众树立了楷模。继陈独秀散发《北京市民宣言》昂然入狱，引起全国各界声援后，年轻一代如北京的邓中夏、高君宇、黄日葵、何孟雄、瞿秋白，湖南的毛泽东、彭璜、何叔衡，湖北

---

[1] 张德旺：《"五四"和建党时期的共产主义知识分子群体简论》，《伟大的七十年》（上），中共党史出版社1992年版。
[2] 李大钊：《真正的解放》，《每周评论》1919年7月13日。

的恽代英、廖焕星、施洋、林育南，天津的马骏、周恩来、刘清扬、郭隆真、邓颖超，广东的彭湃、刘尔崧、周其鉴、阮啸仙，浙江的俞秀松、施存统、宣钟华，江西的方志敏、邵式平，云南的杨青田、柯仲平，广西的雷经天，内蒙古的乌兰夫（蒙古族）、李裕智（蒙古族），旅法勤工俭学中的赵世炎、周恩来、蔡和森、李立三、王若飞、向警予等在各地及海外的反帝反封建斗争中发挥了重要的骨干、领导作用。这一批青年精英，尽管思想上还不同程度地受到无政府主义、改良主义等种种资产阶级、小资产阶级思想影响，但却具有拥护俄国十月革命、信仰共产主义、积极投身反帝反封建群众运动第一线的共同的政治方向，都不同程度地同陈独秀、李大钊保持密切联系。把他们这些实际表现联系起来，可以看出，共产主义思想知识分子群体在各地的反帝爱国运动中发挥了主导作用。

相比之下，资产阶级政派及其代表人物在爱国运动中的指导作用急剧下降。孙中山民主派在积极支持上海"三罢"斗争的时候，就明显表现出没有同帝国主义坚决斗争的弱点：不敢真正触动美、英、法等西方列强的利益，一再劝阻英、美办的工厂和华资工厂工人不要罢工。虽然有集中目标反对日本帝国主义的策略考量，但客观效果却主要是引导工人对英、美等西方列强的妥协，是维护中国民族资产阶级的经济利益。如果真正付诸实施，只有断送工人大罢工一途。因为美国是世界大战期间与日本同时大举在华扩张侵略权益的国家；英、法等虽然因大战对华贸易大为减少，但它们在华原有投资并未减少，利润积累不断增加。英国则长期控制着上海的发电、航运、公用事业、棉纺、银行等关系国计民生的重要行业和企业，其工厂一般规模较大、设备较先进，工人人数也较多[1]。中国民族工业这时正处于较快发展的黄金岁月。到1920年，在中国产业资本总额中，华资已占48.4%[2]。可见，作为中国经济最大中心城市的上海，在1919年五四期间华资数量相当可观。由此推断，上海英、美、法等

---

[1] 参见史邦兴：《上海产业与上海职工》，上海人民出版社1984年版。
[2] 许涤新等主编：《中国资本主义发展史》第二卷，人民出版社2003年版，第1065页。

西方列强资本的企业与华资企业之工人人数，无疑占上海工人阶级的大多数。如果他们都按照民主派的意见不罢工，哪里还有什么上海工人六五罢工高潮！

拒签巴黎对德和约后，汪精卫在《建设》杂志上提出"挽救山东""根本问题之方法"，是"在我国民而能集资四千五百万元赎回"胶济、济顺、高徐三条铁路，"集资二万万元以清偿对于日本之债务"，此后中国就"有自由发展之可言"了。[1]这显然只是一种幻想。戴季陶一再表示出对共产主义在工人中传播定引起中国大乱的恐惧。凡此种种，极大地削弱了资产阶级在五四运动中的政治威望。毛泽东、蔡和森等各地五四运动骨干分子后来说国民党在五四运动是靠边的[2]，应当说确属失实。但这折射出一个严峻的事实：资产阶级民主派在五四运动时期，对上海等中心城市以外的广大地区影响有限。

胡适、蔡元培、梁启超等人在五四运动高潮后则大力倡导"单纯用罢课作武器是下下策"[3]，"绝不再用自杀的罢课政策，打定主意，专心增进学识"[4]，"宜萃全力以从事于文化运动"[5]，呼吁学生读书救国，疏离正深入发展的学生及各界反帝爱国运动。这与他们在五四运动高潮中的积极表现相比，明显后退。其直接影响就是北京学生淡出全国学生反帝爱国斗争的中心。1919年9月底，上海、南京、天津、济南等6省市各界代表31人（湖北代表施洋因故不及赶到），为反对"中日直接交涉山东"向总统请愿事，与北京学联负责人、北大学生张国焘开会。张国焘认为不会有结果，与黄爱等激烈争论，致使北京学生会没有代表参加这次斗争。[6]而天津学生马骏表现突出获"马天

---

[1] 汪精卫：《巴黎和会与中日问题》，《建设》第2卷第2号。
[2] 蔡和森：《中国共产党史的发展（提纲）》，《中共党史报告选编》，中央党校出版社1982年版，第7页。
[3] 胡适、蒋梦麟：《我们对于学生的希望》，《晨报》1920年5月4日。
[4] 蔡元培：《去年五月四日以来的回顾与今后的希望》，《新教育》第2卷第5期。
[5] 梁启超：《"五四"纪念日感言》，《晨报》1920年5月4日。
[6] 张静庐：《五四时期北京第三次请愿活动的回忆》，《五四运动回忆录》上，中国社会科学出版社1979年版，第317页。又见张静庐：《在出版界二十年》，江苏教育出版社2005年版，第45—46页。

安"绰号[1]，被章士钊誉为"学生之拿破仑"[2]。同年11月，全国各界联合会成立，又是天津女学生刘清扬为大会主席。

二 五四运动的中心

因为对从"五四"当天至六三运动前全国运动中心在北京，1919年6月28日拒签对德和约后全国运动的发展不再有统一的中心，学术界从无争议。故在此重点论述"六三"北京军警大批逮捕学生到6月28日拒签和约期间，运动中心仍在北京而不在上海[3]。其原因有三：

首先，也是最根本的，是因为"六三"后北京仍然是全国广大民众同皖系军阀及其后台日本帝国主义斗争最直接、最激烈、影响也最大的地方。从日本帝国主义及皖系军阀亲日派政客方面看，由于学生斗争的正义性及其对全国各界的巨大影响，他们从五四运动爆发起就极端仇视，企图镇压。但由于全国各界热烈支持学生，甚至北京政府内大总统徐世昌、步兵统领李长泰、京师警察总监吴炳湘等"六三"前也基本主张"文明对待"学生等种种因素制约，段祺瑞一伙高压政策难以出手。但随着运动的迅猛发展，日本当局一再向北京政府施压，5月21日，日本公使向北京政府严厉照会，称"若放任此等风潮，不仅酿成贵国内政上意外之扰乱，且引起两国国家上重大之交涉"[4]。同时，日本军舰纷纷驶往天津、吴淞、青岛、秦皇岛、厦门等地示威恫吓。5月24日，段祺瑞通电北京政府所辖各省，主张无条件签署对德和约，断言学生是"借爱国

---

[1] 郭隆真：《回忆五四时期的马骏》，《五四运动回忆录》下，中国社会科学出版社1979年版，第629页。
[2] 章士钊：《新时代之青年》，《东方杂志》第6卷第11号。
[3] 彭明的《五四运动史》，李新等主编的《伟大的开端》，汪士汉的《五四运动简史》等认为"六三"后运动中心在上海；周策纵在《五四运动史：现代中国的思想革命》中认为：包括复旦等主要大专学校2万名学生决定从5月26日起实行罢课，27日派人联络商界和工人；26日的罢课游行示威吸引了30万市民出来观看，"从这时起，上海成了学生运动的中心"。
[4] 《北洋政府内务部档案》，《五四爱国运动档案资料》，中国社会科学出版社1980年版，第202页。

以祸国也"[1]。

然而,学生运动继续推向高潮。6月3日,北京政府对学生运动悍然镇压,公开逮捕上街宣传爱国的学生170多人,辟北大法科校舍为临时监狱。4日,军警又拘禁学生700余人,法科校舍容纳不下,马神庙的北大理科校舍也成为临时监狱。5日,北京街头仍军警密布,如临大敌。但北大、高师、法政专门、蒙藏专门、崇德中学等各校学生斗志更加昂扬,行动更加坚决。北京学生这些实际行动,体现了爱国和启蒙的有机结合,学生和各界民众的有机结合,表明了中国人民同皖系军阀及其后台日本帝国主义的势不两立。因而北京学生的事迹、精神和遭际被全国各大小报广泛报道,形成了全国瞩目的舆论中心,成为推动全国各地运动迅猛发展的直接强大动力。

其次,争回山东利权是五四运动的最直接、最主要的目标,决定了五四运动的中心是北京。众所周知,五四运动是因为山东问题而引起的。内惩国贼和争回山东权利相比,显然前者由后者引起,前者为后者服务。当时这个问题直接解决的具体途径只能通过巴黎和会的外交活动。而外交问题的决策和交涉,在当时只能通过北京政府进行。的确,巴黎的中国留学生和华工、华侨等,在签字仪式前曾包围中国使团住处,提出不准专使出门签字,如专使去签字则不惜抵命而"扑杀之"。但这只能说主要是留学生和华工、华侨等爱国义愤的表示,实际上很难做到。顾维钧在1919年6月28日晨驱车往圣·克卢德医院与陆徵祥等商定拒绝出席签字仪式之际,也是各国代表赴凡尔赛宫之时,路上实际无任何人阻拦。如果顾维钧等决定赴会签字,大批军警戒备森严的凡尔赛宫也非中国华工、留学生能进入的。中国代表在巴黎一反中国外交近代以来一向始争终让的惯例,在未接到政府命令的情况下毅然拒签对德和约,是近代中国空前、世界罕见的一个特例,也是当时中国各界衷心期盼却又没有把握必定实现的。所以,这期间各界民众的斗争都有两重内涵:一方面大力冲击北京军阀政

---

[1]《申报》1919年5月30日,转引自《五四运动在上海史料选辑》,上海人民出版社1980年版,第704页。

府的政治统治，坚决揭露反对其卖国政策，强烈表明不惜一切捍卫国家领土主权的严正立场，最大限度地不惜牺牲生命向政府施加压力；另一方面，斗争基本在合法范围内进行，承认北京政府的合法地位，要求、推动、逼迫它顺从民意拒签《巴黎和约》。因此，从5月4日到6月28日拒签之前，全国各界始终瞩目于北京。北京的这个中央政府所在地的地位和作用是上海等其他任何城市都不具备的。

最后，北京各校教师职员深深地被学生的爱国激情所感染，他们不再只是在道义上、舆论上声援学生或救助被捕学生，而开始用多种方式直接站到学生一边公开参加斗争，与学生并肩作战、呼啸前进。李大钊5月18日发出"改造强盗世界""不认秘密外交""实行民族自决"的战斗呼吁，胡适揭露北大三院被捕学生境况的信刊登于6月8日上海《时事新报》，陈独秀等6月11日印制散发《北京市民宣言》，都是其中的突出典型。其意义在于有力地促进了全国学生及各界民众彻底反帝反封建的思想觉醒，提升了全国反帝爱国运动的政治、思想水平。

由于以上原因，全国各地的反帝爱国运动总体上显现出以北京为中心，密切关注北京学生、北京政治思想、外交动向，自觉紧密配合北京学生英勇斗争，集中向北京政府施加压力的态势。

6月5日，上海实现"三罢"，构成了对皖系军阀及其后台日本帝国主义乃至整个帝国主义在华统治势力的沉重一击。但这并没有使上海成为全国运动的中心，其原因是：

其一，在上海的外国侵略势力中，英、美、法等"西帝"势力比"东帝"日本势力大，它们一方面对上海人民"三罢"从根本上动摇其统治秩序、损害其侵略权益而极为反感，再三叫嚣局势严重，提出用武力严厉镇压，实际上也动用了武装巡捕、水兵、万国商团镇压中国人民；但另一方面，他们清楚地看到，这个运动"一部分指向日本人，一部分指向出卖国家的亲日派"[1]。因而

---

[1]《五四运动在上海史料选辑》，上海人民出版社1980年版，第775页。

镇压行动相对和缓，与五卅时期列强联合血腥镇压迥然不同。在沪日本人为此投书公共租界工部局，责难警务人员不能保证其生命财产安全[1]。以卢永祥为首的上海军阀政府虽然一度对爱国运动态度强硬，但全面看，其手段也较为和缓。这种情况对上海爱国运动发展当然有利，但无形中也限制了上海爱国运动对全国的政治影响，使其不能同北京相提并论。

其二，上海资产阶级、小资产阶级、工人阶级在"六三"后都没有提出新的对全国有指导作用的斗争口号、目标。毋庸赘言，上海的资产阶级、小资产阶级没有展现超出北京陈独秀、李大钊等人政治水平的表现与能力。工人阶级在"六三"罢工中的行动方面确实大大超出资产阶级和小资产阶级划定的范围，但总体上仍"呈现出从自在阶级走向自为阶级"状态，在思想上"还没有意识到本阶级的历史使命，既没有远大的斗争目标，也没有近期斗争纲领"，在组织上"不仅没有自己的政党，连产业工人自发的阶级工会也没有"，"因此，也就不可能完全摆脱资产阶级和小资产阶级的政治影响"。[2]

这些因素使上海"六三"后的爱国运动明显表现出追随配合北京学生斗争的整体趋向。上海各大报纸都在最显著的位置刊登致北京学生声援的消息以及致北京政府抗议函件。6月5日，上海学商等各界联合会成立并通电全国，称"北京学生为国请命，突被滥捕毒刑，至四百余人之多，高压毒手显非空言所能挽回，此间工商全体，于本日起一律辍业，与学界一致进行"[3]。上海海关造册厂、锐利机器厂等工厂工人声明，"此次北政府庇护卖国贼，拘拿京津爱国学生事，大起公愤，已全体罢工"[4]，有的工厂工人罢工特地宣布，罢工"至学生释放日为止"[5]。

南京、杭州、南昌、安庆[6]等几个长江下游省会城市及苏州、无锡、扬

---

[1] 《五四运动在上海史料选辑》，上海人民出版社1980年版，第828页。
[2] 沈以行等主编：《中国工运史论》，辽宁人民出版社1996年版，第68—71页。
[3] 《五四运动在上海史料选辑》，上海人民出版社1980年版，第305页。
[4] 《五四运动在上海史料选辑》，上海人民出版社1980年版，第311页。
[5] 《五四运动在上海史料选辑》，上海人民出版社1980年版，第310页。
[6] 1920年至1925年，安庆是北洋政府安徽省政府所在地。

州、松江、绍兴、温州等诸多中小城市,明显表现出追随上海的趋向。如南京各界"此间连得上海消息,有所谓地方公团(指各界联合会——笔者注)联合集会之举,省城地方各公团、法团亦久有此项组织意思,于是由陶行知"等立即进行筹备组织。[1]南京6月5日接上海学联电才知道上海商界已罢市抗议,即与商会串联,6日南京实现罢市,7日实现罢工,南京继上海实现了"三罢"。但这种追随上海主要是依凭其斗争声势,学习借鉴其先进经验,以更好地支持、配合北京学生的斗争。许多商家在门口贴大字告白,说明罢市宗旨:"学生含冤,定卜三年不雨;同胞受辱,可兆六月飞雪";"北京学子,爱国热诚,被捕含冤,无端无妄祸;金陵商界,罢市齐心,要求公允,不释不开门"。[2]这充分展示了南京爱国运动在根本上是为了支持、配合北京学生的斗争的态势。

华北各地,天津"六三"后的罢市等斗争,确实受到上海影响,天津总商会6月7日通电各省商会,"此次罢市热潮沪上开之于先,各地应以于后,蔓延全国,势所必然"[3]。但天津更突出地表现出与北京学生斗争联系更加密切。6月10日天津罢市后,11日天津各商会复市并发布告声明:"此次罢市之举,实因爱国所激,以惩办国贼曹、陆、章及保护学生为最后要求。"[4]特别是在上海6月11日已全面开市后,天津学商界又声明:"中央未能依法从严惩办卖国贼曹、陆、章,仅以免职卸责,及无明令保护爱国学生,似此不足以达到罢市目的",故于12日再行总罢市,且"坚决之气象较比第一次尤为整齐"。[5]至13日下午北京政府发正式电文,明确肯定"各校学生激于爱国热诚,不得已再有罢课请愿之举"[6]。天津商、学、绅、教各界才决定明日一律开市,进入更广泛深入的抵制日货和爱国宣传,为拒签巴黎和约而斗争。可见天津总体上

---

[1] 《五四运动在江苏》,江苏古籍出版社1992年版,第215页。
[2] 《南京人民革命史》,南京出版社1991年版,第19—21页。
[3] 《五四运动在天津》,天津人民出版社1979年版,第106页。
[4] 《五四运动在天津》,天津人民出版社1979年版,第117页。
[5] 《五四运动在天津》,天津人民出版社1979年版,第121—122页。
[6] 《商学绅教四界讨论复市问题》,《五四运动在天津》,天津人民出版社1979年版,第127页。

还是配合北京学生的斗争。全国各地，莫不如此。

总之，受制于中国是一个政治、经济、文化和社会发展极端不平衡的半殖民地半封建大国，军阀分裂、社会组织程度低、信息交流技术手段贫乏且落后等种种原因，使全国除一小撮亲日派军阀政客外的各阶层广大人民群众，在1919年5月4日到6月28日这段历史紧要关头，都把直接斗争目标集中于惩办曹汝霖、章宗祥、陆宗舆等国贼，尤其是集中于拒签巴黎和约。加之北京大学等北京各校的学生，陈独秀、胡适、李大钊等教职员在反帝救国斗争中的巨大示范作用和凝聚力，从而决定了北京在此期间成为全国五四运动的中心——集爱国运动发源地、组织整合中心、思想导向中心于一体。

三　五四运动的原因与对象

有学者提出学生投身五四运动是研究系攻击皖系段祺瑞和安福部新交通系鼓动的结果。其中较为清楚明白的说法是："阎锡山派在北京的亲信""报告"说，"此次风潮（指五四运动——笔者注），表面为学生团，暗中有研究系挑拨"；"学生是无知无识，为人利用"。[1]笔者认为，肯定北京学生运动兴起与研究系的鼓动有关，或干脆讲研究系是"五四运动导火线的点燃者"[2]均可。但说学生运动是研究系挑拨的结果则与历史实际大有相悖。

因为日本从甲午战争后强割台湾、勒索2亿3000万两白银赔款，到制定"大陆政策"，趁大战爆发对德宣战出兵占领山东，用武力逼签"二十一条"和《中日共同防敌军事协定》，再到西原大借款、1918年中日关于山东换文等接踵而至，空前严重地伤害了中国的根本利益，同时也空前深刻地激发了中国各界产生撕心裂肺的民族危机感，使中国各界、特别是政治敏感的新型知识界对日本帝国主义及其代理人皖系军阀和亲日派政客怒火日炽，反抗斗志日益高

---

[1] 转引自唐启华：《巴黎和会与中国外交》，社会科学文献出版社2014年版，第276—277页。
[2] 董德福等：《回首五四——百年中国思潮和人物》，人民出版社2008年版，第89页。

涨。因而有1915年全国大规模抗议和抵制日货浪潮，1918年5月21日京津、留日返国和各地学生请愿示威。这表明，中国民众将对日本帝国主义侵略者掀起新的反抗高潮，这是五四运动的根本动因。有了这些郁积深广的滔天怒火，研究系这个导火索才能发挥作用。而就导火索而言，最直接、最根本的是巴黎和会对中国山东问题的无理决定，即使无梁启超、林长民的鼓动，中国人民也一定会知晓并奋起抵抗！

五四运动中的学生，绝不是"无知无识"，而是深受自古以来"天下兴亡匹夫有责"优良爱国主义传统的熏陶[1]，近代以来林则徐、三元里、关天培、邓世昌、谭嗣同等热血生命凝铸的反抗侵略、不怕牺牲的爱国精神激励，也深刻汲取了义和团盲动排外的经验教训；特别是经过了初期新文化运动的洗礼，接受了科学民主思潮启蒙，感受、借鉴了俄国十月革命及亚非各国反对殖民主义浪潮的冲击震撼，形成了现代理性民族主义的新觉醒。这构成了广大学生投身运动的广大坚实厚重的主观思想基础，绝非某个政派、某系政客轻易一煽动就掀起规模浩大、时间持久的政治运动。

亲日派即曹汝霖、章宗祥、陆宗舆等人"是否卖国"？有学者给出明确的否定结论，并以显赫位置刊出曹汝霖、章宗祥、陆宗舆等人正面标准像，颇有"此时无字胜有字"之效[2]。

笔者不能苟同。首先，应厘清学生提出的"国贼"的实际内涵。"国贼"即卖国贼，在近代中国不同历史时期内涵大不相同，处置方式也有天壤之别。在五四运动中，卖国贼主要是指亲日派军阀、政客在对日外交上妥协让步，使中国国家利益、民族尊严受到严重伤害。当时最突出的问题是签订《中日共同防敌军事协定》使中国损失权益远超"二十一条"，特别是屈从日本意志力主签对德和约使日本占领山东合法化。因此，中国人民展开了全国性的规模声势

---

[1] 罗家伦谈学生掀起五四爱国运动原因说，除巴黎和会中国外交失败外，"中国汉朝和宋朝太学生抗议朝政的举动，也给大家不少的暗示"。见罗家伦：《蔡元培先生与北京大学——谨以此文纪念先师蔡孑民先生百年诞辰》，载罗久芳：《罗家伦与张维桢：我的父亲母亲》，百花文艺出版社2006年版，第42页。
[2] 唐启华：《巴黎和会与中国外交》，社会科学文献出版社2014年版，第275—277页。

浩大、时间持久的政治抗议、抵制日货浪潮；同时明确具体的政治处置要求是"罢免"亲日派政客曹汝霖、章宗祥、陆宗舆等人。这与抗战胜利后对大汉奸头子汪精卫毁墓扬灰，把陈公博、梁鸿志、王揖唐、殷汝耕等处死有本质的不同。

　　罢免他们合法正义。因为曹汝霖、章宗祥、陆宗舆等人是北京政府对日外交的具体工作承担者、直接责任者。"二十一条"时，曹汝霖"正是大权在握的外交次长，其重要性比外交总长陆徵祥有过之而无不及"[1]；皖系对日西原大借款等，均经曹汝霖办理。而曹汝霖因此大获日本青睐，交通银行成立，曹汝霖得日方极力支持担任总理[2]并获诸多实利。《民国日报》在1919年5月17日披露："曹称其借款无回扣，而实则其渔利皆在汇水[3]，如顺济借款，时日金价值约合银圆六十七元，而该借款所付仅合银元五十三元，每百元即得十四元之利，实即八折之回扣，阳居清洁，阴获丰利。"[4]陆宗舆、章宗祥先后任驻日公使等外交要职，陆宗舆还曾任日本支持的中华汇业银行总理，章宗祥是中日1918年9月山东换文签字人。三人是全国公认的亲日派。民众反对段祺瑞控制下的北京政府对日外交政策，以他们为靶子实属理所当然、势所必至。

　　为什么北京学生没直接点出段祺瑞的名字？实际上，北京学生提出的内惩国贼主要矛头是对准段祺瑞。1919年5月5日，段祺瑞去北海公园团城探望疗养中的曹汝霖说，"这次的事，他们本是对我，竟连累了你们"[5]，讲的是发自其内心，也是众所周知的实话。而上海、广州等南方城市各界都把段祺瑞摆在卖国贼第一位。1919年月4中旬，上海7个群众团体通过决议提出："段祺瑞、曹汝霖、徐树铮、陆宗舆、靳云鹏等种种卖国行为，日益加厉，为全国所不容，应请决议惩办，以除祸根。"[6]5月7日，声援北京学生的上海国民大会有团体强烈要求"惩办卖国贼段祺瑞、徐树铮、曹汝霖、章宗祥、陆宗舆"[7]；

---

[1]　贾熟村：《曹汝霖传》，浙江教育出版社1988年版，第66页。
[2]　据贾熟村：《曹汝霖传》，浙江教育出版社1988年版，第77页。
[3]　汇水，即银行办理贷款的手续费。
[4]　《民国日报》1919年5月17日，转引自贾熟村：《曹汝霖传》，浙江教育出版社1988年版，第144页。
[5]　贾熟村：《曹汝霖传》，浙江教育出版社1988年版，第138页。
[6]　《民国日报》1919年4月18日。
[7]　《时事新报》1919年5月8日。

5月12日,广东高等学堂同学会致各省教育会转各校师生员工电提出,"我全国学生一致声讨,为京津杀贼学生之后援,并请否认段祺瑞、曹汝霖、章宗祥、陆宗舆""等为中国人,以保大义保国权"[1]。但是同时,北京和各地学生、民众都还承认北京政府在国内政治生活、特别是在世界代表中国的合法性,斗争也基本限制在合法限度,实际也就是承认段祺瑞在北京政府的地位;还希望通过施加压力,推动他们拒签巴黎对德和约,从而使日本通过和会占领山东合法化的阴谋破产。所以,北京的学生和各界不提段祺瑞的名字,是对他留有余地,是从中国革命大局出发,维护中国根本利益的全面考量的结果;拒签对德和约的事实也有力证明,这些考量和做法是正确的。

四 "五四"后新文化运动的主流和主导思想

提出此题,是因为"五四"前新文化运动的主流和主导思想是资产阶级民主主义是海内外学术界共识;而"五四"后新文化运动的主流和主导思想如何评价,则众说纷纭。一是国内不少论著认为马克思主义的广泛传播是"五四"后新文化运动的主流[2];二是海外学者提出,"总起来可以这样说,在五四运动初期,实用主义怀疑论和未知论是改革者批判传统伦理和思想时所采用的主要方法,直到20年代中期以前,这些方法并没有受到来自唯物主义或辩证唯物主义的有力竞争"[3]。笔者认为,这个问题有进一步探讨的必要。

为此,首先有必要探究一下"主流"和"主导"两个词的确切含义。对"主流",《辞海》(上海辞书出版社1979年版)的解释为:主流是指事物的本质方面,它决定事物的发展方向。对"主导",《现代汉语词典》(商务印书馆2016年版)的解释为:"决定并且引导事物向某方向发展的:如主导思

---

[1] 沙东迅:《五四运动在广东》,中国经济出版社1989年版,第59页。
[2] 参见胡华:《中国革命史讲义》、彭明:《中国近现代史论文集》、王维礼主编:《中国现代史》等。
[3] [美]周策纵:《五四运动:现代中国的思想革命》,周子平等译,江苏人民出版社1996年版,第409页。

想，主导作用。"可见，两者相通、重合之处在于它们都是指陈、界定事物的主要的影响其发展方向的部分；差异在于主流还强调量的意义，因为任何事物的质都是同其内部成分的一定的量相联系的，主导则不含此义，而是侧重强调所指部分对事物总体发展方向的引导作用。

基于此，笔者认为马克思主义和资产阶级民主主义等各种新学说、新思潮的广泛传播，两者交汇构成了"五四"后新文化运动的主流。

资产阶级民主主义文化传播何以成为"五四"后新文化运动主流的有机构成部分呢？

第一，从总体上看，五四新文化运动是一场彻底的反对封建主义的文化革命。"五四"后资产阶级民主主义潮流虽然日益明显地同无产阶级革命潮流即马克思主义传播呈现出本质上的差异，并时有冲突，但在反对封建主义的大前提下，两者主要还是互相渗透、互相促进的合作关系。如有学者所论证的"资产阶级民主主义意识的增长为无产阶级社会意识的出现创造了条件"，"无产阶级社会意识的发展，对资产阶级民主主义意识的增长，起了巨大的促进作用"。[1]

第二，从文学、哲学、新闻、教育、史学等新文化运动成绩显著的领域看，资产阶级民主主义仍占有明显的数量优势。因为在中国资产阶级民主主义有比马克思主义长得多的传播历史，掌握、影响了更多的文化传播工具，在中国知识界占绝大多数的资产阶级、小资产阶级的知识分子头脑中占统治或主要地位。军阀政府及其帮凶封建顽固派对资产阶级民主主义固然反感，但毕竟比对待无产阶级文化即马克思主义的政策要宽松很多。

上述两种情况首先集中体现于胡适、蔡元培、梁启超等为代表的资产阶级知识分子的态度和行为上。胡适在"五四"以后大力传播实验主义，鼓吹"拿证据来"的怀疑精神，坚持重效果的务实态度。虽然他主观上有刻意抵制马克思主义传播的一面，但客观上，"实验主义被当时认作典型的科学精神"，

---

[1] 王跃：《北洋军阀统治时期社会意识变迁的趋势》，《近代史研究》1987年第3期。

成为"五四文化中的天之骄子"。[1]他还把"整理国故"作为新文化运动的纲领性口号大力倡导,促成了在中国文化史上有深远影响的疑古派。胡适在"五四"后继续进行文学革命的倡导和实践,在进步青年中广为流传。蔡元培"五四"后在北大继续坚持"兼容并包""思想自由"的方针,对马克思主义在内的新思潮热情维护。李大钊在北大正式开设马克思主义课程,组织马克思主义研究团体,都得到了他有力的支持。蔡元培还满腔热忱地提倡平民教育,在北大亲自创立校役夜班,热心扶持毛泽东在长沙创办湖南自修大学。蔡元培还挺身于非宗教运动的大旗下。梁启超在"五四"后仍以对中国黑暗现状极端不满、强烈要求发展资本主义为基调,领导、影响《晨报》、《时事新报》、《解放与改造》(《改造》),开中国大型报纸改革风气之先。梁启超还同蔡元培等发起讲学社,聘请杜威、罗素、爱因斯坦(因细故未成——笔者)等外国著名学者来华讲学,对新文化运动的发展是巨大促进。胡适在1925年批驳《甲寅》派时称赞梁启超近年来"颇能努力跟着一班少年人向前跑"[2]。

资产阶级民主主义在"五四"后仍保持巨大影响,突出地表现在鲁迅等激进小资产阶级革命的知识分子身上。鲁迅向封建主义展开了前所未有的深刻揭露和猛烈批判,从而展现出他已经在不少方面突破、超越了资产阶级民主主义的思想高度,也为多数早期马克思主义者所不及。但是,综观"五四"后鲁迅的全部活动,进化论、人道主义等资产阶级民主主义仍然是他反封建的基本思想武器。其他诸如小资产阶级知识分子王光祈等更是如此。

此外,鸟瞰"五四"后新文化运动中的斗争实践,早期马克思主义者大力传播资产阶级文化的事例俯拾皆是。毛泽东参与主持的长沙文化书社推销的"重要的书"中,赫然列有《杜威五大讲演》及胡适的《实验主义》《中国哲学史大纲》等,其实质是毛泽东等仍在运用资产阶级民主主义进行反封建的斗争。这表明,资产阶级民主主义在"五四"后的新文化运动中仍占有重要地

---

[1] 《艾思奇文集》第一卷,人民出版社1981年版,第57—59页。
[2] 阮无名编:《中国新文坛秘录》,上海书店1983年版,第28页。

位，有其充分的历史合理性。

对于资产阶级民主主义当为"五四"后新文化运动主流的有机部分，不少新文化运动的重要亲历者后来从不同角度多方充分肯定。毛泽东说，五四运动的"许多领导人物，还没有马克思主义的批判精神，他们使用的方法，一般地还是资产阶级的方法"[1]。沈雁冰说五四运动时，"资产阶级自由主义的思想，其声势、其群众都胜过于马克思主义，这是一个毋庸讳言的事实"[2]。

但是，马克思主义与资产阶级民主主义交汇成为"五四"后新文化运动的主流，绝不意味两者地位等同，而是马克思主义的广泛传播经过曲折复杂的斗争，逐步取代后者而居"五四"后新文化运动的主导地位。

这期间，中国马克思主义者对新文化运动发展的一系列基本问题有了新的理论突破。李大钊、陈独秀、毛泽东、恽代英、瞿秋白、邓中夏、彭湃、张闻天等不断发表文章、讲演、书信，就新文化向的发展，特别是向工农普及提出了一系列见解，预示了大革命时期工农文化大发展的高潮。

其一，运用唯物史观对文化和经济、政治的关系做出了诠释。他们指出，"所谓'文化'是人类之一切'所作'。一、生产力之状态，二、根据于此状态而成就的经济关系，三、就此经济关系而形成的社会政治组织，四、依此经济及社会政治组织而定的社会心理，反映此种社会心理的各种思想系统"；但"决不否认精神上的力量能回复其影响于物质的基础"，"最根本的动力，始终是物质的生产关系"，所以，"若是研究文化，只知道高尚玄妙的思想，无异于'竖蜻蜓'之首足倒立的姿势，必定弄得头晕眼暗"。[3]这里第一个"文化"是广义的，即说明文化是人类认识世界、改造世界的一切成果的总和；但接下来的四点则是较为明确地阐述了马克思主义关于狭义文化，即精神文化与经济、政治关系的基本思想。这就从根本上否定了新文化营垒曾普遍存在的中国社会改造的"文化思想决定论"倾向，实际提出了中国共产党把文化革命与

---

[1] 《反对党八股》，《毛泽东选集》第三卷，人民出版社1991年版，第832页。
[2] 参见《"五四"三十周年纪念专辑》，载沈雁冰等文，新华书店1949年版。
[3] 瞿秋白：《东方文化与世界革命》，《新青年》（季刊）第1期。

政治革命、经济革命紧密结合起来的新文化发展的基本思路和基本路径。

其二，提出了反对帝国主义文化侵略和进一步反对封建主义文化的任务。针对直系军阀依靠英美帝国主义掌握北京政府，成为中国反动势力的主要代表，他们指出前者主要代表是美国，其"'文化的侵略'可谓帝国主义最新的形式，比军事的侵略狠毒得多"，它"造成亲美派留学生的政治势力"，"不但现时他能够控制中央政府能侵略全中国的事业，而且能限制中国人的心肺，贿买整个的阶级，预备做他将来的'代理统治者'"；"都足以'威临'中国人之心"，"灭杀中国真正民主派的势力"。[1]后者即宗法和封建制度思想，"已经成为帝国主义的武器"，"宗法社会的思想代表还正在竭力拥护旧伦理"。[2]两者已经密切勾结：一方面"中国的文化、宗法社会，已经为帝国主义所攻破，封建制度已经成为帝国主义的武器"，不破除它，"帝国主义的侵略无法抗拒"；另一方面"帝国主义客观上自成为中国社会退向封建制度的重要原因，同时又强力以纳入资本主义"，但它"决不会容中国民族资产阶级充分的发展"。[3]

其三，呼吁建立革命文化统一战线，实际提出了实行中国文化的无产阶级领导权问题。他们提出，"革命的无产阶级，能勇猛精进，不怕'打开天窗说亮话，'应当竭全力以指导中国社会思想之正当轨道"[4]。基于这种自觉，他们旗帜鲜明地从新的政治高度批评了新文化运动中的各种资产阶级学说思潮：实验主义是"且解决目前问题，不必问最后目的"，是"近视的浅见的妥协主义，他决不是革命的哲学"；[5]好政府主义是"妥协的和平主义，小资产阶级的和平主义，正都是'努力''奋斗''向恶势力作战'的障碍物"[6]；东方文化派是"礼教之邦的中国遇着西方的物质文明便彻底的动摇"，"却始终不

---

[1] 瞿秋白：《帝国主义侵略中国之各种方式》，《前锋》第1期。
[2] 瞿秋白：《东方文化与世界革命》，《新青年》（季刊）第1期。
[3] 瞿秋白：《东方文化与世界革命》，《新青年》（季刊）第1期。
[4] 瞿秋白：《新青年之宣言》，《新青年》（季刊）第1期。
[5] 瞿秋白：《实验主义与革命哲学》，《新青年》（季刊）第3期。
[6] 《中共中央第一次对于时局的主张》（1922年6月15日），《中共中央文件选集》第一册，中共中央党校出版社1989年版，第24页。

服这口气,还尽着嚷东方的精神文明,要想和西方的物质文明相对抗";其所谓"'科学破产',不过是宗法社会及资产阶级文明的破产罢了"。[1]但是,中国"因为反动势力来得太大了",包括胡适、黄炎培、研究系等在内的"非革命的民主派""都会暂放弃他们非革命的主张去和革命的国民党合作,如同共产党暂放弃他们最急进的主张,和较急进的国民党合作一样";从此中国出现强大的民主派和军阀派两大营垒,"结局是民主派战胜军阀派"。[2]

其四,明确提出了向工农大众普及现代性新文化,实现知识分子与工农打成一片。他们指出,"要想把现代的新文明,从根底输到社会里面,非把知识阶级与劳工阶级打成一片不可"[3]。实现"知识阶级作民众的先驱。民众作知识阶级的后盾"[4]。他们深刻指出了新文化面向工农大众普及的迫切性、艰巨性和重要性。中国农民"一天到晚只是到田圈里去,像牛马一般做他们的工"[5],工人如矿工终日在"地狱"般的崖坑里"无昼无夜的像牛马一样劳动";[6]"他们若是不解放,就是我们国民全体不解放,他们的苦痛,就是我们国民全体的苦痛。他们的愚暗,就是我们国民全体的愚暗"[7]。他们号召先进知识分子实行"尊劳主义","打起精神来,寻着那苦痛悲惨的声音走","要晓得痛苦的人,是些什么人?痛苦的事,是些什么事是痛苦的原因,在什么地方?要想解脱他们的苦痛,应该用什么方法?"进而"大家一起消灭这痛苦的原因"。[8]这条道路"不免有苦痛"、"悲惨",但"必有良好的效果"。[9]他们言行一致,邓中夏、彭湃是杰出典范。中国革命知识分子与工农结合的道路,新文化向工农大众传播由此发端。

---

[1] 瞿秋白:《东方文化与世界革命》,《新青年》(季刊)第1期。
[2] 毛泽东:《外力、军阀与革命》,《新时代》(月刊)第1期。
[3] 《青年与农村》,《李大钊文集》上册,人民出版社1984年版,第648页。
[4] 《知识阶级的胜利》,《李大钊文集》下册,人民出版社1984年版,第208页。
[5] 《青年与农村》,《李大钊文集》上册,人民出版社1984年版,第649页。
[6] 《唐山煤厂的工人生活》,《李大钊文集》上册,人民出版社1984年版,第658—659页。
[7] 《青年与农村》,《李大钊文集》上册,人民出版社1984年版,第649页。
[8] 《现代青年活动的方向》,《李大钊文集》上册,人民出版社1984年版,第665—666页。
[9] 《现代青年活动的方向》,《李大钊文集》上册,人民出版社1984年版,第665—667页。

其五,指出了中国无产阶级——实即共产主义理想的光辉前景及其奋斗之路。他们指出,"无产阶级文化的进步",当前"只有世界革命,东方民族方能免殖民地之祸,方能正当的为大多数劳动平民应用科学,以破宗法社会封建制度的遗迹,方能得真正文化的发展。况且世界无产阶级的革命,若是东方民族不能以自力先行,断绝一切帝国主义的'辎重队',使无发展余地,亦必暂限于停滞状态";将来要"等到私产绝对废除,阶级消灭时,科学愈发明,则体力劳苦的工作愈可减少,全社会的福利愈可增进;物质文明愈发达,经济生活愈集中,则精神文明愈舒畅,文化生活愈自由,——为'求生'的时间愈少,则为'求乐'的时间亦愈多了。那时,才有真正的道德可言,不但各民族的文化自由发展,而且各个人的个性亦可以自由发展呢。要达到此种伟大的目的,非世界革命不可,——这是'无产阶级的社会科学'的结论"。[1]

毋庸赘言,这些观点受中国共产党处于幼年时期、马克思主义中国化处于刚刚起步阶段,中国早期马克思主义者还都缺乏革命实践、特别是缺乏长期的群众文化革命实践及其正反两个方面经验等诸多因素制约,还有教条化、片面性、简单化、空想性等明显弱点缺点,但其大的方向和基点是正确的,不但直接正确指导了当时中国共产党的文化实践,而且为构建中国共产党新民主主义文化理论体系奠定了基础,为中国社会主义文化的发展指明了正确方向。

---

[1] 瞿秋白:《东方文化与世界革命》,《新青年》(季刊)第1期。

五四运动大事年表

1914年

3月2日　　袁世凯公布《治安警察条例》，禁止政治结社及同盟罢工，规定学生不得政治结社，不得参加政治集会。

下半年　　中国留学生在美发起组织"中国科学社"，次年5月在上海创办《科学》杂志。

8月23日　　日本对德宣战。

9月2日　　日军在中国山东龙口登陆。

10月6日　　日军占领胶济路全线。

11月7日　　日军占领青岛。

1915年

1月18日　　日本向中国提出"二十一条"。

2月11日　　中国留学生千余人在东京冒雨集会，反对"二十一条"。

3月18日　　上海绅商学界三四万人举行国民大会，反对"二十一条"。

4月11日　　北京总商会举行大会，发起救国储金，提倡国货。

5月7日　　日本政府向中国政府提出"二十一条"最后通牒，限48小时内答复。

5月9日　　袁世凯接受"二十一条"。当天，全国教育联合会规定每年的5月9日为国耻纪念日；上海各群众团体四五万人召开国民大会，誓死反对"二十一条"。

5月13日　　汉口爱国青年奋起阻止当地日侨准备举行"提灯庆祝会"，全市

	商店闭门熄灯停止夜市。商民与日人冲突,捣毁日本商店。
5月25日	袁世凯指令外交总长陆徵祥在以"二十一条"为基础的条约上签字。为抗议"二十一条",中国留日学生集体罢学回国。
6月	蔡元培、李石曾等在法国发起组织勤工俭学会。
8月20日	梁启超在《大中华》杂志上发表《异哉所谓国体问题》。
8月23日	"筹安会"在北京成立。
9月15日	陈独秀主编的《青年杂志》(从1916年第2卷第1号起,改名为《新青年》)创刊。
10月25日	中国科学社正式成立,公举任鸿隽、赵元任等5人为第1期董事,杨铨为编辑部部长;1918年办事机构从美国移至国内。
12月12日	袁世凯下令废除共和,正式称帝。
12月25日	蔡锷等通电云南独立,组织护国军讨袁。
是年	上海租界人力车工人罢工;苏州机织业工人罢工。

1916年

2月15日	《新青年》(第1卷第6号)发表易白沙《孔子平议》(上),开始激烈反对孔教。
夏	胡适和他的朋友在纽约讨论白话文问题。
6月6日	袁世凯殁。
6月22日	华法教育会在巴黎开成立会。
6月29日	黎元洪申令恢复民国元年约法和召开国会;任命段祺瑞为国务总理。
7月12日	范源廉任教育总长。
8月15日	《晨钟报》在北京创刊,李大钊任编辑。
9月20日	康有为发表《致总统总理书》,要求孔教列入"宪法",祀孔行跪拜礼。
12月26日	黎元洪正式任命蔡元培为北京大学校长;蔡元培翌年1月4日到职。
是年	北京政府财政部印刷工人罢工;上海翻砂工人罢工,上海英美香烟公司工人罢工。

1917年

1月1日	《新青年》（第2卷第5号）发表胡适的《文学改良刍议》。
1月11日	蔡元培以北京大学的名义函请教育部，任命陈独秀为北大文科学长。《新青年》编辑部随陈独秀迁入北京。
2月1日	《新青年》（第2卷第6号）发表陈独秀的《文学革命论》、吴虞的《家族制度为专制主义之根据论》。
是月	日本与英、法、俄、意秘密签约，使其赞同日本对中国的要求。
3月12日	俄国二月革命爆发。
7月1日	张勋、康有为等在北京拥戴溥仪复辟。
7月3日	段祺瑞举兵马厂，反对复辟。
7月12日	段祺瑞军攻下北京。张勋复辟失败。
7月14日	黎元洪通电去职；冯国璋任代大总统，以段祺瑞为国务总理；段派军阀与研究系、交通系联合组阁。
8月14日	中国政府正式对德、奥宣战。
夏	周作人、胡适、刘复等开始在北大任教。
8月18日	孙中山召集国会议员在广州黄埔公园集会，决定在粤召开非常会议。
8月25日	非常会议在广州开幕，议决组织政府。
9月1日	非常会议选举孙中山为大元帅，唐继尧、陆荣廷为元帅；在临时约法未恢复前，行政权由大元帅掌握，对外代表中华民国。
10月6日	南北开始内战。
10月15日	北京大学开始仿美大学制，停止学分制，采用选科制。
是月	恽代英在武汉发起组织互助社。
11月2日	美国与日本签订《兰辛—石井条约》，承认日本在华特殊利益。
11月7日	俄国爆发十月社会主义革命；3日后，上海《民国日报》等报报道消息。
11月15日	段祺瑞请辞国务总理。
是月	李大钊到北京大学；次年1月任图书馆主任，1920年起兼任教授。
是年	上海英美香烟公司工人罢工；中华书局、商务印书馆工人罢工。

道路与选择

1918年

1月8日	美国总统威尔逊发表《和平条件》十四条。
1月15日	《新青年》改用白话文和新式标点。
1月21日	南北两军在岳阳开战。
是月	苏俄政府公告废除不平等条约。
3月4日	上海《时事新报》增辟《学灯》副刊。
3月23日	段祺瑞再任国务总理。
3月25日	中日交换《中日共同防敌军事协定》草案。
4月14日	毛泽东、蔡和森、何叔衡等在长沙发起组织"新民学会"。
5月4日	广州非常国会改设七总裁,孙中山向非常国会提出解职。
5月12日	留日中国学生罢课归国,在沪组织"留日学生救国团",反对签订《中日共同防敌军事协定》。
5月15日	《新青年》(第4卷第5号)发表鲁迅的白话小说《狂人日记》。
5月16日	《中日陆军共同防敌军事协定》在北京签订。
5月19日	《中日海军共同防敌军事协定》及《中日海军共同防敌军事协定说明书》在北京签订。
5月21日	北京大学、高师、工专等学校及天津学生、留日归国学生2000多人至总统府,请求废止《中日陆军共同防敌军事协定》,要求公布条文内容。次日,天津学生向直隶省长请愿。
同日	孙中山离粤,6月25日由日抵沪至法租界内,护法运动失败。
是月	京、沪、津、宁等城市学生和留学归国留日学生,组织救国团体,反对《中日共同防敌军事协定》。
6月6日	留日学生救国团全体大会在上海复旦公学召开。
6月30日	王光祈、曾琦、李璜、李大钊等在北京发起成立少年中国学会。该会1919年7月1日正式成立。
7月1日	李大钊在《言治》(季刊)第三册发表《法俄革命之比较观》。
是月	邵飘萍在北京创办新闻编译社。
8月1日	列宁委托外交人民委员齐切林复函孙中山,感谢孙中山对十月革命的贺电。
8月2—3日	日本、美国相继发表出兵西伯利亚宣言。英、法军、美军于3

	日、10日、19日先后在符拉迪沃斯托克登陆。
是月	北大红楼在沙滩建成；
	日本爆发"米骚动"。
8月16日	美总统向法、英、日三国提议组织四国银行团，共同对华投资，不许一国单独行动。
8月19日	毛泽东为组织湖南青年赴法勤工俭学，第一次到达北京。10月由杨昌济介绍认识李大钊，经蔡元培批准，入北大图书馆任管理员。
是月	北大红楼在沙滩建成。
9月4日	安福国会选举徐世昌为大总统，10月10日正式就职。
9月15日	陈独秀在《新青年》（第3卷第3号）发表《质问东方杂志》一文，反驳《东方杂志》上杜亚泉《迷乱之现代人心》等文对新文化运动的批评。
9月24日	北京政府与日本订立满蒙四路，济顺、高徐二路等借款各2000万元协议，日方提出七项路权承诺，章宗祥在山东换文上签字"欣然同意"。
10月5日	邵飘萍在北京创办《京报》。
10月15日	《新青年》（第5卷第5号）发表李大钊的《庶民的胜利》和《布尔什维克的胜利》（实际出版时间为1919年1月）。
10月20日	国民社在北大成立。
是月	北大新闻研究会成立。
11月11日	第一次世界大战停战协定签字。
11月12日	北京拆除东单北的克林德纪念牌楼。
11月14日	北京各校放假3天，庆祝协约国胜利。
11月16日	徐世昌发表军队停战令；23日，南方军政府发布停战令，双方商谈在上海召开和平会议。
11月19日	新潮社成立。
11月28日	北京政府决定放假3天，举行各界共贺协约国战胜大会。李大钊在会上发表了《庶民的胜利》的讲演。
12月22日	陈独秀、李大钊等在北京创办《每周评论》。
12月29日	梁启超等由上海乘船赴欧。

1919年

1月1日	《新潮》杂志和《国民》杂志在北京创刊。
1月15日	陈独秀在《新青年》（第6卷第1号）发表《本志罪案之答辩书》（实际出版时间为1919年3月）。
1月18日	巴黎和会开幕，中国陆徵祥、王正廷与会。
1月20日	无政府主义团体进化社出版《进化》月刊。
1月26日	北京大学国故社成立，3月20日《国故》杂志创刊。
1月27日	出席巴黎和会的美、英、法、意、日代表举行五国会议，讨论处理德属殖民地问题。中国代表顾维钧、王正廷列席。翌日，五国会议继续进行，顾维钧发表长篇演讲，声明德国在山东的权利应直接交还中国。
2月7日	北京《晨报》副刊改组，改组后增加《自由论坛》及《译丛》两栏。
2月9日	北京高师学生组织同言社（5月3日又改成立工学会）。
2月16日	中国国民外交学会成立。
是月	胡适《中国哲学史大纲》出版。
3月1日	朝鲜三一运动爆发。
3月2—6日	各国共产党第一次代表大会在莫斯科开幕，4日宣布第三国际成立。
3月18日	林纾在《公言报》发表《致蔡鹤卿师太史书》。
3月23日	北大平民教育讲演团成立。
是月	陈独秀辞北大文科学长职。
4月1日	《公言报》发表蔡元培《致〈公言报〉函并附答林琴南君函》。
4月30日	巴黎和会上威尔逊、劳合·乔治、克里孟梭秘密同意日本对山东要求。
同日	杜威抵达上海。
5月2日	林长民在北京《晨报》发表《外交警报敬告国人》。
5月3日	北大全体学生及高师等校学生代表在法科礼堂开会，决定4日在天安门前举行游行示威，同时通电各省学生5月7日举行游行示威。
5月4日	3000多名大专学校学生在北京游行示威，抗议巴黎和会关于山东

	决议以及北京政府外交政策，曹汝霖住宅被焚，章宗祥被殴，32名学生被捕。
5月5日	北京中等以上学校学生实行总罢课；次日，北京中等以上学校学联成立，北大学生段锡朋当选会长。
5月7日	上海举行声援北京学生的国民大会，天津、济南、南京、武汉、广州、长沙、吉林等城市学生及各界民众集会声援北京学生。东京留日中国学生结队向英、美、法等使馆呈请愿书要求将山东直接交还中国。
是日	北京政府释放全体被捕学生。
是日	北大学生郭钦光吐血身亡。
5月9日	蔡元培秘密辞职出京。
5月12日	傅增湘辞教育总长职，15日获批。
5月14—18日	各大城市成立学生联合会，普遍进行游行示威，抵制日货。
5月18日	北京学生5000余人举行追悼郭钦光大会。
5月19日	北京专门以上18所学校学生罢课，翌日，各中学学生一律罢课。
5月20日—6月10日	学生罢课、游行示威、抵制日货波及全国200多个城市。
5月21日	山东第五师官兵在上海《新闻报》发表致全国同胞电，响应学生。
5月23日	北京警察厅封闭学联刊物《五七》日刊，24日封闭北京《益世报》。
6月1日	大总统徐世昌下令封闭北京学联，宣布北京戒严。武汉学生冲破军警封锁出校讲演，军警武力阻击，学生受伤多人，时称"六一惨案"。
6月3日	北京学生在街头讲演，被捕170余人；4日，又被捕700余人。北大法科校舍被当局辟为临时监狱。
是日	长沙各校学生罢课。
6月5日	上海商人罢市，工人开始政治罢工。南京、宁波、厦门、芜湖、苏州、常州、镇江、无锡、扬州等地陆续罢市。
6月8日	国民党在上海创办《星期评论》，戴季陶任总编辑。
6月10日	天津商界第一次罢市，杭州罢市。徐世昌被迫下令准许曹汝霖、章宗祥、陆宗舆辞职。

6月11日	陈独秀起草《北京市民宣言》,由胡适译成英文,印成双语传单;陈独秀在北京"新世界"游艺场散发《北京市民宣言》被军警逮捕。
6月12日	上海"三罢"结束,天津第二次罢市,武昌、九江等地商人罢市,唐山、长辛店等地工人罢工。
6月16日	中华民国学生联合会在上海成立,北京代表段锡朋当选会长,上海代表何葆仁当选副会长。
6月17日	山东各界代表在省议会开会,决议组织请愿团赴京,20日晨出发,至新华门请愿上书。
6月27日	巴黎华工、华侨、中国留学生数百人包围中国代表团团长陆徵祥所住医院,要求拒签和约。
6月28日	中国代表团拒绝出席巴黎和会对德和约签字仪式,拒签对德和约。
	是月,上海《民国日报》辟《觉悟》增刊。
7月1日	少年中国学会在北京正式成立,在上海出版《少年中国》月刊。
7月14日	毛泽东主编湖南学联会刊《湘江评论》出版,第2、3、4期连载毛泽东论文《民众大联合》。
7月20日	胡适在《每周评论》(第31号)发表《多研究问题,少谈些主义》。
7月21日	周恩来主编天津学联会刊《天津学生联合会会报》创刊。
7月25日	苏俄政府发表《第一次对华宣言》,翌年4月在中国见报。
7月31日	河南省会开封召开国民大会,力争洛潼路权。
8月1日	孙中山在上海创办《建设》杂志。
8月5日	济南镇守使马良枪杀回族爱国领袖马云亭、朱秀林、朱春祥,时称"鲁案"。
8月17日	李大钊在《每周评论》(第35号)发表《再论问题与主义》。
8月30日	北京政府查封《每周评论》。
9月1日	研究系在上海创办《解放与改造》(从第3卷第1期改名《改造》)半月刊杂志。
9月10日	中国代表陆徵祥在巴黎签署"对奥(奥地利)和约",中国成为国际联盟创始国。

9月20日	蔡元培回北京大学。
9月	李大钊主编《新青年》（第6卷第5号）《马克思主义研究号》出版，刊载李大钊的《我的马克思主义观》（上）。该刊上所标出版日期为1919年5月。
10月10日	中华革命党正式改组为中国国民党。
10月18日	孙中山在上海寰球中国学生会发表《救国之急务》演说。
11月6日	上海各界联合会在上海成立。
11月10日	全国各界联合会在上海成立。
11月11日—12月4日	杨匏安的《马克斯主义》在《广东中华新报》接连刊载。
11月14日	长沙女青年赵五贞在结婚的迎亲花轿中自杀。
11月16日	广州日本领事馆指使日本浪人、军警袭击中国学生和维持秩序的军警，死伤多人，时称"闽案"。
11月30日	北京女高师举行李超追悼会。
是月	浙江当局查封、禁止《浙江新潮》，对一师校长经亨颐明调实驱，引发学潮。
12月2日	张敬尧派军警镇压焚烧日货的学生，引发湖南"驱张运动"。
12月29日	周恩来等主编《觉悟》杂志出版。

1920年

1月1日	王光祈等在北京组织"工读互助团"。
1月19日	日本公使向北京政府外交部提出直接交涉山东问题，诱迫中国补签对德和约。
1月29日	天津学生抗议"闽案"，往省长公署请愿，周恩来等4名学生代表被捕。
2月	陈独秀由李大钊等护送出京赴上海。
是月	北京大学破例招收王兰等9位女生入文科旁听，不久转为正式生。
3月	李大钊、邓中夏、黄日葵、高君宇等正式发起成立马克思学说研究会。
4月	共产国际代表威金斯基在北京会见李大钊，经李大钊介绍赴上海

	会见陈独秀等。
5月1日	北京、上海、广州、香港九江等地工人、学生隆重庆祝五一国际劳动节。《新青年》（第7卷第6号）出版《劳动节纪念号》。《星期评论》出版《劳动纪念号》。
6月11日	张敬尧率残部逃出长沙，"驱张运动"胜利结束。
是月	谭延闿发出"湖南自治"呼吁，得到各界响应，湖南自治运动兴起。
7月14日	直皖战争爆发，皖系战败。
7月19日	共产国际在莫斯科召开第二次代表大会，列宁在会上作《民族和殖民地问题提纲》报告。
8月15日	《劳动界》在上海创刊。
8月16日	天津觉悟社和北京少年中国学会、曙光社等5个社团团员李大钊、周恩来、刘清扬、邓文淑（颖超）等在北京陶然亭开座谈会。
8月13日和9月16日	蔡和森由巴黎给毛泽东发出谈创建中国共产党问题的两封信。
是月	中国共产党在上海成立了早期组织。
9月1日	陈独秀在《新青年》（第8卷第1号）发表《谈政治》。
9月5日	梁启超等在天津组织讲学社，聘请各国学者来华。
9月27日	苏俄政府发表第二次对华宣言。
10月3日	《劳动界》在广州创刊。
10月12日	罗素来华讲学，抵达上海。
10月18日	日军数千人借口保护日侨入侵中国珲春，引发全国抗议运动。是月，在李大钊领导下，北京成立了中国共产党早期组织。
11月1日	天津总商会改选原副会长卞荫昌为会长，日本驻津领事公然干涉。
11月6日	张东荪在《时事新报》上发表《由内地旅行而得又一教训》，引发社会主义论战。
11月7日	《共产党》月刊在上海出版。
12月16日	陈独秀离上海，应邀赴广州担任广东省政府教育委员会委员长。

1921年

1月1日	长辛店劳动补习学校正式开学。
1月4日	周作人、茅盾、郑振铎等在北京成立文学研究会。
是月	梅光迪、吴宓、胡先骕等在南京创办《学衡》杂志。
2月28日	四百多名留法勤工俭学生在巴黎举行游行示威，要求驻法使馆解决入学和救济金问题。
是月	《新青年》移至广州出版。
5月5日	长辛店工人俱乐部成立。
夏	郭沫若、郁达夫、成仿吾、张资平等在上海组织创造社。
6月2日	安徽当局出动军警镇压要求增加教育经费的请愿学生，重伤多人，一师学生姜高琦伤势最重，7月1日身亡。
7月6日	罗素在北京教育会场发表在华最后一次讲演。
7月23日—31日	中国共产党第一次全国代表大会在上海召开。
8月13日	旅法勤工俭学生和华人团体在巴黎哲人厅举行第二次拒款大会，这次秘密借款被迫中止。
8月	郭沫若新诗集《女神》出版。
9月14日	旅法勤工俭学生代表蔡和森、陈毅、李立三等104人因参加争回里昂大学斗争被驱逐返国。
12月	鲁迅短篇小说《阿Q正传》发表。

1922年

1月12日—3月5日	香港海员大罢工。
2月6日	华盛顿会议闭幕。
4月	世界基督教学生同盟在北京清华学校召开年会，引发中国非基督教运动。
5月1日	第一届中华全国总工会大会在广州开幕。
5月5日—10日	中国社会主义青年团第一次全国代表大会在广州召开。
5月7日	胡适等在北京创办《努力周报》。
5月13日	胡适起草，蔡元培领衔，王宠惠、李大钊等16位学者名流发表

	《我们的政治主张》。
6月3日	旅欧中国少年共产党在巴黎召开第一次代表大会。
6月16日	陈炯明叛乱。
7月	中国共产党第一次全国代表大会在上海召开，制定最低纲领。
9月19日	王宠惠、罗文干等组建的"好人内阁"成立。
9月	中国共产党中央理论刊物《向导》周刊创刊。
11月25日	王宠惠内阁辞职。

1923年

1月17日	北大校长蔡元培向北京政府提出辞职，抗议教育部长彭允彝干涉司法，蹂躏人权，引发"驱彭挽蔡"运动。
1月26日	孙中山和越飞发表联合宣言。
2月12日	张君劢、丁文江、梁启超、胡适、吴稚晖等展开科学与人生观论战。
6月15日	中国共产党在广州创办《新青年》季刊。

1924年

1月	中国国民党在广州召开第一次全国代表大会，大会宣言体现孙中山新三民主义。
5月	广州一些教会学校学生，开展夺回教育权斗争，反对帝国主义文化侵略。
6月16日	黄埔军校正式成立。

1925年

1月28日	北京女子师范大学经全校学生大多数讨论不再承认杨荫榆为校长，爆发学潮。
5月30日	上海各校2000多名学生在公共租界游行示威，抗议日本资本家枪杀工人顾正红，英租界当局下令巡捕开枪射击，造成五卅惨案。

	上海"三罢",全国各地响应。
8月17日	教育部决定将女师大改组为国立北京女子大学。
8月19日、20日、21日	教育总长章士钊派司长刘百昭三次武力强行接管女师大,不少学生受伤。
7月17日	少年中国学会在南京召开第六届年会,国家主义派与共产主义派公开对立。
7月27日	上海《民国时报》开始连载戴季陶的《孙文主义之哲学基础》,《觉悟》急剧右转。
8月28日	北大评议会,教务会议召开联席会议,其中有30多位教授支持北大独立原脱离教育部案,胡适等18位教授反对,北大教师队伍公开分裂。

参考文献

一 报纸期刊

《新青年》
《新潮》
《建设》
《少年中国》
《每周评论》
《晨报》
《民国日报》
《时事新报》
《国民公报》
《申报》
《京报》
《顺天时报》
《公言报》
《星期评论》
《北京大学日刊》
《北京大学学生周刊》
《湘江评论》
长沙《大公报》
天津《益世报》
《解放与改造》（自三卷一期改名《改造》）
《新社会》

《觉悟》

《东方杂志》（1915—1924年）

台北《传记文学》

二 文集类

《陈独秀文章选编》，生活读书新知三联书店1984年版。

《陈独秀书信集》，新华出版社1987年版。

《胡适文存》，亚东图书馆1930年重排13版。

中国社会科学院中华民国史组编：《胡适来往书信选》（上中下），中华书局1979年版。

《李大钊文集》（上下），人民出版社1984年版。

《鲁迅全集》，人民出版社1981年版。

高平叔编：《蔡文培全集》，中华书局1984年版。

赵清等编：《吴虞集》，四川人民出版社1985年版。

张君劢等：《科学与人生观》，山东人民出版社1997年版。

袁刚等编：《民族主义与现代社会：杜威在华讲演集》，北京大学出版社2004年版。

袁刚等编：《中国到自由之路：罗素在华讲演集》，北京大学出版社2004年版。

梁漱溟：《东西文化及其哲学》，上海世纪出版集团2006年版。

许纪霖等编：《杜亚泉文存》，上海教育出版社2003年版。

孙尚扬等编：《国故新知——学衡派文化论著辑要》，中国广播电视出版社1985年版。

中共中央文献研究室中共湖南省委《毛泽东早期文稿》编辑室编：《毛泽东早期文稿》，湖南出版社1990年版。

《蔡和森文集》，人民出版社1980年版。

中央档案馆编：《中共党史报告选编》，中共中央党校出版社1982年版。

任鸿隽著，范伟业、张久春选编：《科学救国之梦任鸿隽文存》，上海科学教育出版社、上海科学技术出版社2002年版。

三 资料集

中共中央马克思、恩格斯、列宁、斯大林著作编译局研究室编：《五四时期期刊介绍》（第一集），生活·读书·新知三联书店1979年版。

张允侯等编：《五四时期的社团》，生活、读书、新知三联书店1979年版。

中国社会科学院近代史研究所近代史资料编辑组编：《五四爱国运动》（上、下），中国社会科学出版社1979年版。

陈崧编：《五四前后东西文化问题论战文集》，中国社会科学出版社1985年版。

中国社会科学院现代史研究室中国革命博物馆党史研究室选编：《"一大"前后：中国共产党第一次代表大会前后资料选编》（一），人民出版社1980年版。

中国社会科学院现代史研究室等选编：《"一大"前后：中国共产党第一次代表大会前后资料选编》（二），人民出版社1980版。

中国社会科学院现代史研究室等选编：《"一大"前后：中国共产党第一次代表大会前后资料选编》（三），人民出版社1984年版。

中国社会科学院近代史研究所编：《五四运动回忆录》（上、下、续），中国社会科学出版社1979年版。

杨琥编：《民国时期名人谈五四》，福建教育出版社2011年版。

中国人民政治协商会议全国委员会文史资料委员会编：《五四运动亲历记》，中国文史出版社1999年版。

上海社会科学院历史研究所编：《五四运动在上海史料选辑》，上海人民出版社1982年版。

中国社会科学院近代史研究所等编：《五四爱国运动档案资料》，中国社会科学出版社1980年版。

中国社会科学院近代史研究所《近代史资料》编辑室主编、天津历史博物馆编辑：《秘笈录存》，中国社会科学出版社1984年版。

中共中央党史资料征集委员会编：《共产主义小组》（上下），中共党史资料出版社1987年版。

清华大学中共党史教研组编：《赴法勤工俭学运动史料》（四册），北京出版社1979年版。

中共浙江省委党校党史研究室编：《五四运动在浙江》，浙江人民出版社1979年版。

河南省地方志编纂委员会总编辑室编：《五四运动在河南》，中州书画社1983年版。

中共陕西省委党史研究室编：《五四运动和马克思主义传播在陕西》，陕西人民出版社1990年版。

中共江苏省委党史工作委员会等编：《五四运动在江苏》，江苏古籍出版社1992年版。

中国革命博物馆等编：《新民学会资料》，人民出版社1980年版。

湖南省哲学社会科学研究所现代史研究室：《五四时期湖南人民革命斗争史料选编》，湖南人民出版社1979年版。

湖南博物馆校编：《蒸阳请愿录》，湖南人民出版社1979年版。

中共江西省委党史资料征集委员会、中共江西省委党史研究室：《江西党史资料·五四爱国运动在江西专辑》，赣出字第88001号。

天津历史博物馆、南开大学历史系《五四运动在天津》编写组编：《五四运动在天津历史资料选辑》，天津人民出版社1979年版。

张影辉等编：《五四运动在武汉史料选辑》，湖北人民出版社1981年版。

中国科学院山东分院历史研究所等编：《五四运动在山东资料选辑》，山东人民出版社1959年版。

中共四川省委党史工作委员会编：《五四运动在四川》，四川大学出版社1989年版。

中共安徽省委党史工作委员会编：《安徽现代革命史资料长编》，安徽人民出版社1986年版。

中华全国妇女联合会妇女运动历史研究所编：《中国妇女运动历史资料（1921—1927）》，人民出版社1986年版。

张若英编：《中国新文学运动史资料》，光明书局1934年版。

葛懋春等编：《无政府主义思想资料选》（上下），北京大学出版社1984年版。

四　研究论著

[美]周策纵：《五四运动：现代中国的思想革命》，周子平等译，江苏人民出版社1996年版。

[美]周策纵：《弃园内外》，广东人民出版社2017年版。

张灏：《幽暗时代与时代探索》，南方出版传媒、广东人民出版社2016年版。

彭明：《五四运动史》，人民出版社1984年版。

李新等主编：《伟大的开端》，中国社会科学出版社1984年版。

李新等主编：《中华民国史》第二编第二卷，中华书局1987年版。

中国社科院近代史研究所编、张海鹏主编：《中国近代通史》（第六卷），江苏人民出版社2007年版。

费正清等编：《剑桥中华民国史》（上卷），杨品泉等译，中国社会科学出版社1998年版。

董德福等：《回首五四——百年中国思潮和人物》，人民出版社2008年版。

康民等：《西北高原起春雷：西北五四运动与大革命史》，中共党史出版社2007年版。

熊宗仁：《五四运动在贵州》，贵州人民出版社1986年版。

田子渝：《五四运动在武汉》，湖北人民出版社1999年版。

沙东迅：《五四运动在广东》，中国经济出版社1989年版。

[美]陈曾焘：《五四运动在上海》，陈勤译，台北经世书局1981年版。

"从五四运动到人民共和国成立"课题组著：《胡绳论：从五四运动到人民共和国成立》，社会科学文献出版社2001年版。

刘桂生等编纂：《台湾及海外五四研究论著撷要》，教育科学出版社1989年版。

中国社会科学院近代史研究所编：《纪念五四运动60周年学术讨论会论文选》（一、二、三），中国社会科学出版社1979年版。

中国社会科学院科研局等编：《五四运动与中国文化建设——五四运动七十周年学术讨论会论文选》（上下册），社会科学文献出版社1979年版。

欧阳哲生等主编：《五四运动与二十世纪的中国》，社会科学文献出版社2001年版。

牛大勇等主编：《五四的历史与历史中的五四》，北京大学出版社2010年版。

许涤新等主编：《中国资本主义发展史》（第二卷），人民出版社2003年版。

虞和平主编：《中国现代化历程》（第二卷），江苏人民出版社2001年版。

张忠绂编著：《中华民国外交史》（一），正中书局1945年沪一版。

王立新：《美国对华政策与中国民族主义运动（1904—1928）》，中国社会科学出版社2000年版。

金光耀等主编：《北洋时期的中国外交》，复旦大学出版社2006年版。

邓野：《巴黎和会与北京政府的内外博弈》，社会科学文献出版社2014版。

唐启华：《巴黎和会与中国外交》，社会科学文献出版社2014年版。

唐启华：《被"废除不平等条约"遮蔽的北洋修约史：1912~1928》，社会科学文献出版社2010年版。

耿云志等著、陈于武编：《开放的文化观念及其他——纪念新文化运动九十周年》，国家图书馆出版社2009年版。

李泽厚：《中国近代思想史论》，人民出版社1979年版。

李泽厚：《中国现代思想史论》，东方出版社1987年版。

庄福龄主编：《中国马克思主义哲学传播史》，中国人民大学出版社1988版。

丁守和等：《从五四启蒙到马列主义的广泛传播》，生活·读书·新知三联书店1979年版。

郭湛波撰：《近五十年中国思想史》，上海古籍出版社2005版。

高瑞泉主编：《中国近代社会思潮》，华东师范大学出版社1996年版。

李龙牧：《思想启蒙与文化复兴五四思想史论》，人民出版社2006年版。

许纪霖主编：《二十世纪中国思想史论》（上下），东方出版中心2000年版。

洪峻峰：《思想启蒙与文化复兴——五四思想史论》，人民出版社2006年版。

许纪霖等编：《史华慈论中国》，新星出版社2006年版。

段志文：《中国近代科学文化的兴起：1919—1936》，上海人民出版社2001年版。

陈万雄：《五四新文化的源流》，生活·读书·新知三联书店1997年版。

余英时：《中国思想传统的现代诠释》，江苏人民出版社1995年版。

汪荣祖主编：《五四研究论文集》，台北联经出版事业公司1979年版。

肖超然：《北京大学与五四运动》，北京大学出版社1986年版。

陈平原：《触摸历史与进入五四》，北京大学出版社2005年版。

罗志田：《激变时代的文化与政治》，北京大学出版社2006年版。

金观涛等：《观念史研究：中国现代重要政治术语的形成》，法律出版社2010年版。

[美]林毓生：《中国意识的危机——五四时期激烈的反传统主义》，穆善培译，贵州人民出版社1988年版。

冯友兰：《中国现代哲学史》（第七册），香港中华书局1992年版。

刘黎红：《五四文化保守主义思潮研究》，中国社会科学出版社2006年版。

高力克：《五四的思想世界》，学林出版社2003年版。

章清：《学术与社会——近代中国"社会重心"的转移与读书人新的角色》，上海人民出版社2012年版。

方汉奇主编：《中国新闻事业通史》（第二卷），中国人民大学出版社1996年版。

曾虚白主编：《中国新闻史》，台北三民书局1966年版。

耿云志：《胡适研究论稿》，四川人民出版社1985年版。

耿云志：《胡适新论》，湖南出版社1996年版。

罗志田：《再造文明之梦——胡适传》，四川人民出版社1995年版。

朱成甲：《李大钊早期思想与近代中国》，人民出版社1999年版。

张静如等编：《李大钊生平史料编年》，上海人民出版社1984年版。

杨义：《鲁迅作品综论》，《杨义文存》第五卷，人民出版社1998年版。

彭鹏：《研究系与五四时期新文化运动：以1920年前后为中心》，中山大学出版社2003年版。

[日]小野信尔：《救国十人团运动研究》，殷叙彝等译，中央编译出版社1994年版。

冯崇义：《罗素与中国：西方思想在中国的一次经历》，生活·读书·新知三联书店1994年版。

元青：《杜威与中国》，人民出版社2001年版。

郭笙编著：《"五四"时期的工读运动和工读思潮》，教育科学出版社1986年版。

徐善广等：《中国无政府主义史》，湖北人民出版社1989年版。

李怡：《近代中国无政府主义思潮与中国传统文化》，华中师范大学出版社2001年版。

刘俐娜：《由传统走向现代：论中国史学的转型》，社会科学文献出版社2006年版。

邓中夏：《中国职工运动简史（1919—1926）》，人民出版社1953年第2版。

沈以行等主编：《中国工运史论》，辽宁人民出版社1996年版。

王建初等主编：《中国工人运动史》，辽宁人民出版社1987年版。

张惠芝：《"五四"前夕的中国学生运动》，山西教育出版社1996年版。

桑兵：《晚清学堂学生与社会变迁》，广西师范大学出版社2007年版。

蔡少卿：《中国近代会党史研究》，中华书局1987年版。

唐弢主编：《中国现代文学史》（一），人民文学出版社1979年版。

钱理群等：《中国现代文学三十年》，北京大学出版社1998年版。

杨义：《中国现代小说史》（第一卷），人民文学出版社1986年版。

蒋梦麟：《西潮·新潮》，岳麓书社2000年版。

《顾维钧回忆录》（第一分册），中华书局1983年版。

张国焘：《我的回忆》（第一册），东方出版社1998年版。

许德珩：《为了民主与科学》，中国青年出版社1987年版。

汪原放：《亚东图书馆与陈独秀》，学林出版社2006年版。

冯友兰：《三松堂自序》，生活·读书·新知三联书店1989年版。

李璜：《学钝室回忆录》，台北传记文学出版社1978年版。

唐振常：《蔡元培传》，上海人民出版社1985年版。

唐宝林：《陈独秀全传》，社会科学文献出版社2013年版。

江勇振：《舍我其谁：胡适日正当中1891—1917》，北京新星出版社2011年版。

王富仁：《历史的沉思：鲁迅与中国现代文学论》，陕西人民教育出版社1996年版。

丁文江等编：《梁启超年谱长编》，上海人民出版社1983版。

陈漱渝：《鲁迅与女师大学生运动》，北京人民出版社1978年版。

李锐：《毛泽东的早期革命活动》，湖南人民出版社1980年版。

熊宗仁：《何应钦：漩涡中的历史》（上），贵州人民出版社2001年版。

沈云龙：《徐世昌评传》，台北传记文学出版社1979年版。

后 记

本书的酝酿、写作、修改，经历了1982年至今的36年。这期间，中国和世界都发生了巨大变化，中共党史、中国近现代史学科经历了思想不断解放、开放不断扩大、研究不断深入、水平不断提高的气象万千而又不无风云的发展历程。本书在一定程度上可以些许折射出这不平凡的大时代的前进脚步。作为中共党史、中国近现代史学界的一员，笔者为能够亲身经历这一切深感庆幸，并以能为中共党史、中国近现代史学科的拨乱反正、健康发展尽一分绵薄之力而深感自豪；同时，更为自己的心余力绌和才疏学浅，远远没有达到时代和前辈的期望而深感愧疚。

1966年高中毕业后，我自愿下乡到黑龙江生产建设兵团三团四营（前身为孙吴县红色星火农场）当战士；11个年头后的1977年，我考入齐齐哈尔师范学校中文系大专中文班；1980年以同等学力考上吉林大学马列主义理论教研部做中共党史专业硕士生，得到导师邵鹏文教授的悉心教诲。论文工作开始后，我又先后得到本校曹仲彬教授、朱建华教授、王金鋙教授，东北师范大学王维礼教授、于学仁教授、李鸿文教授，中国人民大学彭明教授，中国社科院近代史所陈铁健研究员、耿云志研究员、孙思白研究员、丁守和研究员、周天度研究员，华东师范大学陈旭麓教授，复旦大学蔡尚思教授、胡曲园教授，上海社科院历史研究所唐振常研究员，上海师范大学程应镠教授，北京大学张注洪教授、萧超然教授、梁柱教授、沙健孙教授等的热情指导（以访谈时间先后为序）。复由曹仲彬教授引荐访问中国革命博物馆顾问罗章龙三次，由程应镠教授介绍与陈铁健研究员一同拜访故宫博物院沈从文研究员，由萧超然教授介绍拜访1917年进北大学习的北大经济系赵乃抟教授，胡适夫人江冬秀的堂弟、北大数学系江泽涵教授。1986年在哈尔滨师大《红楼梦》国际学术研讨会和1999年北京大学纪念五四运动80周年国际学术研讨会期间，又两次聆听美籍华裔学者周策纵教授长谈五四研究，聆听唐德刚教授长谈胡适研究。1982年4月在北京拜访了李大钊的女婿贾芝研究员，聆听他讲述李大钊家事。1998年5月在北大纪念蔡元培先生诞辰130周年国际学术讨论会期间，聆听蔡先生女儿蔡睟盎研究员谈蔡元培先生往事。还得以向北京师范大学张静如教授、杭州大学王学启教授等请教。前辈学者的大家风范、关怀指教，使我这个中共党史、中国近现代史初学者如醍醐灌顶，眼界顿开，至今翻看记录，反复回味，仍感受益无穷。

尤其令我终生感激的，是给我引路开路的陈铁健先生，经他介绍和联系，我这个尚未毕业的硕士生才拜访结识了上述著名学界前辈；陈先生还多次假以"编书合作者"的名义介绍我到中国社会科学院近代史研究所的内部资料室查阅当时外面很难见到的民国报刊，港台及国外图书期刊。还有张注洪教授，经他指教并大函介绍，"按规定不接待外来人员"的北京大学图书馆特藏室和校史档案室让我整整查阅了一个多月资料，做到了要啥给啥。

给我指教最多的是彭明先生和耿云志先生。很长一段时间，凡出差进京，只要有空，我都要登门打扰，每次都收获颇丰。我至今还清清楚楚地记得，第一次去彭先生家，先生以他特有的充满激情的洪亮嗓音同我倾谈五四运动两个多小时。我告辞要走，忽然下起了不大不小的雨，彭师母给我拿了一把伞，我一手打伞，一手抱着先生借给我的《知堂回想录》等几本新书，心里异常温暖。耿先生在他的办公室给我一气讲了3个多小时的胡适研究，使我感到一下子就贴近了胡适研究、五四研究的前沿；胡适在五四运动高潮中主张北大南迁等问题，先生说得清清楚楚。一些思想被我直接写入硕士学位论文《胡适在五四运动中的地位和作用》。那时也不懂必须注明，发表后竟被当年的《史学年鉴》作为我的学术观点介绍；待稍明事理向先生表示歉意时，已是几年以后。

20世纪90年代中后期，我决心在前辈学者多年耕耘基础上，吸取海内外研究成果，尝试写一部新的《五四运动史》，更得到了前辈们的热情鼓励和悉心指导。1999年北大纪念五四运动80周年研讨会期间向各位先生请教时，彭明先生说"应深入开掘第一手资料，五四留下的东西不少，多下功夫一定有收获"；周策纵先生说"你们年轻人应该把研究向前推进一步"，并给我题词："发扬学术自由兼容并包精神"。初稿撰写期间，耿云志先生来哈尔滨听我讲过基本思路后，明确提出了"以反帝爱国运动为主线，同时要说清新文化运动的线索"等重要指导思想。初稿完成后，耿先生又在百忙中审阅书稿并提出重要修改意见。这些指导都给我极大鼓舞与力量。我深深感到，自己的点滴进步，都同这些前辈的指导直接相连。我的挚友、读硕士生时的师弟、吉林大学张盾教授已转向哲学，也在百忙中审阅全稿并提出修改意见。在此，我再次向这些尊敬的前辈（令人痛心的是，有好几位先生已驾鹤西行）、学友，同时一并向其他所有指教、帮助过我的老师、同行表示衷心的感谢和崇高的敬意！

拙著《新编五四运动史》2009年10月由黑龙江人民出版社出版，之后我就随着自己认识的深化和学术界的研究进展不断修改。因我在哈尔滨工业大学开文化素质选修课《中国近现代著名人物研究》，24学时讲20学时胡适，对已出版的几种胡适传记常翻常看，深感罗志田教授著《再造文明之梦——胡适传》对众所周知的胡适经历常常一笔带过或略而不谈，但对其重要思想、活动则深入开掘充分展开的方法值得效仿，无形中形成我修订的理念。2018年8月因中共党史出版社重新出版我记录整理的《敌营十五年——李时雨回忆录》（海南出版社2012年9月初版）的机缘，得到中共党史出版社副总编辑吴江先生大力支持和有力指导。他把本书书稿推荐给天地出版社并明确对我提出：对书稿要大力压缩和修改，应该也可以压到30多万字，把你最想告诉读者的、最重要的内容说出来。天地出版社副社长张万文先生通知我决定2019年推出并明确提出内容须适当调整，如把历史意义部分提到前面。编辑曹志杰先生明确提出章节标题应突出重点、力求雅俗共赏，并直接提出对大部分标题的修改意见。——都对我启发很大。

这样，笔者在原有基础上进一步从三个方面做了修订：

其一，吸收学术界新研究成果。这些年五四研究匠心独具的新作迭出。如邓野著《巴黎和会与北京政府的内外博弈》和唐启华著《巴黎和会与中国外交》《被"废除不平等条约"遮蔽的北洋修约史：1912—1928》等，基本重建了北京政府在五四运动中的历史真实。这次笔者直接引入，明确肯定段祺瑞力主参加世界大战，为中国以战胜国身份参加巴黎和会争得了入场券，为中国代表团拒签巴黎对德和约创造了前提，改变了《新编五四运动史》对北京政府巴黎外交的一概否定的旧说。吸收了赵俊清、郭渊等五四运动在黑龙江的研究成果，增加"五四运动在黑龙江"一节。对有学者提出的学生五四行动是因研究系挑拨，曹汝霖、章宗祥、陆宗舆等亲日派被骂"卖国贼"是被"冤枉"等予以回应，增加了结语中"五四爱国运动的原因与对象"一节。诸如此类较多，限于篇幅，恕不一一列出。

其二，缩减篇幅，对运动中的集会游行、罢市罢课、抵制日货、公民大会等过程，对各种思潮学说源起、传入中国历程、后续影响等，对文化、思想论战缘起、过程、评论等，对陈独秀、李大钊、胡适、杜亚泉、梁漱溟、杜威、罗素等人物的介绍等内容中众所熟知的，或者与研究五四运动主线、主题较远的内容，都尽力删减。

其三，改正了初版的几处小硬伤。

再次申明：本书中引用学术界研究成果，都尽力一一注明，但应注明而未注、完全重复他人而全然不觉者等还会不少。凡属此类问题，学术发现、发明权皆属有关学者。这里一并敬请读者发现后指正批评，以求今后有所改正。

在此对中共党史出版社副总编辑吴江先生和天地出版社副社长张万文先生、编辑曹志杰先生一并表示衷心感谢！

由衷期望，自己肤浅、粗糙的尝试之作，能够成为读者、特别是青年朋友了解五四运动的一个窗口，能够成为一块引玉之砖，化成一块新世纪五四研究的铺路石。

张德旺
2018年11月13日